中国长城文化学术研讨会论文集

中国长城学会
八达岭特区办事处　编

中国书籍出版社
China Book Press

图书在版编目（CIP）数据

中国长城文化学术研讨会论文集/中国长城学会，

八达岭特区办事处编 . —北京：中国书籍出版社，

2020. 8

　　ISBN 978 - 7 - 5068 - 7963 - 7

　　Ⅰ.①中…　Ⅱ.①中…②八…　Ⅲ.①长城—文化

研究—学术会议—文集　Ⅳ.①K928. 77 - 53

　　中国版本图书馆 CIP 数据核字（2020）第 161978 号

中国长城文化学术研讨会论文集

中国长城学会，八达岭特区办事处　编

责任编辑	李　新
责任印制	孙马飞　马　芝
封面设计	古塞长风
出版发行	中国书籍出版社
地　　址	北京市丰台区三路居路 97 号（邮编：100073）
电　　话	（010）52257143（总编室）　　（010）52257140（发行部）
电子邮箱	eo@ chinabp. com. cn
经　　销	全国新华书店
印　　刷	三河市华东印刷有限公司
开　　本	880 毫米×1230 毫米
字　　数	710 千字
印　　张	22
版　　次	2020 年 8 月第 1 版　2020 年 8 月第 1 次印刷
书　　号	ISBN 978 - 7 - 5068 - 7963 - 7
定　　价	298. 00 元

目 录

Catalogue

贺　信

　　由中国长城学会和《文明》杂志社、中共延庆区委宣传部共同主办的中国长城文化学术研讨会，对于推动新时代长城文化事业的发展很有意义。我谨向参会的各位代表致以诚挚的问候。

　　长城，是中华民族人文精神的象征。长城的发展历史，体现了我们这个民族对于生存与发展、现实与未来、自己与"他者"的深刻认知和体验，这一文化基因历数千年磨砺愈益完美而坚实。长城虽然绵亘于地球的东方，但对农耕文明的保护与促进，对农耕文明与草原文明的相克相融，起到了极大的作用。我们常说，长城在中国，但它也属于世界，就包含了这层意思在内。因此，研究好、保护好长城，让长城文化走向世界，传诸后世，是每位长城学人为民族、为人类而承担的光荣使命。

　　新时代的长城文化学术研究要深入契合时代的精神和要求，充分展现中华文化追求和谐稳定、尊重自然、崇尚道德的精髓，服务好国家"长城保护总体规划""长城国家文化公园"等具体工作，造福社会，惠及世界。

　　预祝会议取得圆满成功！

中国长城学会会长　许嘉璐

2019 年 10 月 28 日

长城国家文化公园建设的几点思考

董耀会

摘　要：长城国家文化公园建设是长城事业发展难得的历史机遇，是占据文化发展制高点、增强文化软实力的战略性安排。长城国家文化公园是具有特定开放空间的公共文化载体，应该结合国土空间规划，坚持保护第一、传承优先的原则，合理保存传统文化生态，实现文化振兴和乡村振兴。要通过整合长城文化资源，适度发展长城文化旅游，推动构建特色文化生态产业。

关键词：长城国家文化公园　文化发展战略　保护传承　长城文旅

2019 年 7 月 24 日，中央深改委第九次会议审议通过了《长城、长征、大运河国家文化公园建设方案》。会议指出，建设长城、大运河、长征国家文化公园，对坚定文化自信，彰显中华优秀传统文化的持久影响力、革命文化的强大感召力具有重要意义。要结合国土空间规划，坚持保护第一、传承优先，对各类文物本体及环境实施严格保护和管控，合理保存传统文化生态，适度发展文化旅游、特色生态产业。

这个文件的通过，标志着国家文化公园建设正式启动。以长城、长征、大运河为核心的线性文化遗产保护和利用工作，将进一步加大工作力度。建设国家文化公园是打造国家文化战略高地，对长城保护和利用事业来说是千载难逢的历史机遇，将形成一批具有特定开放性空间的长城文化载体。通过实施公园化管理运营，将这样的文化空间建设成新的经济增长极。

国家文化公园的概念最早见于《国家"十三五"时期文化发展改革规划纲要》（以下简称《纲要》）。《纲要》在序言中开宗明义"文化是民族的血脉，是人民的精神家园，是国家强盛的重要支撑。坚持'两手抓、两手都要硬'，推动物质文明和精神文明协调发展，繁荣发展社会主义先进文化，是党和国家的战略方针"。

《纲要》提出我国将依托长城、大运河、黄帝陵、孔府、卢沟桥等重大历史文化遗产，规划建设一批国家文化公园，形成中华文化的重要标识。这个时候还没有提出长征，也没有形成线性文化遗产的思路。

国家为什么要建设国家文化公园？对于一个国家、一个民族来说，文化是灵魂，国家和民族发展得有快有慢，人口规模有增也可能有减，但是长期形成和保持下来的文化传统之延续和发展，才是其生命力的标志。建设国家文化公园，就是要更好地传承和发展中华文化。

几千年的历史，我们的国家曾经很伟大，也曾经遭受了深重的灾难，甚至濒临亡国灭种的边缘，是什么力量让我们浴火重生？是伟大的民族精神焕发出强大的救国救亡的力量。在"把我们的血肉筑成我们新的长城"的民族精神的感召下，中华儿女经过长期的英勇斗争和众多英烈的流血牺牲，实现了国家和民族的解放。

《纲要》还提出："坚持把社会效益放在首位、社会效益和经济效益相统一，全面推进文化发展改革，全面完成文化小康建设各项任务，建设社会主义文化强国，更好地构筑中国精神、中国价值、中国力量、中国贡献，为实现'两个一百年'奋斗目标、实现中华民族伟大复兴的中国梦奠定更加坚实的思想文化基础。"毫无疑问，这也是国家文化公园建设的指导思想。

一、坚定文化自信，占据文化发展的制高点，拥有强大的文化软实力

《长城、长征、大运河国家文化公园建设方案》首先强调坚定文化自信。在参加北京"长城文化带"

建设的活动中我经常讲，长城文化的概念并不仅是地域文化，文化的根与中华民族历史发展的整体文脉是联系在一起的。讲文化自信，长城就是文化自信的基石。建设长城国家文化公园就是要占据文化发展的制高点，通过增强文化的软实力，达到提高综合国力的目的。

我们为什么要提坚定文化自信，因为我们的文化自信还不够坚定。中国人从什么时候开始没有了文化自信？从近现代以来，从1840年的鸦片战争开始，我们落后了，不断地挨打。1915年开始的新文化运动，欲救国家救民族于水深火热之中的仁人志士开始反思我们的文化。

那个年代不仅是民众没有文化自信，担负着传承文化使命的文化精英们也表现得没有文化自信。不仅是没有文化自信，甚至可以说我们的国家和民族似乎也被自卑心理所笼罩。新文化运动彻底否定儒家思想，新文化运动中一些文化领袖认为废除儒学还不够，又提出要消灭汉字。钱玄同说："欲废孔学，不得不先废汉文；欲驱除一般人之幼稚的野蛮的顽固思想，尤不可不先废汉文。"

傅斯年于1919年提出："中国文字的起源是极野蛮，形状是极奇异，认识是极不便，应用是极不经济，真是又笨又粗、牛鬼蛇神的文字，真是天下第一不方便的器具。"陈独秀也说"中国文字既难传载新事新理，且为腐毒思想之巢窟，废之诚不足惜"。胡适极力支持陈独秀，他认为"先废汉文，且存汉语，而改用罗马字母书之"是个好办法。

鲁迅也主张消灭汉字，话说得更绝，更惊世骇俗。他说："汉字不灭，中国必亡。"那个时候，还有688位著名的学者，签署了一篇《我们对于推行新文字的意见》。这差不多是一篇用汉字书写，呼吁消灭汉字的宣言。1935年中国新文字研究会草拟，签名人中有蔡元培、鲁迅、郭沫若、茅盾、巴金、沈钧儒等大师。他们认为"汉字如独轮车，罗马字母如汽车，新文字如飞机"，提出"中国大众所需要的新文字是拼音的新文字"。

中国人为什么有那么多的人崇洋迷外，有那么多的文化精英不但要灭掉自己民族的文化，甚至要将老祖宗遗留下来的文字都予以否定？这虽然是他们在痛定思痛后，对国家和民族发展的追求，但路径却不对。事情仅过去了100年，中国的汉字真的如他们认为的那么罪恶吗？真的是妨碍中国发展的桎梏吗？真的是"汉字不灭，中国必亡"吗？历史证明，绝对不是！

这些中国现代思想家、文学家、新文化运动的倡导者，表达的是一片忧国忧民的良苦用心，因为缺乏对自己文化的自信而选错了方向。他们绝没有想到，仅仅过去80余年，中国对世界经济的平均贡献率已经位居世界第一位，中国综合国力在世界中也已稳居第二。中国在世界范围的重要性也提升了汉语的重要性，世界各国越来越多的人在学习汉语。据国家汉办统计，截至2018年底，国外学习汉语的人数已经超过1.5亿人。

今天在世界大发展大变革时期，我们又面临着新的问题。经济全球化得到深入发展，而文化多样化却在不断削弱。各种思想文化的交流与交融，甚至是交锋的现象更加突出。文化的不自信，也绝不是个别现象。文化软实力也越来越成为一个国家在全球竞争中的重点。综合国力竞争中的文化作用已经发展到战略地位，文化自信是否坚定，反映的是国民文化心态是否健康，这关系到国家和民族的生死存亡。

我为什么不断地讲长城是文化自信的基础？中华民族屹立于世界民族之林靠的就是长城所表达的文化精神，这是中华民族的血脉和脊梁。长城文化是中国人的精神家园，中华民族之民族心理的构建，民族性格和民族传统的形成，都有长城文化的影子。如何使长城文化成为民族凝聚力的源泉，成为文化兴国和社会创造力的动力，成为经济社会发展和综合国力竞争的重要支撑是我们的任务。

对优秀传统文化的认同是维系国家统一、民族团结的需要。国家的稳定发展，需要有共同的文化、价值观和理想的追求。这就如同在国家和民族危亡之际，中国人喊出的那句"把我们的血肉筑成我们新的长城"。

二、彰显中华优秀传统文化的持久影响力和强大感召力

《长城、长征、大运河国家文化公园建设方案》强调彰显中华优秀传统文化的持久影响力、革命文化的强大感召力具有重要意义。建设国家文化公园，要彰显中华优秀传统文化的持久影响力。什么是中华

优秀传统文化？我们的这个文化持久影响力在什么地方？关于这一点，习近平同志有一系列的论述。他特别强调的"四个讲清楚"，正是建设国家文化公园要做好的事情。

习近平说："要讲清楚每个国家和民族的历史传统、文化积淀、基本国情不同，其发展道路必然有着自己的特色；讲清楚中华文化积淀着中华民族最深沉的精神追求，是中华民族生生不息、发展壮大的丰厚滋养；讲清楚中华优秀传统文化是中华民族的突出优势，是我们最深厚的文化软实力；讲清楚中国特色社会主义植根于中华文化沃土、反映中国人民意愿、适应中国和时代发展进步要求，有着深厚历史渊源和广泛现实基础。"

中华民族 5000 多年文明历史，孕育了极为丰富的中华优秀传统文化。坚定文化自信就是要传承发展中华优秀传统文化，要对博大精深的中华优秀传统文化，进行全方位多层次的分析和阐释。中华优秀传统文化包含的内容众多，其中我认为非常有代表性的主要有民本思想、阴阳思想、天人合一、和合思想等。

民本思想就是以民为本，这里的"民"指的是人民。以民为本就是把人民的利益放在第一位，这是传统儒家对统治者最基本的道德要求和行为规范。以民为本是治国安邦的根本理念，古文献记载民本思想始于夏商周时期。《尚书·夏书》记载，大禹的儿子启，开创了"父传子，家天下"的君主世袭制度。启的儿子太康即位之后，贪图享乐，达到了骄奢淫逸的程度，以致亡国。

太康的 5 个弟弟作了《五子之歌》，反思太康亡国更深层次的原因。第一条就是："皇祖有训，民可近，不可下。民惟邦本，本固邦宁。予视天下愚夫愚妇，一能胜予，一人三失，怨岂在明，不见是图。予临兆民，懔乎若朽索之驭六马，为人上者，奈何不敬？"

"民为邦本，本固邦宁"从此成为中国古代民本思想之根本。《左传》也有"国将兴，听于民；国将亡，听于神"的思想。孟子更是对民本思想进行了高度的凝练，提出"民为贵，社稷次之，君为轻"。孟子认为，政治排序以重要性为依据，其顺序应该是人民、国家，最后才是君王。古今中外任何政权的统治者都可以随时更换，国民则是不能更换的。这就是为什么"民为邦本，本固邦宁"的原因。

中国有句老话：得民心者得天下，失民心者失天下。《孟子·梁惠王下》记载了孟子和齐宣王的一段有关"弑君"的对话，齐宣王问："臣弑其君可乎？"孟子回答："贼仁者谓之贼，贼义者谓之残，残贼之人，谓之一夫。闻诛一夫纣矣，未闻弑君也。"我只知道周武王诛杀了一个独夫商纣，没有听说臣子杀死了国君。

老子《道德经》有"圣人无常心，以百姓心为心"。以民为本还包括开民言路，《国语·周语》说："防民之口，甚于防川，川壅而溃，伤人必多，民亦如之。是故为川者，决之使导；为民者，宣之使言。"不让人民说话，堵塞人民之言路，其后患比堵塞河川引起的水患还要严重。这也就是今天所理解的，各级党和政府都要全心全意为人民服务。

当然，也不是所有的帝王都能接受这种思想。明洪武五年朱元璋读《孟子》时看到"君之视臣如手足，则臣视君如腹心；君之视臣如犬马，则臣视君如国人；君之视臣如土芥，则臣视君如寇雠"这样的话，暴跳如雷。他下令将孟子逐出孔庙，并将《孟子》中的内容删除 85 条，出版了所谓的洁本。亚圣孟子尚且如此，人民之言路可想而知。

我们讲了民本思想，再来看一下中华优秀传统文化的阴阳思想。朱熹就认为"道非器不形，器非道不立。盖阴阳亦器也，而所以阴阳者道也"。阴阳思想强调的是事物所包含的对立统一关系。中国的"中"字，实际上就可以理解成一个变形的太极图。

我也经常用这个"中"字讲长城内外，我们把中间的一竖理解为长城，左边为长城之外，右边为长城之内，反映出来三层意思：首先，长城内外是独立存在的；第二，长城内外是紧密联系并相互依赖的；第三，长城内外是一个整体。阴阳思想讲的是一正一反的互相对立又统一在一起的关系，而且对立双方又在不断地向对方转化。《楚辞·屈原·涉江》说的"阴阳易位"，就体现了运动之间的联系和互变。长城内外的分界地带也是变动的，不同民族的统治政权及统治区域更是变动的。

在中华优秀传统文化天人合一的思想中，"天"即自然，"人"即生活在自然中的我们。合一思想认为人类社会生成和发展于大自然，我们"人"本身就是大自然的一部分。人与自然不仅息息相关，而且是一个相通相应的统一体。

"天人合一"是强调人与自然的关系所具有的不可分割性。长城是最伟大的人工构建的防御体系，长城为什么修建在这里而不是修建在那里,并不完全由修建者所决定。长城所经地区是农牧交错地带,这种生态环境是老天设定的。长城的壮美,也是因为长城与大自然山川大地的和谐。我在长城上行走,常常感觉脚下的长城,真的就是自己从山上长出来的那样自然。《齐民要术·种谷第三》中讲的"顺天时,量地利",修建长城的因地制宜的原则都是这种关系的体现。

和合思想是中华传统文化所追求的一种境界,追求千差万别的自然界和人类社会,在矛盾交织中实现协调和谐、共生并存。"和""合"二字是很古老的字,在甲骨文与金文中都经常出现。"和"字的本义是吹奏类的乐器,由不同乐器声音的和谐而发展成为"和"文化。"合"字的本意是器皿的闭合,引申为事物的相合与融洽。中华传统文化讲的"合"是一切事物的合。《易经》所述"与天地合其德,与日月合其明,与四时合其序,与鬼神合其吉凶"。

"和为贵"是和合思想,但在利益平衡过程中光讲"和为贵"行吗?肯定不行,还要讲"有备无患",长城的修建就是为了"和为贵"而做的"有备无患"。处理好战与和的关系,也是和合思想的重要内容。《礼记·中庸》中也说:"中也者,天下之大本也;和也者,天下之达道也。致中和,天地位焉,万物育焉。"

三、结合国土空间规划,坚持保护第一、传承优先,对各类文物本体及环境实施严格保护和管控

《长城、长征、大运河国家文化公园建设方案》强调建设国家文化公园要坚持保护第一、传承优先,这一点对长城国家文化公园建设尤为重要。长城的保护近几年有很大的进步,2019年1月24日,国家文化和旅游部、国家文物局联合印发了《长城保护总体规划》(以下简称《规划》)。对长城保护来说,这是继《长城保护条例》颁布之后,又一个具有里程碑意义的事。

这些年的长城保护工作,最让我深感痛心的是长城修缮问题。我倡议举办的"长城保护维修理念与实践论坛",于2017年6月6日在山海关成功举办。这个论坛最初是计划由中国文物保护基金会联合北京市文物局、天津市文物局、河北省文物局三个省局共同举办,励小捷理事长为此专门和京津冀三省文物局的领导舒小峰、金永伟、张立方开了几次会议,做了专题研究。最后,由于中央禁止政府机关与非政府组织联合举办活动,京津冀三省文物局才由主办单位改为支持单位。实际上他们为长城保护维修理念与实践论坛的召开,做了大量的组织工作。

研讨会从技术及理念方面,探讨了长城怎么修、用什么修、修到什么样的问题,审议通过了《长城保护维修山海关共识》。为什么要举办这样一个主题的论坛?目的是总结长城保护工程实施十多年来的经验与教训,尽可能地统一认识,在长城保护修缮理念方面解决认识问题。同时,也深入探讨攻克技术难题的措施与方法,研究完善现行长城工程管理机制的问题。

"十一五"和"十二五"期间,国家文物局批准各地实施了一批长城重点段落的抢救性保护维修工程,并在《文物保护工程管理办法》基础上,编制了有较强针对性和可操作性的《长城保护维修工作指导意见》,规范了长城保护维修、展示工程的工作程序和要求。国家虽然规范了长城维修的流程和要求,但实施过程中各环节执行单位的理解和量化程度存在较大偏差,实施效果往往与之相悖。

长城保护维修工作中存在的问题不容忽视,在一些方面甚至可以说问题很严重,处于令人堪忧的状态。这其中既包括理念认识不一致的问题,也存在一些技术难题,还有一些问题是来自机制的障碍。

当时,社会上对长城的关注越来越高,热点问题存在随时发酵的情况,尽快对上述问题进行理论与实践相结合的学术研讨非常必要。因此,为了解决好存在的问题,形成长城维修理念上的最大公约数、技术上的共识,以及具有普遍适用性的研究成果,我向中国文物保护基金会励小捷理事长提出举办这个论坛的建议,得到了他的大力支持。

大家都认识到了,在目前机制无法尽快改变的情况下,我们急需在修缮理念方面达成共识,有效避免"保护性"的破坏事件发生。对此,中国文物保护基金会向国家文物局提议,长城保护工作的当务之急是通过共商,解决保护和修缮的理念问题。通过近一年的沟通联络和准备工作,这个论坛终于在山海关成功举行。

《规划》提出了长城原址保护、原状保护的总体策略。国家文物局副局长宋新潮对最小干预原则进行解释时提出，长城修缮能不修尽量不修，修了要和没修的感觉差不多。这是对维修长城最接地气的解读，为什么要修长城，就是要排除长城建筑的险情。

长城保护工作之所以很困难，就是因为体量太大。要做好长城保护工作，仅靠政府有关部门是不够的，要引导社会力量积极参与。但是，这方面的政策支持还远远不够。中国长城学会呼吁十几年了，要成立中国长城保护基金会，至今仍然没有得到国家有关部门的批准。

2019年7月20日，大同市举办了保护长城座谈会，我参加了与著名演员成龙、市委书记张吉福、市长武宏文、国务院参事汤敏等人的长城保护对话。过程中，国务院金融中心特约研究员左小蕾提议建立长城保护基金，成龙表示："保护长城，义不容辞！"他呼吁人人捐一元，用来成立基金保护古长城，并当场表示自己愿意带头捐100万元。

事隔一个月，8月22日我随同河北省政府参事室、山西省政府参事室再次到大同调研长城保护和利用。期间向有关部门询问长城保护基金会的筹备情况，得到的答复是"批不下来"。长城保护资金来源于三个方面：一是中央财政，主要用在属于全国重点文物保护单位的长城重要点段保护；二是地方各级人民政府，补助经费更多地用在保护长城周边环境；三是社会资金，包括开发性资金。现在基本上是靠中央财政，省级财政也有一些，市县级地方财政更少了。而社会资金，少到可以忽略不计的程度。

四、合理保存传统文化生态，整合利用丰厚的长城文化资源实现乡村文化振兴

《长城、长征、大运河国家文化公园建设方案》强调合理保存传统文化生态。这说明建设国家文化公园中的一个任务，就是以长远的眼光进行文化生态的保护。要理解什么是传统文化生态，首先要认识清楚什么是文化生态？

2018年12月10日，文化和旅游部部务会议审议通过了《国家级文化生态保护区管理办法》（以下简称《办法》），已经于2019年3月1日起正式施行。这个文件对深刻认识文化生态，认识对其实施保护有着重要的意义。

《办法》指出：国家级文化生态保护区，是指以保护非物质文化遗产为核心，对历史文化积淀丰厚、存续状态良好，具有重要价值和鲜明特色的文化形态进行整体性保护，并经文化和旅游部同意设立的特定区域。《办法》规定，建设国家级文化生态保护区，要坚持保护优先、整体保护、见人见物见生活的理念，以"遗产丰富、氛围浓厚、特色鲜明、民众受益"为目标，将非遗及其得以孕育、滋养的人文环境加以整体性保护。

文化和旅游部开展国家级文化生态实验区试点工作以来，先后公布了21个国家级文化生态保护实验区。各省市自治区也相应设立省级文化生态保护区。加强文化名城保护，古村古镇及传统村落保护，文化遗产和重要历史遗迹等保护，都是文化生态保护实施的重点内容。

长城研究要加强对长城文化遗产资源资产的定量研究，要能准确掌握长城区域各地的文化遗产资源状况，包括种类、数量、分布、保护及存在的问题。长城沿线的成千上万的关隘、城堡都演变成了村镇，重要的城市已经是历史文化名城，比如宣化古城就是明长城九镇宣府镇的总兵驻地，榆林古城是榆林镇的总兵驻地，银川古城是宁夏镇总兵的驻地，张掖古城是甘肃镇总兵的驻地。

这些长城沿线的古城、古镇、古村和相关的文化遗址、遗迹都是长城的重要组成。长城沿线保存下来的各级非物质文化遗产，也都是需要保护的文化生态。因为保护不力，导致长城区域非遗项目濒危，传统文化生态逐渐走向消亡，实际上也是对长城的一种破坏。

自然生态和文化生态是一个事物的两个方面，"望得见山，看得见水，记得住乡愁"既是自然生态，也是文化生态。自然生态遭受污染和破坏是人类的灾难，文化生态的污染和破坏也会给社会带来灾难性的后果。国家文化公园制度是在重要文化生态保护区，实施自然环境、文化生态系统的整体性和系统性的保护。

文化生态是一个综合体，所以保护工作也是一项复合性很强的工作。很多人理解长城保护和文化生态保护是地方经济和社会发展的包袱，这是因为我们没有做好工作。建设国家文化公园为什么要与发展相结合，就是要通过推动文化建设，提升文化生态保护水平，促进文化产业发展。对各级政府来说，长城文化遗产和长城文化生态的保护既是责任也是机遇。

文化生态保护与实现乡村文化振兴相辅相成，长城文化生态保护和发展的重心在长城沿线的乡镇。长城脚下的乡村要实现有品质的发展，一定要走文旅融合的发展之路，离不开独特的地域文化。我在很多的场合都提出，长城保护不仅要保护长城建筑本体，更要保护历史文化。要立足整体和各自区域，对长城文化资源进行深入的研究，特别是对长城文化资源可持续发展与旅游运营模式的构建方面加强研究。

我认为长城文化资源不能光盯着建筑，要关注生活在长城空间和时间中的一代代的人。情感交流是长城旅游者最大需求，要让游人带着情感满足的快乐离开长城。长城是中国最有代表性的文化遗产，围绕长城形成的文化生态是有价值、有情感、有知识、有趣味的文化生态系统。长城历史文化已经成为中国人的共同文化记忆，文化生态的继承和发展，将成为美丽乡村建设一道亮丽的风景线。

五、适度发展文化旅游、特色生态产业，形成优服务、高素质的旅游地

《长城、长征、大运河国家文化公园建设方案》强调适度发展文化旅游、特色生态产业。为什么要提出发展文化旅游、特色生态产业？为什么要强调"适度"？

文化旅游是指游人通过旅游活动，在游览、观光、娱乐中感知和体察文化。据《中国旅游行业市场前瞻与投资战略规划分析报告》统计，2018 年我国旅游业发展迅猛，产业规模持续扩大，产品体系日益完善，市场秩序不断优化，全年全国旅游业总收入达 5.97 万亿元，对我国 GDP 的综合贡献为 9.94 万亿元，占我国国内 GDP 总量的 11.04%。

中国旅游市场国内游收入中，一线城市的旅游综合消费能力最强。长城、长征、大运河国家文化公园建设，恰恰不是建在一线城市，甚至都不是二三线城市。这样一来国家资源配置向边远地区倾斜，可以为这些地区文化旅游和特色生态产业发展提供支撑。

长城地区的 404 个县，从东北、华北到西北都是偏远地区，长城国家文化公园建设对这些地区挖掘本地文化资源，发展乡村旅游和特色生态产业会起到很大的推动作用。长城沿线的乡村文化内涵厚重，只是缺乏对传统文化的发掘、保护和传承。长城国家文化公园建设，将推动这些地区走出一条"文旅融合"和"农旅融合"发展道路。

我认为建设长城国家文化公园，不仅不能仅满足于走马观花，也不能满足于下马看花，要能够做到让人们能来养马种花才行。这个过程除了政府的投入之外，还要通过整合非政府组织资源，调动寻求发展的企业资源，共同按照统一规划打造不同的业态。

比如以长城重镇张家口为例，历史上作为张库大道的起点有过曾经的辉煌。今天的张家口则属于经济欠发达地区，2018 年全市人均地区生产总值和人均公共财政预算收入，与河北省平均水平相比，分别低 27.4% 和 23.9%。这仅是与河北省平均水平相比，如果与发达地区的最高水平相比，就更是一个天上一个地下。

张家口的贫困人口基数很大，全市 16 个县（区）中有 12 个贫困县。建设长城国家文化公园，推动发展文化旅游、特色生态产业，探索出一条经济欠发达地区文化旅游和生态产业兴市、强市之路。在实现国家文化公园"坚定文化自信，彰显中华优秀传统文化的持久影响力、革命文化的强大感召力"任务的同时，推进文化旅游和生态农业产业的发展。

建设长城国家文化公园，推动文化旅游发展一定要适度。强调适度是为了防止过度，也是为了控制发展速度过低。发展速度过低，达不到发展社会经济的目的。如果发展文化旅游过度，就会对文化和自然资源造成破坏。强调适度主要还是为了防止过度，过度开发脱离经济规律，难以使长城地区的民众享受到发展文化旅游、特色生态产业的收益。

董耀会　中国长城学会副会长，《中国长城志》总主编

长城文化与中华文明的价值

娄晓琪 季燕京 张文涛 杨瑞明 张 丹

注：本文系5位学者在中国长城文化学术研讨会"长城文化与文明价值"主题交流现场发言录音整理而成。

季燕京：重新认知长城文化—中华文明的价值秩序

我的报告有六部分：第一，探索一下文明话语体系，文明体系是国家的话语体系。第二，探索长城文化的文明话语，从文明话语的角度来谈谈长城文化。第三，齐长城到底是怎么回事，我们重新给它定个性。第四，讲一下汉长城。第五，说说文明思想诠释体系的构建。最后一个，是把文明思想传承体系展开。

先讲几个困惑。第一个，习近平同志说过，我们有本事做好中国的事情，大家有没有本事讲好中国的故事？我们应该有这个信心。下一个是长城文化缺少诠释体系，长城的故事讲得不是太好。再一个是有西方学者说长城的军事意义其实很弱，其功能被中国人夸大了，长城的文化其实是个神话，没有事实依据。有人贬低长城文化，这也是我们的一个困惑。

困惑的解答就需要话语体系，需要从文明史意义上解读，这个时候文明话语的重要性就突出出来了。

第一个主题，我们注意到"中共十二大政治报告"中第一次提出了文明话语，两个形态，两大文明，物质文明和精神文明。到了"十三大"的时候，就出现了人类文明和世界文明这两个概念。我们提出了"富强、民主、文明"这三大定位。"十四大""十五大"提出"两个一百年"，"富强、民主、文明"仍在，而且加上了"社会文明"。到了"十六大"，出现了"政治文明"。到"十七大"的时候，是"富强、民主、文明、和谐"四大属性，文明形态是"物质文明、政治文明、精神文明、社会文明、生态文明"。"十八大"出现了"核心价值观"，这就是文明的总体话语和核心价值观，24个字。到了"十九大"就更为完整了，四大属性变成了五大属性，加了一个"美丽"。

下面讲文明的三大超越：文明交流超越文明隔阂，文明互鉴超越文明冲突，文明并建超越文明优越。

文化冲突和文明优越是西方的话语。

我们从"十七大"开始，总结了中国文明话语的形成。"壮丽七十年，回首世界文明，奋斗新时代，认知中华文明"，这是我们的总主题。

第一个是"中国之中国"，然后是"亚洲之中国"，下面是"世界之中国"。

最重要的是，这个文明主题是怎么定的？是要超越某些话语，一定要超越它。说实话，我们向西方文明学习到今天，很多话语都是从西方来的，再加上我们自己的消化。但有些话语我们消化不了。比如说他的体制架构我们确实不好消化。他说西方是中心，这个东西就消化不了。文明冲突论，就更不能消化，应该超越掉。

文明的中国有三个"性"，公共性、正义性和规律性，这就是文明性的三种形态。其内容包括文明的公共性和政治文明，文明的正义性和"中国梦"，文明的规律性与城市文明之间的发展关系。

"中国之中国"是基于文明的原创性及其文明价值的根本性，我们定义为"中国之中国"。

"亚洲之中国"就是文明交流互鉴的价值建构，要从这个角度讲丝路文明史、"一带一路"，以及中国的西域文明（包括藏域文明）、陆路文明圈、商业文明与海洋文明之间的话语形态。

"世界之中国"是从这样几个角度讲如何超越文明冲突论，重新认识西方。要对战争与和平、文明冲突论重新解读。我们叫作世界文明共同体的话语形态，还有世界艺术文明。

文明话语体系是文明国家的文明工程。

第二个主题是我们怎么认知长城文化文明价值。

我们先看长城沿线史前遗址的密集度，非常高。中国出现的十个古人类遗址七个在长城沿线。中华文明的十大文明创生区域中，六个区域在长城沿线，包括红山文化、齐家文化、龙山文化、仰韶文化、黄帝文化遗迹，还有大禹的文化遗迹，基本上这些文化都在长城沿线展开。构成文明创始的主题部分，是在长城沿线形成的。

下面说一下长城在中华文明史的历史地位。

中国文明史上，各种文明发生区以及创造出的三大主流域、三个次流域，从黄河、长江、澜沧江、金沙江、怒江，延伸到东南亚，构成了一个大文明板块，以昆仑山系为中心。其中就包含了长城文化带。

与长城并行的，有一个运河文化，历史地位都相同。

长城文化带联结了欧亚丝路的西域文明、松辽文化和东亚次生文明。

中国朝代密集更迭，大部分都在长城沿线发生，因此古代城市出现的密集度，在长城沿线体现得很突出。像山东、河南、山西、河北、陕西等，都是中国历史上发生故事最多的地方。

什么叫文明，文明就是"城"和"市"，这两个是最突出的物质标准。有"城"没有"市"绝对不算物质文明，有"城"有"市"才有文明。原因很简单，"城"只是一个防御系统。但是人们如何生活？生活就必须有"市"，也就是产业和交易系统。

我们查"堡"这个字可知，中国叫"堡"的地名很多，光北京市周边省份就有6000多个。现在问题出来了，是不是都读 bǎo 呢，除了读 bǎo 之外，还读 bǔ 或者是 pù。bǎo 是"围子"的概念，pù 是"铺子"的概念。pù 是什么，就是"市"，就必须有人生活。怎么生活？用"铺子"来解决问题。三十里铺、十里铺，都写成"堡"，但读成 pù，这是我们发现的一个重大现象。从这里我们就知道城市文明的发生。市场体系、交易体系、生活方式、农牧生产的结构，就在长城沿线凸显出来。

关于长城文明的认知方式，首先是建立在对自己民族历史的重新解读。第二是世界文明史的关联问题。要重新分析长城文化和中国发展的世界意义，重新研究做长城文化传播的意义。我们应重新构建长城文化与文明价值的认知方式、话语系统，构建与中国智慧的全球治理系统理念和模式。重新诠释和表述长城与中华文明的发展形态，创新中华文明的发展符号。

下面讲第三个主题。我们造访山东时，看到了齐长城的走向。齐国是春秋战国时期中华商业文明的重镇，管仲是世界最早的经济学家，亚当·斯密的经济学思想我们一看管子的书里，也有。

齐长城到底是干什么的，根据管仲的描述，说建长城有几个目的：第一是防止盗匪，这是社会治理的意思。第二是收税，是海关的概念。第三是防止大规模的入侵。

齐国是第一个在世界历史上建立产业园区的，他把手工业、农业，特别是冶铁手工业和陶瓷业，还有几个重要的手工业比如木材加工等，全部分区了。分区就减少了交易成本。所以世界上产业园区的概念发自于齐国。

凡是有"关"的地方，旁边都有一个大的交易场所，50里之内或者是10里之内都会有。

第四个主题，讲讲"居延"长城这个案例。"居延"长城大概是280千米，它有几个聚落，就是城市群，这几个聚落都是城市。最重要的是发现了40000多枚汉简。汉简总共在中国出现了大概50000多枚，其中40000多枚就是在居延发现的。居延发现"汉简"有什么意义呢？汉简表明了农牧行业、手工业和商贸的发展程度。如当时的中等收入人群，相当于现在4000元到6000元的收入，将军一级大概是12000元钱。住房分配是免费的，还有免费医疗。也有义务教育，包括士兵、农民，都有一个继续教育的问题。教育的课程汉简上都有，这个现象很有意思。

第五个主题，谈长城文化作为文明思想交流体系的价值。文化是"人化"，但是文明是什么呢？文明是组织起来的文化，这就叫"仁"。孔子说的"仁"就是"仁化"。

中国历史有三个阶段，没有长城是第一阶段，有长城是第二阶段，第三个阶段就是跨越长城。长城体现了人类文明秩序，解决了中华文明的几个基本问题，政治安全、文化融合和产业分工。

第六个主题，是围绕长城文化作为文明思想传承体系展开的研究，相关方面内容请其他同志延续发言。

张文涛：长城文化的世界文明史意义

大家好！我是中国社会科学院世界历史研究所全球史研究室的，研究的是历史哲学和史学理论。长城这个话题讨论得非常多了，我觉得要说出新意非常难，简单谈一点看法。

我们今天是一个全球化的世界，看任何一个东西，如果站在世界的角度来看，对这个事情会看得更加清楚。我们过去受欺凌的时候常常有这种想法，总是想证明我很厉害。当然很多民族也都有这个想法，不仅仅是中国人。自我中心主义是民族国家的普遍情绪。人们写历史的时候，总是要把自己国家写得很悠久，很古老，很牛。需要不需要呢？一定时期是需要的，尤其是受压迫，受欺凌，受殖民的时候。但是我们最终要走出这种自我中心主义，才能与世界各个民族和平相处。

我结合三个世界文化遗产谈点看法，第一个是土耳其的哥贝克力，第二个就是埃及的金字塔，第三个是中国的长城。这三个遗产有不同的含义，我们可以从不同关系中理解古建筑的意义。

我们知道，人类永远要处理好三种关系：第一个是人与自然的关系，第二个是人跟自己的关系，第三个是人和他人的关系。这三种关系实际上是不可能有终极答案的，并且在所有时代都会有很多矛盾。人跟自然之间的关系表面和谐，实际上经常矛盾很大。人也会跟自己过不去，追求各种莫名其妙的意义，心灵是很难安宁的。人跟他人的关系也一样，有合作，但始终跟他人还是有矛盾。以上三个遗产，某种程度上就是三种关系的体现。

哥贝克力遗址是20世纪90年代挖掘的遗址，这个遗址很厉害，距今有10000年到12000年的时间，由许多巨石建成，石块有的可达60吨，在全世界同时期是绝无仅有的。这个时间点非常有意义，为什么？因为我们知道农业文明距今10000年左右。说明农业文明之前，人们还在狩猎和游牧时代的时候，就已经修建了这个巨石阵。为什么要花费巨大代价修造这个建筑呢？斯坦福的一个教授对此有很好的解释，认为其体现了人和自然关系观念的变化。他是根据巨石阵上的雕像来判断的。与距今16000年前的法国阿尔卡米拉洞穴壁画上的凶猛动物相比，10000年前石阵上的猪、狮子，还有其他很多的小动物都很温顺，说明人类已经有了充当天地代理人的想法。从此之后，我们要驯化动植物，这是对农业起源的一种解释。

第二个遗产是埃及的金字塔。金字塔距今也是快5000年了，历史也比长城悠久得多。金字塔这个东西大家都知道，是保存木乃伊的，在这个里面就有很重要的思想。为什么要保存木乃伊？人们那时有一种追求，希望能不朽，不仅仅是肉体的不朽，还希望灵魂不朽，希望精神不朽。因为在金字塔铭文，还有一些古老的亡灵书中有明确的表述记载。那些文字怎么说的呢？说希望超越人的有限性，在时间上遨游过去和未来，在空间上遨游天和地。另外还加一个阴和阳，要超越这种有限性。这是每个人都必须面对的有限性，在古埃及人修建金字塔时已经明确表达了出来，就是人和自我的关系。

第三个就是长城。长城典型地体现了处理人和人关系的一种办法。既要防止别人侵入，也防止自己人流失。在两千多年的时间里，历代修建了数万千米城墙，真是耗费巨大。

以后见之明看，这三个遗产都是代价巨大的，甚至得不偿失的。但这就是人类，试图一劳永逸地解决那些一直困扰的问题，哪怕代价再大。我们应该对先民们投上尊重和钦佩的目光，同时也要在我们的时代找到自己的办法，处理好与自然的关系，与自己的关系，与他人的关系。在审视我们民族伟大遗产时，一定要记住，其他民族也有同样伟大、甚至更加了不起的东西。我们的眼光要站在物种的高度，才能既不夜郎自大、也不妄自菲薄，对事物有较为准确的判断。

张丹：西方文化叙事中的长城形象及对中华文明的认知

大家好！我主要和各位学者一起探讨在西方文化叙事中长城形象的演变过程，看一下长城如何从一个充满神秘东方色彩的叙事对象成为西方语境中的"他者"形象的。

长城作为中华文明的意象，承载了中华民族的历史和精神，体现了中华民族特有的价值理念与精神内核，是力量智慧的象征，代表了中华民族的文化基因。它体现了我们中华民族的精神内核和一种文化传承。

长城也是人类文明的标志，被称为人类的八大奇迹之一。15世纪末从《马可波罗游记》开始，欧洲掀起一股"东方热"，德国文豪歌德用"视线所窥，永是东方"的诗句来赞叹东方中国的繁荣景象，在西方的叙事话语中，长城作为东方文化的具象代表了秩序、文明和富庶。从16世纪中期始，西方传教士进入中国，成为中西方文化的传播者，西方学者关注和研究长城，并不断强化对长城文化意涵的认识。作为中华文明的文化符号，长城在西方文化的最初认知中代表了中华帝国的权力和威严。

但是到了18世纪中后期，随着西方近代化的过程和"欧洲中心论"的兴起，西方意识成为主体意识，"文明优越论"在西方话语中后来居上，文化霸权主义盛行一时。在将近一个世纪的西方文化的叙事中，中国长城演化成了西方文化中的"他者"形象，"他者"的概念实际上潜含着西方中心的意识形态。中国长城形象在200年的演化中从最初的秩序、文明、众志成城，演绎成僵化保守、闭关锁国和固步自封的代名词，演变成了一种中华帝国的腐朽，一种停滞。这个现象需要我们深思。

"西方文明中心论"的兴起，代表了西方文化的傲慢与偏见。在西方将近200年的文化叙事演变史中，中国长城意象从耸立到坍塌的这个过程，其实也是中华民族抗争、进步和自强不息的过程。如何重构和再塑长城意象即是如何传播中华文明形象的过程。

习近平总书记在党的十九大报告中多次提到中华文化复兴的问题，指出文化的自信是一个民族复兴的原动力，有助于实现世界文明大同的人类理想。重新构建长城意象，重新再出发，对我们来说有深刻的现实意义。它其实也是一个重新诠释文明传播和重新对话的过程，是构建人类命运共同体的一个过程。重新阐释当代中国的长城文化意象，展示中华文明的开放包容，树立民族自信和文化自信，有助于打破对外传播的僵局，让中西文明真正达成理解互补，实现文明的对话与传播。这是我向大家汇报的主要内容，谢谢大家！

杨瑞明：长城文化与文明价值

各位专家、各位学者好！刚才几位专家都已经谈了他们的不同视角，我就从文明价值的视角来谈长城。

我们从中国五千年的历史走过来，其实也是有一个不断的民族自省和反思的过程。我们做了这么多年的文明传播，核心其实是聚焦文明价值。人类所有的社会实践可以总结为两个，一个是追求真理，一个是创造价值。追求真理，人从仰望星空的时刻就开始追问了，这个世界是什么，这个世界的本质是什么，规律是什么。另外人类总是在想，我在这个世界上做什么，我们需要做什么。

刚才张文涛老师也谈到了西方的金字塔这些遗址，留给我们今天的这些特别壮观的遗产，我们的长城也是这样。长城是很多人包括外国的元首来到中国，都觉得看到了人类的一个文明象征，看到了文明的符号。

我觉得要回到这样一点，长城的价值究竟是什么。比如说为什么今天还要把长城作为我们中国的一个象征符号，或者世界的一个象征？实际上我们是在追问一个价值，它对我们人类社会到底意味着什么。所以我觉得今天我们再来探索长城的时候，再追问它的文明价值，是一个特别重要的话题。

西方人也是在不停地追问他们的文化价值。包括在20世纪末的时候，欧洲就为这个动员了一大批学者到欧洲的各个国家去问，说你们认为我们欧洲的文化是什么，我们欧洲的文化价值是什么，我们可以认同的价值是什么。然后他们在1998年的时候开了一次欧洲的文化价值追寻这样一个大型学术研讨会，也是希望找到他们共同的文化价值。

在美国也是这样的。1999年的时候，哈佛大学他们也是在探讨说文化究竟对人类意味着什么，就是人类的文化价值对社会的进步意味着什么。他们也是到各个国家去追问，这个文化价值观起到什么样的作用，他们也开了一个这样的研讨会。

我们今天再来讨论长城的时候，实际上就是在追问长城的文明与价值。

娄晓琪：重新探讨长城文化的意义

我觉得现在这个时代重新探讨长城文化的意义很有必要。这个意义主要是为了让长城文化在全球化时代传承下去，传播出去，有助于丰富和发展世界文化。长城是在中国的世界文化标志，是在中国的历史进程中形成的。但是中国长城又是中国历史和世界历史形成的人类文化一个重要基点。这是人类文化的一个重要组成部分，是人类在社会发展中面对问题的一种思考和解决方式及能力展现。同时，它为今天留下了珍贵的文化遗产，记录了当时社会发展状态和社会组织能力与建筑技术发展水平及美学修养。

今天，我们要给现在的青少年讲长城文化、长城精神是什么？是那种面对巨大问题的思考、凝聚、奋斗、创造、交流和促进不断发展的宏大气魄。同时让世界感受到在中国大地上，人类历史曾经创造的奇迹与辉煌。创造的长城奇迹不仅是书写了人类发展的历史，更重要的是展示了人类发展的今天和探索人类发展未来走向融合发展的历程。

我们要探索长城文化怎样更好地展示它的自然形态、历史形态、建筑形态和文化形态，它的文明价值、美学价值、文明发展趋势，它的历史形成和未来发展的形态与脉络。我们现在主要从构建人类命运共同体和促进文明交流互鉴的角度进行思考，包括我们学术研究的目的是什么？从民族发展、时代发展到人类的融合。长城是历史上中国对人类的贡献和人类发展的重要历史文化标志。长城精神、长城文化的研究是今天我们在试图探索对人类今天发展和人类未来发展的一个新的贡献。作为中国人，我们有责任站在世界发展和面向未来的角度，向我们的后人，向我们的当代人和向世界讲清楚，长城今天的价值和未来的意义。

我觉得这是我们要面对的。《文明》杂志也是力图为专家学者搭建这么一个交流互鉴的平台，把大家更好的思想智慧展示出来。在展示过程当中，不断地融合和交流探讨，然后使它更加地丰富和发展。

让我们一起面对未来，讲好长城故事。谢谢大家！

娄晓琪　《文明》杂志社社长
季燕京　《文明》杂志社编审
杨瑞明　中国社会科学院新闻与传播研究所传播学研究室主任
张文涛　中国社会科学院世界历史研究所全球史研究室副主任
张　丹　中国社会科学院新闻与传播研究所传播学研究室副主任

万里长城·"一带一路"与人们的心态展望

李鸿宾

摘　要：长城本身是古代王朝为保卫自身修建的防御工程，在中国历史上更多地表现为中原王朝防护农耕地区免遭游牧势力攻击而做出的军事举措。但军事行为背后则是攻守双方的政治谋略。谋略的焦点集中于经济和财富之上：一方是索取，一方则是保卫。正是这种活动，将长城东西南北连为一体，形成了分合的互动。"一带一路"作为现代国家之间经济文化联系的行为，它虽着眼当下，但文化意涵则含括了古典遗存的精华。将古今二者连接形成有意义和价值的那根线，就是长城呈现的四方脉络与今日国家之间的关联。互动、交往、联络，浸透于古今的上述行为之中。倘若对"一带一路"有真切体会的话，这种互动与联系的思想无疑是其精华。若对联系与互动做精要理解，建基于全球化当下的人们之思想和意识，体认承载国家民族的同时，如何将它与全球性意识做有效沟通，进而确立家、国、天下的意识并依此形塑包容的心态，实乃重中之重。

关键词：万里长城　"一带一路"　二者之关联　心态与理念

将"万里长城"与"一带一路"的文化作关联性考察具有很强的现实意义。它将古代长城工程与当下"一带一路"经济开发的现实需求结合为一，旨在以历史的丰厚资源彰显后者的文化意涵以证实其行为的广延与兼纳。有鉴于此，我借这一主题谈谈我的几点想法。

一

当下我们每个人都是以国家公民的身份属性而呈现，这是民族国家赋予的角色。然而随着全球化步伐的加快，它也蕴藏着超越国属公民的诉求。"一带一路"本身是中国众多经济行为之一，但它的目标则是与多国建立经济贸易乃至文化的交流与联系，内涵着超越国家的愿望，于是国属公民就面临着他（她）所承载的这一角色与超越的这个世界之关系如何调整与构建的问题。最能明显表达这种关系的，应当是民族主义与世界主义的意识及其衔接。我们所谈的问题有两个层面，一个是长城，它是历史文化；另一个是"一带一路"，它是经济建设。将它们联系在一起的则是文化意涵。由此形塑的思想意识，是我们的认知与态度。简而言之就是"心态"。这是本文讨论的主旨。

二

众所周知，长城是由政府出面组织修筑的防御工程，它从战国时期开始持续到明朝，断断续续两千多年。作为防御工程，它首先出自军事需要，是国防的产物。但军事背后隐藏的是诸侯国的政治行动，它的修筑受此支配。秦朝建国后，诸侯国的长城连缀一体抗衡匈奴，又上升到农耕王朝防御草原帝国进而变成了依托不同经济方式构成的政治体之间的角逐。"一带一路"是现代人思考国家建设的一项举措，它包含的地区，从中国内陆向西部延伸至亚洲中部和西部，直达欧洲大陆。它所涵盖的内容主要是经济建设和贸易交换，以及相应的文化活动。这一古一今原本不同的举措之所以产生链接，乃在于古代遗产能够衍化成为当今建设的助推资源，即历史文化的古为今用。具体到"一带一路"，还有一个洋为中用的关照。然而怎么采用更为妥当呢？这主要取决于采用者的思想和理念，也就是上文所说的"心态"。

心态是思想活动，人有感情和理智，必有不同的心态呈现。就"一带一路"的建设而论，长城历史资源如何采纳、如何拿捏做到古为今用，反映的就是思想和理念。既然如此，我们抱着什么样的心态看待万里长城和"一带一路"的关系？我想大致可从两个角度给予考量。一是国家公民的角度，它着眼于公民个体与所在国家之间的关联，属于民族国家范畴之内的界定。另一个是全球化角度，它超越民族国家的限域，从世界整体着手考虑。通常情况下，人们更多从个体与国家的关系进行思考，形成了二者的密切衔接，这在很大程度上归咎于民族国家框架内的民族主义思潮的熏染。长城从固体工程转变为保家卫国的形象乃至抟成为中华文明之象征，主要缘自爱国主义的思潮感召。然而如上所说，"一带一路"内涵的超越使得国人的思想和观念也应上升到与世界关联的境界。所谓"国际意识"或"国际主义"便成为我们思绪中的重要内容，它内涵着将中华视为人类群体中一个组成部分的逻辑理路。二者关系如何协调，成为改革开放四十年的一个主导思想。

三

就中国四十年改革开放的历程而言，经济取得的进展之突出，成为引以为傲的炫点殆无疑义。然而与之伴行的有关中国—世界思考和观念的塑造，与经济发展的关系并非密切套配。全球一体化口号喊得虽很响亮，但它承载的内涵有待丰富。所以在国家认同基础上加强国际意识，对体认和理解中国与周边诸国乃至世界，会产生良好的促进作用。这是我对二者关系如何协调的一个想法。具体分成以下两点。

第一，当我们的想法再向前延伸的时候，我们对事务的思考就会更加开阔，也更具有包容性。就长城而言，如果不做刻意的考虑，一般将它视作历史上中原王朝防备北方游牧势力"南侵"而采取的防护措施，这已成为固定而刻板的印记。在这种印记中，长城从战国时代诸侯国的相互防御，衍变成为秦始皇以后中原王朝因应北方游牧政权的攻击而构筑的一道（或多道）长墙。保护农耕地区的安全和稳定，成了"长城"这一概念的核心。这样的考量，聚焦于防护一方的主体思路。但这只是长城功能的一个角度的观察。如果我们的观察再扩大或从草原的角度出发，长城则是游牧势力南向的一个目标。通过长城的联络，草原与中原的经济贸易交流得以畅通。当这条通路被阻滞之时，武力冲突就会衍生。对北方势力而言，武力介入的指向还是贸易的交换。拉铁摩尔（Owen Lattimore）开创了超越长城的新思维，将它视作沟通南北东西的一个中心而非边缘。这里呈现的则是东亚和欧亚内陆不断交往的场景，其着眼点扩大为欧亚东部的整个区域。[1]

角度的转换不在于角度本身，它是长城形象不同侧面的反映。长城的防御出自汉人的农耕王朝，它的联系则出自草原的游牧势力。任何一方都有它依凭的理据，即由长城独一层面的功能所赋予。作为初始的防御功能，这是农耕王朝自我保护的有效办法。它存在的理据非常充分且无可置疑，这是我们首先要明确的。今人的理解也多从这一侧面着手。但即使如此，作为"进攻"的一方，他们如何看待长城，也是那个时代的现实思考，同样不可抹杀。说白了，长城修筑本身虽属一方之需求，一旦成为客体对象，就需要多维度和多层次的考量，需要我们从不同角度考虑攻防背后隐藏的诸多意涵。如此，我们的思路就能突破单一向度，它体现的南北交往、冲突交织的"互动"，便成为我们理解这段两千年历史衍生过程的一个主旋律。

第二，长城的意涵是个变动的过程。如果长城本身是多方势力交织于此的互动，那么长城的意涵也会随着它的衍变而变化。在王朝语境内，当南北政权处于均衡对峙之时，长城保护农耕一方的功能就会凸显，这在秦汉和后来的明朝表现得十分突出。然而随着农耕王朝强大到突破长城沿线深入草原，或北方帝国南下囊括中原构建跨越式政权步伐的迈进，譬如前期的唐朝、蒙古族的元朝和满族的清朝，长城的攻防就会消逝，它连接东西南北整合王朝的推进作用就会明显地呈现出来。它初始（攻防）作用的最终丧失，是康雍乾三朝持续努力抟成的一统化局面的抵定。这表明：长城的功能与农耕王朝的命运相始终而与兼跨型王朝的命运相抵消。进入民族国家之后，长城的意涵遂衍变为与国家、民族相依的文化符号和意识承载，转化为主权国家的观念形塑。至于成为中华民族精神的象征，同样是这一功能的展现。

只是其内涵又发生了新的转轨。如此看来，长城意识与它依托的国家主体及其衍化密切相关，且为后者所支配。离开这一主体，它的意涵便无法存在。在这一层面上，当"一带一路"经济贸易的建设衍生为国家新的展望之时，与之相配的长城意涵便成为我们今日新的追求，这就是开放、包容和兼纳。由它构成核心的意涵，不单突破了古典时代维护一方的封闭，也超越了区域的"互动"而上升到我们生活的这个世界的整个畛域。

四

这是我对万里长城与"一带一路"二者之关系的一种认识。这个认识建立在个体与国家关联的基础之上但又超越了这个限度，升华至中国与亚洲乃至世界的关联之中。我的这种认识，缘自于中国改革开放四十年的经历。以"一带一路"为标识走向世界的中国，对它的认知倘若没有视角的扩大和转换，抑或滞留在过去的限域之内，就不能妥帖地理解我们时代的特质。这种开放、包容和兼纳，就是我理解长城历史文化与"一带一路"建设二者的重要关联。这既是我论述的核心，也是我平时思考的一个主轴。简而言之，我们的理念是以主权国家为基础，胸怀全球，站在人类整体的角度，回望长城所连接的中国过往，与当今人类文明做对接。在此之中，长城承载的交流、互动这一层面的意涵就被凸现出来，它与"一带一路"蕴含的多元互动、文化包容能对古今中外构成有效的逻辑链接，并以此构建我们的新思维，这应是我们当下的一个主要任务。

五

以上所论是为本文之主旨，另有三点附论简述如下。

第一，关于长城防御对象的表述。

我在不同场合听到长城工程防御的对象一词时，有用"防御游牧民族"或"少数民族"等词汇表述，在我看来这是有问题的。长城作为防卫手段本身没有问题，但防御的对象是民族或人群吗？具体说是那些游牧人吗？历史的记载一再证明：长城的防御对象是有针对性的特指。这涉及长城攻防的主体性问题。战国时期修建长城的目的是保卫诸侯国免遭对手的进攻，修建者是诸侯国，它属于政治行为，防御的对手是敌方有组织的军队，即长城的攻防双方都是军队。军队是国家政治交往的工具，长城的修筑及其功能表现的是军队和政治活动，即有"组织"的目的性行为是其关键。从秦始皇统一后构筑万里长城到明朝，长城的修筑都是历朝历代政府有针对性采取的措施，它防御的对手多是北方政权及其军队，双方都是有效的组织而非散兵游勇，与百姓无关，这才是问题的实质。倘若没有双方军队的较量、没有政权组织的对峙，也就不会有长城的出现。这说明长城与特定的对象产生关联而与民众（诸如民族、族群等）不发生直接对应。只有明确这些概念，我们才能精准地认识历史相貌以避免歧义。

第二，关于包括长城在内的文物保护意识的强化。

文物保护本属老生常谈，也非我强调的重点。我关注的是文物保护背后潜存的古今衔接观念和意识的系统塑造。为什么这样说呢？到目前为止，我们似乎还没有形成一个广为接受和认可的有关文物古迹保护与当今社会建设有效接续的主体理念。

保护文物虽已家喻户晓，但仍旧停留在比较浅显的层次上面。这与它形成于20世纪70年代末改革开放的短暂路程有关。欧洲北美文物保护及古今衔接的思想理念至少延续数百年之久，形成了一套规范并可操作的方法。纵贯欧亚大陆两端，人类步入王朝国家的轨道前后数千年的历程，塑造了东西共峙而异彩纷呈的文明中心，遗存了各自丰富的历史资源。如何做到古今衔接、融古典与现代为一体？欧洲更有持续性的体验。中国这方面历经波折和反复，曾破损严重，好在这些年颇有改进，将其上升为国家、民族文化的凝练结晶而日益重视并在诸多具体行动中展现。当下的任务则是在此基础上如何做得更好以达到新的境界。若此，除了具体手段的采纳、维护方法的选拣之外，观念、意识的学理性和系统性梳理和塑造，实属更加紧要。我所关注的，就在这里。对文化遗产思维方式的精准确立，是我强调的重点。

第三，长城关键段落承载的职责。

山海关、八达岭、嘉峪关等这些长城段落是中国长城遗产的重要组成。以八达岭为例，它因地处北京城近毗而受到格外关注，这个地缘优势使它的意义超出了特定地区而具有整体长城遗产象征的价值。这是我对它的基本定位，叫"区位优势"。当它享有这一优势的同时，肩负的责任也随之增加进而超出了区位本身。如何做得最佳？这是摆在八达岭区位面前的任务。就此而言，八达岭承载的是全局性和历史性的担当，这也应当成为该区域全体成员具备的意识。立足中国长城，面向国际典范并与国际先进的保护经验接轨，是这种意识得以强化的必要保证。如上所说，理念和意识的确立是一切行为的动力和指南；用什么思维方式统摄长城的保护，关系到古今联系的精准选择。其重要性之突出，于此可见。

就历史文物的保护和延续而论，欧洲北美一直重视这方面的工作，积累了丰富的经验，应当说为当今世界树立了典范。与之相比，中国重视文物或古典文明的象征性资源这种意识及其相应的保护行动，基本成形于改革开放初期，至今有四十年的历程，需要做的工作实在太多。不可否认的是，这些年中国这方面做了许多努力，成效显著。我认为当下乃至今后应该在更深入的层面确立我们的文物古迹和文化遗产思想、观念和意识系统性的认识，形成一整套的思考路径。这首先要在学术领域进行系统性探索和研究，将它与社会受众连接，贡献于社会，提升国人的整体性保护意识。只有思想和观念走向深化，历史遗产和文物保护才能步入专业化道路并成为大众之共识。在这方面，作为遗产保护典范的山海关、八达岭、嘉峪关等地段的长城，它们外在的维护措施和内在的保护思想，也应当与这种典范相契合并引领全国，在现有的基础上达到更佳状态。

李鸿宾　中央民族大学历史文化学院教授

注释：

1 [美]拉铁摩尔.中国的内陆边疆（唐晓峰译）[M].南京：江苏人民出版社，2010:163—172。

交通史视角的秦汉长城考察[1]

王子今

摘　要：长城是中国古代重要的军事防御工事，最初修筑，在于阻障在交通方面机动性甚强的北方草原民族的攻击。然而长城工程又导致了新的交通条件的完备。长城本身形成了特殊的交通带，同时亦促进了"北边"地方空间幅度十分宽广的交通体系。"关市"交通，"当路塞"的作用以及长城防线与内地的交通联系也值得重视。

关键词：长城　交通　北边道　直道　烽燧　亡人

修筑长城的最初动机，原本在于阻障交通。如《后汉书》卷八七《西羌传》所谓"隔塞羌胡交关之路"。所谓"障"，就是长城系统的重要构成。然而，长城这一大型建筑工程的完成，同时又创造了新的交通条件。长城本身，即形成了一条特殊的交通带。军队为戍守和出击进行的集结和运动，都要求较高的交通效率。长城对于交通事业的促进，其实又并不限于长城沿线地方。

一、长城和长城地区的交通

班彪《北征赋》写道："涉长路之绵绵兮，远纤回以樛流。过泥阳而太息兮，悲祖庙之不修。释余马于彭阳兮，且弭节而自思。""越安定以容与兮，遵长城之漫漫。剧蒙公之疲民兮，为强秦乎筑怨。"所谓"涉长路之绵绵兮""遵长城之漫漫"，正反映了古代交通和长城的关系。

长城地区的交通干线，在秦汉时期可以称作北边道。北边道的最初经营可以上溯到战国时代。《史记》卷一一○《匈奴列传》记载："秦有陇西、北地、上郡，筑长城以拒胡。而赵武灵王亦变俗胡服，习骑射，北破林胡、楼烦，筑长城，自代并阴山下至高阙为塞。而置云中、雁门、代郡。""燕亦筑长城，自造阳至襄平。置上谷、渔阳、右北平、辽西、辽东郡以拒胡。当是之时，冠带之国七，而三国边于匈奴。"以当三国北边防线中部，也是创建较早、地段最长的赵长城为例，据《史记》卷四三《赵世家》记述，赵惠文王元年，"主父欲令子主治国，而身胡服将士大夫西北略胡地，而欲从云中、九原直南袭秦，于是诈自为使者入秦"。"三年，灭中山，迁其王于肤施。起灵寿，北地方从，代道大通。还归，行赏。"不过数年之间，赵国实际最高执政者竟然频繁往复在北边活动，所谓"北地方从，代道大通"者，说明当时赵长城防区已经开通条件良好的交通道路。赵武灵王策划从云中、九原南袭秦，说明这条道路的通行条件可能已较赵从南路击秦更为便利。可见，在长城最初发挥防卫作用的同时，北边道路也已初步开通。

长城在营建时，就促进了交通事业的发展。长城工程调用工役数量极大。《史记》卷一五《六国年表》和卷八八《蒙恬列传》都说，"蒙恬将三十万众""筑长城"。《淮南子·人间》说："因发卒五十万，使蒙公、杨翁子将筑长城"，"中国内地，挽车而饷之"。所谓"三十万""五十万"者，仅指"卒"而言。长城工程中作为"徒"的筑城人员更不在少数。张维华曾经估计，长城工程劳役用工，"总在伍士兵及戍卒与罪谪计之，当不下数百万人，此诚吾国历史上所罕见者"[2 (上编P131)]。姑且不考虑施工时木石等建筑材料的运输以及工程人员来往的需要，仅"中国内地挽车而饷之"的施工人员口粮，以100万人计，每年至少需3000万石以上。[3]据秦汉运车的一般装载定额每车25斛[4]计，转运这些粮食，每年需要运车120万辆次。施工人员分布长城沿线，连绵数千里，输运给养保证施工必然要求沿线交通道路的畅通。

长城作为军事防御设施，必然要以交通道路作为辅助结构。

自春秋晚期起，车战走向衰落，但秦汉之际兵车在战争中仍发挥一定的作用。秦始皇陵兵马俑军阵表现为以兵车为主，步骑为辅的形式。秦末战争及汉匈战争中仍有车战。[5]秦汉时长城沿线巡边防卫以及出击，都当有兵车队列，大队兵车的通行必然要求交通道路的平整和畅通。

秦汉长城防御体系由交通道路连贯为一体。其中最受重视的，应当是与长安的安全有重要关系的西北区段。

《史记》卷六《秦始皇本纪》记载，秦始皇曾"巡陇西、北地，出鸡头山，过回中"，陇西郡正在当时长城的西端，而所谓"鸡头山"，张守节《正义》引《括地志》："《后汉书·隗嚣传》云：'王莽塞鸡头。'即此也。"可见也是著名要塞。秦始皇三十二年（前215）东巡海上，又"巡北边，从上郡入"。5年后，秦始皇出巡途中病故沙丘平台，李斯、赵高秘不发丧，棺载温凉车中，"从井陉抵九原"而后归，并不急于回归咸阳控制统治中枢，特意绕行北边，说明这次出巡的既定路线是巡行北边后由直道返回咸阳。汉武帝元鼎五年（前112），曾由雍"至陇西，西登崆峒"[6]（卷二八《封禅书》），元封元年（前110），汉武帝"行自云阳，北历上郡、西河、五原，出长城，北登单于台，至朔方，临北河"。同年，又北"至碣石，自辽西历北边九原归于甘泉"。元封四年（前107），汉武帝"通回中道，遂北出萧关，历独鹿、鸣泽，自代而还"[7]（卷六《武帝纪》）。司马迁《史记》卷八八《蒙恬列传》中所谓"吾适北边，自直道归，行观蒙恬所为秦筑长城亭障"，可能也是跟随汉武帝出行的经历。帝王出巡，常常随行大队车骑，如《续汉书·舆服志上》所谓："乘舆大驾"，"属车八十一乘，备千乘万骑"。秦始皇、汉武帝皆曾巡行长城防线的西北区段，沿途道路自当有可适应帝王乘舆通过的规模。皇帝出行，往往"郡国皆豫治道"。[7]（卷二四下《食货志下》）《盐铁论·散不足》也说到帝王出巡时，"数幸之郡县，富人以资佐，贫者筑道旁"的情形。秦皇汉武巡行西北长城，必然会促进"遵长城之漫漫"的交通道路的建设。

秦汉道路多为土质路面，遇雨雪难以通行，平时也需要经常养护维修。长城防区道路的建设和养护受到充分的重视。居延汉简中有这样的内容："●开通道路毋有章处□"（E.P.T65：173）可见修筑道路并保证其畅通，不使出现阻障，是长城防务人员的职责。又如："□□□车马中央未合廿步溜潦不可[行]"（E.P.T65：230），说明了对长城防区交通道路雨后养护的严格要求。通过"中央""廿步"等字样，也可以推想当地交通干线的规模。居延汉简中可见所谓"除道卒"（87.7、87.8），其身份大约就是专职筑路养路的士兵。甘谷汉简中说到"有警，□[吏]□[民]运给军粮"之外，尚需缴纳所谓"道桥钱"，甚至刘氏宗室也不能幸免，致使"役使不得安土业"。[8]（P88-89）可见为保证道路通达征收的钱税和调发的劳役，成为民众的沉重负担。甘谷，正在秦皇汉武巡行陇西的道路上。

在长城防线构成之后，交通体系的作用首先在于强化防务，维持整个防御系统中各个边防城塞之间的联系。西北边地曾经设置最初属于交通系统，同时又有军事意义的"亭"。《汉书》卷九六下《西域传下》："稍筑列亭，连城而西。"《史记》卷三〇《平准书》说，汉武帝"北出萧关，从数万骑，猎新秦中，以勒边兵而归。新秦中或千里无亭徼，于是诛北地太守以下"。可见"亭"在边防地区的作用。居延汉简中有亭燧、亭障、塞亭、燧亭、关亭、望亭、戍亭诸称，"亭"逐渐与障、隧、候、塞等意义混同，由交通设置演化为军事组织的情形，可以说明长城防线上军事防御设施与交通道路的关系。居延汉简29.7："四月丙子肩水驿北亭长敏以私印兼行候事。"陈梦家在《汉简考述》一文中指出："以亭长兼行候事犹以隧长兼行候事之例，则亭长属于候官系统。"他又曾根据汉简中的有关资料列出邮站表，指出："邮为传递文书的专门机构，它与亭、传、置、驿并为大道上有关交通的设置，且往往重叠于一处互相通用"，"表中所列，显然与塞隧相联系，因此所谓邮站多数为隧，少数为亭、驿、关"。[9]（P28-29）这一现象，可能是西北长城沿线地区与内地不同之处。居延地区亭长与燧长月奉钱均为六百，可归于同一秩别。又"三燧长徐宗自言故霸胡亭长"（3.4），"第十八隧长郑强徙补郭西门亭长"（258.15），也说明原本分管交通与警卫的亭燧长官职能相近，可以互调，应属于同一指挥系统。

从居延汉简提供的材料看，当地烽燧等许多防卫建筑确实靠近交通要道。例如金关同时又名"通道厩"[10](P486)，简文中还可见"道上亭驿□"（149.27）、"甲渠河南道上塞"（E.P.F.16：3）、"县索关门外道上燧"（E.P.F16：6）、"临道亭长"（308.17，E.P.T.52：7）、"当道田舍"（217.16）等字样。烽燧障塞，如同甲胄零散的铁片，而交通道路就象坚韧的韦带，将它们牢牢结系为一体。

交通道路不仅有联系长城防线各个据点以加强防务的作用，对于在长城以外进击匈奴也有重要意义。据《汉书》卷六《武帝纪》，汉武帝时代汉军数十次利用长城道路运动集结兵力，出击匈奴。其中分多路同时出击的战役凡 11 次。如征和三年（前 90）贰师将军李广利出五原，御史大夫商丘成出西河，重合侯莽通（马通）出酒泉击匈奴等，可以体现出北边道路将整个长城防区联系为一个整体的作用。

二、长城交通系统的形制和结构

长城地区交通道路的具体形制，有独自的特点。

北边道的主体部分与长城并行，其干线应是连接北边各郡郡治和主要县治的大道，如《史记》卷五七《绛侯周勃世家》："所将卒当驰道为多"中所谓的"驰道"。兵员及大规模军用物资的转运以及商队所行，应该多经由这样的道路。然而作为主要用于军事防御的设施，北边道又有其特殊的与其他交通道路系统不同的结构需要说明。由于古代道路的遗迹比较难于探寻，只能从以下几个方面了解其大略。

城上道路。我国古城墙往往兼作战时通过兵员和车马的道路。在军情紧急时，城上道路和里中街巷同时戒严。长城在有条件的地段必然也以城上道路用于守卒调集运动。通过秦汉长城遗迹的考察，确实可以看到保持这一特点的现象。河北省围场县秦长城遗迹北线东段经 2000 年风雨剥蚀之后的墙址顶部宽度仍达到 3—3.5、3—5.5 米不等，可能想见当时必然更宽。北线中段墙宽均在 10 米左右。根据秦汉城址城墙倾斜度一般为 11°至 12°的调查资料和《九章算术·商功》中提供的"城下宽四丈，上宽二丈"的数据，可知当时墙基宽 10 米，则一般顶宽约 5 米。这段长达八九十千米的长城遗迹至今仍称"御路"。当地地名又有"御路梁""道坝子"等，反映出长城兼作道路的情形。[11]宁夏固原地区的战国秦汉长城都是"黄土夯筑，夯层坚硬，至今草木难生"，其中有的地段现在仍作为道路使用。[12]汉代曾在长城沿线增修复城。其中最著名的就是《史记》卷一一○《匈奴列传》所载汉武帝太初三年（前 102）修筑的"外城"，即世称"光禄城"或"光禄塞"者。现在的遗迹，地上仅存宽约 4—5 米的隆起黑土带。但也有人认为，武帝外城不是长城外的又一道长城，而是一条行军道路。[13]长城遗迹容易与古道路混淆，大致也可以说明当时城上道路的作用。内蒙古包头北部阴山以外的秦汉长城遗迹，至今仍被往来于大漠南北的人们作为道路来使用，现代公路的许多地段有些就在长城遗迹上。[14]这主要是由于墙基坚实的夯土可直接用作道路。推想秦汉时人在周围遍布流沙、草甸不利于交通的条件下，大都会利用城上道路通行。

类似于"环涂"的傍城道路。《墨子·备水》说到城防设施包括城内堑外的所谓"周道"。《周礼·考工记》有所谓"环涂"。郑玄注："环涂谓之环城之涂。"曲阜鲁城城垣内外侧均发现路土遗迹，"基本上沿城垣环行"，发掘者以为或许即文献所谓"环涂"。[15](P27)长城防线也应有循城垣的道路相通，在城上道路条件不良时尤其如此。宁夏境内长城有的地段墙基宽度仅 4—5 米，顶部宽度自然有限，至少是难以通行车辆的，有的地段甚至只用堑壕和木栅防御。在这种情况下，更需要傍城道路联系交通。秦汉长城许多地段发现城内傍城而行的大道。东汉初，班彪曾由长安西北行至安定，其《北征赋》中曾记述："越安定以容与兮，遵长城之漫漫。剧蒙公之疲民兮，为强秦乎筑怨。"史念海考察了这一段长城及古道路的遗迹后写道："班彪在途中，过了彭阳县后，就循着长城西行。彭阳县故城在今甘肃镇原县东南茹河北岸的井陈家村。茹河河谷为当时的大路。所说的长城正在茹河北岸。"在谈到甘肃环县、华池两县和陕西定边、吴旗两县交界处的秦长城遗迹时还指出："这里是马连河支流元城川与洛河支流二道川、三道川的分水岭，这段长城就筑在分水岭上。这条分水岭本是子午岭的一段，所以后来秦始皇所修的直道在这里就是傍着长城而行的。"[16]虽然关于直道的走向学术界尚存在争议，但当地确实存在"傍着长城而行"的道路却是无疑的。《水经注·河水三》说："芒于水西南径白道南谷口，有长城在右，侧带长城，背山面泽，谓之'白道'。"白道"侧带长城"，也体现紧傍长城往往有交通大道通行的形势。[17]

三、长城内外的交通

讨论长城道路的形制，应当注意到这一交通系统对于长城内外交通的作用。

长城交通道路系统中，包括出塞道路。

《史记》卷一一〇《匈奴列传》："匈奴绝和亲，攻当路塞，往往入盗于汉边，不可胜数。"当路塞，司马贞《索隐》："苏林云：'直当道之塞。'"应当就是扼守北向草原大漠交通道路的城塞。长城防线守卫的要点，也是北边道与塞外交通联系的交点。从已经勘察的几处遗址看，这样的当路塞往往利用险要的地形，构筑有较密集的军事建筑群。匈奴侵扰，大都由此入边。汉军远征塞外，也多由此出发。

长城交通道路系统中，又包括长城防区交通内地的道路。

《汉书》卷六《武帝纪》：汉武帝元光五年（前130）夏，"发卒万人治雁门阻险"。颜师古注："所以为固，用止匈奴之寇。"刘攽曰："予谓治阻险者，通道令平易，以便伐匈奴耳。"张维华认为："师古与刘攽之说俱可从。武帝之初，汉仍以雁门东西之地为内边，缮而治之，亦可以巩固边防。然武帝欲用兵匈奴，雁门为必通之路，修治之使令平易，亦属当然之事。此二事可同时为之，不必拘于一隅之说。"[2](P145) 然而史书说及加固长城防御工程，往往称"缮治""修缮"，又"治雁门阻险"句前云："夏，发巴蜀，治南夷道。"大约对此文的解说还应以刘攽为是，即治平阻险以畅通北边与内地的联系。

类似的记载，还有《后汉书》卷二〇《王霸传》记建武十四年（38）事："是时，卢芳与匈奴、乌桓连兵，寇盗尤数，缘边愁苦。诏霸将弛刑徒六千余人，与杜茂治飞狐道，堆石布土，筑起亭障，自代至平城三百余里。""治飞狐道"，与"堆石布土，筑起亭障"，是同时进行的工程。

联系北边道与内地交通的最著名的大道是秦始皇直道。直道由咸阳北行一千八百里至边防重镇九原。秦代经营的交通大道多为对战国原有道路进行修整沟通，唯此直道是在秦统一后规划施工的高质量的南北大通道。现在可见的直道遗迹，往往宽达数十米，与内地如关中地区驰道的规格相同。由直道向东，至少还有三条大道起到联系北边道的作用，即太原雁门道、邯郸广阳道，以及沿黄海渤海海岸北上至于辽西、辽东的并海道。[18] 联通北边道，使之归入全国交通系统之中的另一条重要道路即秦时的陇西北地道，使北边道西段直通关中。秦始皇统一后第一次出巡即经行此道。

汉武帝元狩二年（前121），匈奴浑邪王归汉，汉发车二三万辆经这条大道出迎。

1972—1976年居延遗址发掘的新收获中包括记有长安至河西驿置里程的汉简，上列京兆、右扶风、北地、安定、武威、张掖郡二十个地名和相距里程。其中第二栏的内容涉及北边道路，包括"媼围""居延置""小张掖""删丹""日勒""钧著置""屋兰"等地名。而第一栏的内容可见"长安""茂陵""好止""义置""月氏""乌氏""泾阳""平林置""高平"地名及相距里程，体现出长城道路交通内地的功用。

张家山汉简《行书律》可见有关置邮的内容。其中写道："十里置一邮。南郡江水以南，至索（？）南水，廿里一邮。……北地、上、陇西，卅里一邮。"通常"十里置一邮""廿里一邮"，而北地郡、上郡、陇西郡，则"卅里一邮"。"邮"设置的密度，或许反映了常规驿行方式如步递、水驿以及使用传马的不同。[19] 这或许正可以说明联系长城与内地的交通线，有比较好的功能。

北边道不仅有联系长城防线各个据点以加强防务的作用，尤其对于在长城以外进击匈奴有重要意义。从汉武帝元光元年（前134）以卫尉李广为骁骑将军，屯云中；以中尉程不识为车骑将军，屯雁门，防御匈奴始，至征和三年（前90）贰师将军李广利出五原，御史大夫商丘成出西河，重合侯莽通（马通）出酒泉击匈奴止，仅汉武帝时代，汉军数十次利用北边道运动集结兵力，由北边各郡出击匈奴，其中分多路同时出击的战役凡十一次[7]（卷六《武帝纪》），由此可以体现出北边道将整个长城防区联系为一个整体的作用，而大军出征制胜的军事实践，也说明长城内外交通结构的效能。

由于史籍记载的简略，我们难以详细了解当时北边道上各边郡同时紧张备战的情形。然而有的史例，如元朔六年（前123）春，卫青将六将军兵十余万骑出定襄，还，休息士马于定襄、云中、雁门，两个月后，又率这支部队由定襄出击；以及征和三年（前90），汉军由五原、西河、酒泉同时出兵，都可以说明边郡之间运输的方便与联系的畅通，也证实了这一交通系统联系长城内外的能力。而元鼎五年（前

112）、元封元年（前110）汉武帝两次亲自巡边，前者"从数万骑"[6]（卷三〇《平准书》），后者"勒兵十八万骑"[6]（卷一一〇《匈奴列传》），尤其可以说明联系内地和长城防区之间交通道路的通行效率。

除了战争行动之外，长城交通系统还多次承担了向匈奴发送救济物资的运输任务。例如：汉宣帝五凤元年（前57），匈奴五单于争立，"议者多曰匈奴为害日久，可因其坏乱，举兵灭之"。御史大夫萧望之以为"宜遣使吊问，辅其微弱，救其灾患"，宣帝从其议。[7]（卷七八《萧望之传》）汉宣帝甘露三年（前51）"（呼韩邪单于）居幕南，保光禄城。诏北边振谷食"[7]（卷八《宣帝纪》）。汉光武帝建武二十六年（50）"南单于遣子入侍，奉奏诣阙"，"转河东米二万五千斛，牛羊三万六千头，以赡给之"。[20]（卷八九《南匈奴列传》）

这种较大规模的运输活动，也反映了长城内外交通的便利。

四、长城军事通信体系

克劳塞维茨在《战争论》中指出，军队和它的基地必须看成一个整体，"交通线是这个整体的一个组成部分，它们构成基地和军队之间的联系，应该看作是军队的生命线"。交通线的构成因素颇多，其中包括"沿线"的"邮局和信差"。"只有那些有专门设施的道路才构成真正的交通线体系。只有设有仓库、医院、兵站和邮局，指定有警备长，派有宪兵队和守备部队的道路，才是真正的交通线。"[21]（第2卷P622—623）"邮局和信差"的作用在交通线的构成中受到重视，说明军事通信系统在军事交通体系中的特殊作用。

中国古代兵学重视对敌情及时准确的了解，《孙子·虚实》称之为"形人"。传诸葛亮所著《便宜十六策》第三即为《视听》。其中所说"务于多闻""察微形，听细声"，包含关注多方面信息的意思，自然也包括军事情报的收集。《孙子·军争》写道："《军政》曰：'言不相闻，故为金鼓；视不相见，故为旌旗。'夫金鼓旌旗者，所以一人之耳目也。"杜佑注："听其音声，以为耳候。瞻其指挥，以为目候。"所谓"耳候""目候"体现的军中信息及时准确的传递，意义同样重要。《说文·人部》："候，伺望也。"银雀山汉简《孙膑兵法·陈忌问垒》："去守五里置候。""候"的作用，在长城防务中尤其重要，以致"候"成为基层军事组织的名称。《后汉书》卷一下《光武帝纪下》："遣骠骑大将军杜茂将众郡施刑屯北边，筑亭候，修烽燧。"李贤注："亭候，伺候望敌之所。""《前书音义》曰：'边方备警急，作高土台，台上作桔皋，桔皋头有兜零，以薪草置其中，常低之，有寇即燃火举之，以相告，曰烽。又多积薪，寇至即燔之，望其烟，曰燧。昼则燔燧，夜乃举烽。'"《后汉书》卷二二《杜茂传》："因发边卒筑亭候，修烽火。"卷八九《南匈奴列传》："增缘边兵郡数千人，大筑亭候，修烽火。"都说"亭候"作为"伺候望敌之所"，使用"烽燧""烽火"传递信息。

《墨子·号令》曾经说到军事情报信息传递的特殊方式："出候无过十里，居高便所树表，表三人守之，比至城者三表，与城上烽燧相望，昼则举烽，夜则举火。"又《墨子·杂守》："寇烽、惊烽、乱烽，传火以次应之，至主国止，其事急者引而上下之。烽火以举，辄五鼓传，又以火属之，言寇所从来者少多，且异还，去来属次烽勿罢。望见寇，举一烽；入境，举二烽；射妻，举三烽一蓝；郭会，举四烽二蓝；城会，举五烽五蓝；夜以火，如此数。守烽者事急。"战国时期使用烽燧备边的史例，有《史记》卷八一《廉颇蔺相如列传》："李牧者，赵之北边良将也。常居代雁门，备匈奴。""习射骑，谨烽火，……匈奴每入，烽火谨，辄入收保，不敢战。如是数岁，亦不亡失。"和燕赵同样"筑长城""以拒胡"[6]（卷一一〇《匈奴列传》）的秦人，无疑也在防务制度中设置了"烽火"系统。

秦国调兵所用虎符铭文中，可以看到"燔燧"字样。如杜虎符："兵甲之符，右在君，左在杜。凡用兵兴士被甲五十人以上，必会君符，乃敢行之。燔燧之事，虽毋会符，行殹。"又如新郪虎符："甲兵之符，右在君，左在新郪。凡用兵兴士被甲五十人以上，必会君符，乃敢行之。燔燧之事，虽毋会符，行殹。"都说通常调兵50人以上，"必会君符，乃敢行之"，然而"燔燧之事，虽毋会符，行殹"。可见"燔燧"的意义。据陈直考证，这两件"秦兵甲之符""当为始皇八年以前之物"。[22]（P310）可见秦以"燔燧"传递军事情报的制度早已成熟。

史念海1975年发表了对秦始皇直道进行考察的收获。[23]此后，多有学者进行秦直道的调查和研究，[24]

虽然论点尚有分歧[25]，但是这一工作的收获，意义依然是应当肯定的。

考古工作者沿秦直道或于秦直道左近地方发现了密集的烽燧遗址。这些遗址构成了体系完备的传送军事情报和战争信息的通信设施。这种通信建设大体也属于秦直道交通系统，可以在北部边疆和最高指挥中心之间迅速传递情报信息。

笔者 1990 年参与了陕西省考古研究所组织的秦直道考察。我们在子午岭上的刘家店林场看到有一座主要用以监测林区火情的了望台，修建在秦汉烽燧遗址上，四坡及附近的地面有明显的秦汉建筑材料残件分布。从刘家店到雕岭关的路段，道路两侧依地势每隔相当距离就有一烽燧遗址存在。史念海当年考察时虽然没有专门就烽燧遗址发表调查记录，但是他在论文中写道："登上子午岭主脉路旁的制高点，极目远望，但见群峰起伏，如条条游龙分趋各方，苍翠松柏与云霞相映。"[23] 实际上已经明确说到了登临烽燧遗址时的感受。

站在古烽燧当时所据制高点上，可以看到子午岭纵贯南北，形势雄壮，左右两侧，百山纵会，深谷之间，川流如线。依据这样的地形优势，烽火传递可以取得良好的视觉效应，从而增益军情上达和军令下传的效率。

在子午岭上，沿直道利用自然高地修筑的烽燧遗址形成了相次传递军事消息的通信系统。据文物工作者记录，黑马湾林业站附近的烽燧遗址，"位于秦直道东侧的子午岭山梁上，夯筑圆台，底径 8 米，残高 4 米，夯层厚 7—9 厘米。附近散布绳纹砖、瓦及陶器残片"[26（下册 P415）]。考察者在烽燧遗址之外，还发现了当时的居住遗址。

这样的烽燧遗址相隔一定距离就有一处，形制大致相同，有同样规模的夯土台，以及散落在附近的秦砖汉瓦。据陕西文物工作者总结，直道在陕西境内遗迹总长 498 千米，沿途发现秦汉时期的行宫、城址、兵站、关隘、烽燧等遗址及墓葬一共有近 60 处。[26（上册 P116）]《中国文物地图集·陕西分册》著录的旬邑石门关遗址、两女寨遗址、黑麻湾烽燧遗址、雕灵关遗址、转角烽燧遗址、土窑烽燧遗址、黄陵艾蒿店烽燧遗址、五里墩烽燧遗址、五里墩东烽燧遗址、五里墩西烽燧遗址、老芦堡烽燧遗址、桂花烽燧遗址、兴隆关烽燧遗址、富县寨子山烽燧遗址、五里铺烽燧遗址、志丹白杨树湾烽燧遗址、白草湾烽燧遗址、柠条湾烽燧遗址、杨崖根烽燧遗址、安塞堡山烽燧遗址、东里畔烽燧遗址、贺庄烽燧遗址、阳山梁烽燧遗址、高山峁烽燧遗址、新庄烽燧遗址、宋家㟁烽燧遗址等[26（下册 P415, P894, P906, P934, P789）]，都保留有显著的痕迹。

据甘肃省文物工作者考察，"在甘肃庆阳地区境内长达 290 千米的秦直道沿线上，保存着大量的烽燧，经徒步认真调查，至今尚留有 126 座。这些烽燧多数建在直道沿线两侧的群山之巅，视野开阔；也有的建在直道大转弯的山峁上和垭口两端，互相对应，遥相了望。由此可知，古人修建烽燧时，对其所在地理位置是经过周密勘察的，每烽选址都是严谨审慎的。"秦直道烽燧与汉代和明代长城烽燧有明显的区别：1. 均以黄土夯筑而成，不用土坯垒筑，也不夹植物骨胎；2. 造型全部为圆形；3. 烽顶未发现女墙或掩体设置，守护士兵住宿处另建他处。4. 未见积薪。烽燧遗址现存高度为 11 米者 1 处，即黄蒿地畔烽燧，9 米者有 3 处，即涧水坡岭障城、林沟障城、南湾四号烽燧。又白马嶂嵅烽燧记录高度 25 米，底周 30 米[27（P64–75）]，疑数据有误。这里说到的 126 座直道烽燧，由于对直道线路走向的认识存在分歧，有些可能不能为多数学者认可。

有的研究者总结直道附近所见烽燧遗址，称之为"五里一墩"。据说从黄毛塔下到沈家园子一段，每隔 2.5 千米左右就有一处烽燧遗址。其中尤以李家塔北 5 千米处的烽燧遗址最为完整，其高 9 米，底周长 24 米。[28] 对于这些烽燧遗址，史念海认为，"如果不是出于后世之手，可能还是有来历的。战国末年，秦昭襄王为了防御匈奴，曾在陇西、北地、上郡筑长城。""事实上，横山山脉上的与秦昭襄王长城有关的烽火台还不限于这几处，其他地方也还是有所发现的。""如果这几处烽火台确非后世的建筑，其始建年代当在秦昭襄王之时。"[29] 如果事实确如史念海所说，"这几处烽火台确非后世的建筑，其始建年代当在秦昭襄王之时"，则同样与我们讨论的主题相关。

直道其他有关遗迹，有的调查者还发现，"现存古代窑洞近百孔"，而且"地面遗存大量粗、细绳纹板、筒瓦残片"。于是又推测道，"这里可能是当年军营及辎重仓库，或为过往军旅驿站"[27（P10）]。有的调

查者则称之为"兵站"。²⁸

司马迁关于直道有这样的文字记录："吾适北边，自直道归，行观蒙恬所为秦筑长城亭障，堑山堙谷，通直道，固轻百姓力矣。"⁶（卷八八《蒙恬列传》）直道的这种军事建筑遗址，其总体结构中，是不是也是包括当时的"亭障"呢？

我们可以参考汉代"长城亭障"的形制理解秦直道沿线的军事建筑遗存。

汉代西北边塞工程多有"亭障"。这种"亭障"，当与前说"亭候"有关，既是防卫系统，也是军事通信系统。

在这样的认识基点上，我们对直道沿线的军事通信系统的重要性，或许可以有更为准确切实的理解。

有关边地通信系统和防卫系统的关系，《汉书》卷九四上《匈奴传上》的记载可能更为明确："汉使光禄徐自为出五原塞数百里，远者千里，筑城障列亭至卢朐。""障"和"亭"，可能属于不同的系统，有不同的作用。"亭"，或许更侧重于交通通信。

汉代长城边防的重要军事通信方式之一，是以烽火传递警备信号。专职传递这一信号的机构，是烽燧。敦煌汉简有"●敦煌郡蓬火品约"，居延汉简有"塞上蓬火品约"，都规定了相应的发布军事警报的方式。汉代烽火示警的方式，据学者研究，大约有蓬、表、烟、苣火、积薪五类。每一类又可以区分为不同的型式。蓬，是草编或木框架上蒙覆布帛的笼形物，表是布帛制作的旗帜，烟是烟灶高囱所生烟柱，这些都是白昼使用的信号方式。夜间使用苣火，即举燃苇束火把。积薪为巨大的草垛，白昼点燃，以其浓烟发布信息，夜间则以大火示警。据说烽燧间还使用鼓声传递警报。²⁹这种军事通信形式，很可能继承了秦时制度。

根据对古代道路的考古调查收获，"在永寿—彬县—长武一线，遗有烽燧10座，属秦汉时期关中通往西北干线上的通讯设施"。研究者还告诉我们："直道东侧的子长和直道起点以南的淳化南部、泾阳等地，也发现了可连成一线的道路遗迹、烽燧及故城，应是直道的支线所在。"²⁶（上册P116-117）这一发现也值得特别注意。

分析古代烽火传送系统的结构，往往和长城呈垂直交叉的形势。例如《中国文物地图集·陕西分册》体现的明代长城和烽火台的普查结果，就说明了这一事实。秦直道和秦长城的位置关系，恰恰正是这样的形势。前引史念海所说烽燧遗址与秦昭襄王长城的关系，也是值得我们重视的。

唐人李白《塞下曲》写道："烽火动沙漠，连照甘泉云；汉皇按剑起，还召李将军。兵气天上合，鼓声陇底闻。横行负勇气，一战净妖氛。"这里所说的"烽火动沙漠，连照甘泉云"，典出《史记》卷一一〇《匈奴列传》。司马迁记述："军臣单于立四岁，匈奴复绝和亲，大入上郡、云中各三万骑，所杀略甚众而去。于是汉使三将军军屯北地，代屯句注，赵屯飞狐口，缘边亦各坚守以备胡寇。又置三将军，军长安西细柳、渭北棘门、霸上以备胡。胡骑入代句注边，烽火通于甘泉、长安。"事在汉文帝时代。所谓"烽火通于甘泉、长安"，应当就是利用了长城和直道的军事通信系统，将匈奴入侵的信息传递到了直道南端的甘泉宫，再进而使都城长安得到警报。《后汉书》卷八九《南匈奴列传》论曰："候列郊甸，火通甘泉。"李贤注："列置候兵于近郊畿，天子在甘泉宫，而烽火时到甘泉宫也。"也说烽火传递军事信息至于甘泉宫事。所谓"火通甘泉"，自然也是经由直道军事通信系统。

看来，直道沿线烽燧设置的完备，使得直到汉文帝时代依然能够保证来自长城防线的军情传递维持较高的效率。

《汉书》卷五二《韩安国传》说，秦时蒙恬开拓北边，"辟数千里，以河为竟，累石为城，树榆为塞，匈奴不敢饮马于河，置烽燧然后敢牧马。"可见匈奴也实行烽燧制度。³⁰如果我们推测匈奴"置烽燧"是借鉴于蒙恬健全长城防务时设立的烽燧通信制度，或许是符合历史真实的。

烽燧系统不仅用于防御，在战争中也可以为调动部队指示攻击目标发挥积极的作用。《艺文类聚》卷二七引刘歆《遂初赋》写道："望亭燧之嶒嶒，飞旗帜之翩翩。"此所谓"旗帜"，是亭上之表。司马相如《喻告巴蜀民檄》："夫边郡之士，闻烽举燧燔，皆摄弓而驰，荷兵而走，流汗相属，唯恐居后，触白刃，冒流矢，义不反顾，计不旋踵，人怀怒心，如报私仇。"⁶（卷一一七《司马相如列传》）烽燧不仅警报敌情，也可以激励士气，以信息传递之急疾，迅速调动军民进入紧急状态。《续汉书·百官志五》刘昭《注补》

引《汉官仪》："边郡太守各将万骑，行鄣塞烽火追虏。"说明烽燧信号可用以指示敌情，也可以调动部队。长城军事通信系统，也应当具备这样的功能。

五、长城的东西延伸与中外文化交流

秦汉时期，是中国长城建造史上的重要时期。秦长城虽然利用了战国长城的基础，但是许多地段已经再向外拓展，正如有的学者所指出，"当时那里还是多半未经开发的荒芜之地"。长城的修建，对于"开发边区，发展农牧业经济"，起了积极的作用。[31（P76）] 还有一个重要的历史现象，是随着长城的延伸，中原文化的影响也循这条通道向东西方向扩展。同时，外来的文化，也经由这一交通线路向中土传播。

《史记》卷六《秦始皇本纪》记载，"（秦始皇三十三年）西北斥逐匈奴。自榆中并河以东，属之阴山，以为四十四县，城河上为塞。又使蒙恬渡河取高阙、阳山、北假中，筑亭障以逐戎人，徙谪实之初县。"

汉武帝时代，在名将卫青、霍去病统率的军队远征匈奴取得决定性胜利之后，西汉王朝相继于浑邪王、休屠王故地设置酒泉、武威、张掖、敦煌四郡。长城防线即所谓"北边"于是延伸至于河西。河西长城的建设作为军事政治的保障显示出突出的作用。此外，由于人们对于"丝绸之路"的普遍重视，这一宏大的战略防卫设施推动经济进步的意义也得到许多学者肯定。

西汉初年，今新疆地区的所谓狭义的"西域"计有三十六国，大多分布在天山以南塔里木盆地南北边缘的绿洲上。汉武帝听说匈奴的宿敌大月氏有报复匈奴之志，于是募使使大月氏，希望合力夹击匈奴。汉中人张骞应募，率众一百余人在建元二年（前139）出发西行。途中被匈奴人拘禁，历时十年左右方得逃脱，又西越葱岭，经大宛、康居，到达大月氏。然而大月氏因新居地富饶平安，无意东向与匈奴进行复仇战争。张骞东返，途中又被匈奴俘获，扣留一年多，于元朔三年（前126）回到长安。张骞出使西域，以前后十三年的艰难困苦为代价，使中原人得到了前所未闻的丰富的关于西域的知识，同时使汉王朝的声威和汉文化的影响传播到了当时中原人世界观中的西极之地。

汉军击破匈奴，打通河西通道之后，元狩四年（前119），张骞再次奉使西行，试图招引乌孙东归。这一目的虽然没有实现，但是通过此行，加强了汉王朝和西域各国之间的联系。

张骞之后，汉与西域的通使往来十分频繁，民间商贸也得到发展。张骞因远行出使的经历，在西域地区享有很高的威望。后来的汉使，多称"博望侯"以取信于诸国。传说许多西域物产，如葡萄、苜蓿、石榴、胡桃、胡麻等，都是由张骞传入中土。这样的说法未必完全符合史实，但是张骞对正式开通丝绸之路的首功，却是永远不能磨灭的。

元封三年（前108），汉王朝出军击破受匈奴控制的楼兰和车师。此后，又以和亲方式巩固了和乌孙的联系。太初元年（前104）和太初三年（前102），为了打破匈奴对大宛的控制并取得优良马种"汗血马"，汉武帝又派遣贰师将军李广利率军两次西征，扩大了汉王朝在西域地区的影响。

张骞出使西域，据说对于丝绸之路的开通，有"凿空"之功。张骞的使团，就是沿着长城西行，前往西域地方的。

《史记》卷一二三《大宛列传》司马贞《索隐》述赞说到西域的开发："大宛之迹，元因博望。始究河源，旋窥海上。条枝西入，天马内向。葱岭无尘，盐池息浪。旷哉绝域，往往亭障。"其中"旷哉绝域，往往亭障"语，说到长城建设和"博望""始究河源，旋窥海上"的外交实践的关系。而司马迁的记述原本是："敦煌置酒泉都尉；西至盐水，往往有亭。而仑头有田卒数百人，因置使者护田积粟，以给使外国者。"《汉书》卷九六下《西域传下·渠犁》也说："益垦溉田，稍筑列亭，连城而西，以威西国。"这里所说的"亭"，虽然有军事意义，但是主要作用不是防卫，而是交通通信服务。

张维华曾经分析了汉武帝时代长城线向西延伸的目的，有维护交通西域道路的意义："武帝元狩中筑令居塞"，"此塞起建之目的，乃在防御匈奴南下与保卫西北通西域之路线，对于当时历史之影响，固甚重大也"。"武帝元鼎或元封中筑酒泉玉门间塞"，"汉通西域，河西四郡为必由之地，然南与羌隔，北与胡接，不筑障塞，无以保此通路之安全。"又"武帝天汉中筑敦煌盐泽间塞"，"大抵此段长城，自今敦煌以北，沿疏勒河之南西行，达哈拉湖。复自此西行，达于罗布泊附近。至于此段长城建置之目的，亦在防御匈奴，并保护通西域之道路，与前述自令居至酒泉之一段及自酒泉至玉门之一段，同一意义"。又"汉于盐泽以西起筑亭障"，"近世考古者，或言自白龙堆蒲昌海而西，在库鲁克塔格山之南麓，发现汉时亭障遗址，绵延达百余里，是汉在西域通路上，亦筑有防塞，可无疑意"。[2 (P145–149, P152)]

长城的延伸，为中土和西域的交通，提供了安全保证。

安作璋也曾经指出："汉朝中央政府为了巩固边防和发展边疆地区的经济文化，为了维持安定的秩序和保障交通安全，在西域重要的商道上修筑了许多城堡和连绵不断的烽燧台，驻扎戍兵，负担着军事和交通任务。在重要的地点还设置关城，稽查行旅。早在西汉武帝时期，烽燧亭障已从敦煌延长到盐泽。宣帝以后，西域完全统一于汉朝中央政权之下，烽燧组织和城堡关卡便遍及西域各地了。例如罗布淖尔北岸以及焉耆至拜城之间，就发现许多大小不等的汉代城堡和烽燧遗址，有些地方还能见到古代道路的遗迹。"[32 (P105)]长城防务有"保障交通安全"的意义，长城戍守人员除军事任务之外还负担着"交通任务"的认识，是值得注意的。

敦煌汉简有长城沿线军事通信机构接待中外使团的资料。新出悬泉置简又有更为具体的记录。[33]而丝绸之路上的贸易活动，是通过多种形式进行的。居延汉简长城边塞戍守文书中的有关资料，为我们认识相关历史事实，提供了丰富的信息。[34]

汉初，燕人卫满聚众千余人，东渡浿水（今朝鲜清川江），后击破自称为王的朝鲜侯箕准，自王朝鲜。[35]元朔元年（前128），汉武帝接受涉君南闾率二十八万口内属，以其地为苍海郡（在今朝鲜安边、高城一带）。元封二年（前109），发兵五万，分海陆两路进攻朝鲜。第二年，朝鲜发生内乱，汉军平定朝鲜。汉武帝在朝鲜置真番（在今朝鲜海州至韩国汉城一带）、临屯（在今韩国江陵一带）、乐浪（郡治在今朝鲜平壤南）、玄菟（郡治在今辽宁新宾西）四郡。此后，朝鲜地方和中原之间的文化交流进入了新的历史阶段。这一历史进步的前期条件，也包括长城向东方的延伸。

《史记》卷一一五《朝鲜列传》说："朝鲜王满者，故燕人也。自始全燕时尝略属真番、朝鲜，为置吏，筑鄣塞。秦灭燕，属辽东外徼。汉兴，为其远难守，复修辽东故塞，至浿水为界。"西汉长城的最东端，可以明确已经至于浿水。其实，燕时曾经略属朝鲜，"筑鄣塞"，应是延伸至于朝鲜的长城的最早的记录。而汉时"复修辽东故塞，至浿水为界"，"复修"二字，说明并非最初修筑。而《朝鲜列传》下文又说："燕王卢绾反，入匈奴，满亡命，聚党千余人，魋结蛮夷服而东走出塞，渡浿水，居秦故空地上下鄣。"所谓"居秦故空地上下鄣"[36]，也值得长城史学者深思。浿水所在，《汉书》卷二八下《地理志下》可见辽东郡"险渎"，颜师古注："应劭曰：'朝鲜王满都也。依水险，故曰险渎。'臣瓒曰：'王险城在乐浪郡浿水之东，此自是险渎也。'"颜师古赞同臣瓒的意见。《史记》卷一一五《朝鲜列传》张守节《正义》："《地理志》云：浿水出辽东塞外，西南至乐浪县西入海。"有的学者认为浿水即今朝鲜民主主义人民共和国的清川江。[37 (第2册 P27–28)]有的学者以为即今朝鲜民主主义人民共和国的大同江。[38 (P52)]

有迹象表明，随着长城的向东伸展，沿线地方的生产和生活情状，逐渐与中原相接近。辽阳三道壕西汉晚期村落遗址中，可以看到农耕经济相当发达的场面。在农民居住地点的北面发现辅石大路，可知在有条件的地方，当时也曾尽可能地改进农田道路的路面结构。铺石大路路面上有明显的两排并列的辙迹，"可以想见当时大车往来各走一辙，畅行无阻的情况"。大道最宽处可超过7米。[40]通过农田道路的这一现象，我们也可以了解长城辽东郡区段的交通水准。

六、长城区的流动人口

人员的移动，也是一种交通现象。

长城作为重要的军事设置，关系到战争较量，民族矛盾，文化冲突。在长城发生作用的时代，长城区必然是全社会关注的政治、军事、文化的热点。

长城区因为工程、防卫、征战，集聚着众多的人口。因为长城区定居人员有限，这些人口，大多都是流动人口。

这种人口流动现象，考验着长城地区的交通条件。人员频繁而大量的往来，因人口流动的数量和密度，也刺激了长城交通的发展。

以秦汉时期为例，当时的流动人口包括役人、军人、吏人、学人、商人。其中前三种人，在长城区有频繁的引人注目的活动。

役人，是秦汉时期流动人口中数量最大，牵动社会生活也最为显著的成分。

秦汉王朝征发调动农人服事以劳作为主要内容的徭役，规模和影响都达到惊人的程度。《淮南子·氾论》说："丁壮丈夫西至临洮、狄道，……北至飞狐、阳原，道路死人以沟量。"说到长城地区役人的辛劳。《淮南子·人间》："发卒五十万，使蒙公、杨翁子将筑修城，西属流沙，北击辽水，东结朝鲜，中国内郡挽车而饷之。"《史记》卷一一〇《匈奴列传》又记载，汉武帝元狩四年（前119）春出击匈奴，"粟马发十万骑，私负从马凡十四万匹，粮重不与焉。"历代注家对于"私负从马"的意义有不同的认识，但是对于"粮重"，则多依颜师古注《汉书》卷九四上《匈奴传上》时所谓"负戴粮食"说。《汉书》卷六一《李广利传》说，汉武帝太初三年（前102）李广利再击大宛，"出敦煌六万人，负私从者不与"。颜师古注："负私粮食及私从者，不在六万人数中也。"可见转运军粮的役人，不在正规军编制之内。然而从有的资料分析，他们和作战人员的比例，有时甚至可以达到一比一。[41]

军人，也是秦汉时期比较集中地流动于不同文化区域之间的人口构成。

秦末大起义爆发的直接原因，就是陈涉等远戍渔阳的役人屯大泽乡，"会天大雨，道不通，度已失期。失期，法皆斩"[6](卷四八《陈涉世家》)。军人远征远戍，在长城发挥历史作用的时期，自然在这一交通带集结出入。

《盐铁论·执务》说到汉时军役使民众不得不涉历千万里的情形："今中国为一统，而方内不安，徭役远而外内烦也。古者无过年之徭，无逾时之役。今近者数千里，远者过万里，历二期。长子不还，父母愁忧，妻子咏叹。愤懑之恨发动于心，慕思之积痛于骨髓。"《盐铁论·执务》也写道："若今则徭役极远，尽寒苦之地，危难之处，涉胡、越之域，今兹往而来岁旋，父母延颈而西望，男女怨旷而相思。身在东楚，志在西河。故一人行而乡曲恨，一人死而万人悲。"这种人口流动的幅面相当广阔。从居延汉简和敦煌汉简中的资料看，河西兵士多有来自东方远郡者。见诸简文记录的东方籍军人，有来自京兆尹、左冯翊、右扶风、弘农、河东、上党、河内、河南、东郡、陈留、颍川、汝南、南阳、山阳、济阴、沛郡、魏郡、巨鹿、常山、北海、丹阳、汉中、广汉、蜀郡、陇西、金城、武威、张掖、酒泉、敦煌、北地、西河、渔阳、淮阳、大河、赵国、广平、高密、梁国、东平、昌邑等41郡国167县800余例。戍卒原籍郡县，占《汉书》卷二八下《地理志下》所谓全国"郡国一百三"的39.8%，"县邑千三百一十四"的12.7%，可见戍卒征发地域之广阔及行程之遥远。[42]

秦汉军人跨越不同文化区域的军事生活实践，是各个区域间文化沟通与文化融汇的有利因素之一。

吏人，在秦汉时期也以其行历四方的人生实践，为文化的融合与统一创造了条件。

自秦汉时期起，中央政府已经注重从各地选用人才从事国家行政的管理，地方官吏的任免，也往往由最高统治集团决策。官员的调任迁转，不仅相对较为频繁，而且常常辗转千里，历程辽远。

汉代官员已经有自称"牛马走"的习用文语。司马迁的《报任少卿书》开篇即称"太史公牛马走司马迁再拜言少卿足下"。《文选》李善注解释说，"走，犹仆也"，"自谦之辞也。"有的学者以为，"牛马走"应当就是"先马走"。钱钟书曾经指出，"先马走"，犹如后世所谓"马前走卒"，"即同书札中自谦之称'下走'、'仆'耳"。[43](第1册P395)"牛马走""先马走"，都强调其奔波劳碌。事实上，如牛马一般为君王驱役，千里奔走，不避风尘，是在专制帝国各级行政机构中服务的官员们生活方式的基本特色之一。

史籍记载中所见官僚的履历，大多历任数职，先后转仕于各地。《汉书》卷八九《循吏传》中著名循吏召信臣曾经转仕7处，黄霸则曾经转仕9处。东汉著名循吏任延转仕地点竟然多达10处，西北至武威，东南到会稽，南至九真，都有他历任行政长官的足迹。[20](卷七六《循吏列传·任延》)

1971年发现的内蒙古和林格尔汉墓壁画，有记录墓主生前仕途经历的内容，可知墓主举孝廉为郎，又出任西河长史、行上郡属国都尉、繁阳令、雁门长史、使持节护乌桓校尉等职。其出生地可能是定襄武成，即墓址所在附近。为郎时当居于洛阳。西河郡治在今山西离石，上郡属国都尉治所在今山西石楼，繁阳则在今河南内黄西北，雁门郡治在今山西朔县东，而护乌桓校尉治所则在今河北万全。壁画绘有"渭水桥"，桥上车骑间榜题"长安令"三字，显然体现的是长安渭桥。壁画又有"居庸关"图，并榜题"使君从繁阳迁度关时"，车骑队列间有"使君□车从骑"等字样，也体现了墓主当时辗转千里宦游四方的经历。[44 (P8)]

行政官员在较广阔的地域的交通实践，在较众多的地点的实政经历，无疑会有益于他们文化素养的提高，有益于他们政治视野的开阔，有益于他们管理经验的成熟，有益于他们行政事业的成功。这样的情形也可以促进不同地域文化的接近，对于社会文化结构的形式也无疑有着积极的影响。正如有的学者曾经指出的："汉代的官吏士大夫阶级的人多半走过很多的地方，对于'天下'知道得较清楚，对于统一的信念也较深。这一点不仅影响到当时人政治生活心理的健康，而且能够加强了全国文化的统一性。"[45]

从和林格尔汉墓墓主的身世可以看到，长城沿线地区，曾经因这种吏人的交通实践留下了往复的轨迹。

虽然学人和商人并不是长城交通实践的主角，但是他们的足迹，依然在长城地区留下了深刻的文化印记。

司马迁曾经行经长城线上的北边道，有"吾适北边，自直道归，行观蒙恬所为秦筑长城亭障，堑山堙谷，通直道，固轻百姓力矣"的感慨。其实，除此之外，这位游踪甚广的大学者，还有其他涉及长城的行旅经历。比如，《史记》卷一《五帝本纪》的最后，司马迁陈述了在各地调查五帝传说的情形："余尝西至空桐，北过涿鹿，东渐于海，南浮江、淮矣，至长老皆各往往称黄帝、尧、舜之处，风教固殊焉，总之不离古文者近是。"其中"空桐""涿鹿"，都在长城附近。

汉与塞外游牧族之间的经济联系得以实现的主要渠道之一，即长城沿线的关市贸易。

《史记》卷一一〇《匈奴列传》："孝景帝复与匈奴和亲，通关市，给遗匈奴，遗公主，如故约。"汉武帝即位，"明和亲约束，厚遇，通关市，饶给之"。后来虽然匈奴"往往入盗于汉边，不可胜数。然匈奴贪，尚乐关市，嗜汉财物，汉亦尚关市不绝以中之"。汉武帝征和四年（前89），单于遣使遗汉书云："欲与汉开大关[46]，取汉女为妻，岁给遗我蘖酒万石、稷米五千斛、杂缯万匹，它如故约，则边不相盗矣。"[6 (卷九四上《匈奴传上》)]《汉书》卷七《昭帝纪》记载：始元五年（前82），汉罢马、弩关。颜师古注引孟康曰："但马高五尺六寸齿未平，弩十石以上，皆不得出关，今不禁也。"《后汉书》卷三一《孔奋传》记载，两汉之际，"天下扰乱，唯河西独安，而姑臧称为富邑，通货羌、胡，市日四合"。李贤注："古者为市，一日三合"，"今既人货殷繁，故一日四合也"。东汉明帝永平七年（64），北匈奴"欲合市，遣使求和亲，显宗冀其交通，不复为患，乃许之"。章帝元和元年（84），"武威太守孟云上言北单于复愿与吏人合市"，诏许之，"北单于乃遣大且渠伊莫訾王等，驱牛马万余头来与汉贾客交易"。《后汉书》卷七三《刘虞传》说，刘虞"劝督农植，开上谷胡市之利，通渔阳盐铁之饶，民悦年登"。可见，当时汉王朝和匈奴之间依长城进行的关市贸易，对长城内外经济发展都有积极的意义。内蒙古和林格尔汉墓壁画中有"宁城图"，在城中广场上，有四方形墙垣，标识"宁市中"三字，可能与文献记载所谓"上谷胡市"有关，考古工作者以为，"这是各族人民进行经济交往的市场"。[44 (P31)]

居延汉简中可见有关"贾车"的内容："日食时贾车出"（甲附14B），说明长城道路当时曾经成为全国交通网中繁忙的商路。

《后汉书》卷九〇《乌桓传》记载，汉顺帝阳嘉四年（135）冬，乌桓侵扰云中，一次即"遮截道上商贾牛车千余两"。也可以说明当时长城交通道路上商人的活跃。

除了开辟关市发展贸易之外，长城内外还通过进献、给遗等方式保持经济联系。如前引汉武帝征和四年（前89）匈奴单于索求"蘖酒万石、稷米五千斛、杂缯万匹"，所需运输车至少当在千辆以上。

居延汉简又可以看到"亡人"称谓。

典型简例，说到"有亡人越塞出入"（E.P.T51：411）。所涉及的，应当是逃亡人口，其中有些有越境的企图。这些人的交通活动，也与长城有密切的关系。

王子今　中国人民大学国学院教授

注释:

1 基金项目:中国人民大学科学研究基金(中央高校基本科研业务费专项资金资助)项目"中国古代交通史研究"(10XNL001)成果。

2 张维华.中国长城建置考 [M].北京:中华书局,1979.

3 云梦睡虎地出土秦《仓律》:"城旦之垣及它事而劳与垣等者,旦半夕参。"则筑城者每月口粮合二石五斗,每年计30石。由居延汉简中的材料可知,汉代戍边吏卒月食粟三石三斗三升少,计每年40石。

4《九章算术·均输》:"一车载二十五斛。"裘锡圭《汉简零拾》谈居延汉简所反映用车运输的情况,引述每车所载粮食为25石的简文多至十数例。《文史》第12辑。大概汉时车载25斛是一般的定额。

5《史记》卷四八《陈涉世家》记载:起义军攻陈时,有车六七百乘,周文至关,有车千乘。《史记》卷一〇《孝文本纪》说,汉文帝十四年(前166),匈奴入边为寇,文帝发"车千乘,骑卒十万"往击匈奴。据《史记》卷一一一《卫将军骠骑列传》,直到汉武帝时代,卫青、霍去病与匈奴战塞北,曾"令武刚车自环为营"。《汉书》卷五四《李广传》记载,李陵困于匈奴围中,也曾经"军居两山间,以大车为营"。

6 司马迁.史记 [M].北京:中华书局,1959.

7 班固.汉书 [M].北京:中华书局,1962.

8 张学正.甘谷汉简考释 [J].汉简研究文集 [M].兰州:甘肃人民出版社,1984.

9 陈梦家.汉简缀述 [M].北京:中华书局,1980.

10 甘肃居延考古队.居延汉代遗址的发掘和新出土的简册文物 [J].汉简研究文集 [M].兰州:甘肃人民出版社,1984.

11 布尼阿林.河北省围场县燕秦长城调查报告 [J].中国长城遗迹调查报告集 [M].北京:文物出版社,1981.

12 宁夏自治区博物馆等:宁夏境内战国、秦汉长城遗迹[J].中国长城遗迹调查报告集[M].北京:文物出版社,1981。

13 李文信.中国北部长城沿革考(上)[J].社会科学辑刊,1979 (1).

14 唐晓峰.内蒙古西北部秦汉长城调查记 [J].文物,1977 (5).

15 山东省文物考古研究所等.曲阜鲁国故城 [M].济南:齐鲁书社,1982.

16 史念海.黄河中游战国及秦时诸长城遗迹的探索 [J].中国长城遗迹调查报告集 [M].北京:文物出版社,1981.

17 王子今.秦汉长城与北边交通 [J].历史研究,1988 (6).

18 王子今.秦汉时代的并海道 [J].中国历史地理论丛,1988 (2).

19 王子今.说"上郡地恶"——张家山汉简《二年律令》研读札记 [J].陕西历史博物馆馆刊 (10辑),西安:三秦出版社,2003.

20 范晔.后汉书 [M].北京:中华书局,1965.

21 克劳塞维茨.战争论 [M].中国人民解放军军事科学院译.北京:解放军出版社,1964.

22 陈直.秦兵甲之符考 [A]// 文史考古论丛 [M].天津:天津古籍出版社,1988.

23 史念海.秦始皇直道遗迹的探索 [J].文物,1975 (10).

24《画家靳之林徒步三千里考察秦始皇直道》,《光明日报》1984 年 8 月 19 日;王开:《"秦直道"新探》,《西北史地》1987 年 2 期;贺清海、王开:《毛乌素沙漠中秦汉"直道"遗迹探寻》,《西北史地》1988 年 2 期;孙相武:《秦直道调查记》,《文博》1988 年 4 期;延安地区文物普查队:《延安境内秦直道调查报告之一》,《考古与文物》1989 年 1 期。《陕西交通史志通讯》1986 年 5 期还曾刊出《秦直道实地考察专辑》。

25 吕卓民.秦直道歧义辨析 [J].中国历史地理论丛,1990 (1).

26 张在明主编.中国文物地图集·陕西分册 [M].西安:西安地图出版社,1998.

27 甘肃省文物局.秦直道考察 [M].兰州:兰州大学出版社,1996.

28 孙相武.秦直道调查记 [J].文博,1988 (4).

29 史念海.直道和甘泉宫遗迹质疑 [J].中国历史地理论丛,1988 (3).

30 参看罗振玉、王国维:《流沙坠简》,中华书局 1993,第 139 页;陈梦家:《汉代烽燧制度》,《汉简缀述》,中华书局 1980,第 174 页;劳榦:《居延汉简考释》,中央研究院历史语言研究所 1943,第 347 页,第 345 页;吴礽骧:《汉代蓬火制度探索》,《汉简研究文集》,甘肃人民出版社 1984,第 242 页;徐苹芳:《居延、敦煌发现的〈塞上蓬火品约〉——兼谈汉代的蓬火制度》,《考古》1979年5期;初师宾:《居延烽火考述——兼论古代烽号的演变》,《汉简研究文集》,甘肃人民出版社1984,第355页至第356页。

31《史记》卷一一〇《匈奴列传》:"汉孝文皇帝十四年,匈奴单于十四万骑入朝、萧关,杀北地都尉印,虏人民畜产甚多,遂至彭阳。使奇兵入烧回中宫,候骑至雍甘泉。"司马贞《索隐》:"崔浩云:'候,逻骑。'"匈奴"候骑至雍甘泉",很可能部分利用了直道的交通条件。"候骑",作为与"烽燧"不同的另一种信息传递形式,汉地军队也有应用。如《后汉书》卷一上《光武帝纪上》关于昆阳之战情形,有"会候骑还,言大兵且至城北,军陈数百里,不见其后"的记述。又《三国志》卷三二《蜀书·先主传》裴松之注引《魏书》:"备初谓公与大敌连,不得东,而候骑卒至,言曹公自来。"居延汉简也可见"肩水斥候骑士"(303.23,303.31)简文。

32 李孝聪.秦始皇长城[J]//长城百科全书[M].长春:吉林人民出版社,1994.

33 安作璋.两汉与西域关系史[M].济南:齐鲁书社,1979.

34 甘肃省文物考古研究所:《甘肃敦煌汉代悬泉置遗址发掘简报》,《敦煌悬泉汉简内容概述》,《敦煌悬泉汉简释文选》,《文物》2000年5期;张德芳:《〈长罗侯费用簿〉及长罗侯与乌孙关系考略》,《文物》2000年9期;王子今:《〈长罗侯费用簿〉应为〈过长罗侯费用簿〉》,《文物》2001年6期。

35 王子今:《汉代河西长城与西北边地贸易》,《长城国际学术研讨会论文集》,吉林人民出版社1995年12月版;王子今:《汉代丝路贸易的一种特殊形式:论"戍卒行道贳卖衣财物"》,《简帛研究汇刊》第1辑"第一届简帛学术讨论会论文集",中国文化大学历史系、简帛学文教基金会筹备处2003。

36 参看王子今:《秦汉时期渤海航运与辽东浮海移民》,《史学集刊》2010年2期;《略论秦汉时期朝鲜"亡人"问题》,《社会科学战线》2008年1期,《秦汉史论丛》第11辑(吉林文史出版社2009年4月)。

37 司马贞《索隐》:"案:《地理志》乐浪有云鄣。"

38 谭其骧主编.中国历史地图集[M].北京:地图出版社,1982.

39 张维华.论汉武帝[A]//汉史论集[C].济南:齐鲁书社,1980.

40 李文信.辽阳三道壕西汉村落遗址[J].考古学报,1957(1).

41《三国志》卷四〇《蜀书·魏延传》注引《魏略》说,诸葛亮北伐,魏延曾献计由子午谷突袭长安,请求率"精兵五千,负粮五千,直从褒中出"。

42 参看何双全:《〈汉简·乡里志〉及其研究》,《秦汉简牍论文集》,甘肃人民出版社1989;王子今:《秦汉交通史稿》,中共中央党校出版社1994,第431页。

43 钱钟书.管锥编[M].北京:中华书局,1979.

44 盖山林.和林格尔汉墓壁画[M].呼和浩特:内蒙古人民出版社,1977.

45 孙毓棠.汉代的交通[J].中国社会经济史集刊,第7卷(2).

46 林幹以为"即通关市"。林幹:《匈奴历史年表》,中华书局1984,第39页。

长城学正逐步成为显学，以《中国长城志》为例

仲敏 李纯 黎雪

摘　要：本文以《中国长城志》为考察蓝本，通过对《中国长城志》成书研究，特别是分卷设置过程，以及长城学研究的历史溯源、《中国长城志》的学术成果等系统考量，以确立长城学的学科地位和《中国长城志》使长城学成为显学的作用。

关键词：长城　长城学　中国长城志　显学

由凤凰出版传媒集团出资，与中国长城学会合作倾心打造的《中国长城志》是我国有史以来第一部全面解读长城的通志。全志约2500万字，分为《总述·大事记》《图志》《环境·经济·民族》《军事》《建筑》《边镇·堡寨·关隘》《遗址遗存》《文学艺术》《文献》《人物》10卷。这部通志的出版，为建立长城学勾画了完整的学科分类，梳理了长城学研究客体的清晰脉络，提供了长城学研究的基础性文本，建立了相对独立的学科体系。

一、长城研究初现端倪

从最早修建，长城至今已经有2600多年的历史。在这2600多年里，长城一直都是人们关注的对象，也是学者研究的重要领域。长城学成为专门的学问正不断被方家所认识，一大批长城研究成果通过各种载体展现出来，为《中国长城志》的编纂提供了大量资料，使其出版成为可能。

（一）长城历史溯源

长城第一次记录在《管子》上，"长城之阳，鲁也。长城之阴，齐也"[1]。如果把《管子》当作信史，意味着在齐恒公（前685—前643在位）时代，齐国就在齐鲁之间修筑了长城。在正史中，第一次出现长城是在《左传·僖公四年》："君若以力，楚国方城以为城，汉水以为池，虽众，无所用之。"方城即楚长城[2]，说明僖公四年（前656）在楚国已经建筑了长城，用以阻挡诸侯国的进犯。

秦朝始皇三十三年（前214）"使蒙恬渡河取高阙、（陶）[阳]山、北假中，筑亭障以逐戎人"[3]。亭障是长城的别称，指秦长城。[4]又载"秦已并天下，乃使蒙恬将三十万众北逐戎狄，收河南。筑长城，因地形，用制险塞，起临洮，至辽东，延袤万余里。于是渡河，据阳山，逶蛇而北。暴师于外十余年，居上郡"[5]。此为后世称作万里长城之始，秦长城西起临洮、东至辽东，蜿蜒万里。[6]

汉代，汉高祖刘邦为巩固后方，补筑陇西郡的"河上塞"，修缮秦始皇时所筑的长城。《史记》载"缮治河上塞"[7]。又经汉武帝、光武帝等修筑，形成了东起辽东，经阴山、河西走廊，向西至渠犁（今新疆库尔勒）的汉长城。

隋朝从开皇元年（581）四月开始筑建长城，隋文帝"发稽胡修筑长城，二旬而罢"[8]。后经多次修缮，特别是炀帝进行了大规模的修筑，"但多属于在较短的时间内突击完成，工程质量并不是很高"[9]，目前主要遗存分布在今内蒙古自治区、山西省和陕西省境内。

金代长城由界壕和墙体组成，故又称为金界壕，这一时期出现了马面等新的墙体类型。金界壕初建于熙宗、世宗时期，大规模修建于章宗时期。大定二十一年（1181），金朝大规模修整金长城，"于是

东北自达里带石堡子至鹤五河地分，临潢路自鹤五河堡子至撒里乃，皆取直列置堡戍"[10]，增设了长城戍堡。王国维认为"金之界壕，萌芽于天眷，讨论于大定，复开于明昌，落成于承安"[11]。承安三年（1198）修建完成的壕堑，是金朝修建的第一条较为完整的长城。[12]

明代，长城的修建和使用达到鼎盛时期。在防御体系上更为完善，在建筑形制上更为多样，包括墙体、烽火台、敌台、关隘、聚落等，构成今天存留长城的主体。在列入世界文化遗产名录时，世界遗产委员会特别提到明长城，"在明代又继续加以修筑，使长城成为世界上最长的军事设施。它在文化艺术上的价值，足以与其在历史和战略上的重要性相媲美"[13]，充分说明了明长城的价值。明代把长城分为九边十三镇，分区管理。"初设辽东、宣府、大同、延绥四镇，继设宁夏、甘肃、蓟州三镇……又以山西镇巡统驭偏头三关，陕西镇巡统驭固原，亦称二镇，遂为九边。"[14]其中蓟镇长城最早修建，洪武六年（1373）"命大将军徐达等备山西、北平边，谕令各上方略。从淮安侯华云龙言，自永平、蓟州、密云迤西二千余里，关隘百二十有九，皆置戍守"[15]。经过永乐、宣德、万历等朝的修筑，最终成为东起辽东鸭绿江、西至嘉峪关，绵延万里的长城。

（二）长城本体研究

古代对长城称不上研究，现存资料均为对长城本体记述性的描写，亦有说明修筑长城作用的论述。历代记录长城资料分散于正史、野史、官员的疏表、守将笔记等，基本上是零星的、碎片化的，但为今人研究长城提供了丰富的资料。从近代开始才有了现代意义上的长城研究。

1.古代文献中的记载为研究长城提供了资料

（1）明以前，长城本体资料主要以正史记录为主，也有部分存在于子书、兵书、简牍、帛书之中。主要记录了历朝诸国长城的起迄点或大致走向。因此资料较少、零星，今人只能通过只言片语或其他著作类比推断，结合考古发现来研究。比如，《墨子》中关于守城的战法、高台守法等，均可运用到长城研究之中。汉简的发掘，为汉长城的研究提供了较为丰富的资料，如《烽火品约》详细地记录了烽火台使用规则。但这些只是长城研究中的某一个方面，要充分研究还有待更多新材料的出现。

（2）明代，除正史中对长城有大量的记载外，出现了专门的长城记录资料。这些史料探究长城的起源，或者陈述长城的充要，或者梳理长城的走向，或者记录长城攻防战术，等等，内容十分丰富。

专门的著作以《九边图考》（魏焕）、《西关志》（王士翘）、《筹边纂议》（郑文彬）、《三云筹俎考》（王云琦）、《三关志》（廖希颜）、《宣大山西三镇图说》（杨时宁）、《四镇三关志》（刘效祖）、《两镇三关通志》（佚名）、《山海关志》（詹荣）为名。这些著作针对某区域的长城、关口，对其建置、地理、用兵等进行了比较深入的考证与研究，为后人留下了丰富可信的资料，为《中国长城志》的理论研究提供了依据。

如郑文彬的《筹边纂议》，重点介绍了对付外族入侵的方法，有政策性的指导，也有具体实际的用兵之道。杨时宁的《宣大山西三镇图说》，详细地记录了宣府镇、大同镇、山西镇三镇中长城边堡的地理位置、兵力部署等，并配以形象的地图，图文对应，即便没有地图，其文字说明也具有很高的史料价值，不容忽视。

（3）清代，长城本体的研究资料主要保存于地方志中。清康熙帝因"民心悦则邦本得，而边境自固，所谓'众志成城'者是也"[16]而罢修长城，因此与明朝文献资料相比较少，但在正史之外，一批在因长城边镇关隘形成的城镇郡府的地方志中存有比较多的内容。如《（雍正）畿辅通志》《（雍正）山西通志》《（雍正）陕西通志》《（雍正）甘肃通志》《（光绪）昌平州志》《（康熙）怀柔县新志》《（乾隆）延庆卫志略》《宣化府志》《宣化县志》《（康熙）永平府志》《云中郡志》《宁武府志》《山西宁武守御所志》《（嘉庆）延安府志》《（嘉庆）葭州志》《（道光）吴堡县志》《（光绪）绥德州志》《（光绪）靖边县志稿》《延绥镇志》《神木乡土志》《重刊甘镇志》《（光绪）肃州新志》《（顺治）西镇志》《（乾隆）河套志》等，从中也可以看出长城当时的情况，通过这些地方志对当地整体情况的综合考评，可以加深对长城的了解和研究。

2. 民国时期出现了以长城为主体的学术研究

民国时期，一批专家学者，如王国良、张维华、寿鹏飞等，着手对长城研究、考察，这是真正意义的长城学术研究，出版了一批划时代意义的学术著作，成果斐然，如王国良的《中国长城沿革考》（1911），寿鹏飞的《历代长城考》（1941），以及张维华的一批学术论文，后辑集成《中国长城建置考（上编）》（1979）。这些学者受传统舆地学和沿革地理的影响，大都从文献出发，偏重于研究历史沿革和建置，很少有现场的调查。[17] 正如张维华在《中国长城建置考（上编）》中所说的那样，"我的这种作法，是'纸上谈兵'，应当到各地走走，作实地考察工作，才能达到比较圆满的目的"[18]，但毕竟是开创性研究成果，仍有参考价值。

3. 1949 年后的长城研究呈百花争艳之势

1949 年以后，特别是 20 世纪 80 年代提出"爱我中华，修我长城"之后涌现出一批学者，出版了众多的长城研究著作，如罗哲文的《长城》（1982）、景爱的《中国长城史》（2006）、中国长城学会的《长城百科全书》（1994）。这些图书以大的视角，对长城进行较为概括性的研究，因篇幅过小，涉及资料相对较少，难免挂一漏万，但仍有指导意义。

文物编辑委员会的《中国长城遗迹调查报告集》（1981），华夏子的《明长城考实》（1988），刘谦的《明辽东镇长城及防御考》（1989），张立辉的《山海关长城》（1990），高凤山、张军武的《嘉峪关及明长城》（1989），冯永谦、何薄滢的《辽宁古长城》（1986），许成的《宁夏古长城》（1988），艾冲的《明代陕西四镇长城》（1990），彭曦的《战国秦长城考察与研究》（1990），晋宏逵的《司马台长城》（1992），黄麟书的《秦皇长城考》（1992）等，既有文献的引入，又有实地的考察与测量数据，有的甚至是某一历史时期长城的全线考察，更难能可贵的是《司马台长城》，虽然是某一关口的介绍，但较早地公布了一手的长城测量数据，配备了建筑测绘图。这批图书的立足点是某一方面的研究，如某一省、某一关口、某一历史时期，比较深入，虽然偏于一隅，但为《中国长城志》的修编提供了资料。

近期的长城研究呈百花争艳之势。由国家文物局主导的文物调查之后，出版了一批数据翔实、质量较高的图书，比如长城沿线各省（自治区、市）的文物地图集、长城资源调查报告等。一些院校把长城作为重要的研究对象，如北京大学、北京师范大学、天津大学、北京建筑大学等，撰写了一批高质量的博士论文。这些院校成为《中国长城志》主要依托对象，这批博士和他们的导师成为《中国长城志》的主要作者。

二、长城学的提出

学科建立基本要求在于对学科知识体系的定义、研究方法的建立，成熟稳定的研究队伍，具有成批、特别是具有代表性学术著作的出版。长城学的建立亦如此。

（一）长城学概念的提出

1990 年，罗哲文与董耀会在《文物春秋》上发表《长城学的几个基本理论问题》，正式提出长城学的基本概念、内容、研究方法等，对长城学的内涵、性质、研究范畴等作了较为详尽的阐述，并提出了较为独到的见解，这是长城学的首次提出。[19] 由中国长城学会组织编写的《长城百科全书》，进一步阐述长城学，专门设立了"长城学"辞条，对长城学进行专门定义。

之后，许嘉璐等亦呼吁建立独立的长城学，并进行了理论阐述。2001 年 11 月 28 日，许嘉璐在香港"万里长城"历史文化研讨会上指出："长城学应该在建设先进文化伟大工程中贡献自己的力量，应该走向世界，应该与西部大开发结合起来；应通过各种途径争取研究长城的资金，同时抓紧有关长城学著作的出版工作。"[20] 为长城学的研究指明了方向，他的这一观点在《中国长城志·序》上又有进一步延展。

（二）长城学体系的构建

长城学体系的确立，首先从长城学研究对象——长城的定义开始。纵观长城学者对长城的定义，大致分为两类：第一类把长城墙体与附属实施统称为长城，这类观点以侯仁之先生为代表；第二类是把长城定义为长城墙体，以景爱为代表。

侯仁之在长城国际学术研讨会上，从军事工程体系出发，对长城明确定义为："长城是针对相对固定的作战对象，按照统一的战略，以人工筑城方式加强与改造既定战场，而形成的一种绵亘万里，点阵结合，纵深梯次的巨型坚固设防体系。"包括城墙、障塞、烽燧、道路、后方补给设施五大子系统。[21]

景爱在《中国长城史》中将长城定义为："长城是以土、石、砖垒筑的连续性高城墙，系古代边境御敌的军事工程。"[22]

分析这两类定义，侯氏定义是广义定义，而景氏定义为狭义定义，本质上没有区别，均把长城定义为军事防御体系，是人工建筑。侯氏定义的内涵更丰富，包含了景氏定义。

在学科分支体系上，专家学者的意见相对统一，均认为长城学是一个综合性学科，包含政治、历史、军事、建筑、经济等众多学科。1994年由中国长城学会编，北京大学、北京师范大学等专家学者撰写了《长城百科全书》，第一次把长城作为独立的知识体系进行系统研究，全书分为《总论》《长城区域历史》《长城区域地理》《长城区域军事》《长城区域民族》《长城区域人物》《长城建筑》《长城关隘》《长城区域经济》《长城文学艺术》《长城旅游》等，以百科辞条的形式出现，显现长城学分支领域，包括历史学、军事学、民族学、建筑学、经济学、文学、艺术等。

许嘉璐在分析长城研究成果时指出，长城研究的成果"涉及历史学、考古学、地理学、社会学、民族学、文化学、文学、经济学、环境学以及遥感技术等等学科"[23]。从中看出长城学分支学科涉及的领域。

罗哲文指出，这些长城研究"不仅突破了过去停留在文献研究考证，不做野外考察的工作状态，更主要的是突破了仅局限于对长城本身历史沿革、修建情况、遗址走向及现在情况的研究范围，把长城的研究扩展到政治、经济、军事、民族、交通、地理、文化等方面"[24]。从方法论上指出了长城学研究的思路，以及研究涉及的学科领域。

长城学概念的提出、体系的构建为建立长城学科、研究方向和研究方法规划了基本思路。至此，长城学破茧而出，成为一门独立学科初现端倪。

三、《中国长城志》在构建长城学体系中的作用

经过多年的努力，至《中国长城志》的研发和出版，长城学最终建立了相对完整的知识体系。

（一）长城学体系

就《中国长城志》而言，长城学体现在对本体及衍生物的研究上，包括长城界定、长城区域、长城沿革、长城形制、长城历史作用、长城对后世影响，包括今人附加到长城上的精神内涵与外延的研究，等等。《中国长城志·总述》对此进行了重点阐述。

《总述》把长城定义为"中国古代由连续性墙体及配套的关隘、城堡、烽燧等构成体系的巨型军事防御工程"[25]。同时，限定为北方的、针对于调和农耕民族与游牧民族之间矛盾的军事设施。因此，非北方的，不是调和农、牧民族之间的矛盾军事设施不在《中国长城志》中记录。

长城的区域是农牧交错带，涉及北京、天津、河北、山西、内蒙古、辽宁、吉林、黑龙江、山东、河南、陕西、甘肃、青海、宁夏、新疆共15个省、自治区、直辖市。[26]

同时，《总述》把历代长城与所处的时代背景结合，在讨论长城沿革时把时代背景融入其中，如春秋战国时期长城突出的是"兼并与开疆"，秦汉时期长城表现的是"农耕与游牧的分界线"，北朝至金长城表现的是"多元与融合"，明清时期长城展现的是"防御与封禁的转变"。

在阐述长城作用时重点突出了与政治、经济、军事的关系，最后以世界语境中的长城结束全卷。

（二）长城学分支学科的形成

长城作为世界上最大的地表文物，"上下几千年，东西万余里，其学术研究涉及历史、地理、民族、军事、经济、文献、文物、建筑、测量、艺术和现代的地图学、遥感、信息技术众多学科"[27]。研究长城，确立长城学，须厘清其分支学科，研究长城与其他学科之间的相关性，成为《中国长城志》研究工作的重点之重。为此，在考量《中国长城志》入志标准及分卷要求之时，《中国长城志》编委会、核心专家组、长城出版中心主要有以下几个方面考虑：

1. 与历史学、民族学、军事学的关系。长城是历史的产物,战国、秦汉、魏晋南北朝、隋、金、明等朝代均修筑了长城,既存有建筑实物,又保存了修筑长城活动的历史记录,包括朝廷边略、表疏奏议、长城修筑活动、屯田互市、调拨帑银,等等,这些文献尤以明代为众,即便在没有大规模直接修筑长城的唐、宋、清诸朝,也在正史上记录了大量与长城相关的活动。因此,长城与历史学有着密切联系。建立长城学必然要探讨长城在历朝历代中的作用,做好《中国长城志》,厘清长城的历史价值,必须从历史学入手。

修建长城的目的是为了调和农、牧民族之间的关系,研究长城,必然要从长城两边的民族入手,研究双方民族在使用长城中的得失,追溯民族的起源、成长、迁徙、消亡过程,这使长城与民族学交叉相融。因此,《中国长城志》要从民族学中借鉴研究方法,民族成为长城学考量的对象。

长城修建的目的是军事活动,必然要研究长城在历史构成中的军事作用,研究长城修建的系统性、攻防规律、武器构成、信息传递等,这些均是军事学的主要内容。研究《中国长城志》,必然由此入手,建立长城学基础性的研究体系,也要从长城与军事交融开始。

2. 与建筑学的关系。长城本体是建筑,研究长城,最基础的是从长城本体建筑入手,研究长城建筑的特色、长城建筑材料、长城建筑构件之间的关系、长城建筑的作用、长城修筑方法。由此可知,研究长城必然离不开建筑学方法。

3. 与文学艺术和文献的关系。与长城相关的历史文献存留很多,同时保留了大量的文学艺术作品。按照文献学的方法分类,根据古文字学的要求点校,遵循文学艺术的规律调整,运用到文献学、古文字学、文学艺术的研究方法,使得长城学与文献学、古文字学、文学艺术融合,形成了相应的长城学的分支学科。

当然,长城学作为一个综合性很强的学科,其内涵包含了社会科学的方方面面,与自然科学的部分学科也有着相关性。在此不作一一评述。

(三)由长城学分支学科形成《中国长城志》各分卷

在考量长城学分支的基础上,《中国长城志》编委会召开了不下80次的专题研究会议。专家以研究长城学体系为目的,厘清了长城与各学科的相关性,确定了长城学基础性的分支学科,将方志学"物以类聚"的要求,与长城学分支学科相结合,形成了《中国长城志》分卷的基本框架,即"本志遵照事以类聚的原则,依事物属性分类设卷,分为《总述·大事记》(1册)、《图志》(1册)、《环境·经济·民族》(1册)、《边镇·堡寨·关隘》(1册)、《建筑》(1册)、《遗址遗存》(2册)、《军事》(1册)、《文献》(2册)、《文学艺术》(1册)、《人物》(1册),计10卷12册"[28]的架构。

其中《环境·经济·民族》《建筑》《边镇·堡寨·关隘》《遗址遗存》《军事》《文献》《文学艺术》《人物》等几卷均以长城相关学科分类,以事聚类。从长城学的分支学科角度对《中国长城志》进行分卷处理,分别对应的是长城的自然环境学、长城经济学、长城民族学、长城建筑学、长城文物学、长城历史学、长城军事学、长城文学、长城艺术等,从各分支学科的角度解读长城。

就各卷而言,《环境·经济·民族》说明长城所处的背景资料情况,讲述长城所处的地理环境,由这种地理环境而形成的经济类型,以及从事这些经济活动的族群。

《建筑》《边镇·堡寨·关隘》《遗址遗存》着重于长城本体的研究。《建筑》从建筑学角度来解读长城,用建筑学的手段,从长城建筑选址、布局、建筑结构、建筑方法等展示长城建筑,[29]选取了长城经典建筑,利用建筑三视图,详细标注长城建筑的形制和尺寸,回归长城建筑的原始数据;《边镇·堡寨·关隘》是《建筑》延续,选取了长城建筑中最具特色的建筑群体镇城、堡寨、关隘等居落,通过对这些长城建筑上的明珠,解构长城防御系统,其中既包含建筑学、人口学、民俗学,又包含军事学、历史学等众多学科;《遗址遗存》以长城调查、考古发现的基础数据为蓝本,讲述长城存留遗址及走向。

《军事》《文献》《文学艺术》《人物》四卷所涉及的内容均由长城本体衍生而来。《军事》综合记述了在长城区域内不同朝代所发生的一切军事活动的历史和状况[30];《文献》和《文学艺术》本质上是《中国长城志》的艺文志,是由长城衍生出的长城文献、长城文学、长城艺术等整理而成;《人物》相当于传统意义上的"传",用历史学方法,记录了与长城相关的重要人物。

《中国长城志》各分卷横向分类,横不断项。长城作为一个历史悠久的军事设施,涉及历朝历代,一味追求横向分类，必然使历代长城缺乏整体性，因此按志体的规范要求，设计了《总述·大事记》。《总述》对历代长城整体叙述，让读者对历代长城有完整的认识，同时对长城的基础理论，如长城的定义、区域、民族等进行概括，与各分卷进行关联、互动，"可以增强各门类之间的相互联系和关照，反映长城及相关内容的整体性"[31]。《大事记》将从古至今的长城大事按时间先后，一贯到底。此卷勾画出历代长城的整体形象，弥补了横向分类带来的不足。

《图志》按传统志书的体系是"图"，包括古代舆图、现代地图和实景照片三个部分，从舆地学、测绘学的角度，形象地解读长城的走向脉络。

从长城学的角度，研究《中国长城志》分卷设置，将与长城相关要素全都囊括进来，同时研究各分卷与全书整体性的关系，使长城分支学科与长城学融为一体，形成完整而相互关联、相互照应的整体，从而构成了长城学的整体性和系统性，这是《中国长城志》基础的研究工作，也是长城学的基本构成。

以上所有的研究成果均体现在《中国长城志编纂工作手册》中，包括《〈中国长城志〉凡例》《〈中国长城志〉凡例说明》《〈中国长城志〉篇目设置》等，成为编纂工作的操作指南。

结语

长城学的确立，让长城学逐步成为显学，《中国长城志》是其中一颗灿烂的学术明珠。但《中国长城志》在长城学构建上并不是纯粹学科理论的阐述，而用各分支学科的理论体系、研究方法来解读长城，来诠释长城，来解构长城。且这种解读、诠释和解构既有理论的概括、历史的评述，又有分支学科的分析，以及研究资料的汇集。将史学研融于一体，将学科理论的建设融合在字里行间中，因而比纯粹的长城学学科理论更具体，更有说服力，是参与纂修的专家学者为建立长城学奉献的学术大餐。

仲　敏　江苏凤凰科学技术出版社科普出版中心主任，副编审

李　纯　江苏凤凰科学技术出版社长城出版中心主任，编审

黎　雪　凤凰出版传媒集团原副总经理，《中国长城志》总策划，编审

注释：

1 戴望，校正：《管子校正》，卷二十四，《轻重丁》第八十三 //《诸子集成》5，上海：上海书店，1986。

2 (汉) 班固：《汉书·地理志》载："叶，楚叶公邑。有长城，号方城。"。

3 (汉) 司马迁：《史记》卷6《秦始皇本纪》，北京：中华书局，1959。

4 张维华：《中国长城建置考 (上编)》，北京：中华书局，1979。

5 (汉) 司马迁：《史记》卷88《蒙恬列传》，北京：中华书局，1959。

6 张维华：《中国长城建置考 (上编)》，北京：中华书局，1979。

7 (汉) 司马迁：《史记》卷8《高祖本纪》，北京：中华书局，1959。

8 (唐) 魏徵等：《隋书》卷1《高祖纪》，北京：中华书局，1973。

9 董耀会：《中国长城志·总述》，南京：江苏凤凰科学技术出版社，2016。

10 (元) 脱脱等：《金史》卷24《地理志上》，北京：中华书局，1975。

11 王国维：《观堂集林》，石家庄：河北教育出版社，2001。

12 董耀会：《中国长城志·总述》，南京：江苏凤凰科学技术出版社，2016。

13 http://3y.uu456.com/bp_5k85k57zko862m61dle3_3.html

14 (明) 魏焕：《皇明九边考》卷1《镇戍通考》//《中华文史丛书》，台北：华文书局，1969年据明嘉靖刻本影印。

15 (清) 张廷玉等：《明史》卷91《兵志三》，北京：中华书局，1974。

16 清圣祖：《圣祖仁皇帝圣训》//《文渊阁四库全书》，台北："商务印书馆"，1983。

17 王丽婕：《民国以来明代长城研究综述》，《中国历史研究动态》，2014年第3期。

18 张维华：《中国长城建置考 (上编)》后记，北京：中华书局，1979。

19 刘建华：《关于长城调查研究的若干问题》，长城国际学术研讨会，1994。

20 许嘉璐：《立足中华大文化，发展长城学研究》//《许嘉璐论长城文化》，北京：中国长城学会。

21 侯仁之：《在长城国际学术研讨会上的总结发言》//《长城国际学术研讨会论文集》，长春：吉林人民出版社，1995。

22 景爱：《中国长城史》，上海：上海人民出版社，2006。

23 许嘉璐：《立足中华大文化，发展长城学研究》//《许嘉璐论长城文化》，北京：中国长城学会。

24 罗哲文：《谈谈长城学》//中国长城学会：《长城学刊》，1991。

26 董耀会：《中国长城志·总述》，南京：江苏凤凰科学技术出版社，2016。

26 《长城保护宣传暨长城资源调查和认定成果发布活动举办》，《中国文物报》，2012 年 6 月 9 日。

27 许嘉璐：《中国长城志》序，南京：江苏凤凰科学技术出版社，2016。

28 陈海燕，董耀会：《中国长城志·凡例》，南京：江苏凤凰科学技术出版社，2016。

29 中国长城志编辑部：《中国长城志〉篇目设置》//《〈中国长城志〉编纂工作手册》，南京：江苏凤凰科学技术出版社。

30 中国长城志编辑部：《〈中国长城志〉篇目设置》//《〈中国长城志〉编纂工作手册》，南京：江苏凤凰科学技术出版社。

31 中国长城志编辑部：《〈中国长城志〉篇目设置》//《〈中国长城志〉编纂工作手册》，南京：江苏凤凰科学技术出版社。

明代北边战事与长城军事聚落修筑

张玉坤　范熙晅　李　严

摘　要：在影响明代长城军事聚落修筑的众多因素中，军事战事是最直接的影响因素。运用史料研究与定量分析相结合的方法，针对明代北边军事战争与军事聚落修筑间的相互关系，确定两者的相关程度及影响机制，可以更深层次地发掘长城军事聚落的分布规律和规划思想，为解释明代北边军事防御体系的历史发展提供科学依据。

关键词：明代北边　战事　军事聚落　相关性

克劳塞维茨在《战争论》一书中指出："防御的规则是以进攻的规则为依据的。"明代北边长城地带大量的军事聚落就是建立在农牧交界背景下，为抵抗游牧民族的入侵而修建的。这些堡寨、关隘等军事聚落和防御工事，连同明长城一起构成了明代北边全线布控、分区联防的多层次军事防御体系。在明蒙间两百多年战争频仍的对峙过程中，军事聚落的修筑活动也一直持续，可以说战争是引发军事聚落修筑的最直接原因，军事战事的变化直接或间接地影响了军事聚落的布局与修筑。

在《中国军事史》《中国历代战争史》《中国军事通史》《中国明代军事史》等多部关于中国古代军事、战争史的专著中均有关于明代边防布局的研究及重要战争的记载，也包括单次战争所引发的一些国防布局的变化情况。但目前关于战争与城池聚落的关系研究却相对较少。其中《战争与古代中国城市衰落的历史考察》一文，以时间为序对历代都城及重要城市受战争破坏而导致的衰落进行了简要梳理研究；《明代西北战争与国防布局的互动关系研究》中对明代西北四镇战争与国防布局做了详细的研究，而着眼明代长城沿线九大军镇，对战争的发生与聚落修筑间量与质的相互关系进行的研究仍然不足，需要进一步深入探索。

一、明代北边战争的时空分布特征

明代北边绵延万里，战事繁多，难以精确统计。本文据明代官修《明实录》，对明代 16 位帝王统治时期的北边各军镇所辖战区发生的主要战事进行统计（见表 1、表 2），可大体反映出各军镇之间主要的战守趋势和重要的历史节点[1]，据此进一步总结归纳明代北边战争的时空分布特征。

（一）时间分布的阶段性

由表 1 可以看出，明蒙之间的战争频次，以弘治年间最为频繁，永乐战争总量最少。其中，洪武、永乐年间的战争以主动出击为主，近边战争数量较少；洪熙、宣德年间，战争逐渐平息，进入休养生息阶段；正统十四年（1449）"土木之变"后，蒙古主动出击，明廷消极抵抗，双边关系急剧恶化，战事频频，到弘治时期达到年均十余次的巅峰状态；"隆庆议和"（1571 年）后，局势逐渐得以缓解，但战争频次仍较宣德之前为多，至明末战事渐息。万历以后至明末，女真崛起，辽东、蓟镇地区成为战争多发区（见表 2）。

（二）地理分布的差异性

由于地理位置、军事作用和防御能力等因素的影响，北边战争在地理分布上存在很大的差异性。由表 1 可知，辽东、大同两镇战事最多，宣府、延绥、甘肃次之，这与战争目的有直接关系。

表1　明蒙战争频次统计表

镇城	洪武	永乐	洪熙	宣德	正统	景泰	天顺	成化	弘治	正德	嘉靖	隆庆	万历	泰昌	天启	崇祯	合计
辽东镇	5	1	1	5	9	3	3	35	37	9	34	11	71	—	—	1	225
蓟镇	9	—	1	3	6	2	—	3	24	9	36	2	17	1	1	—	114
宣府镇	—	—	—	2	7	6	6	13	36	11	48	3	3	—	2	3	140
大同镇	15	—	—	5	—	5	7	7	23	27	15	55	10	1	—	2	172
山西镇	8	—	—	2	1	2	—	1	10	1	7	26	4	—	—	—	62
延绥镇	10	—	—	—	4	—	—	4	41	11	10	30	4	20	—	4	138
固原镇	4	—	—	—	—	—	—	2	14	7	7	8	3	6	—	—	51
宁夏镇	—	—	—	—	5	4	6	10	16	7	21	2	13	—	—	3	87
甘肃镇	4	—	—	4	—	—	13	—	30	21	23	—	27	1	6	—	145
合计	55	1	2	21	45	24	42	156	189	96	281	40	158	2	14	8	1134
年数	31	22	1	10	14	7	8	23	18	16	45	6	48	1	7	17	—
频率	1.87	0.05	2	2.1	3.21	3.43	5.25	6.78	10.5	6	6.24	6.67	3.29	2	2	0.47	—

表2　明与女真战争次数统计表

镇城	洪武	永乐	洪熙	宣德	正统	景泰	天顺	成化	弘治	正德	嘉靖	隆庆	万历	泰昌	天启	崇祯	合计
辽东镇	2	—	—	1	—	3	7	—	—	1	3	3	24	4	37	18	104
蓟镇	—	—	—	—	—	—	—	—	—	—	—	—	—	—	—	12	12
合计				1		3	7			1	3	3	24	4	37	30	126

在蒙古人频繁的侵边战争中，大多以掠夺物资为目的，多选择临近处，直接进攻、迅速出击并撤离。东部被兀良哈三卫和明中后期迅速崛起的女真部落长期盘踞，对辽东镇和蓟镇产生极大的威胁；中部以太行山为中心，鞑靼与明之间长期的拉锯战，给宣府、大同、山西三镇带来巨大的战争压力；西北地区，民族环境复杂，陕西四镇主要受到附近鞑靼、瓦剌及西海蒙古诸部的威胁。

二、北边战事与军镇聚落修筑的数据分布比对

频繁的战争必然诱发高频率的防御工事修筑，通过量化分析和数据比对，可更直观描述和证明战争与军事聚落修筑间的规律性变化。

（一）军事聚落修筑统计

根据课题组多年对文史资料的梳理总结，统计出明代北边九镇军事聚落初建和重修年代简表（见表3、表4）。

可见，在一定程度上，不论是初建或重修，与北边战争的时空分布特征均有吻合。在时间分布上，正统、成化、弘治、嘉靖、隆庆、万历时期均大兴土木，其中，隆庆、万历时期多以重修为主，表明至嘉靖时期，北边防御体系的修筑基本完成。此后多以加固为主。另外，同一时期不同军镇的分布也表现出了一定的地理差异性，体现了防御重点和受敌面的变化。

（二）北边战事与军事聚落修筑的统计数据比较

基于4组统计数据，将各镇军事聚落初建、重修及修筑总量与战争次数进行数据对比，有以下发现。

表3　明代九镇军事聚落初建次数统计表

镇城	洪武	永乐	洪熙	宣德	正统	景泰	天顺	成化	弘治	正德	嘉靖	隆庆	万历	泰昌	天启	崇祯	合计
辽东镇	14	2	—	7	45	—	—	12	4	1	15	—	7	—	—	—	107
蓟镇	156	61	—	—	2	2	6	15	3	3	—	—	—	—	1	—	249
宣府镇	12	7	—	19	—	3	—	3	2	10	1	3	—	—	—	—	69
大同镇	11	3	—	—	1	—	1	2	—	49	1	3	—	—	—	—	72
山西镇	8	—	—	8	3	4	—	4	—	14	11	2	4	—	—	1	63
延绥镇	2	1	—	—	10	—	—	3	22	—	—	3	—	—	—	—	42
固原镇	7	—	—	—	2	—	—	4	—	4	7	—	4	3	14	—	43
宁夏镇	5	2	—	—	6	—	—	—	4	—	5	—	—	—	—	—	26
甘肃镇	30	3	—	—	—	3	—	—	3	2	11	—	20	—	—	—	72

表4　明代九镇军事聚落重修次数统计表

镇城	洪武	永乐	洪熙	宣德	正统	景泰	天顺	成化	弘治	正德	嘉靖	隆庆	万历	泰昌	天启	崇祯	合计
辽东镇	2	1	—	2	—	—	—	3	10	1	6	1	16	1	11	1	55
蓟镇	3	—	—	4	5	1	—	4	10	—	7	4	18	—	1	—	57
宣府镇	1	1	—	2	7	8	—	5	3	3	22	23	36	—	—	—	111
大同镇	—	1	—	—	1	—	—	1	—	—	4	19	52	—	—	—	78
山西镇	—	—	—	—	1	—	—	4	3	—	8	2	46	—	1	1	66
延绥镇	—	—	—	—	1	1	—	17	4	—	7	10	37	—	—	—	78
固原镇	—	—	—	1	1	—	—	6	4	1	5	1	8	—	—	—	27
宁夏镇	—	—	—	1	2	1	2	2	5	—	4	—	7	—	—	—	24
甘肃镇	1	—	—	—	—	—	1	2	1	2	5	—	10	—	—	—	22

首先，各镇统计数据中，修建总次数与战争总次数的变化趋势大致相同，符合程度较高；其次，各镇中4组数据变化趋势相符的程度不同，其中宁夏镇与延绥镇变化趋势相符程度较高，而山西镇、宣府镇和蓟镇则相对较低；再次，各镇中，战争总次数与修建次数即使无法整体一致，在某段时间，尤其是明中期，符合程度也相对较高。

以上结论，均是由数据统计表观察所得，需要通过量化分析对结论进一步验证。

（三）北边战事与军事聚落修筑的相关系数

数据表虽能反映出数据间的相互联系，却无法定量描述相关程度。因此，需计算相关系数。相关系数的取值范围为 $|r| \leq 1$，意义如表5所示。

表5　相关系数 $|r| \leq 1$ 取值意义

相关系数 $|r|$	$r = 0$	$0 < |r| \leq 0.30$	$0.30 < |r| \leq 0.50$	$0.50 < |r| \leq .80$	$0.80 < |r| \leq 1.00$
相关程度	无相关	微相关	实相关	显著相关	高度相关

在4组数据中修建总次数与战事总次数呈较大的符合程度，将此两组数据作为相关系数计算的两组变量，得出结果如表6所示。

表6　九镇战争总次数与修建总次数的相关系数

军镇	辽东镇	蓟镇	宣府镇	大同镇	山西镇	延绥镇	固原镇	宁夏镇	甘肃镇
r值	0.42	0.10	0.30	0.46	0.23	0.79	0.65	0.77	0.44

由此可见：延绥、宁夏、固原的两组变量呈显著正相关；大同、甘肃、辽东为实相关；宣府、山西、蓟镇微相关。其中蓟镇相关系数最小。但在上文数据分析中指出，部分军镇明中期两组数据符合程度较高，需做进一步验证。

选取蓟镇宣德至万历年间的两组数据计算，得到相关系数为0.64；山西镇宣德至隆庆年间的相关系数为0.84；宣府镇宣德至嘉靖年间的相关系数为0.50。再次说明，虽然战争与修建数量无法整体相关，但在某一特定阶段也会呈现较大的相关性。通过定量分析验证了军事战事与防御体系的修筑的确存在密切的关系。

三、北边战争与军镇聚落修筑的相关性特征

对战事与聚落修建的相关性进行量化分析验证并非严格的时空对应关系，尚需结合史实，具体问题具体分析。在北边复杂的环境下，战事对聚落建造的影响主要表现出以下几个特征。

（一）预见性

在数据分析中发现，军事战事和聚落修筑的变化并非一一对应的关系，存在一种预备行为：统治者通过对战争形势的预见性判断而未雨绸缪，大修防御工事，对可能遭受攻击的薄弱点主动加强防御部署。

以明初宁夏、甘肃两镇的建设为例，两镇的设置和修筑，是基于艰苦卓绝的战争基础上，对西北地区军事环境和边防格局的预见性调整。当时，宁夏、甘肃一带还未完全纳入国防范围内，西北地区被扩廓帖木儿盘踞，战火尚未熄灭。洪武三年（1370），汤和平定宁夏地区，改元宁夏府路为宁夏府，隶于陕西行省；洪武五年（1372）冯胜征西，进攻元甘肃行省，势如破竹，将甘肃境内残元势力逼退至嘉峪

关外，奠定了明朝在西北的军事格局；洪武六年（1373），"明廷派遣重将镇守宁夏地区，标志着宁夏正式成为单列的驻防区"；而后，自洪武七年（1374）于河州府城设西安行都卫，至洪武二十六年（1393），移陕西行都司于甘州卫城，甘肃镇防区从初步形成逐步成为完善的防御组织。

宁夏、甘肃两镇远离京师，明朝建立之初百废待兴，举大力修筑两镇多因其严峻的军事形势引起了统治者的警觉，宁夏镇是蒙古族进攻黄河以东平原地带的咽喉要地，"明初既逐扩廓，亦建为雄镇。议者谓宁夏实关中之项背，一日无备，则胸腹四肢，举不可保也"。而甘肃镇的防御地位也关系到关中一带的安危，"关乎全陕之动静，系夫云晋之安危。云晋之安危关乎天下之治乱"。大范围的聚落修筑，巩固战略要地的防守能力，是稳定国防格局的必然结果。由表1可知，终明一世，宁夏、甘肃两镇战争多发，验证了明初统治者决策的正确性。

（二）应激性

应激性原意指在较短的时间内，生物对外界各种刺激发生的反应，是生物适应性的一种表现。在九大军镇中，战事发生时，军事聚落的修建会表现出应激性，即短时间内采取应对措施，加固防御工事。九镇中，军事战事与聚落修筑的相关系数越高，这种应激性就表现的越明显。

以相关系数最高的延绥镇为例。洪武年间，明北边军事防线沿阴山、黄河一线，西接宁夏镇，此时延绥并非防守要地，永乐、宣德年间，明朝将北边防线一再内移，使河套地区拱手于蒙古部族，正统至景泰年间，蒙古部族入套，延绥一带边境压力增大。由表1可见，在成化以前，延绥镇的战事很少，但自成化初年起，蒙古部族入侵加剧，面临严重的边防压力，明廷开始紧急修筑防御工事。成化九年（1473）在余子俊的主持下，开始修筑"夹墙"，即后人说的"二边"；同年，延绥镇城由原来的绥德城迁至夹墙以北的榆林城。为了拱卫新的军事中心，成化十年（1474），余子俊又在榆林城北修筑"大边"，大边走向与夹墙基本平行[2]，余子俊后来追述这次修筑称："两月之间，边备即成。至今十余年，虏贼不敢犯。"说明了这次修筑的紧迫性及修筑后的效果。除了大规模地修筑长城边墙，成化八年至成化十一年间，余子俊又主持初建和重修了二十余座城池边堡，大至榆林镇城，小至东、中、西路各边防堡寨。此后延绥镇的防御能力大幅提高。自成化八年开始修筑防御工事起，战争量明显减少，到成化十一年，战事基本平息，证明了这场大规模修建活动带来的显著成效。

（三）延时性

在战争影响下的军事聚落修筑过程中，存在一种延时性行为，即战争结束后进行建造活动。延时性与预见性有着模糊的界线，都是受到主修者战争经验的影响，做出的一种准备行为。但两者最大的不同是延时性修筑进行过程中及完成后的较长时间内，军事环境都比较稳定，战争数量相对预见性明显偏少。

以隆庆、万历时期宣大山西地区为代表。自蒙古部族入套以后，宣大山西一带时常遭受蒙古扰边，战乱频发，嘉靖年间战乱达到巅峰，可以说是有明一代战争最激烈的阶段。而隆庆议和后，宣大山西一带迎来了双边的稳定，战争数量锐减。但由表3、表4可见，即使在战火平息的万历年间，宣大山西仍有大规模的修筑工事，而其中尤以重修为主。对此，张居正指出："大抵今日，虏势惟当外示羁縻，内修战守，使虏为我制，不可受制于虏。"可见明廷的戒备之心。万历年间，宣府镇共重修堡寨城池36次，山西46次，大同多达52次。另外长城边墙也是修筑的重点，万历元年（1573），诏修宣府北路边墙"一万八千七十六丈有奇"，限三年内完成；万历二年（1574），"兵部覆大同督抚官王崇古等题：修理大同沿边墙垣，限以五年报完"。大规模的边防建设对蒙古部族形成了极大的威慑，俺答约束其部下"有掠夺边氓者，必罚治之，且稽首谢罪"，可见其成效。

四、结语

明代北边长城沿线的军事战争与军事聚落的修筑间有着十分密切的关系。根据史料梳理，对军事战事和聚落修筑进行量化分析发现：在地理分布上，同一时期不同军镇间，战争的分布呈现很大的差异，导致整个防线的防御重点不断转移，进而影响到聚落的修筑；在时间分布上，通过相关系数运算证明同镇内军事战事与军事聚落的数量分布吻合度很高，相关性密切。同时结合史实，进一步分析军事战事对军事聚落的影响发现，由于主观因素的介入，两者间的作用存在预见性、应激性、延时性等不同情况，是针对不同的战争局势和战况所采取的不同军事策略和应对措施，其中预见性体现的是更为积极的防御策略，而延时性则相对被动，但实际上三种情况并没有绝对的界线，往往在一种修造过程中既有对战争发生的预判，也有上次战争对修筑产生的影响，可见军事战事对聚落修筑影响十分复杂。可以说军事战事是长城军事聚落修筑最主要、最直接的原因，正是军事聚落针对战事而产生的防御性，使其在整个明长城军事防御体系中发挥着十分重要的作用。

注：原文刊于 2016 年第 2 期《天津大学学报（社会科学版）》

张玉坤　天津大学建筑学院教授
范熙晅　大连理工大学建筑与艺术学院讲师
李　严　天津大学建筑学院副教授

注释：

1　对《明实录》中战争的统计间接取自《〈明实录〉类纂：军事史料卷》。其中对于多日的连续进攻按一次战争计；对于多点的同时进攻按一次战争计。

2　关于榆林镇大边、二边的修筑问题，仍存有一定争议，本文尊重艾冲在《明代陕西四镇长城》一书中的观点。

参考文献：

1　克劳塞维茨.战争论[M].中国人民解放军军事科学院,译.北京：中国人民解放军出版社,2011.
2　《中国军事史》编写组.中国军事史[M].北京：中国人民解放军出版社,1986.
3　中国台湾"三军大学".中国历代战争史：第十四册[M].北京：中信出版社,2013.
4　罗琨,张永山.中国军事通史：第十五卷[M].北京：军事科学出版社,2005.
5　毛佩琦.中国明代军事史[M].北京：人民出版社,1994.
6　蔡云辉.战争与古代中国城市衰落的历史考察[J].中华文化论坛,2005(3)：55—60.
7　孙卫春.明代西北战争与国防布局的互动关系研究[D].西安：陕西师范大学历史文化学院,2008.
8　李国祥,杨昶.《明实录》类纂：军事史料卷[M].武汉：武汉出版社,1997.
9　艾冲.明代陕西四镇长城[M].西安：陕西师范大学出版社,1990.
10　(清)顾祖禹.读史方舆纪要[M].北京：中华书局,2005.
11　(清)高弥高,李德魁.肃镇志[M].顺治十四年抄本.
12　(明)陈子龙.明经世文编[M].北京：中华书局,1962.
13　(明)张居正.张太岳集[M].上海：上海古籍出版社,1984.
14　佚名.明神宗实录[EB/OL].http://www.yebook.com/guji/s/03/53/23.htm,2015—03—17.
15　(清)张廷玉.明史[M].北京：中华书局,2008.

班军：明朝修筑长城的重要力量
——兼谈长城沿线文物中"班"字的解读

彭 勇

摘 要：明代的长城修筑，来自长江以北广大地区的世袭军人，包括班军，是重要的修筑力量。这些轮流上班的武装力量，在历朝的长城修筑过程中都发挥了极其重要的作用。在长城沿线不少地方，也因此保留下来了带有"班"字的长城砖等历史文物，为我们记录了这段真实的历史，成为认识和了解长城修筑史的珍贵材料。

关键词：明代 长城 班军 文字砖

长城作为明朝北部边防体系的重要组成部分，与之修筑、戍守和巡视等有关的活动以碑、铭、砖或墙体等形式记录下来，它们是研究明长城历史非常珍贵的原始材料，一直受到各界的普遍关注。这些材料中经常可以碰到"班"字，如"班军""春班""秋班""上班"和"下班"等，这个"班"字如何解读，它与明代军事制度究竟有何种关系？各种著作及报刊中对此介绍和解读的文章为数不少。其中常加引用的材料是《明史·兵志二》中的记载，即"班军者卫所之军番上京师，总为三大营者也。初，永乐十三年诏边将及河南、山东、山西、陕西各都司、中都留守司，江南、北诸卫官，简所部卒赴北京，以俟临阅。京操自此始"[1]。于是常常解读说"班"字，即为"京操班军"的结论。这种解读并不准确。

班军，是明代卫所旗军之一种，是以卫所世袭军户为主体的旗军离开自己所隶属（驻扎）的单位（包括卫所和行政区），周期性地到指定的、相对固定的地点或地区，从事以军事戍守活动为主的旗军的统称。它不仅包括"番上京师"的京操班军，还包括北边诸镇军兵轮番戍守蓟镇的入卫班军（兵）、江北各都司卫所的旗军轮番戍守边镇的边操班军，以及跨都司卫所内的旗军对军事要地的轮番戍守。如广东、湖广等地的旗军到广西桂林、梧州等地戍守的班军（兵），甚至还包括东南沿海的防汛班军等。[2] 在京畿和长城沿线的"九边"地区，班军类型主要有京操班军、边操班军、入卫班军，以及轮班民兵等。这些军兵除负责操练、戍守战略要地外，还有一项非常重要的任务，就是修筑长城（边墙）。长城沿线文物中的"班"字，指的是班军，却不是特指京操班军，它还有可能是其他班军类型。

本文拟对各类班军修筑长城的基本情况、组织管理制度及其作用进行概貌性评说，来揭示班军在明中期长城修筑过程中所发挥的巨大作用。同时，结合班军的组织管理制度，谈一谈长城沿线碑铭的解读问题。不当之处，请祈方家指正。

一、各类班军的"修守"活动

（一）京操班军

洪武、永乐两朝消除蒙古敌对力量的努力宣告失败后，仁、宣二帝遂采取趋于保守的防御政策，形成了以长城为线，以京师为中心的防御体系。为加强边镇及京畿地区的防御，除在这些地区大量屯驻军兵外，抽调内地卫所旗军轮班戍守也是重要措施。京操就是指从永乐二十二年始，[3] 来自山东、河南、山西、陕西、万全、大宁、南北直隶等都司和中都留守司诸卫所的旗军每年分春秋两班到北京，与三大营编在一起（最初在五军和神机营，后仅在五军营内），从事操练戍守（南京也有京操军，主要是来自长江附近的直隶卫所军，兹略而不论）。最初时有十六万人（每班八万，春秋两季轮流交替）。上班之期，大致是："春班之期，例限正月以里拨补完足，二月初旬起程挂号，三月初一日到京点卯。秋班之期，例限七月以里拨补完足，八月初旬起程挂号，初一日到京点卯。"[4]万历八年改为："上班以正月初旬为期，放班以六月、十二月终为期。"[5]这种制度一直实行到明朝灭亡[6]。

京操班军常常被调出京城，到宣府、大同、昌平、蓟镇，甚至辽东从事戍守、修筑活动。从京营中直接调取到边地进行防守与修筑的事例颇多，如弘治七年从河南、山东、大宁都司和中都留守司的京操军各抽调2000人到黄花镇"春秋分班往戍"。[7]隆庆元年，发河南、山东班军一万二千名于蓟镇"防守修边"。[8]

嘉靖以后，明防御线由京师推到京畿地区长城沿线，相应的也将京操军永久改拨到边地从事修守，人数最多的一次是在嘉靖三十年十二月，"庚戌之变"后，"议准大宁都司两班官员六万余名，免其京操，添设将官一十二员，统领前去蓟镇防御"。同时撤回防守的还有河间等卫所的二万多名京操军，包括万全都司、大宁都司、山西都司和行都司等卫所军。稍后，山东和河南的部分京操班军也被编班派到蓟镇与入卫军兵一起防守关隘。[9]

这些分赴到蓟镇、宣府、大同等镇的京操军，撤回边地后，不再具有京操性质，而是直接以营制编组，与隆庆初年开始调到蓟镇的河南、山东班军和边地原来的统一编组，担负起"防守修边"的重要职责。

不同的是，河南、山东的京操军只是在隆、万时大规模修筑长城之际临时调来，而撤回的大宁、北直隶和河间等都司卫所的八万余名京操军以及边地原驻守的军兵，则担负起日常维修与戍守的职责。

（二）边操班军

边操班军始于永乐末年，目的是为加强北边要塞的防御。据《明史·兵志三》的记载："初，太祖沿边设卫，惟土著兵及有罪谪戍者。遇有警，调他卫往戍，谓之客兵。永乐间，始命内地军番戍，谓之边班。"川越泰博在其《明代班军番戍考》（一、二、三）三篇文章中，认为"边操"军是一种"番戍"军，是在边境交替值勤的兵种。[10]班军主要来自长江以北诸都司卫所（西南地区也有少量的班军），如南北直隶、中都、河南、山东、山西和陕西都司及行都司，分布在宁夏、甘肃、固原、山西、延绥、宣府、大同、蓟镇等八镇。边操班军通常以一年为期（曾短期改为半年），规定："令沿边备操官军一年一班，每班于十月初到，明年十月满，复留与次班守冬，至后年正月放还，以后班次皆然"，轮流"令赴边以事修守"。[11]

边操班军在修筑关隘、城池和边墙的过程中发挥了重要的作用。景泰年间，河南都司的河南、弘农、彰德、怀庆、信阳等五卫所操军500员名就被派到隆庆州修筑城池，修完后撤回宣府。[12]弘治时，河南、山西等卫所边操班军参加了大同一带的边墙修筑。史载："弘治三年止修小边，大边未及用力，大边东自宣界，西至偏头关，其间旧墙坚固，尚堪防御者百五十余里，今欲补葺者半之，改筑者倍之，并欲斩崖挑壕增墩益堡大约不过五百余里，止用卒四万。本镇三路并山西、河南两备御官军足以差拨，每岁春用工不过三四十日，二三年可完，其冬班备御官下班时，借留两月应役，至上班时存恤两月，免其差遣，资粮则应役月日，俱于本边支给，计兹役之费，不当兴师万分之一。"[13]

隆、万年间，内地边操军普遍折班，即班军出银代役，折班银遂构成修筑长城的重要经费来源（京操军折银时间较晚，且同一都司卫所旗军只允许部分折班，另一部分班军仍需轮班赴京）。如在延绥镇：

先年调集陕西西安四卫官军四千三百名，潼关卫官军三千二百六十五员名，山西蒲州守御千户所官军六百五十五名，河南南阳卫官军二千七百八十二员名，颍上守御千户所官军六百二十三员名，直隶宁山卫官军一千四员名。每年轮班赴镇，与各营堡官军相策战守，尚且不足。万历三年，原任总兵官石茂华等题准，西安、潼关、蒲州各卫所官军离边稍近，仍宜留戍以助修守；宁山、南阳、颍上三卫所官军离边稍近，赴调不免怨期，请照嘉靖四十三年抚臣胡志夔题议事例，每名岁扣粮银五两四钱，差官类解本镇，以资修守工费。[14]

尽管各地均有拖欠折班银的现象，但它在长城修筑过程中确实发挥了一定的作用。

折班银主要用于修筑长城的物料费或人工费等方面。边操折班后，修守之兵主要来自招募，所募者既有土著、民户，也有旗军舍余或在籍旗军。大体而言，在嘉靖末年，南北直隶、山东、河南等内地卫所的部分边操军大都折班纳银以免赴役，而边地卫所的旗军舍余仍然轮班赴边参与到边地的修守。

（三）蓟镇入卫班军（兵）

蓟镇"入卫军（兵）"是指嘉靖二十九年"庚戌之变"后，边镇和腹里的军兵轮番入卫京畿的又一种班军形式。这批轮戍赴蓟的军兵最初以卫所旗军为主，稍后即有不少舍余、募兵、土著或民壮等参与其中。

据万历《大明会典》，"嘉靖二十九年，虏犯京辅，议征各镇精兵入卫，甘肃、固原、宁夏、宣府、辽东各一枝，延绥、大同各二枝"[15]。同期，大同和榆林的三枝入卫兵在昌平轮戍，"内护陵京，外援蓟镇"，稍后即纳入蓟镇边防体系，[16]所以，共有12枝入卫军兵调到蓟镇，分布于京北长城沿线操守、修筑[17]。按规定，每枝入卫军兵为三千人，但稍后或因奏请留班、或因年久流失，难以佥补等，每班皆不满员，"数年以来，各处班军皆不全，全枝三千，止带两千，或一千五百名赴镇"[18]。

入卫班军兵轮班戍守，各有班期。班期通常为半年，"蓟州，春以正月初旬上班，至五月初旬下班，秋以七月初旬上班，至十一月初旬下班"，[19]稍后，为避免入卫军兵疲于在路途中奔波，曾改为一年一轮。当然这只是一般性规定，实际的上班和下班时间要视具体的防御情形势而定，春班军兵参与夏防，或秋班军兵参与冬防的事情经常发生。在解读长城沿线的碑铭时且不可以"春班"与"春防"相混淆，当具体分析班军兵的来源地后再加定夺。如嘉靖三十一年时，延绥、宁、固入卫兵，每岁以二月赴宣大，七月移驻怀来保安等处，与辽东同入关听提督分布防，秋末尽撤。[20]万历五年，陕西巡按廪萧说，榆林镇军兵"每年三月例当上班，开岁以来，即行整搠……别去两月，始达蓟昌。一到蓟昌地方，即去冲危墩堡，三秋防守，昼夜不休，愈暇修工，催促愈急"，每次下班，均需由各镇守官军奏请地方平安无事，且有相应军防接替防守，方可放回，临期而回的情况非常之少。[21]更何况，由于官员害怕承担责任，大多刻意留军，待平安无事后再行撤放，因此"存留防冬"的情况经常发生。如榆林原有入卫军兵四枝，分两班更番入卫，因蓟镇有警，议留一枝，"冬防止放回一枝回镇，次年仍发二枝，遂使每年只有一枝休息，而休歇一年者，又该冬防行役一年"[22]。延绥入卫兵有四枝，分为两班，秋班"每岁在蓟者，即以十一月中旬放还，期至岁暮抵家，在延绥亦以十一月中旬起程，至岁暮抵"；交代在岁尾年初，防春军兵尤苦，因西北天寒风大，路途遥远，甚是艰苦，原来延绥镇起班时间为十一月中旬，岁末抵蓟镇，改成"以正月中起行，二月中抵镇"。[23]

入卫军兵在蓟镇的防守采取分区、分关隘哨堡的方式，[24]编入各区分守的方法大致是："议照蓟、昌二镇，先年分为十区，每区俱派入卫客兵一枝。"[25]万历十四年，在执行防夏任务时，延绥二枝，宣府、大同、真定各一枝，共兵五枝，他们的分布是"真定徐道一枝，应照旧分布石门，候秋防兵马到镇见面交代；延绥萧如兰一枝，见在山海，如辽东无警，仍回台头防夏；宣府马林一枝，见在台头，相应调赴中协，所属太平路驻扎，王重安接燕河境界防夏，便于应援；其西协，大同王恺一枝，照旧在墙子路；延绥周镇一枝，照旧在古北路，候秋兵马到镇分布之日，各仍照原旧地方"[26]。在同年的防秋兵部署中，"其延绥兵马二枝，系候兑班方撤之数，见在山海一枝，应调赴石门路，见在古北一枝，应以六百名，仍防曹家路，其余俱防古北路，各候见面交代，其大同兵一枝，应照旧分防曹墙二路，宣府兵一枝，应照旧防守台头路，各照往规，俱至十二月终撤放"[27]。

修筑边墙是边镇军兵的重要职责。在隆庆及万历初年，明中央在北部边境大规模的修筑和加固边墙时，参与修造的班军，既有京操军暂拨蓟镇者、也有改京操为边操的北直隶、万全、大宁、山西等都司的官军，以及轮班入卫军兵。[28]万历中期，王一鹗任蓟、昌等四镇总督，督造长城的修筑，其《总督四镇奏议》一书保留下来大量的当时修筑边墙时的考核奏疏，其中不乏领班官军在修筑过程中的表现等，证明了当时长城修造的主要力量是各类班军。[29]此外，散见于长城沿线的大量碑刻也足以证明"班军"在长城修建时所发挥的重要作用。[30]

通过上述分析可知，长城沿线碑铭中或长城文字砖中的"班"字，并非一定指《明史·兵志二》中所说的"京操班军"，还有可能是指边操班军或入卫班军等。如现存河北抚宁县董家口东长城上石碑碑文中所说的"蓟镇德州秋班官军"，所指即为入卫班军，而非京操班军。[31]天津三卫的班军亦然。

二、班军修筑的组织管理

明代的军兵大体有三类，一是世袭的旗军，二是招募的募兵，三是佥派的民兵。与之相应的兵役制度也有三种：卫所制、营伍制（又有镇戍制、营兵制、营哨制之说）和征兵制。[32]由于明初五军都督府与兵权分别掌管军队的管理权与指挥权，不便于征战戍守，遂逐步推行营伍制，以"九边"地区尤甚。

明代卫所军制是：五军都督府—左、右都督—都督同知—都督佥事—都指挥使—都指挥同知—都指挥佥事—指挥使—指挥同知—指挥佥事—千户—副千户—百户—副百户—实授百户—署百户（总旗—小旗）（留守司有正留守、副留守和指挥同知），以上武官是世袭的。

营伍制在有明一代一直处于变化之中，各个时期及其等级有较大变化，营官等阶大体如下：总兵官—副总兵—参将—游击—都司—守备—提调—千总—把总—百总，游击以上称将军，以下皆营官。[33]营伍将官绝大多数是由卫所的世袭武官充任的。

有明一代，卫所制和营伍制长期并行，卫所制既是一种军事组织管理制度，同时，它还是一种类似于行政机构性质的管理机构组织。通常，在戍守能职明显的地区，如在京畿、九边等防守重地，多以营伍编制管理，而军兵在驻扎地的军政及生活管理则以卫所制为主。

参与修筑的班军有较为严格的组织管理，既便于在修筑长城过程中组织管理，也可以防止班军逃跑。编制大体包括五级，即都司（军）—营—司—队—伍。通常以50人为队，5人为伍，各委以队长和伍长。来自同一都司卫所的班军通常编在同一个营、司、队、伍中（以营伍制编组），分拨轮流赴工，官员的称谓就结合了卫所与营伍两种制度的特点，如"德州营防秋游击""河南营升任都司""山东右营千总临清卫指挥使"和"河南营春防中军陈州卫指挥同知"等。领班武官负责修造过程中的具体管理事务。以万历三十五年修建蓟镇板台子至鸡林山边墙事为例，当时即采取分区、分片、分段承包，责任到人的方法，每修完一段城墙，会将官员姓名、修城班军所属、施工数量和任务、修建时间等勒石备查，作为稍后考评的依据。这次修筑长城的碑刻资料现存于迁安县徐流口边墙上，其内容主要是记录了参与此次工程督导监理的各级官、军、兵及其分工，"……中部千总河南□（宣）武卫指挥佥事何国脉，万历叁拾伍年秋防客兵、河南营官军原蒙派修建冷板台子柒拾肆号台西窗起，至鸡林山柒拾陆号台东窗止，□等边墙捌拾陆丈壹尺，下用条石□砖垒砌，底阔壹丈陆尺收顶，壹丈叁尺高，连垛口贰丈五尺。万历叁拾伍年岁次丁未孟冬吉旦立。边匠王太儒等，石匠龚彦英等"[34]。

如果官员不能按期保质保量地完成任务，或者出现塌毁的情况，官员要受到严厉的处罚，参与修筑的军兵要退回已经领取的劳动所得补助银——工犒银、盐菜银等，以作补修之资。如万历十四年，对蓟镇等镇所辖边墙进行了一次大规模的质量检查，"昌平道查西协各路，密云道查东协各路，永平道查中协各路，蓟州道查昌镇各路"，这次普查的对象是万历七年以后修筑边墙的质量，发现了不少的问题，如有的"以沙盖面、砖缝欠密"，坍塌十数丈至数十丈不等，参与修筑的有山东营、延绥营、德州营、河大营、宁山营、定州营、河南营、通津营、镇房营、石匣营等军兵，针对不同情况采取不同的处罚措施。如对三年以内出现的坍塌，除水势汹涌、非人力为者可免以处罚外，其他则要分别处以革职、降职、提问等处罚，"仍将原领工价犒赏银两照数追出，给赏见今代修军士以偿其劳用，惩其怠"[35]。

记录长城修筑过程及相关责任的史料很多，碑铭因载体的限制，内容大都较为简略，在此引征一则万历时蓟镇总督王一鹗对参与修城的官员的考核奏疏，大致可以知道诸类班军、募兵与民壮参与其中的情形，也有助于我们解读碑铭。

题为遵例甄别主客将领以示劝惩以重边务事……今据蓟昌两镇总兵官张臣等、密云等道兵备参政等官郭四维等俱报：万历十三年春秋两防在蓟镇修完边墙九百三十七丈……谨遵明旨甄别具闻。查得马兰路升任副总兵陶世臣，古北路升副总兵蒿绍忠，台头路副总兵解一清，石塘路参将罗四聪，墙子路调任参将彭友德，石门路参将王轺，喜峰路参将杭大才，居庸路升游击马应元，三屯右营游击李黉实，德州营春防升任游击檀武臣，河间营游击唐嘉相，通津营升任游击林桐，山东右营升任游击陈子成，宣府营游击刘远图，德州营防秋游击周如旦，昌平右车营升任都司褚东山，见任都司孟学诗，山东营秋班都司刘彬曹，以上各或总理一路，而主客同心，或专提一旅，而修防协力，督版筑则任怨任劳，墙台并属精坚，诘戎兵则克爱克威，士马俱称强壮，廉动独著，才识兼优，俱应优荐者也。

黄花路副总兵李成材，松棚路游击高彻，沈阳营升任游击方印，宁山营升任游击郭之翰，河大营游击田汝经，遵化左营游击李如梗，遵化右营都司升任都司朱士元，河南营升任都司熊世锦，保定左营升任都司阎金桌，河南营升任都司王国柱，昌平左车营都司张一兰，镇边城升任守备萧如兰，黑谷关提调杨继祖，董家口调任提督邢谦，义院口提调孙继祖，黄花路升任中军王之都，昌平右车营升任中军丘阶，居庸路升任中军聂承宗，昌平右车营中军涿鹿中卫指挥同知李登会，以上各官或以边工为己责，而综核不夹锱铢，或视部卒如家人，而抚恤能同甘苦，勤堪集事，忠不避难，俱应并荐者也。

墙子岭关提调张文魁，司马台升任提调华宗周，潮河川升任提调萧如蕙，擦崖子升任提调茹宗汤，山东右营秋防中军临清卫指挥同知宫弘业，遵化右营中军镇朔卫署所镇抚王弘祚，河南营春防中军嵩县守御千户所百户夏鸣雷，通津营中军定边卫指挥佥事陈宗虞，太平路中军密云中卫指挥同知李凤池，山东右营春防中军莱州卫指挥同知李应奎，河南营春防中军陈州卫指挥同知青若水，秋防中军宣武卫指挥使王绍武，台头路升任中军山海卫指挥使徐国桢，德州营春防中军武定守御千户所指挥佥事崔懋官，山东右营千总临清卫指挥使朱世勋，平山卫指挥佥事任怀忠，马兰路千总山海卫副千户李时庸，遵化右营千总密云中卫正千户刘宾，大同后卫指挥同知陈汉，天津营千总天津卫纳级指挥佥事靳良弼，通津营千总通州右卫指挥佥事奚继德，天津左卫副千户周时雍，把总沧州所副千户梁大任，以上各营官，或储料资课人工而省节，率作各宣其力，或严防护，慎哨守，而风雨寒暑均效其勤，俱应叙录者也。[36]

上引材料虽是对参与修筑边墙官员的考核，从他们的职掌中可知：参与修筑的有来自山东的京操班军：如山东右营秋班都司官、游击官、中军官、千总官等，分别来自于山东都司的临清卫、莱州卫等；来自河南都司的京操班军：河南营都司官、中军官等，有陈州卫、宣武卫、嵩县守御千户所等；来自北直隶的边操班军有德州营[37]、宁山营、河大营、遵化右营、天津营、昌平车营、河间营、通津营、定州忠顺营[38]等。这些以"营"径称的在边军兵，大多是在"庚戌之变"后，由京操转为边操的旗军，而以"卫"径称的多为京操军。本地原来驻守的卫所旗军、募兵，以及纳入统一编制的民壮等，分布在各"路""关""口"等地区，与本地军兵（主兵）混编修守。

需要特别指出的是：本文主要考查班军修筑长城的基本情况，并不否认主兵（驻扎在长城沿线地区的卫所旗军、各镇募兵，以及北直隶、山西、陕西等本辖区内的民兵）在长城修筑中的重要作用。参与修筑长城者，还包括家丁[39]、民壮班军等[40]。可以说，参与长城修筑的"劳动人民"，包括来自南直隶（今安徽、江苏）、北直隶（河北、天津、北京、内蒙古）、河南、山东、辽宁、山西、陕西、甘肃等地的军、兵、民、商等社会各阶层，班军（兵）则是其中重要的力量。

概言之，对长城沿线碑铭中所涉及到的"班"字，首先要根据碑铭的内容确定碑刻的发生时间和立碑的缘故，确定参与者的身份，包括官员的职掌和班军（兵）的来源地和戍守的时间（春班和秋班在京畿的时间），通过来源地和轮班的时间来区别他们的身份，进而判定他们是属于哪一类型的班军。

三、对班军修筑长城的简单评价

京操班军、边操班军和入卫班军（兵）等军兵，最初调入京师或边镇以操练戍守为目的，中期以后竟演化为修筑之匠，这是始料未及的。如崇祯朝有官员说，"祖制：班军入京操练，赴边防御，今每拨班军做工修筑矣。军不化为兵，而乃化为砖灰石匠，手足胼胝，奔波道路……"[41]为保证修筑边墙与操练巡边两不误，明政府也曾试图采取一些措施，但效果并不理想。

嘉、万之际，明政府对长城全面改造增修，其工程之浩大、人数之众是前所未有的。隆庆三年，蓟镇总督侍郎谭纶说："班军本以备十二路修守之事，顷之复作墩台，日不暇给。"[42]为避免操练荒废，保定巡抚宋纁建议，在防秋的一段时间内，"各将所辖隘口已分工修筑，但阅视届期，专于筑修，则疏于操练……惟修工操练间日举行，或先其工程之急者"。[43]给事中魏时亮提出把班军一分为三的主张，同时兼顾操练、工作和常川防守，并相应调整官员管理及考核制度，他说："切谓城守兵十一营，挈空三营外，更宜添设三营，共得六营，分属五军等营内，皆名曰班军营。以中都班军分二营，河南班军分二营，山东班军分二营，每营春班大约五六千，秋班大约八九千以上，就五六千、八九千内，分作三班，一班做工，一班常操，一班教练备征。但系头年做工者，次年常操，头年常操者，次年教练备征，头年教练备征者，次年做工，务严雇倩更替之禁。凡做工夫役不足，宜取足城守备兵营内，不许取足班军中常操备征之卒。如是，则京操既非空虚之文，班军渐有可用之勇，又合为一处，操在一营，入操者队伍可整，未到者着实可追。"[44]

谭纶、戚继光鉴于"工作为正差，营操为末务"这种"本""末"倒置的情形，试图根据入卫兵路途的远近及其装备、强弱情况等，采用主客相辅、修守搭配的方法缓解矛盾，"将各入卫客兵因其地之远近，时之久暂，兵之强弱，马之有无，与各路主兵、各枝班军，俱各分为班次。大抵远兵一半待援，一半修工。主兵因无更番，亦一半操备，一半修工，惟是客兵无马者，与班军之不能战者，则以二分修工，一分摆守。处分既定，众多相安"，但收效甚微。[45]

稍后，巡抚陕西御史刘国光力陈军兵之苦、班军修筑之弊，提议废除轮班之法，他说："各镇卫兵之累缘于派修台工，每季必责修数座，计一台之工，数百金，原议工价，未足半费，应支行粮，尽以贴陪，在蓟视边兵为赘疣，不得与本镇各兵一体优恤；在各边以入卫为陷阱，不能与在镇各兵同事训练，有入卫之虚名，无御房之实用。且各镇入卫独宁夏最远，原拨白马关一带防守，今亦非要区，请免本枝入卫，将就近别兵代守"，[46]这项建议并没有被批准。

明中晚期以后，大臣们检讨本朝军兵战斗力不断下降时，不少人认为班军沦为工匠是一个重要因素。如王廷相认为，京军之所以战斗力不强缘于"军无定用"，他解释道："今团营军士派之杂差，拔之做工，留之搜木，终岁不得入操，困苦以劳其身，而敌忾之气缩，舂锸以夺其习，而弓马之艺疏，虽有团营听征之名，实与田亩市井之夫无异。欲其战胜攻取，以张皇威武，夫何敢望？"[47]崇祯十二年，京营总督朱燮元也说："祖制设立班军，更番入卫，原不言工。厥后有工作起，原以无事而议也。讵料延及今时，内外多故，举皆言工，竟忘入卫之意，而又半年休息，半年勤事，并忘之也。"[48]

当然，在蓟、宣等长城沿线大量屯兵，尤其是大量调取班军，也带动了当地商品市场的勃兴和地区经济的发展。因为班军（边班、京班）来自长江以北地区，分布极其广泛，他们有半年甚至更长的时间在边境度过，与边兵、土著居民或少数民族有广泛的交流。天启年间，宣大总督王国祯说，"祖制：额拨河南班军捌千壹百余名，每年春秋轮班赴边修工，边军惟事战守。故兵力裕而边墙无圮。班军往来，商贩亦因以通边。军籍其余润仰给于商，边地亦不荒芜，祖宗立法良有深意。久之，班军违期不至，议改班价，边军于是日操舂筑，力既不及，墙日已圮，边境亦以寂然"。[49]如此说来，班军在繁荣边地经济、促进人口流动与社会的变迁等方面起到相当重要的作用，这是另当别论的。

彭　勇　中央民族大学历史文化学院教授

注释：

1 张廷玉等撰：《明史》卷90《兵志二》，北京：中华书局，1974，第2229页。

2 关于班军的基本属性，可参阅拙文《明代广西班军制度研究——兼论班军的非军事移民性质》，见《中国边疆史地研究》2004第3期。

3《明史·兵志二》所载京操始于永乐十三年，与实际不符，参阅《仁宗昭皇帝纪》卷6，中华全国图书馆文献缩微复制中心。《明仁宗实录》卷4（上），永乐二十二年十一月乙亥，台北："中央"研究院历史语言研究所，1962，第136页。

4 辽宁省档案馆、辽宁省社会科学院历史研究所编：《明代辽东档案汇编》，《为请早给军粮以便京操事给山东总督的申文》（嘉靖三十八年二月），沈阳：辽沈书社，1985，第1129页。

5《明神宗实录》卷102，万历八年七月己丑，第2016页（以下《明实录》页码皆为"中研院"版）。

6 中国第一历史档案馆、辽宁省档案馆编:《中国明朝档案总汇》第25册第1969号档,《兵部为山东班军照例选汰增补领操官员事题行稿》(崇祯十年八月二十日),南宁:广西师范大学出版社,2001,第113—134页。

7《明孝宗实录》卷111,弘治九年闰三月戊午,第2022页。

8 申时行等编:万历《大明会典》卷134《兵部十七·京营》,《续修四库全书》(七九一·史部·政书类),上海:上海古籍出版社,1995,第366页。

9 参见万历《大明会典》卷134《兵部十七·营操》,《续修四库全书》(七九一·史部·政书类),上海:上海古籍出版社,1995,第366页。

10 川越泰博:《明代班军番戍考》(一)《军事史学》1981,第16卷,第4号;《明代班军番戍考》(二)《史正》1981第11号;《明代班军番戍考》(三)《古稀祝贺酒井忠夫先生论集》东京都国书刊行会,1982。

11 万历《大明会典》卷132《兵部十五·镇戍七·各镇通例·轮操》,《续修四库全书》(七九一·史部·政书类),上海:上海古籍出版社,1995,第337页。

12 嘉靖《隆庆志》卷6《武备·诸兵》,《天一阁藏明代方志选刊》(第三册),台北:新文丰出版公司,1981—1985,第243页。

13《明孝宗实录》卷132,弘治十年十二月癸酉,第2329—2330页。

14 涂宗濬《清班价以裕修守疏》,《中国方志丛书·华北地方·陕西省·延绥镇志》卷6,《艺文志》,台北:成文书局,1970,第132页。

15 万历《大明会典》卷129,《兵部十二·镇戍四·各镇分例一》,《续修四库全书》(七九一·史部·政书类),上海:上海古籍出版社,1995,第337页。

16《明世宗实录》卷473,嘉靖三十八年六月辛亥,第7943页。

17 两班计有24枝,加上民兵班军最多时达29枝,计78000人之多。由于轮流入戍,而且稍后既有申请撤回本地者,所以入卫兵枝数和人数前后有很大的变化。

18 (明)袁黄撰,(明)刘邦谟、王好善辑:《宝坻政书》卷一〇《边防书复抚按边关十议》,《北京图书馆古籍珍本丛刊》第48册,北京:书目文献出版社,2000,第408页。

19《明世宗实录》卷386,嘉靖三十一年六月癸丑,第6801页。

20《明世宗实录》卷389,嘉靖三十一年九月丁酉,第6840页。

21 参阅《谭襄敏奏议》卷10《议撤防春兵马疏》、《议撤防秋兵马疏》,《四库全书珍本六集·史部》(影印本)第99册,台北:台湾商务印书馆,1976,第42—49页。

22 张卤:《皇明嘉隆疏抄》卷21《巡按陕西监察御史萧廪谨题为恳乞天恩府容入卫兵马番休以苏疲镇事》,《四库全书存目丛书史部》第73册,济南:齐鲁书社,1996,第480—481页。

23 王一鹗:《总督四镇奏议》卷4《议处卫兵道路疏》,北京:全国图书馆文献缩微复制中心,2007,第449—450页。

24《明神宗实录》卷4,隆庆六年八月丁卯,第155—158页。

25 谭纶:《谭襄敏奏议》卷10,《即事效忠再饬春防大计以慎固疆场疏》,《四库全书珍本六集·史部》(影印本)第99册,台北:台湾商务印书馆,1976,第3页。

26 王一鹗:《总督四镇奏议》卷3,《议撤防春兵马疏》(万历十四年五月),北京:全国图书馆文献缩微复制中心,2007,第383页。

27 王一鹗:《总督四镇奏议》卷6,《议撤防秋兵马疏》(万历十四年十一月初二日),北京:全国图书馆文献缩微复制中心,2007,第752—753页。

28 戚继光撰,张德信校:《戚少保奏议》卷4《震科议减免入卫之兵》,北京:中华书局,2001,第140—142页。

29 王一鹗:《总督四镇奏议》,北京:全国图书馆文献缩微复制中心,2007。

30《文物春秋》1998第2期,附唐山境内的长城碑刻资料;沈朝阳主编:《秦皇岛长城》,北京:方志出版社,2002,附录碑刻资料。(感谢中国长城学会会员燕山大学的赵姗姗同学提供秦皇岛地区碑刻资料)

31 华夏子:《明长城考实》,附录二《长城沿线石碑碑文》,档案出版社,1988;《明神宗实录》卷278,万历二十二年十月己酉,第5137页。

32 参阅范中义《论明代军制的演变》,《中国史研究》1998第2期;王莉《明代营兵制初探》,《北京师范大学学报》,1991第2期。

33 傅维鳞:《明书》卷65《职官志一》,《四库全书存目丛书·史部》第38册,济南:齐鲁书社,1996,第641页。

34 穆远等《唐山境内的长城碑刻资料》，《文物春秋》1998 第 2 期，第 79 页。

35 王一鹗：《总督四镇奏议》卷 7《边墙冲塌查参将领疏》，北京：全国图书馆文献缩微复制中心，2007，第 792 页。

36 王一鹗：《总督四镇奏议》卷 1《甄别主客将领疏》，北京：全国图书馆文献缩微复制中心，2007，第 121—132 页。

37 明时德州属北直隶，其军事管辖权虽一度由山东代管，但管辖权并未变更。现存于秦皇岛地区的长城碑刻，就有明确的标注。

38 忠顺营是由明初归降明政权的北方少数民族（主要是蒙古族）官军舍余组成的、以营伍编制的军伍。这些少数民族军兵在京营组成三千营、在北部京畿地区以忠顺营编制，其它散见于全国各地的都司卫所中。参见拙文《明代达官在内地卫所的分布及其社会生活》，见《内蒙古社会科学》2003 第 1 期。

39 如大同总兵周尚文，"嘉靖十七年，总兵大同善蓄家丁，行伍精锐。二十五年，用督府翁万达议，筑长城三百余里。二十七年秋遣家丁千余骑……凡在镇十年，一凿堑，一筑堡，一筑长城，大小十余战，而石柱弥陀之捷尤著"。参见顺治《云中郡志》卷 6《秩官志·周尚文》。隆、万年间合法化以后，将帅招募以充边关防守较为普遍。参见《明神宗实录》卷 233，万历十九年三月己未。

40 如嘉靖二十九年始，征各边省军民兵七万名入卫，参与蓟镇的戍守，参见刘效祖《四镇三关志》卷 3，《军旅考·蓟镇军旅》；嘉靖四十年，山东、河南布政司兵部被允准停止轮番，但要求按民兵人头出银代役，摊于辖区地亩之内，由百姓分摊。见《明世宗实录》卷 528，嘉靖四十二年十二月丁未。

41 《崇祯长编》卷 12，崇祯元年八月辛卯，台北："中央"研究院历史语言研究所，1967，第 673 页。

42 《明穆宗实录》卷 29，隆庆三年二月庚辰，第 757 页。

43 《明神宗实录》卷 3，隆庆六年七月癸卯，第 111 页。

44 (明) 陈子龙：《明经世文编》卷 370《议处兵营要务疏》，北京：中华书局，1962，第 3995 页。

45 《明神宗实录》卷 28，万历二年八月壬子，第 684 页。

46 《明神宗实录》卷 64，万历五年七月乙巳，第 1424 页。

47 王廷相：《浚川奏议》卷 9《修举团营事宜疏》，《四库全书存目丛书·史部》第 53 册，济南：齐鲁书社，1996，第 570 页。

48 中国第一历史档案馆、辽宁省档案馆编：《中国明朝档案总汇》第 32 册第 2466 号档，《兵部为班军缺额脱逃积欠等弊督监各官加意稽查事题行稿》（崇祯十二年十二月十九日），桂林：广西师范大学出版社，2001，第 411 页。

49 中国第一历史档案馆、辽宁省档案馆编：《中国明朝档案总汇》第 2 册第 192 号档，《宣大总督王国桢为军情日变边防日坏请敕议复班军及时整修边备事题本》[尾缺]（天启四年八月十二日），南宁：广西师范大学出版社，2001，第 333—334 页。

关于长城景区发展的一些思考

王铁林

摘　要：长城是世界文化遗产，是中华文化符号，具有鲜明的文化属性。长城景区又具有以满足游客需求，获取经济利益为特点的旅游属性。鉴于长城的特殊意义，长城景区建设在文旅融合发展的大背景中具有突出意义。八达岭长城景区位于首都北京，是新中国成立以来开放最早的长城景区，以接待各国元首和外宾为突出特色，自开放以来接待游客超两亿人次，2019 年接待游客超千万人次。本文在中国旅游进入文旅新时代的趋势下，特别是在长城国家文化公园建设已进入试点阶段，结合八达岭长城景区的工作实践，对长城景区文旅融合的定位和发展进行探讨。

关键词：美好生活　文旅融合　八达岭长城　长城景区

中国共产党"十九大"报告中指出："中国特色社会主义进入了新时代，我国社会主要矛盾已经转化为人民日益增长的美好生活需要和不平衡不充分的发展之间的矛盾。"推进文旅融合发展，既是符合继续巩固我国经济供给侧结构性改革、释放实体经济活力的有效方式，同时也是提升广大人民群众和游客获得感、幸福感和安全感，满足人民日益增长的对美好生活的需要。

文旅融合上有国家大政方针和各级政府的支持和引导，下有各种社会主体的积极参与和推动实践。长城景区在新时代文旅融合发展中，有优势，有特性，同时也面临着机遇和挑战。

一、文旅融合是长城景区的内在基因

万里长城上下两千年，纵横千万里，是祖先留给人类的宝贵物质财富和精神财富，是世界文化遗产。长城不仅是作为物质遗产的有形存在，还是中华民族的代表性符号和中华文明的重要象征，具有鲜明的文化属性。长城景区要保护长城文物、弘扬长城文化，这是事业属性；还要接待游客，通过旅游服务获得经济收益，这是产业属性。对长城景区而言，文化和旅游是分不开的，文旅融合是长城景区自开放运行以来，一直存在的内在基因。

位于北京市延庆区的八达岭长城，在全国的长城景区中开放得最早，保存得最完好，景观也最壮美，是万里长城的精华和杰出代表。八达岭长城景区 2019 年接待游人超千万人次，自开放以来累计接待游人超两亿人次，同时还具有接待外国元首和政府官员的优势和特色，彰显了独特的文化和旅游魅力。

二、政策规划的出台推动了文旅融合加快发展

2019 年，全国各地的文化系统和旅游系统开始全面融合合并，致力于形成政府引导、市场主导、全社会参与的文旅融合发展格局。据 2019 年我国文化和旅游部门发布的数据显示，我国文化产业和旅游产业正在成为经济增长的重要引擎。

2019 年初，文化和旅游部、国家文物局联合印发了《长城保护总体规划》。"规划"为长城保

护这一长期任务提供了重要指引。就八达岭长城所在的北京市来说，《北京市长城文化带保护发展规划（2018年至2035年）》于2019年4月出台，将长城文化带的发展，定位为首都文化传承与生态安全屏障。2019年7月24日，《长城、大运河、长征国家文化公园建设方案》审议通过。长城国家文化公园有别于传统的长城旅游景区，更加突出国家性、公益性、文化性的内涵，同时也将成为各省市区推动文旅融合的重要载体，符合新时期我国文旅融合发展的趋势。2019年12月11日，被称为"文旅融合26条"的《关于推进北京市文化和旅游融合发展的意见》出台，北京成为全国首个在省级层面出台文旅融合总揽规范性文件的地区。这个"意见"的推出，将进一步推动把北京文化和旅游的资源优势转化为发展优势，开发促进首都高质量发展的新动能，满足市民和旅游者对美好生活的新期待，助力全国文化中心与国际一流旅游城市建设。

具体八达岭长城景区而言，《八达岭——十三陵风景名胜区总体规划（修编）（2012—2025年）》已获得国务院批复，《八达岭——十三陵风景名胜区（延庆部分）详细规划（2017—2025）》已获得国家林业和草原局批复，《长城——八达岭景区段保护规划》已完成编制工作正在逐级上报审批。这三个规划在综合分析现状和问题的基础上，为长城文物保护和长城文化的发展、弘扬提供了直接依据，将以文物保护工作为第一要务，以发扬传承长城文化为核心，指导并推进八达岭长城景区文旅融合发展工作。

时不我待，相关政策规划都已具备或在推进中，基于长城所赋予的特殊意义，长城景区在加快文旅融合发展之路上，有必要精准发力，并且快马加鞭，跟上时代发展的大趋势。

三、长城景区在文旅融合中的几个落脚点

中国旅游业发展40年来，八达岭长城景区也一直在文旅融合方面探索、实践着。按照"保护为主、抢救第一、合理利用、加强管理"的文物工作方针，除利用社会赞助、上级拨款、自筹资金等方式，对城墙进行抢险、修复外，同时还对景区环境进行了持续、全面的清理和整治。在景区内，还有建设了缆车索道、长城博物馆、八达岭梦幻长城球幕影院等便民、娱乐和教育设施，这些举措在全国长城景区中都居于领先地位。

近年来，国家大力提倡文化自信，尤其是弘扬长城精神，同时旅游消费市场也面临个性化、品质化等方面的升级考验。八达岭长城在当前文旅融合的大趋势下，也面临着如何将长城文化的内涵做活，使其融入到百姓生活当中；如何让长城景区摆脱门票依赖、延长游客停留时间；如何从单一的业务运营向多元化文旅业态转型等问题和挑战。同时"长城研学""体验式长城旅游""长城IP"等文旅融合概念和模式也被提出来，并且在北京长城景区中有所实践。现结合八达岭长城景区在文旅融合方面的实践，就长城景区在新时代发展的落脚点，提出以下建议。

1. 结合区域特色，融入全域旅游

一方水土养一方人，一方水土也滋养了一方的长城。人不能忘本，长城景区也不能离开地域特色单独发展。深度的文旅融合必然要扎根于长城景区所在的大环境。

目的地营销是这两年文旅行业的热点，做法是从旅游切入，以地区、城市整体面貌出现，打造出特色地区名片。八达岭长城位于北京市延庆区，延庆区不仅是首批全国全域旅游示范区，还是首批全国生态文明示范区、全国民宿产业发展示范区，更是北京2019世园会、2022年北京冬奥会的两项世界级盛会的举办地。以八达岭长城为代表，丰富的长城资源是延庆区域的典型特色。

《延庆区长城保护三年行动计划》的发布，是2019年首届北京八达岭长城文化节开幕式上最重要的一项内容。《行动计划》提及以延庆区长城本体一线贯穿，将建设八达岭长城文化公园、大庄科特色文化体验园和长城文化创意产业园，实现长城本体和长城周边文化文物资源保护利用全覆盖，围绕"雄伟的长城脚下，美丽的妫水河畔"，串联起延庆全域旅游的上述诸多文化片区，进而带动民宿、餐饮等相关产业的发展，最终惠及整个区域百姓，带动区域经济向上发展。

文旅融合的最终目的是满足人民日益增长的对美好生活的需求。祖祖辈辈生活在长城周边的人、热爱长城的志愿者、来自海内外的亿万游客，都应该是长城景区文旅融合发展的受益者。具体做法上，八达岭长城联动"世园"、带动整个延庆文旅产业发展的策划草案已经出炉，目前相关方正在积极推进中。八达岭夜长城风景一方独美，配合周边的高端民宿、旅游资源，盘活京西北夜经济大有可为。通过精心策划精品线路和产品，增强广大游客在延庆整个地区的文化体验感，让"美丽延庆、冰雪夏都"的品牌更亮，让长城元素在延庆的一年四季都发挥参与和引领作用。因为八达岭长城，游客来到延庆，接着体验到了丰富的延庆旅游文化资源。文化旅游相关领域的参与者，围绕着长城这一文化资源共谋互力，共享发展成果，共创幸福生活。

2. 挖掘长城文化项目，筑牢文旅融合的基石

文化是人类的精神活动及活动产品，旅游是一种综合性消费活动。"以文促旅，以旅彰文"是文旅融合的原则之一。"以文促旅"说明文化是旅游的核心，即文旅融合，文化先行。

对于长城景区的发展来说，挖掘长城文化应摆在核心和优先位置。自 2019 年 6 月 1 日起，八达岭长城景区实施全网络实名制预约售票，每日最大游客流量限制在 6.5 万人次以下，这个做法是立足长远，而不是追求单纯的一时门票收入，从保护文物和注重游客游览的安全性和舒适性出发作出的一项重要安排。2019 年 6 月 15 日，同属于八达岭长城军事防御体系的八达岭古长城和水关长城被收归八达岭特区办事处统一管理。以上两个措施，分别从长城景区的管理机制和行政溯源上，为深入挖掘延庆区段长城文化奠定了基础。

对自身文化进行挖掘和传播，首先要在思想上认识到文化学术研究的重要性，其次要在行政和管理上为文化研究提供资金和政策支持。接下来就是集中智力资源，真正在学术上为长城文化贡献一些具有创新性的成果。近年来，八达岭特区办事处主办和参与了一些长城文化研讨会、展览、长城书籍出版等项目，取得了一些成果，如《长城聚首——"一带一路"合作国家政要与八达岭长城友好往来》主题展览、《京蓟屏障——北京长城历史与文化》系列丛书编制等。同样是在以弘扬长城文化为核心的引导下，还对八达岭长城特色商业文化街进行了提质改造。接下来，还将大力支持长城文化研究项目，拓展与重点科研院校、有影响力的社团组织以及长城学者的合作方式和领域。只有打好文化和学术的基石，才能更好地规划长城文物保护、建设景区基础设施和生态景观，实行旅游服务升级，从而做到"以旅彰文"，让长城景区在文旅融合的道路上走得坚实和长远。

3. 打造具有影响力的活动，传播长城文化

节庆活动历来是打造城市或者景区品牌、聚集人气的不二之选，但大大小小的活动，是否契合城市品牌特色，是否浮于表面，是否具有效果，则是一个值得商榷的问题。2019 年 12 月推出的《关于推进北京市文化和旅游融合发展的意见》提出，要通过拓展对外交流综合平台，推广对外交流国际品牌，拓宽对外交流层次渠道三项措施，扩大北京文化旅游朋友圈。

长城在每个国人心中都具有崇高地位，长城也是外国人认知度最高的中国文化符号之一。近年来，在八达岭长城上已经举办了不少公益性、国际性的大型活动，比如"元旦万人登山活动""中国国际长城摄影周"等，也有很多的社会团体、企事业单位把他们的活动放在长城上来开展，这体现了长城的号召力和作为精神符号的强大凝聚力。八达岭长城不仅是延庆的长城、北京的长城，还是中国的长城，更是世界的长城。因在国宾接待和举办国际性活动上的优势，八达岭长城在扩大北京文化旅游朋友圈上大有可为。

通过打造具有影响力的活动，无论是线上还是线下聚集人气，带动了广大社会人士的参与感，在参与的过程中，增加了对长城文化的了解和思考，并且主动地加入到传播长城文化的行列中。组织具有影响力的活动有两方面原则，一是能够带动受众的广泛参与，二是活动要具有新闻事件的传播性，特别是要善于利用现在层出不穷的新媒体平台，在互联网的传播范围内，通过各种形式的传播，打破了线下活动举办于一时一地的局限性，将活动的内容、氛围的传播力无限扩大。

活动要具有影响力，一方面靠策划组织和创意，另一方面则靠传播。相关调查显示，外国人更倾向于通过互联网参与中国文化活动，借助社交圈了解中国文化。但中国文化对外传播当前是以政府主导的文艺演出、现场节事活动为主，线上文化活动数量少、种类单一，与外国人的文化接触渠道、偏好错位。

讲好长城故事，传播中国声音，打造具有影响力和传播力的文化活动，无论是对于中国的年轻网上一代，还是对于外国人，都具有重要意义。

2019年暑期在八达岭长城开幕的中国长城国际摄影周，是八达岭长城景区打造品牌活动的一次尝试，本次摄影周是八达岭长城以影像艺术为突破口，构建的长城文化品牌类活动。摄影周的展品内容丰富，覆盖面广，时间跨度大，思想表达深，不仅在八达岭长城景区属首次，在万里长城沿线乃至国内外同类景区展览中也并不多见。展品面积超过2万平方米，展线绵延1.6千米，让海内外游客从各个角度都能感受到震撼的视觉效果，得到了真切的观展体验。2019年末，中国长城国际摄影周巡展首站在中国"新国门"——北京大兴国际机场举办，长城文化以影像艺术为语言，脱离了长城本体的限制，使长城"运动"了起来，从而向世界传播了长城文化，讲述了中国故事。

需要看到的是，直到现在，与长城有关的、以长城为主题的有影响力的国际性品牌活动基本还没有，这就需要我们以更开阔的心态，诚邀社会各界人士参与长城文化产品的开发，尤其是支持和欢迎有深度、有影响力，有契合度的品牌活动的开发和培育。

4. 让创意产品开启长城IP之路

瞭望智库曾连续两年发表IP评价报告，在2019年5月29日发表的《成就新时代的中国文化符号——2018—2019年度文化IP评价报告》中提到："文化符号，换成产业语言就是文化IP。它集中体现了一个国家基于文化形象、文化产品而具有的凝聚力和生命力，以及由此产生的吸引力和影响力。"而在2018年的报告中，瞭望智库对IP的关键要素进行了总结，包括：被市场和时间所验证、凝聚并沉淀用户情感和文化价值、持续创新和开发等三个主要方面。

基于以上关于IP的三个评价维度，长城就是国家的文化符号，是中国人集体意识的一部分，长城就是最强有力的文化IP。长城IP的打造对于文旅融合发展，尤其是影响年轻一代消费群体，进行网上传播，进而影响世界，传播中国声音，都具有重要意义。

近年来，故宫文创发展迅猛，引发了一场"国潮"的讨论。人们常把长城与故宫并提，因为他们同为世界文化遗产。而故宫博物院单单文创商品一年收入就超过了10亿。文创商品让严肃的文化走进年轻人的时尚生活，也带来丰厚的价值变现。在文创产业的发展上，长城相比故宫大为逊色。2017年，腾讯联合中国文物保护基金会启动"长城你造不造"行动，旨在通过互联网技术与平台，让新生代以全新的角度关注世界文化遗产的保护，用创新创意来复兴和活化中国的传统文化遗产，让长城这个"超级IP"释放新时代的光彩。

需要看到的是，长城与故宫不同的地方在于，长城是分布在中国15个省、自治区、直辖市。国内各地凡是有长城资源的地方，都能开发成长城景区。各地景区并立，发展情况不一，各自为政。在各自的发展过程中，需要结合区域特色，不能千篇一律。但在长城文化的推广、文化项目的发掘，特别是文创产品的开发上亟需团结和相互借鉴。

开发长城IP，首先需要对自身文化进行精准的把握和深刻的认知，之后才是召集人才对文化进行挖掘、创意、策划，生成具有文化意蕴的产品。其中，打造具有区域长城特色的爆款文创产品是一个必经途径。2019年，八达岭长城景区与清华文创院、中央美院等众多文创、艺术机构一起作为联合发起单位，集聚相关文旅企业、文化协会、专家学者等，围绕长城文化IP开发、文旅线路推介、文创产品设计等组建长城文化联盟，立足传统挖掘创意元素，贴近生活，延伸产业链。此外，在关城东兵营与清华美院合作开设"长城礼物"原创文创店，"明小兵"与"熊猫八达"系列产品具有成为爆款的潜质。在南兵营设立"长城印象"文创店，南小院南屋开设"长城伴手礼"礼物店。但到目前为止，门票收入仍是八达岭长城景区的主要来源，围绕八达岭长城的 IP 开发还需全面加强。

5. 让数字科技成为文旅融合的助推器

数字科技带来数字经济，数字经济创造美好生活。长城文旅融合的崭新业态中，同样不能摒弃数字科技的应用。积极打造智慧景区，一方面便利人们的出行游玩选择，另一方面也是用科技感丰富长城景区内涵的一项措施。

数字科技不仅可以用来研究长城，保护长城，更可以成为长城景区文旅融合的助推器。大数据、虚拟现实、社交网络、云计算、5G 与数字创意产业的快速发展，科学技术颠覆性地改变了现有文旅产业的呈现方式和体验模式，以为市民和旅游者提供更为智能化、便利化、精准化公共服务的方式，进一步加速了文旅融合的速度和深度。

早在 2015 年 12 月，故宫博物院端门数字馆就已开馆。端门数字馆立足于真实的古建和文物，通过精心采集的高精度文物数据，结合严谨的学术考证，把丰富的文物和深厚的历史文化积淀，再现于数字世界中。游客通过 VR 影像可以 360 度观看虚拟文物，堪称打开了一扇深入了解故宫博物院的"数字之门"。2019 年初，故宫数字体验展区的"紫禁城里过大年"同时运用数字投影、虚拟影像、互动捕捉等方式，让游客穿越到了皇宫，感受百年前过年的热闹气氛。故宫可以做的，长城景区也可以尝试。无论是再造的实物场景，还是虚拟的科技场景，场景体验的体验感是长城景区急需要拓展的一个项目。

综上所述，在大力弘扬长城精神时代号召的引领下，在长城国家文化公园建设方案业已敲定的大背景下，长城景区在文旅融合发展的探索中，首先要在理念上深度融合，与区域发展结合起来，跟随时代科技的脚步，开发自身的品牌活动和创意产品。八达岭长城作为昔日长城保护和发展的引领者，有责任在今日和将来，在政策指引下，政府部门和全社会积极参与，在景区管理、文化挖掘，特别是文旅发展上，走出自己的特色之路，积极在长城国家文化公园的大规划下谋发展，做长城景区文旅融合发展的表率。

王铁林 北京市延庆区八达岭特区办事处党组书记、主任

长城文化遗产廊道建设

吴诗中　徐　飞　乔忠林

摘　要：长城是最具民族文化特色的线性、带状文化遗产，它绵延弯曲，分布地域广阔，延续时间漫长，建筑规模宏大，防御体系复杂，文化内涵丰富，无可争议地成为中国文化最重要的表征，是民族凝聚力和创造力的重要资源。

美国哈佛大学景观研究学者查尔斯（Charles）教授很早就对"遗产廊道（Heritage Corridor）"给出了定义——"拥有特殊文化资源集合的线性景观。通常带有明显的经济中心、蓬勃发展的旅游、老建筑的适应性再利用、娱乐及环境改善"。

现今我们将遗产廊道理论在各领域做了深入的挖掘与应用，"长城文化遗产廊道建设"就是其中之一。长城文化可以说是中华民族的主流文化，它承载了太丰厚的历史信息，延续了太久远的民族文脉与民族精神。长城文化遗产廊道建设应该顺应时代变化而发展，它是我们民族智慧和毅力的体现，所以不是单一的线性遗产区域建设，而是需要运用当今新思想、新设计、新技术，把长城沿线的风物遗迹、民居建筑、国家记忆、历史事件、民族精神、风俗习尚等众多单体文化、民俗资源串联构建成为一个具有重大价值的文化纽带，摒弃过去对传统文化遗产"点""面"的基本认识，转向具有新时代特点的"线性文化遗产"，全方位研究长城文化遗产廊道建设。如果我们将长城文化遗产定义为线性的整体廊道，那么在这一个线性下面则可以分为多个区域廊道，比如山海关区域廊道、嘉峪关区域廊道、八达岭区域廊道等。

关键词：文化遗产　廊道建设　数字展示

一、长城构建的历史意义与现代价值

1. 长城之由来概述

从现有的资料看，长城最初是诸侯国之间为防御敌国或外族的军事进攻而修建。秦统一六国建立了空前大一统局面后，帝国的军事防御重点也由列国纷争逐力，而转向与北部少数民族接壤的边境地区[1]。为抵御北方游牧民族的南下侵扰，为了战争防御的需要，中国历史上建造了多道长城，如秦长城、汉长城、北朝长城、隋长城、辽金长城和明长城等。

2. 长城构筑与用途

多数长城并非一次性修建，基本都是根据战略需求因时因地而修建，均由烽燧、关堡、道路等构建成一个立体化的军事防御体系。

3. 古长城与丝路通衢的关系

"纵横十余万里，上下两千多年"，这句话充分展现了我国长城是世界上延续时间最长、分布范围最广、规模最庞大和影响最深远的军防体系。丝绸之路就是在这样的军事背景下开通贸易往来，实现沟通东西文化的作用的。

在中国历史上的春秋战国时期，齐、楚、中山、魏、韩、赵、燕、秦等诸侯国，以及后世的秦、汉、北朝、隋、唐、辽、金、明等朝代都修建过长城。秦汉时期在中国长城史上意义十分重大，此时，河西长城的出现对丝绸之路的畅通提供了有力保障，同时也是秦汉文化向西北方向扩张影响的强辐射带。现在的北京、天津、河北、山西、内蒙古、辽宁、吉林、黑龙江、山东、河南、陕西、宁夏、甘肃、新疆等15个省、市、自治区都建有长城。

4. 长城与民族融合

长城沿线历来是北方草原民族聚居活动的区域，少数民族通过战争或和平的方式，南迁到长城内外，促进了各民族间的交流、多民族交错杂居、融合、并存，留下了丰富的民族民俗文化资源。历代长城的成功修筑无疑凝聚了各民族人民的心血，蕴含着代代相传的长城精神。长久以来，长城已经不仅是普通意义上的物理长城了，长城内外各民族团结、融合，早已在中华民族心理上筑起了一道文化长城。

二、长城文化遗产廊道研究概况

长期以来，历代长城因其绵延久远的历史、丰厚博大的文化内涵，引起了社会各界的极大关注。国内外学术界开展着多方位、多视角的长城文化遗产研究，并取得丰硕的研究成果。

1. 紧扣历史文献、民族学等多学科交叉研究

王国维先生的《金界壕考》可以说是首开长城研究之先河，首次将"界壕"这一特殊建筑形态，纳入长城的概念范畴；同时还有张维华的《中国长城建置考》（上编），王国良的《中国长城沿革》，寿鹏飞的《历代长城考》，董耀会、陈海燕主编的《中国长城志》[2]等。随着长城在人民心目中的地位逐渐上升，学术界也逐渐开始关注长城研究。与之前不同的是，在传统历史文献的基础上其他学科相继介入，把长城文化遗产研究推向文化遗产廊道规划建设范畴。

2. 结合考古发掘和考古调查研究成果

考古学研究方法主要是从实证的角度出发。英国著名汉学家斯坦因最早通过田野考古调查对河西走廊的汉代长城进行调查和研究，在《斯坦因西域考古记》中，详细记载了中国古代西域地区古长城诸多遗址、遗迹。大量第一手实地考古资料描述了该地区古长城的分布、走向，对长城的结构、构造和建筑材料以及长城沿线的地形、地貌、生态环境和有关文物作了详细介绍。

3. 历代长城的理论研究

侯仁之先生最早对长城的概念和体系做过表述，其后董耀会的《长城学的概念、特征及分类》和罗哲文、董耀会的《关于长城学的几个基本理论问题》，就长城的定义、范围、研究方法论等做了基础性的探讨[3]。

三、长城文化遗产廊道构建方法及发展策略

长城文化遗产廊道建设关键点的选择以历史地位为首要判别要素，因此离不开基础资料的支撑。对于长城的保护来说，资料库的信息更是决定策略的运行有效程度，首先应对历史的长城进行定位研究。多年来，对于长城的调研较为分散，主要是关于长城历史位置和历史事件的考证，亦或是以长城为参照，研究当地的自然条件变化和历史风俗变迁。不同学科相对独立的研究很难将其作为资料库来查找某一特定区域的历史地理信息。因此带状线性文化遗产廊道建设是一个能够动态更新、整体与局部相互咬合、集文献、文物、自然遗产等系统资料库的构建过程。由大至小，分层次逐级细化是一个切实可行的办法，也是长城文化廊道可持续性发展策略的保证。

1. 现有文化遗存调研

长城作为一个文化遗产景观的同时，与自然景观结合紧密，对其现在的保护开发策略影响的要素，主要包括历史地位、自然环境条件和现代发展潜力。

（1）历史地位的评价

调研不同朝代长城的军事地位和长城区域廊道发生的历史事件的重要度、知名度等。关于军事地位的重要度可以收集防御体系的屯兵处作为数据，再统计道路、地形、地物、通过难度等因素，结合周边民族聚居点的距离，判断该区域廊道的军事地位。而历史事件的重要度可以通过记载的历史文献的级别和重要度，以及民间流传调查予以评价。

（2）自然环境条件

调查某一段长城所在地的地形、地貌、气候、水文、土壤、动植物条件以及环境污染。通过上述要素可以对自然灾害（如地震、暴雨、洪水、泥石流、火灾等）的发生进行一定的分析和预警。此外，通过分析古代长城的材料与建构方式对自然条件变迁的适应性，能够有利于探索长城保护修缮技术和景观风貌的保护。

（3）现代发展潜力

研究遗址保存现状和城市发展方向。分析长城所在区域的现代发展潜力主要在于旅游业的分析。由于知名度建立在长城的历史地位上，因此对于当地的发展潜力主要集中在通达程度和保护状态上。对于遗址的保存现状可以参照《中国历史文化名镇名村评价指标体系》。

2．制定不同重心的发展策略

结合自然环境条件分析，当地自然环境条件不利于长城保护时，则以生态调整为主，以工程技术措施为辅对长城进行保护。当地自然环境条件利于长城保护时，环境策略则以当地自然环境条件的保护为主。

当结合某一段长城区域周边城市发展潜力分析时，考虑遗产地的交通便捷程度和保存状态，对遗产的工程修缮和旅游开发按一定的比例投资。遗产区域的现代发展潜力变化主要在于道路修建带来的旅游机会变化，因此应及时根据周边线路条件调整相应的发展策略。

当结合某一段长城区域的知名度进行分析时，则应结合该区域长城的影响力，挖掘出该长城区域的地域特色，打造出该长城区域的知名品牌，以长城遗产知名品牌为核心构建 5A 级旅游景区，成为亮眼的城市名片，从而吸引游客。

3．以生态、旅游、当地经济增长为主导

（1）生态环境

对于交通条件不好游客不容易到达的长城区域，以遗产为中心发展旅游业并不可取。因此对于这部分地区，自然环境条件有利于遗产保存时，应注意对当地自然环境的保护力度。而当自然环境不利于遗产保护时，应制定相应的生态防灾措施，以生态调整为主，寻求工程技术方面的保护方式。对于容易到达但生态环境条件恶劣的地区，不利于长城观览旅游开发，应把生态环境的改善策略放在首位，维护当地生态环境可持续发展。

（2）发展旅游产业

长城遗迹保存状态良好的地区，适宜发展旅游产业，应将旅游业的大部分收入投入到长城遗产保护中来。对于易于发展旅游业的区段，主要保护压力在于科学合理的旅游规划，结合自然环境限制和遗址保护，制定合理的游人容量对遗产的可持续利用至关重要。此外，还需协调旅游与居住的关系，包括市政设施联合设置、公私空间分离以及居民游人关系等。

（3）发展当地经济产业

"保护的目的是为了发展"[4]，并不是指只有依托保护的遗产旅游业才能发展。遗产保护对于遗产所在地是第一要务，但是并不一定以旅游产业作为基本支撑，积极发展当地特色产业也能够成为遗产保护的经济支撑。长城横跨数省，地理、社会条件各不相同，因此在偏远不宜达到的地区希冀以旅游业作为产业支撑明显是事倍功半的。但是不同地区具有不同的特色，比如有的地区适合种植中草药、果木等，如将收入部分投入长城保护，则能形成二者共赢的良性经济循环。

四、连通长城文化遗产廊道通道

如果将不同长城文化遗产区段逐渐扩展、连通，最终形成贯通长城全线的遗产廊道，将会带来以下三个方面的改善。

1．旅游经济效益的扩大

更长的旅游线路带来更长的旅游周期，能够为周边城市带来更多的经济利益。不同旅游区段的选择为沿线城市增加了商品交易和就业的机会，带来该地区的经济增长，而地区的财政部分用于文化遗产保护，形成有益于遗产保护的可持续的经济循环。

2.科研、教育机会的增加

便捷的物理交通条件有利于各学科开展以长城为坐标的研究，包括历史人类学、历史地理学、军事、政治、民族民俗、建筑、经济、文化艺术等方面，如历史环境的变迁、民族迁徙、建构技术的研究等。这些研究也都进一步扩充长城的内涵。全面贯通的交通线路为人们近距离触摸长城、全面理解长城提供了可能性，而不会局限在虚无缥缈的影像、图片等媒体材料中。长城线路是看得见、摸得着、可触可感的实体，这为相关学科的教育提供了具象的参照，有利于各项学科教育项目的开展。可以依托长城开展现场教学、社会实践、科学调研与学科考察。

3.长城居民认同感的加深

线性空间有利于同为线性的时间的展示与感知。徜徉在线性的长城文化遗产廊道中，空间的便利有利于深化人们对于长城历史的认识，继而明确长城的历史意义，增加居民的地方认同感和进一步增加人们对于民族和国家的认同感。

五、长城文化遗产廊道为中心的文旅发展体系设想

以文化遗产为资源进行文创艺术设计时，须以文化遗产的真实性与完整性为前提，避免破坏文化遗产本体。在创作中应尊重文化构成要素，不完全隔离或冻结遗产的环境现状，采取开放兼容的姿态，与场所物质文脉相融合，形成古代与现代、游人与遗产的对话、交流和互动。文创艺术设计在充分调查研究遗产本体的现状、不破坏遗产本体的前提下，对历史功能进行延续、传承，在难以复原或不能恢复历史功能的情况下，进行功能的重置，融合时代背景，赋予文化遗产活的灵魂。在数字媒体环境下，数字技术日新月异，给传统艺术创作方式带来了挑战与机遇。传统艺术创作方式由于其典型性难以一时取代，在传统设计手法与技术措施的基础上，结合新技术，使得新艺术形态从静态转向动态、内容从实体转向虚拟、方式由单一转向多元、过程由被动接受到主动吸收，有效提高文化遗产的创意设计层次，获得明显的效果。

1.数字长城观览体验系统尝试

长城文化遗产因体量大，跨度距离远，呈带状、点状分布的特点，实体表现很难将全貌尽善尽美。因此，可在传统的现场体验实体长城的基础上，实现数字长城观览体验，现代数字技术对实体长城进行信息化处理，根据观览者的个人需求自由选择观览模式、观览主题和内容，为观览者提供高效、快捷、全面、人性化的服务。

（1）体验式数字观览

体验式数字技术强调使用者的参与性与交互性，通过参观者的操作、控制等激发其兴趣，突破了传统实体观览模式，实现参观者与文化遗产的直接交流和沉浸式体验。

（2）自助式数字观览

自助式交互技术广泛应用于各个行业和领域，也普遍被博物馆、展览馆采用。随着博物展览的数字信息化发展，数字观览资源的类型和数量剧增，自助式数字观览技术的出现，使得参观者可根据兴趣和需要，自由地选择信息的获取和参观路线，极大提高了展示的效率，实现人性化、便捷化的数字观览。如自助导游解说器，普遍用于各类型遗址遗迹，通过数字定位系统，获取参观者的具体位置，信号传递到参观者随身携带的设备，配合音频解说遗产遗存的历史文化信息。交互式终端演示说明仪，常设于各类博物馆、展览陈列馆，参观者根据兴趣和需要，自由获取相关文本、图表、动画等信息，同时可对信息内容进行接受、控制（暂停、重播、翻页等）、传播等。

2.多元观览体验

传统观览方式以视觉传达设计模式为主，多采用实体结合图文说明的方式，较为单一。进入计算机信息时代，以信息技术为支撑，以文字、声音、图像、影像等多媒体为载体，文化遗产展示模式方

式得以革新，衍生出丰富多样的传播方式，丰富了视觉、听觉、触觉，甚至嗅觉感官，具有高度体验感。除了物质文化遗产的展示传播外，成功实现了无形文化的有形传播。

（1）观览过程从被动吸收转向主动体验

传统观览多以陈列为主要手段，通过图文信息对实体加以说明，缺乏参观者的互动和反馈。新技术带来了新的表现手段和方法，通过多维度、多感官的展示形式和内容，激发参观者的好奇心和兴趣，信息的接受由被动接受转向为主动获取，并在吸收信息的过程中，与之产生交流互动，是充满人性化、情感化的体验。

（2）被观览形态从静态转向动态

传统观览模式常依托于存在物或陈列空间，以视觉形象为信息传达的基本手段，以图像、文字和模型等实体形象为主，形成了固定的物理展示形式。新媒体环境下的展陈设计依托多种多样的展示技术和方法，打破文化遗产展陈的静态特征，以灵活性、互动性、可操作性的方式，更为直观地展示遗产的历史文化信息，提高受众的参与性与积极性。

（3）观览内容从实体转向虚拟

传统以实体或者实体空间为主的观览方式已经成为历史，虚拟设计跨越和突破了时间和空间限定，广泛运用计算机、多媒体等技术，利用虚拟影像传递文化遗产的历史文化信息，强烈冲击受众的视觉、听觉、触觉甚至是嗅觉感官，形成真实的临场感和沉浸感，趣味性强。

3.长城遗产文化信息更新、评估以及宣传机制

信息更新包含两个方面：一是长城本身的信息更新，二是世界遗产保护方法的信息更新。对于长城本身的研究并无止境，多个学科对于长城的研究都有待继续深入，对信息也需要及时加以判别，尤其是地理、历史、考古信息，对于可能出现长城遗产信息的地区进行走访和对于新发现的长城区段及时加以保护，都能够最大限度的保护长城。而社会发展必然伴随着理论、科技的发展，国内外专家对于不同文化遗产的保护开发理念与方式也值得借鉴。因此及时更新信息，保持理论的先进性，才能做出科学合理的管理与规划。新获得的历史地理信息加以判别后，则需要针对信息进行保护与开发规划层面的评估。若信息所在节点是"关键节点"，或者"优势度"较高，则需针对区域层面进步判别，是否对策略产生重大影响。若是则需要对于该策略进行新一轮的修改，否则需要在现有区域内选择合适策略加以保护与开发。同时将其加入信息库。而新的理论则需要通过专家评审的方式，论证是否对于现有策略有重大影响，及时对策略进行调整。

在宣传方式上可以将门票、旅游手册或特色地图联合发放，开发数字语音、视频导览系统，创立长城信息的专门网页，允许通过 GPS 上传自己游历的长城段，增进信息共享，此外还能够与其他符合长城历史身份的社会活动（如书法比赛、摄影展等）相结合，提供活动场地或是奖励游览来增加长城的知名度。

六、结语

长城文化遗产廊道建设是一个很科学的命题，其建设与发展无疑是与时俱进的。每一个时代有每一个时代的科技、审美、文化认同，但民族精神是永恒的。我们所有的研究都服务当下社会，所以一个民族的进步与否与文明进程密切相关，进而与科学研究密不可分。基于历代长城研究对象的复杂性，当下长城文化遗产廊道建设，绝对需要一支涵盖考古、历史、地理、环境、经济、体质人类学、保护规划、遗址保护等综合学科领域知识的交叉学术团队，绝非某一个领域的团队能够单独完成。

此外，关于长城理论方面的研究，也还存在着很大的提升空间，相关的研究工作应立足以下四个方面。

其一，从上下几千年的历史深度探讨长城的概念、起源、发展。

其二，从纵横几万里的地域广度去研究长城防御体系、长城丝路文化、长城区域的历史作用，甚至跨越国界进行国内外城堡体系对比研究。

其三，从社会发展和文化意义的角度对长城内外民族团结的意义、物理长城与文化长城的核心价值进行总结。

其四，从科学技术的角度研究长城遗产的建造工艺、建造材料、结构功能。

通过上述的综合研究，可以达到构建长城遗产廊道研究体系的目的。

以长城历史作为线索，对所在地域的历史文化脉络进行更为清晰的梳理，可进一步发掘地方特色，增进长城地域文化认同。长城虽然在直观上以线性的实体存在，但是文化联系上却并非线性，要以长城遗产廊道为脉络，构成清晰的历史联系，显示复杂的人文发展轨迹。以遗产廊道联系中华大地，才能更好地表现长城作为世界文化遗产的真正内涵。

吴诗中　清华大学教授

徐　飞　清华大学助理研究员

乔忠林　清华大学工程师

注释：

1　段清波，同杨阳，尚衍．我国历代长城研究综述 [J]．西部考古，2013 (7) ．

2　董耀会，陈海燕．中国长城志 [M]．南京：江苏凤凰科学技术出版社，2016．

3　焦睿红，杨姗姗，丁奇．长城文化遗产廊道构建初探 [A]．中国风景园林学会编：中国风景园林学会 2013 年会论文集（下册）[C]．北京：中国建筑工业出版社，2013．

4　王磊．长城文化遗产廊道的保护宽度和层次构建研究——以左云摩天岭段长城为例 [A]．2013 中国城市规划年会论文集 [C]．北京：中国建筑工业出版社，2013．

众志成城——公众参与成就"完整长城"

邬东璠

摘　要：作为一个国家尺度的大型线性遗产，长城具有多管理主体、复杂环境特征等保护难度。面对这样一个保护对象，传统的文物保护思路和方法显得捉襟见肘，很多未开放长城实际上很难挡住"驴友"的脚步。与其被动开放、与市场博弈，不如顺势而为，寻求一条主动开放之路。利用互联网和自媒体的信息化手段，搭建"完整长城"自媒体平台。由政府初建一个完整长城的地图和信息框架，激励公众不断填充完善内容，形成一个集长城路径、长城解说教育、长城美景信息、长城故事及长城保护维修、公众监督、文旅产业供需对接的综合平台。同时发动各种社会组织，形成市场引导和自律的机制，最终促进公众通过"探访—认识—理解—行为改变"的过程，建立起主动保护长城的意识，并进一步体现在行动中。同时长城遗产廊道也将逐渐带动长城产业廊道，使长城周边的乡村地区获得一定程度的文旅发展机会，进而提高当地居民的长城保护意识。一旦建立起良性的社会监督和公众自律，不仅能实现开放式保护的目标，而且通过"众志成城"所实现的虚拟的完整长城，将使长城精神得以传承和发展。

关键词：长城　世界遗产　完整性　长城精神　公众参与

长城是一个国家尺度的大型线性世界遗产，学术界对长城的研究成果已是汗牛充栋，然而公众对长城的认知却还存在很多偏差。同时长城的物质遗存保护也难点重重。传统的文物保护方法和路径很难有效地整体保护长城。长城作为世界文化遗产的完整性正面临着巨大的挑战。众多有识之士在为长城奔走出力，但面临一个巨无霸级的文物，这个"众"仍然是"小众"，唯有"大众"行动起来，才有可能实现"完整长城"的愿景。

一、长城保护破碎化现状

1. 管理不完整

目前的研究显示，我们的万里长城遗存实际有约21196.18千米长，跨越15个经济发展水平迥异的省、市、自治区，分布在404个县域，以国家级、省级等不同级别的文物保护单位存在。有些区段甚至尚未被认定为长城资源，也尚未成为文物保护单位。而这只是对长城文物本体而言，对于长城周边环境的保护基本还无法纳入文物保护的视野。尽管有学者多年前就呼吁将长城作为一个整体进行管理，成立专门的管理机构，但这种理想化的方案在现实困难面前不堪一击。虽然2006年出台实施的《长城保护条例》明确了保护长城的法律地位，但由于缺乏可行的操作细则和制度支撑，保护长城仍然是个有法难依的困局。

2. 认识不完整

普通民众对长城的认识大多来自世界闻名的八达岭。人们知道长城有边墙、敌楼、烽火台，是砖砌的，然而历史上长城作为一整套防御体系，还包括关堡营城等一系列节点性防御设施。线性的防御设施不只有边墙，还有壕堑、界壕等。而砖包长城是直到明代才有的做法，其他的做法还有夯土墙、石墙、木障墙、山险墙等。民众对长城的认识误区不仅限于物质空间，对于长城的功能，大家普遍认为是抵御外侵，其实真正的大型战争靠长城是很难完全抵挡的。长城的日常功能更多在于阻止游牧民族扰乱农业生产秩序，保障边境和平贸易。每个地方的长城都有自己的故事，绝大多数是公众无从了解的。

3. 社会关注各自为政

对于长城的社会关注从来都不缺。长城是一个能够代表中华民族的符号。众多社会组织、长城爱好者甚至国际友人、国际组织都对长城情有独钟。各种类型围绕长城主题的网站、社区、活动、公众号、APP 数不胜数，大家各自在不同的时空搭建着自己的"长城"，做着大量重复的工作。而且这些松散的"长城"由于没有统一架构而无法接续为真正的长城，不能形成合力效应。

4. 旅游发展各自为政

中国观光旅游发展 30 余年，在人们心目中形成了牢固的"景区"概念，圈占天生丽质的自然文化资源收取门票是景区的基本生存逻辑。在这种认知驱动下，很多优质的长城及其周围山体资源被大量小投资人圈占，产出了一大批没有服务品质可言的低端景区。长城本是一体，但被相邻景区强行分开，不能互通，不能说不是对长城核心价值的侵害，长城被碎片化了。

二、换一种思路保护长城完整性

1. 开放保护

按《长城保护条例》规定，未开放长城是不能攀登的，但仍然堵不住大量长城爱好者组织的"野"长城徒步活动。旅行社甚至还在组织国际游客攀登"野"长城，体验原汁原味的沧桑的真实长城。尽管设置了长城保护员制度，但囿于长城的规模、保护资金的捉襟见肘，同时长城保护员也不具备执法权，使得形成有法难依的局面。事实上并非所有的"野"长城徒步活动都会对长城带来负面影响，如果能引导游客避开残损严重路段，走合适的路径，同时将长城的故事和长城保护的常识传播出去，可能会减少很多因为无知而带来的破坏。就像治理洪水，堵不如疏，与其被动开放、与市场博弈，不如顺势而为，有限制有引导的向公众开放，使开放成为保护的路径。

从另一个角度看，很多被圈占的所谓"景区"未必能够合理的保护长城，甚至会因为修复手段不当或者旅游设施建设不当引发大量建设性破坏。像长城这种体量的遗产，为了得到真实完整的展示，就应该避免被过度人工化，应最小化旅游设施，更多保护或恢复长城周边自然环境。因此除了几个重要关城和标志性的长城段，其他大量未开放长城更适合有引导的免费向公众开放，使公众得以"触碰"真实的长城，通过知识的改变、态度的改变继而带来行动的改变。管理心理学认为行为改变的这三个阶段最难的是最后一个阶段，比前两种更困难更重要，但如果没有前两者就无法实现行动改变。适度开放"野"长城并增加解说教育内容，为公众提供一个产生"共情"的氛围，至少可以帮助公众实现知识和态度的改变，是公众主动并正确保护长城的基础。

2. 公众参与

长城既然是一个长得暂时无法统一管理的遗产，那么何不尝试换一种思路，将"公众参与"纳入保护体系中，弥补政府管理的缺环，使公众共享触碰和认识长城遗产的权利，同时也共享保护长城、监测长城状态的义务。通过参与，唤起公众主动保护的意识；通过参与，全面展示和传承遗产内涵。人们往往在了解了"为什么"之后才更能够理解政府的管理行为。当公众从被管理者转变为管理者角色后，他们将更主动地思考和接受一些行为规范。这里所谓的公众可以包括各种社会组织、游客、当地社区居民和其他所有关注长城的非政府组织或个人。行为规范则可以发动各种社会组织来制定，逐渐形成市场引导和自律的机制，改变传统的政府管控机制。

三、换一种手段成就完整长城

1. 政府搭台

若要使公众有渠道参与到长城的保护中，首先需要政府引导和支持具有公信力的第三方机构搭建一个整体的平台系统，这样才能避免前文所提到的"众多社会关注但却呈现一盘散沙"的局面。利用自媒体手段，可以搭建一个互动的 APP 平台，给公众提供一个参与渠道。这一平台的初始框架应该首先是可以帮助公众构建对长城整体认识的框架，即首先是一张完整长城的地图，将现有长城文献中主要的成果转化为解说教育内容植入进去，进而可以收集更多长城周边的路径系统信息。包括各种车行路、骑行路、人行路和山上的砍柴小路，构建整体的空间框架。路径的不断完善和勾连，协同丰富的解说教育内容，就具备了公众游览的最基本条件，使不知名的"野"长城也能被公众认知和触碰，将大大促进长城遗产廊道的形成。

在政府引导下所搭建的整体平台还担负着塑造整体品牌形象、开展整体营销、进行整体展示的职能，将大大拓展公众触碰长城的空间范围，带动长城脚下落后乡村地区的旅游发展。从而促进在长城遗产廊道的外围形成长城文化旅游的产业廊道，实现旅游扶贫，使周边村民提高主动保护长城的意识，达到长城保护与乡村发展共荣的格局。

2. 公众唱戏

如何使公众通过政府所引导搭建的平台参与到长城保护中呢？政府所引导搭建的是一个"路径＋解说教育"的基础平台，是一个框架完整但内容不够丰富、功能板块有待完善的平台。理论上讲，这个平台的内容填充可能是无穷无尽的，公众将成为填充内容的主力军。那么有哪些内容可以由公众填充呢？

其一，哪里能走：公众共建路径信息。如果公众在长城周边活动时发现了长城地图中没有的路径，可以打开记录轨迹功能并上传，分享给其他使用者。如果发现路径错误，则可以纠错。

其二，哪里能看：公众分享游览心得。将长城美景和游览心得上传分享，管理者可以根据热度辅助文化旅游的规划决策。

其三，哪里该修：公众评估、公众参与、公众监督。公众可以根据参考标准对长城残损状况或变化进行评估，及时在线报修，政府相关管理部门可以根据公众提供的残损信息，以及公众关注热度等综合判断，哪些长城段该优先修缮。在修缮的过程中，公众可以在合格工匠的指导下亲手参与部分修缮工程，并了解长城修缮知识，平台将提供可参与修缮活动的信息。公众也可以监督修缮的过程。如果出现修缮不规范，破坏长城真实性的情况，可以及时发布信息，使管理者第一时间获得信息，不再通过层层上报，实现扁平化管理。

其四，哪有故事：公众采集上传共享。公众收集到的长城故事、传说，及长城村堡的民风民俗，都可以上传定位和图文简介，供其他人分享及评价。

其五，哪里缺路：在搭建空间路径的过程中，难免会发现很多不成系统并需要连接的路段，公众可以在平台上提出需求与建议，其他人可以赞同或反对。管理部门可以根据热度综合决策哪些路先修。社会资本也可以主动参与修补工程，帮助地方政府完善长城游径。

其六，哪里缺人：当前的文旅产业已经由要素和投资驱动型向创新驱动型转化，因此长城旅游产业廊道的发展需要大量的人才。无论各级政府还是文旅项目开发商都可以在平台上发布招贤纳士的信息，一些有意返乡发展的农二代、落叶归根的长者或者其他热爱长城的有识之士，都可以通过平台加以对接。

当然，在信息化时代的背景下，如何给上述平台包装一个充满趣味性和游戏性的时尚外表，是能否唤起更多普通民众热情的关键，也是一个需要创意创新的方面。

四、小结

综上所述，如果能够通过信息技术和文化创意调动公众积极性，使公众不断为修建"完整长城"平台添砖加瓦，并通过资源对接逐渐实现空间路径的完整性，那么一个被公众完整认知并完整保护的"长城国家文化公园"就离我们越来越近了。这个众志成城的过程也将使长城精神得以传承和发展。

邬东璠　清华大学建筑学院文旅研究中心主任，景观学系副教授

浅议长城抗战与长城精神

张 量

摘 要：我国上下两千多年所修筑的长城，从军事的角度讲，主要是防御作用。现在我们看到的长城，主要是东西横亘在我国北部农牧交错地带的明代长城。发生在20世纪30年代的长城抗战，就在山海关至北平（今北京）的长城沿线。当时，中国军队虽然武器落后，但凭借着长城，用自己的血肉之躯，与武装到牙齿的日本侵略军进行了殊死搏斗。特别是二十九军大刀队，杀出了中国军队的军威。虽然最终长城还是沦为敌手，但中国军队的抗战精神永存。后来麦新以二十九军大刀队的英勇杀敌事迹为素材，创作的《大刀进行曲》更是振奋了国人的精神。受长城抗战精神的影响，田汉为电影《英雄儿女》创作的《义勇军进行曲》则把长城及抗战精神推向高峰。

关键词：长城 长城抗战 长城抗战精神

一、长城的修筑及防御功能

"长城"一词，始见于战国时代文献，系指楚、秦、齐、燕、魏、赵等国建于其边界的防御工程而言。汉代人所说的"长城"，则专指秦始皇统一中国后所修筑的万里长城。秦汉以后的许多朝代都修筑过长城，例如隋代、北魏、东魏、北齐、北周、辽金、明朝等，可以说中国古代上下两千多年所修筑长城，纵横有十万余里。今天我们所看到的长城，基本是明代长城，东从辽宁丹东鸭绿江畔的虎山一直蜿蜒起伏向西，经辽宁、河北、北京、天津、山西、陕西、内蒙古、宁夏、甘肃、青海等省、市、自治区，横跨我国北部的大部分农牧交错地带，直到甘肃的嘉峪关。迄今，"长城"一词又有广狭二义：广义的长城是针对中国古代所有的巨型军事工程体系而言，狭义的长城，则特指中国北方防御游牧民族南下的万里长城。

起初，人们只是把长城看作一道军事防御工程的实体。从南朝刘宋政权时起，"万里长城"已成为保国卫疆将士的借喻，具有了军事上的象征意义。作为一个庞大的国防工程体系，长城是以垣墙为主体，包括了城障、关隘、兵营、卫所、墩台、烽燧、道路、粮秣武库等诸多军事设施和生活设施，具有战斗、指挥、观察、通讯、隐蔽等综合功能并与大量长期驻屯军队相配合的严密的军事防御体系。

就长城的形制和防御功能而言，长城沿线分布有烽燧、城障等设施，及情报传递系统和纵深的防御配置。除了烽燧和亭障以外，在长城内外还增加屯戍城等，而且向纵深发展，形成网络。屯戍城是屯驻重兵之所，面积一般较大，有数百米见方。长城经过的交通要冲之处，均设立关隘，严密防守。

明代是我国古代最后一个修筑长城的朝代，而且把长城的修筑技术推向了高峰。明代长城的工程技术、形制和防御功能均达到了我国长城修筑史上的高峰。明长城墙体结构坚固，形制设置灵活多样。作为京畿屏障的北京周边长城，因处于蒙古族南下的要冲，地理位置十分重要，这一带就筑有内外两道长城。在内长城上置有居庸关、紫荆关、倒马关组成的"内三关"，形成以外长城掩护内长城，内长城护卫内三关，内三关拱卫京师的纵深防御体系。明长城重要关口的建置和防御设施非常周全，一般都建有方形和多边形的关城，附筑有瓮城，有的还有罗城与护城河，布防十分严谨。此外，在长城沿线还设立障、堡、敌台、瞭望墩台等设施，构成了由点到线，由线到面的防卫体系。明长城把军事重镇、关城、隘口等有机地连结在一起，使其互为犄角，遥相呼应。这样即使某一地失守，也能滞缓敌军行动，迅速集结兵力，重新组织有效的防御。其构思之巧妙，布局之合理，由此可见一斑。

从今天古长城的遗留情况来看，大体上分布在农牧区的自然分界线上。应该说长城在绝大部分历史时期内，特别是在冷兵器时代，对于中原农业文明所起到的安定与和平的保障作用，是需要充分肯定的。

二、抵御日本侵略的长城抗战

1933年爆发的长城抗战以及《义勇军进行曲》的广为传唱，使古老的长城成为一种精神力量象征。

20世纪30年代，日本帝国主义发动了侵华战争。1931年的"九一八事变"，由于蒋介石采取了"攘外必先安内"的妥协退让政策，使日军很快占领了东三省，并建立了"满洲国"。后来，日军企图向南跨越长城，进军华北。

1932年底，当日本完成对东三省的占领之后，热河、冀东又成为其进攻的目标。热河省位于长城以北，地处辽宁、河北和察哈尔三省之间，扼守华北与东北的要冲咽喉之地。于是，日军蠢蠢欲动，开始向长城一线进军。1933年1月初，首先攻占素有"天下第一关"之称的山海关。虽然中国军队也进行了英勇抵抗，但还是未能挡住日军犀利的进攻，山海关失守，日军控制了从东北进入华北平原的主要通道。

热河省的首府是承德，2月23日，日军又以两个师团及伪军数万人，以夺取承德为主要目的发起了对热河的进攻。热河省政府主席汤玉麟是个军阀，不但没有做好充分的抵抗准备，而且临阵逃窜。3月4日中午，日军一支近一百多人的先头部队轻而易举地占领了承德。

承德沦陷后，日军以8万兵力和数万伪军马不停蹄地南下，分头向长城冷口至北平间的各隘口推进。当时，驻守长城沿线的中国军队，包括有原属于冯玉祥领导的西北军、原属于张学良指挥的东北军以及蒋介石的嫡系部队中央军，共有13个军约25万人之多。在中国共产党主张建立的抗日民族统一战线旗帜下，在全国抗日救亡运动的推动下，奋起反抗，展开了长城抗战。

长城抗战于3月上旬首先在冷口打响，接着扩展到东段的各隘口。日军以飞机、大炮、坦克等现代化的重型武器和装备，向长城一线的各要冲地带发起了猛烈进攻。中国守军在冷口、界岭口、喜峰口、罗文峪、古北口等长城的主要关口，虽武器落后，但凭借着长城，与日军进行了激烈战斗，阻止了日军的进攻。

特别应该提到的是，在二十九军防守的喜峰口、罗文峪战斗中，二十九军官兵以有我无敌的大无畏气概，与日军展开了非常激烈的搏斗。他们没有先进的武器装备，就用平时练就的大刀术，利用晚上手持大刀摸进敌营，与敌人近距离拼死肉搏，使日军的先进武器失去了优势，予日军以大量杀伤。他们杀得日军闻风丧胆、丢魂落魄，打出了中国军队的威风，极大振奋了中国军民的抗战斗志。就连当时的日本报纸都载文哀叹，称这是"六十年未有之侮辱"。后来风靡中华大地的歌曲《大刀进行曲》，虽然是全国抗战后音乐人麦新创作的，但其素材就源于长城抗战时二十九军大刀队的英雄业绩。

以长城为依托，中国军队经过半个多月的浴血抗战，最终还是未能阻止日军大规模的立体进攻。到3月底，日军关东军主力越过长城防线，向滦东地区进攻，并猛攻冷口方向。至4月11日，防线终被日军突破。冷口失陷后，冷口两翼的中国守军腹背受敌，被迫后撤。4月20日夜，日军又向古北口南天门发动进攻。中国守军十七军所属的3个师轮番上阵抵抗，与日军血战8个昼夜，后奉命撤退，南天门失守。

虽然南天门失守了，但在扼守南天门的血战中，中国军人所表现出的不屈不挠、血战到底、誓与阵地共存亡的英雄气概还是值得褒扬的。有一次日军以大炮轰炸中国守军坚守的一个山头，炮击后组织步兵冲锋，却被愤怒的子弹和手榴弹击退。日军连续几次都未能攻下中国守军的阵地。当最后一次攻上去时，只看到7个勇士的躯体。日军官兵惊叹不已，仅7个战士就击退了他们的多次冲锋。"七勇士"人在阵地在，誓与阵地共存亡，为抗战流尽了最后一滴血的英雄事迹，可谓感天地、泣鬼神。

从1933年3月上旬到4月底，持续一个多月的长城抗战结束，日军最终越过长城，进入华北，但中国军队长城抗战的业绩与抗战精神永存！

三、长城抗战所体现的抗战精神与长城精神

1. 长城精神

修建于中国古代的万里长城，作为军事防御设施，早已完成了历史使命，兄弟民族之间也早已化千年干戈为玉帛。但作为我国古代劳动人民伟大创举的遗物，仍具有一种特别能震撼人心的历史沧桑感和雄奇、阳刚、悲壮的审美特征。这项举世瞩目的伟大工程的历史价值，就在于它已转化为中华民族的精神力量。

凝聚着中华民族历代劳动人民勤劳、聪明、智慧和血汗结晶的万里长城，是屹立在中华大地上的一座不朽的历史丰碑，是人类的骄傲。今天，人们仍能从这厚重纷繁的长城中，去发掘蕴含着有关中国的政治、经济、军事、历史、地理、建筑等各个方面产生的积极效应，以及民族精神和民族性格。今天的中国人民正是从长城中，看到只有伟大的民族，才会建造出伟大的长城。我国古代的万里长城，是整个人类建筑史和军事史上的奇迹。我们的先民们，凭借着较为原始的工具，完成了极为艰巨复杂的施工，付出了巨大的牺牲，他们所表现出来的聪明才智与坚韧不拔的毅力，是应当给予肯定的。

2. 长城抗战精神

长城，对于中国人来说，是意志、勇气和力量的标志。长城，以它的巍巍雄姿和坚强不屈的性格，象征着中华民族伟大的力量。发生在20世纪30年代的长城抗战，正是抗战精神与长城精神的有机结合。

众所周知，在中国冷兵器时代，长城的防御作用是显而易见的。但是我们也不否认，长城在军事上所能发挥的作用并不是无限的。交战双方的物质基础、力量的对比和官兵装备等，都是很重要的要素。到20世纪30年代时，日本由于很早实行了明治维新，已经成为现代化的工业强国，他们军队的装备也是当时世界一流的。尽管中国军队武器装备十分落后，甚至还在使用近乎原始的大刀，但是中国军队利用近距离作战的战术，硬是用他们的血肉之躯，与日寇进行殊死搏斗，这是有形长城之外的无形长城——血肉长城。这是在中华民族处于最危险的时刻，"把我们的血肉筑成我们新的长城"，是同仇敌忾、浴血抗战中提炼锻铸成的精神象征。

据有关资料显示，在长城抗战进行最激烈的时候，田汉等组织人员到前线采访，但从南方到保定地区时，得知战斗正酣，为了安全起见，没有达到最前线，但长城抗战的英雄壮举已有所闻。当时他正在为电影《风云儿女》谱写主题歌，受长城抗战精神的影响和感染，创作的《义勇军进行曲》，就把长城抗战精神揉合了进去。"把我们的血肉筑成我们新的长城"，当举国上下高唱《义勇军进行曲》时，长城在人们的心目中已升华为民族精神和意识。

1949年后，中央人民政府把《义勇军进行曲》这首歌曲被确定为中华人民共和国国歌，更加强化了这种精神和意识。

3. 长城抗战精神、长城精神与民族精神

长城抗战精神、长城精神与民族精神，有异曲同工之妙，也一脉相承，互相补充。今天，当人们把长城喻为中华民族的象征时，长城又有了新的现实意义。

长城是一座伟大的历史丰碑，是中华民族坚强不屈精神力量的象征。这就昭示人们，继往开来，去发扬光大这种优秀的文化传统和艰苦勤奋、坚韧刚毅的民族精神，加速进行中国特色社会主义建设。

我们今天为长城而高歌，是具有重大现实意义的。昔日，中国人民高唱着《义勇军进行曲》这支

雄壮嘹亮的歌曲，经过 14 年的浴血奋战，终于打败了日本侵略者。如今抗战精神与长城精神和意识，正在激励中华儿女为中华民族的振兴和繁荣共同努力，奋发图强，去筑成中国"新的长城"，再创中华辉煌，为中华民族伟大复兴的中国梦而努力奋斗！邓小平、习仲勋同志为长城题词"爱我中华，修我长城"，更加增强了中华民族的自豪感、自信心和爱国热情。这就是长城抗战精神、长城精神最能激励中华民族奋进的内涵，同时中华民族也不断赋予长城更新的寓意，这就是长城精神、长城魂！

张　量　中国人民抗日战争纪念馆研究员

参考文献:

1 中国抗日战争简明读本编写组.中国抗日战争史 [M].北京:人民出版社,2015.

2 张量.中国古代长城 [M].大连:辽宁师范大学出版社,1990.

3 张量文,胡宝玉图.你所不知道的东方的大墙 [M].北京:解放军文艺出版社,2015.

长城是中华民族复兴的文化符号

李戈瑞

摘　要：文化是民族的血脉，是人民的精神家园，是国际竞争中软实力和影响力的重要方面。本文从器物、历史文化和精神象征三个层面，论述长城作为中华民族复兴的文化符号的必然性与重要意义。

关键词：长城　中华民族　复兴　文化符号

对长城文化的理解，可以从三个维度或者说是三个层面来解读。第一个是器物层面。长城首先是"一个军事防御工程"，是作为春秋战国时期的国之重器运用于军事领域。第二个层面是制度和历史文化层面。长城存在了两千多年，在这个时间轴上，从边地战争到民族融合，长城的军事防御功能逐渐消退，历史文化功能逐渐凸显。第三个层面是精神和心理层面。随着物质的丰富、文化的发展，长城已经成了中国的象征，成为中国人心理和精神上的标志和符号，代表着勇气和智慧，也代表着中华民族众志成城、坚不可摧的民族精神。

一、长城是中华民族理想主义的产物

1. 长城是一种世界大同的理想

大同思想起源于《易经》，原本是指与圣人最高人格相适应的一种境界，后来逐渐发展为人人友爱、没有战争的社会理想。长城的产生就源于这种没有战争的理想状态。"长城产生于春秋战国时期，这是中国历史的大变革时期，各种学派蓬勃发展，形成了百家争鸣的局面，诞生了老子、孔子等著名思想家。"[1] 儒家学派的创始人孔子明确提出"大道之行也，天下为公……是谓大同"。儒家认为大同就是指生产资料共有，人们之间没有等级差别、没有剥削压迫、平等和睦相处、各有所得所乐。道家学派的创始人老子则设计了一幅没有欺压，人人平等，人人劳动，人人"甘其食，美其服，安其居，乐其俗"，所谓理想大同社会蓝图。无论儒家、道家和其他学说对大同世界的解读如何，要实现大同理想，前提是必须能和平共处。"长城作为军事防御工程，不是为打仗修建，而是为不打仗而修建的。"[2] 可以说长城就是在这种思想碰撞下，为了和平应运而生。

这一点上，秦最具代表性。秦从秦孝公、秦惠文王一直到嬴政，七代明君，每一代都十分重视有才之士，经过一百年的发展，统一了天下。秦从统一天下后，就开始修长城。秦作为中国第一个大一统的政权，也因长城而名扬四海。秦之后，汉承秦制。汉代，不仅修建了中国最长的长城，还在汉武帝时"罢黜百家、独尊儒术"，强化和提升了儒家思想的地位。东汉后期给大同世界理想加了一个基础——大一统。正如《三国演义》第一回开篇所述："话说天下大势，分久必合，合久必分：周末七国分争，并入于秦；及秦灭后，楚汉分争，又并入汉；汉朝自高祖斩白蛇而起义，一统天下……"[3] 对中国而言，可解释为：分是为了更好的合，合是为了各自更好的活。在中国历史上，大规模修筑长城的记载都是发生于大一统和强盛的朝代。

现在山西省"大同市辖长城共 105 千米"[4]，大同市核心区就是被古城墙环绕着的古城区，古城门上有四个大字："天下大同"，意思就是"世界大同"。应该说世世代代的具有民族认同感的中国人，都会把"统一和大同"作为一种社会理想，去奋斗、去追求。

2．长城源自于安居乐业的理想

作为器物层面的长城，发端于大陆农耕文明。据国家文物局2012年所发布的数据，长城经过的15个省、97个地级市，基本处于黄河以北，横跨了从东北、华北、西北直到新疆的天山。

修建长城的主要目的在于：防止北方地区的游牧民族对中原地区的入侵。从军事上讲，防御所需的成本远远低于进攻所付出的代价。一般而言，防御成本为进攻成本的1/3。历史上的任何战争都具有破坏性，都会带来巨大的人员伤亡。在中国古代冷兵器时代，战争需要依赖大量的人力和财富来支撑。一旦发生战争，劳动者大量被征用至战场之上，经济上的衰败很容易显现出来。即使在国力十分强盛的汉朝，为了中原安定而北征匈奴。汉武帝也不得不向民间征集捐款，用以维持战争。为了避免战争、降低战争发生的频率，王朝统治者大都选择了较为经济的方式——修筑长城。"长城的存在调整了农耕和游牧两个民族之间的冲突，减少了双方发生战争的次数，在那个时代部分地解决了不同文明的冲突问题。"[5]

长城抗战中，日军板垣征四郎在该师团大队长以上干部集会上，说："从中国民众的心理上来说，安居乐业是其理想，至于政治和军事，只不过是统治阶级的一种职业……所以，从一般民众的真正的民族发展历史上来说，国家意识无疑是很淡薄的。无论是谁掌握政权，谁掌握军权，负责维持治安，这都无碍大局。"应该说日军将领对中国研究很深，对长期以来中国的现状了解深刻。但是他只说对了一半，安居乐业是中国人的理想，但只要是关系到民族兴亡，中国人就会迸发出极强的凝聚力和惊人的战斗力。

两千年多年来，为了安居乐业而修筑长城，似乎已经变成了中华民族的惯性。长城的内涵在不断地延伸，逐渐成为一种文化使命。正如习近平所说："中华民族的先人们早就向往人们的物质生活充实无忧、道德境界充分升华的大同世界。中华文明历来把人的精神生活纳入人生和社会理想之中。"

3．长城孕育着人类命运共同体的理想

1987年，长城被联合国教科文组织整体列入《世界遗产名录》；2017年3月17日，构建人类命运共同体的理念首次载入联合国安理会决议。长城是世界和平的象征，人类命运共同体的理想，是在传承历史文化基础上，对和平理念认识的再升华。

当前，国际社会面临各种问题和挑战，经济全球化也陷入困境。各国普遍对未来发展方向感到迷茫彷徨。以往西方占主导、以西方价值观为主要取向的国际格局已难以持续，西方的治理理念和模式似乎难以适应新的时代潮流。习近平指出："新时代坚持和发展中国特色社会主义，更加需要系统研究中国历史和文化，更加需要深刻把握人类发展历史规律，在对历史的深入思考中汲取智慧、走向未来。"长城见证了中国的发展，长城文化贯穿了中国的整个历史。古巴比伦、古埃及、古印度和中国四大文明古国中，中国是唯一将文化主体延续下来的国家，长城中蕴藏着中华民族的无穷智慧和创造力。在深刻把握历史与现实辩证关系、洞察中国和世界发展潮流的基础上，"构建人类命运共同体"的思想应运而生。英国哲学家罗素曾说，不同文明之间的交流过去已经多次证明是人类文明发展的里程碑。希腊学习埃及和巴比伦，罗马借鉴希腊，阿拉伯参考罗马帝国，中世纪的欧洲又模仿阿拉伯，而文艺复兴的欧洲仿效拜占庭帝国。正是由于不同文化之间的碰撞、交流和交融，才使得这些文化在自身的发展中不断地汲取营养，在不同的历史时期都焕发出新的生命力。"万物并育而不相害，道并行而不相悖。"作为世界和平的建设者，中国把长城中蕴藏的古老智慧奉献出来，运用于国际交往之中，人类命运共同体的理想将值得期待。

二、长城是中国历史文化的积淀与财富

器物方面的强盛不能长久，文化方面的持久方能强盛。中国现在的复兴，不是要修长城，而是发

展文化层面的长城。没有文化的繁荣兴盛，就没有中华民族的伟大复兴。

1. 长城体现了中国历史制度中秩序、规范与发展的理念

长城是有形的，但他蕴藏的却是中国文化中对制度与秩序的追求。在现实层面，则表现为行之有效的政治制度。正所谓：没有规矩，不成方圆，没有制度，无以发展。随着第一条万里长城的修建，秦也作为中国第一个大一统的中央集权帝国，崛起于历史长河之中。秦通过郡县制，实现了对地方政权直接有效的控制，加强了中央集权，同时也奠定了中国两千多年封建社会政治制度的基本格局，为历代封建王朝所沿用。《易经·系辞上》所言："一阴一阳之谓道，继之者善也，成之者性也。"秦朝，对于封建社会而言：长城代表阳，郡县制代表阴。长城形式上是墙是阻碍，实则为规矩，是为了让长城地区的各个族群，更有秩序的交流与融合！郡县制形式上是官僚政治取代血缘政治，实质上则是有利于中央集权的加强和国家统一。历史证明只有文明的才是可持续的。只有找到了适合自己文明、文化的制度形式，才可以建设一套行之有效和可持续的制度体系。所以说"修建中国第一条万里长城的秦朝，创立了中央集权制的帝国"[6]。

2. 长城是中国文化内化于心，外化于形的具体呈现

一个民族最先进和最发达的技术都是最先用于军事领域。长城也是一样，长城是我国古代在不同时期为抵御塞北游牧部落联盟侵袭而修筑的规模浩大的军事工程的统称。长城最先作为军事功能在形式上物质上存在，后来作为文化意义而存在于中华文明之中。文化对个体价值观的塑造，往往是缓慢渐进式地教化，逐渐将文化内含的精神力量转化为个体的情感认同和行为习惯。因此，相比外在而言，内在的东西虽不可见，却是最根本和最持久的。国家民族的自信在很大的程度上就是来源于内在的文化自信。长城对于宏观大视野下的国民文化自信的构建作用意义重大。文化自信来自于对本民族文化的一个高度认同。把长城这一文化符号作为文化认同的中介，可以更好地"构筑中国精神、中国价值、中国力量"。

这里有个故事：中国人对外总说和平没有人信，有位教授去马来西亚，当参观郑和纪念馆时，有人质疑中国，当时有这样的国力，为什么不去殖民？教授回答说，郑和就是文化交流，你们带礼物到我们这来表示臣服和尊重，我们就一定会带更多的礼物予以回赠。我们中国人历来爱好和平，你看我们修长城就是最好的例子。中国军队不去打你们，你们也不要来侵犯我们。又有人问到，总说中国爱好和平，为什么国土面积越来越大呢？其实这就是长城的文化意义，外在的长城形象传播的越来越广，内在的和平文化就会越来越有吸引力。长城作为文物已经被列入世界遗产。长城文化是作为中华民族发展的重要力量，是凝聚中华民族精神的纽带。

3. 民族复兴中最根本的因素在于文化的复兴与昌盛

习近平在中法建交50周年纪念大会上说："拿破仑说过，中国是一头沉睡的狮子，当这头睡狮醒来时，世界都会为之发抖。中国这头狮子已经醒了，但这是一只和平的、可亲的、文明的狮子。"中国要成为和平、可亲、文明的狮子，最根本的，就是中国文化的复兴。人类文明史充分表明，任何真正意义的强国，都具有巨大的文化感召力、影响力和辐射力。没有先进文化的引领，一个国家不可能屹立于世界先进民族之林，不可能受到世人的尊重和爱戴，更不可能成为一个现代化的强国。

20多年前，美国学者塞缪尔·亨廷顿在《文明的冲突与世界秩序的重建》一书中认为：冷战后，世界格局的决定因素表现为八大文明，即中华文明、日本文明、印度文明、伊斯兰文明、西方文明、东正教文明、拉美文明和非洲文明。冷战后的世界，冲突的基本根源不再是意识形态，而文化方面的差异，主宰全球的将是"文明的冲突"。文明的冲突被认为是今后世界形势发展的预测。现在看来"文明的冲突"的观点还不太公允。近年来，又有学者提出三大文明会主宰世界格局的走向：西方文明、伊斯兰文明和中华文明，其中中华文明的影响力是最弱的。文化是文明的核心，文化软实力也是国家综合实力的重要体现。中华文明正是在长城内外，中原农耕民族与北方游牧民族间相互碰撞、相互补偿中，不断发扬光大，薪火相传。中华文明的文化特征和价值追求，这就是"和为贵"。这与西方文明的咄咄逼人、伊斯兰文明的顽强抗争是完全不同的。长城文化是中华文明的有力代表，它蕴含着团

结统一、众志成城的爱国精神，坚韧不屈、自强不息的民族精神，守望和平、开放包容的时代精神，是中华文明对世界文明的独特贡献。复兴，归根结底就是文化的复兴。只要创新性发展和转化以长城为代表的中华优秀传统文化，长城文化的国际示范作用就会越来越大。当中国在实现人与自然和谐、人和社会全面发展中居于世界领先地位的时候，中华民族伟大复兴就将指日可待。

三、长城是中华崛起的精神符号

爱因斯坦曾说："我深知物质的重要，所以我选择物理学，但我研究到最后，发现物质的尽头屹立着精神。"长城对中华民族而言，已经不是一个古老的工程，它已经成为对外传播中华文明、中国精神和中国风貌的重要文化符号，还必将成为中华民族复兴的精神符号。

1. 长城是中华民族精神的象征

84年前的这个时候，毛泽东同志率领红军长征，在六盘高峰上抒发革命豪情，展望革命前景，诵出"不到长城非好汉"的名句，并领导红军最终走向长征的胜利之路。81年后，习近平视察宁夏时提出要大力弘扬"不到长城非好汉"的精神，走好向"两个一百年"奋斗目标迈进的新长征路。什么是"不到长城非好汉"精神呢？我认为，"不到长城非好汉精神""长城精神"都蕴含于民族精神谱系之中。但长城则应该被视为民族精神的一种象征。精神是看不见的，但精神象征是看得见、摸得着的。长城对于中国人来说，是意志、勇气和力量的标志，是智慧、百折不挠、众志成城、坚不可摧的民族精神。这个月，在庆祝中华人民共和国成立70周年的各种报道中，背景都是长城——"是金山岭长城的雄姿"。我们的国歌中有"把我们的血肉筑成我们新的长城"、我们的军队是"钢铁长城"、我们的歌谣里"长城内外是家乡"、我们的诗句里"不到长城非好汉"，我国第一台电脑发的邮件是"越过长城，走向世界"……长城早已在方方面面熔铸进国人的血液和灵魂，进入到人民群众生活的每一处角落。

84年前，在古北口长城处发生过一场著名的战役。75天里，中国军队以劣质武器和血肉之躯，顽强抗击拥有飞机、重炮、战车等现代化装备的日本精锐关东军，毙伤日军7000人以上，自身伤亡也达到1.6万余人。战争结束后，古北口一带到处都能看见中国将士的尸体，后来老百姓自发把尸体集体安葬一处烈士公墓里，老百姓俗称"肉丘坟"。这处公墓2015年8月被列为国家级抗战纪念设施、遗址，公墓大门上是一副黑色挽联："大好男儿光争日月，精忠魂魄气壮山河"，横批"铁血精神"。这铁血精神，就是对长城所代表的民族精神的一种写照。长城作为中华民族精神的象征，一直激励着国人的民族自豪感。长城本体的独特意义、长城精神的持久滋养，无疑对于激发前进动力，启迪子孙后代具有不可替代的作用。

2. 长城是中国对外交往的名片

名片是身份的象征，好的名片可以给人留下深刻的印象，而且可以简单明了地向对方传达自身的信息，以增进彼此的了解和认识。外国人对中国印象，很多都是从长城开始的。长城是中华文明的重要载体，也是东方文明智慧的结晶，很大程度上肩负着中国与世界文化相互交流、认同、促进、融合的重要使命。长城作为中国对外交往的名片，有三个方面的优势：一是长城是中华民族精神的象征，这个在上一点已经进行了阐述，在此就不再累述。二是长城在形象上与中华民族的图腾龙相接近。从高空看长城，就像是一条巨龙在山峦间盘旋，忽上忽下，巍峨壮观。以前有一种传闻，说：从太空中可以看到人类的三大建筑，中国的万里长城、埃及的金字塔和荷兰围海大堤。后来这种传闻被压缩到：中国的万里长城是太空中能够看到的地球上唯一的人工建筑。后来航天英雄杨利伟说：从太空"看地球景色非常美丽，但是我没有看到我们的长城"。长城、金字塔和荷兰围海大堤，都是气势磅礴的人工建筑，也都是各自国家的象征和骄傲。科学上不成立的事，并不代表没有意义。就好像飞天和嫦娥的传说一样。这从另一个角度证明了长城承载着中国人的巨大骄傲和无上光荣，国人情愿相信错误的说法也不愿承认科学。从科学上说，地球上没有龙，从太空中也看不见长城，但是从历史文化方面来说，意义可能更为长远。这就是，长城作为中国名片的第三个优势：历史和文化上的优势。美国学者费正清说:"直到一百年前,中国对于西方生活所起的影响,远比西方对中国的影响更为巨大。"长城已经成为世界各国游人向往的旅游胜地。据统计仅北京八达岭长城"截至 2017 年,接待参观长城的世界各国首脑有五百余位。八达岭长城游人最多时,一天就有七万余来自世界各地的朋友们"[7]。由此可见,长城的历史文化在世界各国人民心中的地位。

我们在与国际社会交往的过程中,要善于"讲好中国故事,讲好长城故事",因为长城即有真实存在的形象和古老的历史文化,还包含着中华民族美好的情感和憧憬。有长城这样一张"中国名片",中国就一定能够在对外交往中展现一个正在富强、民主、文明、和谐的大道上开拓前进的中国形象。

3. 长城是中国崛起过程中,向世界传递中华民族价值观的重要载体

符号是"物"的高度凝结,是价值传递的工具。今年,有一些日本学者仍然坚持长城无用论的观点,因为他们认为长城在军事上的作用并没有发挥出来。这其实从另一个角度说明,长城在现在,依然发挥着信息战的作用。长城作为大陆型防御战略的符号,已经在世界上广为传播,并深入人心了。中国防御型的军事战略,仍然在通过长城这一符号,向外界传递着中国友善的信息。2019 年 7 月 24 日,国务院新闻办公室发表《新时代的中国国防》白皮书,前言这样说:"为宣示新时代中国防御性国防政策,介绍中国建设巩固国防和强大军队的实践、目的、意义,增进国际社会对中国国防的理解,中国政府发表《新时代的中国国防》白皮书。"其实,长城作为一种信息的符号,就把中国防御性的政策解释得明明白白。国防白皮书中还有两句话掷地有声,一句是:"和为贵"的中华文化传统,决定了中国始终不渝奉行防御性国防政策。一句是:"中国坚持永不称霸、永不扩张、永不谋求势力范围。"长城作为中国传递价值观的载体,具有象征意义,兼有精神外化和事物指称的作用,能够发挥文化弘扬精神、凝聚精神的功能。通过价值传递,中国文化能够直接明了地向世界展现中华民族和平、和谐的价值观。

在世界上,一提起中国,说到北京,人们头脑中自然而然就跳出长城和故宫。现在的天安门已不再是故宫的城门,正如上面"世界人民大团结万岁"的字样,已经成为安定团结的象征。长城也不再是防御的城墙,它已成为世界各国联系在一起的和平纽带,也必将成为中华民族复兴的文化符号!

李戈瑞　军事文化研究学者

注释:

1 董耀会 . 长城: 追问与共鸣 [M]. 秦皇岛: 燕山大学出版社, 2019:15.

2 董耀会 . 长城: 追问与共鸣 [M]. 秦皇岛: 燕山大学出版社, 2019:15.

3 (明) 罗贯中 . 三国演义 [M]. 北京: 人民文学出版社, 2017:1.

4 董耀会, 吴德玉, 张元华 . 明长城考实 [M]. 南京: 江苏凤凰科学技术出版社, 2019:185.

5 董耀会 . 长城: 追问与共鸣 [M]. 秦皇岛: 燕山大学出版社, 2019:6.

6 董耀会 . 长城: 追问与共鸣 [M]. 秦皇岛: 燕山大学出版社, 2019:12.

7 董耀会 . 长城: 追问与共鸣 [M]. 秦皇岛: 燕山大学出版社, 2019:355.

参考文献:

1 董耀会 . 长城: 追问与共鸣 [M]. 秦皇岛: 燕山大学出版社, 2019.

2 董耀会, 吴德玉, 张元华 . 明长城考实 [M]. 南京: 江苏凤凰科学技术出版社, 2019.

3 山东省旅游局 . 齐长城历史文化研究 [M]. 北京: 光明日报出版社, 2016.

4 冯友兰 . 中国哲学史 [M]. 重庆: 重庆出版社, 2012.

新时代背景下长城文化助力文旅融合发展

张成源

摘 要：长城文化是长城文化经济带旅游发展的灵魂，长城自然景观与人文景观形成了垄断优势，长城的文化品位才会使之入心，构建了独特的长城美学。旅游是文化的载体，长城文化经济带的文旅融合成为一种新的生活方式。由长城文化的形式美向内涵美的沉浸式体验转变，这本身就是文化的集中。除了好山好水好景观，旅游的初衷是在寻找文化差异性带来的心灵享受。不管是长城厚重悠久的历史文化，还是随着人类需求应运而生的休闲体验文化，都是通过文创景区化，景区文创化的发展模式实现对美的追求，实现人们艺术生活化、生活艺术化的审美经验。

关键词：文创景区化　景区文创化

一、长城文化基因推进中华文明发展

中华农耕文化是以农耕的象征体系和个人的当前与过去的投影记忆而维护着的农耕社会的共同经验，是农耕社会共同经验的不断积累。长城作为历代王朝的边疆防御体系，使北方农耕经济得到安全平稳的发展，也保障了草原游牧民族社会的稳定。正因为有着两千年多年的长城历史沿革，农耕文明才可以持续发展到今天。正如20世纪30年代，梁漱溟从文化角度分析中国社会结构组织，认为不同类型文明中社会构造不同："西洋"人重集团，中国人重家庭，于是中国由家庭单元衍生出伦理本位，走向职业分途，形成由家族伦理关系构成的和谐社会。"西洋"则从集团演化为阶级对立。因此"西洋"是阶级对立社会，中国是职业分途社会。"西洋文明"强盗式进入中国之后，冲击了数千年的中国社会组织构造，使之几近崩溃。西方工业文明与中国传统农业文明叠加，而新的社会组织构造又未确立，形成文明失控，是近代以来中国传统文化，或者说中国农耕优质文化不自信的根本原因。

中国自农耕文明与游牧文明交互矛盾以来到近代工业革命发展以前，一直是以农耕文明为主要文化特征的国家。中华五千年文化传承，一是通过丝路文明与东方文明的多次交互吸收，丰富了中华文明；二是中华本土文明中大部分来自乡村，也就是我们的农耕文明，有着独特的乡土文化。其主要文化基因的传承是长城文化与丝路文化多次交融与交汇。往复文化吸收，是农耕文明与游牧文明在长城文化的作用下，得到平衡的碰撞与交流，形成了我国独有的中华文明。长城文化与丝路文化是多层次叠加文化，是共同的文化载体，是推进中华文明发展的重要路径。

二、长城文化的审美经验

长城作为军事防御功能的实用性已经不在，而长城的审美特性却在历史的沿革中不断积淀增长。从春秋战国时期到明朝，成就了今天这个人类建筑史和军事史上的奇迹。受中国古代的社会生产力水平发展低下，社会经济类型贫乏以及民族关系发展不稳定的影响，王朝江山的建立为保障和稳定社会生产，必须修筑长城。推动着长城内外的社会发展和相互作用，长城成为唯一积淀社会文明的载体。在不同的视角，长城彰显着不同的文化魅力。从美学角度，长城的自然美与形式美的结合，建筑美与空间美的融合，更加赋予了长城的文化内涵美。

在历史的车轮中，长城文化是促进中华农耕文明稳定和谐发展的屏障；又是宜农宜牧生产经济交互发展的纽带。在古代社会的兴国安邦，长城始终是首要的基本军事防御功能。作为军事防御工程，长城不是为了战争，其目的是尽可能地防止和避免发生战争，让长城内外的人们具有安定的生产、生活环境，直接保障华北平原和关中平原的安定与和平，成就了古代农业不断发展。

长城文化缓解了农耕与游牧的冲突，建构了稳定的家耕和游牧的社会经济秩序，使得农耕与游牧的生产关系更加繁荣，在长城内外的沿线关口形成关市经济，成为北方地区经济发展的贸市积聚的重要载体。由于古代社会生产力水平低下，社会发展缓慢，长城的修建和驻守长城的兵士稳定生活成为首要问题，为解决军备给养，因为长城，有了军屯、民屯和徙民实边等措施，长城成为边疆地带的经济杠杆，带动了北方地区长城文化带的经济发展。汉武帝时期，建立河西四郡，通过多次的移民实边、军屯、民屯等政策。开垦荒地进行农耕，加速了河西走廊边疆地区的经济发展，我们才得以看到今天的河西走廊繁衍生息。

长城文化与丝路文化相互交融，在河西走廊交汇，是一条民族融合的纽带，更是中华文明发展的重要组成部分。河西走廊将丝路文化、长城文化、边塞文化、游牧民族文化、西域文化等相互作用，相互融合，长城的烽燧关城成为丝路上的驿站，实现了华夏文明与游牧文明、及世界其他文明的汇合，对自然生态、历史、建置、兵防、民俗、宗教、农业等都起到了积极的发展作用。长城文化与本土的农耕文明融合，形成了新的中华文明。在人文交流上，昭君出塞北嫁单于，实现民族团结的友好，文化融合，取长补短，使得长城沿线经济带成为重要的发展区域，到处都是"生民何处不桑麻"的景象。长城不再是一个基本军事功能主体，更是一个以长城为核心的文化经济发展带。

长城文化是打开东方美学基因库的钥匙。是世界上最大的露天博物馆，是丰富的文化艺术宝库。长城是人类历史上人为的最宏伟壮观的建筑文物，是人类文明发展智慧的结晶，积淀和凝聚了深刻的东方美学内涵。长城的形式美在于建筑与自然的结合。从人类对和平的向往，到与自然相生的农耕文明，把奇伟的自然美与建筑美融为一体，展示出一种人文与自然相融合的天人合一的境界。用智慧将一座万里长城与自然融为一体，成为与东方大地的和谐自然美。无论是从每一块长城砖，还是每一个烽燧或者敌楼，建筑设计之美都蕴涵了东方美的含蓄。它就像气韵生动的身体的关节，没有它，绵延万里的长城就显示不出内在的律动与节奏。无论是在茫茫戈壁的墩台，还是在峡谷悬臂的城墙，庄重威严的中华精神，更是丰富了长城的语言。在河西走廊与丝绸之路的多次交汇，让农耕文明与游牧文明手拉手，你中有我，我中有你，呈现出"和"为美。长城无论是从空间还是实践，都呈现了内容丰富的不同表现形式。无论是在北京的八达岭长城博物馆，还是西到嘉峪关的长城博物馆，无论是山海关，还是嘉峪关，无论是春秋战国的长城沿线，还是明朝长城的沿线，到处都是长城的文物见证，到处都是历史遗迹的闪光点。不管是赵武灵王号召国人学习"胡服骑射"，还是汉墓壁画、和亲瓦当，都赋予了东方美学的审美价值和审美诉求。

三、长城文化经济带是手拉手文化

长城文化经济带建设是国家文化公园建设战略目标之一。长城文化经济带不是停留在长城文化遗址和长城保护区的范围层面，发展长城文化经济带的重要路径是文旅发展促进经济带的业态和长城文化经济带上的城市融合，是可持续发展和本土化发展的重要模式。它从空间范围上可分为核心区、扩展区和辐射区三个层次。在长城文化经济带上，文化遗产是具有一定代表性的文化产业发展元素。比如敦煌、云冈、麦积山、万佛堂石窟壁画、雕塑等名胜古迹，北京燕山山脉的九眼楼和北京结等都记载着中华民族历史上文化的辉煌。长城沿线的古村落、戍边村、古堡，关市等产业振兴，是长城文化经济带产业发展的重要支柱。以长城文化遗址为脉络的沿线旅游城市是联动长城文化经济带文化旅游发展的载体。在丝绸之路和长城文化交互以来，来自西域文明的国际友好使团频繁往来于这条长城文化带，使得中外使者、商人、贸易文化在此融合、交流。无论是西方的游记还是东方的诗歌，长城都以其雄伟的气势和博大精深的文化内涵，吸引着一代又一代的文人墨客、国际旅行使者、西域传教士、守边将士、帝王将相以及民间百姓等，以长城为题材创作了大量的文艺作品。

长城文化经济带赋予的也是手拉手文化，是沿线兄弟城市手拉手，是农耕文明与游牧文明手拉手，是华夏文明与世界三大文明手拉手，也是"一带一路"发展，丝绸之路与沿线众多国家相互发展与守望，实现人类命运共同体这个伟大目标的手拉手文化。我们依托长城文化和丝路文化的深厚底蕴，深入挖掘丰厚的长城文化与丝路文化、西域少数民族文化与中原文化。历史文明与现代工业文明，是推动未来国家文化经济、旅游经济、可持续发展经济等资源基因库，是我们依托长城文化发展文旅经济的重要路径。

四、长城文化与丝路文化交融交汇

丝绸之路作为古代东西方之间经济、政治、文化交流的主要通道，是依托于长城文化的对推动人类文明进步产生了深远影响。长城文化是丝路文化发展的载体。长城作为世界文化遗产，如何将遗产活化？2014年3月27日，习近平在法国教科文组织大会提出，让广阔大地遗产、让禁宫里的文物、让古籍里的文字活起来。如何让长城文化有效的活起来，成为新的经济发展要素，这是长城文化推动文旅融合发展的重要手段。

作为古丝绸之路中国段的主体，河西走廊是长城文化与丝绸之路文化的多次重要交汇处，是中国与中亚国家经贸合作的桥头堡。古丝绸之路的繁荣基础是建立在长城文化基础之上，发展长城文化经济带是推动丝绸之路经济带发展，贯通亚欧两大洲的经济路径之一。

五、文旅融合发展是第三产业经济发展的必然

文化产业是内容产业，内容决定了文化旅游产业的生命力。文化旅游产业有三个基本要素：一是唯一性，二是不可复制性，三是可持续发展性。在打造文化旅游产业时，不具备这三要素就会导致失败。文化旅游产业是将文化元素通过文、史、哲、艺、技5大要素同时运用和融合的新的结构体，是通过文化创意人才的天分、思维、素养、内涵与想法而转变成为"产业"的过程。文化旅游产业需要理性发展，是我国更好、更快经济转型，实现文化经济作为国民经济重要支柱的必要条件；更是我国发展全域旅游产业的必然趋势。文化产业和文化事业齐肩并进的良性循环发展，才能让我们的文化走出去。2019年是我国发展经济重要的转型之年，是后工业经济时代向文化经济时代转型之年，是文旅融合发展的元年。长城作为世界文化遗产，如何"活化"，成为一带一路经济带建设文化经济发展的排头兵，如何将新时代文化经济在一带一路经济带走出去，是摆在我们面前的时代课题。文旅融合的升级，不单纯是文化与旅游，更是产业体系和政府体制深度升级的融合。长城文化是推进一带一路建设的文化保障，是推进我国文化经济建设的主要路径之一，是"新时代"东方文化与西方文化的新融合。推动文旅融合，有效保护是发展长城文化与丝路文化融合的新驱动。(图1)

六、长城IP的打造是长城文化带文旅发展的核心

文旅经济是基于空间的转移才产生的效益。除了从出发地到目的地的整个过程包括吃、住、行等基本要素都要被充分重视以外，在对于游客的体验需求上，还要从多角度进行满足。比如旅游产品的主题化、形象化，旅游表达形式的多样化、系列化、差异化，旅游休闲消费的自然化、舒适化。从各个维度打造"磁力场"，以此来满足游客不同的、更高的体验。打造长城文化带的文旅融合，就是打造长城的全域旅游模式。

长城文化带文旅发展的核心首先是文化挖掘。景观特色是吸引游客的关键性因素，是旅游资源

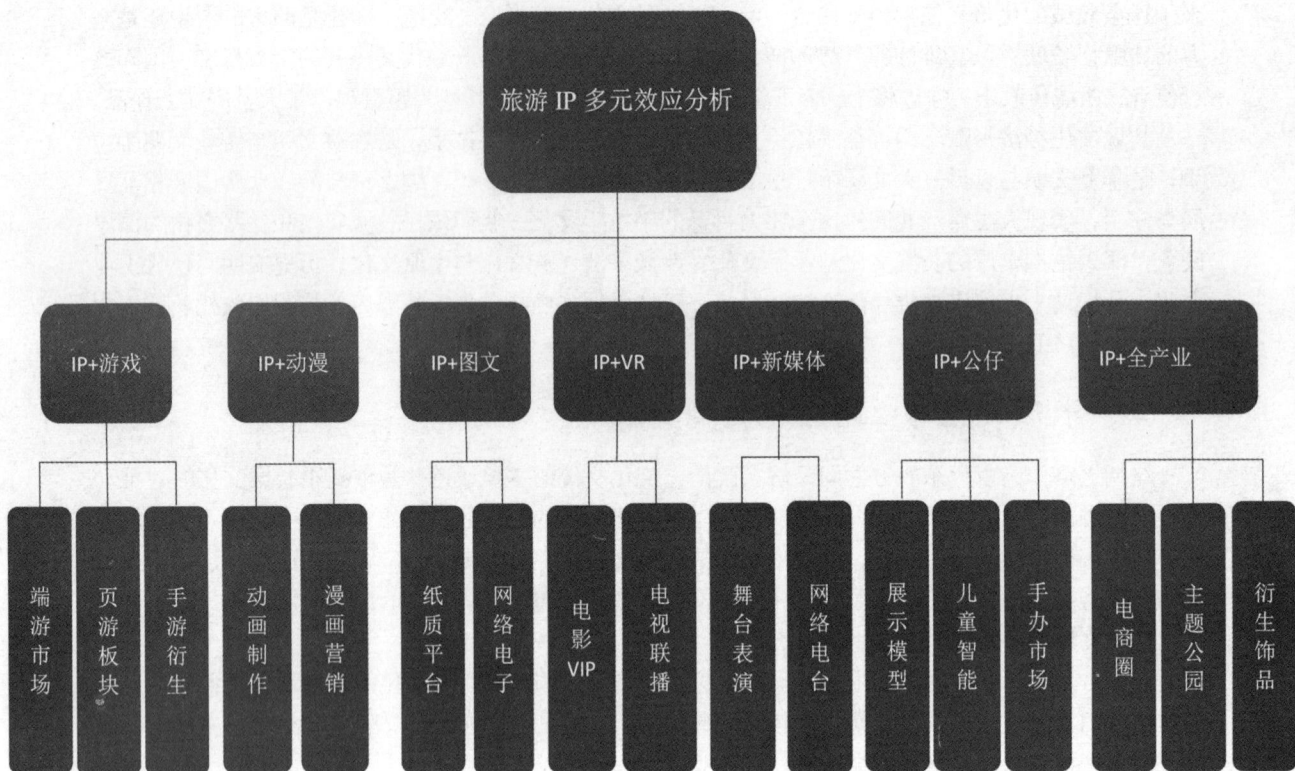

图 1

的灵魂。那么，形成该特色的基础就是文化萃取。在具体打造过程中，可以依据对自然景观和人文景观的分类，从各个维度对各项因子进行内涵分析，汲取精华，来凝练核心的文化元素，演绎文化意象。构成的核心因子主要有：长城文化带历史遗址、宗教祭祀、人文景观、生态聚落、长城空间、经济文化场所景观等。首先应在对这些引自进行根源的追溯下，寻找文化共性，再将景区的亮点充分发掘。其次是文化整合。所谓文化整合，是指以文化资源要素的内涵为基础，通过整理，组合形成规模，丰富其整合性的价值，显示出文化资源要素的现实意义。也就是指在景观旅游中的文化要素的科学价值、历史价值、文化价值、经济价值等。这种无形的精神价值隐藏在有形的旅游资源中，给人们留下了无限的想象空间，这也是旅游景观价值多元化的提升和实现的方式。除此之外，对长城文化带来说，从文化景观的价值要体现为旅游区域地的经济价值来考量，也需要拓展景观价值文化，以文化带动长城文化带的区域旅游发展，形成长城文化带的集群效应。由于这些景观文化迥异、特色突出、内涵深厚，因而这种组合也形成了良好效应，景观价值得到极大提升。最后，是文化创意。这是指对于景区式观光型旅游价值的深度挖掘与重新认知，是指从各个维度凝练旅游资源所蕴含的文化意义、象征属性与意象特征。能在挖掘的基础之上进行提升与升华。变静态为动态、变刻板为鲜活、变观光为体验，变游览为休闲，进而提高长城文化带景观体验的档次与品味，多层次地提升旅游的产品价值与游客的体验价值。换一句话说，这里所指的文化创意就是指把文化内涵进行丰富与活化，加强游客对于文化旅游景观的体验以及对于文化氛围的整体感受，真正实现长城文旅文化的差异体验。

长城文旅 IP 的定义就是将长城文化经济带本土化的文化资源中的特色元素和符号，通过人文背景的梳理，结合文化创意的概念，提炼出长城文化经济带的品牌形象，形成"拟人"化动向的标识符号。并具备突出的形象和故事，凝合整个文化旅游项目的集约亮点。IP 作为文化旅游的感受认知，是能够表达人对旅游目的的综合想象力和影响力。通过 IP 的打造，使旅游目的地和旅游产品具有生命力。

通过商业价值和文化价值的挖掘，IP 的打造不仅作为旅游产品的符号，IP 在商业价值的影响力更大，衍生市场前景是"一鸣双手"，相互效应。世界上知名的 IP 打造，例如迪士尼和潘多拉，日本的熊本熊、中国的熊出没等。IP 的商业价值应用更多的在主题公园产品上发挥最大效应。作为品牌化的 IP，更多的是实现一个旅游目的地的品牌影响力效应。

七、长城文旅 IP "1+N" 的发展模式

长城 IP 的 "1+N" 文旅发展开发模式是指以旅游资源为基础、以文化挖掘为核心，用旅游产业去带动其他产业，并且进行资源整合，通过"旅游 +"的方式带动产业链利润的形成，规划开发出一批文化休闲、生态观光、商务会展、休闲度假、乡村旅游、体育赛事等跨界产品、开发旅游新业态，实现一种新的经济形态和生活状态的旅游打造模式。其核心在于用新的生产力去推动整个经济社会的发展，充分发挥旅游的集约和融合能力，提升其综合价值。其实现方式在于"旅游 +"。这个"+"从纵向解读，既是与文化的有机结合、又是对于旅游产业链条的积极延展、还是以人为本理念的贯彻实施。从横向上解读，主要是指与第一、二、三产业的融合发展，在融合过程中所形成的新的业态表现。比如乡村旅游、生态旅游、工业旅游、商务旅游、养生旅游、研学旅游、科技旅游、体育旅游等，都是"旅游 +"的重点领域。

"1+N"文旅模式运营的导向示例（图2）：

自由飞行
体验

航拍长城

烽火台
灯光秀

飞行赛事

图2

长城文化经济带的文化古迹旅游资源具有涵盖面广、文化遗产属性较强的典型特征。在文化古迹旅游目的地，就要重点考虑把旅游管理与文化管理部门积极的结合，使得把旅游的开发与管理和文化资源的保护有效的结合起来，在文化古迹旅游的开发与文化古迹的保护之间寻找有效的平衡点，积极协调由此产生的各种矛盾，达到形成发展旅游业合力的主要目的。旅游业的持续发展，主要体现在生

态的多样、文化的持续和经济的持续三个方面。针对文化古迹旅游，就要从保护文化、坚持可持续发展的产业导向政策、和以法律法规作为保护底线的产业保障政策、以及为了可以实现文化艺术的产业化效应的产业市场政策及产业配套政策来保障体制的创新可能。既能让观光体验、休闲娱乐和文化产业功能得以有效结合，又能真正的实现旅游资源的开发利用与历史文化古迹保护协同发展。

在长城文旅融合发展的文化挖掘过程中，要避免文化的同质化、庸俗化、纯商品化。否则就会导致其中蕴含的传统文化价值观的退化与丧失。例如，在戍边古村、关镇等地方的民俗表演，只有游客来参观时才在公园、广场等空地进行短暂演出，并未形成常态，故也无法调动村民的积极性。有的为了增强民俗文化的神秘性，对其进行歪解和过分渲染，使得游客并未了解其中真意。有的旅游商品设计失去了原有的文化精髓，让人觉得徒有其表。搞旅游不是单纯的搞文化、更不是搞考古研究。一个文化历史厚重的旅游地区也并不代表旅游休闲体验型产品丰富。在进行文化挖掘体现的同时，既要注重历史文化，还要尊重现代文化。要从历史中走出来，从书本中走出来，从古代遗存、遗迹、遗址、遗物中走出来，挖掘、延伸、整合、植入、演绎，提升、转化为游客乐意接受的、便于接受的东西，使之在轻松愉悦中感受历史和文化。换一句话说，搞旅游，不是让游客去研究历史。游客不是做学者，旅游也不是考古而是休闲。只有积极地关注市场，有市场支撑，才能更好地保护历史和文化以及自然生态。长城文化助力文旅融合发展才会具有现实意义。

张成源　中国人民大学美学与现代艺术研究所研究员，文旅融合研究学者

试论中国长城的建筑和功能及其文化

黄 超

摘 要：长城是世界文化遗产，是中华民族的精神象征，是世界范围内最有价值的人文景观之一。长城所蕴含的内容是非常广泛的，是中国历史、传统文化和民族精神的浓缩体。本文就长城的修筑、功能、文化等方面进行简单论述。

关键词：长城 修筑 功能 文化

一、长城的修筑

中国古代长城的修筑史，从春秋战国时代到明朝末年，可谓上下两千年，纵横十万里。万里长城雄伟壮观，蜿蜒起伏，绚丽多姿。千百年来，并未因旷日持久的风雨剥蚀而失却风采和魅力。

1. 长城最早修筑年代

早在春秋战国时期，中国就开始了长城的修筑。最早见于文献记载的长城，是春秋时期楚国修筑的长城。"长城"一词最早在战国时代（前475—前221）的文献中出现，是指几个诸侯国建于其边界的防御工程。

战国时期，战争连绵不断，诸侯国之间争王争霸，互相兼并。各诸侯国出于防御需要，纷纷划界分疆而守。为保卫自己疆土安全，有的以河堤作防，有的沿岭置障，各自修建长城以自卫。这一时期的长城形制比较简单，大体是由彼此相望的烽火台或连续不断的防御城堡等单体建筑连接而成。所以当时的长城又称"列城""方城"或"堑洛"。战国后期，随着诸侯兼并战争日益加剧，作为有效军事防御工事的长城，不断得到大规模的修葺和加固。除楚国长城在江淮流域外，其余大部分都在黄河流域的华北或西北地区。

早期修的长城，以黄土夯筑结构为主，因年代久远，风雨剥蚀，大部分早已湮灭，仅少量遗迹迄今犹存。

2. 长城的修筑方法

每个朝代的生产力、技术水平不同，各个政权所面临的军事形势也有所不同，历代所建造的长城在构造、建筑方法及形制等方面也有所不同。因每段长城所处地理条件的差异，即便是同一时代所修的长城，其方法也有区别。总体而言，北魏以前所修长城，以板筑夯土为主，也有用石块垒砌或土石混筑。北魏时出现了砖石结构的长城。明代长城则广泛运用石砌、砖砌和砖石混砌，内部大多用夯土填充。长城构筑的基本原则上历朝历代有共同点，即"因地制宜，据险制塞"。因地制宜是指巧妙地根据所在地形条件而构筑工程，或充分利用当地的自然资源，就地取材，选择合适的建筑材料。据险制塞主要是指利用地理天险御敌。

历代长城的修筑，大都采用分区、分片、分段包干的方法来完成，主要依靠军队和征调民夫。例如秦朝，在蒙恬率领几十万军队击败匈奴之后，遂以军人为主修筑长城，也从长城沿线强征了大量民工。汉代在修建河西长城时，由武威、张掖、酒泉、敦煌四郡分段负责，各郡再依次把任务划给郡下属县，层层分段包干，最后落实到各防守据点的戍卒身上。近年，在北京八达岭长城发现了一通明万历十年（1582）

的石碑，详细地记述了修建这段长城的官员分工情况和经过。这石碑提供了长城修筑方法的佐证。

3. 长城修筑的几个历史阶段

从春秋时代开始，直至明朝末年，在漫长的历史进程中，长城的修筑表现出了波浪式发展的特点，修修停停，停停修修。

春秋战国时代是长城的初建期。就其修筑动机而言，此时的长城可以分为各诸侯国相互防范及秦、赵、燕三国为防范北方游牧民族而建的两大类长城。前者的修筑时期早于后者。

秦始皇与汉武帝两位巨人掀起了长城修建史上的前两次高潮。为支持对匈奴的战争，在东起辽宁东部，西至新疆罗布泊的辽阔北疆，出现了两条规模宏大的长城。东汉至两晋时期战乱不断，形成了长城修建史上的间歇期。之后，北朝诸政权又为长城的修建掀起了一个高潮。到了隋朝，还数次修缮了原有的长城。在唐、五代、宋、辽的数百年间，长城的修建基本处于停顿状态。金代则把长城的修造又推向高潮。元朝因大漠南北大部归其所有，疆域广大，没有修长城。

明朝因为一直面临着北方瓦剌、鞑靼及女真的威胁，所以在其277年的统治期间，大部分时间都忙于修筑长城。明代所修这条费时最久的长城，东起鸭绿江畔，西至嘉峪关旁，是矗立在中国北方的第4条万里长城，以其最为浩大的工程量、最为先进的构筑技术和最为完善的防御体系，把古代长城的修建推到历史高潮。

二、长城的功能

军事防御始终是长城的最基本功能。就其本质而言，是在"有备则制人，无备则制于人"的战略思想指导下所产生的战略防御措施，这是修筑长城最直接和最明显的作用。长城是中国古代战争的产物，也确实起到了明确的防御作用。

1. 长城在古代战争中的作用

中国的古代战争大多时间处于冷兵器时代。即作战的双方不管是步兵，还是骑兵，或是乘坐战车，只是进攻速度的不同，所使用的仅仅是大刀长矛、剑戟、弓弩箭簇等武器。直到宋元时期，才有了火器的运用。明清两朝，火炮虽在战争中逐渐使用，但射程和攻击力都是有一定限度的。总体看，作战双方都是近距离、面对面，哪怕是大规模群体作战也是短兵相接，这是中国古代战争的特点。长城的防御作用在古代战争中是显而易见的。修筑一道高大的墙体，加上严密的防守，就很容易阻止敌人进攻，拒敌于城下或者疆界之外。长城对于从事牧业的少数民族防御卓有成效，游牧民族精于骑射，特别是在大草原上，锐不可挡，骑射水平高超，远非中原士兵所能相比，但攻坚步战则非其所长。修筑长城可有效阻滞游牧骑兵，使其弃长就短，优势变劣势，长城真正起到了屏障的作用。秦人"却匈奴七百余里，胡人不敢南下而牧马"。汉武帝时代"建塞徼，起亭障，筑外城，设屯戍以守之，然后边境得用少安"。明代隆庆和万历年间大规模修筑长城，边防形势顿时改变。京师北面自居庸关至山海关，二千余里军势联结，城高墙坚，不可攻破，使得北方边防烽息50多年，边地人民得以安稳生活、发展生产。[1]

长城虽作军事防御工程，但不是消极、保守和封闭的防御。在秦汉，军队往往主动出击，军事上取得节节胜利时构筑长城，这说明他们是积极防御。例如汉朝修筑的河西长城以及玉门至罗布泊一带的亭障烽燧，就是在战略上进入攻击状态，不断巩固前沿阵地基础上修筑的。汉匈几百年大战，双方主力会战均发生在匈奴的境内。没有一回是在汉朝境内。匈奴大都是"盗边""寇边"，而且一遇汉军主力，即撤回本土，从不敢"占领汉地"。[2] 英国籍犹太人斯坦因在考察这段长城后指出："汉武帝的长城用意乃是作为大规模的前进政策的工具。"[3]

2. 长城是保卫中原农业文明与和平生产环境的屏障

汉代晁错建议汉文帝修长城时，指出当时北方的少数民族势力强大，常常犯境。"如此连年，则中国贫苦而民不安矣。陛下幸忧边境，遣将吏发卒以治塞，甚大惠也。然今远方之卒守塞，一岁而更，不知胡人之能。"他建议徙民实边，"不如选常居者家室田作，且以备之，以便为之高城深堑；要害之处，通川之道，调立城邑，毋下千家"[4]。北魏时期，中书监高闾上表："北狄悍愚，同于禽兽。所长者野战，所短者攻城。若以狄之所短夺其所长，则虽众不能成患，虽来不能深入。又，狄散居野泽，随逐水草，战则与家业并至，奔则与畜牧俱逃，不赍资粮而饮食自足，是以历代能为边患。六镇势分，倍众不斗，互相围逼，难以制之。请依秦汉故事，于六镇之北筑长城，择要害之地，往往开门，造小城于其侧，置兵扞守。狄既不攻城，野掠无获，草尽则走，终必惩艾。计六镇东西不过千里，一夫一月之功，可城三步之地，强弱相兼，不过用十万人，一月可就，虽有暂劳，可以永逸。"[5]可见古代有不少人主张修筑长城，把长城作为保卫中原农业文明与和平生产环境的屏障。这些古代政治家认为，要巩固自身的统治，防止外族势力的侵害，就要构筑长城进行防御，消除不安定的因素，增强人们的安全感。

对于长城的作用，人们普遍认为，最主要的是用于抵御北方游牧民族的南下。以农立国的古代中原王朝无力控制北部辽阔的荒漠与草原，而又不得不随时提防游牧部落南下侵扰。修筑长城对中国古代大多数中原王朝来说，是一种实际而有效的选择。从古长城遗存看，大体分布在农牧区的自然分界线上。应该说长城在绝大部分历史时期内，对于中原的安定与和平起到了保障作用。

3. 长城是推动北方地区经济开发的杠杆

修筑长城的直接原因虽为军事防御，但其根本原因却是经济。纵观中国古代北疆开拓发展历史，大多与长城为核心的边防建设有关。围绕着长城的修筑，以及为解决守城将士军备给养而实施的军屯、民屯和徙民实边等措施，均刺激了北方地区经济发展。

秦朝在长城沿线设置12个郡，修筑长城的同时，着手加强边防地区的开发建设。秦始皇对河南地"徙谪戍以充之"，又"迁北河榆中三万，拜爵一级"奖励。[6]尤其注重屯田戍边、开发边区。

汉代由于修筑长城的时间较长，曾有多人提出移民实边的建议。汉初文帝、景帝时晁错的《守边劝农疏》和《募民徙塞下议》提出"徙民实边""募民相徙以实塞下"的主张，认为与其派遣内地的士卒防守边塞，每年更换，不便了解匈奴的动态，不如选取能在边塞安家落户的人，在边塞安家耕田，还可用以防备匈奴。他还具体陈述了募民方案："募罪人及免徒复作令居之。不足，募以丁奴隶赎罪及输奴婢欲以拜爵者；不足，乃募民之欲往者，皆赐高爵，复其家。"在边境建立县邑以防范敌人，挑选有才德"习地形知民心"的人。"居则习民于射法，出则教民于应敌"，一边从事生产，一边进行军事训练。此后，汉武帝时的桑弘羊、汉宣帝时的赵充国相继提出了军屯戍边的主张。他们的建议先后被采纳并实施。仅汉武帝时期，在桑弘羊的提倡下，当时边境兵士达到了60万人。大规模的移民实边，不但加强了西北的边防，巩固了对匈奴战争取得的战果，还促进了西北边疆的农业生产，就近解决了边军的粮食供应。[7]农业生产不但加速边区经济开发，节省大量军费开支，而且减少了运输之苦，实为两全其美。汉朝在河西走廊设张掖、敦煌二郡，加上原有的酒泉、武威二郡，总称"河西四郡"，[8]四郡都实行了屯田制。在今新疆吐鲁番、塔克拉玛干大沙漠北缘巴音郭楞蒙古族自治州的轮台县一线，也是屯田之所。河西垦区农业发达，已出土的以敦煌汉简和居延汉简为代表的汉代简牍47900余枚，对研究汉代长城防御体系、屯田经济问题提供了史料依据。[9]敦煌汉简记录了边区的粮食不但自给自足，还有不少节余。在汉代，匈奴获取财物的正常途径，主要是通过"合市"的办法。《史记·匈奴列传》说："匈奴贪，尚乐关市，嗜汉财物，汉亦尚关市不绝以中之。"道理很简单，匈奴作为一个以畜牧业为主的游牧民族，需要借助于开关市，来获取汉地的纺织品、粮食、兵器、铁器等；而汉朝愿意与之开关合市，一方面是要通过合市获得匈奴的畜牧和狩猎产品，另一方面则是利用匈奴人"好汉物"的心理达到控制目的。[10]

唐代虽未修筑长城，但也对边区开发非常重视。张说上书《请置屯田表》，提出置屯田"上可以丰国，下可以赈边"，是"百代之利"；杜佑则提出了用屯田积蓄力量以收复河陇失地的建议；陆贽在策问中提到"文武并兴，农战兼固。故能居则足食，动则足兵。兵足则威，食足则固"，并且举出前代"戍者不知其稼穑，力本者罕习于干戈"的农业生产和军事训练相分离的状况会导致"版图日减，阡陌岁荒"。在给德宗的奏疏中陆贽还提出"蓄积为备"的主张，并专门上奏《论缘边守备事宜状》，阐述奖民徙边、耕战合一的思想。诗人白居易、元稹等也在奏疏中提出过屯田的主张。[11]

明代军屯更发展到了空前未有的规模，为扩大军屯规模和大批增设领有实土的卫所，建成屯戍结合、军政结合的九边防御体制的同时，也酿就了"屯田遍天下，而边境为多，九边皆设屯田，而西北为最"

的局面，[12] 使边区的不少地区出现了繁荣景象。以长城为中心向两侧，特别是向外辐射的许多处女地得到开发，变为塞外粮仓。另外，在长城沿线开设的马市贸易，是和边民交流的重要渠道，贸易之地也往往发展为边区重镇，促进边区繁荣。明代在长城沿线开设互市贸易的规模大。例如隆庆五年（1571）之后，蒙汉之间实现"封贡互市"的半个世纪里，东起延水，西抵嘉峪，七镇数千里呈现出了"烽火不惊，三军宴眠，边塞之民，室家相保，商贾夜行"的民族团结和睦景象。汉蒙双方除了开设官办的贡市、关市、马市以外，民市、月市、小市等民间贸易也很活跃。据万历《宣府镇志》和《宣化府志》记载，当时的张家口一带街市林立，尤其在隆庆和议后边市合法化。由于互市得到了官方的许可和支持，这里的商贸往来更加频繁。《马市图序》便描绘了其中盛况："百货坌集，车庐、马驼、羊旃、毳布、绘□之属，踏鞠、跳丸、意钱、蒲博之技毕具。其外穹庐千帐，隐隐展展……"出现了"六十年来，塞上物阜民安，商贾辐辏，无异于中原"[13] 的大好局面。

古代中国北方由于构筑长城防务的军事需要而逐渐建立起来的交通要道和交通网，是经济发展的重要因素。长城沿线交通要道是运输粮草装备、调集兵马的大动脉，交通网也对加强边区与内地的商贸交流，促进经济发展有着重大作用。在这些交通网中，既有沿长城走向联结北方重镇的干线，又有关中直通漠南的大道。沟通西域、塞北的阳关、羌中等要道，使屯田实边军民所需生产资料、生活用品得以源源不断输入北疆。这些交通网犹如一条条经济大动脉，凭借着长城防御体系所提供的道路交通之便，刺激了北方经济发展。从经济角度看，长城对北方长城沿线及中原经济、农业文明的保护作用是巨大的，是推动北方地区经济发展的杠杆。

4. 长城是一条民族融合的纽带

长城不但起到了防御和促进经济发展的作用，还促进了汉族与北方少数民族的交流融合，是一条民族融合的纽带。热爱和平的北疆各民族与中原地区人民都清楚，仇杀和征战只能带来灾难和痛苦。疆域稳定、边防巩固，各民族间和平共处、经济上便可互惠互利，人民便可安居乐业。围绕长城防线，北疆和中原曾发生过不少冲突与战争，当北疆在军事上无法短期内战胜中原，而经济上又迫切需要换取农耕区的产品以补充自身单一经济不足时，就会出现一个较为稳定的和平局面。长城防线正是促成这种局面的重要保障。中原各朝在长城沿线及边区设立郡县，军事经济两手抓，使游牧民族与农耕民族之间的交往日益频繁。这种交往是通过和平互市的方式实现的。关系融洽时期，长城的各重要关口以及边塞各城镇，都成了经济交流的驿站和互市贸易的市场。

汉武帝时由于加强了长城的防线，所以出现了"匈奴自单于以下皆亲汉，往来长城下"的和平交往景象，这就为汉与匈奴之间长期稳定发展正常的互市关系奠定了坚实的基础。到汉宣帝时，终于出现了"边城宴闭，牛马布野，三世无犬吠之警，黎庶亡干戈之役"的局面。公元前51年南匈奴归汉，实现了中原农业区的华夏汉族与北方从事畜牧业的民族融合。西汉时期王昭君北嫁匈奴，更在民族团结史上留下了令人称颂的篇章。魏晋时期所谓"关中之人百余万口，率其少多，戎狄居半"的情况是长城带在民族融合过程中，各民族混杂居住的具体写照。[14] 秦汉魏晋南北朝的战争和民族大迁徙，历经800余年。尤其魏晋以后350余年的相互交往、共同劳动和斗争，使进入长城带的落后民族逐渐同该地区经济文化发展程度较高的民族达到了基本一致，民族融合才算基本完成。唐至明的上千年间，活动于长城带上的游牧狩猎民族则有突厥、回鹘、奚、契丹、党项、女真、蒙古等，他们更是大规模地同农业民族交往，相互吸收或大批融合于农业民族。唐末以后，又一次出现了大规模的民族迁徙，又一次形成了新的民族错居杂处形势。其后便是"蕃汉百姓，皆得一处，养畜资生，种田未作"。[15] 明代在长城沿线开设的互市贸易，既促进经济，又促进了民族融合。尤其在隆庆和议后，"宣府贡市起初无制度，巡抚吴兑始定番部贡仪与通使之礼"。由于互市得到了官方的许可和支持，商贸往来更加频繁，互市贸易为民族间的交流、交往和融合提供了有利条件。[16]

清朝并不像以往历代修筑长城来加强防御和隔离，而是逐渐废除了这一屏障的军事防御功能，实行了更为广阔的民族融合政策。通过实施尊重民族的宗教信仰、生活习俗等方略，清朝统治者在民族关系处理方面更加成功。

三、长城文化

长城作为人类历史上最宏伟壮观的军事工程，积淀和凝聚了深刻的文化内涵。长城是精神产品和物质产品的结合体，也是一座丰富的文化艺术宝库。

以长城为轴线，南边的农耕文明与北部的游牧文化在此交融，围绕长城制定的战略战术及从中体现的军事思想、经济思想等，都是长城文化不可或缺的重要组成部分。长城南北各民族的文化交流，不仅丰富了各民族文化内容和中国总体文化的内涵，也促进了各民族文化发展。长城作为传播社会文明的文化带，其文化呈现出鲜明特色。战国时期，赵武灵王修建赵长城，并与以匈奴为代表的"胡人"时常发生战斗。战国时代中原人的装束，拖沓不便，在战争中常常处于被动局面。赵武灵王在分析总结了经验教训之后，认定骑兵将会主导未来的战争，而胡服便于运动。"制国有常，利民为本"，赵武灵王于是利用与胡人接壤的优势，大力推行"胡服骑射"改革。[17] 今天的赵长城遗址及其出土的匈奴族金冠、金牌和一系列青铜文物就是明证。秦汉时期，长城南北文化进行了空前的对话与交流。在长城沿线发现的秦权、诏版，内蒙古和林格尔汉墓壁画、单于和亲瓦当，还有闻名遐迩的昭君墓等，均是南北文化交流融合的见证。长城一线既有胡化的汉人，也有受农业文化熏陶的少数民族。由于他们之间接触交流，边疆民族文化逐渐被先进的汉文化所融合。长城对中西文化的交流也起到了促进作用。自从汉武帝派张骞两次出使西域诸国，沟通了中国同西亚和欧洲的通商关系，中国的丝和丝织品，从长安往西，经河西走廊运到安息（今伊朗高原和两河流域），再从安息转运到西亚和欧洲的大秦（罗马），开拓了历史上著名的"丝绸之路"。[18] 自此我国和中亚、西亚各种交流多取此道，两千年来，中外友好使团频繁往来于这条古道上，中外文化在此融合、交流。

长城内外出土的大量文物以及长城本身都体现了多民族文化融合。在今内蒙古额济纳河下游黑城东南发掘的居延汉简，被誉为20世纪中国学术界的"四大发现"之一。汉简中绝大部分是长城边塞地区文书，记载了汉代该段长城的城堡、关城和瞭望台等三个不同等级的军事设施规模和建筑物的配置，以及戍守官兵的组织、装备、出勤日数、报警联防、身份证、通行证制度和士兵生活等。还有相关的经济、民族、宗教等。这些资料弥足珍贵，是研究长城历史必不可少的档案史料，也是研究汉朝历史，研究汉王朝在西域军事、政治、文化、对外交流、历史地理方面的重要资料。[19] 在长城文化带里，遗留下来的诸多名胜古迹，诸如敦煌、云冈、麦积山和万佛堂石窟壁画、雕塑，元代居庸关云台，金代的卢沟桥以及辽南京、金中都、元大都遗址等，都体现了文化交流的特点，也记载着中华民族历史上文化的辉煌。另外，长城本身就是一件伟大的艺术品，长城许多关隘券门上的雕刻和装饰，不管是砖雕和石刻，其工艺之精湛，装饰之富丽，足以和同一时期的建筑工程相媲美。

从最初修筑以来，长城就以其雄伟的气势和博大精深的文化内涵，吸引着一代又一代的文人墨客、守边将士、诗词名家、帝王将相以及民间百姓等人。他们以长城为题材创作了大量的文艺作品。其中有民歌、神话、民间传说、诗词等，内容题材十分丰富。既有描绘万里长城的雄风，咏唱万里长城的壮美，也有无情揭露鞭挞统治阶级役使兵民筑城的酷虐残暴及给人民带来的深重灾难等。秦朝民歌"生男慎勿举，生女哺用脯；不见长城下，尸骸相撑柱！"这首揭露秦始皇暴虐无道、充满强烈现实主义精神的民歌，被魏晋之际的哲学家杨泉引入《物理论》，后又被地理学家郦道元转引入《水经注》，得以保留下来并流传至今。这首唯一遗留下来的秦代劳动人民的口头文学作品，开后世历代诗人歌咏长城的先河，在中国文学史上占有重要地位。[20] 秦代以后又涌现出了大量歌咏长城的诗词，其中唐代的"边塞诗"尤为典型。这些诗篇与长城的修筑与保护具有密切的关系，有的歌咏长城关隘的雄伟壮丽，有的描写筑城工匠的勤奋智慧，还有的写怀念远方亲人悲欢离合的场景。文辞有悲壮，有欢欣，有缠绵，有哀怨，题材广泛，内容丰富，形式多样。例如汉代蔡琰的《胡笳十八拍》中有"夜闻陇水兮声鸣咽，朝见长城兮路杳漫""杀气朝朝冲塞门，胡风夜夜吹边月"之句，写出了怀念亲人那断肠哀切的心情。唐代李白的"长风几万里，吹度玉门关"则直抒胸臆，赞美、讴歌长城。王昌龄的"秦时明月汉时关，万里长征人未还"和王维的"劝君更进一杯酒，西出阳关无故人"，[21] 则写出了戍边征战、关山行旅的兵民之苦。这一首首脍炙人口的诗篇，均是以长城为题材书写的，是长城历史与风情的真实画卷。自秦以来的各个朝代，均有不少文人路经或登临长城，有感于长城的修筑、作用及长城两侧的壮美河山等，挥毫写出了名篇佳作，迄今仍广为流传。毛泽东在长征路上以坚定的革命豪情，写下了《清平乐·六盘山》。其中名句"不到长城非好汉"流传很广，影响极大。

长城不仅鲜明体现出修筑者的思想感情、思维方式和价值取向，寄托着人们的向往与追求，而且还反映出许多时代的社会风貌和人文信息。长城的军事防御作用随着历史发展而逐渐减弱，又因为历史发展成为中华民族精神的象征。长城是一部永远写不完的书，是一个永恒的主题，也是一座伟大的历史丰碑。

黄 超 首都博物馆副研究馆员

注释：

1 屈琳.长城的历史文化价值与视觉艺术表现特征[J].西北大学学报（哲学社会科学版），2013（第43卷第2期）：154.

2 同利军.汉朝与匈奴战争述评[J].军事历史，2009（1）：52.

3 向达译.斯坦因西域考古记[M].北京：中华书局 // 上海：上海书店出版社，1987：14.

4 （北宋）司马光撰，邬国义校点.资治通鉴（附考异）卷第十汉纪七[M].上海：上海古籍出版社，2017：97—105.

5 （北宋）司马光撰，邬国义校点.资治通鉴（附考异）卷第一百四十一齐纪二[M].上海：上海古籍出版社，2017：1547—1557.

6 刘太祥.秦汉北部边防建设[J].南都学坛（人文社会科学学报），2012（第32卷第5期）：6.

7 王娜.试论西汉"劝农""守边"奏疏的文化意蕴[J].长江师范学院学报，2013（第29卷第2期）：91.

8 汪高鑫.汉代的民族交往与民族融合[J].学习与探索，2013（1）：141.

9 王晨仰，赵丛苍.简析汉简所见长城烽燧系统中燧卒的日常工作[J].新疆大学学报（哲学人文社会科学版），2014（第42卷第5期）：63.

10 汪高鑫.汉代的民族交往与民族融合[J].学习与探索，2013（1）：140.

11 王娜.试论西汉"劝农""守边"奏疏的文化意蕴[J].长江师范学院学报，2013（第29卷第2期）：92.

12 李心纯.黄土高原水土流失加剧的祸根——明代的军屯与九边屯垦所导致的土地演替[J].山西师大学报（社会科学版），1999（第26卷第1期）：61.

13 王强.宣化方志与宣府明清地位变迁[J].邢台学院学报，2015（第30卷第3期）：120.

14 李凤山.长城带民族融合的特点[J].内蒙古社会科学（文史哲版），1995（6）：55.

15 李凤山.长城带民族融合的特点[J].内蒙古社会科学（文史哲版），1995（6）：58.

16 新宝.长城文化带：从农牧交错到民族融合[J].前线，2017（7）：119.

17 袁梦阳.赵武灵王胡服骑射对当代中国人思想观念的影响[J].时代教育，2015（21）：281.

18 邢春华.张骞：第一个睁开眼睛看世界的中国人[J].农经，2017（6）：96.

19 朱克迎.从居延汉简看西汉时期河西走廊的社会发展状况[J].汉字文化，2019（6）：59.

20 赵敏俐.中国古代诗歌中的长城意象与和平主题[J].万里长城，2009（3）：19.

21 罗哲文.万里长城的历史兴衰与辉煌再创[J].新湘评论，2010（3）：53.

金长城的修建及其对蒙金关系影响

祁 丽 孙文政

摘 要：金长城的修建是蒙金关系不可调和的产物。金初蒙古族群依附金国，随着蒙古势力的逐渐强大而叛附不定。金国为了防御蒙古等游牧势力的侵扰，开始修筑东北路界壕边堡。金朝中期，蒙古等游牧势力进一步强大，时常侵犯金国北部边疆，致使蒙金关系恶化。金国开始大规模修建金长城。金长城的修建，在一定程度上防御了蒙古等游牧势力的侵扰，缓和了蒙金矛盾，促进了民族融合与发展。随着蒙古势力范围的不断扩张，以及金朝国力的衰弱，金长城终不能阻止蒙古势力南下灭金。

关键词：金长城 蒙金关系 民族融合

金长城是以女真族为主体，从金初到金末，为了防御蒙古南侵，修建的军事防御工程。金长城在一定程度上，阻止了蒙古等游牧势力南下，缓和了蒙金矛盾，使蒙金处于相对和平状态。保证了长城沿线地带各民族，在和平条件下生产生活，促进了民族融合与发展。蒙金双方矛盾激化时，金朝就大规模修建长城，双方关系缓和时，金朝就停止或延缓修建长城。金长城的修建是蒙金矛盾不可调和的产物。金长城不仅对蒙金关系产生了重大影响，而且对后来世界格局也产生了一定的影响。本文从两个方面论述金长城与蒙金关系。一是蒙金关系变化对金长城修建的影响，二是金长城对蒙金关系的影响。不当之处，敬请专家、学者、同仁，批评指正，不吝赐教。

一、金长城修建前的蒙金关系

金长城是金国为了抵御蒙古等游牧势力南下修建的军事防御工程。金长城亦称金界壕边堡，由边堡和界壕两部分组成。边堡是在军事交通要道修筑的军事防御场所，界壕是用来阻止骑兵的沟堑。金长城分为东北路、临潢府路、西北路、西南路四部分。金长城的修建，伴随着蒙金关系的恶化，不断扩大修筑规模，逐渐完善防御体系。

在金长城修建前，蒙古各部族处于混乱的争战过程中。由于力量薄弱，依附于金国。"蒙古族人每岁朝贡，金人皆不许使者入境，令其在塞外交纳，因而蒙古族人对金国统治者怨入骨髓。不宁唯是，金国统治者为坐收渔人之利，还挑动漠北各部之间互相仇杀。"[1] 当时蒙古部族虽然朝贡金国，但是在朝贡的过程中，蒙金之间已经产生了矛盾。

蒙金之间的矛盾可以追溯到合不勒汗时期。合不勒汗受金人邀请去金国赴宴，因酒后捋金国皇帝的胡须，冒犯了金国的皇帝。因此，金国皇帝十分恼火，派人追杀合不勒汗。合不勒汗便将金国使者全部杀死。金国在得知这个消息之后，蒙金便结下仇恨。蒙金关系恶化，铁木真的先世俺巴孩·合罕曾被塔塔尔人抓起来送到金国并被杀害，"俺巴孩·合罕出嫁女儿，亲自送女儿前往时，塔塔尔纠军捉住俺巴孩·合罕，把他送到汉地阿勒坛·合罕（金朝皇帝）处"[2]。俺巴孩·合罕派使者传话："我身为全体人的合罕、国主，亲自送女出嫁，被塔塔尔部人擒住。哪怕你们的五个指头的指甲全部秃尽了，十个指头全部磨尽了，也试着要为我报仇！"[3] 蒙金之间的世仇，埋藏在铁木真内心深处，成为他蓄积待发的动力。铁木真在蒙古草原各部族激烈斗争中权衡利弊，在各部族争夺草原统一权力中脱颖而出，为报世仇做好了充分的力量准备。

12世纪，完颜阿骨打建立的金朝，相继将辽和北宋灭亡。完颜阿骨打在统一女真诸部后，于金收国元年（1115）在会宁府（今黑龙江省哈尔滨市阿城区）建国。女真人由游牧经济逐步转入农耕经济，文化也随之发展，崛起于北方。此时的蒙古草原，除了蒙古部族外，还有塔塔尔、克烈、乃蛮等强大部落。这些部落之间不断发生战争，军事力量分散，无法与金抗衡。金初蒙古部族虽然臣服于金，但是时而归顺时而复叛，蒙金双方处于降与和的反复交替过程中。

到了金熙宗时期，蒙古部族逐渐强大，经常骚扰金朝北部边境。金天会十三年（1135），金国派出宗磐平定蒙古部族叛乱。在《建炎以来系年要录》中记载："是冬，金主亶以蒙古叛，遣领三省事宋国王宗磐提兵破之，蒙古者，在女真之东北，在唐为蒙兀部，其人强悍善战，夜中能视，以鲛鱼皮为甲。"[4] 在《金史》中同样也记载："十一月（1135），以尚书令宋国王宗磐为太师。"[5] 金熙宗天眷二年（1139），金国继续平定蒙古部族叛乱，但是被蒙古部族打败，"女真万户呼沙虎，北攻蒙古部，粮尽而还。蒙古追袭之，至上京之西北，大败其众于海岭。"[6] 金皇统三年（1143），蒙古部族复叛金，"金主亶命将讨之。初，鲁国王昌既诛，其子星哈都郎君者，率其父故部曲以叛，与蒙古通，蒙古由是强取二十余团塞，金人不能制"。[7] 随着蒙古部族不断向外扩张，势力发展壮大，金国已经无法与蒙古部族抗衡。在《建炎以来系年要录》中记载了金皇统六年（1146），金元帅兀术讨伐蒙古部族的史事，因多年不能将其征服，只能与蒙古部族议和，对其加以赔偿和封官受爵，但是蒙古部族并没有接受。从此开始，金退回到金长城东北路内侧，修筑金长城边堡加以防守。

二、金长城修建中的蒙金关系

金朝皇统六年（1146），蒙金双方实力相当，通过议和，蒙金矛盾暂时得到缓解。在这种情况下，金朝还要把主要兵力用在防御南宋上，因此金国为了达到以较少的兵力，来防御蒙古势力南侵，开始修建金长城。金皇统七年（1147），金长城的修建使蒙金关系进入了蒙古主动进攻，金国被动防守的局面。到了金大定年间，蒙古的势力迅速发展，已经威胁到了金国边境安全。"边事未宁，不宜游幸"。[8] 在北方广泛流传这样的流言："鞑靼来，鞑靼去，赶的官家没去处。"金世宗时期，金朝为了加强对蒙古的防御，开始大规模修建金东北路长城，来防御蒙古等游牧势力。大定五年正月乙卯（1165年2月17日），"诏泰州、临潢接境设边堡七十，驻兵万三千"。[9] 金世宗初期，金东北路长城修建后，蒙古暂时没有能力越过金长城，蒙金双方暂时维持和平状态。到了金世宗后期，蒙古各部族逐渐统一，其势力进一步强大。此时金国担心已有金长城，阻挡不住蒙古部族南下，于是再次把修建金长城提到议事议程。《金史·地理志》记载："大定二十一年（1181）三月，世宗以东北路招讨司十九堡在泰州之境，及临潢路旧设二十四堡障参差不齐，遣大理司直蒲察张家奴等往视其处置。于是东北自达里带石堡子至鹤五河地分，临潢路自鹤五河堡河子至撒里乃，皆取直列置堡戍。"[10]

金章宗时期，"游牧部落广吉剌、阻卜、合底忻、山只昆等部族经常骚扰"。[11] 金国为了加强军事防御，再次启动金长城修建事宜。《金史·章宗纪》记载：明昌三年"戊午（1192年5月29日），诏集百官议北边开壕事"。[12] 此后，金长城的修建，也是时断时续。金明昌三年（1192年），金国暂时停止修建金长城，"癸酉（6月13日），罢北边开壕之役"。[13] 在八月份，又开始修建。"癸未（8月22日），诏增北边军千二百人，分置诸堡"。[14] 金明昌五年（1194），金章宗将修建金长城作为长期工程提上日程。"己酉（3月11日），宰臣请罢北边屯驻军马，不允。……命宣徽使移剌敏、户部主事赤盏实理哥相视北边营屯，经画长久之计"。[15] 可以看出，金长城断续的修建，既与蒙金关系变化有关系，也与金朝的国力有关系。

金明昌七年（1196），丞相完颜襄率兵攻打塔塔尔。因为塔塔尔与蒙古之间存在直接的利益冲突，所以铁木真趁机与汪罕合兵，与完颜襄共同打败了塔塔尔。因此，铁木真与汪罕一起受到金朝嘉奖，获得了札兀惕忽里的官位，大大提高了铁木真草原诸部的威望。铁木真虽然表面接受了金国授予的官位，但是随蒙古势力的不断发展壮大，一场激烈的战争将蓄势待发。金朝大规模修筑界壕边堡，是在章宗承安年间。"辛巳（1197 年 9 月 23 日），以边事未宁，诏集六品以上官于尚书省，问攻守之计。"[16] 随着蒙古部族南下进攻金国的次数的增加，金朝修建金长城的规模也随之扩大。从这一时期金长城的修建规模上可以看出，随着蒙古部族的发展壮大，进攻金国的频率频繁，金国就越大规模地修建金长城。

金章宗完颜璟在位期间，成吉思汗计议攻打金国。《元史·太祖本纪》记载："帝始议各部族伐金。初，金弑帝宗亲咸补海罕，帝欲复仇。会金降俘等俱言金主璟肆行暴虐，帝乃定议致讨，然未敢轻动也。"[17] 成吉思汗因心怀对金国的仇恨，想要替自己的祖先报仇雪恨，但是并没有对金章宗发起进攻。金泰和八年（1208 年），卫绍王即位。《元史·太祖本纪》记载："帝问金使曰：'新君为谁？'金使曰：'卫王也。'帝遂南面唾曰：'我谓中原皇帝是天上人做，此等庸懦亦为之耶，何以拜为！'即乘马北去。金使还言，允济益怒，欲俟帝再入贡，就进场害之。帝知之，遂与金绝，益严兵为备。"[18] 对于金国新即位的皇帝卫绍王，成吉思汗起初仍然朝贡，但在朝贡的过程中与金国使者发生冲突，其实是对金朝无法挽回的衰落局势的蔑视。

卫绍王面对金国内政的腐败束手无策，面对来自蒙古势力的威胁，则更多的是采用修建长城的防御手段来进行自身的防护。《元史·太祖本纪》记载："五年庚午春（1210），金谋来伐，筑乌沙堡。帝命遮别袭弑其众，遂略地而东。"[19] 此时的成吉思汗已经统一漠北草原，建立了大蒙古国。蒙古国强大的势力和金国衰落的局势，成了鲜明的对比。此时，金国即使再修金长城，也无法阻止蒙古势力南下。

三、金长城对蒙金关系的影响

蒙金关系从结下世仇开始，成吉思汗就在统一草原各部的过程中，积蓄了力量，并准备时机成熟时发动对金战争。金朝为了防御北方蒙古国等游牧势力南下，从金初就开始修建金长城。以女真族为主体修建的金长城，在防御北方蒙古等游牧势力南侵上，发挥了一定的作用。国学大师王国维先生在《金界壕考》中，对金长城的历史作用给予评价时说："界壕者，掘地为沟堑，以限戎马之足。边堡者，于要害处筑城堡，以居戍人，二者于边防各有短长。"[20] 金长城的修建在一定程度上，阻止了蒙古骑兵南下。金代长城尤其是金东北路长城，修建时间最早。从金初到金末，时修时停。当两国的关系趋于好转时，双方罢兵，金国就停止修建金长城；双方兵戈相见，关系紧张时，金国就开始大规模修建金长城。总体而言，金长城的修建使蒙金矛盾得到了缓和。金长城内侧以女真族为主体，从事农耕生活，金长城外侧以蒙古族为主体的游牧势力，从事游牧生活，从而使作为军事用途的金长城，成为游牧文化与农耕文化的大致分界线。以女真族为主体修建的金长城，从主观方面是为了防御蒙古等游牧势力，但在客观方面却形成了两种不同经济生活方式分界。

金朝倾力修建的金长城，阻止了蒙古势力骑兵从东北侵入。然而蒙古势力为了发展自己，在东进受金东北路长城阻挡的情况下，大举向西用兵，一直打到地中海，建立了地跨欧亚的蒙古帝国。金长城的修建，在一定程度上发挥了军事功能。当双方军事实力相当时，金长城起到了一定的作用，当双方军事实力相差悬殊时，金长城就失去了军事防御功能。金大安三年（1211）春，铁木真亲自率兵南下，蒙金战于野狐岭，以金国失败告终。《元史·太祖本纪》记载："六年（1211）辛未春，帝居怯绿连河……二月，帝自将南伐，败金将定薛于野狐岭，取大水泺、丰利等县。金复筑乌沙堡。秋七月，命遮别攻乌沙堡及乌月营，拔之。八月，帝及金师战于宣平之会河川，败之。"[21] 乌沙堡即金长城，金国还想以修金长城的方法，阻止蒙古军队入侵。《金史·独吉思忠传》记载："三年（1211），（独吉思忠）与参知政事承裕将兵屯边，方缮完乌沙堡，思忠等不设备，大元前兵奄至，取乌月营，思忠不能守，乃退兵，思忠坐解职。卫绍王命参知政事承裕行省，既而败绩于会河堡云。"[22] 此时修建的金长城，只能是被动防御蒙古势力南侵。金国修建的金长城，防得了一时防不了长远，金国最终也没有摆脱灭亡的命运。

金长城是蒙金关系不可调和的产物。长城是历史丰碑，是中华民族创造的伟大奇迹。金长城是中万里长城的重要组成部分和作用，它是女真族追求和平的象征。金长城完整的防御体系，暂时避免了蒙古等游牧势力南下，保证了长城沿线两侧农牧民族正常的生产生活。从这方面来看，金长城客观上促进了沿线两侧各族经济、政治、文化的往来与交流，从而在一定程度上，促进了北方各民族的融合。

祁　　丽　哈尔滨师范大学历史文化旅游学院研究生

孙文政　黑龙江省社会科学院历史所研究员

注释：

1 任崇岳.论蒙金关系[J].社会科学辑刊,1986,(6):51—59.

2 余大钧.蒙古秘史[M].石家庄:河北人民出版社,2007:40.

3 余大钧.蒙古秘史[M].石家庄:河北人民出版社,2007:46.

4 (宋)李心传.建炎以来系年要录·卷96[M].上海:商务印刷馆,1936:1594.

5 (元)脱脱等.金史·熙宗本纪·卷4[M].北京:中华书局.1975:70.

6 (宋)李心传.建炎以来系年要录·卷133[M].上海:商务印刷馆,1936.2142—2143.

7 (宋)李心传.建炎以来系年要录·卷149[M].上海:商务印刷馆,1936:2388.

8 (元)脱脱等.金史·世宗本纪·卷6[M].北京:中华书局,1975:125.

9 (元)脱脱等.金史·世宗本纪·卷6[M].北京:中华书局,1975:135.

10 (元)脱脱等.金史·地理志·卷24[M].北京:中华书局,1975:563.

11 孙进己等.中国北方各族人物传(金代卷)[M].沈阳:辽海出版社,2001:347.

12 (元)脱脱等.金史·章宗本纪·卷9[M].北京:中华书局,1975:221.

13 (元)脱脱等.金史·章宗本纪·卷9[M].北京:中华书局,1975:222.

14 (元)脱脱等.金史·章宗本纪·卷9[M].北京:中华书局,1975:222.

15 (元)脱脱等.金史·章宗本纪·卷9[M].北京:中华书局,1975:232.

16 (元)脱脱等.金史·章宗本纪·卷10[M].北京:中华书局,1975:242.

17 (明)宋濂.元史·太祖本纪·卷1[M].北京:中华书局,1976:13.

18 (明)宋濂.元史·太祖本纪·卷1[M].北京:中华书局,1976:15.

19 (明)宋濂.元史·太祖本纪·卷1[M].北京:中华书局,1976:15.

20 王国维.金界壕考[A]//观堂集林[M].北京:中华书局,1959:713.

21 (明)宋濂.元史·太祖本纪·卷1[M].北京:中华书局,1976:15.

22 (元)脱脱等.金史·独吉思忠传·卷93[M].北京:中华书局,1975:2064.

植物与长城的和谐

刘政安　　王小峰　　佟宁宁　　刘永刚

　　摘　要：长城是中华文明的象征，保护长城迫在眉睫。保护长城应从一草一木开始。2019年10月12日，我们对花家窑子段长城上的植物进行了调查，共发现该段长城上生长有29科、56属、73种植物。其中木本植物23种、草本植物50种。通过分析，发现长城上的植物对长城同时存在保护、美化和破坏作用。综合不同类型植物的生物学特性，及其在长城不同区域的生长情况，应以因地制宜、和谐共生、精细动态的理念来管护长城上的植物，做到植物与长城的和谐共生。

　　关键词：长城　植物　古建保护

　　长城历经千百年的风霜雪雨、无数次的刀光剑影依然屹立于东方。长城是中华文明、中国精神的象征。2012年国家文物局发布了长城资源认定：中国各时代的长城分布于北京、河北、内蒙、陕西、甘肃等15个省市自治区，经过97个地级市，404个县区，遗迹总长21196.18千米。其中明代长城长达8851.8千米[1]。然而，今天保存较好的明代长城仅占明代长城的8%，已经消失的长城则占31%。[2] 1987年12月，长城被列为世界文化遗产。2006年12月1日国家《长城保护条例》[3]实施。2016年北京长城国家公园开始试点。2019年1月22日国家《长城保护总体规划》[4]出台。2019年8月20日习近平总书记在甘肃嘉峪关强调要保护好长城、长江、黄河等中华民族的象征性地标地物[5]。可见长城保护时不我待，长城保护人人有责。宣传好长城、保护好长城、利用好长城是一项系统工程，既应该从遗迹、古建、材料等长城本体方面认真研究，也应该从植物、动物、微生物等长城附属生物方面精心探讨。当下，科学精准地管护好长城上的一砖一石、一草一木显得越来越重要。我们有缘对长城上的植物进行了初步调查，发现了诸多问题，希望从植物学的角度提一些长城综合保护理念与方略。

一、植物与长城的共生

　　北京长城周边植物资源丰富，有66科184属288种植物[6]。为了进一步研究植物对长城的影响，我们2019年10月12日到延庆八达岭镇帮水峪村，调查了长城的花家窑子段（西部第3—4个烽火台间和东部5—6个烽火台间）的植物现状（图1）。西部为明代1569—1634年间修建的长城属古长城（图2），东部主

图1　长城上植物情况调查　吴沐春摄影

图 2 明代古长城上的植物 刘政安摄影

图 3 新修复长城上的植物 刘政安摄影

体为明长城。但其上面 2014 年进行了修复，属新修复长城（图 3）。

调查发现：八达岭花家窑子段长城上共有 29 科、56 属、73 种植物，分别占长城周边已知植物资源科、属、种的 43.9%、30.4% 和 25.3%。其中古长城上的多数地段（人为活动少的地段）的植物已经形成了较为稳定的生态系统，有 73 种植物（木本植物 23 种、草本植物 50 种）。2m×3m 样方中有木本植物 56 株（"红花锦鸡儿" 35 株、"绣线菊" 20 株、"暴马丁香" 1 株）。新修复长城上的植物群落、生态系统还未形成。但已有 46 种植物，占长城上已知调查植物总数的 63%。其中"榆树""蚂蚱腿子""锦鸡儿""小叶鼠李""三裂绣线菊" 5 种植物为先锋登城的木本植物，占长城上木本植物总数的 21.7%。草本植物 41 种，占长城上草本植物总数的 77.4%。分析长城上植物种类数量发现：菊科＞禾本科＞蔷薇科＞豆科＞大戟科＞萝藦科＞百合科。分析植物长势强弱发现:乔木(4 种)＞灌木 (19 种)＞藤本（8 种，其中木质藤本 3 种，草质藤本 5 种）＞草本（41 种，其中多年生草本 35 个种，一、二年生草本 6 种）＞蕨类植物（1 种）。对比植株大小发现：木本植物"暴马丁香"最大（株高 220 厘米，冠幅 250 厘米，地茎 9.2 厘米）；草本植物"歧茎蒿"最高（株高 190 厘米）。

二、植物对长城的影响

植物与古长城和新修复的长城早已形成或正在形成自然共生关系。调查研究发现：植物对长城有三方面的影响，既有保护作用，更具美化作用，同时又有一定的破坏作用。植物对长城的保护作用表现在：长城周边及其上面的植物可为长城遮风挡雨，降低风雨对长城的侵蚀。长城上的草木根系发达，对长城有锚固作用，吸附蓄积尘土作用，可降低长城表面的氧化、风蚀、水蚀速率。植物对长城的美化作用则显示在：长城内外乔木、灌木和草本植物类型丰富。观赏植物有 22 科 40 种，药用植物多达 60 科 179 种。随着季节变化，长城内外、长城上下春季山花烂漫，秋季层林尽染。植物扮靓了长城，赋予了长城鲜活的生命，自然描绘出了"美丽中国"的壮美画卷（图 4）。植物对长城的不良影响主要表现在：植物根系长在城墙的缝隙里，会自然分泌柠檬酸、草酸、苹果酸等有机酸而产生"化感作用"[6]，加速长城城墙砖石的溶解速度。木本植物随着株龄增加，根茎不断增粗而产生"根劈作用"[7]，加速城墙开裂破损。茂密的藤本植物攀缘在城墙上会影响实情调查或险情排除等。

73 种植物对长城的不良影响是："暴马丁香""榆叶梅""荆条"等 4 种乔木，"红花锦鸡儿"等 19 种灌木主要表现在：当地茎增粗（超过 5 厘米）后，虽然增加了长城的"抗剪强度"[8]。但其"根劈作用"也明显增强，易对古长城造成机械性破坏或安全隐患。"小红菊""狗尾草"等 50 种草本植物则表现在：率先"登城"，为乔木"开路"，根系长在砖缝里产生一定的"化感作用"。调查段中虽未发现茂密的藤本植物郁闭城墙现象，但藤本植物对险情排查的不良影响也应引起高度重视。

图 4 八达岭长城秋景　郭永摄影

三、植物与长城的和谐

通过对不同地段的长城上植物的调研发现：不同品种、不同株龄在不同季节对长城的影响差别明显，植物在长城的不同地段与长城建立起了特定的生态系统。因此，我们主张：以因地制宜、和谐共生、动态管护的理念来管护长城植物。不主张对长城上的植物一除了之，也不提倡让长城上的植物任意疯长。

那么，长城上的植物究竟何去何从，如何做到植物与长城和谐共生呢？我们建议：首先是从国家或地方或专业机构层面立项，尽快摸清不同地区、不同地段长城上的植物群落的构成、数量、规格等家底，制定细则。其次是做好"保护好长城等中华民族的象征"人人有责理念的科学传播，增强爱我中华、护我长城意识。保护长城是伟大的系统工程，不能忽略一草一木。应在尊重长城上植物的分布规律，生长规律的前提下，结合长城保护整体性、安全性的原则，最大限度地维护好植物与长城的自然和谐与人文和谐，希望尽快形成长城三层植物保护网络体系。即第一层长城外围区域，以乔木为主，构筑万里长城生态系统；第二层长城内外边际，以灌木为主，拓开视野，烘托长城之美；第三层长城城墙上植物，应当调控木本植物生长。

刘政安　中国科学院植物研究所研究员

王小峰　西藏昌都市职业技术学校讲师

佟宁宁　中国科学院植物研究所博士研究生

刘永刚　中国科学院植物研究所高级工程师

注释：

1 董耀会 . 长城：追问与共鸣 [M]. 秦皇岛：燕山大学出版社，2019.

2 长城保护条例 . 新华网，2016.

3 长城保护总体规划 . 中国网，2019.

4 赵明霞 . 嘉峪关日报，2019.

5 刘忠华，包仁艳，王晋飞 . 北京长城周边植物资源 [M]. 北京：中国林业出版社，2012.

6 黄建凤，吴昊 . 植物根系分泌的有机酸及其作用 [J]. 现代农业科技，2008.

7 樊维，陈洪凯 . 裂隙岩体植物根劈机理研究 [J]. 科技创新导报，2015.

8 丰田，李光等 . 乔木根土复合体的抗剪强度实验研究 [J]. 应用力学学报，2018.

宣大山西三镇军屯及影响

王杰瑜

摘　要：有明一代，宣大山西三镇所在区域的军屯是如何开展的，规模究竟有多大，对区域环境产生了多大的影响？本文运用历史和历史地理研究方法，通过地方志、《山西丈地简明文册》、《万历会计录》等文献记载重点对军屯数额进行了精准研究，得出了本区域在正统、嘉靖、万历三朝的军屯数额分别为 62942 项、约 74212 项和 109254 项的结论。同时就军屯对区域生态环境的影响进行了评估。

关键词：生态环境　军屯　宣大山西三镇

明代的军屯，原本属于都司卫所统摄。[1] 所谓宣大山西三镇，只是为了方便讨论。三镇大致相当于山西都司、山西行都指挥司和万全都司统摄的地域范围，但并不完全等同。[2] 地理范围相当于今天河北省的张家口市及山西省的大同、朔州和忻州三市。

一、三镇屯田发展迅速

有明一代，因防蒙古族的侵扰，沿边设卫所，大量军人充实边防，军费开支甚大，[3] 因此从明初开始就以屯养军，大兴军屯。[4] 其形式从初时的且耕且战转为且屯且守。"每军种田五十亩为一分，又或百亩、七十亩、三十亩、二十亩不等"，屯守比例有三七、二八、四六、一九、中半等例，一般来说"皆以田土肥瘠，地方缓急为差"[5]。"临边险要者，守多于屯。在内平僻，或地虽险要而运输难至者，皆屯多于守。"[6] 宣德以后，虽然军屯渐次式微，但终明之世，在本区仍占主要的土地类型。随着时间的推移，军屯出现了不少变种，如牧地、牛具地与牛具银、团种地、驿传地、公务地、香火地、民佃屯田等。

1. 山西都司

山西都司所属卫所与州县相错，因此屯牧地十分分散。与此同时，卫所所属屯地不一定与卫所同在一地。太原右卫的屯田有时会在太原左卫，而左卫的屯田则可能在镇西卫。这样就形成了屯田与民田，不同卫所所属屯田与屯田之间犬牙交错的格局。

据成化《山西通志》记载，成化八年（1472），山西都司全部屯田 5829 项 85 亩（表 1）。若将太原左、右、前三卫全部屯田计算在内，本区所属卫所所领屯田只有 2411 项 75 亩。显然成化《山西通志》的记载有失偏颇，很难令人信服。

据梁方仲先生的统计，山西都司在永乐之后的屯田数为 12963 项 9 亩。[7] 这个数字是永乐以后的哪个年代，梁方仲先生没有说明。《万历会计录》云："本镇（山西镇）屯田原额无考"，"嘉靖十九年方有定数"[8]。说明在此以前的统计都是估计数，并不能真正反映这个地区军屯的真实面貌。

万历时，为了推行"一条鞭法"，在全国进行了土地的清丈。从万历八年（1581）始至万历十年（1583），山西的清丈由都察院右佥都御史辛应乾主持，清丈结束后编制了《山西丈地简明

表1　成化年间山西都司、行都司所属卫所屯、牧数量表

卫所名称	屯田（顷）	子粒（石）	卫所名称	屯田（顷）	子粒（石）
太原左卫	464.50	5562	大同前卫	1461	8766
太原右卫	334.50	4014	大同后卫	1624	9744
太原前卫	249	2988	大同左卫	1105	6630
镇西卫	785.25	8282	云川卫	1100	6600
振武卫	303.50	3642	大同右卫	1101	6606
平阳卫	844.20	7236	玉林卫	1200	7200
潞州卫	970.70	6822	威远卫	607	3642
沈阳中护卫	722.40	5418	阳和卫	1213	7278
雁门守御所	23.50	282	高山卫	1108	6648
磁州守御所	170	3030	天城卫	1502	9012
宁化守御所	141.50	1698	镇虏卫	1118	6708
保德守御所	110	1320	朔州卫	1515	9090
汾州守御所	179.20	1536	马邑千户所	256	1536
沁州守御所	404	3030	安东中屯卫	1556	9336
平定州守御所	127.60	765	山阴守御所	253	1518
合　计	5829.85	53656	合　计	10719	100314

资料来源：成化《山西通志》卷六《兵备》附屯田。

文册》[9]（以下简称《文册》）。应当说这个《文册》对山西都司屯牧地的统计是真实可靠的（表2）。《文册》中，本区所属山西都司的屯田原额为 13930 顷 99 亩，嘉靖年间实有屯田 9906 顷 46 亩，万历清丈后的屯田额数是 17140 顷 49 亩。对于清丈后的屯田数没有什么可怀疑的，只是这个原额是何时数据，《文册》没有交待。宁武关城建于成化二年（1466），[10]《文册》中有"坐落宁武关城"之说，说明《文册》所谓的原额是在成化之后的某个时期。在成化至正德间，正值屯政败坏之时，各地的屯田数都在下降，这个地区的屯田数当不会很高，而 13930 顷 99 亩是个不小的数额，理应不会是在这个时期的屯田数。《万历会计录》是万历清丈结束后由当时的户部尚书张学颜编成的，具有一定的可靠性。《万历会计录》说山西镇屯田数"嘉靖十九年方有定数"，会不会就是指的这个数呢？另据《文册》记载，万历清丈后（万历九年），本区所属山西卫所的屯田为 17140 顷 49 亩，占到山西都司所有屯牧地总额的 56% 多。[11] 我们回过来看，成化《山西通志》所记成化八年（1472）山西都司的屯田为 5829 顷，当时山西都司所领卫所实有旗军 35332 名，舍、余 26985 名。如按旗军数，每名旗军平均只有田 16.5 亩。若以舍余计，也只有 21.6 亩。这个数字太低了，难以令人信服。按每军田一分 50 亩的规定，成化八年山西都司全部屯田应为 17666 顷。我们不妨以本区占山西都司全部屯田数的 45% 的比例计算，坐落本区屯田应为 7949 顷。也以此比例对梁先生的山西都司屯田统计数进行折算，本区所属屯田应为 5833 顷。把梁先生与我们所估计的屯田数折中计算，在永乐至成化八年间，本区的屯田数应在 7500 顷左右为宜。

表2 万历初年山西都司所属卫所屯、牧分布及数量表

单位：顷

卫 所	座落地	原 额	嘉靖三十八年实有	万历清丈后
振武卫	本卫、代州、崞县、繁峙、五台、北楼口	2494.30（含告除地650.15）	1844.14	4199.08
镇西卫	本卫	2215.87（含告除地19.10）牧地120.10	2316.87（含牧地120.10）	2896.97 牧地120.40 牛具地132
偏头所	本所	63.66 （含告除地4.50）	653.85	1074.78
老营所	本所	2494.30（含告除地650.15）	59.16	954.59
雁门所	本所	189.48（含告除地46.31）	143.16	383.31
宁武所	本所	220.14（含告除地1.70）	218.44	255.94
宁化所	本所	710.70（含告除地295.66）	415.03	813.71
保德所	本所		104.56	105.94
八角所	本所	613.89（含告除地3.98）	609.91	663.74
太原左卫	座落静乐县	80.32		100.93
	座落宁武关	1404.67（含告除地160.99）	屯地1123.38 牧地9.29 牛具地111	屯地1507 牧地9.29 牛具地133.20
太原右卫	座落静乐县	29.90		32.74
	座落五台县	188.93		194.12
	座落偏头关	屯地532.85 牧地14.25		屯地537.35 牧地14.25
太原前卫	座落静乐县	232.67		260.96
	座落宁武关	2250.91	屯地2095.62 牛具地149.75	屯地2548.48 牛具地149.75
民佃屯田	静乐县	74.17（含告除地21.87）	52.30	52.30
合　　计		13930.99（含告除地1854.31）	9906.46	17140.49

资料来源：万历《山西丈地简明文册》，张海瀛《张居正改革与山西万历清丈研究》，山西人民出版社，1993年。

2. 山西行都司

山西行都司从明初实行屯垦始，就很见成效。洪武八年（1376），中书省陈奏大同都卫屯田2649顷，岁民栗豆99240石。[12] 二十五年（1393）八月，明太祖命宋国公冯胜、颖国公傅友德，到太原、平阳等地，"阅民户四丁以上者，籍为一军"，"分隶各卫，赴大同等处开耕屯田……大同在城立五卫，大同以东立六卫，卫五千六百人"[13]。二十七年（1395）下令"山西大同慰朔、雁门诸卫止留千人戍守，余悉令屯田"[14]。二十八年（1396）四月，敕发山西都指挥使司属卫官军26600人，往塞北筑城屯田[15]。明太宗时尽管不少卫所内徙，但卫所屯田仍然很盛。永乐九年（1411），大同镇守总兵就因"山西行都司属卫军士，今或全卫或十之七八屯种，故操练者少"，请求多留军士操练以备边防，太宗于是命"阳和留什之四，天城、朔州留什之三，蔚州留什之二，余悉令屯种，作用于耕且守，以为定制"[16]。正统六年（1441），因边境宁谧，宜广屯田，于是增大同、宣府二边屯军6700余人。[17] 正统八年（1443），修复了沿边墩堡，拨军分地屯种。[18] 山西行都司的屯田在正统前一直十分兴盛。但随着边外卫所不断内徙，屯田随之减少了，到正统时屯田额数为15830顷。[19] 成化《山西通志》记载，成化八年（1472）前行都司所属卫所屯田地10719顷，岁纳夏秋粮110134石。[20] 一方面本志记载可能偏低，另一方面由于受土木

之乱的影响，屯田数减少也是正常的。正德年间，行都司的屯田额又上升，达到了17582顷。嘉靖四十年（1561），行都司屯田数为46933顷79亩（见表3）。嘉靖年的这个数字可能稍高，但从正德到嘉万时，明政府十分重视北防建设，整顿屯政，不断加大清理功臣、势要圈占屯田的力度。经过半个世纪，屯田增加到四万多顷是比较合理的。[21]《明史》曾记载：总督翁万达议筑边墙，"斥屯田四万余顷，益军万三千有奇。帝嘉其功，进左都督，加太子太保，永除屯税。"[22] 可以映证。万历六年（1578）到十年（1582），贾应元主持了大同府及行都司土亩的清丈，《明神宗实录》记载了此次清丈的结果："屯地实在四万七千八百一十一顷四亩有零，实征粮一十五万一千九十九石；比旧各增三分之一。"[23]《万历会计录》也对这次清丈进行了记载：万历六年（1578），贾应元册报屯田28590顷34亩、牛具地12996顷29亩、功臣地1698顷23亩、养廉地822顷58亩、赏功地72顷70亩，合计44222顷。[24]《实录》的记载虽然与《万历会计录》的记载不一致，但大数即四万多顷这是一致的。梁方仲对万历初行都司屯田的统计数为28590顷34亩，这与贾应元册报屯田数一丝不差。所不同的是，梁先生只对具屯田名者之数进行了统计，而没有对其他几项没有合并计算，这实际上是错误的。[25]

表3　山西行都司（大同镇）屯田数额表

单位：顷

卫　　所	正德府志数	嘉靖通志数	卫　　所	正德府志数	嘉靖通志数
大同前卫	1461	3502.46	镇房卫	1118	3042.97
大同后卫	1624	4013.46	朔州卫	1515	7923.19
大同左卫	1105	2833.86	马邑千户所	256	462.87
云川卫	1100	1871.4	安东中屯卫	1556	1378.26
大同右卫	1101	2483.64	山阴守御千户所	253	381.90
玉林卫	1200	1692.35	井坪守御千户所		2707.01
威远卫	607	835.48	山阴县地		60.59
平房卫	607	3855.31	浑源州并中、前二所		1116.10
阳和卫	1213	3309.22	马邑县		45.75
高山卫	1108	2384.36	分守怀仁城后所		872.18
天城卫	1502	4579.82	灵邱县		11.33
正德府志屯田总计17582顷；嘉靖通志屯田总计46933顷79亩					

资料来源：正德《大同府志》卷5《武备屯田附》；嘉靖《山西通志》卷28《武备》中《屯田》。

通过比对，山西行都司屯田，正统五年（1440）为15830顷，成化八年（1472）时为10719顷，正德七年（1512）为17582顷。到嘉靖三十八年（1559）时整个行都司屯田总额应为4万多顷（见表3），万历初年屯田总额为44222顷。

3. 万全都司

万全都司设置于宣德五年（1430）六月。但在万历都司未建之前，本区域已有卫所设置，如前面所言及的万全左右、宣府左右、蔚州卫等曾隶属于山西行都司。在洪武二年（1369）时，命征房将军常遇春取开平，都督汪兴祖取兴和，"置开平卫指挥使司。兴和、怀来俱守御千户所。自是（宣府）沿边诸卫所渐置，而屯守之兵殆十万矣"[26]。按每人屯地50亩计，洪武时，宣府屯地应为5万多顷。但其时有不少卫所是在边外，边内屯田远没有这么多。宣德五年（1430）以后，万全都司所领15卫、7个守御千户所，按明制5600人为一卫，1120人为一千户所，万全都司约有军士91840名。按每人拨田50亩计，[27]当时屯田总额为45000多顷。梁方仲先生统计在永乐以后万全都司屯田为19065顷73亩，似少了，[28]或者说是万全都司建立之初之数为宜。因为到正统十三年（1448），侍郎刘琏督同万全都司管屯官员查勘，此时屯地共计46612顷18亩，收到子粒254000余石。[29]到嘉靖四十年（1561）

左右,《宣府镇志·贡赋考》记载当时屯田地6093顷16亩,团种地2991顷68亩,公务地360顷58亩,驿传地85顷96亩,总计为9531顷38亩[30],这个数字显然太低了(表1-4),但似乎也是有理由的。隆庆年间,总理屯盐都御史庞尚鹏曾分析道:"宣府尔年来休养生息,家有余丁,不患无其人矣。……乃边人独苦于屯田,利一而害百,皆征敛烦苛、虚粮不均之弊也。岁额悬空名,而屯军蒙实祸,岂一朝一夕之故哉?"且"该镇山川梦错,地多不毛,求其可施锄犁者,仅十之三四,而沙砾半之。……督察甚严,以致承委各官妄增虚数。其初设额粮十八万石,遂积至二十万石六千有奇,多系悬空摊派,非必丈量皆有余地也"[31]。《万历会计录》也曾记载,嘉靖三十一年(1552),巡抚刘玺奏报本镇团种地8534顷70亩。隔两年,巡抚刘廷臣题本镇公务地616顷83亩,驿传地169顷,余地1491顷87亩,新增地64顷77亩,这些皆可与引相佐证。[32]功臣、势要以及寺院圈占屯田而作庄田是这一时期记载数额少的缘故,地还是那些地,但所领不同。[33]经过清理,到隆庆四年(1570)总督侍郎王遴覆奏,原额屯田6359顷,原额团种地4653顷,功臣香火地1990顷,地亩起科、新增地亩31468顷。也据此我们可以知道隆庆四年(1570),万全都司之屯田总额为40282顷[34],这个数字就比较合理了。到万历初年,总额为47892顷47亩[35]。

表4　万全都司(宣府镇)屯田额数表

单位:顷

卫 所 ＼ 屯田类别	屯 田 地	团 种 地	公 务 地	驿 传 地
宣府前卫	706.75			
宣府左卫	324.75			
宣府右卫	306			
兴和千户所	88.75			
宣府官田		150.07	140	17.90
永宁卫	215	55.20	21	2.10
隆庆左卫	92.25			
隆庆右卫	95.25	72.20	25.20	6.30
怀来卫	142			
保安卫	311.25	117.74		16.80
美峪千户所	49.75			
永宁后千户所				
永宁中左千户所				
开平卫	153	337	11.20	4.20
龙门卫	137.45	197	6	2.10
龙门千户所	22.50	151.26	4.20	
云州千户所	15	66.50	2.80	2.80
长安千户所	47.50	39.90	2.80	2.80
马营堡		365	7	
赤城堡		88.90	2.80	2.80
雕鹗堡		42	3.80	4.20
葛峪堡		8.40		
赵川堡		13.30	2.80	
青边堡		3.18	2.90	
大白阳堡		9.10	19.28	
小白阳堡		27.30		

卫　　所 ＼ 屯田类别	屯 田 地	团 种 地	公 务 地	驿 传 地
常峪堡		4.90		
羊房堡		1.08		
万全左卫	489.25	130.20	4.90	6.90
万全右卫	339	263.55	29.40	5.60
怀安卫	413.25	95.20	14	5.46
保安右卫	166.75			
柴沟堡		273.80	6.	
洗马林堡		94.36	5.60	
新河堡		37.50		
新开堡		12.38		
膳房堡		2.7		
顺圣东城	417			
顺圣西城	703.16	23.10，续增 199.74		
蔚州卫	537	5.25	40.70	4
广昌千户所	169.75	18.50		
隆庆州	35.25	30	2	2
保安州		56	6.20	
合　计	6093.16	2991.68	360.58	85.96

资料来源：嘉靖《宣府镇志》卷14《贡赋考》。

经过上述分析，可以大致得出明代本区所属屯田额数以及变化（表5）。从表中可以看出，明代本区的屯田基本上呈上升趋势，但上升的幅度不至于很大。李心纯在谈到明代九边屯垦所导致的土地演替时说："从弘治初到万历初的不到百年间，九边的屯地增加了很多，万历年间的现额竟是弘治年间数额的315%。"[36] 这个估计恐怕太高了。弘治年间正是屯政废弛时期，军官、势要隐占屯田数额很大，在册屯田额数的确不大，但不能因此说明已垦屯田本身减少。另外，因作者对屯与非屯的理解不同，在记载上也存在很大的出入。宣府镇除隆庆、保安两州外，只有屯地、庄田等土地类型，果如孙承泽所载，宣府屯军8607名（弘治年），屯地4304顷[37]，可能吗？弘治十年（1497），员外郎何文缙奉命清出顺圣川余地8223顷70亩，拨补屯田[38]，可证孙承泽所记之数是错误的。明代晋冀边内土地的垦殖率是十分高的，这是毫无疑问的。但就此而认为弘治到万历百年间土地变化之剧则不足取。

表5　明代本区都司所属屯田表

单位：顷

都　　司	正 统 年	嘉 靖、隆 庆 年	万 历 初 年
山西都司	7500	13930	17140
山西行都司	15830	40000 多	44222
万全都司	46612	40282	47892
总　计			

二、屯田发展与生态环境

三镇所在区域在地形上属于我国第二阶梯向第三阶梯过渡的界面性地带，也是半湿润向半干旱过渡的生态脆弱带。原本就是自然环境比较差的地区，"地处北塞，砂碛尤甚，高土黄沙满目，低地坚卤"[39]，"地虽阔而居民少，土虽多而耕者少"[40]。明代沿边大兴屯田，所谓"屯田遍天下"。兴屯田虽然解决了军队的粮饷，也促进了经济的发展和边地的开发。时间一长，土地肥力下降，旱则赤地千里，潦则洪流万顷，或"荒沙漠漠，弥望丘墟"，或"一望葭苇无所用之"[41]。广种未必能厚收，于是"一切抛荒而农业堕矣"[42]。到万历时就有大片土地处于弃耕状态。大同所属"沿边玉林、云川、威远、平虏各镇屯田之处，或变为卤碱，或没为沙碛，或荡为沟壑"[43]。怀仁县不少土地因"河湮砂卤"因此而撂荒[44]。天启年间，朔州以西地方"皆沙瘠，岁苦狂霾"，由于大风扬尘，连庄稼也种不成[45]。朔平府"地寒风猛，收获甚薄，居民迁徙不常"[46]。保德州"坡田多歇种，民粒少聊生"[47]其消极后果在正统以后就十分明显地体现出来。在"边土沙松，立见糜散"的晋北地区[48]，据文献记载，大同盆地早在成化年间就出现了比较严重的沙漠化。"雁门关外野人家，不养桑蚕不种麻。百里并无梨枣树，三春哪得桃杏花。六月雨过山头雪，狂风遍地起黄沙。说与江南人不信，早穿皮袄午穿纱"[49]。万历年间，怀仁县典史郭子直站在县城高处眺望，只见"隍闉之外，白草芄芄，黄沙漫漫"[50]。而保德州一带也呈现出"漠漠风沙欲断魂，边庭白昼类黄昏。人家寥落依荒土，军户凋零戍边村"的景象。[51]

王杰瑜　太原师范学院历史系主任

注释：

1 乾隆《续文献通考》卷五《田赋考·屯田》记载：洪武初，于两京各省直，建设卫所、置屯田，以都司统摄之。浙江古籍出版社，2000。

2 山西都司、山西行都指挥司和万全都司所领31卫，21所。其中山西都司的平阳、潞州、沈阳中护3卫和汾州、沁州、平定州3个守御所不在文章讨论的地理范围中。

3 万历《太原府志》卷十九《武备》。

4 乾隆《续文献通考》卷五《田赋考·屯田》记载：洪武初，于两京各省直，建设卫所、置屯田，以都司统摄之。浙江古籍出版社，2000。

5 (明)张学颜：《万历会计录》卷三十八《屯田》。

6 《明史》卷八九《兵志一》。

7 见梁方仲：《中国历代户口田地田赋统计》第364页，乙表49《明代各都司卫所屯田及其粮银额数》，上海：上海人民出版社，1980。

8 《万历会计录》卷二十五《山西镇》。

9 张海瀛：《张居正改革与山西万历清丈研究》，第六章《山西丈地简明文册》第178页。太原：山西人民出版社，1993。

10 乾隆《宁武府志》卷三《城池》。

11 据张海瀛《张居正改革与山西万历清丈研究》，第十三章《余论》第423页："万历清丈后，山西都司所辖所，坐落于山西境内的地亩为30436顷2亩3分"。太原：山西人民出版社，1993。

12 《明太祖实录》卷九十六。

13 《明太祖实录》卷二百二十。

14 《明太祖实录》卷二百三十一。

15 《明太祖实录》卷二百三十六。

16 《明太宗实录》卷一百一十四。

17 《明英宗实录》卷七七。

18 《明英宗实录》卷一百八。

19 (明)张学颜：《万历会计录》卷二十四《大同镇》。

20 成化《山西通志》卷六《田赋》。

21 《万历会计录》卷二十四《大同镇》记载：正德五年，大理寺丞杨武清理代王府及功臣、镇守等官庄田占据地2460顷14亩；牛具地12900顷66亩。到嘉靖十四年，屯地共22280多顷。同年，给事中黄谦奏赏功地1500顷，养廉地840余顷。三十四年，侍郎陈儒清出指挥王灌等占隐地216顷57亩。三十七年，御晚踏过各项共地2883顷38亩。……万历二年，侍郎方逢时通括本镇在共41276顷49亩。

22 《明史》卷二百二十一《列传第九九》。

23 《明神宗实录》卷一百二十。

24 (明) 张学颜：《万历会计录》卷二十四，《大同镇》。

25 梁方仲：《中国历代户口田地田赋统计》第364页，乙表49《明代各都司卫所屯田及其粮银额数》，注2"现额指万历初年查报册数"。这个册报当然是指万历初年贯应元主持大同府及行都司清丈后的册报。上海：上海人民出版，1980。

26 《明太祖实录》卷五十三。

27 《万历会计录》卷二十三《宣府镇》："天顺八年，将宣府前卫牧马军余3000名，每名拨地50亩"可证。上海：上海人民出版，1980。

28 梁方仲：《中国历代户口田地田赋统计》第364页，乙表49《明代各都司卫所屯田及其粮银额数》。上海：上海人民出版，1980。

29 《万历会计录》卷二十三《宣府镇》。

30 嘉靖《宣府镇志》卷十四，《贡赋考》。

31 《明经世文编》卷三百八十五，庞尚鹏：《清理宣府屯田疏》。

32 《万历会计录》卷卷二十三《宣府镇》。

33 《万历会计录》卷卷二十三《宣府镇》记载：弘治年，尚书李敏奏称，边方守臣占田数多。正德四年，对宣府进行丈量，有水旱庄田76处，地1818顷；各级军官所占水旱庄田172处，地928顷；故太监王瑾建寺庄田755顷。

34 (明) 张学颜：《万历会计录》卷二十三《宣府镇》。

35 见梁方仲：《中国历代户口田地田赋统计》第364页，乙表49《明代各都司卫所屯田及其粮银额数》。上海：上海人民出版，1980。

36 李心纯：《黄河流域与绿色文明》第66页，北京：人民出版社，1999。

37 孙承泽：《春明梦余录》卷三十。

38 《万历会计录》卷二十三《宣府镇》。

39 (清) 胡文烨：《云中郡志》，大同市地方志办公室重印，1988。

40 (清) 房裔兰，苏之芬：《阳高县志·田赋》，台北：成文出版社印行，民国57。

41 张萱：《西园闻见录》，《户部》。

42 《明经世文编》卷三百四十二吴桂芳：《条陈民瘼疏》。

43 《明穆宗实录》卷十一。

44 万历《怀仁县志》卷上《土地》。

45 雍正《朔平府志》卷十二《艺文志上》，(明) 卢时泰《朔州西关外古城水利碑记》。

46 雍正《朔平府志·凡例》。

47 康熙《保德州志》卷十二《艺文下》，李文进《按事达保德州偶成》。

48 《明神宗实录》卷三三。

49 引自要子瑾《诗人笔下的北国风光—谈谈古人咏雁北的诗》，成化年间，大同巡抚王越诗《前题》，《雁北古今》1985年第1期（总第4期）。

50 万历《怀仁县志》卷下《大明怀仁县新包城碑记》。

51 康熙《保德州志》卷十二《艺文下》。

中国最古老的长城
——楚长城调查、发掘及一些保护问题的思考

李一丕

摘 要: 依据中国古代信史记载,公元前656年楚长城就已出现在历史舞台上,是中国最早出现在历史舞台上的一条长城。2008年10月以来,我们对楚长城做了持续性的调查、发掘等工作。依据调查情况看,目前经过确认的楚长城主要分布在河南省西南部的南阳盆地北部边缘和东部边缘上,长380余千米。依据对楚长城遗址的发掘情况看,楚长城人工建筑,特别是人工修筑的墙体时代明确,结构清楚,建造有序,筑法考究。楚长城遗址里出土的遗物少量时代可以达到中国古代的春秋中期,大部分集中在春秋晚期至战国早期,部分处于战国中期。关于楚长城遗址的保护,我们不能只关注长城本体的保护,还要加强对楚长城周边独特的环境、风貌及采石场等的保护。

关键词: 楚长城 调查 发掘 保护

楚长城在中国素有"长城之父"的美誉。文献中记载的楚长城名"方城"。依据中国古代信史记载,公元前656年楚长城就已出现在历史舞台上[1]。在中国长城史中,楚长城是最早出现在历史舞台上的一条长城。此外,依据近十年来楚长城资源调查、发掘等情况看,楚长城遗址里出土的遗物的时代也是比较早的,最早者可达春秋中期。本文首先概述性介绍了2008年以来楚长城资源调查和发掘情况,最后还介绍了笔者在楚长城研究过程中关于楚长城保护的一些思索。不当之处,祈请学界专家批评指正。

一、楚长城的调查情况

国家楚长城资源调查项目实地调查开始于2008年10月,2011年7月通过国家文物局验收。此后,我们又做了一些持续性、深入的研究工作。

依据调查情况可知,楚长城大体分布于中国的中东部,位于中国第二阶梯地形和第三阶梯地形即山岗之地与平原的交接地带。在行政区划上,楚长城的分布区域属河南省西南部。该区域在地理上又以河南省南阳市的名字命名为南阳盆地。依据文献记载,楚长城主要分布在南阳盆地西部、北部、东部边缘地带及信阳地区。目前,经过调查确认的楚长城北起自伏牛山主峰尧山,循伏牛山支脉向东,大体沿今天平顶山鲁山县与南阳南召县交界处、平顶山叶县与南阳方城县交界处,向东蜿蜒至平顶山舞钢市石漫滩水库东端大坝处折转向南,然后沿驻马店泌阳县东部的五峰山、塔山、白云山、铜山一线绵延,向南直达桐柏山主峰太白顶。这条楚长城分布线大体分布于南阳盆地的北部和东部边缘上。目前,经调查确认的楚长城分布线仅是文献中记载的楚长城的一段,长380余千米。

无论国度,不同时期的长城,首先都是要有一条绵延较长距离的分布线的,这是所有长城的共性。已故中国长城界的泰斗罗哲文先生就认为长城是要有一条线的,这条分布线是不封闭的,与城市的城墙无论方形、圆形或其他形状都要交圈封闭的情况是不一样的[2]。如前文所述,楚长城亦不例外,也是有一条绵延较长距离分布线的,但这条分布线又是十分复杂的。

楚长城分布线的复杂性，首先表现在其构成是十分复杂的。依据调查情况，楚长城分布线是由人工修筑的绵延较长距离的墙体、关隘、城址、烽火台、兵营遗址、古代道路以及自然山险、自然河流等多种元素构成的有机统一的防御线。其次，楚长城分布线上的防御形式也是比较复杂的。不同地段楚长城的防御形式和防御特点是不一样的。整体地势海拔高度在 330 米以下的地段，由于地势较低，可以凭借的自然天险比较少，从而大规模修筑绵延较长距离的人工墙体，加强人工防御设施的修筑。整体地势海拔高度在 330—400 米之间的地段，楚长城的防御形式表现为人工修筑绵延较长距离的墙体防御和利用自然山险防御相结合的防御形式。具体而言，在两山之间的垭口处，修筑人工墙体进行防御，在山顶上，依靠自然山险进行防御。越过山顶，到了山体另一侧垭口处，仍然修筑人工墙体进行防御。而到了更远处山顶上，依然依靠自然山险进行防御……这种防御形式直观上给我们的印象是一段人工墙体、一段自然山险、一段人工墙体、一段自然山险……人工墙体和自然山险间次衔接，有机统一在一起，构成一条严密的防御线。整体地势海拔高度在 400 米以上的地段，楚长城的防御形式表现为以自然山险防御为主，关隘、城址扼守山间通道为辅的防御形式。此外，楚长城的分布线也不是一条孤立存在的防御线。依据调查情况看，在楚长城分布线内侧，往往分布有关城和军事重镇。这些关城、军事重镇在军事力量和后勤补给上对前方的楚长城分布线起到支撑和侧应的作用。如果没有这些内侧关城、军事重镇的支撑和侧应，那么前方楚长城分布线的防御就失去了生生不息的活力来源，是不能持久的。调查中还发现在楚长城分布线外侧近处，即南阳盆地北沿和东沿外侧近处，自西向东，再向南，有多组城址环绕分布。更远处，亦有许多城址环绕分布在楚长城分布线外围远处。这些城址既是楚长城分布线外围向外进攻的前沿哨所和基地，又是楚长城分布线外围的防御屏障，同时还构成了楚长城分布线外围的防御纵深。如果没有这些防御屏障和防御纵深，那么楚长城分布线就直接暴露在敌人面前，利于敌人的打击和摧毁，不利于楚长城的防御。

二、楚长城的发掘情况

如前文所述，楚长城分布线是由人工修筑的绵延较长距离的墙体、关隘、城址、烽火台、兵营遗址、古代道路以及自然山险、自然河流等多种元素构成的有机统一的防御线。为了科学、深入地研究楚长城，自 2008 年以来，经国家文物局批准，我们对构成楚长城的人工墙体、关隘的关墙、构成要塞的城址、烽火台、兵营遗址及古代道路等均做过不同程度的考古发掘工作。下面以构成楚长城的人工墙体和烽火台的发掘为例，简要介绍有关情况如下：

1. 楚长城人工墙体的发掘

经国家文物局批准，2009 年 6 月—9 月，我们曾对河南省平顶山舞钢市平岭楚长城西段的人工墙体进行了科学考古发掘。

舞钢市平岭楚长城遗址位于舞钢市区以西，正介于平岭西山和马头崖山之间。该段人工墙体地表石块已凌乱，呈垄状，自平岭西山东坡半山腰处沿山坡而下，向东延伸至马头崖山以北，折转向南，沿马头崖山北坡而上，至半山腰处而止。

此次发掘的区域位于平岭西山的东坡上，地势西高东低。依据地势，不同地段的长城墙体底基的处理是不一样的。发掘区西部地势较高处，是将自然山体稍加修整后，直接在修整后的地面上南、北两侧各修建一条东西向平行分布的石砌墙体。北侧石砌墙体上下都比较规整，宽约 2.25—2.35 米，残高约 1.15 米。南侧石砌墙体下部比较规整，上部的石块已凌乱。南侧石砌墙体下部宽约 1.85 米，残高约 74 厘米。南、北两道石砌墙体之间宽约 4.9 米。南、北两道石砌墙体之间，底部堆积有粗细不同的炭化的木棍。炭化的木棍层厚 10 厘米左右。炭化木棍的摆放痕迹清晰可见，南北向放置。炭化的木棍层上被红色土层叠压。红色土层可分两层。下层红土多成块状，较硬，颜色较鲜亮。上层红土则黏性大，颜色较深，软硬均匀。在南、北两道石砌墙体之间，偏北侧的红土堆积较厚，偏南侧较薄。红色土层之上，由北向南倾斜堆积几层颜色深浅不一的黄色土块层。南、北两道石砌墙体之间为主墙体。南、北两道石砌墙体相当于在主墙体两侧包砌的石墙。南、北两道石砌墙体的外侧根部各修筑有小型护坡。北侧护坡稍陡，南侧护坡稍缓。

这种护坡较小，修建在墙基的根部，起加固石砌墙体底基的作用。

发掘区中部偏西处的长城墙体底基则是挖建有生土或活土基槽。基槽挖建成后，再在基槽内南、北两侧，贴基槽壁修建两道石砌墙体。两道石砌墙体之间的堆积情况与发掘区西部的情况相同。局部在基槽之上，两道石砌墙体外侧，亦修建有小型护坡。

发掘区东部长城墙体底基与西部稍有不同。发掘区东部的底基亦是在修整过的地面上直接修建南、北两道东西向平行分布的石砌墙体。北侧石砌墙体比较明显，宽约2米，残高约85厘米。南侧石砌墙体已倒塌，石块已凌乱。在发掘区东部，大体界于南、北两道石砌墙体之间的位置，先堆积厚40—85厘米的石块层。石块层自上至下都掺杂有粗细、长短不同的炭化木棍。炭化的木棍粗者，直径5—6厘米；细者，直径1—2厘米。部分仅长约6厘米，部分长约1米。部分炭化木棍的横截面上，锯砍的茬痕清晰可见。石块层之上，堆积红土层。红色土层之上，亦由北向南倾斜堆积几层颜色深浅不一的黄色土块层。北侧石砌墙体外侧根部的小型护坡比较明显，而南侧部分地段存在同样的护坡，部分地段的护坡可能已遭破坏。

通过发掘可知，该段人工墙体的筑法以堆筑为主，局部夯筑。夯筑的部位，局部比较考究，夯层厚约3—7厘米；局部则可能是用不带棱角的圆形石头夯筑而成，夯窝底部稍圆，直径约23厘米。

舞钢市平岭西段楚长城人工墙体残宽约16.1米，残高约1.1米。依据调查和发掘情况可知，不同地段的楚长城人工墙体的宽度是不一样的。一般宽度15—20米。平原地段，墙体则较宽。目前所见平原地段墙体最宽者可达40米左右。楚长城人工墙体的残高，低者仅有几十厘米；高者可达2米以上。

依据舞钢市平岭西段楚长城人工墙体的发掘情况看，有两个方面的情况是非常值得我们格外关注的。

其一，舞钢市平岭西段楚长城人工墙体的底基处理是非常科学和考究的。该段墙体修建在平岭西山东坡上，地势西高东低。由于山坡坡度和墙体自身重量的原因，墙体东端和地平面接触的受力点受力最重。山坡坡度越陡，受力点受力越重。由于作用力和反作用力的原因，受力越重，在山坡上修建的楚长城墙体越容易因挤压变形崩塌。因此该段墙体在修建的时候，首先在地势最低的最东端底部堆积一层厚40—85厘米的石块层，人为地将东端地势抬高，将山坡坡度变缓，从而缓冲了受力的力度，保证墙体的牢固性。此外，由于山坡地势西高东低，西端墙体受力最小，东端受力最大，在挤压过程中，中部墙体最容易变形，所以中部墙体底基处理最考究——挖建有基槽。

其二，舞钢市平岭西段楚长城人工墙体的底部堆积有炭化木棍层的现象是一种非常特殊的现象。炭化的木棍堆积在事先经过修整的山坡坡面之上。此外，炭化的木棍集中分布于主墙体（内、外两侧的石砌墙体之间）底部。这表明墙体底部堆积炭化木棍的现象是有意为之。调查中，发现楚长城人工墙体底部皆堆积有炭化的木棍。在几十千米的墙体底部皆堆积炭化木棍的现象，在中国古代城池史和建筑史上是不多见的。

楚长城人工墙体的底部堆积炭化木棍层的现象可能和楚长城独特的分布位置及独特的区域气候有关。目前，已经认定的楚长城分布线主要位于南阳盆地北部和东部边缘上，基本上沿分水岭绵延，即整体上位于南阳盆地盆沿外围的淮河流域和盆地之内的汉水流域的分界线上。目前中国国家文物局已公布的具有长城的省、自治区或直辖市共15个。在15个省份的长城中，楚长城是唯一一个位于淮河流域偏南或以南区域的长城。秦岭—淮河一线是中国比较著名的一条南北气候分界线。这条分界线既是中国亚热带和温带的分界线，又是湿润和半湿润气候的分界线。秦岭—淮河一线还是800毫米年等降水量线的界限。该线以南年降水量大于800毫米，以北年降水量小于800毫米。该线以北雨季集中而短促，主要在7、8月份，以南雨季要长得多。区域内大的环境气候决定了楚长城在修建过程中，人工建筑地基防潮、除湿的要求要明显高于中国境内的其他长城。众所周知，木炭的一个十分重要的功效就是可以起到防潮、除湿的干燥剂作用。从中国考古发掘情况看，一些东周时代的大型墓葬存在积石积炭的现象。这些墓葬就是利用木炭来起到防潮和除湿的干燥作用的。一些研究者还发现在一些藏经楼、石窟庵的地基下堆积有竹炭，并认为这些藏经楼和石窟庵之所以能保存千年之久，就是因为在建筑物地基下堆积的竹炭起了重要的干燥作用。这亦是一种例证。

总之，在中国长城中，楚长城分布位置及分布区域内气候的独特性，正好和楚长城人工墙体底基下堆积炭化木棍这种案例的唯一性，是契合在一起的。这说明了楚长城人工墙体底基下堆积木炭的现象很可能是与其分布位置及区域内气候的特殊性有关的。

2. 楚长城烽火台的发掘

在国家楚长城资源调查中，还调查发现了一批烽火台，并对个别烽火台进行了考古发掘。调查发现的这批烽火台就名字而言多叫望火楼，后因语音厄变或称之为望花楼、万花楼、看花楼、看河楼、玩火炉、王和楼，亦有名叫烽火台、狼烟洞等的。楚长城沿线及楚长城之外和之内皆有烽火台分布。这些烽火台大多仅残留有土台一座。土台外表近似圆形覆锅状，少数则呈上小底大的圆形覆斗状。多数土台中间堆积大量红烧土。红烧土里边多钻探出有木炭。从断面上可以看出，部分土台为堆筑，部分土台则为夯筑。个别土台地表发现有较多的筒瓦、板瓦。

据研究，汉代河西地区的烽火台（烽燧）主要建筑物是一个墩台。墩台一般呈方锥体，上有小屋一间，称为望楼。墩台旁边有坞院等建筑。以此为参照，此次调查的楚长城烽火台中，个别烽火台土台附近即残留有坞院痕迹。坞院院墙与土台相连。部分烽火台土台的断面上显示土台顶部挖建有半地穴式房子。

经国家文物局批准，2011年3月—6月，我们曾对南阳方城县四里店乡米家河村南望火楼烽火台进行了考古发掘。通过发掘可知，该望火楼烽火台的主体建筑为一土台。该土台呈方形，夯筑而成。土台修建之前，先将地面修整平整。土台修建之后，在顶部挖建一个圆角近方形的半地穴式房子。该房子东西长约4.1米，南北宽约3.85米，深0.57—1.1米。门道位于东南角，凸出于房子之外。以门道为准，房子方向为187°。地穴壁上涂抹一层厚0.5—0.8厘米的草拌泥，并经过烘烤。紧贴地穴的东壁中部偏北处，有三个灶南北并列分布。其中南侧的Z1、Z2（Z代表灶）的烟囱外围被一块完整的板瓦包裹。在Z1内，发现陶鬲残片一块。房子周围有柱洞20个。柱洞直径粗者约40厘米，细者约10厘米。

该半地穴式房子开口于表土层下。房子所在的人工土台未解剖，但房内填土出有陶鬲、高领罐、盆、甗、铁铤铜镞及较多的筒瓦和板瓦等。房内出土的典型器物的时代皆不晚于战国中期。这表明至少在战国中期时，该房子仍然在使用。其年代与楚长城的时代一致。

该房子内发掘出土的建筑材料有筒瓦、板瓦、土坯等。此外，房子内还发掘出土有草拌泥。部分草拌泥上有木棍等建筑材料的印痕，部分草拌泥上则有竹片或木条的印痕。房内填土内还见有少量木炭。

依据汉代河西地区烽火台研究情况看，南阳方城县四里店乡米家河村南望火楼烽火台的主体建筑应是有专门士兵戍守，起警戒、瞭望作用，专门捕捉相邻烽火台传递的军事信息的一个建筑，是一个完整烽火台的重要组成部分。

综合调查的情况看，烽火台往往分布在关隘的左右两侧，遥相呼应，往往用来联结关隘与关隘或关隘与城址。楚长城烽火台分布位置的海拔高度因地形、地势而不同。有的烽火台分布位置海拔高度仅157米，有的烽火台分布位置海拔高度则在250—300米之间。还有的烽火台分布位置海拔高度亦有可达400米以上者。烽火台与烽火台之间的距离亦根据需要而不同，如驻马店泌阳县境内的烽火台与烽火台之间的距离可达4千米，当接近关隘、城址的时候烽火台与烽火台之间的距离缩小至2.5千米以下。南阳方城县四里店乡的烽火台，相邻两者间的距离为2—2.5千米。

此外，如前文所述，自2008年以来，经国家文物局批准，我们对构成楚长城的人工墙体、关隘的关墙、构成要塞的城址、烽火台、兵营遗址及古代道路等均做过不同程度的考古发掘工作。从发掘出土遗物看，楚长城遗址内所出遗物有少量时代可以达到春秋时代中期；大部分遗物的时代集中在春秋晚期至战国早期；部分遗物的时代处于战国中期。出土遗物在数量上和不同历史时段的对应关系，很可能为我们勾勒了楚长城从萌芽，到集中大规模修筑，再到不断完善的历史过程。

三、关于楚长城的一些保护问题的思考

长城作为一种世界性的文化遗产，在国际上有一些通行的保护性的公约、理念，在国内，我国政府及国家文物局也制定、公布了一些科学、可行的法律、法规、条例和技术规范。在此，笔者仅想结合自己在长城研究过程中的一些体会，谈一下个人对长城，特别是早期长城保护的一些思索。

其一，要注重长城周边特殊环境的保护。

笔者认为任何一个建筑，尤其是长城，都必须和所选择的地理环境紧密结合在一起。因为只有和环境紧密地结合在一起，长城的修建行为才是科学的，长城的功用才能得到充分的发挥。这个长城在使用过程中才具有灵性。如果一个长城和周围环境结合不好，那么它的功用，特别是军事功用是发挥不出来的。

研究长城和周围环境结合的特点，对于研究长城修建规律、修建原则及功用，进而揭示某个长城的性质是具有十分重要的意义的。以楚长城为例，楚长城人工墙体基本均是沿丘岗、山体，或山间垭口外侧悬崖边缘部位修建的，军事防御方向很明确，军事实用性很强。这即是楚长城与周围环境结合的特点和规律。但大体同祥处于东周时代的河南省北部的赵南长城及北方的燕、赵（北长城）、秦等长城则完全不同。依据军事需要，这些长城本来应该沿山体修建的，却修在了山谷处；本来应该修在山谷处的，却修在了山体上。在同一座山体上，亦是一会儿沿山体外侧绵延，一会儿沿山体中间绵延，一会儿沿山体内侧绵延，没有固定的防御方向。这亦是这类长城和环境结合的特点和规律。从长城和环境结合的特点和规律看，这些长城和楚长城应该是两种不同风格、不同类型、不同功用，甚至是不同性质的长城。楚长城属于军事色彩比较浓厚，军事实用性比较强的长城，而河南省北部的赵南长城及北方的燕、赵（北长城）、秦等长城则属于界墙性质的长城。

因此，我们在保护长城的时候，不能只关注长城本体，一定要把不同类型长城和周围环境结合的不同特点和规律保护起来。理解了不同长城和周边环境结合的不同特点和规律，也就从一个角度理解了我们什么要保护长城，特别是早期长城的周边环境和风貌，也从而从一个角度理解了我们怎样去保护长城，特别是早期长城的周边环境和风貌。

其二，加强对楚长城修筑过程中所留存的采石场等第一现场、原始迹象的保护。

楚长城的人工墙体多为土石结合构筑而成，内、外两侧为石砌墙体，中间填充纯土或土掺碎石。这些土石建筑材料多为就地取材。这就必然在楚长城人工墙体附近留存有取土和采石形成的第一现场或原始迹象。楚长城修筑过程中所形成的取土和采石第一现场或原始迹象是我们研究楚长城不可或缺的一部分，但在楚长城保护中极易被忽视。

在平顶山叶县保安镇闯王寨山西，五里坡东，跑马岭山北侧和东侧的楚长城人工墙体修建在山体悬崖边缘上。修建之前，先将山体靠崖边的地带挖掉，将地面修整平整。再在平整过的地面上，就地取材，利用事先挖掉的山体土石修筑墙体。至今在跑马岭山北侧和东侧的楚长城人工墙体内侧，山体断面上，还残留有修建楚长城人工墙体开挖土石的痕迹。

此外，在跑马岭山北侧和东侧的楚长城人工墙体内侧，山体断面上，裸露的岩石有被开采的痕迹。这些石料与楚长城人工墙体上的石材一致。周围山坡上，裸露于地表之上的岩石呈块状或大或小散落在山体杂草之中，亦与楚长城人工墙体上的石材材质一致。这些石块剖面相对平整、规则，也似开采、加工后遗留下的石料。这里很可能是楚长城修建过程中就地取材的一个采石场。

在跑马岭山北侧和东侧的楚长城人工墙体内侧，山体断面呈现的楚长城修筑过程中开挖山体的迹象及山体断面和山坡上的采石场，揭示了楚长城人工墙体的修筑方法及材料来源，是研究楚长城不可或缺的重要的一个方面。楚长城保护中，很容易只关注长城本体，而忽视了对这样包含着十分重要信息的山体断面和采石场的保护。

四、结语

楚长城在中国素有"长城之父"的美誉，是中国早期长城的代表。从楚长城调查情况看，不同地段楚长城具有不同的防御形式和防御特点，这与后世长城人工墙体绵延较长距离的情况是不一样的。同时也说明了在楚长城的防御线构筑过程中，较多地利用了山形地势等自然因素。楚长城代表了中国长城肇始期的原始类型、原始特点和原始风貌，必然有其古朴的一面。同时受当时冷兵器时代的战争武器、形态和方式的影响，楚长城在构筑上较多地受自然山形地势的影响也是必然的。它既有一般长城所共有的分布线和防御体系，又具有浓厚的军事色彩、很强的军事实用性。

　　实地调查和科学考古发掘是我们研究和保护长城的基础。长城的演变是有一个逐渐完善和成熟的过程的。我们不能拿着晚期长城，甚至是现代复建的"晚期"长城的规模、气势，以及晚期长城才具有的防御设施去苛求早期长城，这显然是不科学的。有些防御设施虽然早、晚时期的长城都有，但它们的形制也是早已发生了变化的。我们要以实地调查和科学考古发掘的材料事实为据，尊重长城的演变规律，去分析、研究和保护长城。

　　不同历史时段的长城，不同地域和气候环境下的长城，不同材质的长城，面临的长城保护问题是不一样的。在长城的保护问题上，我们要尽量扩大思考问题的角度，要让尽量多的学科参与到长城的保护当中。我们既要把不同长城共性的一面保护下来，又要把不同长城各自的个性和特色的一面保护下来。

　　关于楚长城遗址的保护，我们不能只能关注长城本体的保护，还要加强对楚长城周边独特的环境、风貌及采石场等包含着重大信息，同时又极易被忽视的方面的关注和保护。

李一丕　河南省文物考古研究院副研究员

注释：

1　杨伯峻.春秋左传注 [M].北京：中华书局，2000：291.

2　罗哲文.访南召楚长城三首 (并序) [N].中国文物报，2002-08-30.

中国古代城池垛口墙研究——考古学的证据[1]

尚 珩

摘 要：垛口墙是城墙防御与否的关键性设施，是古代城防体系的重要组成部分之一。通过对历史文献和考古材料，特别是图像材料的梳理，以及对现存实例的调查，追寻了垛口墙的称谓、起源与形制的发展、演变及背后驱动力。

关键词：垛口墙 垛口 城墙

垛口墙指修筑于城墙顶部边缘、海墁之上的矮墙。不同时期虽称谓各异，但它始终是城墙防御的关键性设施，是古代城防体系的重要组成部分之一。守城者依托其进行守御，同时也是攻城者攻击、摧毁、逾越的目标。现存垛口墙形制是呈约一人高的连续性齿状矮墙。垛口墙受自身的建筑特点和作用的制约，现存实例特别是明代以前的实物较少。本文通过对历史文献和考古材料，特别是图像材料的梳理，以及对现存实例的调查，追寻了垛口墙的称谓与形制的发展、演进及其背后的驱动力。

一、肇建期（新石器—三代）

新石器至三代，虽释读有大量甲骨文、金文，但囿于文字记载的缺失，此时垛口墙的称谓不得而知。垛口墙的形制、建造方法在史籍中未见详尽记载，仅能依据考古发现的聚落、城址进行推测。

根据现有考古资料，城最早出现于仰韶文化末期，到龙山时代逐渐增多，出现了第一个筑城高峰。[2] 最新统计，先秦时期的城邑共 931 余处（跨时段城邑以一处计），其中包括前仰韶时代 13 座，仰韶时代 56 座，龙山时代 96 座，龙山时代北方 32 座，二里头时期 21 座，二里岗时期 19 座，夏家店下层文化 46 座（部分），殷墟时期 23 座，西周时期 48 座。[3]

前仰韶时代的湖南澧县八十垱遗址（属彭头山文化）是东亚大陆发现的最早具有土围的环壕聚落。遗址设有壕沟和土围。[4] 仰韶时代的凉城石虎山 I 遗址。挖掘围沟时的土都明显堆积于沟的内侧，堆积呈土垅状，应是为增强围沟的防御能力而有意所为。[5] 西安临潼姜寨环壕聚落，其居住区居中，周边绕以环壕……据推测，环壕内侧可能还有篱笆或寨墙，寨门等处设置有哨所，构成比较完备的防御系统。[6] 西安半坡聚落后期，沿北部大围沟（原外壕）的外侧口沿，还发现有一条呈带状分布的灰褐色硬土堆积。现存长度约 20 余米，宽 5 米左右，厚（高）0.1—0.8 米，部分厚达 1 米左右。[7]"极有可能是一次性或短期内因人为作用而形成的"，甚至"很有可能就是夯土堆筑的早期城垣建筑残迹"[8]。西安高陵杨官寨遗址在东北段环壕内侧还发现了疑似墙基的遗存。[9] 湖南安乡汤家岗遗址中南部"壕沟的内侧堆筑起宽 5 米、高 1 米的土墙，墙的顶面距壕沟底部相对高差 1.8 米"[10]。其后，大溪文化一期开始在汤家岗文化时期环壕的基础上营建城垣和外壕……城垣顶宽 5.2、底宽 8 米，高 1.6 米。[11] 是为东亚大陆最早的垣壕结构的城邑。

仰韶时代后期，郑州西山仰韶文化晚期遗址[12]，在内壕的内侧发现了夯土围垣，城垣宽 3—5 米，残高 1.75—2.5 米，推测城垣的高度可达 4—5 米。城垣建造与使用时间为公元前 3300 年—前 2800 年，这是中原地区乃至黄河流域最早的垣壕结构的城邑。[13]

龙山时代前期，黄淮流域的大汶口文化，长江中游的屈家岭—石家河文化开始出现垣壕聚落。龙山时代后期，陕北石峁、内蒙古凉城县老虎山、山西兴县碧村遗址均有石城发现。

上述史前时期城址，均未发现明确的垛口墙遗存，但是从现存遗迹上看，发掘者多推测其修建过相应的防御设施，或土垅状墙基，或篱笆、栅栏。总之这种建造以隐蔽自己为目的的设施，可看作是垛口墙的起源。

二、初创期（春秋—东汉）

先秦时期出现明确的垛口墙称谓记载。《左传·宣公十二年》："楚人伐郑，国人大临，守埤者皆哭。""守埤者"中的"埤"即垛口。"埤"或作"陴""俾倪"。《尉缭子》"若彼城坚而救不诚，则愚夫蠢妇无不守陴而泣下。"[14]《说文解字》："陴，城上女墙，俾倪也。"[15]段玉裁注："土部曰：堞，城上女垣也。凡小者谓之女，女墙即女垣也。俾倪，叠韵字，或作睥睨，或作埤堄，皆俗字。城上为小墙，作孔穴，可以窥外，谓之俾倪。……杜注：陴，城上俾倪。《释名》云：城上垣曰俾倪。言于其孔中俾倪非常，亦曰陴。陴，裨也，言裨助城之高也。亦曰女墙。"[16]

还有称其为"堞"。《左传·襄公六年》："堙之环城，傅于堞。"《墨子·备城门》云："三十步置坐候楼，楼出于堞四尺……"[17]；"城上七尺一渠，长丈五……去堞五寸……"[18]；"城上为爵穴，下堞三尺……"[19]；"城内有傅堞，因以内堞为外，凿其间，深丈五，窒以樵，可烧之以待敌。"《墨子·备穴》："属城为再重楼，下凿城外堞内，深丈五，广丈二……"[20]《墨子·备梯》中有："行城之法，高城二十尺，上加堞，广十尺，左右出巨各二十尺，高广如行城之法。"[21]"堞"亦作"堞"。《说文解字·第十三下·土部》："堞，城上女垣也。"[22]段玉裁注云："女之言小也。阜部陴下曰。城上俾倪女墙也。堞与陴异字而同义。杜曰：堞，女墙也。古之城以土。不若今人之以专也。土之上闲加以专墙。为之射孔。以伺非常。曰俾倪、曰陴、亦曰堞。《左传》：卢蒲嫳攻崔氏。崔氏堞其宫而守之。弗克。此谓于宫墙之上。又加俾倪也。从土。葉声。按从葉者、如葉之薄于城也。亦有会意焉。今字作堞。徒叶切。八部。"[23]

最后，还有称之为"女垣"者。《墨子·旗帜》："到女垣，鼓七，举五帜"[24]，《墨子·杂守》："射妻（当是"女垣"讹字），举三烽蓝。……守烽者事急。"[25]亦有称为"雉堞"者，《齐乘》卷四载："临淄古城，临淄县北，雉堞犹存，《齐记补》齐古城，周五十里，高四丈，十三门。"[26]

据成书于战国中后期（前385年—前320年）[27]的《墨子·备城门》中记载"俾倪"形制如下："城上广三步到四步，乃可以为使斗。俾倪广三尺，高二尺五寸，陛高二尺五寸，广长各三尺，远广各六尺。城上四隅童异高五尺，四尉舍焉。"[28]《墨子·备梯》载："守为行堞，堞高六尺而一等。"[29]

据此，"俾倪"形制为带座（陛）的矮墙。按照1周尺约合0.231米计算，[30]俾倪高约0.58米，宽约0.69米，总高约1.16米。需要注意的是，文献记载的俾倪仅为尺寸，形制失载。目前经过考古调查、勘探、发掘的春秋战国时代都邑性质的城址72座，一般性的586座，[31]但由于保存原因，均未发现垛口墙遗存。从其称谓上可以推测其形制并非后世的开放式垛口，而是墙上开孔。且"远广各六尺"即"俾倪"间距约合1.39米。说明此时的俾倪也非连续性矮墙。这一特征为后世所继承。

东汉时，垛口墙之名沿袭先秦，曰"陴""堞"。新出现"睥睨""女墙"称谓。《释名·释宫室》："城上垣，曰睥睨，言于其孔中睥睨非常也。亦曰陴。陴，裨也，言裨助城之高也。亦曰女墙，言其卑小比之于城，若女子之于丈夫也。"[32]睥睨最初得名于墙上观测。睥睨的本意是斜视、轻视，从墙孔中观测敌情，尝尝采用斜视之法，故用睥睨来称谓大城之上的矮墙，即墙上之墙。银雀山竹简《守法》中记为"堞"。第796—797简载"外堞（堞）高七尺，内堞（堞）高四尺，外堞（堞）埤堄……"[33]第798—801简："……□二百步而一隔，必当出楼之下，善为之□而守之，以射适（敌）远卒及后行者。为爵穴堞（堞）足之下，可【以□□】客者，十步而一。为专蔽于堞（堞）之中，可以密射外者，廿步而一。为萤（飞）潼（冲）及缴张，可以破蔽鲁百步之内者，遂十五。剑戟固人备其所。弩二人共一，非适（敌）人傅城及在城下，卒不得服弩，弩恒在将吏之所。城上面为一高候望之楼，及隅为一，以视适（敌）往来出入及□……"[34]

秦汉时期垛口墙的形制文献失载。银雀山出土《守法》竹简中第796—797简载"外楪（堞）高七尺，内楪（堞）高四尺，外楪（堞）埤堄……"[35] 汉代一尺等于23.1厘米，七尺折合161.7厘米。经过考古调查与发掘的秦汉时期城址640多座，除都城：秦都咸阳城、西汉长安城、东汉洛阳外，包括黄河中下游地区秦汉郡城14座，汉代诸侯国王城16座，县邑城250座；长江中下游地区郡国城9座，县邑城45座；北方长城沿线地带城邑150余座，其中郡国城12座，县邑城60余座；边远地区的城邑，包括河西走廊33座城，青海地区14座，西域地区14座，西南地区7座，福建及岭南地区20座；东北地区102座（高句丽）。[36] 但是，尚存有垛口墙者，仅见于汉代边塞地区的障、坞和烽燧。

汉都尉府或候官治所的障，如敦煌玉门都尉府所驻的"小方盘城"遗址；安西宜禾候官所驻的A8遗址；金塔肩水都尉府所驻的"毛城"遗址和肩水候官所驻的"地湾"遗址；内蒙额济纳旗居延都尉甲渠候官所驻的"破城子"遗址。障墙顶普遍遗存有垛口墙痕迹。

都尉府、候官署所驻的坞，坞顶普遍设有垛口墙，垛口墙隔一定距离嵌"转射""深目"。"转射"为木器，中设圆轴可以转动，轴上凿长方形斜槽作射孔，是坞内向外的射击装置。此类装置春秋战国时便出现，《墨子·备穴》："转射机，机长六尺，貍一尺。"[37] "深目"为一长方形木框，内装草帘或皮帘，是坞上向外观察装置。烽燧附筑的坞，位于塞外者，坞皆围于烽燧四周。坞顶上亦有垛口墙和"转射"等的装置。

就保存现状来说，以烽燧中保存垛口墙且结构尚好者居多。首先是分布位于今甘肃疏勒河流域的汉代烽燧[38]，现存汉代垛口墙尺寸如：

表1 甘肃疏勒河流域的汉代长城烽燧垛口墙尺寸

单位：米

地域	名称	垛口墙高	垛口墙宽
小方盘城以西汉代长城烽燧	3号烽燧	0.6	0.6
	16号烽燧	0.5	0.55
	17号烽燧	1	
小方盘城以东汉代长城烽燧	26号烽燧	1	1.3
	28号烽燧	0.9	0.75
	34号烽燧	1.6	0.9
	35号烽燧	0.3	0.85
	44号烽燧	0.25	0.5
	56号烽燧	1.6	1.6
	58号烽燧	0.4	1
	59号烽燧	0.8	1.1
	60号烽燧	0.8	1.1
	61号烽燧	0.25	0.4
	63号烽燧	1.9	0.7
安西境内汉长城烽燧（西湖地区）	77号烽燧	1.6	
安西境内汉长城烽燧（双塔地区）	152号烽燧	0.7	1.85

其次，汉代河西地区[39]的烽燧中亦保存有垛口墙者，垛口墙多为土墼砌筑，或为土墼间夹一层芦苇，也有用澄板泥块垒砌者。保存尚好者形制如：

表2　汉代河西地区烽燧垛口墙形制（保存尚好者）

单位：米

现今地域	汉代辖区	编号	名称	宽	高
酒泉—玉门塞（敦煌市—北塞）	玉门都尉大煎都侯官	D2（T6c）	厌胡隧	0.8	0.6
	玉门侯官	D17（T9a）	无	0.6	0.5
		D20（T11）	后坑墩（俗名）	0.8	0.85
		D25（T14）	小方盘城（俗名）	1.5（外）0.85（内）	1.15（外）0.3（内）
		D26（T14a）	盐池墩（俗名）	1.4—1.7	1.4
		D28（T15）	无	1.1	0.7
		D29（T16）	无	0.7—0.9	1.4
		D31（T17a）	西泉墩（俗名）	1.1	0.65
		D86（T18a）	南湖二墩（俗名）	0.6	0.33
	中部都尉	D44（T22e）	老崖子墩（俗名）	1	1
		D47（T23a）	无	0.7	1.9
		D55（T23g）	大碱沟墩（俗名）	0.65	0.8—1.4
		D58（T23h）	无	0.9	0.7
		D59（T23i）	无	0.9	0.8
		D62（T23l）	无	0.9	1.8
		D78（T29）	东碱墩（俗名）	0.5	1.5
酒泉—玉门塞（敦煌市—南塞）	阳关都尉	D88	墩墩山墩（俗名）	1.3	1.5
	魏晋时期驿道	D97	崔木土沟南口墩	0.45	0.45
	东晋冥安县南境	D117	下雷墩子	1.1	0.45
	魏晋驿道	D118	石板山墩	0.21—0.4	1.4
	魏晋驿道	D119	头吊泉墩	0.45	0.45
张掖至居延塞和武威至休屠塞	肩水塞（东部塞）	A33 城障遗址	地湾城（俗名）	0.2	0.56

汉代垛口墙的现存高度普遍在1.5米左右，个别有高1.9米者。高于先秦时期1.16米的垛口墙高度。形制上从"睥睨"这一称谓，结合该词本意，烽燧遗址中出土有"转射"这一春秋战国时便已出现的防御器具上综合考虑，秦汉时期的垛口墙应延续春秋战国时墙上开孔的形制样式。甲渠第四燧遗址复原示意图亦是该样式。[40]

从攻防角度上考虑，初创期的垛口墙采取墙上开孔的方式，增强了守方士兵的安全性，降低了攻方的射击命中率，提高了攀爬城墙的难度。但是也造成了守方士兵观察视域狭窄，射击火力密度降低，射击角度受限甚至单一等不利于防守的弊病。

三、滥觞期（魏晋—明中期）

魏晋南北朝时，垛口墙仍称之为"雉堞"，《文选·〈芜城赋〉》："板筑雉堞之殷，井干烽橹之勤。"名称虽沿袭前代，但形制上却发生了嬗变。

随着壁画墓等图像材料的大量发现，为了解此时的城防结构提供了直接依据。据公开的考古材料，垛口墙形制的变化，起于魏晋时期。甘肃高台县骆驼城苦水口1号墓（图1）。墓葬内前室砖面上涂一层白垩，再于其上绘画。其中一幅壁画高16厘米，宽38厘米。画面中绘一座高大的坞，坞墙上绘有垛口墙，门对开，有高大的望楼。坞外有一棵大树，树上立着两只鸟，一男子于树下张弓射鸟。[41]甘肃嘉峪关市新城 12 号墓,墓葬前室南壁砖面上涂白垩,于其上绘画。其中一幅壁画高 17.5 厘米,宽 36.5 厘米,画面中的坞为四方形,有对开的大门,坞内有高大的望楼,坞外有树木。[42] 坞的封闭性较强,有较强的防守功能。这应是墓主人生前居所的真实写照。

图 1　高台县骆驼城苦水口 1 号墓　树下射鸟图

上述墓葬壁画中均绘制了坞墙及顶部的垛口墙,值得注意的是,垛口墙形制已成为开放式垛口,平面呈"凸"字型。

敦煌莫高窟壁画也多有体现垛口墙者。如第二五七窟西壁北魏《九色鹿本生》《须摩提女请佛故事》图。[43] 第二九六窟北周《须阇提太子本生》图。[44] 绘制有垛口墙形象,均为"凸"字型矮墙。同样,麦积山第二七窟正披的北周《法华经变》图,第四窟顶平棋内的《佛传》图上亦有形制相近的垛口墙形象。[45] 垛口墙的分布上,上述壁画和内蒙古林格尔东汉墓壁画中"宁城"之堞表明,最早在东汉末期,垛口墙形制已非墙上开孔,而是以开放式的垛口代之,但需要注意的是,虽然排列较为整齐,但各堞之间仍有相当的距离而非连续。

李唐时,垛口墙多称"女墙"。《太白阴经·守城具篇》:"笓篱战格于女墙上,跳出去墙三尺。"[46]《太白阴经·弩台篇》:"台高下与城等,去我城百步,台相去亦如之,阔四丈、高五丈,上阔二丈,上建女墙。"[47]《通典》中亦记述为女墙,"更立小个城,厚六尺,高五尺,仍立女墙","欲攀女墙,举四表"[48]。从现存唐代图像上考察,垛口墙的形制与魏晋时期相似。陕西乾县

图 2　懿德太子墓　阙楼图(东壁)

出土的唐神龙二年（706）懿德太子李重润墓，墓道及墓门所绘壁画中的阙楼图、仪仗图（图2）[49]；陕西富平县出土的唐节愍太子李重俊墓[50]中的门楼图中均有垛口墙形象出现。

敦煌莫高窟中，如初唐时的第三二一窟《宝雨经变》图、第三二三窟《隋文帝祈雨》图、[51]盛唐时的第一二三窟内南壁《楼阁飞天》图、第二一五窟内北壁《未生怨》图、[52]中唐时的第二三七窟《法华经变之安乐行品》图、三六〇窟《维摩诘经变之天女》图、一五九窟《法华经变》《维摩诘经变之不思议品》《维摩诘经变之维摩诘》图、第一五四窟《法华经变之譬喻品》图、榆林二五窟《弥勒经变之翅头末城》图、[53]晚唐时的第八五窟《鹿母夫人故事》《乞儿比丘故事》《乾城野马》《萨埵舍身饲虎》《射金狮故事》图、第九窟的《菩萨、童子、天女》《华盖供养》《王舍城》《维摩诘经变》图、第一二窟《战争图》图、第一九六窟《战骑图》、第一三八窟《报恩经变》《报恩经变恶友品》《鹿母夫人故事》《山城》图、第一四四窟内北壁《善友太子入海取宝》图，[54]上述壁画中均绘制有垛口墙形象。

1907年，斯坦因从敦煌藏经洞里带回，现存大英博物馆的绢本设色的宗教绘画作品中，如绘制于唐吐蕃时期（8世纪末）《维摩经变相图》[55]，8—9世纪初的《佛传图断片·四门出游》图（图3）[56]，9世纪的《佛传图断片·宫中欢乐》、《佛传图断片·出城》图[57]，唐末—五代初期（9世纪末—10世纪初）《弥勒下生经变相图》[58]亦绘制有垛口墙形象。

图3　佛传图断片·四门出游

与唐并立的高句丽王朝，受到唐文化的强烈影响，筑城时参照唐式而建。朝鲜平安南道顺川郡龙凤里高句丽墓壁画中的"辽东城"[59]均有垛口墙形象。中国境内的高句丽山城如丸都山城[60]、霸王朝山城[61]、五女山城[62]、高俭地山城[63]、黑沟山城[64]、太子城[65]、燕州城[66]、石台子山城[67]、松树沟山城[68]、娘娘山城[69]等均发现有高度不等的女墙，均为连续性女墙，残存高度1—1.5米，宽0.8—1米，但由于保存的原因，无法确认垛口的形制。

　　与魏晋南北朝时的垛口墙相比，唐代垛口墙的形制虽延续了"凸"字形样式，但已成为连续性垛口墙出现，只是数量少且分布稀。

　　五代时期，莫高窟[70]九八窟内的《法华经变》之《化城喻品》《妙庄严王本事品》《战俘》《各国王子局部》《那烂陀寺》《维摩诘》《贤愚经变》之《无恼指鬘品》《檀腻羁品》《象护品》，六一窟内的《大建安寺》《法华经变》《佛本行集经变》的《舍宫出家品》《行旅》《维摩诘经变》《五台山图》之《行旅》《永昌之县》和《灵口之店》，七二窟内的《摩诃萨埵饲虎缘品》，榆林三二窟内的《阿难乞乳》《弈棋》，榆林三三窟《佛教史迹画》中，垛口墙的形制延续唐代样式。

　　两宋时亦称之为雉堞，苏轼《雩泉记》："雉堞楼观，仿佛可数。"新出现"女头墙"称呼。李诚《营造法式》："削掘旧城及就土修筑女头墙及护险墙者亦如之。"[71]陈规《守城机要》"女头墙，旧制于城外边，约地六尺一个，高者不过五尺，作山字样，两女头间留女口一个……"[72]并进一步细化称谓，将垛口墙上的垛口称之为"女口"。尺寸方面按照 1 尺 =31.4 厘米计算，5 尺共计 157 厘米，总体上与两汉时期相近。

　　宋代的垛口墙形制继承了前代基因，作"凸"字形。敦煌莫高窟第五五窟《长者子流水品》[73]和现藏于大英博物馆绘制于 10 世纪中期—末期纸本设色的《十王经画卷》[74]中垛口墙均为连续的凸字形垛口。

　　此外还有北宋晚期编制，刘豫阜昌七年（南宋绍兴六年即 1136 年）上石，现存陕西历史博物馆的石刻《华夷图》[75]，苏州市碑刻博物馆藏南宋黄裳在绍熙初叶绘制淳祐七年（1247）上石的《坠理图》[76]，国家图书馆藏南宋理宗景定年间僧人志磐编纂《佛祖统纪》所附的一副反映建炎三年（1129）至绍兴三年（1133）间疆域政区形势的历史地图《东震旦地理图》[77]。上述三幅地图中均绘制有长城的形象，均采用凸字形垛口符号表示。与宋王朝对峙的辽、金国城池参照宋朝样式修建，见于山西繁峙岩山寺壁画[78]，亦做凸字型（图 4）。

图 4　山西省繁峙岩山寺壁画

　　元朝虽由蒙古游牧民族建立，但在城防修筑上参照宋制。成书于元大德年间（1297—1307）的《新编事文类聚翰墨大全甲集》[79]中的《腹里图》、南宋末年陈元靓撰，至元六年（1340）刻本的《事林广记》[80]中的《腹里图》、国家图书馆藏至正四年（1344）刻本《契丹国志》中的《契丹地理之图》[81]均绘制有长城图像。长城用凸字形垛口符号表示。

实战中，"凸"字形垛口墙暴露出弊病。《守城机要》载"女头低小，城外箭丛可中守御人头面"。防护面积小、高度低成为此形制垛口墙的短板。于是陈规提出改进，即在墙上开设"方眼"，"眼阔一尺，高八寸。相离三尺，又置一个。两眼之间，向上一尺，又置一个，状如品字形，向上作平头墙"。此法与初创期墙上开孔式垛口墙形制类似，但这种平头墙仅见于该文献记载，推测仅停留在军事理论阶段而未付诸实践，待到明朝才真正实施。

四、定型期（明中期—清）

明朝建立后，"南倭北虏"问题始终困扰着明廷。明中期以后，在"蒙虏之祸"日益严峻的背景下，明廷开始一系列的筑城活动，并成为我国筑城史上的巅峰时期。此时的垛口墙称谓较为丰富。称"雉堞"者《明史·广西土司传一·柳州》："始洛容在万山中，城小无雉堞。"称"睥睨"（陴睨）者"蓟镇边垣，延袤二千里，一瑕则百坚皆瑕。比来岁修岁圮，徒费无益，请跨墙为台，睥睨四达。"[82]称"女墙"者，《武备志》"凡城上皆有女墙"[83]。实可谓集前代称谓于一身。但从《明实录》《明经世文编》以及各类地方志等记载看，总体上以称"垛口"为主流。

明时垛口墙形制经历了多次变化。现藏于旅顺博物馆，正德七年（1512）前后绘制的《杨子器跋舆地图》中显示垛口墙呈凸字形[84]与滥觞期是一脉相承的。待到嘉靖朝则发生了变化。绘制于嘉靖十八年（1539）之后的《蒙古山水地图》[85]中嘉峪关城垛口已经由凸字形转变成矩形齿状矮墙；成书于嘉靖二十一年（1542）前后的《乡约》一书中，作者尹畊绘制了垛口样式[86]，垛口墙亦为矩形齿状矮墙。但现藏于日本东京大学史料编纂所日本弘治四年（1558）的《倭寇图卷》，及与之相类似的中国国家博物馆藏日本弘治三年（1557）的《抗寇图卷》，描绘了16世纪中期明军和倭寇作战的情形，其中绘制有城墙形象，垛口均作凸字型[87]。由此说明，在嘉靖中期，出现了两种形制垛口墙并用的情况。

戚继光对垛口墙的高度要求是"下身高三尺，口上高三尺，共六尺"[88]。按照明代营造尺1尺＝32厘米计算，6尺共计192厘米。并进一步提出"常见城垛，有自垛跟垛成山字形者，失之太阔，则贼登不可御，身无所庇，矢石不能挡"[89]。这种矩形齿状垛口墙较前"凸"字形垛口而言，垛口墙面积增大，垛口宽度变窄，增加了防护面积，减少了守城军士的伤亡，在垛口墙高度增加的共同作用下，提高了攻方士兵攀爬墙体的难度。

这类矩形齿状的垛口墙，明蓟、昌、真保镇长城墙体上有大量遗存，以真保镇长城即河北涞源乌龙沟长城为例。如乌龙沟堡16—17号敌台间长城墙体；乌龙沟堡5号马面—乌龙沟堡4号战台间长城墙体上的垛口均为该样式。

隆庆议和后，进入万历朝，全国上下掀起了城池包砖工程，垛口墙也逐渐由原来的石砌、夯土转为砖砌的同时，山字型垛口墙最终为矩形齿状垛口墙所代替。不同时期、版本的《广舆图》体现了这一过程。作为我国第一部综合性的地图集，由制图学家罗洪先绘制，嘉靖三十四年（1555）刊印的《广舆图》中长城的形象因版本不同而异。现存美国国会图书馆嘉靖三十七年（1558）南京十三道监察御史重刊本《广舆图》中长城用连续性山字型垛口符号表示（图5）。而台湾"国立中央"图书馆藏万历七年（1579）山东监察御史钱岱刊发的《广舆图》中长城用连续性锯齿状垛口符号表示（图六）。在此之后成图现藏美国国会图书馆，万历中后期墨绘设色绢本的《大明舆地图》中绘出长城的图幅有山东舆图、辽东别图、北直隶舆图、山西舆图、陕西舆图。图上的长城均画深灰色带横线的墙体加白色雉堞。[90]雉堞为锯齿状。万历三十年（1602）申用懋绘制的《九边图》[91]中的垛口墙亦呈矩形齿状。则说明连续性锯齿状垛口成为垛口的主流形制，自此以后延而不废。

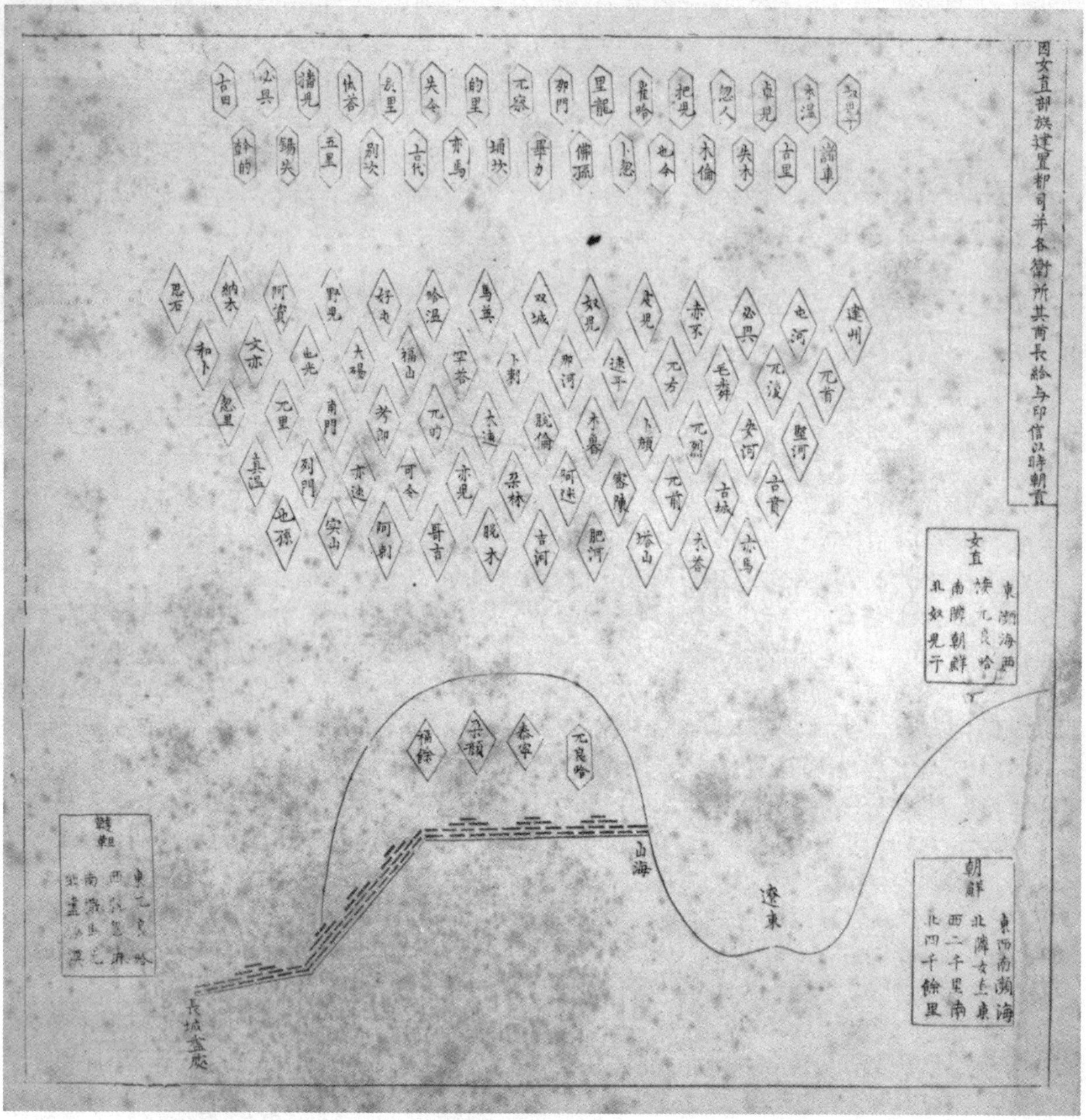

图5 广舆图（美国国会图书馆嘉靖三十七年（1558）南京十三道监察御史重刊本）

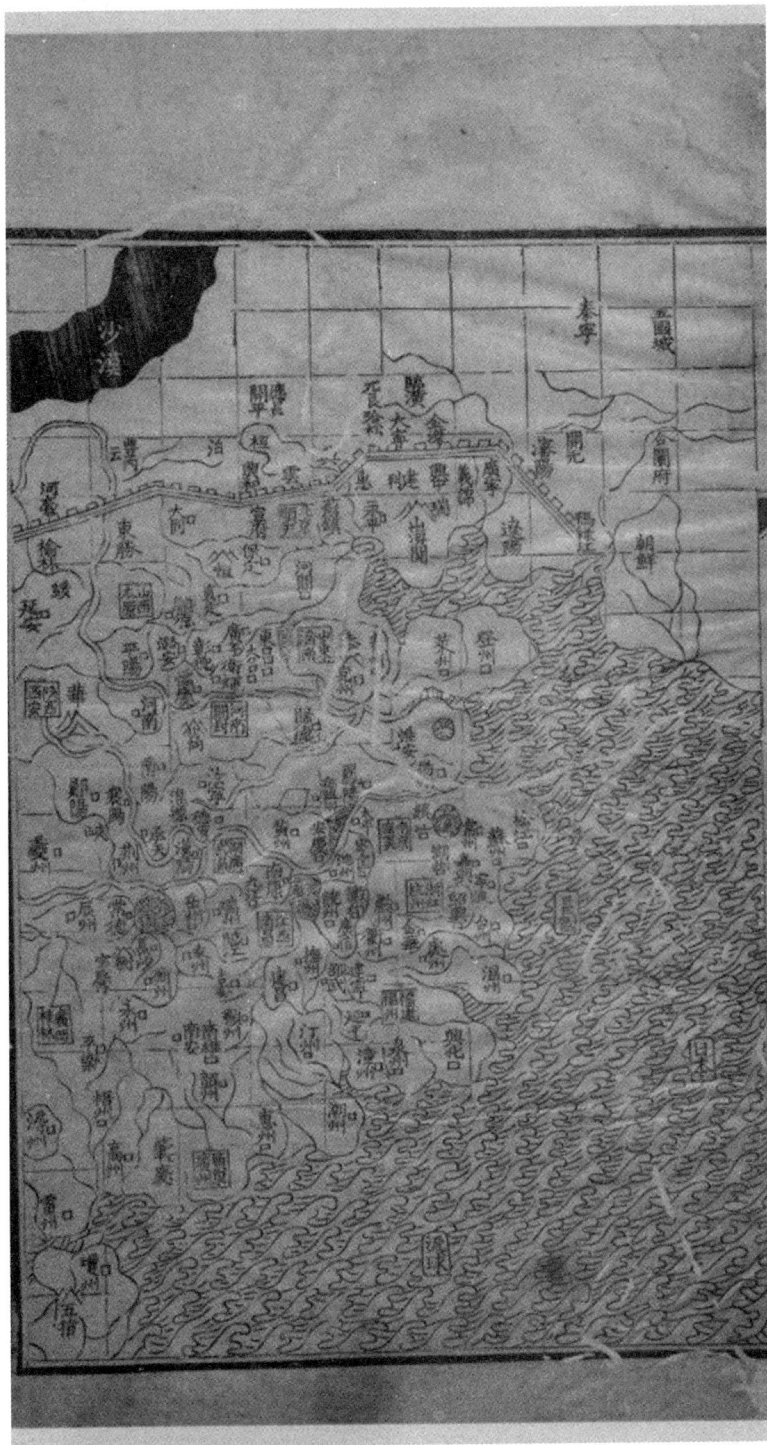

图 6　广舆图（台湾"国立中央"图书馆藏万历七年（1579）山东监察御史钱岱刊发）

在北方长城防御体系中，特别是蓟、昌、真保三镇长城，随着以佛郎机为代表的管型铳类火器的应用与普及，部分地区的垛口墙在保持原形制的基础上，加以改进。成书于万历十二年（1584）的《纪效新书》载"若垛口内外平直，大则人身可如，小则不能左右射，比照今式，将口砖削为脊"[92]。即将垛口墙两侧边缘由之前的平砌改为斜面，与近代碉堡枪眼形制类似。具体分为两种形制：

A 型，垛口墙内侧边缘呈"八"字型斜面，外侧边缘保持平砌。如明真保镇长城即河北涞源乌龙沟长城，乌龙沟堡 17—18 号敌台间长城墙体垛口。

B 型，垛口墙内、外侧边缘均呈"八"字形斜面。如蓟镇长城即北京密云司马台长城垛口墙，基厚 0.48—0.4 米，垛口宽 0.37—0.35 米，间距 1.9—2.6 米，垛口墙、垛口顶部砌斜坡顶的封顶砖。[93]

改良之后的垛口墙，在垛口宽度基本不变的基础上，增大了射击角度，提高了防御能力。由于管型火器的重量远超弓弩等传统射击类冷兵器，为了提高射击稳定性，垛口上增设了垛口石或垛口砖，上开盲孔，以方便架设火器。同时，部分垛口石（砖）的顶面呈斜坡状。增加了火器下射的角度，以便攻击近城（墙）的敌方士兵；雨季时便于排水，减少雨水对垛口墙的冲刷。

火器的普及、推广使用使得武器威力大为增加。在城防攻守战中，守方仅通过很小的方孔对外射击便可达到较为理想的攻击效果。因此

宋人陈规提出的"状如品字形，向上作平头墙"的理论在隆庆、万历时期得以实践，出现了不设垛口仅在墙上开设品字形方孔的实例。如北京密云司马台长城密云 258—257 号敌台间长城墙体（图 7），密云 255—256 号敌台间的单边长城墙体，高度在 2—3.5 米间，顶宽 0.66 米，底宽 0.96 米，墙面上布置有上下两排射孔，每层的两个射孔间距约 2.2 米，上下两层相错排列。射孔内口宽大，外口窄小，内口高 0.47 米，宽 0.42 米，外口高宽各 0.2 米。[94]此类方孔在凸字形、矩形齿状垛口墙时期亦有分布。从壁画等图像材

料和现存遗迹上看，每垛口设1—2个。由于垛口较为宽大，守城士兵攻击敌方主要依仗垛口，因此方孔的重要程度不高。随着不再开设垛口，守方对方孔数量的需求增加，因此修建品字形方眼，增加了射击位，提高了火力密度。

图7　北京密云明长城（密云258-1号马面—密云257号敌台间长城）墙体射孔

　　值得注意的是，在明清时代的城池中亦出现早年的"凸"字型垛口墙。如紫禁城，其城墙垛口修成凸字型，在近乎无实用性的背景下，设计更为凸显礼仪和美学，既富于变化又更具装饰性。

五、结论

　　垛口墙的核心作用是"避身射外"，在城池攻防战中守方隐蔽身体和装备，并依靠其进行观察和射击，其形状已成为中国古代城墙的标志。根据其建筑形制特点分为三期。新石器—夏商周三代为肇建期，春秋—东汉为初创期，魏晋—明中期为滥觞期，明中期—清为最终定型期。

　　垛口墙称谓各异，各期均有不同。肇建期内称谓之词并未在甲骨文、金文中体现。初创期出现专有名词，春秋战国时称"埤""陴""俾倪""堞""女垣""雉堞"，东汉在沿袭先秦称谓基础上新出现"睥睨""女墙"。滥觞期中魏晋南北朝时，仍称为"雉堞"；李唐时多称"女墙"；两宋时新出现"女头墙"。定型期时"雉堞"、"睥睨"（陴睨）、"女墙"等称谓均有所见，实可谓集前代称谓于一身，但以称"垛口"为主流。

　　垛口墙形制演变轨迹明显。肇建期内虽然发现有数量众多的城池，但无一例外均未发现明确的垛口墙建筑。考古工作者依据现存的土垅状墙基遗迹，多推测其修建过相应的防御设施。初创期的垛口墙形制虽无明确的考古遗迹证据，但多见于文献记载亦可恢复。形制并非后世的开放式垛口，而是墙上开孔，且不连续。滥觞期的垛口墙形象，多见于墓葬、石窟寺壁画。其形制的变化起于魏晋，此时垛口墙已成为开放式、"凸字型"样式，但仍保持了"不连续"的遗风。直到唐代才成为连续性垛口。此后的两宋、辽、金、元直到明中期以前始终沿用。定型期中明代中期即嘉靖朝曾出现传统"凸字型"垛口与新式"锯齿形"垛口并用局面。迟至万历朝，由矩形齿状垛口"一统天下"。就全国整体看自此以后延而不废。

垛口墙高度尺寸方面，总体呈现逐渐增高的趋势。肇建期失于文献记载和遗存已不可考。初创期中的先秦时期，文献记载的垛口墙高度约116厘米，秦汉时期的高度为161厘米，遗址现存高度普遍在1.5米左右，个别高1.9米。滥觞期中的两宋时代，文献记载的垛口墙高在157厘米左右，与秦汉时期相当。定型期中，明代的垛口墙高度在192厘米左右，实为最高。

垛口作为实用性、实战性较强的军事设施，其形制的变化深受当时战争情况和武器装备的客观因素影响。初创期墙上开孔的垛口墙形制，虽降低了攻方的射击命中率，提高了攀爬的难度，增强了守方士兵的安全性。也造成守方士兵视域狭窄，射击角度受限甚至单一，射击火力密度降低等不利于防守的弊病。随着战争频率和规模的扩大，逐渐为开放式、连续性的"凸字形"垛口取代。但"凸"字形垛口墙暴露出弊病。戚继光云："常见城垛，有自垛跟垛成山字形者，失之太阔，则贼登不可御，身无所庇，矢石不能挡。"因此，逐渐为矩形齿状垛口取代。相较而言，垛口墙面积增大，垛口宽度变窄，增加了防护面积，减少了守城军士的伤亡。因而迅速在全国推广、普及。随着万历时期蓟镇地区以佛郎机为代表的管型铳类火器的装备与普及，垛口形制进一步改进，在垛口宽度保持不变的基础上，将垛口墙两侧边缘由之前的平砌改为斜面，增大了射击角度，提高了防御能力，不失为先进火器影响下的局部改进。

尚　珩　北京市文物研究所副研究馆员

注释：

1 本研究受到国家社科基金重大项目明长城资源调查资料整理与研究项目(18ZDA223)资助。
2 徐龙国：《秦汉城邑考古学研究》，中国社会科学出版社，2013，第352页。
3 许宏：《先秦城邑考古》，西苑出版社，2017，第15页。
4 许宏：《先秦城邑考古》，西苑出版社，2017，第41页。
5 内蒙古文物考古研究所、日本京都中国考古学研究会岱海地区考察队：《石虎山遗址发掘报告》，《岱海考古（二）——中日岱海地区考察研究报告集》，科学出版社，2001，第29页。
6 许宏：《先秦城邑考古》，西苑出版社，2017，第46页。
7 许宏：《先秦城邑考古》，西苑出版社，2017，第46页。
8 钱耀鹏：《半坡聚落与黄河流域夯筑城址的发生》，《文博》2000年第2期。
9 许宏：《先秦城邑考古》，西苑出版社，2017，第48页。
   陕西省考古研究院：《陕西高陵杨官寨遗址发掘简报》，《考古与文物》2011年第6期。
10 许宏：《先秦城邑考古》，西苑出版社，2017，第52页。
   郭伟民：《城头山遗址与洞庭湖区新石器时代文化》，岳麓书社，2012年，第224页。
11 许宏：《先秦城邑考古》，西苑出版社，2017，第53页。
12 国家文物局考古领队培训班：《郑州西山仰韶时代城址的发掘》，《文物》1999年7期。
13 许宏：《先秦城邑考古》，西苑出版社，2017，第59页。
14 尉缭：《武经七书·尉缭子·守权第六》，中华书局，2007，第226页。
15 （汉）许慎 撰，（宋）徐铉 校定：《说文解字》，中华书局，2013，第308页。
16 （清）段玉裁 撰：《说文解字注》第十四篇下，中华书局，2013，第743页。
17 （清）毕沅 校注，吴旭民 校点：《墨子·第十四卷·备城门》，上海古籍出版社，2014，第265页。
18 （清）毕沅 校注，吴旭民 校点：《墨子·第十四卷·备城门》，上海古籍出版社，2014，第267页。
19 （清）毕沅 校注，吴旭民 校点：《墨子·第十四卷·备城门》，上海古籍出版社，2014，第278页。
20 （清）毕沅 校注，吴旭民 校点：《墨子·第十四卷·备穴》，上海古籍出版社，2014，第291页。
21 （清）毕沅 校注，吴旭民 校点：《墨子·第十四卷·备梯》，上海古籍出版社，2014，第284页。
22 （汉）许慎 撰，（宋）徐铉 校定：《说文解字》，中华书局，2013，第289页。
23 （清）段玉裁 撰：《说文解字注》第十三篇下，中华书局，2013，第695页。
24 （清）毕沅 校注，吴旭民 校点：《墨子·第十五卷·旗帜》，上海古籍出版社，2014，第305页。
25 （清）毕沅 校注，吴旭民 校点：《墨子·第十五卷·杂守》，上海古籍出版社，2014，第325页。
26 徐龙国：《秦汉城邑考古学研究》，中国社会科学出版社，2013，第114页。

27 秦彦士：《古代防御军事与墨家和平主义——〈墨子·备城门〉综合研究》，人民出版社，2008，第10—14页。

28 (清) 毕沅 校注，吴旭民 校点：《墨子·第十四卷·备城门》，上海古籍出版社，2014，第267页。

29 (清) 毕沅 校注，吴旭民 校点：《墨子·第十四卷·备梯》，上海古籍出版社，2014，第285页。

30 陈梦家：《战国度量衡略说》，《考古》1964年06期。

31 许宏：《先秦城邑考古》，西苑出版社，2017，第15页。

32 (汉) 刘熙 撰：《释名》卷五《释宫室》，中华书局，2016，第78—79页。

33 银雀山汉墓竹简整理小组编：《银雀山汉墓竹简 [壹]》，文物出版社，1985，第128页。

34 银雀山汉墓竹简整理小组编：《银雀山汉墓竹简 [壹]》，文物出版社，1985，第129页。

35 银雀山汉墓竹简整理小组编：《银雀山汉墓竹简 [壹]》，文物出版社，1985，第128页。

36 徐龙国：《秦汉城邑考古学研究》，中国社会科学出版社，2013，第28 —282页。

37 (清) 毕沅 校注，吴旭民 校点：《墨子·第十四卷·备穴》，上海古籍出版社，2014，第291页。

38 岳邦湖、钟圣祖：《疏勒河流域汉长城考察报告》，文物出版社，2001，第6—69页。

39 甘肃省文物考古研究所 吴礽骧：《河西汉塞调查与研究》文物出版社，2005，第50—167页。

40 中国简牍集成编辑委员会：《中国简牍集成》(标注本) 第1辑第十二册《甘蒙卷·居延新简》(四)，敦煌文艺出版社，2005，第383页。

41 徐光冀：《中国出土壁画全集·9·甘肃宁夏新疆》，科学出版社，2012，第48页。

42 徐光冀：《中国出土壁画全集·9·甘肃宁夏新疆》，科学出版社，2012，第112页。

43 中国敦煌壁画全集编辑委员会：《中国敦煌壁画全集》01《敦煌北凉·北魏》，辽宁美术出版社、天津人民美术出版社，2006，第144、154—156页。

44 中国敦煌壁画全集编辑委员会：《中国敦煌壁画全集》03《敦煌·北周》，辽宁美术出版社、天津人民美术出版社，2006，第149页。

45 中国敦煌壁画全集编辑委员会：《中国敦煌壁画全集》11《麦积山．炳灵寺》辽宁美术出版社、天津人民美术出版社，2006，第119、129页。

46 (唐) 李筌：《太白阴经》卷四《守城具篇·第三十六》，中国兵书集成编委会：《中国兵书集成》第7册，辽沈书社、解放军出版社，1987，第520页。

47 (唐) 李筌 撰《太白阴经》卷五《弩台篇·第四十五》，中国兵书集成编委会：《中国兵书集成》第7册，辽沈书社、解放军出版社，1987，第545页。

48 (唐) 杜佑：《通典》卷第一百五十二《守拒法》，中华书局，1988，第3894。

49 徐光冀：《中国出土壁画全集·7·陕西下》，科学出版社，2012，第293、294、297、300页。

50 陕西省考古研究所，富平县文物管理委员会：《唐节愍太子墓发掘报告》，科学出版社，2004，第44页。

51 中国敦煌壁画全集编辑委员会：《中国敦煌壁画全集》05《敦煌·初唐》，辽宁美术出版社、天津人民美术出版社，2006，第115、83、84页。

52 中国敦煌壁画全集编辑委员会：《中国敦煌壁画全集》06《敦煌·盛唐》，辽宁美术出版社、天津人民美术出版社，2006，第149页。

53 中国敦煌壁画全集编辑委员会：《中国敦煌壁画全集》07《敦煌·中唐》，辽宁美术出版社、天津人民美术出版社，2006，第72、75、112、117、127、149、159页。

54 中国敦煌壁画全集编辑委员会：《中国敦煌壁画全集》08.《敦煌·晚唐》，辽宁美术出版社、天津人民美术出版社，2006，第42、46、47、56、59、67、138、161、176、180、184、190页。

55 马炜、蒙中：《西域绘画·7·经变》，重庆出版社，2010，第38页。

56 马炜、蒙中：《西域绘画·6·佛传》，重庆出版社，2010，第17页。

57 马炜、蒙中：《西域绘画·6·佛传》，重庆出版社，2010，第19页。

58 马炜、蒙中：《西域绘画·8·经变》，重庆出版社，2010，第14页。

59 "辽东城"壁画见《朝鲜平安南道顺川郡龙凤里辽东城冢调查报告》，《考古》1960第1期

60 李殿福：《高句丽丸都山城》，《文物》1982第6期。

吉林省文物考古研究所、集安市博物馆：《丸都山城》，2004，第 54—63页。

61 方起东：《吉林辑安高句丽霸王朝山城》，《考古》1962第11期。

62 辽宁省文物考古研究所：《五女山城》，文物出版社，2004，第13—26页。

63 梁志龙：《桓仁地区高句丽城址概述》，《博物馆研究》1992 第 4 期，第 66 页。

64 抚顺市博物馆·新宾县文化局：《辽宁省新宾县黑沟高句丽早期山城》，《文物》1985 第 2 期。

65 抚顺市博物馆：《辽宁新宾县高句丽太子城》，《考古》1992 第 4 期。

66 陈大为：《辽宁高句丽山城初探》，《中国考古学会第五次年会论文集》，第 117 页。

67 李晓钟：《石台子高句丽山城复原研究》，《边疆考古研究》，2005，第 153 页。

68 杨永芳、杨光：《岫岩境内五座高句丽山城调查简报》，《辽海文物学刊》1994 第 2 期。

69 杨永芳、杨光：《岫岩境内五座高句丽山城调查简报》，《辽海文物学刊》1994 第 2 期。

70 中国敦煌壁画全集编辑委员会:《中国敦煌壁画全集》09《敦煌五代·宋》,辽宁美术出版社、天津人民美术出版社，2006，第 1、8、9、15、17、18、22、23、68、79、81、90、91、97、105、147、150 页。

71 梁思成：《营造法式注释》，《梁思成全集》（第七卷），中国建筑工业出版社，2001，第 284 页。

72 (宋) 陈规：《守城录》卷二《守城机要》，中国兵书集成编委会：《中国兵书集成》第 7 册，辽沈书社、解放军出版社，1987，第 150 页。

73 中国敦煌壁画全集编辑委员会：《中国敦煌壁画全集》09《敦煌五代·宋》，辽宁美术出版社、天津人民美术出版社，2006，第 150 页。

74 马炜、蒙中：《西域绘画·9·纸本》，重庆出版社，2010，第 28 页。

75 李孝聪、陈军、陈海燕著：《中国长城志·图志》，江苏科学技术出版社，2016，第 39 页。

76 李孝聪、陈军、陈海燕著：《中国长城志·图志》，江苏科学技术出版社，2016，第 41 页。

77 李孝聪、陈军、陈海燕著：《中国长城志·图志》，江苏科学技术出版社，2016，第 52—53 页。

78 首都博物馆、黑龙江省博物馆：《白山·黑水·海东青纪念金中都建都 860 周年特展》，文物出版社，2013，第 243 页。

79 中国国家图书馆，测绘出版社 编：《北京古地图集》，测绘出版社，2010，第 40 页。

80 中国国家图书馆，测绘出版社 编：《北京古地图集》，测绘出版社，2010，第 42 页。

81 李孝聪、陈军、陈海燕著：《中国长城志·图志》，江苏科学技术出版社，2016，第 48—51 页。

82 (清) 张廷玉：《明史》卷 212《戚继光传》，中华书局，1974，第 5614—5615 页。

83 (明) 茅元仪：《武备志》卷一百十《军资乘·守一》，中国兵书集成编委会：《中国兵书集成》第 27 册，辽沈书社、解放军出版社，1987，第 4598 页。

84 曹婉如：《中国古代地图集·明代卷》第 13、14 图，文物出版社，1995，第 1 页。

 李孝聪、陈军、陈海燕著：《中国长城志·图志》，江苏科学技术出版社，2016，第 56—57 页。

85 参见林梅村：《蒙古山水地图》，文物出版社，2011。

86 (明) 尹畊：《乡约》，《丛书集成初编》，中华书局，1985，第 9 页。

87 吕章申主编：《〈抗倭图卷〉研究》，安徽美术出版社，2017，第 12 页。

88 (明) 戚继光撰，范中义校释：《纪效新书》（十四卷本）卷之十三《守哨篇第十三·垛口解》，中华书局，2001，第 310 页。

89 (明) 戚继光撰，范中义校释：《纪效新书》（十四卷本）卷之十三《守哨篇第十三·垛口解》，中华书局，2001，第 310 页。

90 李孝聪、陈军、陈海燕著：《中国长城志·图志》，江苏科学技术出版社，2016，第 59 页。

91 曹婉如：《中国古代地图集·明代卷》第 49、50 图，文物出版社，1995，第 3 页。

92 (明) 戚继光撰，范中义校释：《纪效新书》（十四卷本）卷之十三《守哨篇第十三·垛口解》，中华书局，2001，第 310 页。

93 北京市古代建筑研究所、密云县文化文物局编：《司马台长城》，北京燕山出版社，1992，第 20 页。

94 北京市古代建筑研究所、密云县文化文物局编：《司马台长城》，北京燕山出版社，1992，第 18 页。

八达岭长城文化研究

黄丽敬

摘　要：本文以八达岭长城为主题，从八达岭名字的由来及演变、长城建筑的历史沿革、军事设防以及建筑特点等方面，用史料论证和长城文物本体相结合的方式，全面讲述八达岭的长城文化。

关键词：八达岭长城　文化研究

八达岭长城位于北京西北 60 千米处的延庆区域内，长城坐落在延庆南部的军都山，以北为延庆盆地，以南是关沟。关沟自古便是华北平原通往西北蒙古高原的重要交通要道。为了保障这条交通要道的畅通，更是出于拱卫京师和守护明皇陵的需要，明王朝定都北京后，先后在关沟中增设了南口、居庸关、上关、八达岭四道防线进行层层设防。八达岭长城处在关沟古道的咽喉重地，地理位置极为重要，明代王士翘在《西关志》中说："居庸两山壁立，岩险闻於古今，……居庸之险不在关城，而在八达岭。"为此，八达岭长城得到了明朝统治者的高度重视，这里的长城用料考究、技术精湛、建筑雄伟，被誉为明代万里长城的精华和杰出代表，具有"中国古长城雄伟八达岭"的美誉。

一、名字的由来及演变

"八达岭"是一个地名，位于北京西北延庆区南部的山岭，是军都山的一个隘口。东经 116 度 65 分，北纬 40 度 25 分，这个位置处在关沟古道的咽喉，地理位置尤为重要，特别是在北方建立政权的王朝，都非常重视这里的军事驻防。早在春秋战国时期，燕国在这里设塞防守，但具体的名字叫什么，现在无从知晓。目前，有关于这里最早的文献记载是《吕氏春秋》，在《吕氏春秋·有始览第一》篇中载："天有九野。地有九州，土有九山，山有九塞……何为九塞？大汾、冥厄、荆阮、方城、崤、井陉、令疵、句注、居庸。"[1] 第一次出现"居庸"。关于"居庸"的解释，元代翰林学士王恽言，始皇筑长城，居息庸徒于此，故以关名。意思是说秦始皇修筑长城时，将因犯和强征来的民夫徙居于此，取"徙居庸徒"之意。居，是居息；庸，是庸徒，亦即因犯，意思是"居留因犯"之地。因此，其附近的关便被叫作居庸关。当时的秦朝刚刚统一，为了防御匈奴的侵扰，派大将蒙恬带领 30 万大军北击匈奴，而后驻扎在长城沿线，一边防守，一边修筑长城。区区几十万人防御并筑城，远远不够，于是把大量的流放罪犯从中原等地押送到这里交付给官府统一管理调配，再根据需要将这些犯人分别押送到其他的地方去筑城。如此大规模的人群聚居地，显然放在现在的"居庸关"这个地方是难以承载的，因此，王恽的"居庸"指的是八达岭附近的延庆地区。延庆是延怀盆地，这里不仅有适合人群生活居住的空间，而且是连接华北通往东北和西北的交通重地，至今京藏、京新铁路等仍经过延庆。因此，有些学者认为早期的居庸关，就是目前"八达岭"的所在地。

汉朝在延庆地区设置了居庸县。元人胡三省在为《资治通鉴》作注时说："考之汉志，上谷郡有军都、居庸两县，盖各有关。凡此屯守，皆以防杜落周。"[2]

《汉书·地理志》："上谷郡，秦置。县十五：军都，湿余水东至路，南入沽。居庸，有关。"[3] 北魏郦道元《水经注》中"湿余水"篇载："关在沮阳城（怀来）东南六十里居庸界，故关名矣。更始使者入上谷，耿况迎之于居庸关，即是关也。其水导源关山，南流，历故关下。溪之东岸，有石室三层，其户牖扇扉，悉石也，盖故关之候台矣。南则绝谷，累石为关垣，崇墉峻壁，非轻工可举。"[4]

湿余水，即今温榆河，其源就在八达岭东门外的关山；沮阳废城在今怀来县大古城村北五里，这里距八达岭整整六十里，故汉居庸关在今八达岭。汉朝时期八达岭建了个很大的关口，这个关口因在居庸县界内，故名为居庸关。外关垣在今八达岭以北三里多西拨子地方。关门向西，两边是高大的土筑边墙，也叫西关。内关垣在八达岭南的绝险峡口。石垒的关垣，坚固高大，易守难攻。关垣外面东侧有用石头垒的三层瞭望情况的堠台。关内外及长城沿线屯扎着军队。

西汉时期，延庆属上谷郡。王莽篡权当了皇帝，可没几年就垮了，刘玄当了皇帝。面对全国乱纷纷的局势，刘玄下了一道旨令："凡先投降的，官复原职。"

当时上谷郡太守名叫耿况，此人早就有归降之意，得知皇帝派使者来降旨，便率僚属等候在当时的"居庸关"迎接。这便是"更始使者入上谷，耿况迎之于居庸关，即是关也"的事件。

1972年在内蒙古自治区和林格尔县新店子乡小板申村，考古工作者发现了一座东汉时期的古墓，经过考古发掘，发现了大量壁画，其中一幅《过居庸关图》，表现的是更始元年（23）十月，上古太守耿况派遣寇恂到居庸关迎接使者于居庸关上，证实了汉代居庸关的存在。从图中看到是一座拱形的桥，桥跨于水上，桥的侧面不仅有"居庸关"三个字，还画有划船戏弄水的人物。桥的上面通行车马队伍，一派热闹景象。壁画说明东汉时期的居庸关，是中原地区与少数民族地区交往的重要通道。

总之，最早的汉朝即在此建关，之后的魏、晋一直延续。史载，汉、魏、晋置关在今八达岭，因在居庸县（今延庆县）界，所以叫居庸关。这一时期的资料上有关"居庸关"的记载，应该指的是"八达岭"。而以后的三国时称"西关"，北齐时改"纳款关"，唐时又先称"蓟门关"后改为"军都关"，这些称谓是指现在的"八达岭"，还是现在的"居庸关"，还有待于研究发现。但是从金代开始有了"八达岭"的名字。金代，诗人刘迎的《晚到八达岭下达旦乃上》《过八达岭》的诗句里，都有"八达岭"三个字，说明"八达岭"作为地名在当时已经出现了。

"八达岭"其意有三：一是"险峻山岭"之意。历史上因居庸关之名，古人将居庸关所在的这条从南口到八达岭的狭长沟谷称之为"关沟"。它是著名的太行八陉之一的"居庸"陉。"金史言，中都之有居庸，犹秦之崤函，蜀之剑门。"[5]因此，郦道元形容这里"山岫层深，侧道褊狭，林障邃险，路才容轨，晓禽暮兽，寒鸣相和，羁官游子，聆之者莫不伤思矣"[6]。刘迎为此《晚到八达岭下达旦乃上》，作者是当天的晚上来到八达岭的山下（南口附近），走了一晚上的夜路，"达旦乃上"，第二天的早晨才到达山上的八达岭，说明八达岭地势的险峻。据说"八达岭"在蒙语中就是险峻山岭之意。

另外，地名作为地方的代号，人们在为其命名时不外乎以地形特色、景物特征等命名，根据这里山峦起伏，连绵不断的地形特征，以山岭命名也是很自然的。

其二是取"把鞑岭"的谐音，即把守鞑靼（蒙古的一个部族）的山岭。为此，元代的时候称八达岭为"北口"，而不称八达岭。

其三是依据明代蒋一葵的《长安客话》说："四海冶西至岔道一百四十里，出居庸关，北往延庆州，西往宣镇，路从此分，故名八达岭"[7]，意思是这里南通北京、北往延庆、西面通向宣化、张家口，道路四通八达，故称八达岭。

事实上过了八达岭1.5千米的地方，路就开始分岔，因此，人们还曾把那里叫作"三叉口"，附近的村子叫作岔道村或岔道城。明《隆庆志》记载："（岔道）为口外入居庸关之要道。"《昌平山水记》记载，到了岔道，有两条路，"一自怀来卫、保安州，历榆河、土木、鸡鸣三驿至宣府，为西路。一至延庆州、永宁卫、四海冶为北路"[8]。

二、八达岭长城沿革考

八达岭一带由于特殊的地理位置，历来为兵家的军事战略要地。或建关把守，或筑城防御。

春秋战国时的燕国在这里设塞，并筑有燕长城。据清代光绪《延庆州志》记载："古长城在州南二十余里，即燕塞，燕昭王用秦开谋，置上古塞，自上谷以北至辽西，秦始皇因其旧址而大筑之，至今岔道以北逶迤而永宁一带遗址犹存。"[9]另外，秦朝时期，在八达岭附近建"居庸关"（已经在第一部分做了阐述）。

南北朝时期的北魏、北齐长城也都经过这里。

北魏的"畿上塞围"据《魏书·世祖本纪》记载，北魏拓跋氏太平真君七年（446），"六月丙戌，发司、幽、定、冀四州十万人，筑畿上塞围。起上谷，西至于河，广袤皆千里"[10]。"畿上塞围"，东起上谷，西至黄河岸。这里的上谷有的学者认为就是八达岭一带；北齐天保六年（555）、八年（557），修筑的长城，西起黄河，经上谷东去，延长到海边。王国良在《中国长城沿革考》中详细叙述了北齐长城的走向："从今山西离石县西北黄栌岭起（北齐西汾），北到朔县西废武州界之社平戍，折而向东，斜经大同西北之总秦戍，再向东行，入河北省界，至赤城，转而向南，至居庸关东，又转向东，而达渤海北岸山海关，纵横三千里的大长城"[11]，这里的居庸关指的是八达岭附近。

隋文帝为了防御突厥人的侵扰，在即位之初开皇年间曾多次在北方修筑长城，"其走向与北魏'畿上塞围'、北齐天保长城的走向大体一致。隋文帝是在沿用北魏、北齐长城基础上进行了必要的修缮而已"[12]。

关于八达岭地区明代以前的燕长城、秦长城以及北魏北齐长城等，虽有一些历史记载，但因时间久远和实地情况复杂，目前在长城研究领域尚无定论，还需要进一步研究探索。

元代时期，八达岭开始作为关沟地区整体防御的一部分进行设防，被称为居庸关的"北口"。

明代是八达岭长城大规模修建、改线、重建的时期，目前保存完好的，大部分是明长城。

明朝是在打败元朝的势力后而建立的王朝。因此退回到漠北草原的蒙古贵族鞑靼、瓦剌诸部仍然不断南下骚扰抢掠。为此，在明朝初年，朱元璋就派大将徐达等在北部边境建关设塞，进行防御。明中叶以后，在东北地区又兴起了女真族，也不断威胁明朝边境的安全。为了巩固北方的边防，明王朝在其270多年的统治中，有18次大规模的修筑长城。明代长城的修建过程，大体分为前期、中期和后期三个阶段。

明代前期（1368—1447），对长城的修缮，重点是北京西北至山西大同的外边长城和山海关至居庸关的沿边关隘。

八达岭在明代前期设塞防守。

元朝末年，由于连年的战争，再加上黄河泛滥等自然灾害的影响，中原地区的人口剧减。朱元璋登上皇位后，为了防御元兵卷土重来，除加强军事设防外，还采取坚壁清野的措施。"不置府县，只遣将率士守护"的战略方针，把山后塞外（包括河北保安州、龙庆州等地）百姓迁徙到居庸关以南，既可充实内地人口，恢复和发展生产，又可达到让敌人无所掠获的目的。把八达岭所在的龙庆州（注：龙庆州和隆庆州都指的是延庆地区）的居民南迁，"洪武四年（1371）三月二十一日，徙山后民一万七千户屯田北平"[13]。六月，由于民众迁徙，隆庆州被废。因此，北京延庆在明朝初年的50年里，没有了州县建制，只有军事设防。明洪武元年（1368）在居庸关设置千户所，对八达岭等关沟地区的关隘进行设防和守卫。

明成祖迁都北京后，更加重视居庸关的军事防御，改居庸关守御千户所为隆庆卫指挥使司，下设五个千户所，兵力增加了5倍。"永乐二年（1404），又在居庸关增设隆庆左卫和隆庆右卫，左、右卫下也各设5个千户所。三个卫的治所都在居庸关。"[14]由此可见，历史上居庸关是隆庆州（延庆地区）的军事指挥部所在地。明成祖朱棣为了消灭北元的残余势力曾五次率军远征漠北，多次从居庸关、八达岭经过。出于军事防御的需要，在八达岭地区的"石佛寺口、青龙桥东口、王瓜峪口、八达岭口、黑豆峪口、化木梁口、于家冲口"[15]等建关设防，加强防御。

宣德年间八达岭和岔道属于不同的军事防区。据明宣德六年（1431）"水长峪河"界碑记载"迤东八达岭交界"，"迤西岔道城交界"，两地以水长峪河为界，以西为岔道管辖，以东属于八达岭管辖。

明代中叶（1448—1566），八达岭大规模修筑长城。

洪武后期被驱赶到塞北地区的蒙古族，分裂为鞑靼、瓦剌及兀良哈三部。三部之间为了利益长期征战，导致鞑靼势力不断削弱，瓦剌逐渐强大。

弘治年间（1488—1505），瓦剌、鞑靼不断兴兵犯边掳掠。"弘治十七十八二年冬间，虏复大举，乃自花马池清水营折墙深入抢劫。前项边堑营堡不能捍御阻遏"，[16]迫使明王朝把修筑北方长城，增建墩堡作为当务之急。由于蒙古鞑靼诸部常驻黄河套中，经常入境骚扰。故，明中叶在这一带增修数重长城，形成一至四边。

弘治、嘉靖年间分别在喜峰口至一片石、古北口、黄花镇至居庸关段补砌山口水道，增筑塞垣，即建成墙下可过山水的水关。

八达岭关城就是在这一时期修筑的。据《西关志·居庸关》卷一《城池》记载："八达岭在关北三十里，其城上跨东西两山下当两山之冲。高二丈五尺，厚一丈，长六百八十丈。南北城门城楼二座，敌楼二座，城铺二间，护城东山平胡墩一座，西山御戎墩一座。弘治甲子秋七月，经略边务大理寺少卿吴一贯规划创立，逾年告成。至今每遇春秋，守关者率兵於城外挑掘偏坡，壕堑以防虏寇。隆庆卫地方，外口尤为紧要，失此不守，则居庸不可保矣。"[17]

正德十年（1515）秋，鞑靼部从宣化东北大白杨进入，到八达岭等地区大肆杀掠，并窥视居庸关。兵部尚书王琼调动都督刘晖、参将桂勇等率军布防。鞑靼见有准备，退去。王琼命刘晖增修八达岭边墙。往东跨东山到川草花顶，以峻山为边墙。这一时期的八达岭长城关口、关隘是利用山势的自然地形做掩护，即为"以峻山为边墙"并未增设墙体等建筑，这种防御工事一直延续到龙庆元年。

嘉靖时期，明王朝的外患极为严重，主要是"南倭北虏"即东南沿海一带倭寇的侵扰和北部边境鞑靼骑兵的袭扰，也是长期困扰明朝廷、危及大明江山社稷的两大问题。

这一时期北方草原上又兴起了俺答部，与朵颜等部在嘉靖十六年、十七年前后，经常侵扰关外延庆、永宁、岔道、八达岭等地，烧杀掳掠，民不聊生。据相关资料记载从嘉靖二十七年至四十二年（1548—1563）的十六年间，朵颜（蒙古部族）影克勾引鞑靼俺答八犯妫川（延庆），三逼京师。明朝的统治者不得不在包括八达岭在内的延庆地区，加强军事设防。

早在嘉靖四年，八达岭关城内"……建立殿三楹钵堂三楹"[18]。以便驻兵和设防；嘉靖十八年（1539）重新修筑八达岭关城，巡按监察御史陈豪将关城东门题名为"居庸外镇"[19]；嘉靖二十一年（1542）派巡按直隶监察御史邓芸巡视关外诸隘口，"则见八达、岔道势相连，属八达则军人全备，营房、城垣无不可守。岔道则城圮，军少，全不足恃"。[20]由此进一步说明八达岭在嘉靖二十一年前，修建营房的事实。

嘉靖二十九年（1550）蒙古俺答汗兵"攻古北口，蓟镇兵溃。戊寅，掠通州，驻白河，分掠畿甸州县，京师戒严"，史称"庚戌之变"。[21]俺答兵围困京城，焚掠外城三昼夜，震动朝野。朝廷加强蓟镇的军事设防和长城的修筑。嘉靖三十年（1551），重修八达岭关城西北1.5千米岔道城。"在明代岔道城与八达岭长城相呼应，形成纵深的防御体系。明代蒋一葵的《长安客话》记载"逾岭数百步即岔道，堡实关北藩篱，守岔道所以守八达岭……"[22]又据《四镇三关志》记载："八达岭守备公署，嘉靖四十三年建于本岭城。"[23]以上资料显示，嘉靖时期，八达岭除加固关城的建筑外，还修建了守备署和兵营，增加兵力进行守卫。

明后期（1567—1620），八达岭长城的重建和改线。

明穆宗朱载垕即位以后，重用政治家高拱和张居正执掌朝政。为了加强北方的防务，隆庆元年（1567），把抗倭名将戚继光调往北方防御鞑靼。任命谭纶为蓟、辽、保总督，任命戚继光为蓟镇总兵。

戚继光在蓟、辽、保总督谭纶的大力支持下，对蓟镇所管辖的一千二百多里长的原有长城，普遍进行了改建和重建。另一方面，又在全线新修筑了1300多座高大坚固的敌楼作为边防军驻守的堡垒。其原因是原来的墙体单薄坍圮，无法御敌，他奏请："蓟镇边墙，延袤二千里，一瑕则百坚皆瑕。比来岁修岁圮，无法御敌，徒费无益，请跨墙为台，睥睨四达。"[24]

戚继光在蓟镇大规模修建长城的同时，"镇守居庸昌平等处地方总兵官中军都督府都督佥事桐城杨四畏"[25]等，在蓟、辽、保总督谭纶和继任总督蓟辽保定等处军务兼理粮饷兵部右侍郎兼都察院右佥都御史刘应节的大力支持下，于隆庆、万历时期，对昌镇所管辖的四百六十多里长的原有长城，普遍进行了改建和重建，并新修筑了高大坚固的敌楼作为边防军驻守的堡垒。

昌镇，嘉靖三十年设置，管辖的范围"东自慕田峪连石塘路蓟镇界，西抵居庸关镇边城界紫荆关真保镇延袤四百六十里"[26]，下辖居庸关、居庸路、黄花路和横岭路四个区域。居庸路的管辖范围"东自门家峪口，西至糜子峪口，延袤一百五十里，南至关（居庸关），北至永宁城宣府地"[27]。明万历年间居庸路设置"居庸参将一员分守八达岭、石峡峪、灰岭口三守备下隘口"[28]。

八达岭隶属于昌镇居庸路管辖。明隆庆、万历时期，以八达岭关城为中心，重建了一道长23.3千米的长城，新建敌楼94座，作为边防军驻守的堡垒。

"隆庆三年鼎建碑（杨四畏修长城碑刻）"载："隆庆三年夏孟之吉，总督蓟辽保定等处军务兼理粮饷兵部左侍郎兼都察院右佥都御史宜黄谭纶，整饬蓟州等处边备兼巡抚顺天等府地方都察院右佥都御史潍县刘应节，巡按直隶监察御史陈留崔廷试，整饬昌平等处兵备山东按察司佥事长治宋守约，镇守居庸昌平等处地方总兵官中军都督府署都督佥事桐城杨四畏，分守居庸关等处地方参将署都指挥佥事济宁孙山，管工保定府通判丹徒法恺，经历余姚张炳，八达岭守备无为王阳，中军千户王奇，把总千户王九德，百户王用，管工头目赵荣，木匠杨春、张青，石匠齐夆、侯刚，边将车廷甫、陈官保鼎建。鲁春镌"[29]。

碑文中记载了隆庆三年总督谭纶、巡抚刘应节、总兵杨四畏、指挥佥事济宁孙山，八达岭守备无为王阳等将领督修八达岭长城的事件。

中国长城博物馆馆藏的石刻文物中，隆庆年间的有4通，分别为隆庆三年（冬孟）、隆庆四年（孟春）鼎建碑，以及隆庆五年的"化字西五号台题名碑"。碑文内容与此碑大致相同，都是以题名的形式，记载当时修建长城完工之事。

碑文内容证明了隆庆年间八达岭长城工程一直处于在建的事实。万历朝又不断筹措财力、物力、调兵选将，加以修缮，使八达岭长城成为城墙高峙，堡垒林立的坚固防线。

万历十年重修八达岭关城，并由"钦差总督蓟辽保定等处军务，兵部尚书兼都察院左副督御史山阴吴兑、巡直隶监察御史新喻敖鲲、右参议兼按察司佥事延安岳汴、左营中军都督府右都督辽阳杨四畏、副总兵官署都指挥佥事定远胡懋功、□指挥体统行事指挥佥事密云李凤先"[30]等人督查修筑工程事宜，完工后将关城西门题名为"北面锁钥"。与此同时，八达岭长城的墙体工程也在大规模兴建。

"万历十年分修长城题名碑"载："万历拾年秋防本镇左右部，修工起自□石，伍名关横南台至八字贰号台止，共修城墙长四拾丈三尺五寸，城墙高连朵口贰丈五尺。自七月中起，至十月中止，计工参个月完，今将经官员役□具于后：钦差分守居庸关等处□副总兵都指挥定州胡□、守备八达岭等处地方都指挥密云李凤志、中军百户崔宝、刘宗录、把总百户徐钦、张印、陆文镖、管工头目赵淮、焦大义；管烧灰头目□□、谈名、窑匠头目镇役王锐、杨二十、泥瓦匠头目镇役□明、张举、李赞、盖臣。万历拾年拾月吉日立。"[31]

此碑记录的是万历十年秋防，昌镇即"本镇"的部队，修筑"伍名关横南台至八字贰号台止，共修城墙长四拾丈三尺五寸"长城的事件。

由于工程的需要，山东都司左营等部队也被调往八达岭修筑长城。"石佛寺分修边墙碑"："钦差山东都司军政佥书，轮领秋防左营官军，都指挥佥事寿春陆应元奉文分修居庸关路石佛寺地方边墙。东接右骑营工起，长七十五丈二尺，内石券门一座，督率本营官军修完……"[32]

馆藏万历年间的石刻共有6通，除上述"北门锁钥"题刻、"分修长城题名碑"、"石佛寺分修边墙碑"外，还有万历四年修建"石峡峪堡"的题刻（残）、"万历十一年题名碑"以及"万历十七年春仿居庸路石峡峪工尾"刻石等。碑文的内容充分说明万历时期八达岭长城工程大规模兴建的事实。"万历十七年春防居庸路石峡峪工尾"双勾字刻石的出现，证明八达岭长城的大规模修建工程于万历十七年完工。

综上分析，明朝初年，八达岭地区设塞守卫。永乐时期又在八达岭地区的石佛寺口、化木梁口等七隘口建关防守。明代中叶，弘治十八年规划修建八达岭关城，嘉靖时期八达岭增筑墩台。明后期的隆庆和万历年间八达岭长城进行重建和改线。八达岭长城从弘治十八年（1505）吴一贯规划修建关城开始，经正德、嘉靖、隆庆、万历朝的修建和改线，前后达80多年的时间，最终形成了城关相连、墩堡相望、重城护卫、烽燧报警的完整的军事防御工程体系。

三、筑城的人力来源

罗哲文先生《长城》中，将古代修筑长城的人力来源分为三个部分："第一是戍防的军队，这是修筑长城的主要力量。第二是强迫征调的民夫，是修筑长城重要力量。第三是发配充军的犯人……"[33]

九镇驻守的士兵除戍守长城的职责外，还有修筑城墙、储备草料等任务。"守卫长城的士兵以主军为骨干，主军是常年戍守长城的士兵，他们训练有素，有作战经验。另外，每年春防、秋防之际，常由其他外地卫所抽调一部分士兵前来增援，称作客兵。客兵在边防线上定期更换，故又称作班军。主军、客军都是来自军户的职业兵。"[34]

根据"万历十年分修长城题名碑"载："万历拾年秋防本镇左右部，修工起自□石，伍名关横南台至八字贰号台止，共修城墙长四拾丈三尺五寸，城墙高连朵口贰丈五尺。自七月中起，至十月中止，计工参个月完，今将经官员役□具于后：钦差分守居庸关等处□副总兵都指挥定州胡□、守备八达岭等处地方都指挥密云李凤志、中军百户崔宝、刘宗录、把总百户徐钦、张印、陆文镖、管工头目赵淮、焦大义、管烧灰头目□□、谈名、窑匠头目镇役王锐、杨二十、泥瓦匠头目镇役□明、张举、李赞、盖臣。万历拾年拾月吉日立。"[35]

说明万历十年秋防（7至10月），修筑八达岭长城的施工部队是本镇左右部，即昌镇所属的各部军队，也被称为"主军"。将领中有副总兵，依次为守备、百户、把总，以及管工头、烧灰头、窑匠头、泥瓦匠头等。工程量是四拾丈三尺五寸烧灰头、窑匠头、泥瓦匠头等，工程量是四拾丈三尺五寸。

说明修筑八达岭长城的主力是军队，同时也有窑匠、泥瓦等民夫工匠。

另外，为了加强长城的防御，在每年的春防、秋防时期，除本路驻军防守修城外，兵部还要从其他地区调来"客军"驻防修城。"石佛寺分修边墙碑"："钦差山东都司军政金书，轮领秋防左营官军，都指挥金事寿春陆应元奉文分修居庸关路石佛寺地方边墙。东接右骑营工起，长七十五丈二尺，内石券门一座，督率本营官军修完……"[36]碑文记载的是山东都司左营等部队奉命分段修筑八达岭地区石佛寺长城。这里的山东都司左营官军，即为"客军"。

明王朝在"九镇"中设有文官和武官两大系统总兵等武官，负责军政和防务。

文官系统中有：总督，并冠以兵部侍郎或侍郎兼都察院都御使、副都御使或金都御史职衔，巡抚，并冠以都察院副都御使或金都御使职衔、巡按直隶监察御史及兵备按察使司副使、金事等。

武职中又分为两大系统。一是因事专派，无固定品级也无定员的总兵系统。包括：镇守总兵官、协守副总兵官、参将、游击将军、守备。此外，还有提调、千总、把总等名目。二是原地方固有的卫所军备系统，包括：省级都指挥使司的官员（都指挥使、都指挥同知、都指挥金事）和都司下属的卫指挥使司官员（指挥使、指挥同知，指挥金事）。

八达岭长城先后经历了80多年的时间，参与的人员成千上万，但留有铭刻的只有上百人，官员中既有文官，又有武官。文官包括总督、巡抚以及监察御史、副都御史等，武官包括总兵、参将、游击将军、守备等。级别最高的是总督，隆庆年间的总督有谭纶、刘应节，万历年间的总督有吴兑以及总兵杨四畏等官员，和普通的士兵、技术工种的工匠等。

总兵杨四畏，从隆庆二年（1568年）调任昌平镇总兵，与蓟镇总兵戚继光相互配合，固守明朝北部边疆。戚继光被贬后，他又先后接任蓟镇、保定总兵，并深得万历皇帝信任，进秩中军都督府右都督，特进荣禄大夫，官至正一品，"为天子锁钥之臣"。

中国长城博物馆馆藏"隆庆"及"万历"时期的数通碑刻文物中，都有关于杨四畏修筑八达岭长城的记载，足以证明八达岭长城确系杨四畏任昌平镇总兵时，动用本镇以及从山东等地调来的各路军共同修筑的。

四、工程管理

长城工程施工采用的是分区、分段包修的管理办法，做到职责分明，任务明确。

八达岭地区的"石佛寺分修边墙碑"记载："山东都司军政佥书，轮领秋防左营官军都督指挥佥事寿春陆文元，奉文分修居庸关路石佛寺地方边墙，东接右骑营工起，长七拾五丈二尺，内券门一座"[37]。"万历十年分修长城题名碑"记载的是："万历拾年秋防本镇左右部，修工起自□石，伍名关横南台至八字贰号台止，共修城墙长四拾丈三尺五寸，城墙高连朵口贰丈五尺。自七月中起，至十月中止，计工叁个月完……"[38]

"石佛寺分修边墙碑"里面的区，即石佛寺地区。工程段"东接右骑营工起"，工程长度"七拾五丈二尺，内券门一座"。"万历十年分修长城题名碑"里的工程段是"起自□石，伍名关横南台至八字贰号台止，共修城墙长四拾丈三尺五寸，城墙高连朵口贰丈五尺"，工程长度精确到寸，墙体的高度也有具体规定。另外，石碑上刻有不同级别的官员和窑匠、石匠等工匠的姓名，这也是当时为了保证长城的工程质量，建立的以备核查制度。

万历九年（1581）三月，"职方郎中费尧年查勘蓟、昌二镇边工。蓟镇修边墙五千三百六十三丈，敌台一百一座，铲削边坡五百八十七丈，建潮河川大桥一座。昌镇修边墙四千六百四十一丈，敌台十座，铲削边坡五十五处，俱高坚壮丽，钱粮更无破冒。兵部乞录该镇效劳诸臣。上以蓟、昌密迩京陵，与寻常边工不同，诏加梁梦龙太子少保，戚继光荫一子锦衣卫百户，杨四畏升右都督，张梦鲸升俸一级，该镇升赏文武有差"[39]。

因为按计划完成长城工程，督抚梁梦龙加官进爵，蓟镇总兵戚继光的儿子升职，昌镇总兵杨四畏升职，张梦鲸加薪一级，两镇的其他文武官员也都分别奖赏。两年后的万历十一年（1583）二月，戚继光因故调离蓟镇总兵，前往镇守广东地方。杨四畏接任戚继光任蓟镇总兵，镇守蓟州、永平、山海等处。时隔一年，万历十二年（1584）九月，杨四畏因防御不当，使敌人"斩墙抢掠"而获罪。

说明明朝在修建长城时是有统一的标准，按照职责分工，严格的质量检查进行的，保质保量完工的给予奖励，出现质量问题亦会追究相关责任人的责任。

五、军事驻防

明洪武元年（1368）在居庸关设置千户所进行守卫。

元朝末年，由于连年的战争，再加上黄河泛滥等自热灾害的影响，中原地区的人口剧减，朱元璋登上皇位后，为了防御元兵卷土重来，除加强军事设防外，还采取坚壁清野的措施，"不置府县，只遣将率士守护"的战略方针，把山后塞外（包括河北保安州、龙庆州等地）百姓迁徙到居庸关以南，既可充实内地人口，恢复和发展生产，又可达到让敌人无所掠获的目的。又把八达岭所在的龙庆州（龙庆州和隆庆州都指的是延庆地区）的居民南迁。"洪武四年（1371）三月二十一日，徙山后民一万七千户屯田北平"[40]。六月，由于民众迁徙，隆庆州被废。因此，北京延庆在明朝初年的近50年里，没有了州县建制，只有军事设防。

明成祖迁都北京后，更加重视居庸关的军事防御，改居庸关守御千户所为隆庆卫指挥使司，下设五个千户所，兵力增加了5倍。"永乐二年（1404），又在居庸关增设隆庆左卫和隆庆右卫，左、右卫下也各设5个千户所。三个卫的治所都在居庸关"。[41]由此可见历史上居庸关是隆庆州（延庆地区）的军事指挥部的所在地。明成祖朱棣为了消灭北元的残余势力曾五次率军远征漠北，多次从居庸关、八达岭经过。出于军事防御的需要，在八达岭地区的"石佛寺口驻军12人，青龙桥东口驻军7人，王瓜峪口、黑豆峪口、化木梁口驻军14人，于家冲口、驻军10人"[42]等建关设防，加强防御。

宣德年间八达岭和岔道属于不同的军事防区，据明宣德六年（1431）"水长峪河"界碑记载"迤东八达岭交界"，"迤西岔道城交界"，"辛亥岁（明宣德六年，1431）吉旦，钦依守备八达岭城地方都指挥使汴梁夏熟"。两地以水长峪河为界，以西为岔道管辖，以东属于八达岭管辖。明宣德虽然在位只有十年的时间，也非常重视八达岭地区的防御，曾于宣德五年（1430）十月和宣德九年九月，两次巡边经居庸关八达岭驻跸岔道城。"戊寅，车驾度居庸关，驻跸岔道。己卯，猎于岔道"。[43]

嘉靖初期，八达岭便有兵丁把守。嘉靖四年，八达岭关城内"有……殿三楹钵堂三楹"[44]建筑，以便驻兵和设防。嘉靖二十一年（1542）巡按直隶监察御史邓芸巡视关外诸隘口"则见八达、岔道势相连，属八达则军人全备，营房、城垣无不可守。岔道则城圮，军少，全不足恃"[45]。由此进一步说明八达岭在嘉靖二十一年前，修建营房以及派兵把守的事实。

嘉靖三十年（1551），重修八达岭关城西北1.5千米岔道城。"岔道城作为八达岭军事要防的前哨关堡，明时常驻守备一名、把总三名，巡捕一名，军丁七百八十八名"[46]。

在明代岔道城与八达岭长城相呼应，形成纵深的防御体系。明代蒋一葵的《长安客话》记载"逾岭数百步即岔道，堡实关北藩篱，守岔道所以守八达岭……"[47]

据《四镇三关志》记载："八达岭守备公署，嘉靖四十三年建于本岭城"[48]。由献陵卫人韩荣、宣府右卫人王世卿等担任守备之职，守护八达岭。《西关志》载嘉靖年间"上关八达岭守把军八十三名，内上关门军三十名，八达岭军五十三名"[49]。说明嘉靖时期，八达岭除加固关城的建筑外，还修建了守备署和兵营，增加兵力进行守卫。

明朝长城沿线防御划分为"九边"或"十一镇"进行布防。根据地理位置的重要性，进行兵力部署。

"十一镇"军事防区及兵力部署表[50]

序号	名　称	所辖长城长度（千米）	官兵人数（名）
1	辽东镇	970	99875
2	蓟　镇	880	107813
3	宣府镇	510	151452
4	大同镇	335	135778
5	太原镇	100	57611
6	延绥镇	885	80196
7	宁夏镇	1000	71693
8	固原镇	500	126919
9	甘肃镇	800	91571
10	昌　镇	230	19039
11	真保镇	390	34697

据《四镇三关志》卷一，记载为了加强边境的武备和拱卫明皇陵的需要，嘉靖三十年设置了昌镇。昌镇下辖居庸关、居庸路、黄花路和横岭路四个区域。居庸路的管辖范围"东自门家峪口，西至糜子峪口，延袤一百五十里，南至关，北至永宁城宣府地"[51]。

明万历年间居庸路设置"居庸参将一员分守八达岭、石峡峪、灰岭口三守备下隘口，本路主兵一营，昌平标下奇兵一营，合主客官兵八千二百员名"[52]，配备"盔甲三千四百四十三副，兵器六千四百二十六件，火器五十六万四千八百五十一件"和"额马二百七十一匹"[53]。

据隆庆三年（1569）蓟昌总督议定兵力的部署是："根据地势缓冲，按城垛配置兵丁。极冲处，每垛4至5人，次冲处，每垛2至3人，稍冲者，一垛1人。冲处建空心敌台，台高3丈，骑墙突出，可以四面制敌；上建层楼，宿兵储器。空心敌台主兵60人，30人守台，内设一台长。30人守垛，分为6伍，每伍立一垛长。附墙台，常居4人守台，遇警时添6人……"[54]

又据《四镇三关志》"每空二旗，每旗五人，各居铺舍，有警登墙率守。每台一百总，五台一把总，十台一千总。空心、附墙一体编派"[55]。

武器的配备，分火器和冷兵器。

空心敌台佛郎机8架，每架子铳9枚，神枪12根，每根神箭30枝，火药300斤，铁顶棍8根，蔺石（雷石）大小备足。号旗一面，木梆锣鼓一具，柴米人给一月。

附墙台，佛郎机 3 架，每架子铳 9 枚，蔺石（雷石）大小备足。号旗一面，木梆锣鼓一具，柴米人给一月。

垛墙：极冲处，每垛干柴一束，重 500 斤，干草 5 把，蔺石（雷石）大小备足，器械各随所执。火药于台取用。5 垛共一梆旗。

稍冲者，每垛干柴一束，重 100 斤，干草 5 把，蔺石（雷石）大小备足，器械亦随所执。

如遇敌情，守城士兵各司其职，开战的规定是：（敌人）"如近百步，援兵登城，旗帜器械一起树立。约火器力可至者，即放大将军虎蹲炮。至五十步内，火箭、火铳、弩矢齐发。聚拥攻城，两台炮铳矢石交击，更番不息"[56]。

六、建筑形制与特点

长城是农耕民族和游牧民族的交汇区，坐落在明朝北方 400 毫米降水线，这条线经高山峻岭沙漠等复杂的地貌地形。明王朝为了防御扰掠，保护国家安全和人民生产生活的安定，开发屯田、保护屯田和保护边远地区生产的发展，保护通讯和商旅往还等目的，不惜耗费巨大的人力物力和财力修筑长城。建设者们围绕长城的用途，本着节约的目的，在长城的修建过程中遵循着"因地形，用险制塞"的原则，充分显示了筑城者们的聪明智慧。八达岭长城在规划、设计及施工中有以下的特点：

1. 规划合理，科学实用

八达岭长城是居庸关军事防御体系的重要防线，关城位于关沟古道的咽喉部位。这里的地形 80% 为燕山余脉军都山地，地势西北高，东南低，山岭纵横，沟深谷远，海拔多在 600—1240 米之间，平均海拔 780 米，顶部海拔 1015 米，最低为 105 米。在这复杂的地形条件下，长城选择了一条合理走向，从关城向南北两峰延伸，雄伟壮观。长城，遵循秦时筑城依山就势因险阻敌的原则，走高的山脊，随山脊转折而弯曲，不求取直拉平，以减少砌土填方，做到省工、省料，坚固实用，充分显示出踏勘者的智慧。

长城的用途主要是为了防御和守望，因此它的布局和构造都是为了这一目的而安排的。

谭纶的《请建空心敌台疏》说："御敌之策，就是战守两方面，必定战则必胜，守则必固。""开阔的地方一百步，冲要的地方五十步或三十步，建一个楼子"。"建台的位置，要选择突出墙外的地方，使敌人不敢近墙"[57]。这也成为当时修建的原则。八达岭地区地形复杂，最高的敌楼海拔为 888.88 米，低处海拔为 660 多米，高低之间有 200 多米的落差。因此，长城建筑即有普遍性，也有特殊性。敌楼之间的距离不仅有"五十步或三十步"之差，甚至最远的南 3 楼至南 4 楼之间达 270 多米。另外，从关城城台（海拔 660 多米）到南峰的最高处南 4 楼（海拔 803.6 米），城墙长 685.8 米，高度上升 140 多米。南 3 楼至南 4 楼之间，山脊狭窄，山势陡峭，城顶最险处，坡度约为 70 度，几乎是直上直下，使得八达岭长城成为万里长城中最雄伟壮观的地段。

2. 形制多样，设施完善

长城是世界上最大的人工建筑物之一，其形态上是延展万里的城墙。但实际上自产生之时起，便不单是一堵孤立的城墙，而是由城墙与关隘、烽火台、亭障、城堡、障墙等共同构成防御工事体系。其中最基本的四个部分为关隘、城墙、敌台、烽火台。

八达岭长城由关城及其附近的城墙和烽火台等组成，全长 23.3 千米，敌楼 94 座。其中开放段长度是 3741 米（北段长 2565 米，南段长 1176 米）。包括关城 1 座，敌楼、敌台 19 座（北边 12 座、南边 7 座），烽火台 2 座。关城的海拔高度为 660 多米，长城的最高点是北 8 楼，海拔 888.88 米。

（1）关城。修建于明弘治十八年。"其城上跨东西两山下当两山之冲。高二丈五尺，厚一丈，长六百八十丈。南北城门城楼二座，敌楼二座，城铺二间"[58]后历经嘉靖、万历朝修复，成为完整的军事设施。

关城的面积约 5000 平方米，为东窄西宽的梯形，设有"居庸外镇"、"北门锁钥"东、西两门，均保存完好。两门均为砖石结构，券洞上为平台，台之南北各有通道，连接关城城墙，台上四周砌垛口。东西门相距 63.9 米，古时，城门安装有巨大的双扇木门。平时，大门敞开，行人商旅自由出入，战时城门紧闭，严实坚固。

关城内建有东、南兵营房。北侧有守备署和察院公馆等建筑。

关城的城墙，下部用 10 余层花岗岩条石垒砌，上部砌大城砖。西墙两侧连接有南、北两道城墙，两墙均建于山脊之上，成弓箭形。

（2）墙体。是长城重要组成部分。由于防御的需要，墙体上又建有垛口墙、女儿墙等建筑设施。垛口墙高 1.7—2 米，士兵可以以此护卫身体。垛口墙上留有瞭望孔和射孔。瞭望孔为 30 厘米大小的方洞，用来观察敌情。瞭望孔下面为射孔，宽 40 厘米、高 65 厘米。墙体内侧的女儿墙，高约 1 米。在女儿墙的下面每隔一段距离建有暗门，主要是为了满足军事需要，遇有战事，士兵可通过暗门迅速登城作战。由于"其设置比较隐蔽，不易被敌人发现，避免敌人利用攻城。暗门由此而来。暗门用于战争紧急之时出兵之用，故而又称作警门"[59]。在垛口墙和女儿墙之间，隔一段距离就设有一个排水沟，以便在雨天将城墙上的水通过排水沟排到女儿墙外的吐水嘴。在吐水嘴的下方还要修筑散水设施避免雨水冲刷墙基。

另外，长城在经过山涧时，为了避免水流冲刷墙体，在"长城墙体下方要构建流水的通道，称作水门，又称作水关或水窦。由于山涧大小不同，水量也不相等。因此，水门的构造也各不相同"[60]。八达岭地区由于山涧较多。因此，长城水门的数量比较多。如《西关志·居庸关》卷一《城池》记载："石佛寺口正城一道，水门一空。青龙桥东口正城一道，水门一空。青龙桥西口正城一道，水门一空，……"[61] 目前，修复并开放了的只有石佛寺的"水关"长城，现也并入八达岭长城大景区统一管理。

（3）敌楼。是由当时的蓟、辽、保总督谭纶和明代军事家抗倭名将蓟镇总兵戚继光创建的。谭纶在《请建空心敌台疏》说："开阔的地方一百步，冲要的地方五十步或三十步，建一个楼子，就像农民的看家楼，高出一倍，高三丈，四面共广十二丈，里面可容五十个人，平时住在台里面，更番瞭望，敌人来攻，守墙的守墙，守台的守台。"[62] 戚继光认为："今建空心敌台，尽将人马冲要堵塞。其制高三四丈不等，周围阔十二、有十七八丈不等。凡冲要处数十步或一百步一台，缓处或百四五十步或二百余步不等者为一台，两台相应，左右相救，骑墙而立。"[63]

敌楼由基座、中室和台顶三个部分组成。中室的作用是驻守士兵、储存武器、粮草和弹药。四周开有若干箭窗供观察和射击用。顶部的作用是了望和射击，这种空心敌楼。其特点是既可攻战，又可驻守。总督刘应节总结空心敌台有十大好处："军以台为家，内有薪水菜粮之备，外无风雨霜雪之苦，一也；多储火器给用不绝，二也；贼攻矢不能及，杆不能施，我之炮铳矢石皆可远击，三也；军依于台，身既无恐胆自壮，即若兵可兼用，四也；偏坡壕堑恃台为固，五也；因台得势，因事至今，节制可施，六也；即有狡贼乘高逾险，出吾不意，而台制高坚，八面如一，彼既不能仰攻，而步贼又不敢深入，七也；相持久，则援兵可待，八也；贼谋其入，必谋其出，一来已俱阻，归亦可击，九也；即贼攻一台，溃一墙，房马不能拥入台，兵亦得恃无恐，十也。"[64] 由此可见，空心敌楼的出现极大地提高了明军的战斗力。

八达岭长城上的敌楼，有空心敌楼和实心敌台以及附墙台。敌楼有三眼楼、四眼楼、五眼楼等，目前发现的最大的敌楼是北京延庆区四海长城的九眼楼。另外，八达岭地区根据实际防御的需要，各楼的建筑形制又各异。有仿无梁殿形制的，内部不用木料，全部是砖结构，楼顶是方形的天窗，守城士兵可从天窗登梯到台顶巡视。同时，根据需要在八达岭长城的北 10 楼和南 6 楼还建有楼橹。

（4）烽火台。是古代边防上，供燃点烽火用以报警的高台。它是古代的通讯设施，用以传递军情，如遇敌情，白天燃烟称燧，夜间点火叫烽，烽燧制度由此而来。人们常用"烽火连天，狼烟遍地"来形容战争。狼烟是指点燃的狼粪放出的烟，飘得很高，又不容易消散，烟柱可直冲云霄，十分醒目。汉代称烽堠、烽候、亭燧。唐宋称作烽台。明代称作烟墩或墩台。而且各个朝代的烽燧制度不完全一样。汉代的比较复杂。据汉简所示，西汉时期居延边塞的烽火信号有烽、表、烟、苣火和积薪五类。烽表示白昼使用的信号，是以草薪燃火为报警信号。表是把布帛蒙在一个长方形木架之上，其形如桔槔，用于白昼。根据大小及用途的不同等又分为大表、小表、坞上表、地表以及亡人赤表、兰入表和诟表。烟是与烽、表相配使用的信号。报警时燃柴草、粪，烟火从墩顶的烟筒冒出，向远处报警。苣火是夜间使用的信号，简称火。因其形状和作用不同，又分为大苣、小苣和角火苣等。积薪是燔燃积薪以浓烟或烈火表示的一种信号，昼夜皆用。积薪也有大小之分，一般的大积薪用于白昼施烟，小积薪用于夜间举放。五类烽火信号一般是根据敌人的多寡及远近等实际情况组合使用。假如，敌 1000 人以上入塞或 500—2000 人攻亭障为第三品级，烽火组合为烽与积薪和苣火，其举放为昼三烽，燔二积薪，夜三苣火，燔二积薪。

唐代烽烟举放规定，凡有贼寇入境，步兵在 500 人以下者，放烽一炬。若是骑兵，在 500 人以上3000 人以下者，放烽两炬。3000 人以上放三炬，万人以上放烽四炬。凡是烽火，一昼夜须行 2000 里。

到了明朝又有了改进，不仅燃烟、举火，还增加了放炮，明代成化年间的具体规定：来敌在 100 人到200 人时，燃 1 烟放 1 炮；敌人在 10000 人以上，燃 5 烟放 5 炮。几千里的军情不出两个时辰，就能传到京城。明代烽燧制度的口诀分白天和夜晚，白天为："一炮青旗贼在东，南方连炮旗色红，白旗三炮贼西至，四炮玄旗北路逢。"夜晚为："一灯一炮贼从东，双灯双炮看南风，三灯三炮防西面，四灯四炮北面攻。"[65]八达岭关城附近建有东西两座烽火台，东侧的称之为"东山平胡墩"，西侧的称之为"西山御戎墩"，分别位于南、北 3 楼外侧。墩台高均五丈，上设悬楼垒木，下设壕堑吊桥，外设塌窖陷阱；门道上置水柜，冬日盛冰、夏日盛水。不修台阶，以绳梯上下。每台有火铳、火炮 2 门，有守卒 10 人，由附近城堡驻军防守，与城堡组成一个纵深防御网。

3. 用料考究，技术精湛

长城的墙体因用材不同，分为夯土墙、石筑墙、砖墙或石基青砖包砌墙等。

八达岭长城的墙体为石基青砖包砌墙，墙体平均高 7.8 米，平均宽 6.5 米，地势陡峭处 3—5 米，地势平缓处可达 10 米以上。

长城墙体的两面都是用抗腐蚀，抗风化性能好，硬度较高的花岗岩石条包砌。石条宽 50 厘米，高 40厘米，长 80 厘米到 100 厘米不等，最长达 3.1 米，重 1.5 吨至 1.7 吨。墙体内填泥土、石块，就地取材，用夯筑实。墙的上面铺三四层方砖封顶（方砖一般都是 40 厘米 ×40 厘米），再用糯米汁拌石灰灌缝，这样使得城墙三面风雨不透，顶面如同是"高级路面"，便于行走和战斗。八达岭关城两侧城墙，都可以"五马并骑，十人并进"。

另外，长城在修筑施工时不求取直拉平，以减少砌土填方，做到省工、省料，坚固实用。长城的墙体均有收分（即随着升高而将宽度减小，符合力学和建筑学原理），主要是为了保持墙体的稳定性。长城自墙基起筑，逐层内收，内侧壁收分较大，每层约为 0.1—0.2 米。外侧壁为 0.05—0.1 米，这样就形成外壁陡立，内壁斜缓，其断面为梯形的墙体。八达岭的收分是 5%。石条一层层垒砌起来，无论在陡峭山坡，或平缓地段，横线做到大体水平。石墙的立缝交错，横架竖垒，经过细加工过的石条，接触面大，互相咬合成为一体，合缝处灌以灰浆，达到坚固实用的效果。

八达岭长城是明代万里长城上的重要关口，也是守卫京城和帝陵的重要防线，不仅地理位置重要，而且规划合理，用料考究，形制多样、技术精湛，被誉为明长城的精华和杰出代表，具有"中国古长城雄伟八达岭"的美誉。

七、长城隘口古今地名考

明代长城的防御是分区域、呈线型修建，从东到西将长城划分为"九边""十一镇"进行防御。重点地段还增设了多道防线用以防守。比如，关沟地区就增设了四道防线，八达岭是最外边的一道，除长城墙体外，还包括隘口等设施。据《四镇三关志》记载："八达岭属下各隘口约四十里……。八达岭下辖七个隘口，石佛寺口、青龙桥东口、王瓜峪、八达岭口、黑豆峪、化木梁、于家冲"[66]。

明朝时期四十里长的长城防线以及七隘口，是八达岭长城的军事防区，也是后来八达岭长城的规划路线及走向。随着时间的推移，自然因素的变化，过去的七隘口是否存在？又在今天的什么位置？

据《四镇三关志·形胜》载："八达岭下，于家冲永乐年建水口正城迤东一空通单骑次冲正关水口通大川平慢西山墩迤西至青石顶墩通于家沟供通众骑极冲余通步缓。化木梁永乐年建平漫中三墩空通众骑极冲余缓。黑豆峪永乐年建威靖墩至冲峪墩通众骑极冲余通单骑冲。八达岭口弘治年建自熊窝顶至门西敌楼平漫临大川通众骑极冲余通步缓。王瓜谷永乐年建赵家驼墩三空俱平漫通众骑极冲水口宽敞南北石门地高冲。青龙桥东口永乐年建东西头青龙墩迤东北山墩迤西俱平通众齐极冲石佛寺口永乐年建草花顶迤南通步缓。"[67]记载了八达岭下辖的于家冲、化木梁、黑豆峪、八达岭口、王瓜峪、青龙桥东口、石佛寺口七个隘口的修建时间、周边的山势地形并分析了各隘口的军事缓冲位置。

《钦定日下旧闻考》也载："草花顶山势内外高险，人马难行。三里至石佛寺口，正口两山壁立，中通沟，路难行。又三里至青龙桥东口，山势内平外险。又三里至王瓜谷口，亦内平外险。又三里至八达岭，内外平漫，为宣大咽喉，极冲。又三里至黑豆谷，内外平漫，威靖墩至冲谷墩通众骑，余通骑，冲。又三里至化木梁，内险外平，人马可行。又二里至于家冲，正城迤东一空通单骑，迤西青石顶墩，通于家沟，俱通众骑，冲。余通步，缓。"[68]《钦定日下旧闻考》记载的也是七隘口的山势地形并分析了各隘口的军事缓冲位置，但同时增加了各隘口之间的距离，为我们核实古今隘口名称提供了进一步的依据。

另据《西关志·居庸关》卷一《城池》记载："石佛寺口正城一道，水门一空。青龙桥东口正城一道，水门一空。青龙桥西口正城一道，水门一空，拦马墙一道。……化木梁口正城一道，敌台四座，东山边城一道，西稍墙一道。于家冲口正城一道，水门一空。东山边城一道，稍城一道。"[69]说的是八达岭下辖的各隘口长城的建筑情况。

在《四镇三关志》《钦定日下旧闻考》《西关志》中描述石佛寺是"草花顶迤南通步缓"，"正口两山壁立，中通沟，路难行"。"正城一道，水门一空"中。从三本资料的描述中我们不难看出"石佛寺口"地形及长城建筑形制与现在的"水关长城"基本相同。描述化木梁是"平漫中三墩空通众骑极冲余缓"，"内险外平，人马可行"，"正城一道，敌台四座，东山边城一道，西稍墙一道"。三本资料中描述的"化木梁"与我们现在的"残长城"的地形与建筑极为相似。

另外，从中国长城博物馆收藏的石刻文物中，也证实了这七个隘口的历史存在。

明代长城敌台的编号，一般是根据敌台敌楼所在的"地名"进行编号。如"明代北京门头沟边墙的敌台，是以沿河城为中心进行编号，故有'沿字五号台''沿字六号台'之称"。八达岭敌台的编号亦是按照此规则，以敌台所在的地名为代号进行编排。

明朝时期八达岭地区因有石佛寺口、青龙桥东口、八达岭口、化木梁口、于家冲口七隘口，因此中国长城博物馆馆藏的碑文中有"川字一号""八字贰号台""清字东叁号台""化字西五号台"的记载，说明这些敌台分别位于川草顶周围、八达岭关城旁边、清水顶附近以及化木梁口周边。

这些刻有敌台编号的石刻，原本是镶嵌在敌楼上的，后因自然和人为等因素的破坏，现大多数已经丢失，只有"川字一号"石刻镶嵌在敌楼内，是目前研究八达岭长城敌台编号的珍贵实物资料。

同时，根据航拍图以及实地踏查并多方求证，我们认为：石佛寺口为现在水关城楼位置，青龙桥口为现在青龙桥车站位置，王瓜峪口为现在熊乐园北沟位置，八达岭为北门锁钥，黑豆谷口为现在野生动物园（国保段西端点）位置，化木梁为古长城景区检票口东山，于家冲为清水顶以北墙体由东西向转向南北向下的垭口位置。

黄丽敬　中国长城博物馆副馆长，馆员

参考文献：

1 国学网—国学书苑—古籍备览—《吕氏春秋》，http://www.guoxue.com/?book=lscq.

2 成大林：《居庸关杂考》，《首届明代帝王陵寝研讨会首届居庸关长城文化研讨会论文集》，北京：科学出版社，2000，第234—235页。

3 《汉书》，卷28《地理志》第8，天涯在线书库，http//www.guoxue.com/shibu2005/hs/hans039.html。

4 (北魏)郦道元：赵望琴等译注：《水经注选译》，成都：巴蜀书社，1990，第114页。

5 (清)顾炎武：《昌平山水记》卷上，北京：北京出版社，2018，第174页。

6 (北魏)郦道元著；赵望琴等译注：《水经注选译》，成都市：巴蜀书社，1990，第115页。

7 (明)蒋一葵：《长安客话》，北京：北京出版社，2018，第162页。

8 (清)顾炎武：《昌平山水记》卷上，北京：北京出版社，2018，第175页。

9 《北京延庆明代长城研究》，第11页，新华出版社，2011。

10 《魏书》卷4《世祖纪》，天涯在线书库。

11 王国良：《中国长城沿革考》，上海商务印书馆，1931，第48页。

12 景爱：《长城》，学苑出版社，2008，第205页。

13 宋国熹、孟广臣：《八达岭史话》，光明日报出版社，1993，第80页。

14 宋国熹、孟广臣：《八达岭史话》，光明日报出版社，1993，第86页。

15 刘效祖：《四镇三关志》卷三，全国图书馆文献缩微复制中心，1991，第40页。

16 《明经世文编》卷116，《杨石淙文集》，中华书局缩印本，第1091页。

17 王士翘：《西关志·居庸关》卷一，北京古籍出版社，1990，第22页。

18 "修建长城题名碑（残）"，中国长城博物馆馆藏石刻。

19 "居庸外镇"门额，八达岭关城东门题刻。

20 刘效祖：《四镇三关志》卷十三，全国图书馆文献缩微复制中心，1991，第256页。

21 《明史》卷18《世宗纪二》，中华书局校点本，第239页。

22 蒋一葵：《长安客话》，北京古籍出版社，1982，第162页。

23 刘效祖：《四镇三关志》卷八《职官考》，全国图书馆文献缩微复制中心，1991，第11页。

24 《明史》卷212，《戚继光传》，中华书局校点本，第5614—5615页。

25 "隆庆四年分修长城题名碑"，中国长城博物馆馆藏石刻。

26 （明）刘效祖：《四镇三关志》卷三，全国图书馆文献缩微复制中心，1991，第5页。

27 （明）刘效祖：《四镇三关志》卷三，全国图书馆文献缩微复制中心，1991，第5页。

28 （明）刘效祖：《四镇三关志》卷八，全国图书馆文献缩微复制中心，1991，第102页。

29 "隆庆三年鼎建碑（杨四畏修长城碑刻）"，中国长城博物馆馆藏石刻。

30 "北门锁钥"门额，八达岭关城西门题刻。

31 "万历十年分修长城题名碑"，中国长城博物馆馆藏石刻。

32 "石佛寺分修边墙碑"，中国长城博物馆馆藏石刻。

33 罗哲文：《长城》，清华大学出版社，2008，第95、96页。

34 景爱：《长城》，学苑出版社，2008，第296页。

35 "万历十年分修长城题名碑"，中国长城博物馆馆藏石刻。

36 "石佛寺分修边墙碑"，中国长城博物馆馆藏石刻。

37 "石佛寺分修边墙碑"，中国长城博物馆馆藏石刻。

38 "万历十年分修长城题名碑"，中国长城博物馆馆藏石刻。

39 《北京志·世界文化遗产卷·长城志》北京出版社，2008，第468页。

40 宋国熹、孟广臣：《八达岭史话》，光明日报出版社，1993，第80页。

41 宋国熹、孟广臣：《八达岭史话》，光明日报出版社，1993，第86页。

42 刘效祖：《四镇三关志》卷三，全国图书馆文献缩微复制中心，1991，第40页。

43 《北京志·世界文化遗产卷·长城志》，北京出版社，2008，第351页。

44 "修建长城题名碑（残）"，中国长城博物馆馆藏石刻。

45 刘效祖：《四镇三关志》卷十三，全国图书馆文献缩微复制中心，1991，第256页。

46 《北京延庆明代长城研究》，新华出版社，2011，第56页。

47 蒋一葵：《长安客话》，北京古籍出版社，1982，第162页。

48 刘效祖：《四镇三关志》卷八《职官考》，全国图书馆文献缩微复制中心，1991，第11页。

49 王士翘：《西关志·居庸卷之二》，北京古籍出版社，1990，第28页。

50 参考《罗哲文长城文集》，北京外文出版社，1996，第282—284页。

51 《北京延庆明代长城研究》，新华出版社，2011，第123页。

52 《北京延庆明代长城研究》，新华出版社，2011，第123页。

53 《北京延庆明代长城研究》，新华出版社，2011，第124页。

54 八达岭特区办事处：《八达岭长城》，北京旅游出版社，1988，第27页。

55 刘效祖：《四镇三关志》卷八，全国图书馆文献缩微复制中心，1991，第104页。

56 《北京志·世界文化遗产卷·长城志》，北京出版社，2008，第132页。

57 《北京延庆明代长城研究》，新华出版社，2011，第159页。

58 王士翘：《西关志·居庸关》卷一，北京古籍出版社，1990，第22页。

59 景爱：《长城》，北京：学苑出版社，2008，第67页。

60 景爱：《长城》，北京：学苑出版社，2008，第66页。

61 (明) 王士翘：《西关志》，北京古籍出版社，1990，第22—23页。

62 《北京延庆明代长城研究》，新华出版社，2011，第159页。

63 (明) 戚继光：《练兵实记杂集》卷6《敌台解》，咸丰年间 花书屋刊本，第2页A至第3页A。

64 《北京志·世界文化遗产卷·长城志》，北京出版社，2008，第132—133页。

65 张量：《古代长城》，大连：辽宁师范大学出版社，1996，第76页）。

66 (明) 刘效祖：《四镇三关志》卷三，全国图书馆文献缩微复制中心，1991，第5页。

67 (明) 刘效祖：《四镇三关志》卷三，全国图书馆文献缩微复制中心，1991，第40页。

68 《钦定日下旧闻考》卷一百五十四《边障三》，维基网，https://ctext.org/wiki.pl?if=gb&chapter=532641&remap=gb。

69 (明) 王士翘：《西关志》，北京古籍出版社，1990，第22—23页。

长城：生存、冲突与和平的哲学思考

彭运辉

摘 要：长城是古代中原政权防御北方游牧民族的军事工程，对于长城历史作用的认识，需要正确的理性思维和必要的哲理思考，不能因为个别关隘的几次短时间失守，就全面否定长城2000多年的重要防御作用。

关键词：长城 生存 冲突 哲学思考

关于长城，最基本也最有争议的问题，就是长城究竟有没有发挥应有的作用？如果发挥了作用，那为什么历史上多次被攻破？发挥作用和被攻破两者之间，是否属于完全对立的一种关系？

这样的问题有点儿哲学思辨的意味。很多长城研究者面对大众提出的如此简单却很习钻的问题，常常无法用理性的语言和实例说服对方。那么，问题的根本点在哪里呢？我们又该如何给出大众心服口服的答案呢？

一、第一个思考：纱窗原理

有一个现实的现象，或许能从一个侧面化解大众的这个习钻的问题。对此，我们可以暂时称之为"纱窗原理"。夏季时，蚊子是必须防范的。因此，我们的居室都会有纱窗，其作用就是阻挡蚊子和苍蝇等其他蚊虫的进入侵扰。

纱窗阻挡蚊虫的一个重要前提，是每一个窗户都必须安装纱窗，而且每一扇纱窗都必须完好，没有一处破洞。这样才能形成一个完整有效的防御网，阻挡蚊虫进入房间对人叮咬。

纱窗阻挡蚊虫，可以类比长城阻挡侵扰的游牧骑兵。初期的时候，长城并非连续一线的墙体，而是扼守重要的关口、河谷地段。后来，为了全面防御敌方绕过防御地段，绕道或攀越山梁进行侵袭，逐步完善成为没有防御漏洞的连续性防线。纱窗同样如此，必须将每一扇窗户都要覆盖，才能形成完整的"纱窗网"，充分发挥阻挡蚊虫的作用。"纱窗原理"，还可以延伸到过去普遍使用的蚊帐，也是阻挡蚊虫的有效措施，和纱窗预防蚊虫同样的道理。

"纱窗原理"还有一个升级版。如果比蚊虫实力更强大的老鼠出现了，就会轻易咬破普通的纱窗进入房间。为了防御老鼠的侵害，普通塑料材质的纱窗只能更换为铁丝甚至钢丝纱窗，才能有效防御老鼠的啃咬。这方面可以类比戚继光镇守蓟镇时期，对长城防御线的加固升级，如修建高大的空心敌台，以及整训军队、建立车营、装备火器等。

类似的思考，还可以延伸到生活的其他方面。例如一栋楼房，如果一楼有一家住户被盗了，会马上安装防盗网。其他一楼的住户为了预防被盗，也纷纷安装防盗网。一层的住户全部安全了，二层的住户也会安装防盗网。顶层的住户，因为担心盗贼从楼顶用绳子坠下偷盗，也纷纷安装防盗网。以此类推，最后一栋楼房可能都会安装防盗网，让盗贼无隙可乘。即使没有安装防盗网的住户，基本都是中间较高楼层的，认为盗贼上下都无法到达。这样不安装防盗网的楼层住户，可以类比长城沿线的山险墙地段。因为这样的地段敌方无法攀越，因此不用修建人工墙体，只在两侧平缓地段修建即可。

类别	一人	一城	一国
生存	骨骼、血肉 皮肤、毛发 意识、精神	围墙 大门 将士、装备	长城的防御线 军堡、屯田 将士、装备
冲突	头骨护大脑 胸腔护心肺 皮肤护骨血	墙体防御 大门加固 出城反击	防线保护中原 关隘保护区段 反击消除威胁

如果比老鼠再强大的老虎、狗熊出现了，饥饿状态的野兽有着巨大的破坏力，即使有防盗网也可能捣毁，然后破窗而入，威胁住户的生命安全。

因此，对于长城修建及其作用的解读，可以从"纱窗原理"来尝试。纱窗预防蚊虫，钢丝纱窗阻挡老鼠，铁护栏阻挡盗贼等等。

二、第二个思考：化石原理

我们今天讨论长城在当初的作用，其实有一个很大的误区，那就是经常以今天长城的遗址状态来想当然地推测当初的原始活化状态。这样的思考视角，常常让我们陷入困惑：那么残破的墙体、那么低矮的工事能挡得住骑兵吗？

正确地理解长城的当初活态和战斗状态的作用，需要换一个思维的视角，可以从"化石原理"的角度来重新理解长城的作用。也就是将今天的长城视为遗址状态，视为一种"化石"。以此为起点，我们将长城从"化石"尽量还原为原始的活态，即当初发挥作用的状态。这如同将今天的恐龙化石通过技术手段还原，或者像恐龙影视剧中反映的那种状态，才能看到长城的真实防御作用。虽然这种思维模式很难达到百分百的原始活态，但毕竟可以最大限度地接近真实状态。

这样理解的话，我们可以想象当初将士们驻守时的长城形态，以及长城在某个地段、关隘发生冲突、战争硝烟四起、将士奋勇抗击反击的情形。

今天的长城遗址，当初很多地段是在外侧有壕沟配合的。壕沟加上墙体，相对高度就足以阻挡骑兵的冲击了。但是，当初的壕沟经过几百年甚至上千年的沧桑岁月和风雨侵蚀，绝大多数壕沟都被填平了。在宁夏地区的一些地段，低矮的墙体根本无法发挥防御作用。但是，经过实地考古发掘，发现了原来的壕沟遗迹，证明当初的长城是墙体和壕沟共同发挥防御作用的。

还有很多原态的防御设施今天无法看到原貌，例如戚继光的车营、与当今地雷炸原理相同的明军地雷阵、阻挡骑兵的品字坑群。今天只能通过史籍配图、少量的遗址等来推测原来的防御状态和防御作用。

三、第三个思考：人体原理

长城的防御作用，还可以从"人体原理"角度加深理解。

从一个人、一个城池到一个国家政权，可以通过表格来做一个安全防御的对比。

人的安全防卫，是靠骨骼、血肉和皮肤毛发来实现的。同时，通过人的视觉、听觉、味觉、触觉等来进一步增强安全防御和躲避危险。一座城池则靠围墙、大门和将士和装备来保障安全。一个政权和国家，则靠长城、军堡、将士和装备来保障安全。在发生危险的时候，人依靠头骨、胸腔和皮肤毛发来抵御，保护大脑和重要器官的安全。长城则是靠防御线、关隘和将士抵御来实现对农耕地区的安全防御。

还有一个保证正常防御作用的重要前提，即人必须是健康的，有战斗力的，国家必须是健康的、非腐败的。否则不管是人还是政权国家，面对威胁和危险时，很难进行有效防御。这种病态甚至朽态的时候，人会病倒甚至丧失生命，政权和国家会遭到侵袭甚至灭亡。

关于长城的防御，可以分为如下五个层次。

第一个	最理想的，不战而屈人之兵
第二个	进攻被长城防线将士击退，失败
第三个	进攻成功，遭反击，抢掠后迅速撤退
第四个	进攻成功，抢掠后从容撤退，农耕军队畏缩避战
第五个	进攻成功，建立新政权。有的也修长城

如果国家政权的运行出现了严重问题，政治腐败，军心涣散，即使长城防线再坚固，也会从内部丧失防御能力。最典型的案例就是明末吴三桂引清兵入关导致明朝灭亡。这样的前提下，山海关军事防御体系就丧失了作用。这不是长城没有发挥作用，而恰好是山海关防御体系稳固，无法攻破。最后只是在内部放弃的时候，长城才失去防御作用。

还有一个容易产生错误认识的情况，即长期没有发生冲突和战争的地段，就可以说长城没有发挥作用吗？当然不能。但是，明代的戚继光就遇到了这样尴尬的问题。因为戚继光采取各种加强防御的措施后，蓟镇辖区十几年的时间内都没有发生较大规模的战争，结果被弹劾说没有战功。张居正则给了公正的评价，认为没有战争就是最大的功劳。这个事例说明，长城防御的最好效果，就是发挥了震慑作用。对方根本不敢发动攻击，从而维护了长期的和平。戚继光防御蓟镇时期的和平，是历史上长城防御状态最佳的时期。我们将这个时期的各种情况，和其他历史时期进行对比，就可以加深对长城防御的认识。

四、第四个思考：生存原理

中国长城的发展历史上，多次发生游牧民族集体南下的情况，导致长期的、大规模的冲突。那么，为什么游牧民族一定要放弃原来习惯的草原，冒着被农耕政权军队强力反击的风险南下呢？

中国古代气候变迁的历史，从另一个角度解释了这一现象，即在寒冷期到来时，游牧地区的生存状态严重恶化，威胁到了自身的生存，于是，为了寻找生存空间，整个部族南下。在游牧民族南下争取生存空间的时候，农耕地区为了生存进行了抵抗和反击。

同时，还有一个现象值得注意：农耕地区为了更好地控制游牧部族，有意压制和阻止正常的贸易交流，结果导致游牧地区的基本生活受到了威胁，这也是导致双方冲突的重要原因。这种情况，也可以视为双方为了生存而出现的矛盾冲突。

从生存的角度来说，长城内外的民族和政权都有生存的权利，双方应在平等的前提下进行经济贸易的交流。一方为了政治目的压制对方，是一种不合理的做法。但是，也应当看到其中的一个现象，即游牧民族更崇尚丛林法则，表现为弱肉强食，这不符合中原传统儒家的和平治国理念，也不符合人道主义精神。因此，农耕民族为了生存，为了消除隐患而进行的烧荒与捣巢，也是一种自卫和防御行为。

明代的隆庆议和之所以实现，应该是双方长城冲突之后的一种发自内心的和解，说明双方对和平都有一个共同的愿望。明朝长城内外的长期冲突以及最终实现长期和平的史实说明，长城带可以视为一个追求和平的历史纽带和历史廊道，为了生存，双方找到了一个双赢的模式，即共存、互通、开放、交流。这是双方长久和平、共同发展进步的前提和基础。

彭运辉　河北地质大学长城研究院副院长

八达岭的历史价值

左志辉

摘　要：八达岭是万里长城和关沟的重要节点。作为长城要塞，一直没有放弃对北方游牧力量的防御，尽力保护北京湾的农耕家园。作为特殊的历史走廊，见证了一万年前泥河湾人由山口走来，见证了中华始祖三大部族的大碰撞大交融，并确立了农耕文化的主流地位，开启5000年中华文明史，也为连接张库大道与京杭大运河、创造国际茶叶商贸奇迹发挥了不可替代的重要作用。

关键词：八达岭　居庸关　历史价值

闻名中外的八达岭，业已成为世界文化遗产万里长城的代名词。居庸关的北口八达岭，为关沟的源头，居庸关的南口是关沟"其水南流出关，谓之下口"[1]的地方。在某种意义上说，八达岭可以代表八达岭长城，也可以代表居庸关和关沟。

一、北京湾的八达岭

北京湾以北京为中心，北枕燕山，东临渤海，西拥太行，南望中原。侯仁之先生说："从山西高原绵延至渤海湾的燕山山脉，就在南部华北平原与北部蒙古高原及满洲平原之间形成了一道天然屏障。分布期间的峡谷隘口，为南北沟通提供了天然孔道，其中最重要的就是南口、古北口和山海关。"[2]

太行八陉之一的军都陉，是军都山与西山之间著名的关沟。从地质构造上说，属于一个大断层，由于两侧地壳运动的方向及走向不同，加之河流的冲刷切割，形成了两大山系的天然分界线。

八达岭则位于关沟的北部山口，东经116°65′，北纬40°25′。站在八达岭长城上，向东，面朝大海，遥想第四纪更新世初期，这里曾经是海湾。海水一度到达今天的顺义一带，大致沿今夏垫—孙河—南口这一北西向断裂的方向，形成一个早更新世的古海湾。在早更新世后期海水退却之后，进入其陆相沉积的发育时期，成为地理上的北京湾。[3]而身后的海坨山下，距今900万年前，出现了断裂并发生凹陷，有了今天的延庆盆地。[4]

二、八达岭的军事防御价值

早在战国时期，燕国就修筑了长城。"燕亦筑长城，自造阳（今怀来县大古城）至襄平，置上谷、渔阳、右北平、辽西、辽东郡以拒胡。"[5]有学者认为北京地区也分布有燕长城，其具体尚需进一步考察研究。

北魏、北齐在八达岭附近修筑了长城。《魏书·世祖纪》载，太平真君七年（446），"筑畿上塞围"。这道长城起于今北京居庸关，向南经山西灵丘等地，至山西河曲黄河畔。[6]北齐天保六年（555），修长城，"自幽州北夏口（今八达岭下居庸关沟南口）至恒州（今山西大同）"[7]。

现在的八达岭长城是明长城中保存最好和最具代表性的一段，也是万里长城向游人开放最早的地段，位于长城重要关口居庸关的北口。八达岭关城建于弘治十八年（1505），此后80年里，或重修，或增修，构建了城关相联、墩堡相望、重城护卫、烽火报警的防御体系。

居庸关是蓟镇、宣府镇、大同镇三镇兵防调动的重要出入口，与紫荆关、倒马关共同构成守卫京师的"内三关"，历代统治者无不对其重点布防。

八达岭作为内长城的关键节点，既是居庸关的北门锁钥，同时又与其西边外长城尤其是大境门遥相呼应，相互支持。

居庸关防区可以划分为点、线、面三个层级，即：居庸关城—居庸关沟—居庸关防区。

第一个层级是"居庸关城"：

居庸关城既是一个战略支点也是一个战术据点。说它是战略支点，是因为在整个北京湾战略防御上，处于最优先的管控地位，同时也因为它担负整个防区的指挥协调工作。北宋许亢宗说："幽州之地，沃野千里，北限大山，重峦复岭，中有五关，居庸可以行大车，通转粮饷；松亭、金坡、古北口止通人马，不可行车。外有十八小路，尽兔径鸟道，止能通人，不可走马。"[8]那时的居庸关，是唯一可以通行大车的孔道，最适合于大部队浩浩荡荡进出关内外，因此具有特殊的战略意义。

说它是一个战术据点，是因为它只是一个关城，一个比较大的关城而已。其最大特点，体现在城，而不仅仅是关。作为"城"的功能与布局比较合理与完善，官府机构，军事设施，后勤补给，生活服务，包括文化、教育、宗教等，样样具备。

第二层级是"居庸关沟"：

在居庸关沟纵深方向上，布置了多道防线：从八达岭以西的土木驿，到岔道城，到北口即八达岭关城，到八达岭东南方向的上关即原居庸关，到居庸关城，到南口，到榆河驿。而核心部分为五道防线，即岔道城、北口，上关、居庸关城和南口。

2018年夏天，笔者对八达岭长城、居庸关城和南口东西烽燧实地观察发现，明朝将居庸关自上关下移到现在的位置，除了因为场地更开阔便于储备更多军力和物资，便于更加游刃有余地展开攻防之外，还有很重要的一点是，在关城西侧的金柜山顶或者北城墙中段及以上，在天气晴朗或能见度高的时候，肉眼可见北侧八达岭长城北二楼及以上各段。也可以肉眼看到南侧的南口方向。当然更可以看清近在眼前的上关。反之亦然。古代对关沟南北通道的军事管理，只能通过肉眼瞭望（或烽火狼烟以外更便捷的信号方式），接收或查证岔道城（经由八达岭瞭望站）、北口、上关、南口等纵深防线的相关信息，及时做出应急反应。当时在选址和布局上，必定做过精确的测量和科学的设计。此外，选择此地建关，还可以同时扼守来自德胜口沟西三岔、九仙庙一带的东路沟口，和来自帮水峪、石峡的西路沟口，以避免再出现如1213年成吉思汗绕道南口，对金兵固守的居庸关进行南北夹击的偷袭行为。

第三层级为"居庸关防区"或立体防御体系，即一点一线加一体两翼：

由居庸关沟往外围延伸扩展，范围涵盖整个居庸关的戍守边界。即"东至西水峪口黄花镇界90里，西至坚子峪口紫荆关界120里，南至榆河驿宛平县界60里，北至土木驿新保安界120里"[9]，横跨昌平、隆庆、保安三州，方圆数百里的区域。居庸关防区以居庸关城为中心，分北路、中路、南路、东路、西路，包括白羊城、长峪城、横岭城、镇边城，共8条防线，联合布防，构成网状防御体系。各路所辖隘口多达108处，每路隘口都自成体系，单独设防。

所谓一点一线是指，居庸关城为一点，居庸关沟为一线，此为居庸关核心防御带。

所谓一体两翼是指，由居庸关沟向北延伸至土木驿，向南延伸至榆河驿为一体。以北部军都山及其关隘为左翼，以西部太行山及其关隘为右翼。

只有一点一线加一体两翼，而且硬件软件，点线体翼，自动联动，高效对接，应急反应，才是完备有效的居庸关立体防御体系。但是，明朝一开始并没有做如此有预见性的顶层设计，而是恰恰相反，一旦发现某个漏洞或因此遭遇不测，才会被动进行修改或补建。如稍晚修建的白羊城、长峪城、镇边城和横岭城。在这方面，明朝也是摸着石头过河，不断总结经验教训，不断完善防御网络，不断提高防御水平的。

三、八达岭的文化通道价值

首先，一万年前泥河湾的史前人类，是由八达岭山口走来。

八达岭西望，泥河湾成为阳原盆地、蔚县盆地和大同盆地的地理综合，是中国乃至世界独具特色的旧石器考古研究基地，是世界上古人类文化遗址分布最为密集的地区，是世界上旧石器文化最为连贯、考古序列最为完整的地区，被称之为"世界东方人类的故乡"。截至 2013 年初，发现各个阶段的旧石器遗址达 150 余处，年代从马圈沟遗址距今 200 万年左右到虎头梁遗址的一万年左右。[10]

虎头梁属于非常重要的史前人类晚期遗址。在这里，中科院古脊椎动物与古人类研究所研究员盖培和卫奇，发掘了许多细石器。史前人类将这些细石器镶嵌于骨柄或树棍，做成石刀之类的组合工具。细石器的出现，改变了人类使用石器的传统方式，提高了生产力，是史前人类晚期石器工业的一次技术革命。令人惊叹的是，美国、日本与中国隔海相望，竟然各自造就了同样技术的石器。盖培先生推测，"泥河湾人"很可能是在海退时期，通过海峡到达日本和美国的。[11] 自然，八达岭山口就是他们登高远行的第一步。

其次，在八达岭西侧的延怀盆地，乃至更加广大的张家口地区，曾经呈现《史记·五帝本纪》所载的阪泉之战和涿鹿之战。在这里，中原农耕文化、西北游牧文化和东北狩猎文化，首次进行大碰撞、大交融，最终以黄帝为首兼有其他文化要素的农耕文化，成为华夏先民三大部族文化的主流。中华 5000 年文明史，由此拉开序幕。而八达岭山口和军都陉，或许就是这三支文化交融于燕山南北、太行两侧，沟通于延怀盆地和北京湾的人文走廊。

北大历史地理教授王北辰先生，通过对历代史籍的详细考证和实地考察后确认，《史记·五帝本纪》所载，黄帝与炎帝、蚩尤分别战于阪泉之野和涿鹿之野，取得胜利后又与诸部合符于釜山，这些古迹均在今天河北省张家口市涿鹿县境内[12]。

考古学家苏秉琦先生认为：燕山西侧的张家口市蔚县，沿永定河上游桑干河支流壶流河流域，发掘的一系列具有自己特征性质的新石器时代遗迹，其时代大约距今 6000 年前后到距今 5000 年前后。这个时期初步判断有红山文化、庙底沟类型仰韶文化和以安阳后岗下层为代表的仰韶文化等几种特征因素交汇在一起。如果按苏先生所说黄帝部族与红山文化相对应无误的话，那么，炎帝部族和蚩尤部族就应当与庙底沟文化和后岗一期文化相对应，预示着三大部族、三支强劲的考古学文化融合在一起，真正形成了能代表中华民族共同祖先的，距今五千年的国家，即民族文化的根。[13]

四、八达岭—居庸关沟作为国际"茶马古道"重要节点的历史价值

自古以来八达岭山口—居庸关沟，就是北京湾、中原、东北，通往蒙古高原和西北地区的重要商道，也是草原丝绸之路的重要节点。这里，更多的时候处于非战争的状态，来往的车辆马匹也多属于商旅。最能直观地证明这一点，是今天居庸关云台卷门洞里的车辙。经过 600 多年马车牛车的不断碾压，石板上形成了四条小沟，每条宽不过一拃，深浅不一，但都有八九厘米深。

俄蒙边境小镇恰克图，被 1907 年夏季，跟踪采访北京—巴黎汽车拉力赛的意大利著名记者和作家巴津尼，称为"全世界最大的贸易中心"，其交易的主要品种就是来自中国南方的茶叶。八达岭山口—居庸关沟作为国际茶马古道的重要节点，向西北经由张库大道以连通中俄（恰克图）茶叶商贸市场，向东南经由北运河连通中国南方的茶叶产地。清末，为适应中俄茶叶商贸之需而兴建穿越八达岭隧道的京张铁路，在八达岭青龙桥创造了中国人自己的世界奇迹——"人"字轨道，经由蒸汽机头的前拉后推，让满载江南茶叶的火车顺利翻越八达岭，向着张库大道的起点张家口飞奔而去。

茶叶商贸之于张库大道成于元朝，元以其驿站建立从大都到草原的丝绸之路。成吉思汗发布过专门保护往来商旅安全的扎撒（法令）。1229 年成吉思汗第三子窝阔台（元太宗）当上汗王，开始启动从中原通往蒙古草原的古驿道建设工程。该驿道从大都出发，过居庸关，越野狐岭，到抚州（张北）、哈剌和林等地。据《史集》记载，窝阔台时期，该驿道每天有 500 辆载着食物和饮料的大车从各地运到哈剌和林。为运输谷物和酒，还专门特制了一款庞大的牛车，每队需要 800 头牛来牵引。[14]

茶叶商贸之于张库大道兴于清雍正年间。1728 年中俄《恰克图条约》签订后，随着恰克图边境贸易的兴起，张库大道开始成为连接中、俄、蒙三地贸易往来的主要商道。边贸的主体是"走东口（即张家口）"的山西商人，边贸的茶叶来自南方的福建、安徽、湖北、湖南等地，其中砖茶最受青睐。因为蒙古人和俄罗斯人普遍以肉食为主，每天喝点砖茶，既可以解油腻助消化，还可以补充人体所需的多种维生素和微量元素。

茶叶商贸之于恰克图"全世界最大的贸易中心"。巴津尼写道："数百年来，这个地方（恰克图）

都是全世界最大的贸易中心。茶叶贸易将汉口到莫斯科沿线都带得富裕起来，跨越了两个大洲，是两个民族最有价值的收入来源。"[15]

在签订《恰克图条约》的 1728 年，中俄贸易额达到 22 万 4 千卢布，而 1845 年突破 1360 万卢布，100 余年间增加了将近 60 倍。1843 年，经恰克图交易的茶叶为 12 万箱价值 1240 万卢布，几乎接近同时期（1845）中俄贸易总额的 1360 万卢布。可见茶叶在对俄贸易中的绝对分量。道光年间，恰克图对俄贸易占中国商品输出总额的 16%—19%，仅次于英国，居第二位。而俄国在恰克图的对华贸易已占其对外贸易总额的 40%—60%。[16]

茶叶商贸之于张库大道的衰亡。首先是因为 1881 年 2 月《中俄伊犁条约》签订后，俄国商人可以深入中国内地，并自行采购商品；其次是苏伊士运河开通后，相当规模的对华贸易都通过海路进行，特别是 1903 年中东铁路全线贯通后，黑龙江成为俄国商品进入中国的主要通商口岸，这对恰克图的贸易造成致命一击；而蒙古脱离中国，则使万里茶路最后完全中断。[17]

茶叶商贸之于河运和海运。以京津为枢纽的"运河线束"很可能是中俄茶叶贸易主线。对两部清代茶商手稿《行商纪略》和《行商遗要》研究发现，不同时期茶叶贸易线路区别很大，其中运河线路曾被山西茶商长期使用。在茶叶贸易最繁盛时期，由汉口水路到河南赊旗镇再往北分出四条线路：东路（运河水路）、东路（河北陆路）、西路（过山西太行山路线）和大西路（过茅津渡，沿汾河谷地北上）。四条线路中，"运河线路"费用最省运量最大。在同时出现四条线路的情形下，"运河线路"最有可能是主线。[18]

1860 年英法联军占领北运河的张家湾，发现大量的砖茶。"张家湾是一个由很破旧的城墙所围住的小镇。……那儿大概有 10000 人口。镇上可见到打包准备销往俄国市场的大量砖茶，总价值估计有 25 万英镑。小帆船可以通过白河的支流直达张家湾。"[19]

1881 年再次修订《中俄陆路通商章程》，扩大了俄国商人在中国内地行销货物免税的范围。"恰克图经库伦到张家口转通州达天津的商路上，以及由内地总汇天津返回恰克图之过程中，各种货物将云集津门。"俄国人操控中国市场的企图终于全部实现了。[20] 而受俄商直接收储价格和运输成本的影响，此前几乎垄断了恰克图茶叶商贸的晋商，大受打击，从此走了下坡路。

茶叶商贸之于京张铁路：为满足中俄茶叶商贸物流的市场需求，中国人自筹资金自力更生修建京张铁路，以连通张库大道与河运（主要是北运河）和海运（天津为中转站），构建中国由南到北的快速物流网路。1907 年夏，巴津尼来到居庸关南口，了解到："北京的很多中国商人和银行家先前决定建一条贸易急需的铁路，并下决心不让外国人插手任何事务；资金、劳力、公司经理，都必须是中国的。由此，修建北京到张家口铁路的中国公司成立了，现在已经修到了南口。工程师当然也是天朝子民，在美国留过学。"[21]

左志辉　长城文化研究学者

注释：

1 （北魏）郦道元．水经注校证（陈桥驿校证）[M]．北京：中华书局，2013：321．

2 侯仁之．北平历史地理 [M]．北京：外语教学与研究出版社，2013：8—9．

3 彭一民．北京平原地区新生代古地理概貌 [J]．地球科学，1987（1）．

4 远涉．生于沧海"震旦"间——北京地质变迁白描之一 [J]．科技潮，2002（1）．

5 （汉）司马迁．史记（卷 110），匈奴列传第 50[M]．长沙：岳麓书社，1988：787．

侯仁之说："造阳被认为是今天的怀来城，位于南口镇的燕山北麓，襄平则位于今南满的辽阳以北 25 英里（约 40.2 千米）处。"（侯仁之．北平历史地理 [M]．北京：外语教学与研究出版社，2013：21．）

王玲说：上谷郡"郡治在造阳，其遗址今已勘明，位于怀来县东南 15 千米，大古城村北 0.5 千米的官厅水库南岸"。（王玲．北京与周围城市关系史 [M]．北京：北京燕山出版社，1988：22．）

6 罗哲文．长城 [M]．北京：北京出版社，1982：41．

董耀会，吴德玉，张元华．明长城考实 [M]．南京：江苏凤凰科学技术出版社，2019：20．

7 （唐）李百药 . 北齐书（卷 4）·文宣帝记 [M]. 北京：中华书局，1974：61.

董耀会、吴德玉、张元华 . 明长城考实 [M]. 南京：江苏凤凰科学技术出版社，2019：21.

8 （宋）许亢宗 . 宣和乙巳奉使金国行程录 //（宋）徐梦莘《三朝北盟会编》卷二十 [M]. 上海：上海古籍出版社，2008.

9 （明）王士翘 . 西关志·居庸卷之一 [M]. 北京： 北京古籍出版社，1990.

10 刘扬 . 泥河湾的魅力 [J]. 大众考古，2017（8）.

11 一万年虎头梁（《泥河湾》第一集），CCTV 节目官网《发现》，2015.

12 王北辰 . 黄帝史迹涿鹿、阪泉、釜山考 [J]. 北京大学学报（哲社版），1994（1）.

13 谢飞 . 泥河湾的科学意义 [N]. 中国文物报，2012-12-5.

14 卢云亭 . 二连草原古商道、古驿道和张库大道的历史文化与开发研究 [A]. 中国地质学会旅游地学与地质公园研究分会第 23 届年会暨二连恐龙地质公园建设与旅游发展战略研讨会会议论文集 [C]. 二连浩特，2008.

15 [意] 吕吉·巴津尼 .1907 北京—巴黎汽车拉力赛（沈弘、邱丽媛译）[M]. 北京：中国画报出版社，2015：128.

16 卢云亭 . 二连草原古商道、古驿道和张库大道的历史文化与开发研究 [A]. 中国地质学会旅游地学与地质公园研究分会第 23 届年会暨二连恐龙地质公园建设与旅游发展战略研讨会会议论文集 [C]. 二连浩特，2008.

17 王一新 . 恰克图怀古 [J]. 先锋队，2017（2）.

18 张亚兰，任宏 . 运河与中俄茶叶贸易 [A]. 第五届运河学论坛——文化视野下的大运河研究论文集 [C]. 聊城大学运河学研究院，2018.

19 [英] 乔治·奥尔古德 .1860 年的中国战争（沈弘译）[M]. 上海：中西书局，2013：77，130.

20 张雪峰 . 拂去"张库大道"上的岁月蒙尘——读《清代中俄恰克图边境贸易》[J]. 历史教学，2003（10）.

21 [意] 吕吉·巴津尼 .1907 北京—巴黎汽车拉力赛（沈弘、邱丽媛译）[M]. 北京：中国画报出版社，2015：28.

参考文献：

1 侯仁之 . 北平历史地理 [M]. 北京：外语教学与研究出版社，2013.

2 董耀会、吴德玉、张元华 . 明长城考实 [M]. 南京：江苏凤凰科学技术出版社，2019.

3 王玲 . 北京与周围城市关系史 [M]. 北京：北京燕山出版社，2014.

4 刘珊珊 . 居庸关 [M]. 北京：北京出版社，2014.

5 罗新 . 从大都到上都——在古道上重新发现中国 [M]. 北京：新星出版社，2018.

6 刘珊珊、张玉坤、陈晓宇 . 雄关如铁——明长城居庸关关隘防御体系探析 [J]. 建筑学报 .2010（S2）.

7 徐亦亭 . 黄帝开创了游牧与农耕文化融合 [J]. 青海民族学院学报（社会科学版），2004（4）.

8 胡汉生 . 论今居庸关长城的创建年代及其选址的科学性 [A]. 首届明代帝王陵寝研讨会首届居庸关长城文化研讨会论文集 [C]. 北京：科学出版社，2000.

9 杨乃运 . 游记：居庸古道上的岁月流响 [N]. 北京日报，2016-01-04.

八达岭长城砖病害调查及保护建议

张涛　胡睿

　　摘　要：八达岭长城是我国重要的文化遗产，也是世界文化遗产万里长城的重要组成部分，不仅是中华民族的象征，而且也是人类文明的象征。但是由于常年裸露于大气中，八达岭长城砖在风化作用下产生了许多病害。而伴随着旅游业的发展，八达岭长城砖面临人为破坏的考验。其中在城砖上刻画和涂鸦污染问题相对比较突出，严重影响了长城的美观性。通过现场病害调研及检测实验验证，发现八达岭长城砖在风化和人为破坏影响下的抗压强度和抗渗水性明显下降，亟待保护。因此对病害原理进行了总结，并根据刻画、涂鸦、风化等病害类型针对性地提出了保护建议。

　　关键词：长城砖　病害调研　病害原理　保护建议

　　长城多分布于山脊、风口上，经受风吹日晒，极易遭受风化、雨水侵蚀、酸雨腐蚀等，外加人为损坏，长城正面临非常严峻的考验。

　　在长城的修复过程中，人们意识到了仿建物绝不能覆盖、取代或破坏原址。在墙体的修复上，应最大化地采用"只做加固，不复建重建"的方法，确保长城的真实性，帮助游客加深对遗产的历史背景和独特价值的理解。

　　2006 年，我国政府制定了《长城保护条例》，表明我国长城的保护、研究和管理已经成为政府、科研和管理部门的一项重要任务[1]。除此之外，各地区纷纷出台相应文件，划定保护区，扩大保护范围，最大力度地保护长城。同时政府也在积极宣传文明旅游，提升游客的素质，减少对长城的伤害。

　　相继出台的相关法规条例，从法律层面上保护了长城文化遗产，并且还制定了相关文件，规定了保护设施的施工要求。

一、长城砖分类及成分

1. 烧结砖主要分类

　　中国古建筑在世界建筑中独树一帜，为全世界的建筑科学提供了宝贵的经验，它历史悠久，具有独特的东方古典美。随着现代社会的高速发展，人们越来越注重对古代建筑的保护。现存中国古代房屋建筑中，一般都是砖木结构，以木为梁或柱，砖砌体为承重墙或隔离墙。此外，保存相对较完整的长城城墙中也用大量烧结青砖砌筑，其砌筑方式是在夯土的基础上包砌砖。

　　烧结砖主要分为烧结青砖和烧结红砖，红砖和青砖都是用黏土高温烧成，红砖烧制时氧气充足，黏土中铁元素充分氧化生成氧化铁，砖块为红色，青砖烧制时不断淋水，水蒸发成水蒸汽，阻止空气的流通，窑中缺氧，部分氧化铁便被还原成氧化亚铁，砖块为青灰色。

2. 青砖主要化学成分及晶体结构

　　通过运用 XRD 和 SEM 对长城青砖的矿物组成和微观结构进行分析，结果表明：青砖矿物组成主要为 α—石英和钠长石（$NaAlSi_3O_8$），XRD 物相和化学成分分析结果如表 1.1 所示[2]。

表 1.1　长城青砖化学成分分析结果

成分	SiO_2	Al_2O_3	Fe_2O_3	CaO	MgO	LOI
含量 /wt%	72.11	11.51	4.58	5.13	3.09	3.19

二、八达岭长城砖病害调研

1. 现场调研照片

北京市延庆区八达岭长城现存长城遗迹存在人为刻画涂鸦，且有风化侵蚀。针对病害情况进行的现场调查，部分示例见表2.1。

表 2.1　八达岭长城砖病害调查结果（部分）

编号		病害类型	刻字尺寸（厘米）	编号		病害类型	刻字尺寸（厘米）
1		刻字"江西余江胡阔太"等	20×14×0.1	8		刻字"河南社"等	25×8×0.2
2		刻字"南"等	17×15×0.3	9		刻字"龚晶召胡丽"等	16×5×0.3
3		刻字"李文空 ABODLNAN"等	20×7×0.2	10		刻字"河南娄丰义"等	33×9×0.2
4		刻字"文洪"等	30×9×0.4	11		涂鸦"我登上了长城"等	22×9×0.3
5		刻字"zhaokewen"等	17×7×0.3	12		涂鸦"向13"等	16×7×0.1
6		刻字"河北盐山县曲玉明"等	40×7×0.2	13		风化	
7		刻字"范星全"等	14×7×0.5	14		风化	
				15		风化	

2.现场检测实验

（1）实验环境数据记录

实验地环境温度：10.8℃。

实验地空气相对湿度：11.8%。

砖的尺寸：390mm×100mm×190mm。刻画调研：裂缝深度：1—6mm；裂缝宽度：2—8mm。

涂鸦调研：主要为水性漆、油性漆和粉笔。

（2）含水率记录

实验仪器：温湿度仪 Testo 610。

检测方法：通过将温湿度仪与砖墙表面接触的方式，得到砖墙表面的含水率值。

图2.1　现场砖尺寸测量

表2.2　砖表面含水率测量

试验点	测试一	测试二	测试三	平均
未损坏砖	1%	1.1%	1%	1.03%
损坏砖	1%	1%	1%	1%

由表2.2可以得到：未损坏砖与损坏砖的含水率差别不大。

（3）色度记录

实验仪器：色差计 CR—10。

检测方法：色差计主要根据 CIE 色空间的 Lab 原理，测量显示出样品的色度△Lab。通过该方法对青砖未损坏部位和损坏部位进行色度值测量，可以得到未损坏部位和损坏部位的色度值的差异。

表2.3　色度测量

部位	L	a	b	色度平均值
未损坏砖外皮	32.50	+0.60	+2.60	L:32.30a:+0.73b:+3.13
	32.80	+0.70	+3.60	
	31.70	+0.90	+3.20	
损坏砖内部	45.40	+1.00	+6.30	L:46.27a:+1.10b:+6.70
	47.00	+0.40	+6.50	
	46.40	+1.90	+7.30	
新刻字	56.60	+0.60	+1.90	L:54.30a:+0.73b:+3.13
	53.60	+0.70	+2.70	
	52.70	+0.30	+2.70	
旧刻字	34.50	+0.30	+7.60	L:35.23a:+1.03b:+7.57
	40.40	+1.00	+7.80	
	30.80	+1.80	+7.30	
污染处	42.30	+12.90	+5.40	L:41.47a:+10.77b:+5.67
	41.80	+12.40	+5.60	
	40.30	+7.00	+6.00	

（4）回弹强度记录

实验仪器：回弹仪 ZC-4。

安全性鉴定依据：《回弹仪评定烧结砖普通砖强度等级的办法》JC/T 796-2013。

检测方法：测砖回弹仪的原理是用一弹簧驱动弹击锤，并通过弹击杆击砖样表面所产生的随时弹性形变的恢复力，以回弹值作为砖的抗压强度相关指标，通过公式计算来推定砖体的抗压强度，该方法可以反映砖质材料的抗压能力和质量。

由表 2.3 可以得到砖的色度值，为后期刻画修补和涂鸦清洗提供色度的原始数据和理论依据。

图 2.2　温湿度测量

图 2.3　色差仪测量

表 2.4　未损坏砖的回弹强度测量

试验编号	回弹值 Ni										$\overline{N_j}$
1	20	27	27	17	22	26	25	21	26	24	23.5
2	31	30	13	30	28	35	33	33	26	31	29.2
3	30	29	34	33	20	27	21	26	23	26	26.9
4	34	33	39	40	40	36	36	32	28	21	33.9
5	52	56	56	46	54	56	50	44	51	54	51.9
6	21	27	27	25	26	26	24	17	26	28	24.5
7	30	35	30	30	33	28	34	26	35	37	31.8
8	29	26	27	27	25	25	21	23	26	21	25.0
9	34	30	35	29	33	31	32	30	26	31	31.1
10	34	33	35	29	37	27	30	14	30	29	29.8
$\overline{N}$											30.8

备注：$S_f = 8.16 > 3.00$，计算结果以 10 块砖的平均回弹值和单块最小平均回弹值结果表示。即 $\overline{N} = 30.8$，$\overline{N_{jmin}} = 22$，查表得强度等级处于 MU10—MU15 之间。

表 2.5　损坏砖的回弹强度测量

试验编号	损坏砖回弹值 Ni										$\overline{N_j}$
1	30	29	31	34	32	31	34	28	25	19	29.3
2	25	30	27	26	21	28	18	22	20	28	24.5
3	31	32	25	31	33	27	25	29	28	28	28.9
4	34	30	30	30	26	33	35	34	38	27	31.7
5	30	25	18	23	17	25	14	18	14	18	20.2
6	20	28	28	26	22	26	26	23	25	21	24.5
7	24	20	23	23	23	21	20	23	23	19	21.9
8	32	29	31	22	25	16	26	36	28	28	27.3
9	29	26	27	27	31	27	31	27	26	26	27.5
10	21	27	26	27	27	21	24	20	24	20	23.7
$\overline{N}$											26

备注：$S_f = 3.59 > 3.00$，计算结果以 10 块砖的平均回弹值和单块最小平均回弹值结果表示。即 $\overline{N} = 26.0$，$\overline{N_{jmin}} = 20.2$，查表得强度等级处于 MU5—MU10 之间。

由表2.4和表2.5可以得到，因刻画损坏后的砖强度处于MU5—MU10之间，强度明显低于未损坏砖的强度（强度等级处于MU10—MU15之间），说明长城砖因刻画病害强度有明显的下降，急需修复。

图2.4　回弹仪测量

（5）表面吸水性能测试——卡斯特瓶法（K法）

实验仪器：卡斯特瓶（瓶口直径2.3厘米，接触面积＝π，r^2=3.14x1.15^2=4.15厘米^2）。

检测方法：该方法首先将一个钟型罩和其相连的定径玻璃管仪器（卡斯特瓶）利用密封材料安装固定于平整的测试墙体表面，然后由玻璃管快速注水，并观察水的溢出区域和形式。根据卡斯特瓶法可以测定的砖体不同时间段的吸水量，计算出砖体表面毛细吸水系数。表层毛细吸水系数测定的具体方法是根据所测单位表层吸水量与对应吸水时间平方根的关系制作表面毛细吸收曲线。曲线近似直线部分的斜率，记作表面吸水系数ωk，表征其表面吸水性能，值越大其表面吸水性能越强。

表2.4 砖的表面吸水性能测试

时间（min）测试位置	未损坏砖吸水量（ml）	损坏砖吸水量（ml）
0	0	0
1	0.05	0.40
3	0.05	1.10
5	0.05	1.75
10	0.05	3.30
15	0.05	4.75
30	0.05	9.20
45	0.05	13.85

图2.5 青砖表面毛细吸水曲线

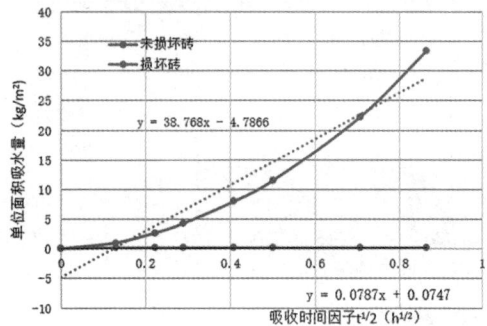

由表2.6和图2.5可以得到，未损坏砖和损坏砖的ωk值分别为0.0787kg/（$m^2 \cdot h^{1/2}$）和38.768kg/（$m^2 \cdot h^{1/2}$）。按照我国的实际工程经验，砖体的毛细吸水系数在2kg/（$m^2 \cdot h^{1/2}$）以下时，砖体具备较好的抵抗雨水的能力，而本次测试中未损坏砖的毛细吸水系数小于2kg/（$m^2 \cdot h^{1/2}$），而损坏砖的毛细吸水系数远大于2kg/（$m^2 \cdot h^{1/2}$），这说明未损坏砖材料表面致密，水基本无法渗入砖体内部，故其吸水量基本没有变化，而因刻画损坏后的砖表面遭到破坏，影响了整个砖材料的表面致密性，水可顺着砖表面的孔道进入砖体内部，因而吸水量较大。

图2.6　卡斯特瓶测试

小结：

根据现场实验结果可以得到：未损坏砖与损坏砖的含水率基本一样，没有明显差异。通过色差仪测得了砖的色度值，为后期刻画修补和涂鸦清洗提供色度的基本依据，通过回弹仪测试发现刻画损坏砖的强度较未损坏砖有明显的下降，通过卡斯特瓶测试可知刻画损坏砖材料表面致密性受到较大影响，抗水渗入性能较差。

三、长城砖的风化机理

1. 盐在青砖老化过程中的作用

位于古建筑中不同位置的古砖，风化机理也不同。在距地面1—3m是毛细水上升高度范围内，主要风化形式为鳞片状剥落、等厚状剥落、盐分结晶、颗粒脱落[3]。这种风化形式产生的主要原因是由于地面的水分在沿着砖墙中毛细管或孔隙上升时会携带一部分可溶盐，随着水分的减少或温度的降低，古砖毛细管或孔隙中的可溶盐会形成带有结晶水的矿物盐，盐分结晶后体积增大，在古砖毛细管或孔隙中体积膨胀产生膨胀力，致使古砖破坏。以上为可溶盐风化机理，而冻融循环则加剧了封护进程。盐对砖材的风化作用受砖材孔隙率的影响，孔隙率越大，盐的风化作用越大，风化物的面积与盐的溶解度密切相关，溶解度越大，风化物面积越大[4]。

在众多矿物盐中，Na_2SO_4对砖材的破坏作用最明显。盐溶液中SO_4^{2-}沿着毛细管或孔隙扩散到砖材中，与砖材中存在的Ca^{2+}生成钙矾石，随着环境中水分的减少或温度的降低，在砖材近表面区生成的钙矾石结晶长大，当钙矾石膨胀力超过砖材表面的抗拉强度，就会对砖材表面起到很明显的破坏作用[5]。

2. 风蚀作用

长城多分布于山脊、风口上，经受风吹日晒，极易遭受风化。风吹经地面时，因为地面不平，气流发生乱流作用，可以吹扬地面的沙粒。风吹起沙粒并挟带沙粒向前移动，形成风沙流，运动的沙粒对砖体表面或砖体内部裂隙等凹部进行摩擦和旋磨。因此风蚀作用实际上包括对地表的吹蚀使沙离开地表，从而使地表物质遭受破坏，并对砖体磨蚀。即指风沙流移动时，沙粒对地表物质的冲击、摩擦。风沙流的含沙量是随高度增加而减少的。绝大部分颗粒在距地面30厘米以下运动，特别集中在10厘米以下运动。因此沙主要是贴近地面迁移的风蚀作用随离地面高度的增加而减弱。这些作用在干旱地区最为活跃。由于长城大都是裸露的，几乎整个长城都受到吹蚀。风在进行吹蚀时具有选择性。最小的颗粒，如粘土和粉砂之类最容易被扬起并上升到高空。沙粒仅仅为中等强度以上的风所移动，并贴近地面迁移。砾面碎屑在平坦地面上受强风作用而发生滚动，但它们不会移动很远。

3. 水的冻融作用

冻融作用是水在温度变化的条件下固液态相转化时产生的侵蚀破坏作用，是长城青砖病变的主要因素之一。砖质材料存在着不同类型的裂隙，由于雨水、毛细水的渗入，使砖体内部裂隙中存有水分。水由液态水向固态冰转化时，体积增大1/11，产生相应的压力达960—2000g/厘米^2，直接对裂隙孔壁产生挤压作用。温差变化大的地区，气温在0℃上下波动，冻融作用持续发生，使砖体内部孔隙不断变大、加剧，直至青砖表面崩裂成粉。冻融作用持续发生的条件是水的存在和温度的剧烈变化[6]。八达岭地区降水降雪集中温差大，冻融作用对砖质文物的破坏尤为显著。

4. 温度变化引起的蜕变

温差变化对青砖的物理蜕变过程可产生重要影响。砖质文物的热传导率较小，温度变化时砖体的表层比内部敏感，使内外膨胀和收缩不同步，导致裂隙的产生。另外，组成砖体的各种物质颗粒的膨胀系数也不同，甚至同种物质的膨胀系数也随结晶方向而变。由于差异性胀缩，使得砖体内部经常处于应力调整状态，从而扩大原有裂隙和产生新的裂隙。温差变化浸蚀破坏的强度主要取决于温度变化的速度和幅度[6]。八达岭长城处于干旱气候地区，温差变化很大，在－25℃至38℃之间。如此大的温差导致砖质文物表层容易发生剧烈蜕变。

四、保护建议

1. 青砖清洗

青砖清洗方法的选择需考虑多种不同的因素，包括砖材类型与状况，以及污染类型与程度。青砖有三种基本的清洗方法：水清洗、敷贴清洗、研磨清洗，以及近年出现的其他清洗方法，如干冰清洗技术、超声波清洗技术和具有代表性的激光清洗技术等[7]。

（1）水清洗

这种方法是洗净历史性砖砌体最简单的方式，是用水从表面软化尘垢和洗涤污垢。主要包括较为安全的水刷洗、雾化水喷淋、蒸汽清洗等。

最柔和的清洗方法是使用软质密实的毛刷刷洗，即使这样也有可能划伤砖块的表面。不应使用铁丝刷，铁丝会折断生锈，污染砖体表面。雾化水喷淋是运用洁净水喷射细小雾状飞沫，在污染砖体表面形成一层薄雾。为实现成功的修复，不对砖体造成损害，最小限度的水量是关键。蒸汽清洗对砖体的清洗应用越来越广泛，它对于去除藻类、沥青和现代涂料与涂层是有效的。150℃的温度下，能够杀死生物体生长的孢子，融掉涂料与沥青层。

（2）敷贴清洗

对于某些特定类型的严重污染或污迹，敷贴试剂清洗是有效的。特别是如油类、脂类或涂料此类复杂构成的污迹。溶剂以厚度15mm—20mm的敷贴试剂形式均匀抹于砖体表面，敷贴试剂主体材料一般是高分子材料或纤维材料，通常覆盖薄膜防止其过快干透。敷剂清洗能够利用浓度很低的清洗试剂而不需要浸透或磨损表面。

（3）研磨清洗

包括物理研磨砖体表面以去除污染、变色或涂层的一切技术。最常见的是干性与湿性喷砂法。干性喷砂法也被称为粒子喷射法，是以高压喷枪配合各式喷嘴，采用砂、石英砂或钢珠等不同粒径的磨料，在现场试验，决定最佳的喷距、角度、喷嘴与磨料类型与粒径。砂因其易得，是最普遍的磨料。也可用矿渣或火山灰、杏仁壳、稻谷壳、合成颗粒、玻璃珠等材料颗粒来代替。压力下水也是研磨物。水与砂的结合可被归于研磨清洗，湿性喷砂法有两种技术方法：第一种技术是为常规喷嘴添加水束，减少灰尘。第二种技术是少量沙砾被加入到压力水流中，靠加入沙砾数量与射流的水压来控制。

研磨法能迅速有效地去除污垢、污染或劣化覆层，但其问题是可能给材料构件带来实体与美学损害。研磨在磨损污物或涂料的同时，也可能磨损砖体表面形成永久损害。喷砂会冲击磨损灰缝，造成新裂纹或扩大已存裂缝，使水进入，还会损毁装饰性细部。这不仅导致历史工艺细部的丧失，而且需要重嵌灰缝，研磨清洗导致的砖体的磨损和粗糙，会使表面积增大而聚集更多污染物，使得砖体在将来需要更频繁的清洗。

（4）激光清洗

主要利用激光束来清除材料表面的附着物，具有安全可靠、适用面广、易于控制的优点。激光清洗方法有4种：激光干洗法、激光加液膜方法、激光加惰性气体方法，激光加化学方法。

2.砖墙修复

对古代长城墙砖的修复过程中，必须分析砖墙的病害类型，针对不同种类及砌筑方式的砖墙，根据现状采用不同的原材料及施工工艺，遵循古迹修缮原则进行施工。根据砖的损伤程度，将砖分为六种待修复类型：严重缺失残损、局部缺失残损、开裂、泛碱、表面磨损、表皮脱落。

若砖的缺失、残损比例超过每块砖面积的50%，为严重缺失残损，宜剔挖后采取同材质的砖进行修补。砖残损比例不超过每块砖面积的50%，此时可根据实际情况用砖修缮材料进行修补。开裂可分为表面裂缝、砖体断裂两种情况，表面裂缝砖用注射器注射修补剂进行修补，砖体断裂采用同材质砖挖补。泛碱砖表面出现层状脱落，破损层出现白色碱层，修复时先对砖表面进行除碱操作，再修补。表面磨损分整体磨损和局部磨损两种，若磨损程度不大，则不需要修缮，磨损程度过大时，按局部破损修复。表皮脱落是由于之前所进行的砖表面修补层强度不够或与砖体结合力不足造成空鼓，在外力作用下，表皮脱落，根据实际脱落情况，选择合适的修复材料及工艺修复。

在修复砖墙的过程中，要遵循修缮旧砖如旧砖的原则，新旧砖材及修补材料颜色、规格要保持基本一致，材料强度、抗蚀能力不能差别过大。在选择施工工艺时，要遵守最小干预原则，尽可能保留原物，严禁对劣化的墙墙面造成二次破坏。修复砖墙前，技术人员必须对砖墙进行多方位的勘察，确定修复部位、劣化类型并记录，进行病害分析，选取合适的修复材料，制定合理的修复方案。

3. 风化砖墙的排盐和加固

风化砖墙的排盐，主要采用排盐纸浆敷贴的方法来吸除砖墙中盐分进行保护。排盐纸浆是一种天然木纤维浆状材料，该材料具有高比表面积、高孔隙率的特点。主要排盐原理是当其包裹到含盐基材时，排盐灰浆中的水进入基层，活化砖墙中的盐分被活化的盐离子随水分蒸发而向表层迁移，会在灰浆层中结晶。剔除掉灰浆层后，盐分也被排除掉。该方法环保安全，施工较为方便，在含盐量较高的砖墙区域使用会得到较好的效果。

风化墙体的加固包括结构性加固和表面强度加固，其中结构性加固是为了增强砖墙整体结构安全性而进行的保护措施，对墙体的干预相对较大。近年来我国近代砖石外墙加固常用的是灌浆法及金属件补强法，以往多将环氧树脂以压力灌浆方式来修补裂缝及加固，随着相关研究的发展，运用水硬性石灰灌浆加固的方法开始逐步运用于砖墙文物的加固实践中。灌浆法不是将分离砖体重新粘结起来而是加固砖体以改善其易碎性。灌浆加固属于化学加固，可逆性较差，需谨慎使用。裂缝宽度较大且数量较少，或者属于墙体温度裂缝时，除采用灌浆修补外，还可采取局部补强的措施，裂缝处用局部钢筋锚固或骑缝粘贴纤维增强材料等。表面强度加固主要是通过在砖表面使用化学加固材料，来增加强度的方式进行保护，目前使用较多的是有机硅材料。有机硅材料具有良好的耐高低温性、电绝缘性、化学稳定性与耐老化性能，憎水防潮的同时对空气和水蒸汽的透过性影响较小，一般老化期在 10 年以上。老化后分解为粉状石英体自然脱落，具有一定可逆性[7]。但由于加固材料可能导致墙体内水分无法排除而产生严重问题，对其更换与维护也比较困难，因此使用必须非常慎重。

张　涛　北京市古代建筑研究所科技保护研究室主任
胡　睿　北京市古代建筑研究所科技保护研究室技术员

注释：

1　蒋小玉.北京延庆遗产资源的保护与可持续发展研究 [D].中国地质大学（北京），2010.

2　曹红红，曹然.山西广武明代长城青砖的分析检测 [J].古建园林技术，2014 (04) :60—61.

3　张中俭.平遥古城古砖风化机理和防风化方法研究 [J].工程地质学报，2017 (3) :619—629.

4　和玲，梁国正.可溶盐对砖石文物的风化及保护材料的影响 [J].人类文化遗产保护，2003:17—26.

5　吴庆令，杨益洪，裴伟伟.混凝土在盐雾腐蚀和海水侵蚀中的劣化损伤 [J].混凝土与水泥制品，2014 (11) :30—34.

6　马里奥•米凯利，詹长法.文物保护与修复的问题 [M].文物出版社，2009.

7　杨昌鸣，成帅.近代历史建筑砖石外墙劣化成因与修复技术探索 [J].建筑学报，2011 (S1) :76—79.

南山联墩岔西考

洪 峰

摘 要：明代宣府镇于嘉靖年间修筑的长城防御体系"南山联墩"东起火焰山，西至龙爬山，全长一百余里，位于现今北京延庆和河北怀来境内。本文根据史料记载，分析了联墩出现的成因、建筑情况和岔道城以西的现状。

关键词：南山联墩

引言

有明一代，自洪武肇基至崇祯失国，凡 277 年，无时不与北方游牧相抗。

明边防守，尽极能事，非止于边墙。为阻虏深入腹里，明军沿边挖品窖、植树木、削崖壁、铲偏坡、掘壕堑、设栅栏、布蒺藜、置火器、建车营、立墩堡、筑炮台等不一而足。可谓无所不用其极。

嘉靖"三十五年（1556），兵部侍郎江东疏请修筑南山联墩，从之"[1]。自此，京师北门居庸之外出现新型防守模式。

南山联墩者，乃于宣府镇东路南山北坡一带，相间筑以密集墩台，置兵士其上，墩墩相望，堡堡间立，遇警既可接续传报，又可以施放火器，联守墩台间隙，使敌不可逾越联墩防线，以达屏蔽居庸等内口、护卫陵寝、京师之目的。

联墩今仍矗于北京延庆县至河北怀来县南部山下漫坡处，虽历沧桑，却仍显壮观。

江东于疏中，以岔道城为中心，将联墩分为东、西两段。东段"自岔道东抵四海冶镇南墩止"；西段"自岔道西抵龙爬山止"。

当今联墩较少为人关注，笔者因就此文。

联墩东段持续经营至明末，已然超出联墩形制，今暂议西段。

一、宣府镇东路南山

1. 宣府镇所辖区域

明宣府镇，常简称为宣府、宣镇。其所辖外边，以明万历年宣大山西总督杨时宁所撰《山西宣大三镇图说》为参照："东自昌镇界火焰山起，西至大同镇平远堡界止。"[2]其所辖地域大致相当于现今河北张家口地区加之北京延庆县。

宣府根据自然地势，将辖区分为东、南、西、北、中五路防守。

2. 宣府镇东路所辖区域

宣府东路所辖边墙，仍以《山西宣大三镇图说》为参照："自四海冶至靖胡堡。"

以明孙世芳所著《东路志总论》为参照："自火焰山至靖安堡。"[3]

其所辖地域大致相当于现今北京延庆、河北怀来二县。

嘉靖三十六年，始设怀隆兵备道。宣府东路革属之。怀即怀来县，隆即隆庆州，今延庆县，两县东西毗邻。

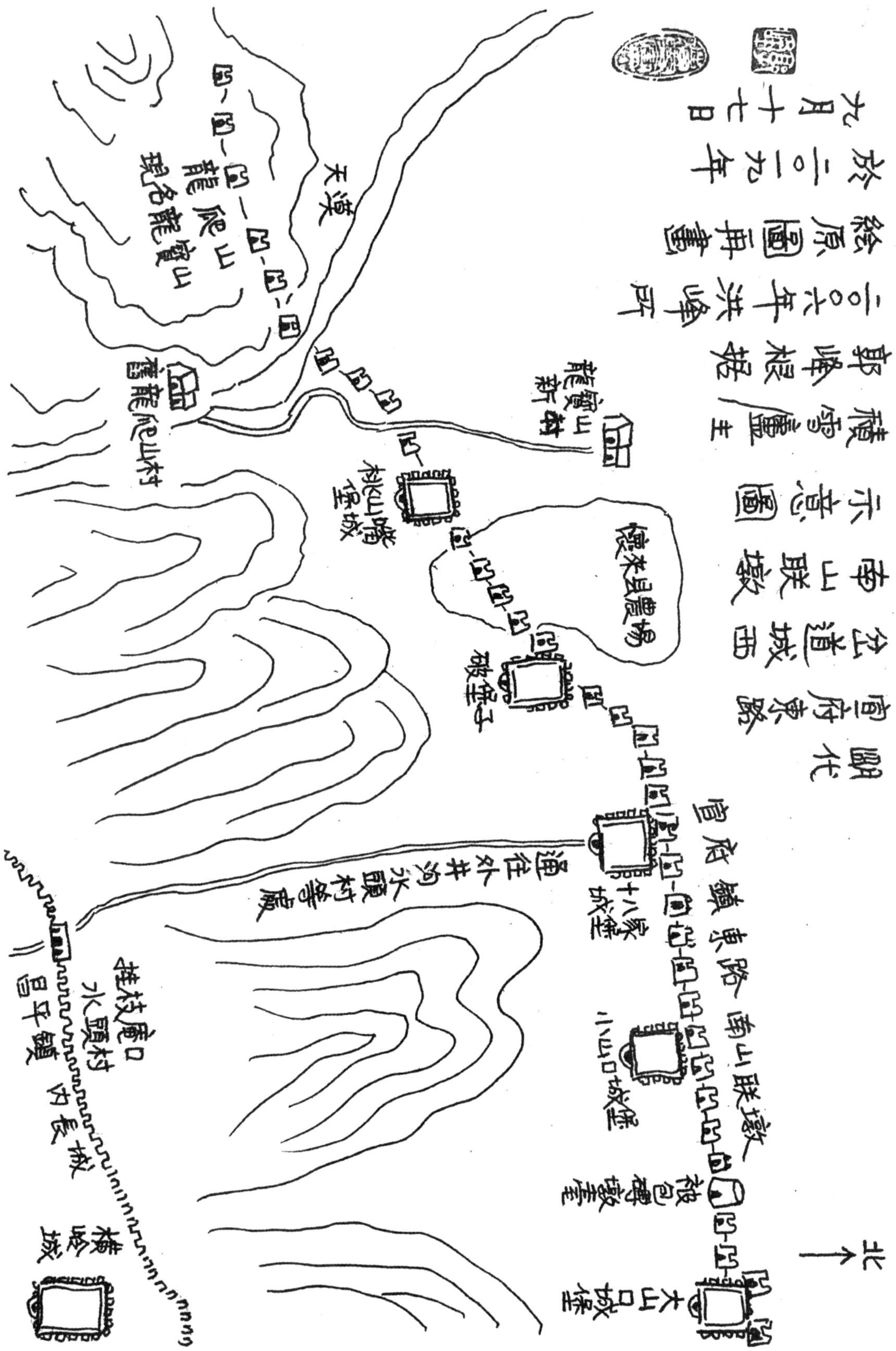

图 1　明代宣府东路岔道城西南山联墩示意图（一）

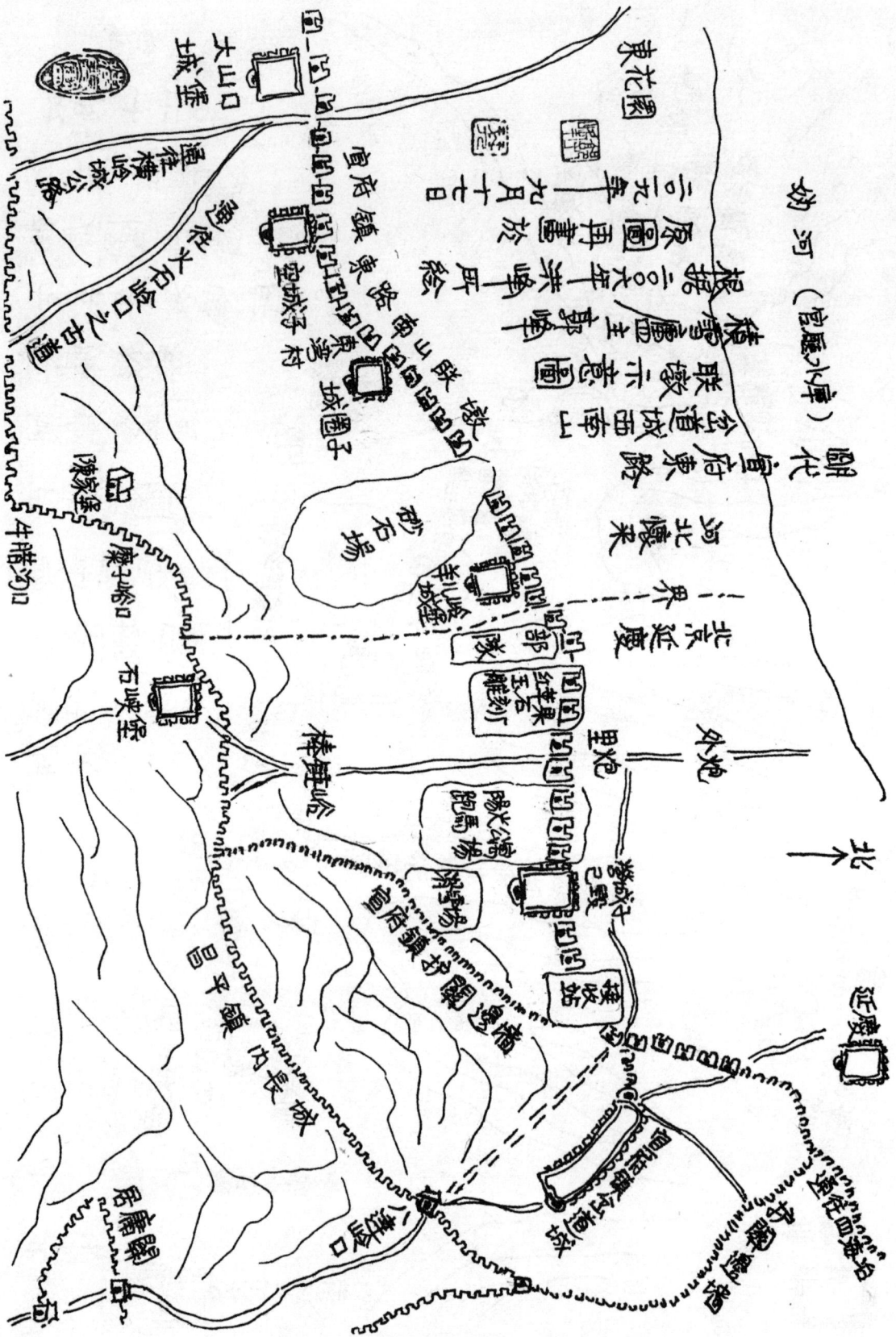

图 2　明代宣府东路岔道城西南山联墩示意图（二）

《明实录》载："嘉靖三十六年（1557）七月丙辰总督宣大、山西侍郎杨顺……复言宣府防守事宜：宣府分有五路……而隆永新设兵备，宜即以东路革属之。兵部议覆报允。"[4] 永即明代永宁县，今延庆县永宁镇。

火焰山即今北京延庆县四海镇东南、怀柔县西栅子村以北，九眼楼座落之山。

清改靖胡堡为靖安堡，俗称白河堡，今淹没于延庆白河水库。

3. 宣府镇东路南山所辖区域

南山位于宣府东路，山脊之上有昌平镇边墙八达岭、火石岭等口。

明杜齐名《南山志总论》云："南山者，东路之南也。东路之南则腹里矣，乃亦联城列戍以为边者，以其一带之边，为防护山陵耳。夫各路不守而后急东路，东路失据而后急南山，南山急则本城何为哉？据边东起四海冶之火焰山，西抵怀来南之合河口。"[5]

《山西宣大三镇图说》云："南山内拱京陵，为藩篱重地。……东起火焰山，西抵合河口，蜿蜒一带，势若龙盘。"

妫水河于延庆而西，桑干河于怀来而东，两河至怀来之南相合，形成合河口。二水合一穿山南流形成峡谷，名永定河，经北京门头沟区明代的沿河城至卢沟桥，在京形成弧线由天津海河入海。

合河口现因修建官厅水库而被淹没，其大致位置在怀来县官厅镇东北里许，周边陆地尚有墩台遗迹。

火焰墩与镇南墩之关系。宣府镇边墙原从镇南墩为起点，西距火焰山墩仅数里，两墩间原无墙体，连通边墙后从火焰墩算起。

宣大总督翁万达于嘉靖二十八年（1549）四月奏："臣往来相度，拟于镇南墩与蓟州所属火焰墩接界，塞其中空，筑墙谨三余里。"[6]

火焰墩在火焰山，后墩台包砖成楼，既今九眼楼。上文表明，当年火焰墩尚为蓟州镇所属，与宣府镇四海冶堡所属镇南墩相接，两墩仅相距三里。而后火焰墩又为宣镇所属，已不在本文讨论之内。

由上得知，宣府东路南山防线，东自火焰山起，西至合河口止。

自宣德始，大明官军懦弱，宣府以北"盖弃地三百余里"[7]。

"庚戌之变"（嘉靖二十九年，1550）后，为防护陵寝、京城，宣府又作"护关缩守之计"[8]，集中力量加强居庸外围防守。于此出现南山防线，实属无奈之举。

二、南山联墩修筑起因

宣德间，宣宗弃兴和（今张北）而退守龙门，"虏骑"越万全外之野狐岭东渐宣府。开平（今内蒙正蓝旗）遂孤悬于北，失援难守。

宣宗由是再弃开平，退三百余里而守独石。宣府遂成为居庸之外直接护卫陵寝、京师之要冲。

南山联墩属东路南山防线重要部分，其位于延庆、怀来平川之南、军都山之北缓坡地带。南部山脊之上即为蓟镇（后细化为昌镇）长城。关沟贯穿南北，居庸坐落其间，八达岭口封挡其前。宣镇岔道城与蓟镇八达岭口毗邻，踞其外仅二里许。

长城内侧，便为明陵、京城。若居庸失守，"虏骑"可于半日抵京城，其间不再有任何障碍。

嘉靖二十九年（1550），蒙古俺答领七八万骑由古北口入，至通州白河与明军对垒，先锋七白余骑竟突至东直门外。史称"庚戌之变"朝野震惊。

自此，朝廷开始大规模筑边防守。

南山联墩为兵部侍郎江东疏请修筑，其疏对修筑联墩有明确阐释。

对于修筑背景，"夫向自开平失手，兴和内徙之后，而宣府遂失门户之防，以故胡马长驱，延及堂室，难于备御。况猾虏自嘉靖二十九年（1550）内犯，由镇边城溃墙而出，愈知我中国地里之险易，兵马之强弱，时遣奸细入探道路，以窥伺内地"。

"修筑南山以安畿辅，诚经国安边大计，宣府目前急务莫有过于此者。"

"先任总督尚书许论与臣交待之时，亦拳拳以南山隘口逼近京畿，极系紧要，早宜修筑为言。"

"南山一带，实为居庸一带内口屏蔽。"

联墩西段总长，"居庸东北，自岔道西抵龙爬山止，共隘口一十八处，长亘一百零三里五十步"。

联墩计划"每百五十步筑墩一座，每二十座空内筑小堡一座"。

"通内地隘口，应该设卒守把，以防奸细者。"

"令墩军取便携家及邻近农家欲居者。"

"其隘口应添大石墙或虎尾小墙者，各宜量势修筑。"

东、西两段墩台、小堡总数量，"总计墩七百九座、墩房七百九间、小堡三十余座、大堡七座、岔道城一座"。

所耗银两，"共该用银：一十万五千七百五十一两九钱三分五厘"。

官职设置为"岔道城议设守备、兵马并仓场、官攒"。

物资"应用钱粮早赐解给，合用火器、盔甲亦宜预领"[9]。

《明实录》亦载："嘉靖三十五年（1556）三月乙丑总督宣大侍郎江东言：怀来南山隘口逼近京师，请修筑墩台御房，添设守备一员于岔道城，而以口北道参议张镐升兵备副使，无事则屯隆庆，防秋则移岔道提调守备官军。兵部复奏报可。"[10]

三十五年（1556）江东疏请筑墩，并提请升任张镐为兵备副使。

三十六年（1557）世宗根据兵部奏报，"赐山西按察副使张镐兵备怀隆"[11]，以督理、整饬南山边务。

敕谕内容："敕山西按察司副使张镐：近该宣大督抚官题称，修筑边防事体重大，乞要添设兵备官督理、整饬等因，合允所请。今特命尔前去宣府南山一带地方，计处钱粮，召选军士，查给器械，修盖营房，拨什屯田，受理词讼，禁革奸弊。无事则驻扎怀来，防秋则移守岔道。有警则公同该路参将率守备等官，严令在墩官军施放火器，力道于外。其余官军往来策应，协力战守。仍与居庸兵备互相传报，共为犄角，务期保护陵寝，奠安畿辅。所属卫、所、有司，悉听节制。尔仍听总督巡抚官节制。凡应行事宜，须呈督抚衙门会奏处置。尔素以才力被荐，朝廷特兹委用，宜殚精心力，督处停当，以固边防而安内地。斯称任使如或修筑不固，整饬不密，虚费误事，责有所归。尔其慎之慎之！故敕。"

该敕谕谆谆教诲，将兵备官责任、分工、协调、隶属关系等交代清晰。

怀隆兵备道为各地兵备道初始之设，后世沿用。

《山西宣大三镇图说·南山总图说》云：嘉靖"四十五年（1566）设参将一员驻扎柳沟，……参将所在地辖岔道一守备"。

由上文得知，南山联墩于岔道城设守备一员，听兵备副使提调。嘉靖四十五年又添设参将于柳沟城，联墩守备听命于南山参将，南山参将由怀隆兵备道提调。怀隆兵备使直接听命于宣大总督。

综合上述线索，可得出如下判断：为防护陵寝、京师，屏蔽居庸等内口，兵部侍郎江东疏请于嘉靖三十五年（1556）筑南山联墩于蓟镇长城之北、宣府东路之南。联墩西段自岔道城延长至龙爬山，属居庸外围、宣府后身防线。于此防范"奸细入探"、阻止"猾虏内犯"。联墩于岔道城设守备一员，往来指挥。

三、南山联墩之防守

南山联墩以岔道城为中心，东、西展开。其东为柳沟城所统，其西为岔道城所统。

1. 施以火器

众人虽知联墩间隙应以火器防守，然江东于疏中未曾明确，只间接提到"宜预领"火器。

墩台间隙使用火器防守，成化间兵部侍郎余子俊于《增墩凿堑疏》中便有议论："墩以十人守之，非但瞭望得真，火石亦可以四击。夫以火石所及不下四百步余，今以两墩共击一空，无不至之理也。"[12]

嘉靖三十六年（1557），世宗于怀隆兵备张镐敕谕中亦曰："严令在墩官军施放火器，力道于外。"

兵部尚书、宣大总督杨博于嘉靖三十七年（1558）《请增筑各路墩台》疏中明确道："联墩空内宽者三十丈，多者四五十丈，必须摆守之军人人能用火器。"[13]

以火器防守墩台间隙，各处均在施行："嘉靖三十九年（1560）八月甲寅，总督蓟辽尚书徐纶言：方今御虏之策，无过守险，守险之要，当于各口关城外虏所入道，对筑战台两座，或地形不均，仍相地所宜，增筑一二座。台之去墙二十步而近，每台置军十人，轮月守戍，设火器于上，贼至，以火器夹击之。"[14]

笔者以为，此应为许多关隘墙体之外，墩台、敌楼对筑之因。

火器种类繁多，如长铳、手铳、三眼铳、虎蹲炮、竹节炮、佛郎机、大将军等，则不在本文讨论之列。

2．垒以墙体

三十五年（1556）筑墩之时，兵部侍郎江东于疏中道："其隘口应添大石墙或虎尾小墙者，各宜量势修筑。"

既然联墩各隘口墙体"各宜量势修筑"，难免各处高低薄厚不一。非隘口处是否修筑墙体，亦尚未可知。

虎尾小墙之制，今人只见遗迹，未见全貌。然望文生义，再结合现场探查之情形，笔者以为亦可称其为拦墙。

其墙较之正规大墙，相对低矮疏薄。墙上无法驻足巡逻战守，因此不能阻敌攻墙，只能阻挡马队冲击、滞迟敌方攻城，及时以火器夹击之。

宣大总督杨博于嘉靖三十七年（1558）《请增筑各路墩台》疏中提议道："臣近日亲诣阅视各墩，空内已有虎尾短墙。若使推广其制，筑为大墙，则一劳永逸，为利不浅，……于本年八月十二日兴工……今年不完明年接修，明年不完后年接修。工完之日，听巡按御史阅视，明白具奏"，世宗"从之"。[15]

嘉靖三十七年（1558）杨博言"空内已有虎尾短墙"。此语同三十五年（1556）江东所言"应添大石墙或虎尾小墙"相合。

关于修筑大墙，《明实录》载："嘉靖三十八年（1559）六月癸亥总督尚书杨博条上经略宣大八事。……宣府怀、隆、永宁南山一带，西自合河口，东至横岭止，计长一百四十三里，修筑大墙，已完三百余丈，未完者宜责令摆边军士分工修筑。"[16]文中未明确具体的修筑地段。

上文所说横岭，非昌镇横岭城之横岭，乃四海冶南部之横岭，与火焰山相邻。清《畿辅通志·舆地略》地图中标为南横岭。

《延庆州志（卷十）艺文志·碑碣》载："明南横岭界石碑在州东南，弘治元年立石。"可见此地于弘治年间便立碑称为横岭。

《宣府镇志（卷十）形势考·都御史许伦防守要害论》云："四海冶上通开平大路，下连横岭，又要地矣。"上为北，下为南。

四海冶堡（现四海镇）处于谷地中，向南过海字口村上到山脊，此处大山东西横亘，其上有宽大的石墙在幽暗的密林中自西而东连绵不断，沿山脊线奔往火焰山明代营城。

火焰山营城向东里许便为火焰山墩（九眼楼），向西山势陡峭，林木茂盛，边墙虽不甚宽大，然一些地段石墙顶部竟然以城砖为女墙。

根据古籍描述，四海冶南部之山当为横岭，与火焰山相连，其上有南山石墙覆压。

"隆庆二年（1568）二月辛卯总督宣大山西都御史陈其学条上南山事宜。其略言：……岔道以东自清石顶至四海冶火焰山，宜乘春修筑墩台于柳沟等处……大山口迤东一道，为暗门者六。咫尺居庸，宜严加稽察。……兵部上其议，上皆允行之。"[17]

清石顶北部山下，便为岔道城、西拨子村一带，乃岔西联墩起始段。

上文说明，三十五年（1556）修筑联墩时，部分隘口地段已有"虎尾短墙"。三十七年（1558）始增大墙。

笔者于岔西段现场，只看到大山口有里许离的"大墙"，与隆庆二年（1568）都御史陈其学所说"大山口迤东一道"相合。

其他地段大部无墙。倘墙体偶尔出现，也矮小窄薄，或因地形改变，无法判断。虽不排除后人拆毁之可能，但岔道以东墙体遗迹高大连贯，极为明显，与岔西有显著之不同。

此说明联墩最初形态在岔东已有所改变。岔东距居庸、陵寝极近，其地位更胜岔西一筹。

现场证据表明，大墙或虎尾小墙集中于东段。其意图极为明显：更小范围屏蔽居庸、陵寝之内口。

如今众人所见岔道城—小张家口—柳沟城—二司—头司—营城—韩家口（笔者注：当地村民口音为韩讲口）一带边墙，便为当时之作。

隆庆年间，兵部尚书赵炳然《题为经理南山未备事》一疏，可为笔者观点作证。

其疏略曰："……今之联墩，曾有如岔道迤东高墙深壕、斩堑峻口、迭窖连栅矣乎？边军戍守，火器如电、将领如云矣乎？恐未及此。今安得不亟备之哉？臣等今议非敢远举，惟欲宣镇以备岔道迤东，量为西备之规。联墩拦墙，加增高厚，外壕外窖，加浚深广……"[18]

赵炳然认为岔东"高墙深壕"，岔西有所不及，冀宣镇按岔东标准经营岔西联墩。

据《卢象升疏牍·南山修筑墩台疏》，南山墩台至崇祯年间依然持续修筑。

崇祯年间，兵部尚书卢象升于该疏中亦描述岔西土墙："谨查南山一边，岔道迤西十五里，沿边倚有土墙……臣观岔道而西，合河而东，原有土筑台墙旧存遗址，近墙壕堑亦隐隐在焉。……想亦因工费之多，汲道之远，墩军难于存扎，边墙难于落成，遂中辍耳。"

个别学者认为岔东边墙为嘉靖二十二年（1543）都御史王仪所筑。王仪此时非在此任，所引证据也未查到出处。

如若已筑墙体，日后至多对其修缮，三十五年（1556）江东不会于此修筑联墩，杨博更不会于三十七年（1558）疏请将南山联墩之虎尾短墙"推广其制，筑为大墙"。

查《明实录》："嘉靖二十二年（1543）五月甲子命修筑永宁大小红门并柳沟口。"[19]

上文说明，当年只有修筑该段隘口记录，并无修筑边墙记录。岔东通往火焰山的边墙非二十二年（1543）王仪所筑。

3. 挖以品窖、壕堑

"鞑虏"除大举外，多以小股人马诱伏偷袭，杀戮明军，劫掠财物人口。

为设险防守，官军多于边墙、隘口处挖掘壕堑并品字形窖坑，以阻虏深入。南山联墩亦如是。

窖坑形制与作用，笔者查到嘉靖元年（1522）"兵部臣请于沿边要路劚窖"。其略言曰："有形之险易，无形之险难。有形之险墩垣是也，无形之险暗窖是也。其法于沿边要路分为两途，一加识别，以备我出；一为暗窖，以待虏入。窖深长八尺，阔大半，之中置木稚，上覆土茅，马践必仆，可坐收斩也。"[20]

无论其功效如何，南山联墩一线实际采用其法。

张镐于《怀隆兵备道题名记》中道：联墩"垣内外长壕限隔，品窖纵横"[21]。

隆庆年间，兵部尚书赵炳然亦称"岔道迤东高墙深壕、斩堑峻口、迭窖连栅"。

由于年代久远，又处于黄土平川地带，品窖、壕堑基本湮没，很难寻找。

笔者于延庆永宁镇东灰岭村至营城村之间的南山边墙外，看到紧邻墙体的壕堑遗迹。据当地老乡介绍，二十多年前，这里的壕堑仍然有五六米宽，两米多深。

4. 建筑土堡

军卒屯驻于堡而守瞭于墩，墩堡相济而寓于其中。

江东所请"每百五十步筑墩一座，每二十座空内筑小堡一座"，此设想并非江东首倡，只是由其具体实现于南山而已。

成化年间大学士丘　便有议论："及于众墩之间要害处立为一堡，使之统其诸墩。有事则相为援应。墩统于堡，堡统于城，如臂指之相使，如气脉之间流于外。"[22]

经笔者现场探查，岔西联墩一线共有空堡或正在使用的土堡共计九座，相间于联墩各处。

依当地村民称呼，自东而西分别为：营城子（已毁）、羊儿岭（使用）、城圈子（东湾村东，空堡）、空城子（大山口村东，空堡）、大山口（使用）、小山口（使用）、十八家（使用）、破堡（空堡）、桃三嘴（空堡，《畿辅通志》称为桃山嘴）。

也许尚有小堡未曾寻到，可疑地点为里炮、桃三嘴西南。

龙爬山旧村笔者怀疑应当有小堡，但地形复杂，无法判断。墩台沿此线路外侧修筑至龙爬山。

羊儿岭、十八家土堡目前存有包砖门洞，大山口土堡墙体有一小段包砖残存。

小堡由于规模较小，一般只于内侧面南开设堡门。如此即可减少敌方攻城危险，亦可降低筑堡费用。被当地村民称为"破堡"的小堡较为例外，其北墙另有豁口，笔者无法判断当年是否为堡门。

这些土堡的堡墙均高大厚重，且有包砖痕迹。其内部面积大小不等，较小的土堡约一亩见方。

笔者于岔道城西门沿联墩向西测量至龙爬山最西端墩台，距离共计30千米。九座土堡平均间隔为3.3千米。

5. 立以墩台

南山联墩，须立于墩台之上防守。

墩台尺寸、筑台所需工期，笔者未查到原始出处。

建筑墩台与建筑正规边墙、敌楼相较，省工省时。墩台采用版筑法，于内夯土，经久耐用，费用较低。版筑法在尧时便已出现，至今沿用。

嘉靖三十七年（1558），杨博《请增筑各路墩台疏》中曾记载一种"汉罗大墩"的尺寸及工期。笔者感觉此墩虽比联墩墩台稍大，但形制、工期雷同，在此可作参考。

疏略曰："其墩名为汉罗大墩，体制与空心无异，工价比空心少减。每座一面根阔五丈，顶收三丈五尺，身高三丈上加女墙五尺，下半截实心，平高一丈五尺，收顶四丈。每面五丈，周围二十丈。以军夫二百名筹（通算），每名日修一寸，一日修二丈，十日可完。"[23]

笔者曾测量保存较好的联墩墩台夯土实心部分，每面根阔近三丈，周十二丈，上方收顶，有女墙。若墩体包砖或石砌，会更宽些。

明代墩台、堡城墙体高度均在三丈五尺，卫城、镇城墙体会更高。若低于三丈五尺，极利于敌方攻城。在各类古籍中，极少看到三丈之墙体。

倘若联墩墩台每座比照上文"以军夫二百名筹"，约六七日可工成。

四、南山联墩之效果

筑联墩于南山，初始设想虽好，然与实际效果较有差距。其表现为：因地形之故，墩台间隙相距长短不一，以火器防守实际操作困难，武备不修，南山一带缺水严重，地势平漫无险可守。

1. 火器防守困难

嘉靖三十七年（1558），仅距兵部侍郎江东疏请筑墩两年之后，兵部尚书杨博便对联墩效果持以否定态度。

杨博《请增筑各路墩台疏》中明确道："先年守臣建议设立联墩似为得策，但联墩空内宽者三十丈，多者四五十丈，必须摆守之军人能用火器方保无虞。但有一、二庸懦参乎其间，致虏突入，为害甚重。惩前虑后，终非万全之计"[24]。

杨博所虑者，为墩军素质"庸懦参乎其间"。

南山联墩"抽怀、永、蔚、延余丁守之"[25]。守墩军人称为墩军，平日只负责守瞭与屯田。

明朝实行军户制，军户是官军的储备和来源。父亲当兵退伍后由长子接替，家中其余男丁称为军余、余丁，虽属军户，然并非在册的正规官军。

嘉靖三十五年（1556），江东上疏"令墩军取便携家及邻近农家欲居者"，此言可理解为：墩军或邻近农家愿守墩者，可携家眷守墩屯田。

明朝推翻元朝统治，"一切皆恢复中国旧制。官军屯田戍守，乃太祖、太宗定制，欲恢复春秋齐国管子制定的军队模式"[26]。

民夫于墩台守瞭，洪武年间便有惯例。

《明实录北京史料》载："宣德五年（1430）十一月戊午，监察御史刘敬奏：山海、隆庆缘山口皆置官军防守，而所在烟墩又令有司添设民夫守瞭，或七八人，或五六人，实劳民，乞革去为便。"[27]

"闰十二月辛丑，镇守山海关等处都督佥事陈敬奏：腹里烟墩用民夫守瞭，乃洪武间所设，昨皆放遣归农，请如旧制为便。"[28]

如上可见，原先使用民夫守瞭，只为传警之用。每台或七八人，或五六人。而南山联墩除守瞭外，仍须参与战守、听候号令、施放火器。有农夫参与，素质自然参差不齐，其纪律、胆气、素质、火器技巧，非农夫者一日可就。

2. 武备不修

南山联墩总量，依江东三十五年（1556）所言："总计墩七百九座、墩房七百九间、小堡三十余座、大堡七座、岔道城一座。"

嘉靖三十六年（1557），张镐升任兵备副使，在其《怀隆兵备道题名记》中言："迤西抵龙爬山，迤东尽四海冶，皆联墩山立，……凡筑墩四百六十有七。"[29]

虽筑墩实际数目较预先计划要少，然总量依旧可观。

若以隆庆、万历间蓟镇总兵戚继光"每墩设军五名"为标准，[30]需三千余人守瞭。可延伸理解为三千余户。设每户四人计，共万余人。

若以成化间兵部侍郎余子俊"墩以十人守之"，和嘉靖三十九年（1560）总督蓟辽尚书徐纶"每台置军十人，轮月守戍"为标准，联墩一带墩军民夫及家眷可两三万人。

而据《宣府镇志·卷十·亭障考》载，东路墩台"守瞭官军共一千八百八十八员名"。南山防线，只为东路一部分，人员会更少。

明自朝廷至军队上下腐败，武备不修，兵员不补，贪占饷额，私自抽调官军往他处役工现象普遍存在。

郑芸《议处隘口以重屏蔽疏》中曾描述南山一带武备不修之情形："八达、岔道势相连属。八达则军人全备，营房城垣无不可守；岔道则城坦军少全不足恃。至于火石岭等口，军止三四名，器械无一件，……不但岔道、火石岭等处坦坏如是，白羊口山外怀来卫地方，原有瑞云观、棒樵峪、东棒樵峪、西羊儿岭、大山、小山及火石岭凡七口，居庸关东路山外永宁卫地方，原有大红门、小红门、柳沟、塔儿峪、西灰岭、东灰岭、火烧岭、井泉、韩家庄、谎袍沟、张家口凡十一口，俱各大坏尽坦。先年白羊等处失事根因，实在于彼。臣不胜惊骇。"[31]

此疏作于嘉靖二十一年（1542），虽联墩未立，然南山防线脉络已较为清晰。

"器械无一件"，仅此一点便可说明上下腐败，军无战心，从意志和物质上均放弃防守。此现象亦令笔者震惊。

3. 南山一带缺水严重

兵士携带家眷于南山屯田防守，而南山一带缺水严重。

张镐于《怀隆兵备道题名记》中道："又惧守墩垣者逼于山麓，艰得井泉，俾之远汲舍外，非计也。爰命工凿井五，皆穿至二、三百尺，水瀵出，戍者、居者咸赖之。"[32]

二三百尺，相当于现今64米至96米。

南山联墩除"远汲"外，需凿井至二三百尺方可出水，"戍者、居者咸赖之"，只"凿井五"，杯水车薪也。

崇祯十年（1637），兵部尚书卢象升于《南山修筑墩台疏》中，谈及南山缺水时道："谨查南山一边……时至今日，边墙既不能筑，倘无壕以阻骑，又无水以资军，终非全策。臣已檄行该道厅急急为浚沟凿井之计……至于凿井供军，亦是目前急务……但山原高燥，募夫浚凿，深至三十余丈，始见水泉，每眼约费三四十金……"

三十丈相当于现今98米。

上文可知，南山一眼井，深挖百余米"始见水泉"，似乎无法相信，然确与八十年前（嘉靖三十六年，1557）张镐所说"二三百尺方可出水"同。

笔者于联墩西段沿途看到，因隘口形成的村落，地势相对较低，可自给水源。而大部墩台建于地势较高之缓坡处，周遍竟无一户农家居住，四野空旷荒凉。个别隘口村落由于缺水，由政府出资集体外迁，只留下空堡。

龙爬山一带现今已成为沙漠，由于地势较高，素以"天漠"著称，怀来县在此有景区和滑沙场。

明军由高层至兵士，对于蒙古马队在旷野平地冲锋，普遍无计可施，只以火器守城方可保全。

笔者以为，当年联墩设计者只考虑筑墩踞高防守，忽视水源问题，致使军未临敌便先自处险地，此兵家之忌也。

4. 地势平漫无险可守

南山联墩修筑于怀隆南部山下平川处，或漫坡，或平地。而蓟镇边墙则修筑于联墩背后南山山脊之上。双方对比，宣镇南山无险。

隆庆元年（1567），因南山无险可守，又缺水，宣大总督提出南山兵士上山助蓟镇防守之建议。蓟镇总督并不认可，双方出现摩擦，后由兵部出面调解。

"隆庆元年（1567）正月壬午，先是，宣大总督王之诰奏：南山自青石顶至合河口，一切山险皆属蓟镇，而宣镇皆断岗平麓，无复险阻，虽设联墩备瞭望，不可恃以为固。且其地无水，戍者苦之。请以步卒千人助蓟镇守边垣，使蓟镇得兵，宣府之兵得险，于计为便。"

王之诰认为"一切山险皆属蓟镇"，而宣镇南山处于平麓，即无险又缺水，于是提出步卒千人上山助蓟镇守边。

蓟镇总督刘焘自然不允，道："本镇兵马部署已定，不必增兵"，又道："联墩乃宣镇已成之业，不当辄弃。惟各守分地，庶功罪无可推诿"，明显不认可宣大总督提议。

兵部出面调停，同意蓟镇意见，道："南山为陵京藩篱，关系甚重，设有虏警，则令昌平总兵、南山参将互相策应，辅车相倚，则于各守之中，寓协守之意。"

兵部调解双方关系，又为宣镇增加马匹："蓟镇多险，利用步，宜给马三百匹；宣镇无墙，利用骑马，宜倍给。"[33]

南山"步卒千人"未曾上山"助蓟镇守边垣"，却得马六百匹。

"宣镇无墙"一句，意为南山无墙。说明南山隘口墙体此时尚未连接形成规模，或以虎尾小墙居多。

而总督王之诰所言"虽设联墩备瞭望，不可恃以为固"一句，说明联墩修筑在无险地段，非成功范例，其效果很难令人满意。

五、探访南山联墩

实地探访联墩，将史料与实地互为参照，即可验证当年修筑情形，又可了解联墩当前保存状况。笔者分三次对岔西联墩徒步探查。

1. 寻找龙爬山

当年江东言，联墩"自岔道西抵龙爬山止"。

岔道，即今延庆县八达岭三里外之岔道城。

而龙爬山此地何在？

遍阅较为详尽的延庆、怀来二县地图，均未获得龙爬山地名信息。

翻阅《畿辅通志》，该书载有怀来县地图。笔者于该书地图中发现，在怀来县十八家村以西偏南，标有"龙扒山"地名。[34]

此与"龙爬山"音同字不同。古籍中同音字经常混用，并不足奇。

对照现代地图，得知此地现名"龙宝山"。

笔者考虑，若联墩抵达龙宝山，便可证明此地与明之"龙爬山"为同一地点。之所以称为"龙宝山"，只不过因年代久远，地名发生变化而已。

笔者到达现场发现，龙宝山村实际位置在联墩防线之外（北）。联墩于其南数里处东西通过，此于古籍记载不合，于情理亦不合。

笔者存惑进村询问，方知此地称为龙宝山新村。龙宝山旧村则坐落于联墩之内、龙宝山山口以南山洼处，联墩于山口外侧向西攀上龙爬山。

人们于旧村中直接看到上山墩台。该村因缺水，几年前村民全部北迁至新村，现只三户农家居此放羊。当地村民咬定此山称作龙宝山。

经四处询问，终于搞清了原因。新村一位七十余岁老者介绍道："四清"时上面干部们感觉龙爬山的爬字不好听，群众也觉得难听，于是就改名叫龙宝山了。

农村的"四清"运动，发生在1963年。也就是说，此地于43年前便已更名。

上述证明，龙宝山便为龙爬山。

2. 岔西土边

于岔西实地探查，有土边一道（似有包砖痕迹）自岔道城西北山头（当地称为羊头山）断续向西南行至西拨子村南，再西南沿山脊蜿蜒上山，至海拔1239米清水顶，（明称为青石顶）与蓟镇（后分化为昌镇）边墙会合。

笔者以为，此墙受"护关缩守之计"之影响，于嘉靖三十八年（1559）后陆续修筑所成，至万历年间仍在修建。此非明前长城，亦非嘉靖前修筑。

关于墩台间墙体，笔者看到，大部墩台间隙被庄稼地充满，或成为田埂。土边痕迹于此间似有似无。有些地段，墩台周边已被推土机铲平。

一些地段被山水冲刷，水土流失形成沟壑，酷似黄土高原地貌，使笔者无从判断当年地貌。

许多墩台间有较高的田埂，高度一二米、宽度三四米不等，疑为当年"虎尾矮墙"痕迹。

此遗迹于大山口、小山口、十八家之间较为明显。

大山口一带有大墙遗迹，当与通往昌镇火石岭口要路有关。入火石岭口，便可经过横岭、镇边二城。

曾经"虏自嘉靖二十九年内犯，由镇边城溃墙而出"，联墩于此重点加强防守，亦在情理之中。

3. 岔西墩台

笔者实地目击联墩，总体感觉延庆、怀来二县对墩台保护较好。

笔者对照1∶50000地图（总参测绘局1970年版）认为，除1970年之前已有所缺失的墩台之外，七十年代之后墩台虽有零星损坏，但数量并无减少。

大山口至小山口之间，有一墩台被包红砖并刷上灰漆，应当认定该墩包砖属破坏文物范畴。从情理上分析，此举属于好心办坏事，领导者对于文物保护意识有待提高。

一些地段，如采砂场、营城子西、杨儿岭西等处墩台遗迹有间断。

墩台全部为夯土砌筑。一些墩台夯土层中有砂石层相间。访问村民及现场观察，墩台间隔有包砖痕迹，台下散落残砖碎瓦。

延庆段一些墩台坐落于小区、部队等大院内，无法判断数量和损毁情况，目测感觉保护较好。

于西拨子上山的边墙，与西向第一座起始墩台相距560米。其间空缺墩台，或被毁，或因此地夏季为水口通道，未筑墩。

墩台夯土实心根部，每面约宽8米。最高一座测得高度为10米。

墩台由东向西修筑，逐渐偏南，曲线行至十八家村西南的"破堡"处，开始彻底南行，于龙爬山山根大沙河处上山。

4. 岔西联墩距离

嘉靖三十五年（1556）江东曾于疏中介绍道："怀来南山一带地方，居庸东北自岔道西抵龙爬山止，共隘口一十八处，长亘一百零三里五十步，自岔道东抵四海冶镇南墩止，共隘口一十二处，长亘一百三十里零四十步，东西共计二百五十里。"

镇南墩在火焰山墩（既今九眼楼）以东偏北的黑坨山顶，相距约五六里。

笔者于岔道城西门沿联墩向西测量至龙爬山最西端墩台，距离共计30千米。

现代1里等于500米。明代1里等于180丈，两步等于一丈[35]。

明代测量距离的尺寸，1 丈等于现今的 3.27 米，1 里等于 588.6 米。

按照江东"长亘一百零三里五十步"计算，103 里 50 步等于现在 121 里，约 60 千米，与 30 千米相差极大。

岔道城在居庸关西北约 10 千米处。上文言"居庸东北"，当在岔道城以东，因此无法判断从何位置开始计算距离。岔道城除管辖西部外，东部也应管辖一段边墙，不可能东城墙下由柳沟城管辖。管辖范围可能也包括东西两侧上山连接昌镇的边墙。

嘉靖三十七年（1568）兵部尚书杨博在《请增各路墩台疏》[36] 中言："怀隆永宁南山一带自怀来合河口起，至四海冶南横岭止，东西一百四十三里，内与京师、陵寝仅有一山之隔。"

江东言二百五十里，杨博言一百四十三里，里数完全对不上。只能理解为起始点不同。毕竟横岭距火焰山墩和镇南墩尚有一段距离。一百四十三里约等于现今 170 里，笔者以为与实际距离相差不多。

因此，江东所说岔西"长亘一百零三里五十步"不能当作岔西墩台距离的标准。

5. 墩台空当间距

笔者择不曾缺失墩台的地段，测量墩台间距共 28 空，大部分墩台间距介于 160—190 米之间。测得数据为：

最窄者间距：140 米。

最宽者间距：210 米。

二者平均间距：179 米。

明代营造尺寸 3.27 米 = 1 丈。

最窄者间距 140 米 = 42.8 丈。

最宽者间距 210 米 = 64.2 丈。

共平均间距 179 米 = 54.7 丈。

上述数据表明，墩台间距因地形不同，宽窄亦有所不同。

当年江东称"每百五十步筑墩一座"，大致换算为 245 米。

杨博称"联墩空内宽者三十丈，多者四五十丈"，大致换算为 100—165 米。如此看，墩台间空当较宽处似乎曾补筑墩台。

联墩自西拨子至龙爬山下，平地海拔基本处于 530 米至 590 米之间。

过"桃三嘴"小堡之后，地势逐步升高。接近龙爬山的几座墩台海拔在 630 米上下。

联墩以北三四千米处的官厅水库，海拔约为 420 米，与联墩落差在 100 米左右。而该水库于明代尚未出现，怀来卫旧城、合河口等处被淹没于水库之下，可见当年上下落差更大。

6. 龙爬山墩台

龙爬山向西上山墩台共 6 座，山上视野开阔，可向北放眼怀来、延庆川地。因受山上地形限制，墩台间距与山下不同，在此自东向西介绍如下。

第一座：海拔 694 米，距山下墩台 250 米。

第二座：海拔 725 米，距前墩 120 米。

第三座：海拔 791 米，距前墩 200 米。

第四座：海拔 859 米，距前墩 210 米。

第五座：海拔 894 米，距前墩 250 米。

第六座：海拔 929 米，距前墩 200 米。

第七座疑似烽燧：海拔 936 米，在第六座墩台以西 260 米最高点，为一较大烽燧遗迹，与夯土墩台形制完全不同。其利用了自然山尖。该烽燧石砌，已坍塌散落，无夯土痕迹。此烽燧西部视野开阔，可直接瞭望宣府方向。

第六座墩台向西视野被此山尖遮挡。笔者考虑，此烽燧应早于联墩出现，作为瞭望山下川地之用。联墩须将此烫燧加以利用，方可视野四顾。

宣镇外捍"胡虏"，内拱京畿，实为藩篱重地。南山隘口逼近陵寝、京师，兵部侍郎江东奏修南山联墩，意图屏蔽居庸一带内口。而联墩效果最终差强人意，非万全之策，以致逐渐成为负担，不得已在联墩空当内持续筑墙，后任官员皆有弃守之心。

以联墩形式防守，前世不曾出现过。江东于任内付诸实践，乃是对新式战守的大胆尝试，此种防守形式在实践后虽发现有所不妥，然而不能因此过于责难。江东其心可赞，其情可宥。

南山联墩现仍矗立在南山缓坡下，等待着后人继续研究并保护。

洪 峰 中国长城学会学术委员会委员

注释：

1《宣府镇志·卷十·亭障考》。

2《明代蒙古汉籍史料汇编》第二辑第279页。

3 清光绪《延庆州志·卷一·城堡》。

4《明实录北京史料》第三册第488页。

5 清光绪《延庆州志·卷一·城堡》。

6《明实录北京史料》第三册第389页。

7《畿辅通志·卷七十》周宏祖之《宣府论》。

8《山西宣大三镇图说·南山总图说》。

9《宣府镇志·卷十·亭障考·兵部侍郎江东疏请修筑南山联墩》。

10《明实录北京史料》第三册第476页。

11《宣府镇志·卷二》。

12《宣府镇志·卷十·亭障考》。

13《宣府镇志·卷十·亭障考》。

14《明实录北京史料》第三册第518页。

15《宣府镇志·卷十·亭障考》）。

16《明实录北京史料》第三册第509页。

17《明实录北京史料》第三册第599页。

18《明经世文编第四册·赵恭襄文集二》第2661页。

19《明实录北京史料》第三册第342页。

20《宣府镇志·卷十·亭障考》。

21《延庆县志·卷九》。

22《宣镇府志·卷九·亭障考》。

23《宣府镇志·卷十·亭障考》。

24《宣府镇志·卷十·亭障考》。

25《山西宣大三镇图说·南山总图说》。

26 此说引自《明经世文编》第三册第2628页魏焕《论边墙》，非原文。

27《明实录北京史料》第一册第498页。

28《明实录北京史料》第一册第501页。

29《延庆县志·卷九》。

30 戚继光《纪效新书·卷之十三·守哨篇》。

31《延庆州志·卷一下·舆地·关隘城堡》。

32《延庆县志·卷九》。

33 以上数段原文均引自《明实录北京史料》第三册隆庆元年。

34《畿辅通志·舆地略七·疆域图说七》第七册第538页。

35 按蓟镇总督刘焘所说"两步为一丈，每三百六十步为一里"，见《明经世文编·刘带川边防议·修边》。

36《宣府镇志·卷十·亭障考》。

《碰撞·融合——长城文化展》的呈现与反思

王金梅

摘　要：2018 年山西博物院举办的《碰撞·融合——长城文化展》为首次国内几大博物馆合作的有关长城文化的特展。长城，本来是阻隔游牧民族向农耕民族推进的一道实体墙，但在历史的发展中，长城内外不同的文明在共同存在的过程中相互冲突、互相影响、相互交流、互相融合，长城逐渐变成了这种交流和融合的纽带与桥梁。长城内外，两大文明形成的长城文化带，逐渐汇集成为中华文明的重要组成部分。经过历史的沉淀，长城文化由长城的本体建筑发展成中华民族坚韧不拔、奋发向上的文化符号，也成为中华民族精神的象征。

关键词：农耕文明　游牧文明　长城文化带

2018 年 9 月 28 日，山西博物院与内蒙古博物院、甘肃省博物馆、辽宁省博物馆联合举办的《碰撞·融合——长城文化展》在山西博物院开展。这次展览是国内几大博物馆首次合作的有关长城文化的特展。开展后，受到各界重视，得到一致好评。

《碰撞·融合——长城文化展》的开展，源于山西省 2017 年举办的全省旅游发展大会。在会上，山西省委省政府提出打造"黄河、长城、太行"三大旅游板块的战略决策。鉴于山西长城的重要作用及地位，为充分发掘长城的边塞、军事、农牧、贸易等历史文化因素，凝练爱国主义、民族融合等主题，提升长城的保护与利用，山西博物院策划举办了此次展览。

一、长城文化内涵

长城是由连续性墙体及配套的关隘、城堡、烽燧等构成体系的巨型军事防御工程。[1] 最早修建于公元前 7 世纪，修建在中国北方农耕经济与游牧经济的交错地带，其本意是为阻隔游牧民族向农耕民族推进的一道实体墙。存在之初，长城强大的防御体系确实很大程度规避了战争，调整了各民族间的冲突，使得农耕社会在一个相对安全的空间里从事农业生产，游牧民族在和平状态下生存。但在历史的发展中，最初建造长城的目的已然逝去，长城成为规范农耕社会和游牧社会秩序的平台，不断协调两边不同生产、生活方式之间的矛盾和冲突。长城内外不同的文明在共同存在的过程中相互冲突、互相影响、相互交流、互相融合，长城逐渐变成了这种交流和融合的纽带与桥梁。长城内外，两大文明形成的长城文化带，逐渐汇集成为中华文明的重要组成部分，并在长期共同生活中，形成了中华民族多元一体的格局。"长城是中华民族的摇篮，是最早的地区性统一中心。"[2] 经过两千多年的发展和沉淀，到了近现代的中国，长城成为中华民族价值观和社会观的载体之一，长城及其代表的长城文化由长城的本体建筑发展成中华民族坚韧不拔、奋发向上的文化符号。作为中华文明重要的组成部分，长城成为中华民族精神的象征。

二、阐释思路构建

这个展览从策划到最终呈现给观众，经历了一个艰难的过程。虽然，山西的长城资源丰富，遗迹众多，雄关林立，但要把这些展示出来，难度很大。而且，山西的长城资源主要集中在明代，是社会公众都能看到的实实在在的存在，要把它在博物馆的展览大厅以文物的形式，向观众展现它的外在，通过外在的表现阐释内涵，最终让民众接受爱国主义的精神教育，对策展人员来说确实是个很大的考验。

这个展览的思路主要从以下三点来阐释。

第一，用展览的形式，给观众回答几个问题。长城是什么？它的材料来源是什么？它有怎样的功能？它在历史时期发挥了什么作用？由此又伴生了什么？这些都是我们最先要给观众解决的问题。我们用第一单元"城横西塞起东隅"解释了长城的概念，长城的主体，长城的结构，长城的功用，以及由长城伴生的驿传、牌令、驻防、武器等的出现和发展。

第二，长城文化带的阐释。长城是游牧和农耕两大文明的交流和融合带，但内外两大文明如何展示？如何在两种文化的差异中表现各种不同的交流和融合？这些，都需要我们对各地的文物藏品有一个很深入清楚的认知。在不断地与内蒙、甘肃等兄弟馆的交流中，发掘各地文物藏品的不同特点，寻找最能体现各地文化特征的文物藏品。对现有的文物藏品，充分展示其最大价值，对于不能到位的文物藏品，及时调整策展思路。对于农耕文明和游牧文明，如何用各个节点来展现，都是我们的工作和思考，并逐渐成型。我们利用现有的文物藏品，宏观讲述了游牧文明和农耕文明，通过各自的文化表象间巨大差异性，为融合和交融作铺垫，最后形成长城地带两大文明融合的高潮。对于游牧文明，通过"动物情缘""金色之恋""马背生涯""生活百态"这些独立又有代表性的文化节点来表现。在农耕文明中，我们通过"家园故土""百工兴盛""城市繁华""文人情怀"这几个典型的社会片段来展示。围绕长城内外社会文化生活的差异，逐步让观众形成一个长城文化带的概念，在这个长城文化带中，差异是局部的，更多的是交流和融合，而长城，恰恰是这种交流和融合的纽带与桥梁。所以，这个展览的重点就是民族融合。两大文明通过各种方式的渗透、交流和融合，在政治、经济、文化等各方面，有共同的文化体现，文物特征也表现了一定的趋同性。这种民族间的融合，才汇集成中华文明的重要组成部分。最后，经过历史的沉淀，长城文化由长城的本体建筑发展成中华民族坚韧不拔、奋发向上的文化符号，也成为中华民族精神的象征。

第三，长城文化与长城的保护利用如何很好的结合，一直是这个展览的难点。在一个表现文化的展览中推介旅游，这点很难把握。一不小心就会失去博物馆展览的本质意义。介于此，我们也是多次和山西省文物局领导和专家沟通，展示国家对长城保护的重视和推动，展示山西近年来对长城保护所做的大量工作。在长城保护的基础上利用长城资源，进而宣传长城旅游。

三、展览呈现方式

经过无数次向专家请教，与专业人士讨论，学习长城衍生的相关知识，吸收最新研究成果，邀请国内长城文物遗迹较多的兄弟省馆专家给予专业指导，多次召开专家会议，结合山西博物院自己现有的文物藏品优势和山西的历史地位。最后，在慢慢细化中，提炼凝结，展览结构最终形成。

首先需要给观众讲清楚长城的概念。进而让观众知道长城是农耕文明和游牧文明的结合部，长城构建维护正常的交往秩序，长城两边民族间的交流与融合，共同传承发展了中华文明。最后，党和国家领导人对长城的重视和保护，使得我们更应该保护长城，并古为今用，把长城保护利用和旅游联系起来，为山西的长城旅游做好宣传。

这个展览分为三个单元。第一单元"城横西塞起东隅"，主要展示长城的本体；第二单元"边城内外举霞觞"，主要展现长城内外两大文明，以及相互的交流与融合；第三单元"琵琶起舞换新声"，长城在完成军防设施的古老使命后，成为中华民族坚韧不拔、奋发向上的文化符号，成为中华民族的精神象征。长城的保护与利用是新时期的社会需求。在第一单元中，用筑城城砖、九边图摹本，筑长城碑等文物来表现长城是一个建筑工程；用苇苣、驿使图壁画砖等表现烽火驿传；用各地出土的武士俑表现长城的驻军系统；用冷兵器和火炮表现长城攻防的武器装备。把与长城相关的本体问题一一展示给观众。

第二单元是长城文化展的重点。长城以南是种植业，发展的是农耕文明；以北则是畜牧业，衍生出了游牧文明。首先讲述游牧文明，通过游牧生活中的各个节点，表现他们的一种生活状态。在对其文明特征的展示中，用"鄂尔多斯式青铜器"表现游牧生活中的动物情缘；用金色之恋展示游牧民族对金银制品的钟爱；用马背生涯展示马匹在其生活中的重要性；用生活百态展示他们崇拜、依赖、顺应大自然的文化形态。其次展现长城内的农耕文明，用家园故土表现农耕民族平和、自足的田园式生活；用百工兴盛表达社会的多样化、文明的进步；用城市繁华展现商业的繁荣，市井文化的盛行；用文人情怀表述文化交流和精神追求。最后讲述长城内外的融合，用政治、经济、文化等三部分来展示。政治融合用休戚与共来表现，"单于和亲"瓦当，"管女直侍卫亲军万户府"铜印、汪世显家族墓葬出土南北方文物等都显示政治上的融合，上层社会的亲和；忻州九原岗壁画墓中的出行图、胡姓郡望表等表现了中外、胡汉之间的融合；司马金龙墓葬显现中国南北方的融合。经济融合用融通互惠来展示，《兑钞图》壁画、贞祐宝钞钱版、彩绘骑驼俑和陶骆驼、商旅图壁画等展示了商贸交流的繁盛。用景教金十字架、波斯银币、集宁路古城出土各窑口瓷器展示长城作为丝绸之路及草原丝绸之路上的贸易点中的中西方的融合与交流。文化融合用多元共融来展现，在不断的交流融合中，长城两边民众的生活方式、日用器皿、宗教信仰逐渐相趋一致，形成了独特的长城地域文化。杜首、牛耕形象全国各地的出土、移风易俗的辽瓷、辽三彩受唐三彩的影响变化、关公真武等宗教信仰的趋同，成为长城文化融合的重要组成部分。

第三单元长城已然成为中华民族精神的象征。首先，是长城保护。党和国家领导人对长城保护的重视，用题字、参与长城保护活动的图片的方式展现，党和国家领导人的呼吁与倡导使得"爱我中华，修我长城"成为一种社会新风尚，极大地推动了长城的保护，也使长城旅游出现热潮。其次，是长城旅游，主要展示山西的长城旅游。通过报纸、网络、电视节目等形式的媒体宣传，积极推动了"黄河""长城""太行"三大旅游板块。山西长城板块旅游集散分布图和产品布局图，为长城旅游提供最快捷的路线方法。文博单位长城资源保护的积极推动、落实，为长城成为发展旅游产业重要资源的基础和保障。长城的保护及利用是时代要求，符合习总书记的指示精神，符合保护文物功在当代、利在千秋的大局观。

四、展览的再思考

虽然这个展览已经达到了当时举办的目的，但还是有一些不足存在。应该在展示长城的本体中，用动漫的形式展示长城的构建解体图，能更形象生动地向人们展示长城中的烽燧、堡垒、马道等，普及长城的基础知识，增加展览的趣味性。还应该增加长城保护现状的场景，"带城砖回家"，使观众在长城文化的震撼中，看到长城保护的现状，油然而生想要保护长城，守护长城文化的情感和冲动。也应该和更多相关的长城文化遗存单位联系，收集采纳更多的文物藏品，使展线上的文物能更好的表现长城文化的外延和内涵，表现长城文化带中两大文明的碰撞与融合如此等等，由于时间、展期、经费等各种原因不能一一实现，留下一些遗憾。

长城，不仅给予我们无尽的文化享受，更多的是给予我们精神上的指引。我们要全面的解读它、理解它，并用大众喜闻乐见的方式展现它、传达它，准确把握它的外延和内涵，让更多的观众亲近长城，在潜移默化中接受长城文化，才能很好地达到我们这次展览的目的。

王金梅　山西博物院副研究馆员

注释：

1 董耀会,贾辉铭等.中国长城志总述[M].南京:江苏凤凰科学技术出版社,2016:9.
2 李凤山.论长城带在中国民族关系发展中的地位[J].中国史研究,1998(2).

参考文献：

1 董耀会,贾辉铭等.中国长城志[M].南京:江苏凤凰科学技术出版社,2016.
2 费孝通等.中华民族多元一体格局[M].北京:中央民族大学出版社,1999.
3 韩茂莉.中国北方农牧交错带的形成与气候变迁[J].考古,2005(10).
4 李凤山.论长城带在中华民族关系发展中的地位[J].中国史研究,1998(2).
5 孙志升.中国长城[M].北京:中国文史出版社,2005.
6 中国长城学会.长城国际学术研讨会论文集[C].长春:吉林人民出版社,1995.
7 许嘉璐.让雄伟的长城走向世界,把完整的长城留给子孙[M].北京:长城出版社,2006.

长城文化旅游融合研究

白翠玲　杨立红　李开霁

摘　要：长城文化和旅游融合具有天然的适应性。在回顾理论研究的基础上，从技术、产品、业务、市场和产业等层面对长城文化旅游边界和形态进行分析，构建长城文化旅游融合机制，总结长城文化旅游的融合模式，分析长城文化旅游融合中的存在的问题及原因，提出通过优化体制构建引导产品和业务进一步深度融合，最终形成市场和产业融合的发展路径。

关键词：长城文化　旅游　融合

一、研究背景

2016 年，国务院印发了《"十三五"旅游业发展规划》，其中的长城生态文化旅游带是国家精品旅游带之一。随后，多地也提出长城文化带或长城经济带建设战略。2017 年，中共中央办公厅、国务院办公厅印发的《国家"十三五"时期文化发展改革规划纲要》就明确提出，我国将依托长城、大运河等重大历史文化遗产，规划建设一批国家文化公园，形成中华文化的重要标识。2019 年 1 月召开的全国文化和旅游厅局长会议上，文旅部进一步表示，我国将重点打造长城、大运河、长征三个主题的国家文化公园。以长城保护为前提的文化遗产 + 文旅融合的创新发展模式是长城经济带和长城国家文化公园建设发展的目标（董耀会，2019）。

在知网中输入"文旅融合"和"文化旅游产业融合"，筛选 700 篇参考文献，从研究结果可以看出，文化融合的研究起步较晚，但对于旅游融合现象的研究较早。从旅游产品角度的研究早于产业角度的研究，而文化与旅游产业的融合研究则开始于 2006 年，尤其是 2015 年之后，研究范围不断扩大，研究的成果也日渐增多。研究关键词多在文化产业和旅游产业融合、全域旅游、乡村旅游和乡村振兴、研学旅游、博物馆旅游等方面对融合过程中存在的问题和对策研究较多。

输入"长城旅游"关键词，有 180 篇参考文献。从 1990 年开始有研究，2000 年后成果逐步增多。按照关键词来看，对长城旅游开发、旅游资源、旅游公路、长城沿线、长城文化和旅游产业研究较多，但是对长城文化旅游融合的较少，融合模式的研究则更少。

长城作为世界文化遗产，与旅游融合具有天然性。自从 1984 年遗产廊道概念的确立，其后，部分学者开始关注遗产与旅游系统的融合。代表著作有罗哲文先生（1982）的《长城》。董耀会（1990）提出"长城行"特种旅游，开创长城旅游研究之先河。

二、长城文化旅游融合动力机制

从已有研究来看，个性化和多元化的市场需求引导着旅游企业对现有旅游产品进行改造或打造新的旅游产品，是文旅融合的决定因素和内在动力。信息技术的快速发展对旅游企业的经营管理模式、组织形式、流通渠道和盈利模式等各方面都产生了深远的影响。政府是推动文旅融合的催化剂。中国长城文化遗产的保护与开发具有更为明显的政府推动的特征，长城作为中华民族文化 IP，受到了国内

外旅游者的青睐，通过旅游活动而广为传播，塑造了良好的文化形象。技术创新不仅奠定了数字技术融合基础

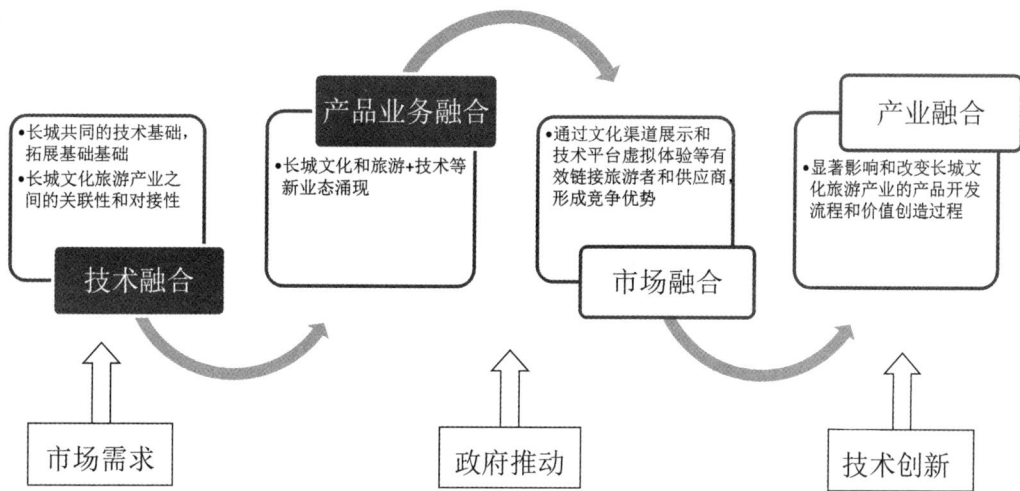

长城文旅融合动力机制图

三、长城文化旅游融合形态

从资源和产品两个维度，按照资源和产品是新兴还是传统的，分成4类，即传统资源＋传统产品构成传统的观光型旅游景区，传统资源＋新兴产品形成传统长城景区的升级换代革新，新挖掘的资源＋传统产品形成新兴观光，新挖掘资源＋新兴功能形成全新业态。

传统资源＋新兴产品——传统景区的升级换代革新，不断丰富产业内涵，在"吃住行游购娱"等传统节点上加入"商养学闲情奇"等新功能，实现长城文化旅游景区生命周期稳定期的再次创新。

新挖掘资源＋传统产品——产业融合，主要是在旅游资源泛化的基础上，传统的自然旅游资源和人文旅游资源的之外的其他资源，纳入到旅游资源的范畴内，主要表现在产业融合上，如农业＋长城文旅，新技术＋长城文旅旅游的静态观光产品的开发供给上。这一类新业态拓展了旅游产品供给的范围，满足了市场多范围的视觉观光和感官体验的需求，但缺乏深度融合产品。

新挖掘资源＋新兴功能——全新型主要体现新兴资源的体验化设计上。主要包括两个方面：第一，"吃住行旅购娱"传统要素的旅游资源化，新兴资源经过体验化设计，成为核心吸引物。"吃住行游购娱"六大要素衍生的业态，还包括旅游新六要素"商养学闲情奇"，集中在一起形成新的旅游综合体。第二，新挖掘资源的深度体验化，如技术＋旅游的VR体验园，电影＋旅游集休闲度假功能于一体的长城小镇等。

四、长城文旅游融合模式

长城文化与旅游的融合也就基本上遵循了技术融合、产品融合、市场融合和产业融合的路线，是一个逐渐演化。长城文化旅游融合更多的是从技术方面的融合、产品融合再到市场融合。在长城保护、修复等技术提供的基础上，进行旅游产业要素的叠加，形成长城文化旅游产品，在旅游市场上具有独特的吸引力。

1.资源驱动下的渗透融合模式

长城文化遗产作为优质的旅游资源，驱动着长城文化与旅游的融合。这是一种双向性的渗透融合，率先突破双方产业边界，在技术、观光产品和观光市场等全方面融合发展。最终形成你中有我，我中有你的格局。但该种融合程度较浅，长城本体作为文化的载体和观光旅游的对象，并没有进行文化产业的链条化发展，旅游产业的要素叠加也是相对比较初级的。

2.产品驱动下的重组融合

随着长城旅游的发展，在长城文化旅游景区中文化业态中体现旅游要素功能，满足旅游需求，形成

博物馆景区、长城文化演艺、长城文创产品等文旅融合创新产品，最终形成新的业态。

3. 市场驱动下延伸型融合

长城旅游发展过程中，延伸型融合主要通过产业之间的功能互补或市场延伸来实现，该融合往往发生在相关产业的边界或是在产业链自然延伸的部分。比如长城文化不断挖掘，并通过新的载体进行传播，并形成系列衍生品，面对"主客"和"研游"，最终形成新的产业体系。

五、长城文化旅游融合存在问题

1. 文化旅游融合普遍，但渗透融合较多，重组和延伸比重较低

目前，"长城文化＋旅游"非常普遍，全国形成 100 多个景区。但二者或多者之间融合大多停留在渗透融合阶段，产业形态没有改变，以原有的形态吸引旅游者，与旅游产业其他要素简单的叠加，缺乏深度融合。观光型旅游产品多，真正整合资源、延伸产业链条，创新度高的产品还比较少，产业结构调整还需要进一步加强。

2. 传统旅游景区的融合主动性还不够

5A 级景区是区域旅游发展的极点，呈现出强大的吸引力，使各种资源在空间上富集，产业融合的动因也以旅游产业作为主导产业的融合，旨在丰富和拓展旅游景区的各种功能，融合程度比较深。但 3A 级以下景区的同质化现象就比较突出，产品创新不足，不能满足游客多层次、多样化和高文化品位的需求。非 A 旅游产品创新不充分，融合整合创新待提高。同时，传统长城文化旅游景区对文旅融合的主动性和进展不高，更多的是"被融合"。进行产业融合的动力不足，旅游项目的综合效益没有充分挖掘，旅游企业的升级换代发展较慢，驱动系统和机制还没有有效运转，形不成良性循环。

3. 长城文化旅游融合同质性较高，产品品牌识别度低

从长城文化旅游产业融合的类型来看，融合形式大体相同，导致产品的同质性较高，可复制性强，特色挖掘欠深入。营销力度不够，市场认知不足，缺乏统一品牌塑造的意识。

4. 企业组织形态变革尚处在初级阶段

在旅游云、智慧文旅建设中，多以旅游营销为主，在智慧管理、智慧服务和智慧体验等方面明显不足。同时，新技术与旅游的融合而形成的旅游产品基本上集中在声光电的表演场景设置上，有创新性内涵的产品缺乏，企业组织与新技术的融合不足，不能实现旅游企业的组织形态的变革。

六、长城文化旅游融合策略

1. 牢固树立宜融则融、能融尽融的原则

牢固树立融合发展的理念，坚持宜融则融、能融尽融的原则，着力推动长城沿线的文化、农业、工业、商业等与旅游的深度融合。这取决于三个条件。第一，从产业层面来看，要打牢产业融合发展的产业基础。如文化与旅游的融合需要文化产业蓬勃发展，这是融合的基础。第二，从市场需求层面来看，要满足游客的需求，只有满足旅游者需求的旅游产品才能为市场所接受，这是融合的动力。第三，要解决产业融合的技术问题，如文化创意、市场策划、旅游规划等方面能否引导融合，并有专业的从业人员进行落地实施。建议在融合过程中一定要诊断条件，确定融合的可行性。

2. 增强长城文化挖掘，提升长城文化资源传承载体和展现手段

实施"长城记忆"项目，抢救性发掘整理民间流传的长城文化故事，以情景再现形式叙述发生在长城地区的重大历史事件及对中华文化产生的影响。优化长城文化遗产的传承载体，增建续建一批特色文化博物馆、遗址博物馆、陈列馆、展览馆，探索遗址类长城现场展示阐释手段、技术，建立规范、统一的长城价值、内涵展示标识及讲解导览体系，分级分类建设长城文化主题博物馆。探索"互联网＋"、AR、VR 等互联网、数字化展示手段，形成特色突出、互为补充的综合展示体系。

3. 认定长城文化线路，构建长城文旅产品品牌体系

依托长城沿线及周边道路系统，连接河北长城国家文化公园，依据文化内涵设定大跨度、主题鲜明、

精品文旅资源丰富的文化旅游线路，认定形成国家精神文化线路、红色革命文化线路、山海城文化线路等主题线路，促进长城从分散的地理资源空间转变为具有文化符号意义的线性公共文化空间。建设长城品牌餐饮、住宿、娱乐等产品体系。

4. 加强长城沿线公共服务系统建设，提高主客共享能力

加强长城沿线旅游公路建设，建设长城绿道系统。按旅游绿道标准分期分批建设或改造提升长城旅游公路环线和支线，串联沿线的乡镇、村庄、遗产点段和景区，建设景观路、风景道、健身步道、自行车骑行道、长城驿站和观景平台。构建长城文化解说系统，完善旅游公共服务配套。在长城景区合理设置旅游咨询中心，游客集散中心、分中心和集散点，游客服务设施应兼具长城遗产、长城文化展示阐释功能。设置区域性旅游应急救援基地，以及休憩健身、旅游厕所等旅游公共服务设施，改造提升沿线景区水电、安全消防、医疗救援等应急设施，科研、会展等公益设施，宾馆、酒店和文化消费等必要商业设施，推进绿色能源使用，健全标准化服务体系。

5. 打造视觉形象识别系统，实现整合营销

打造视觉形象识别系统。推出长城统一运用的长城文化形象标志，广泛运用在沿线的解说系统、宣传促销活动、员工服装和行为，串点成线、联线成片，打造广为人知的视觉形象识别系统。建立长城旅游市场推广联盟，开展长城旅游品牌塑造和推广。

6. 加大投资力度，合力推进，构建多部门多地区联动机制

加大投资力度，联动各个部门，促进长城沿线各个区域共同推进旅游产业的融合创新。会同相关部门，对新业态完善标准体系、认证机制；联合交通、文化、体育、卫生、商务、教育等部门，对新业态项目建设、政策落实、资金使用等情况进行跟踪、督导、检查和评估等。

7. 提升从业人员素质，为产业融合提供内生动力

提升旅游从业人员素质。第一，发挥旅游类教学指导委员会作用，依托高校，校企合作，共同设置相关课程，加强旅游急需人才的培养和输送。第二，加强行业培训，对现有人才进行培养，采用请进来、走出去的方式，兼有现场教学和主题讲座，提升其旅游理论知识和能力。第三，发挥协会职能，组建旅游新业态智库，为长城文化和旅游高质量发展奠定基础。

白翠玲　河北地质大学教授
杨立红　河北地质大学研究生
李开霁　河北地质大学研究生

参考文献：

1 董耀会. 雄安带动长城文化经济带发展的引擎作用之前瞻 [J]. 河北地质大学学报, 2019, 42 (01)：127—129.
Rosenberg N.Technological change in the machine toolindustry, 1840—1910[J].The Journal of Economic History, 1963, 23 (4)：414—443.

2 Stieglitz N.Industry dynamics and types of market convergence[A]//Carlsson B.Paper to be Presented at the DRUID Summer Conference on "Industrial Dynamics of the New and Old Economy—Who is Embracing Whom?" [C]. Copenhagen/Elsinore, 2002：342—350.

3 Lei DT.Industry evolution and competence development：The imperatives of technological convergence[J]. International Journal of Technology Management, 2000, 19 (7)：699—738.

4 张凌云. 旅游产业融合的基础和前提 [J]. 旅游学刊, 2011, 26 (4)：6—7.

5 郭为, 许珂. 旅游产业融合与新业态形成 [J]. 旅游论坛, 2013, 6 (6)：1—6.

6 Fai F., Tunzelmann N. V.Industry—specific competencies and converging technological systems：Evidence from patents[J].Structural Change and Economic Dynamics, 2001, 12 (2)：141—170.

7 张辉, 黄雪莹. 旅游产业融合的几个基本论断 [J]. 旅游学刊, 2011, 26 (4)：5—6.

中国兵书对讲好长城故事的重要价值浅析

黄 益

摘 要：理解长城精神文化内涵，需要建立在懂长城的基础上。长城的修建和使用与军事紧密相关，只有真正懂得中国古代的军事思想，才能较好地实现对长城具体功用的分析，并讲好中国长城故事。理解中国古代重要的军事思想，从兵书着手是比较稳妥的方式。本文简要梳理了中国兵书的特点及其整理的基本情况，重点阐述了兵书中所彰显的守国保民思想，以此说明长城的修建与使用重在备战而非战争，重在与政治、经济等领域的协调互动，进而说明理性看待长城的重要意义与价值。

关键词：长城文化 兵书 守国保民 整体布局 协调互动

讲好长城故事，是解读和宣传长城精神文化的重要组成部分，而要讲好长城故事，便需要讲故事的人懂得长城在中国古代到底发挥了怎样的历史作用。众所周知，长城的修建和使用与中国古代军事思想有着密切的关系。基于此，对中国兵书略作梳理，从中拎取中国古代军事思想的常态与变量，有助于我们静态与动态结合，观察分析长城的具体功用，进而为讲好长城故事奠定坚实的基础。笔者不揣固陋，抛砖引玉，试以此略作爬梳。

一、中国兵书的特点及其整理基本情况

谈及中国兵书，很多人立即想到的是《孙子兵法》《武穆遗书》《武经总要》等重要军事典籍。事实上，中国古代的兵书种类繁多。由于这类图书致力于实用，多出自军武人士之手，除少数出自儒将之手的作品外，多数军事文献的文采一般，且不一定能结集成册，史料散布于中国古代典籍中的经、史、子、集各处。

所幸的是，基于工作的需要，有心之士会对相关文献进行初步的搜集，并按一定的顺序和规范编排整理，形成具有一定特色的兵书。如清朝"身隶旗籍，职厕兵官"[1]的恒龄，在其治军的过程中，不断阅读并摘抄与军事有关的思想和方法，纂辑成《知古录》一书，以兵法通论、内篇性情和外篇事功进行梳理总结，以军人的眼光选录历代军事史料，重视实用。在择选文献的过程中，恒龄特意附录了英勇御敌的妇女"以愧须眉"，搜集了古代骄横无礼、贪生怕死的古代将帅作为反面人物，作为统军者的鉴戒。尽管历史上《知古录》这类典籍多有重复，却因为每一位整理者的知识面存在差异，搜集和整理资料时所见不完全相同，摘录并整理的过程中存在剪裁失当之处，但类似的整理使兵书典籍呈现出富赡的特点。1988 年，解放军出版社出版了《中国兵书知见录》，著录中国古代兵书 3380 部，其中含存世兵书 2308 部，存目兵书 1072 部[2]。该书详细刊载了存世之书的卷数或册数，甚至标明了页数，对藏书单位进行了编号，对于确实知道藏书处的图书均标注了藏书处。充分利用《中国兵书知见录》的资料，可以略见中国兵书的大致面貌。《中国兵书知见录》出版之后，许保林先生在《中国兵书知见录》的基础上，著《中国兵书通览》，择要介绍中国兵书，体现中国兵书的整体状况[3]。两书的相继出版，为中国兵书研究奠定了基础文献，初步展现了中国兵书宏富的特色。

当然，《中国兵书知见录》《中国兵书通览》两书存在的可以提升的地方也是相似的。

第一，为整齐篇章，刻意排除了部分本应入选的典籍的部分章节。《周易》中的《师》《同人》《离》《晋》四卦；《尚书》中的《汤氏》《牧誓》《费誓》《秦誓》《甘誓》等；《周礼》中的《夏官》；正史各书中的《兵志》以及相对较大规模的政书、类书中的论兵部分。《周易》《尚书》《周礼》乃至成书于春秋战国至两汉的其他图书如《墨子》《管子》《吕氏春秋》等图书，由于当时留存的信息相对较少，连帝王赐书大臣都有可能单篇，如不能将这些篇章略作节选，不足以体现文献较少的时候兵书的基本状况。至于隋唐以降，随着印刷技术的出现和图书刻印流传的便利，出现了一批集大成的作品，《册府元龟》中的《将帅部》和《古今图书集成》中的《戎攻部》等，其内容比一般兵书更全面系统，更值得推荐和介绍。一些图书，虽然整体上并不是兵书，但其中部分篇章抽取出来，便能单独成为重要的兵书，如《长短经》卷九《兵权》，从出兵、练士、结营、道德、禁令、教战、天时、地形、水火、五间、将体、料敌、势略、攻心、伐交、格形、蛇势、先胜、围师、交通、利害、奇正、掩发、还师共24个角度，将将帅需要注意的方方面面进行了综述和分析[4]。上述各类文献，如果能较好地纳入考察和著录的范畴之中，则能更好地体现中国兵书的总体面貌。

第二，存在部分图书的失收。《汉书·艺文志》在杂家类中有一本书《子晚子》，其注释明确说明，"齐人，好议兵，与《司马法》相似"[5]。《司马法》是中国古代著名兵书，相传为司马穰苴的作品。司马穰苴在《史记》中有传，齐国相国晏婴高度评价他"文能附众，武能威敌"[6]。该书并非司马穰苴所著，《史记》中明确指出："齐威王使大夫追论古者《司马兵法》，而使穰苴于其中，因号曰'司马穰苴兵法'。"[7]《隋书·经籍志》将该书著录为"司马穰苴撰"，存在两个信息上的失误。第一，司马穰苴的家族本姓陈，祖先入齐国后改姓田，"司马"并非姓。第二，"司马"所指代的是官职。穰苴的职位是大司马，是齐国众多司马之一。本书的真实状态是：尽管该书包含了部分穰苴的观点，全书还包括另外两批人的观点和意志，一是齐威王与参与编此书的大夫们的观点和意志；二是此书编纂以前其他司马的优秀思想和观点。李靖曾高度肯定《司马法》，认为："今世所传兵家者流，又分权谋、形势、阴阳、技巧四种，皆出《司马法》也。"[8]《子晚子》三十五篇，具体内容未见，全书或已佚。该书很可能是当时稷下学士撰写。这本书失收最可能的原因是作者搜集和整理资料时，更侧重以现有图书馆的藏书寻找，对历史上留存下来的目录书并未进行全面系统的爬梳与分析。

第三，著录图书的过程中，由于多个图书馆对同一种图书的时间定位方式不同，导致同一本书著录的年代各不相同。秦汉之际，黄石公授奇书给张良，是为人们常提的《黄石公三略》《素书》等。这些书，随张良去世而在世界上消失，直至从张良墓中发现，北宋宰辅张商英主持将其刊刻出版。在著录的过程中，有的列入宋朝，有的列为西汉，收藏机构或据写成年代，或据刊刻年代，均有所据，不能苛责。但在将这些图书进行重新编排整理时，则应有所统一。

第四，有一部分文献属于可以列入误收的序列。《汉书·艺文志》中，将《蹴鞠》列入兵家，是基于军事训练中增加了蹴鞠这类运动。《隋书·经籍志》中，将《棋势》《投壶经》《双博法》《弹棋谱》《象经》等列入兵家，同样有将训练军事将领思维逻辑和士兵部分技巧的图籍纳入兵书的倾向。

做事不易，挑错不难。提出许保林先生等人积十余年乃至更长时间完成的相关工作的毛病，只是期待带着笔者对许先生等人所做出的成就深深的敬意为此略添砖瓦，微扫除尘。直陈问题，是为了让更多学者在借助兵书图籍进行相关研究时，进一步关注中国古代各类目录典籍，按图索骥，翻阅典籍，庶可保证不遗失优秀兵书图籍，也对军事相关领域做到不缺失、不误植。

二、中国兵书彰显的守国保民思想

在人类社会发展的进程中，战争始终相伴相随。这与人类社会发展的过程中，必然会因领地扩大、流动迁徙而发生利益纠葛，甚至因此发生暴力冲突有关。有冲突，就有战争，有战争，就会因此产生一批优秀的人物，为了保护自己所在团体的利益，形成各种战略、战术。明代茅元仪曾从他当时所见的二十一种正史中，摘录出 613 则战例，充分体现了中国古代战争中的奇谋要略。[9]

当然，将领如果仅仅懂得军事，仍旧只是普通将领。范仲淹在与狄青郊游的过程中，曾经很明确地将《左氏春秋》交给狄青，提醒他："将不知古今，匹夫勇尔。"[10] 范仲淹让狄青学习《左氏春秋》，是为了让他更好地了解中国整个社会发展演变的历程，以及在这个发展演变历程中，应该如何与政治相匹配来达成军事战略和军事思想的践行，实现用兵之精妙。关于治学路径，张之洞曾经说过："由小学入经学者，其经学可信；由经学入史学者，其史学可信；由经学史学入理学者，其理学可信；以经学史学兼词章者，其词章有用；以经学史学兼经济者，其经济成就远大。"[11] 这也是笔者曾撰文提醒期望在长城研究领域取得突破的学者宜留意的问题：熟读经史，再谈长城。

纵观中国兵书所体现的军事思想，便不难看出，不少兵书正是有胆有识的将领在阅读中国古代经典的基础上，充分结合军事领域的实际情形和所处朝代政治的真实状况，完成的具有一定水准的务实之作。战乱纷纭之际，君王、宰相有的时候直接掌握军政全局，也必须充分借鉴此前留下的大量兵书，甚至自己组织撰写兵书。被诸葛亮称为"智计殊绝于人，其用兵也，仿佛孙吴"的汉末宰相曹操，只要有时间便会努力学习，对孙武推崇备至。他说："吾观兵书战策多矣，孙武所著深矣。"[12] "多"说明其阅读的广博，"深"说明其对《孙子兵法》的肯定。无论帝王还是将相，只有在平时认真研究方略，才能胸中蕴集百万雄兵，用时安详闲雅，调度从容，指挥持重。

根据历史的流变阅读相应时代的兵书，不难发现社会发展对军事思想的影响，也不难看到随着社会政治、经济的发展，军事设施的发展变化。尽管直接分析和论述长城整体布局和长城攻防战略的图书罕见，但综合阅读中国自古至今留存下来的兵书，不难看到中国军事思想的分期及其对长城修建与使用的影响。

在中国古代历史上进行军事思想的辨析，主要是结合三方面的发展变化历程来综合分析。第一，社会政治经济的发展状况；第二，军事发展的基本状况；第三，兵器发展的基本状况。从社会政治而言，中国古代整个社会逐渐从英雄崇拜和英雄领导转向群体领导。从血缘政治转向宗法一体化社会。从经济而言，整个社会由于生产力的发展和人口的增加，社会分工越来越明确，对土地的依赖渐渐减轻。这些变化，均在影响着军事将领对战略形势的评估。从军事发展的基本状况来说，西周时确定的礼法制度，战争以车战为主。到春秋战国争霸争强阶段，骑战和步战渐渐取代车战。从军事武器的变革来说，从使用简单武器石头、棍棒的对抗，到各色冷兵器的使用，再到热兵器加入战争，再到现在越来越明确的核武器对抗、信息战等，军事战略思想无不在发生着或急或徐的各类变化。还有一些学者习惯使用历史断代方法，或分为古代、近代、现代，或分为先秦、秦汉、三国魏晋南北朝、隋唐五代、宋辽金元和明清。这种分类方式，也能看出军事思想的一些变化，但从单独看军事思想的变革来说，这种分类方式略嫌简单。

根据各种不同的军事思想分期标准的综合分析和评判，从中拎取与长城军事攻防有关的信息资料，不难看到，影响中国古代不断修建和使用长城的军事战略思想，主要有以下几方面。

第一，敬天保民思想是中国选择和平的基础。

从有文字记载的历史来看中国古代的政治，不难看到，中国古代的帝王很重视强调自己的"天子"身份，比较明确地认为自己的统治受命于天，是得到上天的任命和先祖的护佑，来管理和统治一方百姓。《左传》在哀公三年记载："国之大事，在祀与戎。"[13] 在国家发生各种变化的时候，君主均会展开占卜、祭祀天地与祖先等活动，以求获得祖先神（鬼神）和天神的护佑。兴师时祭祀鬼神，是中国古代出征前必有的程序，仪式极为隆重。在陈述兴师的理由时，也往往是"吊民伐罪"，说明对方失去了天的护佑，而己方的行为正好是"恭行天之罚"。

至迟在西周时的文献资料中，天子代天保民的观念逐渐越来越明显。在文献典籍中，越来越强调仁、义的重要性，强调君主和统治者败坏道德的言行和虐戮无辜百姓的做法，均是悖天之举，应该予以严肃讨伐。"能以众正，可以王矣。"[14]《周易》中强调，"师贞丈人吉"，力倡战争的正义性。上文所提《尚书》中的《汤氏》《牧誓》《费誓》《秦誓》《甘誓》等文献，堪称中国战争檄文和动员令的先河。而汉武帝《轮台诏》、明成祖朱棣放弃北伐等文献信息，则从反面强调罔顾天命、穷兵黩武的必然后果。

强调战争的正义性，强调仁、义，最终所落实的是政治上的德政、军事上的地利考察，战略上的量力而行，战术上的士气鼓动。在商汤伐灭夏之前，进行了充分的德政宣传。在狩猎时，"汤出见野张四面。祝曰：自天下四方皆入吾网。汤曰：嘻，尽之矣！乃去其三面。祝曰：欲左左，欲右右，不用命乃入吾网"[15]。这一"网开三面"表达，让天下诸侯钦服，认为商汤对禽兽均能有仁爱之心，这是天下至德之人。至德之人，奉天保民，自然无虞。当然，并不是所有的诸侯都能完全听命服从，总有一些不那么愿意听指令的诸侯存在，葛伯便是其中之一。商汤与葛伯所统领的土地相邻，葛伯缺乏对上天的敬畏，不进行祭祀。商汤问葛伯为何不祭祀，葛伯说缺乏用于祭祀的牺牲。于是，商汤给葛伯送去牛羊等祭品。葛伯直接将这些祭品吃掉了。商汤又问：为什么不祭祀？葛伯回答：没有供祭祀用的各种谷物、酒品和盛这些的器皿。于是，商汤又派人去帮助葛伯耕种土地。葛伯率众强抢，不服的百姓因此被杀，被杀的甚至有弱小的儿童。这个故事记载在《孟子·滕文公》中，即《尚书》所谓的"葛伯仇饷"。商汤以此出兵征伐葛伯，取得了葛伯的土地。而这一事件的结果，是舆论纷纷认为商汤正义，他不是为了占据土地，而是为了保护民众，得到的效果是其周边民众均期望商汤出兵征伐，而商汤也顺势而为，"十一征而无敌于天下"[16]。

正是在敬天保民思想的影响下，古代中国不轻易发动战争，发动战争的目的也很明确地指向保护更多民众的享有相对的平稳和安乐。

第二，战略的极致是"不战而屈人之兵"。

尽管战争的发生不可避免，但随着军事行动的展开，国君和统帅均充分认识到了战争劳民伤财的问题，以战养战的方式于整个社会的安定团结有百害而无一益。

《孙子兵法》的作者孙武为吴国的兼并战争功劳卓著，但他更重视民众气力的蓄养。当吴王阖闾于周敬王八年（前512）准备攻打楚国时，孙武很明确："民劳，未可，待之。"[17]虽然在诸侯纷争的时候，仍不忘休养生息。而《孙子兵法》中所指出的最高的兵法是"不战而屈人之兵"[18]。在《孙子兵法》中，"不战而屈人之兵"是通过非战的手段让敌方丧失战斗力，确保己方取得战斗的胜利。但在后来学者的使用过程中，逐渐转化为不需要双方兵刃交锋，便能实现让敌军屈服的目的。这种在一些学者看来比较耽于幻想的、比较不切实际的战争谋略，在后期政治和军事的实践中，经过对其功能诉求的微调，强调"全胜不斗，大兵无创"，即《六韬》所请强调的运谋、藏机，与此相类。"鸷鸟将击，卑飞敛翼，猛兽将搏，弭耳俯伏，圣人将动，必有愚色。"[19]经过一番转化，逐渐将"不战而屈人之兵"转化为以长城军事防御体系为重要代表的国防举措。

秦始皇北逐匈奴、修长城，历史上没有明确记载其原因，只记载了其结果："北筑长城而守藩篱，却匈奴七百余里，胡人不敢南下而牧马。"[20]

但在汉朝，当呼韩邪单于内附，希望罢除东汉的北部边备时，汉元帝回复呼韩邪的话是："中国四方皆有关梁障塞，非独以备塞外也，亦以防中国奸邪放纵，出为寇害，故明法度以专众心也。"[21]这一表达基本上符合了中国古代修建长城的真实目的：实现政权的有序管理。这一点，我曾在人们过度解读"康熙不修长城"的观念时有所述及。[22]

正是在这样的目的下，长城的修建，在布局上尽管完全符合了攻防战略的安排，但在具体的使用上，更突出地体现在战略威慑。最为有名的事例是戚继光的"汤泉大阅兵"。戚继光经过长城的修建和练兵，用了五年时间，完成了军队的基本训练。隆庆六年（1572），戚继光进行了20余天的军事演习，分两队进行战术对垒和拼杀。当时正值蒙古朵颜部前往朝廷进贡，戚继光邀请使者观看了大阅兵的过程。这一军事演习的效果，《明史》中进行了明确记载："自嘉靖庚戌俺答犯京师，边防独重蓟。……十七年间，易大将十人，率已罪去。继光在镇十六年，边备修饬，蓟门宴然。继之者踵其成法，数十年得无事。"[23]

第三，清晰明确的慎战备战思想。

自古知兵非好战。中国古代兵书尽管重战，但更强调慎战和备战。《孙子兵法》中反复强调战争为"不祥之器"，"非利不动，非得不用，非危不战"，这是"明主虑之，良将修之""明君慎之，良将警之"的"安国全军之道"。[24]《论语》中也强调："子之所慎，斋、战、疾。"[25]

在备战方面，《孙子兵法》等兵书中更进行了反复强调。《孙子兵法》中说："无恃其不来，恃吾有所不可攻。"[26]这种以有备待不虞的思考，正是中国最重要的备战思想。在备战上，重视的内容很多，如兵力、粮食、财政、器材、辎重等。准备这些的目的，全部是为了实现在战争中常处于不败之地。"有备无患"的思想，在中国自古有之。《吴越春秋》中强调："审备则可战。审备慎守，以待不虞；备设守固，必可应难。"[27]

第四，充分系统的整体观。

为了更好地实现备战，中国古代在军事上特别强调整体观。即从总体上、多方面进行观察与分析。从总体上备战，便比较容易将政治、军事、经济、地理、外交等诸多方面进行整体考虑，实现其中的战略战术。《吴子》强调"内修文德，外治武德"[28]，商鞅强调"兵不强，不可以摧敌；国不富，不可以养兵"[29]，《管子》所强调的"甲兵之本，必先于田宅"[30]等思想，无不将军事与政治、经济紧密联系，立于全局的分析与观察中。在秦长城修建之时，以墙制骑的思想比较突出，所谓"因地形，用制险塞"[31]，以限胡马之足。只有到汉武帝时，由于军事力量有了一定的突破，才出现了短时间内"以骑制骑"的突破，而这种突破，很快便超出了国力承受的范围，于是中国从"轮台诏"中获取了较为明确的军事思想，重新回到了慎战的状态中。

秦朝万里长城修建之后，军事地理和通讯方面的功能也随之不断在增强。秦"为驰道于天下，东穷燕、齐，南极吴、楚，江湖之上，濒海之观毕至。道广五十步，三丈而树，厚筑其外，隐以金椎，树以青松"[32]。在后期更是形成了北部干线、东部干线、东北干线、南部干线、西南干线和东南干线，将当时整个秦朝的土地实现了较好的贯连。这种贯连，最终实现的是经济上和军事上的畅通无阻。

总之，通过整体观察中国兵书中的思想，不难看到，长城的修建与使用，更重备战，而非战争；更重与政治、经济等方面的协调互动，而不是独立于国家整体布局之外的措施。当我们通过兵书的阅读，梳理出长城的重要作用与价值，便不会再因一次战争的失利而苛责长城，也不会因长城的修建和使用中正常消耗的经费开支而苛责长城，更能理性地去看待长城对整个中国减少战争、减少小规模冲突和矛盾的重要意义与价值，便更能理解长城在安定团结方面的意义与作用，更有利于讲好长城故事。

黄 益 德州学院历史与社会管理学院讲师

注释：

1 (清) 绥芬、恒衿：《知古录》三卷，同治二年 (1863) 钦版家藏避热窝刊本。见恒衿自序。

2 许保林编：《中国兵书知见录》，北京：解放军出版社，1988。

3 许保林著：《中国兵书通览》，北京：解放军出版社，1990。

4 (唐) 赵蕤编，周积明、张林川、鲁毅等评注：《王霸奇术长短经》，武汉：华中理工大学出版社，1992。

5 《汉书·艺文志》。

6 《史记·司马穰苴列传》。

7 《史记·司马穰苴列传》。

8 (唐) 李靖撰：《李卫公问对》卷上，《文渊阁四库全书》本子部兵家类。

9 (明) 茅元仪：《武备志·战略考》，明天启辛酉年 (1621) 莲溪草堂印本。

10 《宋史·狄青传》。

11 (清) 张之洞、范希曾：《增订书目答问补正》，北京：中华书局，2011。

12 《曹操集·孙子序》。

13 《左传·哀公三年》。

14 《周易》。

15 《吕氏春秋·孟冬纪·异用篇》。

16 《孟子·滕文公》。

17 《史记·吴太伯世家》。

18 《孙子兵法·谋攻》

19 《六韬》。

20 (汉) 贾谊:《新书》之《过秦上·事势》,吴云、李春台校注:《贾谊集校注(增订版)》,天津:天津古籍出版社,2010,第 4 页。

21 《汉书·匈奴传》。

22 黄益:《"康熙不修长城"观念的检讨与反思》,《河北地质大学学报》2019 第 4 期,第 122—126 页。

23 《明史·戚继光传》。

24 《孙子兵法·火攻》。

25 《论语·述而》。"斋",也有不少写作"齐"。

26 《孙子兵法·九变》。

27 《吴越春秋·勾践伐吴外传》。

28 《吴子·图国》。

29 《管子·治国》。

30 《管子·侈靡》。

31 《史记·蒙恬列传》。

32 《汉书·贾山传》。

明长城边堡壁画的现状调查及艺术价值

张明弘

摘　要：明长城作为现存的大型文化遗产体系，同时也是历史上大型的军事防御性聚落体系，是具有层级性和纵深性的建筑系统，涵盖了历史发展、政治制度、兵制和军事管理制度、建筑空间与聚落、边境贸易与经济、文化交流、民族交融、人口变迁、生态保护等多方面内容，涉及历史、政治、军事、建筑、文化、艺术、社会、科技、经济、人文、生态等诸多学科，具有多元化的遗产价值。长城修筑后，依靠沿线军堡内驻扎的大量兵力使长城的防御功能得以实现，其中边堡里的庙宇壁画使原本冰冷的军事防御工事，增添了极高的文化气息和人文关怀。然而由于近年来缺少相应的保护措施，使得部分壁画类文物遭到了不同程度的破坏和损毁，保护边堡庙宇中的壁画是迫在眉睫的事情。

关键词：明长城　边关古堡　古庙壁画

前言

万里长城在人类物质文化史上，其珍贵的价值不仅体现在物质文化层面，更体现在精神内涵、精神文化层面，当代有关长城的文化内涵，早已超越了物质形态存在的古代军事防御建筑，而成为今天中华民族的骄傲与民族精神的象征。

明长城以其雄伟的线性身躯蜿蜒在群山峻岭之间，而成为一道明朝防御北方少数民族入侵的坚固屏障。为便于管理长城防务和指挥调遣长城沿线的兵力，明朝把长城沿线划分为九个防守区，亦称九镇，分段防守。在军事管理制度上采用卫所制度，军事防区按级别从高到低分为镇—路—卫（守御千户所）—所—堡，堡城是最小的屯兵单位。

笔者自2014年自发组织了"寻根·长城"团队，开始对明长城进行线式的实地考察和调研，收集了大量的第一手资料。从明长城东起点辽宁省丹东市虎山长城出发，历时五年半跨越辽宁、河北、天津、北京、山西、陕西、宁夏、内蒙、陕西、甘肃，到达西终点甘肃省嘉峪关市大红泉堡。

由于这些聚落边塞特殊性，在其历史演变中形成了具有长城特质的文化、艺术、经济、生态、人文、建筑等，具有丰富多元的文化遗产价值。

这其中对于长城艺术文化的重视和研究尚显不足。尤其是对于长城沿线的古边堡里面的家庙祠堂等建筑艺术的忽视，以及庙宇里面富含的石雕、砖雕、木雕、壁画的研究，近乎空白。

为了长城文化更加的丰富详尽，研究长城边堡里面的庙宇壁画，挖掘壁画的艺术文化价值，让那些古边堡里面大量岌岌可危、濒临坍塌的古庙宇壁画得到保护，是亟待解决的问题。

一、古边堡庙宇壁画的文化价值

1. 长城艺术研究的价值

国家对于历史文物的价值认定主要是三方面：历史价值、艺术价值、科学价值。当然具体的涵盖了历史、政治、军事、地理、文学、艺术、经济、人文、科技、生态等学科。

对于长城艺术，我们可以从三个层面来认识。第一是从精神层面。长城艺术是长城文化的一个领域或文化价值的一种形态，把它与历史、经济、军事等并列。第二是从活动过程的层面来认识艺术。长城艺术是长城沿线的戍边将士和居民几百年的精神、生活、信仰的集大成。第三是从活动结果层面。长城艺术就是长城遗产文化范畴艺术品，客观存在于边堡里面的民间戏曲、音乐舞蹈、建筑艺术、庙宇壁画，建筑雕塑、民间剪纸、雕刻等。

长城的边堡艺术是古边堡人们把握现实世界的一种方式。无论是舞蹈戏曲还是壁画剪纸，都是人们精神世界的再现，以传统的象征性符号形式，用艺术的手段去创作，它最终以艺术品的形式出现，这种艺术品既有艺术家对客观世界的认识和反映，也有边堡整体精神理想和价值观的再现，它具有长城文化的特征。

艺术与其他意识形态的区别在于它的审美价值。这是它的最主要、最基本的特征。长城沿线的更多艺术文化遗存需要被挖掘发现保护，让更多的人们欣赏到长城艺术来获得审美价值。长城艺术还具有其认识功能、教育功能，娱乐功能等。其中艺术的社会功能是要人们通过长城艺术而了解长城现状，认识长城历史、体验长城精神。让人们通过长城艺术文化遗产的欣赏活动而满足审美需要，获得精神享受和审美愉悦。

长城艺术文化研究方向的缺失直接造成很多古边堡乃至边堡里面的古建筑和庙宇的精美残破壁画的漠视，很多边堡以及很多古庙壁画还没有被认定为长城文物。在我们团队寻根长城五年多的田野考察中发现，很多长城沿线的古边堡还都不是文保单位（例如山西大同境的很多古边堡都没有文物保护碑记），边堡里面的很多古宅家庙在慢慢消失。在很多已经有文保碑记的边堡中，很多古庙壁画，由于其艺术价值和审美价值被忽略，有很多已经濒临坍塌甚至已经坍塌，所剩无多。

边堡的庙宇壁画作为长城文化遗产，那么每一座需要保护的庙宇首先要有"艺术文化价值"。没有文化艺术价值的文化遗产是不存在的。文化遗产的艺术文化价值的挖掘和整理要靠专家、学者、文化考察项目负责人等。而边堡的庙宇壁画除了其本身固有的具有宗教和信仰价值以外，还有研究者赋予它的历史价值、文化价值，艺术价值。因此挖掘和研究古边堡艺术文化价值，建立边堡艺术文化价值体系，更加合理、丰富、详实、深入地建立长城文化价值体系，对于边堡的庙宇壁画的保护和修缮起着良好的引导作用。

2.明长城边堡艺术文化的形成

边堡文化，其特殊的边塞性质，自古就是一个多元文化的综合体。边边堡文化艺术在发展过程中，与各少数民族文化、中原文化、边塞文化互相影响，边堡文化成为一种多元文化的综合体。在相互融合的过程中，边堡文化按照自我的历史发展规律进行自主选择，吸纳来自于异质文化的精髓，不断丰富和发展自己。因此，边堡文化是一个动态的、开放的、不断变化着的系统。它的发展、壮大，永远离不开与其他文化的交流、沟通和传播。在融合的过程中，相互渗透、对话、融合和不断竞争，吸收借鉴其他文化的有益成分，使自身文化得以更新和发展。

首先，边堡艺术文化是中西结合的产物。长城作为沿着丝绸之路的安全保障，西方文明从旧大陆的中西部传向东方，把北部和西部文化沿着长城，在长城沿线的各边堡渐次输入内地。这其中就包括西方佛教壁画艺术的传入和中原寺庙壁画艺术的融合与发展。其次，边堡艺术文化是在边塞文明与中原文明撞击中壮大起来的。边堡里面的戍边将士大多来源于中原地区，尤其是明代大量学富五车的文官武将被贬戍边，他们带来的中原艺术文化和边堡艺术文化相融合而产生的边塞诗等诸多艺术文学作品不计其数。这其中就有文学艺术、建筑艺术、雕刻艺术、绘画艺术、书法艺术等。质朴的边堡信仰，淳厚的边堡文化精神才能创作出浓烈的边堡庙宇壁画艺术情调，既有边堡文化特有的简洁率真的造形风格，又有儒雅别致的线条美。它在长城文化的图卷上增添了别具异彩的画幅，精彩的边堡艺术文化在中国艺术的发展中保持着独特的传统文化审美境界。

3. 边堡庙宇壁画是珍贵的长城文化遗产

古边堡是长城艺术文化的承载者。边堡里面保留至今天的文化遗产有堡墙、堡门、瓮城、古官邸、古民宅、祠堂、神庙、戏台等。对于文化遗产的研究有历史价值、艺术价值、科技价值、政治价值、社会价值、美学价值、教育价值等。边堡里面的文化遗存代表毋庸置疑的就是那些古代建筑了，无论民宅还是官邸庙宇，其建筑本身就是一件艺术品，从建筑形制到建筑细节，都充满了边堡文化的审美价值。但是，堡里的居民对于这些老东西不知道它的艺术文化价值，近半个世纪的拆毁已经余剩不多。所幸，部分偏远的古边堡里面保留的古宅庙宇相对要完整一些。庙宇是堡里居民祖祖辈辈的精神寄托，在修建时，庙宇大多是边堡守备亲自督建，用以护佑一方百姓。因此，堡里的庙宇是信仰文化和艺术文化的集合。庙宇经历几百年的风雨变迁后，能保留到今天的庙宇，大多已经破败不堪。但是仍然有部分砖雕、石雕、木雕、壁画等艺术文物保留了下来。其中，壁画的艺术文化价值最高。壁画内容大多是和庙宇相关，可以通过壁画推断其庙宇的年代和供奉的神仙名称。壁画的绘制艺术和绘画材料都是研究历史的珍贵文化资源。古庙壁画是边堡文化艺术的代表，边堡文化是长城文化的承载者。因此，边堡的古庙壁画是很珍贵的长城文化遗产，保护边堡古庙壁画文化遗存就是保护中国的长城文化。

二、古边堡的庙宇壁画的艺术价值

1. 古边堡庙宇壁画的分布

由于历史的原因，能保留至今的边堡已经为数不多，大多在河北、北京、山西、陕西、甘肃等地长城沿线尚有部分保存。但是依然留存完整，保留着完整边堡生态的地区以山西、陕西为主。其中又以山西的古边堡生态存留相对更加完整。几百年流传有序的发展到今天，依然有很多堡民还在堡里居住，保存着非常有价值的长城文化生态。其中，边堡的信仰文化的承载者，古庙祠堂，虽有部分拆毁，但是在很多偏远的边堡里面仍然保留着很多古代的有文化艺术价值的古庙。其中，大多分布在河北张口地区，山西大同、忻州，陕西榆林，甘肃武威、张掖等地。

2. 边堡庙宇壁画的现状

长城是一个总城，它由边墙、壕堑、天险、关口、边堡、烽燧、敌楼组成。长城文化的研究主要在边墙本身和部分重要的关口、镇堡，缺少整体系统的认识。由于明长城文化遗产的八千多千米长的特殊性造成研究的困难，如果不系统地走一遍，很难有一个整体的认识过程。各地的长城专家对本地长城遗产做得深入细致，但是由于知识结构有限，对于艺术文化价值的研究挖掘近乎空白。这也是长城分段保护的弊端。由于整体保护概念和研究体系不完善，致使很多长城文化遗产保护、管理措施不健全，很多边堡、烽燧等没有列入长城文化遗产，甚至连基本的文保单位都不是。

在笔者五年的行走中，看到大量的边堡并没有得到有效保护，里面的古宅古庙几乎都没研究论文和保护碑记，造成今天古边堡的修缮仍局限于商业价值的开发修建。甚至对文化遗产进行以保护为名义的破环。边堡里面的古宅庙宇保护现状是要么无人问津，要么推倒重建。今天很多长城古边堡里面流传有序的明清古宅古庙，在逐渐坍塌，或被乱拆乱建。

在我们的奔走呼吁下，已经保护的有山西大同天镇水磨口的龙王庙（目前古堡庙宇都不是文保单位），山西朔州平鲁七墩村的关帝庙（朔州市级文保单位），山西忻州河曲下养仓的观音庵的观音殿、关帝殿、文昌殿、送子娘娘殿、眼光娘娘殿（目前还不是文保单位），山西榆林府谷清水营的娘娘庙和关帝庙（目前还不是文保单位），甘肃武威古浪大靖的马神庙（县级文保单位）。壁画艺术价值比较高，亟待修缮和保护的有河北张家口万全新开口的龙王庙（目前不是文保单位），山西大同阳高三墩村的龙王庙（目前不是文保单位），山西忻州河曲罗圈堡的龙王庙和真武庙（目前不是文保单位），甘肃张掖肃南屈家口子闪寺坝石窟（肃南县级文保单位），甘肃张掖肃南半坡堡的佘年寺（肃南县级文保单位），甘肃张掖高台暖泉堡的龙泉石窟（高台县级文保单位）。所有庙宇都是笔者考察明长城北线期间发现的，南线长城的考察刚刚开始，所以这只是一部分。

3．边堡庙宇壁画的艺术价值

一说边堡的庙宇壁画，大家就约定俗成认为是民间绘画，没有太多的艺术价值。在我们的认知里面，只有历史上耳熟能详的一大批才华横溢、声誉卓著的大画家的作品才是艺术品。其实不然，传统艺术文化的脉络有很多。那些没有被现代文明污染的古边堡在几百年后的今天，依然保持着历史的样子，原模原样地给我们带来的几百年前的艺术作品，它的作者也许不是赫赫有名，但壁画作品本身却带着几百年的传统，超越时间与空间，来与我们相遇，为我们了解和体味传统的绘画艺术风格，打开了另一扇窗口。

山西长城沿线古庙壁画艺术价值颇高的，就有朔州平鲁高石庄乡七墩村的关帝庙，忻州河曲楼子营镇罗圈堡的龙王庙。陕西榆林府谷清水营娘娘庙、关帝庙等也保留下大量的壁画作品。虽然不能完整地代表明代边堡壁画绘画艺术风格，却补充了这一时期的长城文化艺术的完整性。这些壁画使用的颜料是天然植物和矿物颜料，其中以矿石研磨成粉末的矿物质颜料为主。壁画的载体大多是墙壁上的泥层，也同样属于天然石质和土质材料。通过考察这些原作无疑能加深理解古代壁画的传统美学与材料表现特征，有利于研究矿物颜料的特性与使用方法，如不同颜料的发色特点，植物颜料与矿物颜料的差别，矿物颜料的发色条件，以及矿物颜料在极端环境状态下所产生的色相变化等。

这些壁画里面的物象造型是非常有特点的传统造型。对于今天从事绘画艺术的工作者来讲，这些壁画是很好的临摹学习的优秀范本。就这几处古庙壁画作品本身的艺术价值而言，我们也不难得出这样一个结论：长城沿线的边堡壁画都具有严谨的制作构思和独特的表现风格。它们虽然可能出自民间画工之手，却有着极深的艺术功力。

三、边堡古庙宇壁画的修缮与保护

1．边堡庙宇壁画的更多价值

古边堡的庙宇壁画除了其明显的艺术文化价值以外，还有历史价值、信仰价值、社会价值、经济价值、教育价值、传播价值、旅游价值等。

2．边堡庙宇壁画的现状保护

壁画现状是指古代壁画经过历史上人为破坏和大自然洗礼之后，形成各种材质层面叠加在一起的肌理效果。历史的风蚀雨淋等各种自然灾害和墙体本身的各种分泌物腐蚀作用和颜色的氧化、龟裂、剥落所造成的面貌。壁画发生酥碱病变的主要原因是：壁画在几百年的温湿度的变化中壁画下面的墙体中水分含量的变化不断地溶解、结晶而造成的。

此外，铅丹等颜色氧化变色也是壁画现状变化的一大特征。铅丹，在《本草纲目》中称为黄丹、丹粉和朱粉，在绘画中称作铅红、漳丹、章丹等名。它是古代常用的一种颜料，因色泽呈娇艳橘红色常常与石灰或白垩土等调和后用在壁画中人物肌肤之处。由于含铅，容易氧化，氧化后呈棕黑色，敦煌壁画中出现大量的"黑脸佛像和菩萨"大多为铅丹变色所致。

其他造成壁画残缺的原因还包括各种材质构造的关系，生态环境、历史形成的其他原因等。壁画现状中包含着人为因素的必然性及自然因素的偶然性，可控与不可控之间的微妙关系，产生了具有沧桑感的艺术效果。壁画画面的残缺美是人类和历史共同创作的艺术品，我们今天都不能以任何理由去破坏和重绘，在修复庙宇时，要保留壁画现状，这既是对壁画原作者的尊重，也是对历史的敬畏。

3．边堡庙宇壁画的保护修缮

明长城沿线的很多古边堡还没有被保护，堡里的古宅庙宇，依然在逐渐坍塌。长城作为世界上体量最大的文化遗产，由于研究评价体系的缺失，造成很多长城文物在评估其价值时，由于每座古边堡的历史，政治、军事，经济价值的不同，给文保级别划定造成了难度，同时代的古边堡竟然不一样保护，有的地区的边堡都是国家级文保单位，有的地区连县级文保单位都不是。因此，对于边堡的保护应该采取更多的价值标准评定，让艺术文化、人文生态等价值标准进入长城文保体系，这样就会有更多的视角和范围来划定标准，然后听取更多专家的声音，确立什么样的文物用什么样的保护方法，采取什么级别的保护。

只有这样，很多有着丰富人文艺术的古边堡和古庙宇就会得到应有的保护。

结语

明长城古庙壁画的保护需要长城文化遗产的价值评估的完善。做好长城艺术文化价值的深度挖掘，才能传承长城遗产文化，让边堡艺术文化价值成为重要的长城文化遗产不可或缺的一部分。

整体认识长城文化遗产价值，就离不开对于长城艺术文学价值深入的研究和考察。我们寻根长城团队，用五年走完了明长城北线，接下来预计明长城南线的考察还要三年。我们会寻访长城沿线的每一处遗产，大到关隘边堡，小到庙宇壁画，去做详实寻访记录，为长城文化遗产的保护提供更多的考察资料和研究成果，让更多的边关古堡、庙宇壁画作为长城文物得到应有的修缮和保护。古边堡的庙宇壁画是边堡先民的智慧结晶，是不可再生的珍贵长城文化资源，保护边堡古庙壁画，就是保护长城文化。

张明弘　北京科技大学国际学院副教授

参考文献：

1　鲍展斌．关于历史文化遗产的哲学思考 [D]．浙江：浙江大学，2002．

2　阮仪三，琳琳．文化遗产保护的原真性原则 [J]．统计大学学报（社会科学版），2003．

3　吴美萍．文化遗产的价值评估 [D]．南京：东南大学，2006．

4　单霁翔．大型线性文化遗产保护初论：突破与压力 [J]．南方文物，2006 (3)．

5　陈海燕，董耀会．中国长城志 [M]，南京：凤凰科学技术出版社，2016．

将长城保护纳入地方政府绩效评估的研究
——基于绩效棱柱模型视角

王 纬 尚文霞

摘 要：由于长城的重要文化及历史价值的存在，长城保护得到了国家及各级政府的重视，主要表现在几个方面。如国家相关部门发布长城保护法规和规划、加大了长城保护宣传力度、提升青年对长城保护性的认识、学者和专家加大长城保护力度、地方政府重视长城文化建设。为了加大长城保护力度，有必要理性地尝试从棱柱绩效模型角度进行评估。文中对棱柱绩效模型应用到长城保护过程中的理论选择、适用性进行了分析，在此基础上构建五个维度的指标体系，分别从利益相关者满意、利益相关者贡献、组织战略、组织流程和组织能力进行一级评估，完成指标体系构建，并对各级指标进行了权重赋值。为了保证长城保护纳入绩效评估法律机制顺利实施，又分别从建立地方政府长城保护绩效评估法律制度、建立长城危机预警机制、树立长城保护模范、引发示范效应四个方面提出了建议。

关键词：长城保护 棱柱绩效评估模型 指标体系构建

长城是我国古代人民劳动和智慧的结晶，是我国跨区域的、超大线性的文化遗产，具有极高的历史价值和文化价值。那么保护长城的重任不但是当代华夏子孙的义务，也是长城所辖地方政府的责任。因此地方政府在保护当地长城工作中起着至关重要的作用。为加大地方政府对长城保护的力度，从绩效棱柱模型的视角对长城的保护进行了分析，从利益相关者满意、利益相关者贡献、组织战略、组织流程和组织能力方面进行了评价指标体系的构建，并提出了长城保护对应的改善措施，对长城的保护起到了一定的理论促进作用。

一、长城保护的重要性

长城是世界文明之间相互交流的印证。自西汉张骞出使西域之后，以长城为依托，在华夏大地上形成了著名的"丝绸之路"。对于如今的中国而言，长城的文化和精神层面的作用日渐明显，日益成为其他民族了解中华民族和中国文化的最佳切入点之一。

长城的修缮工作日益得到重视。曾经高大雄伟的长城，如今正在经历自然风蚀、人为破坏等多种损失。[1] 早在 1952 年，中国第一批长城保护工作就开始了，分别对居庸关、八达岭和山海关长城开展了维修工程。集中对长城修缮的时间是 2015 年，国家文物局批复了近 30 处关于长城保护的抢修方案。[2] 2019 年 1 月，经国务院同意，文化和旅游部、国家文物局联合印发《长城保护总体规划》，此文件的出台是贯彻落实习近平总书记重要指示批示精神的重要举措，是实施《长城保护条例》的重要进展，[3] 是国家统一部署、多方鼎力协作的重要成果。

长城被世界所关注。1961 年 3 月 4 日，长城被国务院公布为第一批全国重点文物保护单位。1987 年 12 月，长城被列入世界文化遗产。长城集物质文明和精神文明于一体，在不断地向世界展示着华夏民族的智慧和创造能力的同时，也展示了中华民族在践行和促进文化交流和互通、维护世界和平中的心愿。

二、长城保护得到多方重视的表现

1. 得到国家领导人的重视

习近平总书记于 2019 年 8 月 20 日视察嘉峪关长城，听取了长城文化遗产保护和历史文化考察情况介绍。他强调，"一提起中国，就会想起万里长城；一提起中华文明，也会想起万里长城。这是中华民族的象征，这是我们的宝贝，我们一定要保护好它们，还有一些要抢救性的保护"，这也是总书记对长城保护寄予的期望。

2. 国家相关部门发布长城保护法规和规划

一是 2019 年 1 月国家文化和旅游部、国家文物局联合印发《长城保护总体规划》，为建立长城保护传承利用长效工作机制，督促各省、区、市将长城保护作为一项长期任务持之以恒地抓下去，提供了重要遵循的依据。二是 2019 年 1 月全国文化和旅游厅局长会议在北京召开，提出重点打造长城、大运河、长征三个主题的国家文化公园的战略规划，在丰富人们的精神文化生活的同时，有效地提高了国家意识和民族的自豪感。

3. 长城保护宣传以多种形式得到广泛实践

一是各地积极组织长城保护宣传活动，如大同市邀请了在影视界颇有影响力的成龙先生于 2019 年 7 月 20 日到大同市考察古长城遗址，发起了古长城保护计划，展示了坚守保护长城的初心，为推动长城保护工作而发力。二是拓宽宣传视角，如在北京八达岭长城召开的中国首届长城国际摄影周，从 2019 年 8 月 8 日—9 月 8 日进行了为期一个月的展览，300 名摄影家 1500 幅作品进行展出，最远年代跨越了 150 年，记录了不同时期长城的印记。

4. 提升青年对长城保护性的认识

一是 2019 年 8 月 1 日山海关柴禾市大集开市暨柴禾市摊位改造大学生竞赛颁奖仪式在山海关古城柴禾市举办，也是对长城古老文化的宣传。二是 2019 年 7 月 23 日陕西榆林举办"长城文化之旅（西段）海峡两岸大学生文化体验营"，来自两岸的 23 所高校，29 名大学生了解了长城文化的历史渊源。

5. 学者、专家加大长城保护力度

学者及专家对长城保护工作开展了大量的工作。一是 2019 年 6 月 18 日在清华大学建筑学院举行的"长城文化遗产廊道保护与发展关键指标"专题研讨会，从多学科角度对长城文化遗产的保护与可持续发展的关键指标建构提出了思路和建议。二是第二届金山岭长城论坛的举办，提出了对长城保护和可持续发展的学术规划。三是 2019 年 5 月燕山大学出版社出版系列丛书《中华血脉：长城文学艺术》，涵盖了诗歌、戏曲、小说等体裁，对长城文化进行宣传。四是 2019 年 9 月 7 日内蒙古自治区社会科学院与河北省社会科学院联合举办了主题为"多维视野下的文化交融与碰撞，草原文化与燕赵文化的对话"。其中安排了分会场对长城文化进行交流。

6. 地方政府重视长城文化建设

一是北京市政府重视长城文化建设，形成长城、运河、西山文化带的建设与研讨。二是山西省政府在资源城市转型的过程中，抓住长城文化带建设这一契机，2018 年 1 月，山西省人民政府办公厅发文《关于成立山西省黄河、长城、太行三大旅游板块推进工作领导小组的通知》，强化了长城作为旅游资源保护和利用的重要性。

三、棱柱绩效模型适用于地方政府长城保护绩效评估的可行性分析

1. 棱柱绩效模型介绍

棱柱绩效模型是 2000 年由英国克兰菲尔德（Cranfield）管理学院和埃森哲（Accenture）咨询公司以利益相关者理论为理论基础，联合常见的绩效评估框架和方法开发的。是一种以利益相关者

的价值为导向，从五个维度进行的绩效评价体系，它将在绩效评价中考虑的具有相关性五个因素置于棱柱的各个侧面。其中包含着：（1）利益相关者的满意——谁是利益相关者？他们的愿望和要求是什么？（2）利益相关者的贡献——要从利益相关者那里获得什么？（3）战略——应该采取什么战略来满足利益相关者的需求，同时也满足自己的要求呢？（4）流程——需要什么样的流程才能执行战略？（5）能力——需要什么样的能力来运作这些流程？绩效棱柱展示的是全面的绩效衡量结构，具有全面、综合、系统的特点[4]。模型如图 1 所示：

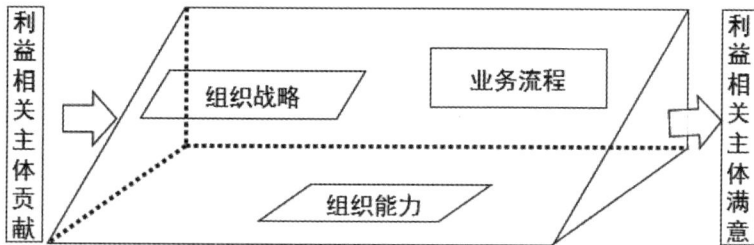

图 1　绩效棱柱模型图

2. 棱柱绩效模型应用到长城保护过程中的理论选择

（1）棱柱绩效模型的科学性

棱柱绩效模型之所以在近 20 年间被广泛研究和应用，主要原因在于其本身的科学性和严谨性。它既可以立足于企业的发展，也可以针对于公共部门进行绩效研究，[5]棱柱绩效模型贯穿于绩效管理的五个维度。而且，在针对于地方政府对于长城保护方面可以对应五个维度经过修正之后，设置对应完整的突出重点内容的指标体系。而这样的指标体系建立在本身就具有相互关系的五个维度之下，其本身也就自然地具有了相互依存的关系。借助于这样的指标体系，参照适当的权重比例分配，最终可以形成科学可信的评估结果。

（2）棱柱绩效型的可行性

由于棱柱绩效模型本身具有弹性特征，因此，它既可以应用到宽松的环境中，又可以适用到严格的要求中。而长城保护在各地方的要求不同，因此评价指标构建及其权重的值会随之发生变化，而棱柱绩效模型又会随着社会的发展有自我完善的机制。因此，可以及时更新测量方法和测量系统，更好地适应各级政府对文物保护观念发展的要求。

3. 棱柱绩效评估模型应用到长城保护过程中的具体应用

棱柱绩效模型中"棱柱"的五个方面拥有严谨的相互关系。在当今社会环境下，那些致力于获得生存和发展的组织必须非常清楚地了解哪些群体或个人是它们的主要利益相关者以及他们的要求和期待是什么。在长城保护研究中，需要明确以地方政府为主的利益相关群体中还有哪些主体，这些主体的满意度和贡献分别是什么。形成的组织必须明确采取何种战略，具备什么样的能力，需要什么样的流程，来为利益相关主体服务。组织战略、业务流程和组织能力又都是指向利益相关者，它们都以不同的方式对利益相关者群体产生影响。长城保护过程中可以在未来规划、人员素质、执行能力等方面给出评价方向。由棱柱绩效模型的内容和内在逻辑可以看出，绩效棱柱较之传统的评估工具，其研究内容更加丰富、结构更加严谨、系统性更强、也更加灵活。在应用过程中，也可以更加全面体现地方政府长城保护工作状况，达到评价目的。

四、基于棱柱绩效模型的地方政府绩效评估指标体系的构建

1. 指标体系构建原则

（1）系统性与指导性结合

棱柱绩效模型本身的全面性和相关性导致其在应用过程中凸显系统性的特征。但在指标构建过程中可以依照不同的实际情况，对五个维度以及各级指标进行科学设置，力求数据真实准确、科学合理，充分体现指标的系统性、完整性。又由于指标在构建的过程中要体现经济发展和文物保护兼顾的政绩原则，因此要使得文物保护法规不但要与其他法规合一，还要对其他法规有指导作用，要求在指标的选取与设置过程中客观综合地反映理政的绩效情况，从而更好地指导实际工作。

（2）可操作性与客观性结合

指标建立在可收集、有参考价值基础之上，还应考虑在评估过程中指标的可操作性。指标选取的同时要兼顾客观性的要求，体现出典型的代表性，适合地方政府经济社会发展的需要。

（3）阶段性与长期性结合

指标要体现长城保护及管理过程中的预警、保护、修缮等阶段性的特征，又要兼顾地方长城管理及保护部门对长城保护的长期责任追究机制，要求在建立指标体系时，既要考虑长远战略目标的要求，又要体现现阶段的发展目标，使得指标对于长期及短期保护具有指导意义。

2. 指标的构建

（1）利益相关者主体构成

由于棱柱绩效模型是相对灵活的框架。棱柱绩效模型能够为长城保护评估设定一个具体的范围，在此范围内，不同维度的指标可以根据长城保护的相关参与组织进行灵活设置，并根据政府部门所处环境和应用情况及时的微调。

依据《长城保护总体规划》，在针对长城保护方面，主要强调政府主导和社会力量共同参与的关系。长城保护在落实政府主导的基础上，完善社会力量参与相关政策和措施，鼓励各地探索设立长城保护员公益岗位，鼓励志愿者、NGO参与长城保护服务。因此，本文在查阅文献和实地调研之后选择在长城保护过程中的主要主体作为利益相关者。它们分别是：地方政府、NGO、保护员、社会大众、媒体五个主体。

（2）棱柱绩效模型下的长城保护评价指标体系构建

在进行评价指标体系构建的过程中，以地方政府、NGO、保护员、社会大众、媒体五个利益相关者，针对他们的满意程度、价值贡献、战略、业务流程和组织能力五个维度进行指标设计。指标形成中充分考虑在实际保护情况中各类直观可计量数据，并将随时间周期发生改变的指标进行量化统计。

在对国务院及各地政府相关文件政策解读、相关参考文献借鉴、地方实际情况调查分析的基础上，结合地方政府对于保护长城工作的落实方面的情况，可以看出，要关注其在多方面的贡献，还需考虑利益相关者保护长城中的满意度。因此，主要以成本控制、保护周期管理以及产出和效果三个方面作为主要评价内容。建立在棱柱绩效模型利益相关者满意度维度基础之上，构建相应指标如表1所示。

表1 利益相关者满意度模型指标

一级指标	二级指标	评价标准
利益相关者的满意程度	实际支出与预算比例	项目实际支出金额／项目预算金额 *100%
	社会建议的采纳程度	采纳建议数量／获得建议总量 *100%
	计划执行比率	计划周期内未完成项目数／项目总数 *100%
	薪资与工作匹配度（员工）	薪资满意员工数量／总员工数量 *100%
	社会美誉度	舆论点评支持信息数量／信息总数量 *100%
	长城保护与居民幸福感转化系数	参观长城旅游人数／上一周期参观人数 *100%

利益相关者的贡献是指要从利益相关者那里获得什么，他们的主要贡献是什么，因此主要强调利益相关者作为主体，在整体长城保护项目中，主要做了哪些具体工作，具体操作内容是哪些，构建相应指标如表2所示。

表2 利益相关者贡献程度模型指标

一级指标	二级指标	评价标准
利益相关者的贡献程度	财政支持投入比例	地方政府用于长城保护投入 / 地方政府总投入 *100%
	吸引外部区域关注比例	区域外部媒体曝光长城信息次数 / 外部媒体曝光地区总次数 *100%
	保护工作部门增长率	本周期专设部门数量 / 上一周期专设部门数量 *100%
	监督管理执行覆盖率	督察范围内事项数量 / 总事项数量 *100%
	NGO 在长城保护组织占比	NGO 数量 / 各部门总数量 *100%
	年度保护覆盖比率	政策下长城改善面积 / 原始面积 *100%
	转化为社会收入比率	长城相关产业收入 / 旅游行业总收入 *100%
	NGO 完成实际任务比率	NGO 完成活动次数 / 总活动次数 *100%
	长城保护相关文章报道率	长城保护文章发表数 / 旅游业文章总发表数 *100%

业务战略是棱柱绩效模型中比较关键的要素，指的是应该采取何种战略来满足利益相关者的需求，主要内容应该涵盖了地方政府在保护长城过程中的"大方向"，需要从长远和宏观角度进行确定，指标构建如表3所示。

表3 战略模型指标

一级指标	二级指标	评价标准
业务组织战略	长城保护投入占旅游总投入比率	长城保护财政支出 / 旅游总支出 *100%
	执行方案与需要契合度	通过方案数量 / 长城保护总方案 *100%
	NGO 参与长城保护增长率	本周期 NGO 参与数量 / 上一周期 NGO 参与数量 *100%
	社会大众参与占比	社会大众参与活动数目 / 总活动数目 *100%
	长城本体损坏增长率	本周期新增损坏 / 上一周期新增损坏 *100%

业务流程是指在完成目标过程中，不同的利益相关者应当共同完成的活动。流程要求从事一系列活动，科学、高效地完成活动任务，构建相应指标如表4所示。

表4 流程模型指标

一级指标	二级指标	评价标准
业务流程	项目规划文件比例	地方政府关于长城保护项目文件数 / 地方政府出台总文件数 *100%
	保护过程分析会议次数	地方政府长城保护项目会议数 / 地方政府会议总数 *100%
	周期内业务完成时间	本周期完成时间 / 上一周期完成时间 *100%
	周期内业务完成质量	本周期完成质量考核得分 / 上一周期完成质量考核得分 *100%
	破坏长城行为打击程度	已处理破坏长城案件 / 上报案件总数 *100%

组织能力是影响组织进一步发展的另一个重要因素。如何提供高效的政府工作，人的素质和能力是主要影响因素，其中涉及人员、技术以及组织建设等方面，包括指标如表5所示。

表5 能力模型指标

一级指标	二级指标	评价标准
业务能力	高素质人才比例	本科及以上员工人数／总人数 *100%
	人员学习与成长指标	参与学习人数／总人数 *100%
	奖励机制完善程度	本周期奖励人数／上一周期奖励人数 *100%
	信息系统稳定程度	本周期信息系统投诉次数／上一周期投诉次数 *100%

可见，必须明确保护长城的目标，尽可能地将其转化成具体的因素。在此基础上，还需要进行各利益相关者之间的沟通与联系，并吸引、应用和开发广大社会力量进入长城保护的工作中来。在上述过程中，地方政府和社会力量应把握绩效棱柱的基本思想，在实施过程中，随着实践的具体需求进行相应的变化操作，进而不断更新、提高，使得棱柱模型在长城保护规划及实践落实方面取得成就。

3.指标权重的确定

（1）棱柱模型五维度权重比例

本次研究主要使用专家咨询法为各评价维度进行赋权，经过专家的多次计算认定，对棱柱模型的五个维度赋以权重．得出各项指标权重如下表6所示：

表6 棱柱模型五维度权重占比

棱柱模型五维度	权重比值（均以百分比来定量反映）
利益相关者的满意度	24%
利益相关者的贡献	29%
业务战略	14%
业务流程	14%
业务能力	19%

本文将依据以上权重比例对统计结果进行分配，但由于以上结果会随着时间地区的变化发生改变，因此在调查过程中还需要进行进一步的调查和反馈。

（2）棱柱模型下指标体系的权重比例及分值计算

由于对于不同地区的情况的不同，考虑到实际情况以及在应用操作上的便捷性，本文主要运用评分法进行分析，对各项指标进行打分，然后按照分级标准确定绩效等级。评分法主要是对指标体系中的各项指标进行评分，通过评分实现指标定量化。本文建立的指标体系，单一维度初始总分为100分，各项指标依据本身分值进行适当分配。最后的总分计算采用加权求和的方式，把五个维度的初始分值乘以各自的权重，就得出了对应单一维度分值，将五个维度的分值相加得出最终的绩效评价分数。各项指标标准分值情况如下表7所示。

表 7 长城保护棱柱模型指标及其分值分配

棱柱模型五维度	指标	标准分值	权重	棱柱模型五维度	指标	标准分值	权重
利益相关者的满意度	实际支出与预算比例	20	24%	业务战略	长城保护投入占旅游总投入比率	20	14%
	计划执行比率	20			执行方案与需要契合度	20	
	社会建议的采纳程度	15			NGO 参与长城保护增长率	20	
	薪资与工作匹配度（员工）	15			社会大众参与占比	20	
	社会美誉度	15			长城本体损坏增长率	20	
	长城保护与居民幸福感转化系数	15		业务流程	项目规划文件比例	20	14%
利益相关者的贡献	财政支持投入比例	15	29%		保护过程分析会议次数	20	
	吸引外部区域关注比例	15			周期内业务完成时间	20	
	保护工作部门增长率	10			周期内业务完成质量	20	
	监督管理执行覆盖率	10			破坏长城行为打击程度	20	
	NGO 在长城保护组织占比	10		业务能力	高素质人才比例	25	19%
	年度保护覆盖比率	10			人员学习与成长指标	25	
	转化为社会收入比率	10			奖励机制完善程度	25	
	NGO 完成实际任务比率	10			信息系统稳定程度	25	
	长城保护相关文章报道率	10					

依据以上方法形成绩效评价分值之后，参照一定的分级标准对绩效情况进行对应的分级。本文借鉴美国的 PART 分级标准对结果实现分级，并对分级结果阐释相应的等级特征，使得保持和改善需求更加直观明确，分级标准如下表 8 所示。

表 8　绩效评价分级标准及特征

分值范围	绩效评价等级	等级特征
85—100	好	利益相关者满意度高、成本控制管理好、周期控制有效、保护工作完整有效、注重自身能力的提高
70—84	较好	利益相关者满意度较高、成本控制管理较好、周期控制较为有效、保护工作较为完整有效、较注重自身能力的提高
60—69	一般	社会满意度尚可、预算成本执行情况一般、完成目标情况一般、工作完整性有效性有待提高
25—59	较差	社会满意度低、预算成本执行情况较差、完成目标情况差、工作完整性有效性需要很大提高
0—24	差	社会满意度很低、预算成本执行情况很差、完成目标情况很差、工作规划执行需要重新进行

五、地方政府长城保护纳入绩效评估相关建议

1. 长城保护规划与其他规划合一

建议各地的长城保护规划与其他规划同时出台，做到多规合一，甚至是对文物的保护的规划先行，在此基础上再进行其他规划，避免在经济建设的过程中出现损坏文物的现象出现。各地以此为契机，加大长城保护的力度，建立完善的地方政府保护长城相关制度，从而更好地引导地方政府发现保护长城的现实意义和潜在价值，从保护、监督、管理、预警、反馈、打击等方面入手，使得长城的保护做到有计划实施保护，成为地方政府业绩中必不可少的系统化工程。

2.建立地方政府长城保护绩效评估法律制度

出台地方政府长城保护绩效评估的法律，使得地方政府对长城的保护有法可循，更好地促进地方政府及其长城管理部门更加关注长城保护，使得地方官员的离任审计与长城保护的执行效果、相关人员的升迁任免直接挂钩，构建政府高度重视、社会组织积极配合、民众广泛参与的全方位立体式的长城保护的良好生态环境。

3.建立完善的长城危机预警机制

为了有助于促进长城保护迈上新的台阶，急需建立长城危险性预警机制，预警机制需要技术、人员和管理体制的相关配合。为避免长城在未来的社会发展过程中受到各类损害，保障长城的安全，在合理完善的危险预警机制之下，可以及时有效地对地区长城现状进行监控，及时进行长城损坏的危机预警，从而及时对重点及急需保护的长城段落进行抢救性修缮。

4.树立长城保护模范，引发示范效应

树立模范一方面是为了显示全社会对于长城保护的关注程度。另一方面，通过模范作用可以吸引地方政府积极进行长城保护，形成更强烈的保护动机。可以在广泛开展保护长城的地区之中，选择已经初具规模的部分地区，树立模范，将其实行的相关保护政策宣传推广，以达到互相学习、互相监督的正向循环，使得保护长城更加日常化、普及化。

王　纬　河北地质大学法政学院副教授

尚文霞　河北地质大学法政学院研究生

注释：

1 李大伟.长城文物保护实践的回顾与思考[J].中国文物科学研究，2015（4）.

2 国家文物局.历代长城概况.2017.

3 长城保护条例[ER/OL] http://www.china.com.cn/news/txt/2006-10/24/content_7272076.htm，2019.

4 全笑蕾，盛靖芝.超越平衡计分卡的绩效管理新框架——绩效棱柱[J].科技创业月刊，2006（3）.

5 綦小广.基于绩效棱柱的地方政府绩效的评估与提升对策研究[D].湘潭：湘潭大学，2009.

公益诉讼视角下的长城保护

唐 芳 贾霄燕

摘 要：近年来人为破坏长城的现象屡有发生，传统保护长城的方式是以行政管理为主导，公众参与为辅，这种方式已经不能完全满足长城保护形势迫切的需要。随着人们法制意识的提高，维护公益的观念深入人心，构建长城保护公益诉讼制度将成为有效保护长城遗产的新思路。文章从分析长城遗产的法律属性入手，指出保护长城符合公益诉讼制度的范畴。通过分析现有长城保护和救济制度的不足，提出建立长城保护公益诉讼制度的必要性和理论依据，最后借鉴国外立法和先进经验，提出构建符合我国国情的长城保护公益诉讼制度的建议。

关键词：长城 保护 公益诉讼 文化遗产

当人们一提到中国，首先想到的就是壮丽的山河和璀璨的历史遗产。而以长城为代表的中国优秀文化遗产在历史长河中筑造了中华民族共同的精神家园，长城精神更是早已融入了每个中华儿女的血液之中。因此，保护好以长城为代表的文化遗产成为民族传承交付给每个人沉甸甸的答卷。在 1949 年后，我国曾经进行多次文化遗产普查，而长城一直也是调查和考察的重点单位。但是，由于立法的相对滞后和相关工作重心的偏移，对长城的保护经常会出现缺位的情况，这也导致出现了不少破坏以长城为代表的中国传统文化遗产完整性的行为。长城的保护工作任重而道远。自 2017 年第十二次全国人大常委会将公益诉讼明确写入民事诉讼和行政诉讼的决定中以后，公益诉讼制度开始明确纳入我国的司法体系，文化遗产保护从此进入了新时期新阶段，长城等中华传统文化遗产的保护从此有了新的法律武器。

一、长城与长城保护公益诉讼的法律属性分析

联合国教育、科学及文化组织大会于 1972 年在巴黎举行第十七届会议，通过了《世界文化和自然遗产保护公约》，对文化遗产的概念进行了界定，指出文化遗产的大致范围包括三种类型：构建物、建筑群、人类工程、人与自然联合工程和遗址。随着社会的进步，人们对文化遗产的认知也在不断扩大。在我国，作为法律意义上的文化遗产，主要包括物质文化遗产和非物质文化遗产两个方面。

长城既是中华民族物质文化遗产的典型代表，又是中华儿女自强不息精神的象征。作为历史遗迹、文化遗产，对其保护的内容主要规定在我国的《宪法》《文物保护法》《文物保护法实施条例》《长城保护条例》和一些地方性法规、规章中。根据我国法律规定对长城的属性进行界定是提出构建长城保护公益诉讼制度的前提。

（一）长城具有生态环境属性

1. 长城属于不可移动文物

不可移动文物通常包括历史遗迹、文化古迹等，是具备一定文化、艺术、历史等价值的遗产。其涵盖的领域比较广泛，具体包括社会领域、经济领域、教育领域等。不可移动文物是文化遗产体系的重要组成部分，国际上没有就不可移动文物的概念给出明确性的界定。在不可移动文物界定过程中，主要涉及两个方面的内容，分别是学界的概念界定及立法概念界定。前者的界定概念是后者界定概念的基础。

综合来看，不可移动文物的概念界定是比较复杂的。其受到一国传统文化、传统生活理念的影响，具备一定的文化价值、经济价值、教育价值，而这些价值都具备传承性的特点。长城在中国有着两千多年的历史，一句"万里长城永不倒"传颂着中国人坚韧不拔、自强不息的精神，是中华传统文明的集中体现。长城是我国乃至世界瞩目的文化遗产，属于不可移动文物、物质文化遗产。

2. 长城属于人文遗迹

我国法律虽然没有对人文遗迹的概念予以界定，但是理论界对人文遗迹的概念能够达成共识。人文遗迹一般是指文化遗产中的物质文化遗产，它与可移动文物的区别在于它的不可移动性。可移动的文物不属于人文遗迹的范畴。《环境保护法》颁布之后，立法逐渐把人文遗迹从文物中独立出来。我国人文遗迹保护的立法体系以《文物保护法》为主，其他相关环境保护法规为辅。[1]

3. 长城保护属于环境保护范畴

从以上分析看出，长城属于不可移动文物、人文遗迹。它不仅是我国优秀民族文化的体现，而且是我们生存环境的组成部分。根据我国《环境保护法》第二条的规定，长城这种宏大的人文遗迹，符合环境法规定的"影响人类生存和发展的各种天然的和经过人工改造的自然因素的总体"，在《环境保护法》对环境范围的界定之内，保护长城和《环境保护法》的立法宗旨相符，长城保护属于环境保护范畴。

保护长城遗产，也就是保护我们的环境。近些年来，由于人们盲目追求经济利益和过度开发建设，使得长城本身和长城周边的环境遭到很大的破坏，长城也面临着失去原貌和历史价值的危险。因此，借助环境保护法和公益诉讼制度对长城遗产进行保护显得尤为迫切和重要。

（二）长城具有公共资源属性

公共资源包括自然资源和人文资源，是公益诉讼中一个十分重要的领域。"自然资源的社会公共利益属性在于社会成员共享性，人文资源的社会公共利益属性则在于维持着社会成员的共同归属感。"[2]长城历经千年风霜洗礼，已经形成的独特了生物族群和附属生态体系。这一生态体系的建立所需要的时间长，跨度广，属于不可再生资源，一旦破坏便永久消失。长城所蕴含的精神符号早已融入中国人的文化血液之中，成为中华民族的共同精神家园，因此长城的精神文化资源同物质资源一样不能忽视。总之，长城是世界著名的文化遗产，具备很高的历史价值，是人类文明的象征和共同财富，是典型的人文资源，具有公共资源属性。

（三）长城遗产保护公益诉讼属于公益诉讼的范畴

公益诉讼的理论渊源可以追溯到古代罗马法，现代公益诉讼制度则发端于20世纪70年代的美国，后在英美法系国家迅速发展并应用于司法实践。与维护个人和组织自身合法权益的私益诉讼相比较，公益诉讼的诉讼目的是维护国家利益、公共利益和社会秩序。理论界的诉讼法学者一般将公益诉讼划分为行政公益诉讼和民事公益诉讼两部分，分别给出了民事公益诉讼或行政公益诉讼的定义。

公益诉讼是以社会为本位的诉讼，其本身不具有营利性色彩，这是由于公共利益没有得到保护，为了进一步实现公共利益的需要。公益诉讼提起诉讼的主体具有广泛性。在普通诉讼中，具有原告资格的往往是一些具有直接利益关系的当事人，而公益诉讼不同，具有原告资格的民众和机构，具有明显的不特定性和广泛性。法律制度的完善，在程序上使公益诉讼得到了认可，也为其提供了最可靠的制度支持，这也在极大程度上对于传统的诉讼事后补救的不主动性做出了改善。在2018年召开的十九大中，习近平指出，对文物的保护、利用以及对文化遗产的传承是我们在任何时代的重任。因此，在保护文物方面，要始终贯彻中央的精神，加强对中央相关文物保护工作文件的学习和执行，要从各个方面领会到保护文物的必要性和重要性，对于以公益诉讼的方式来开展文物保护的工作途径做出进一步探索，引入公益诉讼理念成为保护长城遗产的新思路。

二、长城遗产保护引入公益诉讼制度的必要性

在2016《中国长城保护报告》中，对长城保护工作取得的成就进行了肯定。但同时也指出，长城的许多段已经坍塌。造成这些毁坏的原因有许多，例如就长城的分布点来看，分布的区域过广；从修建的

时间上来看，历经千年岁月；在建筑材料上，长城的大部分为就地取材，夯土构筑。经过多年的日晒雨淋和风化，以及在人类活动的影响下，长城的毁坏也是必然的。此外，在长城修复工作的具体实施中仍存在许多不足。例如，少数修复没有设定科学合理的方案，施工管理不够精细，施工的质量不高，这些因素对长城本体也是一种损坏。在现代生活中，由于大众还未形成保护长城的主人翁意识，人们的活动也对长城造成了不同程度的损坏，对"野长城"游览的管理亟待加强。

目前，我国在保护长城遗产的法律建设方面已经取得了很大的进步。这种保护主要是确认性的。在长城保护的原则、主体、方式等方面做出了明确规定。但是从长城的保护和救济制度分析，依然并不尽如人意，需要我们对长城遗产的保护措施和救济手段进行深刻反思。纵观目前长城遗产保护和救济制度主要存在以下几个方面的问题：

（一）文物行政部门对损毁长城行为的治理具有事后性

一直以来，我国长城文化遗产保护的方式主要是以政府主导的方式展开，基本上是以自上而下的行政管理制度为核心，对长城的保护和救济多依赖于行政手段。这种行政手段具有严密的管理性，较强的组织性，在长城遗产保护工作的开展上发挥了重要效能。但是行政权也存在局限性，在损害发生之时往往不能够及时止损。一般是在人民群众举报或者新闻媒体报道得到消息后采取抢救或弥补措施，这就需要借助第三方的力量来保护公共利益，防止损害结果的发生。

（二）长城遗产保护公众参与制度亟待完善

目前，长城遗产保护在民间得到了广泛支持，致力于保护长城遗产的民间组织众多。但是因为我国还没有建立起完善的遗产保护公众参与体系，使得这些民间组织无论是在自身发展方面还是在从事长城保护的活动方面面临诸多困境。例如缺少合作伙伴、缺少公众支持、缺乏公信力等，这些都极大地限制了民间力量本应在长城遗产保护方面的积极性和能动性。因此，构建完善的公众参与长城遗产保护机制是推动社会力量参与长城遗产保护的有效路径。

（三）公民保护长城遗产的权利缺失

我国《宪法》第2条规定："人民依照法律规定，通过各种途径和形式，管理国家事务，管理经济和文化事业，管理社会事务。"宪法赋予了公民广泛的社会活动和文化活动参与权。据此，公民有权通过一定的程序和途径参与长城保护的相关活动。《文物保护法》第7条亦对公众参与长城遗产保护做出了指引："一切机关、组织和个人都有依法保护文物的义务。"然而这些只是关于公众参与长城保护的原则性规定，缺乏具体的程序，没有使公众参与保护长城遗产真正落到实处。国家应当从立法层面对公民在长城遗产保护方面的权利进行明确规定。例如对破坏长城遗产的行为进行控告、检举的权利，进行诉讼的权利等，将长城保护公众参与权和机制在实务中贯彻下去。

（四）长城遗产保护的司法救济途径有限

目前，长城遗产保护缺乏灵活的救济方式，对破坏长城的违法行为的惩罚多是以罚款为主，并且惩罚力度较低，难以起到震慑作用。民间力量参与保护长城的积极性较高，但是相关的参与机制和鼓励措施并不健全。《文物保护法》虽然对民众参与长城遗产保护的权利进行了规定，但是一旦发现长城受到损害的情形，民众仍然无法采取及时、有效的止损措施。救济也只能是依靠国家主管机关的公权力进行事后补救。在我国长城遗产的保护中，依然缺乏完善的公众行政执法参与权和诉讼参与权。[3]

在我国，《民事诉讼法》和《行政诉讼法》一直在不断修订和完善。代表人民利益的检察院在行使相关权力时，若是发现例如生态环境遭到破坏、资源的保护工作没有落实或者在食品药品等关系到民生的安全领域遭到损害时，人民法院可以直接受理有关诉求的情况是在没有相关组织提起诉讼的情况下。同样，在《行政诉讼法》也规定：作为人民利益代表和保护者的检察院若是发现在国有资产保护、生态环境以及资源利用等领域中出现了相关的行政机关不作为，从而导致了国家的利益或者是大众的公共权益没有得到及时的保护和贯彻时，应该及时向相应的行政机关提出建议和意见，监督其依法履行相关的职责。如果没有达到预期，则可以向更高一级的人民法院诉讼，这一制度的建立标志着检察机关提起公益诉讼制度的建立。

长城遗产保护公益诉讼构建的目标在于通过诉讼救济的手段保护重要的公共资源和公共利益。长城遗产作为一种特殊的公共利益，不仅体现在长城本体受世界瞩目，长城文化更是传统中国人民智慧和创造力的结晶，凝聚着强大的精神力量，长城遗产一旦受到侵害，代表公共利益的组织可以按照公益诉讼的代表理论取得合法的起诉资格。长城遗产公益诉讼的核心价值就是将长城这种特殊的公共资源，长城所代表的特殊公共利益以司法救济的方式进行权利保障。这是社会公众保护公共利益、文化遗产的新路径，也是人民群众在社会转型期完善社会治理的新方法，一定会在长城遗产保护中发挥重要作用。

三、建立文化遗产保护公益诉讼制度的域外经验

（一）美国的相关制度

美国是现代公益诉讼制度的创始国家。其在 1890 年通过《谢尔曼反托拉斯法案》，后又通过制定多部类似法律，建立起涉及多个领域包括保护文化遗产领域的公益诉讼制度。

美国立法规定了公益诉讼条款。该条款对公民的诉讼主体资格未作任何限制，公民行使该诉讼权利不需要证明自己是利害关系人。随着各领域法律相继涉猎公民诉讼条款，文化遗产领域也做出了类似规定。美国的公益诉讼主要有两类，一类是民众公益诉讼，是指公民针对侵害公益的行为提起的诉讼，既可以是公民针对违法者的诉讼，也可以是公民针对行政机关不作为的诉讼。另一类是检察长公益诉讼，是指政府或相关部门针对直接侵害公益的行为人提起的诉讼。在民众公益诉讼中公民有作为原告的起诉资格，可以要求侵害人赔偿文化遗产本身的损害，还可以要求法院颁布禁令制止违法行为来排除妨害。此外，美国还出台了一些激励民众参与保护文化遗产的规定。例如在赔偿机制中，法律规定法院可以将部分赔偿款划归起诉的原告所有。在诉讼分担机制中，为了减轻原告的诉讼成本，法院可以斟酌判定诉讼费用的承担。以上这些制度和规定使得美国文化遗产保护公益诉讼制度具有现实可行的法律依据，公民保护文化遗产行为的可操作性较强。

（二）英国的相关制度

英国同样具有相对完备的公益诉讼制度，但与美国不同。英国没有民众公益诉讼，只有检举人诉讼，是由法务长官代表国王来阻止一切违法行为。法务长官即检举人既可以代表公共利益主动提起对违法或不作为的行政行为实施司法审查，也可以由民众请求法务长官申请对侵害公共利益行为人进行司法审查。在此类案件中，公民不具备原告的起诉资格，而是作为检举人。原告是法务长官。因此，英国的文化遗产公益诉讼主要是检举人诉讼。公民可以根据检举人诉讼的相关规定，请求法务长官提起公益诉讼。

公益诉讼的开展与一国的国情密切相关。虽然西方有民众公益诉讼的先河和范例，但是并不能成为我国简单效仿的理由。长城保护公益诉讼应当立足国情，以我国现行法律法规为蓝本，构建符合我国国情的可操作性强的程序和制度。

四、构建长城保护公益诉讼制度的设想

从现实情况来看，长城保护公益诉讼的研究和构建非常必要和迫切。但现阶段长城保护公益诉讼面临法律依据不明确，主体不明晰，诉讼程序不完善等诸多问题，可从以下几个方面提出建立符合中国国情的长城保护公益诉讼制度的对策。

（一）在《文物保护法》中明确文化遗产权和确立公益诉讼制度

诉讼的前提是权利遭到破坏。虽然在我国国内法和我国所加入的国际公约中有关于保护文化权利的内容，但是目前文化遗产正在遭受人为和自然等多方面严重的破坏，形势十分紧迫，需要对文化遗产加以特殊保护。因此在我国法律中应当将文化遗产权作为一项单独的权利予以明确规定。从立法上明确规定文化遗产权，并规定文化遗产权的主体为广大公众，[4]这是构建长城遗产公益诉讼的基础。《文物保护法》是保护长城最直接的法律依据，建议在该法中明确规定有关文物保护的公益诉讼制度，将文物保护公益

诉讼的方式规定为民事公益诉讼和行政公益诉讼两种类型，以此在法律上为长城保护公益诉讼案件的启动和受理提供制度支持。

（二）在《行政诉讼法》和《民事诉讼法》中规定文化遗产保护公益诉讼条款

长城保护公益诉讼的开展离不开诉讼法的支撑。环境资源中虽然包含了文化遗产，但是如果依旧以环境保护公益诉讼的方式来开展长城遗产保护工作的话，在一定程度上还缺乏妥当性，在日常的诉讼审理过程中名不正言不顺，在法理和司法实践中会产生争议。所以建议在民事诉讼法和行政诉讼法的生态环境和资源保护、食品药品安全、消费者权益保护、国有财产保护、国有土地使用权出让等领域外，单独列出文物保护顶域，进一步凸显文化遗产保护的重要性，使得长城保护诉讼案件的进行有法可依。

（三）明确启动长城保护公益诉讼的主体

根据现有法律规定，提起民事公益诉讼的主体主要是法律规定的机关、有关组织和检察机关，提起行政公益诉讼的主体是检察机关。建议一方面在《文物保护法》中明确规定检察机关在文物保护公益诉讼中的主体资格。另一方面，为了鼓励社会力量参与长城保护的积极性，建议明确规定文物保护组织和环境保护组织可以以公益诉讼的方式提出文物公益诉讼，并且将此类文物保护组织和环境保护组织的相关条件进行界定。此外，根据现行法律规定，检察机关公益诉讼的提起一般限定在"在履行职责中发现"的情况下，而在实际工作中，履行法定职责过程中的行政机关也会发现破坏文物、损害长城遗产的诸多情形，因此建议增加除"人民检察院在履行职责中发现"之外的其他新的方式。例如，从人民群众举报中获取的损毁长城遗产的信息，如果达到立案条件的，应当及时立案，并从文物行政部门、住建部门、环保部门等行政机关在履行职责过程中获取的损毁长城遗产的重要线索。在当前的大数据时代，如果从新闻媒体或社会舆论中获取到重要案件来源，也应当及时开展调查工作。[5]

（四）完善长城保护公益诉讼中的程序设计相关问题

1. 设置长城保护公益诉讼案件的诉前审查程序

根据现行法律规定，诉前程序是检察机关提起行政公益诉讼的必经程序。在长城保护公益诉讼中检察机关提出检察建议之前，也必须进行严密的调查研究，防止司法资源的浪费。如果行政机关积极采纳检察建议，主动履行法定职责，检察机关可以不对责任行政机关提起行政诉讼。但是，如果行政机关未采纳检察建议，或者虽然采纳检察建议但未及时制止侵权行为或减少损害行为的发生，检察机关应对责任行政机关提起长城保护公益诉讼。

2. 设置长城保护公益诉讼案件的受理程序

保护长城文化遗产不能以长城本体发生实质性损害为要件，应当以长城已经受到或者将要受到损害为前提。在受理此类案件时，要具有预防性，能够预见可能发生的侵害，从而防止国家利益和社会公益遭受无法弥补的损失或者危害。[6]

关于受理管辖问题，为了提高法院排除干扰的能力，满足公益诉讼对法官高素质的要求，应当将涉及长城保护的公益诉讼案件交由中级人民法院作为一审人民法院，由破坏行为发生地、损害结果地或者被告住所地的中级以上人民法院管辖。在审理过程中，双方达成调解或和解的，其内容均不得损害社会公共利益。

3. 设置长城保护公益诉讼案件的举证程序

在长城遗产保护公益诉讼中，原告方应当对长城所遭受的损害或可能导致损害的事实提供证据加以证明。被告方承担的举证责任主要是提供法律法规及法律文件、法律规定的免责事由、所作行为与损害结果之间不存在因果关系等。但是，原告方因为客观原因自行收集证据存在困难的，人民法院可以在实际审判中责令被告方提供相关证据或依照职权调取证据，被告因为自身原因无法提供相关证据的，将承担败诉的风险。[7]

（五）检察机关应当加强与有关部门和社会各界的沟通

检察机关要强化与长城保护主管部门的工作沟通，加强与长城保护组织的联系。一方面向其介绍公益诉讼工作的内容，提高主管部门和相关组织的法治意识，另一方面及时了解社会组织开展长城保护工作的进展和动态，通过支持起诉或者直接开展行政公益诉讼的方式进行协作。

引入公益诉讼制度可以化解长城保护所面临的诸多法律困境，有利于建立完善的公众参与体系，解决公益保护长城遗产的问题，弥补行政监管的不足，建立多元化长城保护监督体制。由于长城是举世闻名的文化遗产，兼具生态环境和资源环境价值属性，又是重要的国有财产，因此长城遗产保护可以纳入检察机关提起公益诉讼制度的范畴。一方面，通过民事公益诉讼的方式可以追究破坏长城遗产的违法行为人的民事责任。另一方面，通过行政公益诉讼的方式可以监督政府及文物主管部门履行长城遗产保护和管理的责任。

唐　芳　河北地质大学法政学院讲师

贾霄燕　河北地质大学法政学院副教授

注释：

1 卢静. 我国人文遗迹保护法律制度研究 [D], 长沙 : 湖南大学, 2009:10—15.

2 蓝向东, 杨彦军. 以公益诉讼方式开展文物保护的可行性研究 [J], 北京人大, 2018 (6) :41—45.

3 孙玥. 论文化遗产保护的公益诉讼制度 [D], 西安 : 西北大学, 2014:16—22.

4 崔璨. 传统诉讼制度下文化遗产保护的障碍及出路 [J], 理论月刊, 2016 (10) :120—125.

5 梅傲寒, 石晓波. 论国有资产公益诉讼的价值功能与完善路径 [J], 南京社会科学, 2019 (8) :102—106.

6 孙玥. 论文化遗产保护的公益诉讼制度 [D], 西安 : 西北大学, 2014:16—22.

7 扈孝勇, 赵小玉. 不可移动文物的现状及司法保护 [J], 法律适用, 2017 (20) :32—34.

树型理论视角下提升长城文化产业核心竞争力研究

贾霄燕

　　摘　要：长城承载着中华文明数千年的历史，是中华文明最有代表性的文明象征。新时代的历史环境下，我们也要创造性地向世人展示长城世界文化遗产的独特价值。在大的格局下，积极思考和深入探究长城历史文化的传承与创新，促成长城文化在新的历史时期呈现出新的文化价值，将长城文化的开发与保护纳入构建中国社会整体的、互相尊重、合理利用和持续发展的文化生态环境中。本文以"树型"理论为依据，介绍了"树型"理论的概念及相关研究，在此基础上，将该理念运用到长城文化产业的提升上，促成长城文化产业发展的核心竞争力，以期推动长城文化产业实现全面、协调、可持续发展。

　　关键词："树型"理论　长城文化产业　核心竞争力

　　长城是中华民族璀璨夺目的历史承载者，也是中国文明最具有代表性的载体，长城承载了中国民族的悠久历史，也见证了自春秋战国以来两千多年中国社会的兴衰更替和荣辱变迁，是促成中华民族凝聚力的最有力的符号。随着知识就是第一生产力这一概念的不断推广，再加上信息时代的全面降临，经济与文化的不断融合与发展也促成了文化产业的滋生。文化产业的出现与文化产品的市场化具有比较一致的步调。随着文化与市场融合度的不断提升，文化产品在文化本质没有发生改变的前提下被赋予了更加具有人文价值和科技含量的元素。在这种背景下长城文化产业也和其他产业一样，需要同市场和消费者建立关联，并形成有效的调节机制。这就需要长城文化产业提升自身的核心竞争力，将传统文化与精神象征以及文化保护融为一体，形成有层次的开发和保护机制。"树型"理论的引入可以很好地为提升长城文化产业的核心竞争力，促成新时期发挥长城文化价值，实现战略发展提供有力的依据。本文在"树型"理论研究和比较分析的基础上，对长城文化产业的核心竞争力进行理论研究，在此基础上结合长城文化产业核心竞争力的分析，提出长城文化产业核心竞争力具有可操作性的策略和发展。

一、树型理论介绍分析

1."树型理论"的源起

　　"树型"理论的提出是从核心竞争力的基础上发展而来的。20世纪80年代，鲁梅尔特通过实证研究证实，当企业出现超额利润的竞争优势时，其根源往往并不是来自于外部，而是企业内部的某种因素造成的。也就是说决定一个企业绩效的关键因素是内生于企业的。20世纪90年代，普拉哈拉德和哈默首次提出了"核心竞争力"这个概念，并将"核心竞争力"初步界定为以企业的技术能力为核心，有效整合企业的战略策略、生产环节、营销组织以及管理等行为促成企业获得持续性的竞争优势，通过资产与知识进行互补实现资源优化的体系。与此同时，他们还指出了核心竞争力具有的三个重要的特点：价值性、不可复制性以及超前性。在不断地探索和实证分析过程中，普拉哈拉德和哈默提出了"树型"理论，他们将多元化的公司比作一颗果树，企业的产品是果树的果实，服务是果树的叶子，将产品和服务整合在一起的业务单位是树枝，核心产品是树干，通过核心产品对业务单位和产品以及服务起到了支撑的作用。而在整个体系中，起到决定作用的树根就是核心竞争力，也是企业获得长足发展的关键所在。

本文通过分析、总结和梳理相关核心竞争力研究的资料文献，将研究的重点放在现代科学思想利用树型理论认识、分析、发展长城文化产业发展的根基与动力，将树型理论作为一个研究工具，融入社会、经济、管理的体系来促成涉及组织和结构的长城文化产业核心竞争力，从而进一步得出关于长城文化产业核心竞争力的理论观点。

2. 与核心竞争力相关的理论

M. H. Meyer 和 J. M. Utterback（1993）与陈清泰（1999）提出了创新平台观。他们从四个方面对企业的核心竞争力进行划定，即产品技术能力，对用户需求理解能力，分销渠道能力，以及制造能力。陈清泰指出，核心竞争力最主要的特征就是将创新产品推向市场。创新观的核心要义是指以创新作为平台，开拓创新市场。这一点比较适合长城文化产业核心竞争力研究中的部分。但是该理论观点没有将组织和文化的影响因素运用到其中，因此本文在创新平台观理论的基础之上，融入长城文化产业中组织和文化的影响因素及其相互作用的研究，以提升长城产业核心竞争力。

Anders Drejer and Jens Ove Riis（1999）和 tvia（1999）认为企业的核心竞争力的主要关键组成部分是硬核心竞争力和软核心竞争力。其中硬核心竞争力主要涉及的范围是通过核心产品促成核心竞争力提升的部分，而软核心竞争力主要涉及的是企业在长期发展的过程中，在经营管理方面形成的具有无形化特征的经营管理方面的能力，软核心竞争力主要表现在识别度较高，较难模仿，可以促成企业间的异质性，以及保证企业会随时间的变化以及行业发展持续产生竞争优势等。由此推及长城文化产业的核心竞争力，不难分析出其硬核心竞争力是指长城作为物质遗产本身的物质文化以及创意产品的相关优势，而软核心竞争力则主要是指长城文化中以精神文化内涵为核心进行的文化管理和保护以及产品营销的能力。

Mahoney J. T.Pandian J. R.（1992），Christine Oiver（1997）提出资源是促成企业成长和发展的先决条件，也是基本条件。如果一个企业具有其他企业不具备的资源，这些资源又带有明显的稀缺性、独特性、不可模仿性以及非替代性等，那么企业通过对资源的识别、积累和激活，就能在同行中占据独特和重要的地位。长城文化产业在一般文化产业领域中恰好占据着这样的资源优势，长城作为物质遗产，具有独特性和非替代性，这对于促成长城文化产业的核心竞争力来说，是一个不可取代的重要特征。通过对长城文化资源的不断开发、保护、激活，可以实现核心竞争力的提升，促成长城文化产业的可持续发展，使长城文化产业形成持续性的影响力。

二、树型理论在提升长城文化产业中的应用分析

长城为人类带来了十分丰富的精神财富和物质财富，并且通过历史文化与民族精神的积淀，已经成为代表着中国民族文化最为有力的标志性的形象标识。近年来，随着文化产业的兴起，长城文化产业也成为一种全新的提升长城形象的手段出现，并获得了快速发展。通过树型理论，研究与分析长城文化产业的核心竞争力，形成相关理论，有利于促成长城文化产业的发展，促成文化与经济的共同发展。

1. 长城文化产业的根基——长城的物质文化

长城本身就是我国优秀民族文化的象征和国家形象的标识，也是在特定的历史时期和自然人文景观中出现的烙印着深刻时代记忆的产物，长城是人类文明中最为宏大雄奇的景观之一。纵览长城，西起甘肃嘉峪关，东至辽宁省丹东市，横跨15个省区市，途经戈壁、荒漠、莽原、群山，像是一条横亘在华夏大地上的一条巨龙。长城作为人类社会现存最具时代延续性以及分布广泛性的文化遗产之一，具有十分复杂和特殊的体系。而长城也不仅仅是独立存在的文化遗迹，它横跨的每一个区域都与其在历史、文化和生态景观上存在着息息相关的联系。而长城作为一种联系所在地域社会与环境的纽带，更与其所在区域内的各种要素形成复杂的具有开放性的综合体系。因此长城本身这一物质文化的存在，就对长城文化产业的发展以及促成核心竞争力具有巨大的意义。而关于"树型理论"的其他部分，如大树的枝干以及果实，都离不开根基，只有根基打好了，才能进一步针对认识、开发进行深入研究。对于长城文化产业的核心竞争力来说，其根本就在于长城作为文化遗产的这一本体。因此要从长城本身入手，研究如何更好地保护长城，让这一资源可以得到更加合理的利用、开发，并在此基础上促成长城所在区域生产力合理布局，更好地为长城资

源的开发利用服务，为下一步更深入地挖掘长城文化提供良好的外部条件。

2. 长城文化产业的支撑——长城的精神文化

长城是我国文化中最灿烂的瑰宝，也是中华民族的精神力量的凝结。自古以来，长城就蕴含了丰富的民族精神，代表着不畏艰险、勇敢坚持、发奋不已的民族精神，也代表了华夏文明中博大精深的内涵。世界遗产委员会对长城的评价是"在文化艺术上的价值，足以与其在历史和战略上的重要性相媲美"。

在历朝历代的与长城相关的各种作品当中，包括历史文献、诗词歌赋、铭记碑文、民间传说、楹联匾额、雕刻构筑、建筑艺术等艺术品当中，都可以看出长城精神文化作为中华民族文化艺术宝库重要组成部分对人们所起到的影响。除此之外，长城形成的历史也体现了修建长城的军事目的，这也给长城增添了英勇不屈的精神内核。中国古代的长城使生活在长城内外的民族建立起了某种联系，使得各种文化随着不同文化的融合，实现了长城将军事、经济、文化联系在一起。人类的文明不只包括物质方面的，还包括精神方面的文明。物质文明与精神文明相辅相成，共生于人类文明体系之中。长城正是这样一种集物质文明与精神文明于一体的民族精神，盛载着国家和民族所凝聚和激发的精神力量。几千年来，长城一直都给予着中国民族以最为牢固的安全感和归属感。如今的长城已经不具有建筑伊始的军事防御的功能，也不需要进行不断的修筑扩张来实现保家护国的目的。虽然长城的军事功能已经退化，但是长城的精神文化却获得更大的发展。它成为激励国家求生存、求发展、求和平的进军号，所以我们在研究促成长城文化产业核心竞争力时，需要关注和研究长城的精神文化的力量。

三、提升长城文化产业核心竞争力的路径分析

核心竞争力的培育与完善，是长城文化产业发展的一个重要依托。特别是在当今时代下，随着人们文化意识的不断提升，选择的范围不断增大，长城文化产业作为文化市场中一种特殊的产业，面对着激烈的竞争更应提升自身的核心竞争力，为长城赋予新时代的新的价值，在完善保护长城的基础之上，科学合理地挖掘和利用长城的独特资源，打造属于长城文化产业特有的核心竞争力。提升长城文化产业核心竞争力的路径具体有以下几点。

1. 打下良好根基，有效推进长城世界文化遗产保护

最近几年，出现了许多与长城保护有关的研究，随着研究成果的不断丰富，逐渐出现以单独学科进行研究的"长城学"。长城学从历史、考古、军事、地理、生态、经济和旅游资源利用和保护等方面进行综合研究，并且初步形成了长城遗产保护的研究体系，包括对长城价值的认知、保存以及实现。对于长城遗产的保护途径有以下几点：

首先，作为世界遗产，对长城的保护的基础是长城世界遗产的本体，但同时也要注意到长城的系统性，与其周围环境的协同性。也就是说，对长城的保护不只是要保护长城遗产价值的组成部分，如长城的墙体、关隘、烽火台等进行有效保护，还要将长城的墙体周围相关的外部环境，包括地下范围纳入保护体系当中。另外也要注意长城与周围的建筑的关系，正确处理长城保护与当地居民利益之间的平衡，通过科学开发和合理的资源整合，形成长城所在区域的建设与经济发展同遗迹保护共同发展的态势。

其次，长城文化遗产要与社会的发展形成协同的效应。在注重长城本身的建构的同时，也要实现长城与其相关的社会系统之间的联系，实现可持续发展的先决条件下进行整体布局和规划，实现历史文化遗迹与区域经济发展同群众文化需求间的有机契合。如《北京市"十三五"时期加强全国文化中心建设规划》提出了通过促成京津冀相关文脉和地域相近相亲的良性互动，使长城文化带与运河文化带得到有效建设，从而实现文化遗产的整体保护和开发。这样一来，长城文化带的建设就与历史文化和生态环境进行了有机的融合，从而促成长城文化带的全新升级，更好地实现长城遗产的保护和发展。

最后，利用多种渠道与方式对长城资源和保护的管理信息进行有效发布，加大相关的法律法规和文化遗产保护意识的宣传力度，促成全社会共同参与到长城文化遗迹的保护之中。特别是要动员长城遗迹所在区域的人民群众共同参与到长城文化遗迹的保护当中。通过宣传提升这些群众的主动性和积极性，让人们都意识到保护长城文化遗迹的重要价值和意义。进一步实现长城的所有点段都有专门的管理人员，

这些管理和保护人员要真正落实对所负责的长城文化遗产的区域做好巡查、保护和保养的日常工作。只有利用大众的力量，才能使长城文化遗产的保护深入人心，才能通过发动群众的力量使长城的保护获得公众的支持，促成保护长城文化遗迹的社会意志。只有长城文化遗迹本体获得自觉守护，才能使长城遗产得到应有的理解、重视和尊重，才能使长城文化遗产绽放更加强盛的生命力。

2.提供有力支撑，提炼当今时代下长城精神文化内涵

时代的发展和变迁使文化成为综合国力竞争的重要软实力，中华文化博大精深，其中也融入了民族传统文化中的精神内涵，长城历史文化无疑是中华文明传承和发扬光大的重要载体，在当今时代下也需要散符合时代意义和价值的精神内涵。而长城的精神内涵作为提升长城文化产业的重要支撑，也需要从当代价值的角度出发，提炼新的历史价值和精神内涵。

首先，应该对长城的精神内涵和当代价值进行全方位和多角度的宣传。长城是我国独具特色的文化遗产，拥有十分悠久的历史和博大精深的精神内涵。长城也是我国重要的文化符号与标识，象征着中华民族的精神。时代的发展和变迁使文化成为综合国力竞争的重要软实力。中华文化博大精深，其中也融入了民族传统文化中的精神内涵，长城历史文化无疑是中华文明传承和发扬光大的重要载体。长城展现了生生不息的顽强意志和民族精神。自长城建成以来，人们通过各种各样的方式和途径去歌颂和赞美长城，除了对长城雄奇壮丽的自然景观的欣赏，更体现出对长城在抵御外辱、抗争侵略、保卫家园和平等方面所展现出的力量。长城不仅仅是一种建筑奇迹，更凝聚了中华儿女勤劳、勇敢、不畏艰险的品质。"万里长城永不倒"这句口号就体现出华夏民族铮铮铁骨的傲气与硬气，也成为千百年来永恒发展的真理，而长城的精神内涵作为提升长城文化产业的重要支撑，也需要从当代价值的角度出发，提炼新的历史价值和精神内涵。只有将长城的历史文化凸显出在当代的价值，才能真正提升长城文化产业核心竞争力。

其次，在保护长城的基础之上，充分挖掘长城的精神价值。长城体现出了悠久厚重、辉煌灿烂的民族文化。古时为了有效阻滞北疆游牧民族的骑兵进犯，长城不断地进行修补，在实现抵御外敌、保卫和平的基础上，也促成了长城内外文明间的碰撞与融合。随着历史的不断发展，到了现代社会，长城更多的功能主要体现在精神价值和旅游开发方面。这不但使长城被赋予了新的时代价值，也促成了长城弘扬中华民族悠久历史文化的作用，使中国的改革开发和对外文化交流与经济的发展都获得了积极的影响。因此要更加科学合理地促成长城世界遗产的合理利用、传承和对现代文明创新事业的参与，发掘、扩散、继承长城的精神价值，发挥长城世界遗产精神内涵的当代价值。

最后，打造提炼长城精神内涵的新模式。文化的引领对于促成人民的精神世界起着积极的作用，只有充分发挥全民族的精神力量才能促成民族的进步与发展。因此一个国家和民族需要有文化的支撑。长城文化的传播可以实现全民族的文化自觉。通过与世界文化间的学习、吸收，更好地提升长城文化产业的核心竞争力，促成文明的繁荣与进步。长城的综合价值在世界都有广泛的认同，这也是在新的历史时期下，我们提炼的推广长城精神内涵的重要基础。长城曲折的历史文化是长城精神内核的主要组成部分，也是推动长城核心竞争力的内生动力。基于此，我们可以利用高新技术，实现长城历史文化与新媒体技术的有机结合，对长城历史文化的时代精神内涵进行阐释，树立中国文明进步和改革创新的形象。为此，我们可以转变展陈式的文化推广理念，打造多种创新模式，组织先进的技术力量，运用航拍、激光、空地遥感、3D、虚拟现实等技术手段对长城及周边建筑进行数字化的模拟，利用互联网平台提供与时代相契合，形成趣味性的历史文化展示平台，使群众通过更多的渠道了解和感受长城精神，促成长城文化核心竞争力的积极培育，让长城的历史文化和精神内涵走入千家万户，走进人们的日常生活，使长城的价值与人们的价值观相契合，从而将长城所蕴含的精神内核融入到人们的常态认知当中。

3.实现开枝散叶，综合开发相关的创意产品和衍生品

长城创意产品及衍生品的开发与设计是促成长城文化产业核心竞争力的成果转化，体现着长城的文化价值和精神内涵，也是对长城文化遗迹的一种物质上的延伸。但同时长城文化产业的相关产品的设计也是一个长期而复杂的事业。在产品的开发过程中，要考虑到科学系统的程序，也要考虑到与时代的契合性。最重要的是，长城文化产品无论是在物质层面还是精神层面，都要体现出历史文化性。

首先，长城文化产品要凸显长城文化遗迹所蕴含的文化元素。长城文化遗产历经千年的历史积淀具有十分厚重的文化内涵，长城文化产品的设计与开发也是对这种历史文化内涵的传承与发扬，因此长城文化产品首先要体现出长城的文化元素，利用长城建筑与非物质资源，设计与开发出优秀的文化产品，通过对长城文化资源与建筑资源进行科学的规划与利用，有系统地对产品进行开发，使产品呈现出较为明显的异质性和创新性。如根据长城的建筑形态，我们可以进行装饰画、明信片、名片夹、书签、圆珠笔、冰箱贴、钥匙扣、镜子、行李牌、U盘、手机扣等产品的设计，通过这些产品，使长城的形态尽收眼底。也可以融入丰富的卡通动漫形象，以吸引更加年轻的消费群体。与此同时，长城砖石纹样则可以用来设计开瓶器、钥匙扣、行李牌、手机壳、充电宝、袖扣等，增加产品的艺术感和美感，使现代科技化的产物与具有悠久历史的文化建筑形成造型上的对比。与长城相关的书法作品可以用来作装饰画、明信片、书签、冰箱贴、钥匙扣、手机壳等，与长城相关的绘画作品可以用来做装饰画、明信片、书签、钱包、冰箱贴、钥匙扣、冰箱贴、镜子、U盘等产品，促成产品的多样性，增加产品的文化质感，使产品呈现出长城文化的精神内涵。相同的元素可以在不同的产品中得到体现，而不同的产品中也可以融入相同的元素，这样大大丰富了长城文化产品的类型和内容，使产品的设计更符合现代消费群体的审美和内在的文化需求，提升长城文化产业的核心竞争力。

其次，运用科学的流程具化长城的文化与精神内涵。长城文化衍生品的设计与开发是对长城文化元素的二次利用。长城文化资源的开发是一个从无到有的创造程序，并没有产品作为载体。长城文化产品是将比较抽象的关于长城的文化内涵，如长城代表的民族精神、长城的历史底蕴等文化元素进行加工，使其以一种崭新的呈现方式为人们所熟悉和接受，并通过具象的产品使人们加深对长城文化的印象，了解长城文化背后的知识。

最后，对长城文化产品的设计要进行精准的定位。不同的消费群体会对长城文化有着不同的认知和理解，因此长城文化产品也需要针对这些消费群体进行精准的定位，使文化产品更能体现出长城的历史价值和文化价值。因此在设计产品的时候，首先要细分消费人群，从而使人们可以购买到具有多元化和多层次的衍生品[8]。如针对儿童青少年，可以设计一些生动富有形象性的玩具、学习用品、手帐贴纸、生活潮品等产品。针对青年群体，则可以从品质的需要出发，进行相关家居用品、文化用品以及工艺礼品中等产品的设计。针对中老年群体，则可以针对历史文化价值的认知进行产品的高品质，如有收藏价值的书法、绘画作品，文房四宝等产品。

结语

长城是中华民族历史的见证者，其形成与发展的历史也体现了中华民族的文明发展史。在新形势下只有依托核心竞争力促成长城文化产业的发展，才能使长城文化在新的历史时期下散发新的光芒。本文从树型理论的角度出发，将长城文化产业的核心竞争力分为"树根"——长城文化遗迹的保护，"树枝"——长城精神内涵的提炼，"树叶"——长城文化创意产品的开发三个部分进行论述，这三者之间相辅相成、相互联系，共同促成长城文化产业核心竞争力的提升，实现长城文化在当今时代下价值作用的发挥。

贾霄燕　河北地质大学法政学院副教授

参考文献：

1 许玉庆.时空整合视域中的齐长城旅游文化研究[J].山东行政学院学报，2015（04）：98—102.

2 蔡文超.神木段明长城保护规划研究[D].西北大学，2013.

3 王哲.北京长城文化展示带构建研究[D].北京建筑大学，2016.

4 郝帅帅.历史文化旅游资源分类评价研究[D].福建师范大学，2010.

5 孙忠.遗址类旅游资源保护与可持续利用研究[D].西安建筑科技大学，2011.

6 肖和忠.古长城风景旅游区开发与保护[D].西北农林科技大学，2007.

7 李凤.长城"活"起来旅游可助力[N].中国旅游报，2014—09—08（014）.

8 刘磊.明长城北京段展示利用研究[D].北京建筑工程学院，2012.

抗日战争时期长城影像研究与实地考证

张保田

摘　要: 近年来抗日战争时期影像的收集、研究和传播引起了长城界和摄影界的关注重视。八路军老战士、卓越摄影家顾棣的专著《中国红色摄影史录》于 2009 年出版, 2015 年中国摄影家协会组织《红色影像的保存与传播》专题研讨会, 2019 年中国文物保护基金会举办全国范围参评的《烽火传薪——寻找红色基因传承者》活动。笔者从 2001 年起开始收集研究抗战历史老照片, 坚持对老照片进行实地考证, 到原拍摄点复拍 21 世纪新照片。本文简述抗战时期长城纪实摄影的分类, 通过五个实例说明抗战时期长城照片的研究过程和方法。

关键词: 长城　抗日战争（抗战）　摄影　实地　复拍

抗日战争时期的照片影像, 按拍摄时间和战场形势的纪实性, 大致可以分为三类。

非纪实类。如沙飞作品《卫士》表现一位八路军哨兵肩枪站在长城敌楼前, 守卫祖国的河山。罗光达作品《防空哨》画面是一位根据地老乡身背小锣, 手拿木槌, 警惕地仰望天空, 随时准备敲锣发出防空警报。这类作品重点表现抗战军民的战斗精神, 至于拍摄的时间、地点并不重要, 也不影响照片的主题。在表现手法上常采用"剪影"手法, 以黑色线条突出主体人物的刚毅坚强。

准纪实类。如沙飞作品《八路军收复长城要隘紫荆关》, 佚名摄影师的作品《冀东人民欢迎八路军》等。这类作品在发表时有意隐去新闻五要素中的时间或者地点要素, 作品的主旨是告诉全国人民, 八路军在敌后的广大地区坚持战斗, 鼓舞抗战士气。隐去照片部分要素的原因是战争环境下的保密需要。如果同时发布地点和时间, 有可能泄露我军的作战意图, 被敌人利用。

纪实类。具有完整的新闻报道五要素, 记录抗日战争中的各次战役、战斗, 抗日根据地的各项救亡活动。如平型关大捷后苏静和沙飞拍摄的作品, 刘峰和李途拍摄的狼牙山五壮士图片报道, 1945 年 8 月日本投降后, 石少华拍摄的八路军光复张家口, 张进学拍摄的八路军收复山海关等。

研究表明, 一部分纪实摄影作品与当时的实际情况有偏差。顾廷鹏作品《第八路军出平型关抗击日寇》是一幅知名度很高的抗战照片, 经常出现在抗战影集和展览中。而笔者的研究表明这幅照片拍摄的是当时北平与河北交界处的八达岭长城, 不是山西的平型关长城。照片的拍摄背景是 1937 年 8 月, 沈逸千、俞创硕、顾廷鹏三位青年摄影师组成的"战时摄影服务团"在华北战地采访, 拍摄了"南口战役"前期中国军队在八达岭长城上布防反击日军的照片。又例如一度被认为是雷烨作品的《战斗在冀东长城上的八路军》是 1940 年"百团大战"期间拍摄于河北西部宁静庵长城, 而不是在河北东部的喜峰口。怎样解读在时间、地点、事件等要素上有偏差的抗战题材影像作品, 如何正确向今天的受众解释这些偏差是史学界应该面对的问题。

一、枪口朝外

图一左《枪口朝外》收录于 1933 年 11 月出版的《古北口记忆》画报第 14 页, 摄影俞佑世。标题《枪口朝外》一语双关, 既表现了中国军队利用古老长城为依托, 迎击长城关外来犯敌寇的意境, 也表达了当时全国民众反对内战, 要求枪口一致对外的愿望。

图一　枪口朝外　俞佑世摄　1933年古北长城抗战　　　　　　图一N　北京怀柔大水峪长城　张保田摄　2013年青龙峡

注：1933年侵华日军进犯长城重镇古北口期间，上海俞佑世医师参加了红十字救护队，赴抗战前线救护伤员并兼任摄影师。后来，他出版了《古北口记忆》画册。照片"枪口朝外"一语双关，既展示了中国军队以古老长城为屏障打击侵略者的现场画面，也宣示了全国军民要求停止内战一致对外的呼声。但这幅照片的确切拍摄地点一直悬而未决，直到2013年，也就是照片拍摄80年后，才经过实地勘察确认，是拍摄于北京怀柔大水峪长城，从而弥补了怀柔抗战资料的一段空白。

　　除了中文标题，原著还有英文注释：Shooting from the Great Wall near Nantienmeng，可译为"南天门长城留影"。在1933年长城抗战中第17军在密云县古北口南天门与日军激战两个月，又称"八道楼子"之战。但多次到密云县南天门地区现场考察，并无《枪口朝外》画面中显示的长城。2013年4月，笔者根据照片上长城的建筑特征，推断《枪口朝外》很可能是在怀柔县（现北京市怀柔区）的大水峪长城拍摄，并携带老照片到大水峪长城实地比对，证明上述判断正确。从1933年到2013年前后历经80年，抗战老照片《枪口朝外》的拍摄地点得以确认。值得注意的是在长城抗战亲历者回忆录和相关研究著作中均未出现大水峪这个地名，《枪口朝外》拍摄地点的确认证明了在长城抗战期间，中国军队确曾在大水峪长城反击日军，填补了怀柔地区抗战历史的一段空白。

　　《枪口朝外》是《古北口记忆》画报收录的330幅长城抗战照片之一，摄影师俞佑世。但是无论是在中国摄影史的著述中，还是在信息"爆炸"的互联网上，人们很难查找到俞佑世的名字，他被遗忘了。根据十分有限的资料，俞佑世原名俞尧聪，浙江杭州人，医学博士，1933年2月中旬参加中国红十字会华北救护委员会赴华北前线战地救护，足迹遍及长城抗战的各个关口要地，拍摄了大量战场照片。当年11月，俞佑世将在抗战前线拍摄的330幅照片编辑成册，出版《古北口记忆》画报。时任中国红十字会理事长王培元作序："俞佑世医师亦属本队同志，所摄各影系俞医师在最前线工作时相机摄取，故均甚真确。"

二、守卫长城的小士兵

　　《守卫长城的小士兵》画面中的人物，看上去只有十五六岁，手持简陋步枪，站在沙包筑成的临时工事前，守卫长城和国土。特别令人感叹的是小士兵胸前的四颗手榴弹。20世纪30年代，中国军队的武器落后，往往一个团只有几门火炮，手榴弹就成了爆破敌人堡垒的主要武器。小战士胸挂手榴弹正是表示了与敌寇血战到底，视死如归的决心气概。照片首次发表时配发了一段文字揭露日寇的侵略行径，但原片没有标题，所以后来的相关著作、媒体等引用这幅照片时，往往给附加了不同的标题。例如《古北口旧影遗珍》摄影集给这幅照片附加的标题是《驻守古北口长城一线的十七军小士兵》。2005年纪念抗战胜利60周年之际，一批志愿者专程前往古北口寻访拍摄地点，未获结果。2008年笔者对照片作进一步分析，注重点放在小士兵的着装。小士兵穿着的服装不像是当时的17军。17军是中央军嫡系部队，其武器和后勤供应都优于地方部队，军官和士兵均着正规制式军服，领章帽徽和武装带整齐划一。而守卫长城的小士兵身穿中式对襟袄和缅裆裤，连一身正规的军装都没有，显然是从家乡出来当兵时带来的农民的衣服，所以小战士不会是中央17军的士兵。参加长城抗战的部队中以原属西北军的29军后勤补给最差。据当时参战的将领回忆，因为军装不整、有失军容，29军的部队甚至不敢白天行军。因此2008年笔者和摄影家李炬前往长城抗战期间29军抗击日军的主要战场，喜峰口和罗文峪两座长城关口实地勘察，确认《守卫长城的小士兵》是在罗文峪西山29军长城阵地上拍摄（图二N）。

罗文峪位于河北省遵化县（市），是万里长城上的一处重要关口。1933年3月中旬，陆军第29军依托罗文峪长城阵地击退日军6千余人进攻，令日军败退撤回承德。《守卫长城的小士兵》展示了在中华民族最危险的时候，一位衣衫褴褛，刚刚离开爹娘的小战士毅然拿枪走上战场保家卫国的历史镜头，令人感怀，催人泪下。

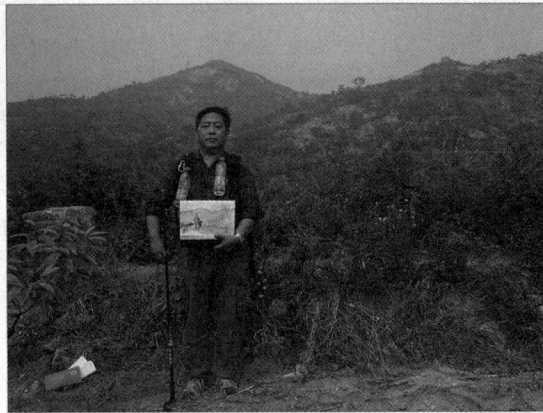

图二　守卫长城的小士兵　摄影俞佑世　1933年（刘钢收藏）　图二N　《守卫长城的小士兵》原址　摄影李炬　2008年

三、我英勇空军飞赴晋北长城线协助陆军歼敌

著名摄影家王小亭作品《我英勇空军飞赴晋北长城线协助陆军歼敌》是迄今发现的唯一记录抗日战争期间中国空军战机飞临长城上空的历史照片。视野中雄伟的万里长城蜿蜒直上，占据了整个画面的五分之四，而余下较为狭窄的天空背景中，四架战机比翼齐飞。按当时双翼飞机的时速360千米计算，折合航速每秒100米，长城的投影宽度不过80米，不到1秒钟飞机就会全部飞出画面，稍纵即逝。20世纪30年代的相机全部手动，更没有连拍功能，抓拍到这样的场景十分难得，显示了摄影家的高超技术水平，堪为经典。

照片标题中"晋北长城线"给人以山西北部长城的印象，而实际上这幅照片拍摄于万里长城最为著名的八达岭关口（图三N）。照片上的双翼机主要用于空战和侦察，因为是轻型飞机，其航程短，不能远距离飞行作战。抗战初期，中国空军中央派系的飞机主要部署在江浙地区和长江沿线，不能远飞北方作战。在北方地方派系部队中，东北军曾经建立过相当强大的航空队，鼎盛时拥有各类飞机200余架。但在1931年"九一八事变"中，东北军航空队的大部分飞机落入敌寇之手，只有少量驻扎在北平南苑机场的飞机得以幸免。因此可以推测《我英勇空军飞赴晋北长城线协助陆军歼敌》这幅照片是1931年到1937年之间，驻北平南苑机场的东北军航空队的战机在八达岭长城一带上空巡逻飞行时所拍。至于一些媒体引用这幅照片时把标题改成《我英勇空军飞赴晋北长城线协助第八路军抗击日寇》实无必要。因为根据国共双方协议，红军改编为八路军是在 1937 年 8 月下旬，那时华北平津地区的机场均被日军占领。可以说 1937 年 7 月之后到抗战胜利前，中国北方地区没有中国空军的机场基地，就不可能协助 8 月份成立的八路军作战。

图三 我英勇空军飞赴晋北长城线协助陆军歼敌 王小亭摄 约 1937 年

注：民国时期摄影家王小亭的作品《我英勇空军飞赴晋北长城线协助陆军歼敌》，是迄今发现的唯一记录抗日战争期间中国空军战机飞临长城上空的历史照片，十分珍贵。视野中，雄伟的万里长城扶摇直上，天空中四架中国空军战机比翼齐飞，蔚为壮观。照片标题中"晋北长城线"给人以山西北部长城的感觉，实际上这幅照片拍摄于万里长城最为著名的八达岭关口。

图三 N 中国空军战机飞越长城处 张宝田摄 2010 年

四、八路军解放东团堡

沙飞是八路军第一位专职战地摄影记者，人民军队摄影事业的主要创始人之一。从1937年秋沙飞拍摄平型关大捷照片起，他有意识地捕捉八路军在长城沿线战斗的镜头，将抗战中八路军和古老万里长城融合在一个画面，拍摄了《塞上风云》《挺进敌后》《战斗在古长城》等一批经典照片。

1940年9月下旬，八路军发动百团大战涞灵战役，晋察冀一分区三团在涞源县东团堡全歼包括两名大佐在内的日军士官教导队170余人，战果卓著，史称东团堡歼灭战。战斗胜利后，沙飞拍摄了《八路军解放东团堡》（图四），展现八路军战士在古长城上欢呼胜利的壮观场面。但是东团堡本地并没有长城，所以2001年10月笔者发起追溯抗战历史，寻找照片拍摄地的倡议。经过"长城小站"同仁近两年的坚持努力，2003年8月确认《八路军解放东团堡》是在涞源县境内的宁静庵长城上拍摄（图四N），同时还原了八路军百团大战涞灵战役的一段历史。"夜色降临了，明净的秋月照着长城内外的荒山野岭。我站在烽火台上，于九月二十二日二十时，向参加涞灵战役中涞源战斗的所有部队发出了攻击命令。"（引自《杨成武回忆录》，解放军出版社）所以当东团堡战斗胜利的消息传到宁静庵杨成武指挥所，八路军战士在长城上振臂举枪欢呼胜利，摄影大师按下快门，从而诞生了抗战经典照片《八路军解放东团堡》。

在考证图四老照片的过程中，笔者撰写了数十篇考察报告，记录在东团堡战斗中八路军班长王国庆身背20颗手榴弹登云梯爆破日军碉堡，不幸被敌寇子弹击中壮烈牺牲。王国庆烈士牺牲时，他的女儿王淑琴是刚刚5岁的小姑娘。但数十年间王淑琴并不知道自己父亲的战斗经历和牺牲地点，直到2013年终于在笔者撰写的《寻找东团堡战斗牺牲烈士的归宿》纪实报告中得知王国庆烈士的牺牲地，并于清明节前往东团堡烈士陵园祭奠先父。这是王国庆烈士牺牲73年后，家人第一次为他扫墓。彼时，王淑琴已经是78岁的老人。

"我的姥姥是王国庆的女儿，通过您的文章才知道她父亲的下落，今年清明我们按您文章线索去了东团堡烈士陵园，谢谢您帮我们找到了亲人，圆了姥姥七十多年的梦。"（摘自王淑琴老人的外孙女给笔者的短信）这是一个女儿用一生来寻找父亲的真实故事，展示了研究抗战摄影史的社会人文意义。

图四　克复涞源东团堡　沙飞摄　王雁收藏　　　　　　图四N　"欢呼楼"遗址　张保田摄　2003年8月

注：1940年秋，八路军晋察冀军区一分区杨成武组织发起了"百团大战"第二阶段"涞灵战役"。首先，拔除了涞源境内三甲村、插箭岭、北石佛等地的日军据点。之后，八路军向占据东团堡的日军第二独立混成旅团士官教导队发起进攻。9月22日至25日，经过四天激战，全歼了日军士官教导队170余人，其中还包括两名日军大佐。杨成武司令员的前线指挥所，就设在宁静庵长城上，东团堡歼灭战胜利的消息传到指挥所时，沙飞拍下了八路军战士在长城敌楼上举枪振臂欢呼胜利的历史画面，成为20世纪表现中国人民抗日战争必胜信念的经典照片。

五、行军在长城脚下的八路军主力部队

2005 年 5 月，在纪念抗日战争胜利 60 周年之际，一些主流媒体发表了题为《抗战烽火：黄土岭击毙阿部规秀》的访问纪实文章。文章记载 1939 年 11 月初，八路军晋察冀军区部队在河北省涞源县与易县交界处黄土岭一举包围聚歼日军 1500 余人，击毙日军中将阿部规秀，日本朝野悲鸣，哀叹"名将之花凋谢在太行山上"。与文章同时发表的还有一幅抗战老照片，标题是《行军在长城脚下的八路军主力部队》（图五）。照片上的八路军阵容威武，整齐行进在长城脚下，如同钢铁洪流滚滚向前。但是发表照片的媒体没有给摄影家署名，照片表现的也不是黄土岭战场的实战照片。

2009 年末，沙飞的学生、八路军老战士顾棣前辈赠送给笔者一套新著《中国红色摄影史录》。书中介绍摄影大师石少华作品的目录中有一幅《行进在长城脚下》。笔者为之一振，猜测《行进在长城脚下》可能就是《行军在长城脚下的八路军主力部队》。经与石志民先生联系，上述猜测得到肯定，并承蒙石志民先生赠送高像素的电子版原片，为老照片解读创造了最有利的条件。注意到老照片画面上八路军行军的场地比较平整，同时 1945 年抗战胜利八路军收复张家口时石少华大师以大境门长城为背景，拍摄了《大好河山重放光明》等著名照片，所以笔者着重在张家口地区寻找《行军在长城脚下的八路军主力部队》的拍摄地点，终于在 2013 年 3 月确认为宣府东路的怀来堡长城（图五 N）。

在图五画面中出现了八路军的两个连队。走在前面的是步兵连，随后是一个重机枪连。摄影大师抓取了重机枪连转向行进的时机按下快门，使画面既充实饱满，又富于动感，诠释了人民军队的发展壮大。

图五　行军在长城脚下的八路军主力部队　摄影石少华 1946 年 石志民收藏

图五 N　宣府东路怀来堡长城　摄影张宝田　2013 年

注："行军在长城脚下的八路军主力部队"是摄影大师石少华的经典作品。画面上方是万里长城，下方是行进中的八路军两个主力连队。摄影大师抓取了重机枪连转向的时机按下快门，使整个画面既充实饱满，又具有动感。原照片标题中没有说明拍摄地点。从 2005 年到 2013 年，经过历时 8 年的考证，最终确认照片是在张家口地区拍摄。

六、思考与建议

在抗日战争中，中国战地摄影师以相机为武器，冒着敌人的炮火，拍摄了大量战地纪实照片，为民族解放战争留下真实宝贵的历史资料。以抗战影像为主题线索，到昔日的抗日战场进行实地考察，访问根据地的老八路、老战士，还原一个个历史片段，是抗战影像研究的重要环节。对研究者来说，走出大城市，前往昔日根据地，不仅仅是考察，更是学习，学习民族的抗战史，学习老一辈摄影家的优秀品质和摄影技法，获益匪浅。

抗日战争中的摄影工作是在极端艰难条件下进行的，抗日战争中的摄影必须而且应当服务于战争的需要。主要表现在对敌进行宣传战时，需要克服日寇封锁造成的摄影器材匮乏，把数量有限的照片用于广阔的战线上，达到鼓舞人民，打击敌人的目的，因此而产生的偏差在战争年代可以忽略不计。在今天和平年代对这些偏差进行研究考证是对抗战摄影史的补充完善，传播者不能抱着猎奇的目的，研究者不能怀着"打假"的心态。与抗战期间战地摄影家面临的环境和条件比较，我们也没有资格去"打假"。

今天我们按下快门时周围是花香鸟语，莺歌燕舞，而当年战地摄影家按下快门时头顶上子弹横飞，炮弹呼啸。

今天我们按住快门一口气连拍数十张，大呼过瘾，而战地摄影家每拍一张要手动过片，手动调整对焦、光圈和快门。

今天我们利用计算机、硬盘存储海量照片和文档，而战地摄影家要背着底片冲破敌人的封锁，四处转移。

今天我们乘着汽车、飞机日行千里，而战地摄影家穿草鞋、布鞋跟随战斗部队跋山涉水……

总体来说，目前对抗战影像的实地考证研究工作还是在少数研究者的范围展开。中国幅员辽阔，从北国白山黑水到南疆天涯海角，都曾经是抗日杀敌的战场，都有抗战影像流传下来，单靠少数研究者和个别机关学校难以承担抗战影像的全面研究工作。应该支持鼓励志愿者、长城专家和摄影家参与到抗战影像研究考证中来，由各地志愿者报名参加，负责当地以及周边地区抗战影像的收集、整理和考证工作，同时拍摄昔日战场的今日风貌，达到历史研究和采风创作的双赢，待积累到一定数量的成果集册出版传播。

张保田　教授高级工程师

文旅融合——开启中国长城文化之旅全新局面

郭 永

摘 要：文旅融合是新时代旅游的大趋势，长城旅游本身就是文化旅游，是长城文化与旅游产业要素的融合，是全方位、多层次、跨界的融合。长城文化旅游的意义在于弘扬长城文化、树立民族文化自信、促进长城文物保护。长城旅游的开发要以保护长城文物为先，长城旅游景区规划要以展示长城文化为核心。长城博物馆的建设是长城文化的集中体现，中国长城景区要联合打造"中国万里长城"旅游联合体。

关键词：文旅融合 政策引导 长城文化 文物保护 景区规划

中国旅游研究院 2019 年 8 月发布的《2019 上半年全国文化消费数据报告》认为，文化消费成为国民消费升级的重要标志，文化消费作为满足人们对美好生活的向往、丰富游客深度体验的重要途径，将为旅游经济的持续健康发展提供新的动能。报告显示，随着居民生活水平的提高和大众旅游的快速发展，人们精神需求不断升级，文化生活成为满足人们美好生活向往的重要支撑。51.78% 的受访者认为"文化消费能提高人的生活质量和幸福感，比衣食住行更重要"，38.74% 的受访者认为"文化消费属于生活必需品，跟衣食住行一样重要"。

一、长城文旅融合的政策引导

中国从古至今都崇尚"读万卷书、行万里路"，这就是对文旅融合的最好诠释，现在更是以"诗和远方"来比喻文旅融合，"文旅融合"成为新时代旅游的大趋势。据联合国世界旅游组织统计：全世界约有 37% 的旅游活动涉及文化因素，文化旅游者正以每年 15% 的幅度增长，文旅融合已成为必然趋势（资料来源于网络）。2017 年，联合国世界旅游组织重新定义"文化旅游"概念："文化旅游"的基本动机是学习、发现、体验和消费旅游目的地的物质和非物质文化景点，"文化旅游"景点涉及社会独特的物质、文学、精神和情感特征，包括艺术和建筑、历史和文化遗产。

国家文化和旅游部的成立，统筹推进文化事业、文化产业和旅游业融合发展，明确了"宜融则融、能融尽融，以文促旅，以旅彰文"的工作思路，在文化旅游领域凸现融合发展的主题，各地文化建设和旅游融合发展的积极性空前高涨，文化和旅游融合发展的路径逐渐清晰。特别是文化遗产既要保护好，又要活起来，要用文化提升旅游项目和旅游产业的品质内涵，用旅游传播文明，用旅游彰显文化自信。

从地方层面来看，早在 2010 年，北京市延庆区主导提出了建立八达岭长城文化旅游产业集聚区的构想，以八达岭长城地区丰厚的历史文化资源、丰富的旅游资源、蓬勃发展的当代艺术事业为依托，抓住产业结构调整机遇，以内容创新为前提，以土地开发和基础设施建设为基础，以建设在区创意产业项目、吸引新型创意产业业态入区为重点，推进与核心产业紧密关联的产业集聚，形成文化旅游业、文艺演出业、广告会展业、设计创意业四大主导产业，逐步构建独具特色、自成体系、效益显著、带动力强的文化创意产业链，将集聚区打造成为集文化创意、休闲旅游为一体的国际旅游休闲名区。

从省市级层面来看，2018 年北京市公布了《北京市长城文化带保护发展规划（2018 年至 2035 年）》，《规划》的主要内容以保护长城遗产、修复长城生态、传承长城文化为核心，是在以往对长城资源进行梳理的基础上，回答了什么是长城文化，其价值载体是什么，整体的价值是什么等关键问题。北京的长城穿越门头沟区、房山区、昌平区、怀柔区、密云区和平谷区 6 个区，相关文化资源密布在长城遗产周围，《规划》发布，使长城不再只论长度，更是有了空间的范畴（北京市长城文化带总面积达到 4929.29 平方千米，其中，核心区为长城的保护范围和一类建设控制地带，面积为 2228.02 平方千米；辐射区为除核心区外的其他区域，面积为 2701.27 平方千米）。

从国家级层面来看，"十三五"时期，在文化建设中首次提出了建设国家文化公园。国家文化公园是以保护、传承和弘扬具有国家或国际意义的文化资源、文化精神或价值观为主要目的，兼具爱国教育、科研实践、娱乐游憩和国际交流等文化服务功能，经国家有关部门认定、建立、扶持和监督管理的特定区域。国家文化公园是一类文化资源的典型代表，对于阐释、解说或研究国家遗产的自然或文化主题具有独一无二的价值，是国家文化财富的宝贵载体。国家文化公园也是国家形象特征和文化传统的标志体现，饱含了一个国家的历史起源、民族精神与国家价值观的渗透。《国家"十三五"时期文化发展改革规划纲要》进一步明确，我国将依托长城、大运河、黄帝陵、孔府、卢沟桥等重大历史文化遗产，规划建设一批国家文化公园，形成中华文化的重要标识。在 2019 年 1 月召开的全国文化和旅游厅局长会议上，文旅部进一步表示，今年我国将重点打造长城、大运河、长征 3 个主题的国家文化公园。

习近平总书记 2019 年 7 月 24 日下午主持召开中央全面深化改革委员会第九次会议，会议审议通过了《长城、大运河、长征国家文化公园建设方案》，并指出，建设长城、大运河、长征国家文化公园，对坚定文化自信，彰显中华优秀传统文化的持久影响力、革命文化的强大感召力具有重要意义。要结合国土空间规划，坚持保护第一、传承优先，对各类文物本体及环境实施严格保护和管控，合理保存传统文化生态，适度发展文化旅游、特色生态产业。

二、长城旅游市场对文旅融合发展的需求

现代旅游已经发展到大众旅游、全民旅游时代，旅游已经成为我们生活中不可缺少的一部分，旅游可以放松我们的身心，体验不同地域的文化差异，增长见识，了解历史文化。每个人都有不同的旅游动机和需求，不同的动机形成不同的人群，不同的人群产生不同的需求，研究旅游者的旅游动机和需求，才能更好地服务广大的长城旅游者，才能满足不同人群的文化需求。中国旅游研究院于 2019 年 8 月发布的《2019 上半年全国文化消费数据报告》显示：在文化活动形式的选择方面，受访者选择"参观博物馆或文化古迹"的比重最高，达到 44.81%。

目前大部分到长城的旅游者动机是"观光"，这部分游客我们可以称为"大众观光型"。人们最早获得长城的信息可能就是秦始皇统一六国修筑万里长城、孟姜女千里寻夫哭倒长城的传说，"万里长城永不倒"，"不到长城非好汉"，万里长城由此深入人心。随着长城景区的逐步开放，八达岭长城、天下第一关、嘉峪关等处每年迎来了数以千万计的游客。特别是到北京是游客，"看故宫、登长城、吃烤鸭"已经成为必游项目。对于到长城旅游观光的游客，他们对长城的历史文化大多不是很了解，大多是"到此一游"。在长城景区逗留的时间也不会长。特别是团队旅游，导游留给游客的时间也就是两三个小时。那么在短暂的时间里，大家摩肩接踵地爬长城、除了走路就是忙着拍照。早些年，长城砖都被来全国和自世界各地的游客刻上了名字，标志着自己来过，并留下了证据，这就是典型的"到此一游"。导游在路上会对长城做简单的介绍，但对于广大的观光客来说，出游动机主要是游玩，他们对长城历史文化需求度并不高。对待这样的游客，我们更是需要给他们普及长城历史文化、让他们在游览的过程中对长城有更深一步的了解，激发他们对长城文化的兴趣。

还有一部分游客是对长城历史文化有一定的了解，他们的旅游动机是"求知"。这部分游客我们可以称之为"文化求知型"。他们来长城就是要实地地感受一下长城，他们会对长城文化感兴趣，他们会参观博物馆，会认真地看长城的介绍，会认真地听导游的讲解，会买一些长城的书籍、明信片等。这些人构成长城文化旅游的主要游客群体。这个群体的文化需求较高，他们希望能够深入地了解长城历史文化，获得更得多长城信息，参与长城文化活动。他们也将成为长城文化的传播者。这类游客以青年、学生居多，

他们将来还会带孩子来重游。

还有一小部分的游客比较专业，这部分游客我们可以称之为"专业研究型"。他们对长城文化有着较深的了解，他们是长城文化的爱好者，他们到长城旅游带着的是"朝圣"心情，他们会到各地的长城。这类游客需求不同于其他游客，他们更愿意参加长城文化活动、更愿意去未开放段长城，他们会通过文字、照片来记录，他们是长城文化的宣传者、传播者、保护者。

三、长城文化与旅游的融合发展

文旅融合就是文化元素与旅游产业要素的融合，是全方位、多层次、甚至是跨界融合，文化融合带动产业融合。文旅融合不再是简单的加法，而是乘法，文旅融合的乘数效应必将带动文旅产业爆发式发展。文旅融合为长城旅游发展指明了方向，旅游者的文化需求是长城文化旅游的具体导向。长城景区的独特文化属性要求长城旅游必须紧密围绕文化这个主题，打造长城文化旅游名片。长城文化旅游的意义在于弘扬中国长城文化、树立民族文化自信、促进长城文物保护。

1. 长城旅游的开发要以保护长城文物为先

长城是世界文化遗产、全国重点文物保护单位。涉及长城保护的法律法规有《文物保护法》《长城保护条例》等。最新出台的《长城保护总体规划》也是重要的指导性文件。旅游开发就是要将长城展示给世人，景区要具备服务接待的必备条件，长城主体就要进行备必要的修复。

1961年中华人民共和国国务院公布的《文物保护管理暂行条例》中明确规定，在古建筑及历史纪念建筑物、石窟寺等（包括建筑物的附属物）进行修缮、保养的时候，"必须遵守恢复原状或者保存现状的原则"。恢复原状指维修古建筑时，将历史上被改变和已经残缺的部分，在有充分科学依据的条件下予以恢复，再现古建筑在历史上的真实面貌。保存现状指维修古建筑时，应以现存的面貌为准，保留历代修理中被改变的部分，保留古建筑的历史可读性。

1982年公布的《中华人民共和国文物保护法》规定："核定为文物保护单位的革命遗址、纪念建筑物、古建筑、古墓葬、石窟寺、石刻等（包括建筑物的附属物），在进行修缮、保养、迁移的时候，必须遵守不改变文物原状的原则。"

《长城保护总体规划》明确长城保护要坚持"预防为主、原状保护"原则，妥善保护各时代遗迹，避免不当干预，不得重建或借保护名义"新建"长城。

长城的保护要"真实、完整地保存长城承载的各类历史信息和沧桑古朴的历史风貌"。所谓各类历史信息，不是说要恢复长城建造时的面貌，而是应保留各个时代的损坏、保护痕迹。保留的历史信息就是长城文化的内涵所在。

李克强总理在2019年9月26日的国务院常务会议上说："遗址要遵循文物保护原则，原则上能不动就不动，拆了再建就不是文物了。"

2. 长城旅游景区规划要以展示长城文化为核心

长城旅游景区的独特文化属性使其开发建设过程中要以展示长城文化为核心。长城旅游景区的规划要按照文旅融合的理念，把长城主体和防御体系文物的保护、长城历史文化的挖掘、景区文化设施文化景观的建设作为主要内容，把传播长城文化贯穿游览的全过程，核心景区要淡化商业氛围，突出长城文化内涵，商业以及餐饮、住宿等设施要外移，远离建控地带，积极引导、带动周边的村、镇发展旅游接待。

长城是一道纵深的防御体系，它不仅只有墙，还有关、堡、营、驿站等综合功能的防御体系。目前长城旅游基本上是以长城和关隘为主体的观光旅游，长城沿线众多的堡、营、驿都有待进一步开发。堡、营、驿的居民基本都是原来屯军的后裔，因交通和地理气候等因素，这些地方仍以农耕经济为主，经济发展较为落后。长城旅游要充分带动这些地区的经济发展。一是要从观念上把他们纳入长城防御体系，还要从旅游发展规划上赋予他们一定的功能，带动这些地区的发展也是长城旅游开发的社会责任。有的堡经营在前些年的民俗旅游中有了一定发展，有的也正在向着高端民宿方向提升，但还需要和长城景区形成产业联动，旅游规划当中要充分发挥他们的资源优势，利用好他们大量的闲置房屋和剩余劳动力，发展餐饮、住宿等业态，不断提升民俗旅游的文化品位、丰富民俗旅游的长城文化内涵，长城旅游与民俗旅游的产业融合将会带来良好的社会效益。

长城旅游纪念品不仅是旅游经济增长点，也是传播长城文化的载体。特别是近几年文创产品，故宫的文创产品是最成功的案例。旅游纪念品的设计一定要蕴涵更多的文化性、艺术性、纪念性，还要有一定的实用性、便携性。具有创意的纪念品可以更好地宣传长城文化。

3. 长城博物馆的建设是长城文化的集中体现

习近平总书记曾多次在不同场合就推动中华优秀传统文化传承和创新，强调让收藏在禁宫里的文物、陈列在广阔大地上的遗产、书写在古籍里的文字都活起来。随着人们的文化需求不断增加，国家对文化建设越来越重视，要实现中华传统文化的复兴、树立文化自信，博物馆正是一个集中展示文化的场所。长城博物馆要对长城文化内涵进行深入挖掘，对长城的历史、政治、军事、经济、民族、文化艺术等各方面进行展示，要以游客求知的需求为导向，激发他们的求知欲、引导他们走进长城的历史、深入浅出地把长城文化、长城精神展示出来，并给游客留下深刻的印象，从而让他们更深入地了解长城，进而成为长城文化的传播者、文物保护的践行者。

4. 各地长城景区要联合打造"中国万里长城"联合体

中国万里长城因其独特的历史、文化、艺术价值，在1987年被整体列入《世界文化遗产名录》，万里长城是一个整体的概念，但由于行政区划和地理分割，长城景区没有形成统一协调的管理。万里长城一体化，是未来的方向，各长城景区要加强信息的互通和全领域的合作，做到整合营销、景区联动、协同发展，共同打造"中国万里长城文化之旅"。

在长城保护方面，各景区应加强长城保护上的管理经验和技术上的交流；在宣传方面，不仅仅宣传自己的景区，还要宣传中国万里长城，因为每一处长城都是万里长城的组成部分，而不是孤立存在；在长城文化研究方面，更是应该加强信息的沟通和交流，而不是闭门造车，各自为战；还有在长城旅游纪念品、文创产品的研发方面，更是可以深度合作，汇集各处长城景区的研发力量和优秀产品，开发系列富有长城文化特色的旅游纪念品，打造"万里长城"品牌，在长城各景区统一销售。

结语

万里长城是世界文化遗产，是人类文明的标志，其凝结着几千年中华民族的智慧和血汗，是中华民族精神的象征。新时代赋予了万里长城新的文化属性，长城旅游就是要将长城文化更好地展示给广大的旅游者，广泛宣传中国人民爱好和平的理念、树立我们的文化自信，随着文旅融合的大潮，全面开启中国长城文化之旅的全新局面。

郭　永　北京市延庆区八达岭特区办事处

试论长城文化的内涵及长城的厚重文化价值

侯凤章

摘　要：长城文化很丰富。物质的墙体文化，精神的内涵文化，历史的背景文化，蕴育生发的地方文化等，都应该包括在内。长城文化应该分为长城本体文化与长城辐射文化。长城本体文化是指长城本身所蕴含的文化，长城辐射文化是指长城衍生出来的与长城相关的文化。长城对一个地方文化的影响方式既是潜移默化的，也是直接现实的。潜移默化的影响过程表现在墙体文化本身，直接现实的影响过程表现在衍生辐射上。潜移默化的影响是感悟、体验和认识。长城延伸到哪里就先把那里的土地分割开来，而这个分割往往牵扯到人群的分割、资源的分割，而这两种分割又直接影响到了边民们的社会交往和社会观念，这其实就是对当地原有文化现状的一种改变。另外，长城延伸到哪个地区，哪个地区就会围绕长城产生出传说、故事、诗文绘画等新的文化内容。所以评说长城的文化价值，就要从长城本体文化与长城辐射文化两个方面去全面评说。目前我们所看到的有关长城文化的评价，往往偏重于长城本体文化，而忽略了长城辐射文化，这显然削弱了长城的文化价值。本文试图通过论述宁夏盐池北部草原的明长城对盐池草原文化的发展与促进作用，进而论述长城厚重的历史文化价值。

关键词：长城　内涵　价值　本体文化　辐射文化

长城作为一种军事防御体，它必然承载着厚重的文化内涵，它的文化内涵包括物质的和精神两个层面。物质的是墙体，精神的是这条巨龙似的墙体所蕴含的意义。目前论及长城文化大都是从这两个层面进行挖掘和阐释。

长城文化很丰富。物质的墙体文化，精神的内涵文化，历史的背景文化，蕴育生发的地方文化等，都应该包括在内。长城文化应该分为长城本体文化与长城辐射文化。长城本体文化是指长城本身所蕴含的文化，长城辐射文化是指长城衍生出来的与长城相关的文化。长城本体文化附着在长城高大巍峨的墙体上，但长城无论延伸到哪里，都会对那里的文化发展起到生发与促进作用。一是改变当地的某些文化现状，二是产生了一些新的文化内容，这就是长城辐射文化。长城对一个地方文化的影响方式既是潜移默化的，也是直接现实的。潜移默化的影响过程表现在墙体文化本身，直接现实的影响过程表现在衍生辐射上。潜移默化的影响是感悟、体验和认识，比如长城所体现出来的劳动人民的勤劳、勇敢、吃苦耐劳精神和创造精神，众志成城的精神，就要靠感悟体验去认识。长城延伸到哪里就先把那里的土地分割开来，而这个分割往往牵扯到人群的分割、资源的分割，而这两种分割又直接影响到了边民们社会交往和社会观念。这其实就是对当地原有文化现状的一种改变。另外，长城延伸到哪个地区，哪个地区就会围绕长城产生出传说、故事、诗文绘画等新的文化内容。所以，评说长城的文化价值，就要从长城本体文化与长城辐射文化两个方面去全面评说。而目前我们所看到的有关长城文化的评价，往往偏重于长城本体文化，而忽略了长城辐射文化，这显然削弱了长城的文化价值。本文试图通过论述宁夏盐池北部草原的明长城对盐池草原文化的发展与促进作用，进而论述长城厚重的历史文化价值。

宁夏盐池，秦汉为昫衍县，唐宋为盐州，明为花马池（其军事建制历哨马营、守御千户所而升为宁夏后卫），清为灵州花马池分州，民国为盐池县。其境内共有三道明长城，即河东墙、深沟高垒、固原内边。河东墙建造于明成化十年（1474），固原内边建造于明弘治十五年（1502），深沟高垒建造于明嘉靖十年（1531），总长度为181千米。河东墙和深沟高垒自西向东横亘在盐池草原北部，两道长城相距最近约35米，最远约35千米；固原内边地处盐池县南部山区，距离北部的河东墙和深沟高垒约150千米。河东墙和深沟高垒直穿盐池北部东西全境，河东墙在盐池境内长46千米，深沟高垒在盐池境内长68千米，固原内边在盐池境内长约67千米。这三道长城中，河东墙建造最早。建成57年后，因风沙侵蚀而坍塌，明兵部尚书三边总制王琼上奏新建深沟高垒。深沟高垒与河东墙并行至兴武营处向南分离，穿盐池北部东西全境而进入陕西省定边县。沿线每60里建一座城，盐池境内有城3座。30里一堡，盐池境内有堡3座。

河东墙和深沟高垒两道长城矗立在盐池草原北部，从它矗立起来的那天起就一直影响着盐池草原的文化发展，首先是改变了盐池草原的文化现状。

一是将盐池北部草原分割为两个区域。盐池北部草原与内蒙古鄂托克前旗接壤，接壤边缘在距离河东墙北约20千米处，为河套地区的最南端。这里有一座古城，据专家考证为秦汉时期的昫衍县城，古城内外出土了大量的古钱币、印章、铜镜等文物。古城周边又有大量的汉墓。由此证明此地自古以汉人居住为主。汉朝之后、明朝之前的各朝代都曾在这一代安置过降服归顺的少数民族。但他们在这里的居住时间都不长。到明朝，这里依然是以汉人居住为主。当河东墙和深沟高垒建起后，就使盐池草原出现了以长城为界的"里手""外手"文化区。"里手"即长城内，"外手"即长城外。"里手""外手"这两个文化概念不仅包括土地，也包括人群。因为长城不仅分割了草原土地，也分割了草原上居住的人群。分割的结果是长城内的人称长城外的人是"外手人"，长城外的人称长城内的人是"里手人"。这原本生活在同一片土地上的人群，被长城分割成了两块区域上的人，而且赋予了两个不同的称谓。这种简单称谓的背后是人们生活和心理上的逐渐疏离。长城内的人得到了长城的保护，长城外的人得不到长城的保护，其结果是长城内的经济社会较长城外得到了比较安稳和快速的发展，而长城外就逐渐地被边缘化。加之长城横亘在南北生活区的中间，他们难以逾越高大的长城墙体进行正常的交流，只能通过长城墙体上洞开的少量暗门进行有限的交流。长期下去，长城内外人群的文化观念就发生了不同的变化。如清朝末年，长城外的蒙古人一直认为长城外是他们的土地，只许汉人居住，不许汉人"埋人"。汉人死后只能埋在长城以南。可见这种分割形成的文化观念对当地人群影响多深。

二是在农耕文化和游牧文化的基础上又增添了军事文化。明朝大军浩浩荡荡地开进盐池草原，修筑长城，守护长城，列布烽堠，兴建城堡。盐池草原不仅出现了长城，也出现了大大小小的城堡和烽堠，长城、城堡、烽堠列布在盐池草原上，就构筑起了一道新的文化景观。且哪里有城堡，哪里就有驻军，哪里有烽堠，哪里就有防守的士兵。这就使盐池草原不仅有农牧民也有了手持武器的军人。这些军人不仅要训练、参战，还要耕种养殖。这样盐池草原的农耕和游牧就有了天南海北来的军人参与其中。参与的结果是军事文化渗入其中。城堡驻军，各有定员，烽堠守兵，也有限额，举火报警，鸣炮报警，都有严格规定。修筑和守护长城有修墙、"扒沙"、烧荒、种树等举措，训练和应战还有"摆边"、"捣巢"、"夜不收"等行为。总之明朝军事管理中的一系列规定都因长城而在盐池草原上落地生根。这是一种外来的新文化，这种新的军事文化就使盐池自古以来形成的农耕文化和游牧文化的现状，得到了极大的改变。

三是长城对地方文化现状的这种改变，引发出了一个更深刻的问题：长城到底是边界线，还是防御体？这是长城引发出的一个文化观念问题。

长城如果是边界线，那么，盐池北部最早建起的河东墙，经历了57年的风雨侵蚀后坍塌了，担任明兵部尚书、三边总制的王琼上奏朝廷要新建深沟高垒这道长城，建这道长城，为什么不向北移，而向南移？北移当然可以扩大更多的边疆土地，南移当然就是缩小边疆土地，王琼难道不懂得这个道理吗？

同时，盐池东部有三大盐湖，即北大池、苟池、滥泥池，河东墙和深沟高垒两道长城都是穿过这三大盐湖向东而去。穿越的结果是把北大池和苟池分割在了长城之外，长城之内只留下了滥泥池。这就是说长城不仅分割了草原土地和人群，也分割了资源。这种放弃盐湖等重要资源，一味地建造长城而不顾及朝廷的经济收入，恐怕也不是修筑长城者的初衷。

其实，修筑长城并不意味着对边疆土地的放弃、资源的放弃和部分边民的放弃，它的走向和地形地势的选择都是为了取得更有效的抵挡和防御的效果。王琼修筑的深沟高垒之所以撇开河东墙而南移，就是为了避开北部的沙漠而利用南部的黏土，土筑长城当然要比沙筑长城坚固许多。史载王琼奏请朝廷修筑这道长城被批准后，他委托陕西宁夏佥事齐之鸾督修。齐之鸾很负责任地吸取了河东墙修筑的失败教训而亲自选择地形地势，选择土质，尽量不用沙土，而用红色黏土，并且用水浇夯筑。这样既减少风沙的侵蚀，又提升了长城的坚固程度，从而增强长城的防御和抵挡效果。

所以长城不是边界线，而是防御体。长城修筑起来后，其防御功能还要靠烽堠、城堡来完善。而烽堠就建筑在长城内外，在长城外又列布到很远的地方。其报警不仅仅是为了大军的防守，也是为了让边民早做防御准备。因而修筑长城并不意味着对长城外土地、资源、人群的放弃，而是让长城在更有利的地势地形上发挥更有效的防御作用。其保护作用应该是辐射到了长城以外。

再者，河东墙和深沟高垒矗立在盐池草原上，又产生出一些新的文化内容。

一是传说。围绕这两道长城或沿线城堡，民间产生了许多传说，有《花马池传说》《太监顾恒花马池修边》《黄嘉善智退鞑靼兵》《长城关楼一块砖》等。这些传说故事或虚构了花马池地名的来历，或讽刺讥笑了太监昏聩的庸碌作为，或歌颂了明朝大将的智谋，或颂扬了劳动人民的智慧。这些传说故事在盐池草原上流传了几百年，至今依然在流传着，是盐池人民曾经的精神食粮，也是盐池人民当今的精神食粮。

二是故事。因这两道长城和城堡，盐池地方文化元素中竖起了明朝大将的丰碑。这些大将有史昭，他于正统初年首筑花马池营。有巡抚金濂，于正统年间奏筑兴武营，这座城堡在正统年间又被参赞宁夏军务的卢睿予以增筑。有三边总制秦纮，他于弘治十四年（1501）秋，当鞑靼部族大举进犯花马池，在孔坝沟大败明军，直逼平凉，西北告急的关键时刻，被明宪宗诏为户部尚书兼都察院右副都御史，总制陕西三边军务，来到花马池，首筑铁柱泉堡。有总制陕西三边军务的杨一清，在弘治十九年（1506），花马池一带屡遭蒙古鞑靼部入侵的危机时刻，被正德皇帝任命为戍边大将，他上任不久又奏请将花马池守御千户所升格为宁夏后卫。有以兵部尚书兼右都御史提督三边军务的王琼、陕西宁夏佥事齐之鸾，他们带兵修筑了深沟高垒和长城关，为盐池留下了宝贵的文化遗产。当盐池人民漫步于长城脚下和登上长城关时，就会想起王琼和齐之鸾，有关他们的故事记载在史书里，流传在百姓的口述中。还有总制陕西、甘肃、延绥、宁夏三边军务的才宽。正德四年（1509）十一月初五日，蒙古鞑靼统兵进犯，才宽下令明军从兴武营出击，驱兵塞外，直取敌营。次日，才宽率领明军追至骟羊泉（今址待考），突然鞑靼骑兵群集而至，将明军围困。混战中，明军斩杀鞑靼兵数十人，才宽不幸中箭落马，被鞑靼兵乱刀砍死。在整个明代，担任陕西三边总制或总督的几十位封疆大吏中，才宽是唯一一个阵亡沙场的高官。才宽阵亡后，时任户部郎中的明代大诗人李梦阳听到消息后，十分悲痛，便写了一首《总督才公搞虏中流矢以诗哀之》的诗来哀悼他。

> 仲冬东南天鼓鸣，我军灭胡功可成。
> 道之将行岁在巳，星落辕门悲孔明。
> 尚书头颅血洗箭，马革裹尸亦堪羡。
> 夷门野夫国士流，痛哭天遥夜雷电。

三是诗文。明代戍边大将以其高大的形象和殒身不恤的战斗精神丰满了盐池地方文化的厚重内容。不仅如此，他们还书写了大量的诗文，这些诗文又增加了盐池地方文化的厚重分量。戍边大将们所写的诗歌抒发了他们戍守边塞的感慨，也描写了花马池（盐池县）草原辽阔壮美的景象。如"驼马雨余鸣远塞，牛羊秋夕下高阡"（王琼《驻兵花马池》）；"天池一带桑麻地，河套千重沙漠州"（王珣《巡视东路》）；"兴武营西清水河，牧童横笛夕阳过。逢人报到今年好，战马闲嘶绿草坡"（张珩《防秋》）；"百草惊看霜信早，黄云遥落雁声秋"（冯清《兴武营城题诗》）；"云连紫塞杵声远，风卷黄沙马足迟"（杨守礼《登临花马池城》）。正是戍边大将留下的这些诗篇，为我们再现了古代盐池草原风吹草低见牛羊的美丽景象。至于诗歌中所表达的戍守边塞的远大志向与坚强意志，更是感人至深，富有教育意义。王琼在《阅视征西将军周尚文墙堑》诗中写到："高垒深沟意若何，东西形胜接山河。"在赞美深沟高垒长城中抒发了自豪自强的意志。"受降尚记三城在，元帅勋名共不磨。"立功边塞，志守边疆的浩然正气跃然纸上。"谁筑防胡万堞城，坐来谈笑虏尘清。"（刘天和《登城楼》）"名利一生空自老，是非千载不胜悲。"（杨守礼《登临花马池城》）"千年宠荷三生幸，万虑忠贞一寸私。"（冯清《盐池驿》）"五原秋日驻干旄，万里风烟拭宝刀。"（萧廪《重九总督高公月饮南池》）铿锵诗句，英雄壮志，流传百年，意新如故。这些人为长城而来，这些诗句因长城而生，因此，我们说盐池草原上的明长城让盐池草原文化更加璀璨。

四是地名。明长城从盐池草原迤逦而过，随之出现了大量以长城、城堡、烽火台命名的地名。营西村、长城村、永清（英雄）堡、二堡、五堡、十六堡、柳杨堡、夏记墩、德胜墩等古老村庄的名字都出现在河东墙和深沟高垒长城建起之后，长城在盐池草原上催生出这许多地名，丰富了盐池县地名的含量。

长城，中华民族的精神象征。其所产生的文化内容随着时代的发展而发展。1933 年 3 月至 5 月，中国军队在长城的义院口、冷口、喜峰口、古北口等地，抗击侵华日军进攻的作战，是中国人民早期抗日斗争的重要组成部分。全面抗战爆发后，长城一线成为八路军的主战场之一，在这个战场上抗日军民与侵略者发生了无数次战斗。这些战斗故事流传至今，从而形成了长城抗战文化。而今在全域旅游的背景下又出现了长城旅游文化。长城产生的文化内容远还不止于这些，书法中有长城，绘画中有长城，摄影中有长城，剪纸中有长城，刺绣中有长城，长城作为中华民族文化宝库中的瑰宝，其文化价值不可估量。

侯凤章　宁夏盐池长城保护学会副会长

大同得胜堡边贸地位

李海林

摘　要：得胜堡因其重要的军事战略地位，得到明廷的高度重视。隆庆议和，明蒙封贡仪式在得胜堡边外凉马台举行，随后在大同设立三个官方马市，得胜堡在马市贸易中为大同之首。乾隆五十八年（1793），清廷设置得胜口税关。根据杀虎口监督署监督甘鹏云民国二年呈报大总统财政部的《杀虎口监督署报告书》可知，在杀虎口所辖的十六个局卡中，得胜口无论从人员配置还是所收税银额都仅次于杀虎口大关。

关键词：得胜堡　马市贸易　得胜口税关

得胜堡位于山西省大同市新荣区堡子湾乡，建于嘉靖二十七年（1548），万历三十二年（1604）扩建。扩修后的得胜堡周长1800米。堡内有南北大街一条，东西小巷6条，庙宇72座。得胜堡不仅仅是一个独立的军事防御单元，它还与市场堡、镇羌堡、得胜口形成一个完整的军事防御体系。隆庆五年（1571），明蒙之间化干戈为玉帛，实行封贡互市，得胜堡成为大同镇三大官方贸易市口之一。入清后，得胜口又成为杀虎口所辖税关之一。关于得胜堡边贸地位，学术界多集中关注明朝，对于清朝及民国时期得胜口税关的地位研究者甚少。故此，本文拟对得胜堡边贸地位做一系统阐述。

一、得胜堡军事地位

得胜堡修建于明嘉靖二十七年（1548），系北东路参将驻地，地处极边，与蒙古仅一墙之隔，战略位置相当重要。其东北1里处为镇羌堡。在如此近的距离设置两堡，分析原因主要有二。其一，加强镇城防御。得胜堡位于大同镇城直北八十里，在此设堡屯兵，能够增强蒙古部族南下入侵大同镇城的阻力。其二，分担北路军事压力。"路"是为了增强防御力量，协调一镇内部军事救援与策应能力而设。各路之兴设废除都是根据当时客观条件或所处的战略地位而定。在整个军事体系中，路既受制于上一级镇的管辖，又管理下一级卫、所、军堡。路由分守参将管辖，其职责为："用心操练军伍，无事修理墩台，抚恤士卒，遇警则领兵截杀，防御贼寇。"[1]在整个军镇体系中，路的作用是非常关键的。嘉靖年间，随着军堡不断修建，北路所辖军堡也逐渐增多，分守边墙亦逐渐延长。至嘉靖二十八年，北路辖有内五堡、外五堡、破虏、灭虏、威虏、宁虏等堡。就北路而言，无疑增加了管理的难度。为了方便指挥调度，合理分配资源，对北路重新划分势在必行。

得胜堡建立之后，第二年明廷即在原来北路的基础上设立了北东路与北西路。北东路参将所在地即在得胜堡，北西路则在助马堡。北东路辖有镇边、镇川、宏赐、镇河、镇虏、镇羌、拒墙、得胜8堡，北西路辖有破虏、灭虏、威虏、宁虏、助马、保安、拒门7堡。北东路、北西路基本平分原来北路所辖军堡。在北东路所辖八堡中，内五堡军事地理位置不如外五堡，但是属于外五堡的镇羌、拒墙两堡规制太小，堡周均一里七分。据此笔者推测，得胜堡之设也是明廷为了选择一个合适的参将所在地而为。

二、得胜堡马市贸易

蒙古部族由于其经济单一，非常需要中原汉族的粮食布帛等生活物资。由于明蒙双方的封贡贸易时断时续，他们往往通过抢掠和贸易两种方式获取所需物资。嘉靖时期，世宗对蒙古部族实行绝贡政策，造成明蒙之间长时期的对抗。驻牧于宣大二镇之间的蒙古土默特部右翼首领俺答汗，由于求贡不成，频繁南下抢掠。嘉靖二十九年（1550），由于大同镇总兵仇鸾的不抵抗，导致俺答汗兵临天子脚下，酿成震惊朝野的"庚戌之变"。俺答放肆抢掠八日，并放言"予我币、通我贡，即解围。不者，岁一虏尔郭"[2]。面对明朝的赢兵弱将，世宗万般无奈，答应了俺答封贡的请求。嘉靖三十年（1551）三月间，明廷决议明蒙互市贸易一年两次，每次马价银十万。

嘉靖三十年（1551）四月"开马市于大同镇羌堡"[3]。之所以选择镇羌堡，主要原因有三。首先，早在明初，镇羌堡就是蒙古族朝贡贸易所经之地。他们从猫儿庄沿着饮马河河谷[4]经镇羌堡进入大同。其次，封贡互市总是要根据蒙古部族特点选择水源充足，草木茂盛之处。御河由丰镇流经镇羌堡，在此处形成水草丰美之地，适宜蒙人互市期间居住。最后，镇羌堡与得胜堡仅相距一里许，而得胜堡是北东路参将所在地，军事力量雄厚，能够及时应援，可以作为镇羌堡马市的坚强军事后盾。

互市交易时间从嘉靖三十年（1551）四月二十五日开始，至二十八日缎布卖尽而结束，蒙古部族共交易马两千多匹。在交易过程中，俺答诸部秩序井然，极其恭顺。从嘉靖三十年三月决定互市到七月间，俺答汗约束众部族南下，边境安谧，为百余年所未有之和平。嘉靖三十年七月，脱脱请求以牛羊交易菽粟，以惠及蒙古部族百姓，但明廷部分官员不客观分析互市贸易的长处，仍以土木之变为警，忌惮蒙古部族，最后不准。之后，蒙古部族又不时南下抢掠，明蒙关系趋于紧张，到嘉靖三十一年（1552年），明蒙互市完全禁绝。

明蒙马市贸易仅仅维持一年，双方又陷入了无休止的战争。直到隆庆四年（1570），俺答孙子把汉那吉由于家族内部矛盾愤而出走，经大同镇败虎堡投奔明朝。在大同巡抚方逢时、总督王崇古和大臣高拱、张居正的力主下，最终达成"隆庆议和"，实行封贡互市，从而结束了明蒙之间长时期的交战对峙状态。明蒙双方在得胜堡外凉马台举行了非常隆重的封贡互市册封仪式：

当时，得胜堡外九里建厂，厂长阔可三丈，用线杆木料，厅用蓝帛五十匹，红布二十匹，青绿羊绒三梭二十匹，手帕、汗巾四十方，席五十领，麻绳一百，彩婷四个，彩旗二十对。中庭设黄帷，焚香供张。都先期夷使打儿汉、克汉至公署习仪。既毕，大张旗鼓，迎赴棚厂，督抚皆壁宏赐堡，遣副帅赵伯勋、游击康纶赍敕谕十二道，及赐俺答蟒衣一袭，表里四纯，它皆狮子衣称是。二十一日，俺答躬率诸夷迎诏，南乡叩头者四。已，汉官抄黄开读，毕，俺答行谢恩礼，复脱帽叩头者四。夷礼以卸帽叩拜为敬也。[5]

隆庆五年（1571）大同镇开放新平堡、得胜堡马市贸易场所，隆庆六年（1572）开放守口堡市场。据《万历武功录》记载："先是，威虏市山高乏水，请解得胜堡，以堡故旧市所也。"[6]起初，大同马市定于威虏堡，由于该堡山高缺水，故才定于得胜堡。得胜堡市场也就是嘉靖三十年的镇羌堡市场。之所以称得胜堡市场，大抵是由于得胜堡系参将所在地，名气大、兵力强。同时，在明蒙和平贸易之际，得胜之名较镇羌更合适。

贡市日期"议以二月终入贡，五月初开市，期而不至则绝之"[7]。此时，"大都春初草芽未茂，胡马赢弱，而我又赤地千里，房亡所掳掠；至盛夏，则胡人苦热矣，独我塞上水流草青，于此时得马，可资以为养，诚便计也"[8]。得胜堡马市位于得胜堡正北，镇羌堡西边，称市场堡。据记载：

得胜口"口子"为石砌砖包，门洞下铺青石，顶部建有木楼，门两侧有石狮一对。门东侧长城上有一实心敌台，长宽各七丈，高三丈五尺。口东二十米处，依长城修筑烽火台状建筑一座，上修木楼，并在长城内侧一丈处建一平台，平台西有台阶。长城内平台与长城外烽火台状建筑用木板相连。得胜口门外设瓮城、月城。月城外依山建大店一座，为北致远店，供蒙古部族商贾居住。得胜口内西侧建有老爷庙和戏台，口子南面有一条长达70余丈的南北商业大街，街两旁商铺林立。街南端是南阁，其上修木楼，台基四面相通。距南阁南门50米路东建有四十亩大的大店一座，为南致远店，内有房二百间，供互市商贾居住。马市开市鸣钟，收市击鼓，马市交易市场就是现存的市场堡（四城堡）。[9]

大同马市在长城沿线居于重要地位，尤其以得胜堡地位最高。该地蒙古部族互市酋长分为东哨与西哨，此乃蒙古部族的两大枝。东哨首领为顺义王、忠顺夫人并部落，还有包括地位尊崇的三娘子三子不他失礼台吉、沙赤星台吉、倚儿将逊台吉及其孙素囊台吉。西哨为大成台吉即把汉那吉和其妻大成比妓并部落。把汉那吉为铁背台吉长子，俺答之爱孙。两哨蒙古族人每年在得胜口和水泉营分别进行互市。顺义王在蒙古诸部中地位最高，其孙把汉那吉也是颇受俺答汗宠爱。因此选择"兵马地土极为富强"[10]的山西镇水泉营、大同镇得胜堡二处互市。新平堡互市酋长为黄台吉并部落，为俺答之子。守口堡市口互市酋长为兀慎台吉、摆腰台吉、把林台吉及摆腰子等部落。摆腰、兀慎、把林为蒙古部族的小支，地位低于俺答与黄台吉。

得胜堡市场在大同马市交易量最大。隆庆五年（1571）得胜开市，时间从五月二十八日至六月十四日，官易俺答马 1730 匹，银钱 10540 有奇，偏裨及商人易马骡牛羊可 6784 头，银钱 8150 有奇。新平堡市七月初三日至十四日，官易马 726 匹，银钱 4253 两 3 钱 1 分。偏裨及商人易马骡牛羊可 3233 头，银钱 8150 有奇；隆庆六年八月二十九日到九月初九日，官市马 3562 匹，费 26821 两有奇，商民易马牛羊 1197 头。

大同新平、得胜、守口马市俱属官市，且一年只有一次，满足不了普通百姓的日常所需。《万历武功录》记载："而中乃复求赎市，以为富者以马易段帛，贫者亦各以牛羊毡裘易布匹针线，不谓无利。顾一岁市数日，焉能遍及。崇古请比开元、海西月市事，月令巡边夷同欲市夷，各以牛羊皮张，具告参将，听赴暗门外，军民得以布货变易，汉因税其物以充抚赏，间不过一二日而止，而必以参将临之。"[11]因此在大同沿边又开设了助马堡、宁虏堡、杀胡堡、灭胡堡、云石堡、迎恩堡等民市。助马堡民市位于该堡西南长城两侧。因助马堡民市在长城沿线贸易量之可观，固民间有"金得胜，银助马"之说。

三、得胜口税关

得胜堡马市贸易延续至明末，至清初停止。《清实录》顺治四年（1647）十二月卷之三十五庚寅条记载："故明时得胜堡一口，系察哈尔国计赏出入之路。河保营，系鄂尔多斯部落茶盐交易之处。以上二口，俱已堵塞。"[12]由此可知，至迟在顺治四年十二月得胜口贸易已经停止。

丰镇，在得胜口边墙之外，距离大同市 100 里，距得胜口 20 里。丰镇在清朝初期是蒙古察哈尔正黄、正红旗游牧地及太仆寺牧场。雍正十三年（1735）在该地设立丰川卫和镇宁所，隶属大同府。乾隆十五年（1750），改设丰镇厅，仍归大同府管辖。乾隆三十二年（1767），"经察哈尔都统奏请将太仆寺空出牧场余地，东自哈檀和硕，西至十八儿太，迤长二百余里，召民屯垦"，[13]由卫改厅，召民屯垦，形成屯庄大约 500 多个，人口日众，商铺渐多。而丰镇所需布匹、烟茶及杂货等日用品，皆倚靠内地。早在乾隆十八年（1753），丰镇城修好后，内地大量商人汇聚丰镇城和隆盛庄。经商的大部分是忻州、崞县、定襄人。

得胜口税关没有设立之前，由雁门关运到丰镇的货物，必须先过杀虎口榷关投税，再绕回丰镇，全长共计 730 里。[14]道路漫长，运输费用增加，货价抬高，商民不便。而从雁门关经大同府出得胜口到丰镇，路程大大缩短。因此，乾隆五十八年（1793），在经大同知府袁知对此仔细勘查后，认为："于得胜口添设税口，货物就近投税，赴丰实属商民两便。"[15]故此，乾隆五十八年，山西巡抚蒋兆奎上奏添设得胜口税关。同年，清廷"开山西得胜口归杀虎口监督稽征"[16]得胜口税关设立后，商人大量经由此处出口，尤其丰镇，大量忻州商人聚集于此。"丰镇的许多商号上自财东、掌柜，下至伙计、厨工都是忻州人。这些人世代生息，繁衍不断，成为丰镇老户。"[17]得胜口税关的开通不仅缩短了出雁门关到丰镇的路程，同时也成为忻州籍商人的"大西路"经商路线之一。由忻州出发，经大同过集宁，向西至归化，向北经武川、四子王旗，再向西经百灵庙，到达新疆哈密、吐鲁番、库车、阿勒泰等地。[18]

得胜口税关虽然设立比较晚，但是在杀虎口所辖各个税关中，经济地位较高。据杀虎口监督甘鹏云[19]于民国二年（1913）三月十三日呈报国务院财政部《杀虎口监督署报告书》[20]（以下简称"报告书"）所载可知，得胜口税关无论从税收经额还是工作人员配备都仅次于杀虎口。

据《报告书》记载，当时杀虎口关署管辖各局卡共有 16 个，分别是杀虎口大关总局、得胜口分局、小村分局、西包镇分局、西镇川分局、新平分局、高庙分卡、宁鲁分卡、归化分卡、托城分卡、朔平分局、东镇川分卡、据墙分卡、杀虎口南门分卡、河保营分局、黄浦川分卡等。这16个局卡又分四等。"每年收数在四万两以上者谓一；每年收数在一万两以上者为二等；每年收数五千两以上者为三等，每年收数在千两以上或不及千两者为四等。"[21] 同时，又规定了每个等级局卡的工作人员的额数。

表1　杀虎口所辖四个等级局卡工作人员额数

杀虎口局卡等级	主任员	司事员	书记员	巡役
一等	1人	2—4人	2—4人	3—5人
二等	1人	2人	2人	3人
三等	1人	1人	1人	3人
四等		1人	1人	1人

（备注：各局卡有特别情形巡役额不以上列为限）

表2　杀虎口所辖各局卡工作人员

杀虎口各局卡	主任员	司事员	书记员	巡役	杂役
杀虎口大关总局	1	6	5（4名一等，1名二等）	10	13
得胜口分局	1	5	3（1名一等，2名二等）	3	26
小村分局	1	2	1	2	5
西包镇分局	1	1		1	5
西镇川分局		3	1	1	6
新平分局		2	1	7	
高庙分卡		2	1	2	2
宁鲁分卡		2	1	6	
归化分卡		1	1	1	4
托城分卡		1		1	3
朔平分局		1	1	1	3
东镇川分卡		1	1	3	
拒墙分卡		1		1	3
杀虎口南门		1	1		1
河保营分局	1	4	2	2	6
黄莆川分卡		2	1	2	4

（根据《报告书》"杀虎口监督署办理民国元年九月至十二月支出预算册"统计）

杀虎口监督署辖有各局卡共16个。通过表1、表2可知，属于一等局卡的有杀虎口大关总局、得胜口和河保营分局。二等的有一个小村分局。西包镇分局勉强算是三等。其余属于四等。在一等局卡中，杀虎口共有工作人员43名，得胜口工作人员是44名，得胜口杂役相对杀虎口多一些。河保营工作人员是15名。在这三个分局中，主任员薪水都是40元，而司事、书记的薪水，杀虎口大关和得胜口最高是6.6元，河保营是5.4元。因此，虽然这三个局卡都属于一等，但无论从人员配备或是薪资待遇上，还是有区别的。很明显，在薪资待遇上得胜口与杀虎口大关是一个级别的。

表3　杀虎关民国元年八月至十二月税款收入决算表

单位：两

杀虎口各局卡	杀虎口大关总局	得胜口分局	小村分局	西包镇分局	西镇川分局	新平分局	高庙分卡	宁鲁分卡	归化分卡	托城分卡	朔平分局	东镇川分卡	拒墙分卡	杀虎口南门	河保营分局
税款收入	23046.881	13162.604	3537.920	420.027	1272.250	1662.314	910.103	600.956	341.185	174.700	637.270	770.402	411.072	186.609	918.592

（三个月共收银三万五千六百九十四两四钱九分七厘）

表4　杀虎关民国二年一月至三月税款收入决算表

单位：两

杀虎口各局卡	杀虎口大关总局	得胜口分局	小村分局	西包镇分局	西镇川分局	新平分局	高庙分卡	宁鲁分卡	归化分卡	托城分卡	朔平分局	东镇川分卡	拒墙分卡	杀虎口南门	河保营分局
税款收入	23046.881	13302.856	1673.885	154.441	758.446	1147.267	599.515	376.337	186.898	40.372	369.780	643.316	633.965	66.946	636.643

（五个月共收银四万八千零五十二两八钱八分五厘）

杀虎口历年实证税银[22]，从雍正二年（1724）始，到光绪三十三年（1907），每年平均保持在四万两左右，最多一年是光绪三十三年，税银达到114000两。之所以光绪三十三年最多，主要是因为杀虎口监督林景贤对于榷关制度的大力改革与整顿，取得了显著成效。此后"每年可收银十一二万两"[23]。杀虎口在甘鹏云监督任内，在民国元年八月二十一日至民国二年三月二十日，共收入库平银83556.366两。虽然1911年外蒙古独立，社会动荡，商旅裹足不前，黄莆川停征，但是在甘鹏云的大力整顿下，实证税收数目仍非常可观。

据表（3）、表（4）可知，得胜口分局税收仅次杀虎口大关，遥遥领先于其他各个分局关卡。甘鹏云任内得胜口税收为26465.46两，杀虎口大关为38150.711两，分别占总收入的31.67%、45.66%。得胜口分局虽然设置较晚，但是由于丰镇、隆盛庄等蒙古地方的开发，城镇的建立，商贸的发展，以及到归化（今呼和浩特）、包头等地商路的便利，得胜口亦成为一个重要的关口。

结语

明朝为了抵御北部少数民族，在长城沿线重要的关口通道都设置边堡。设置于嘉靖二十七年（1548）的得胜堡具有重要军事战略地位。得胜堡在大同镇正北80里，驻扎参将，与镇羌堡仅距一里，其西南距宏赐堡仅25里，宏赐堡曾是大同北路参将所在地，堡周与得胜堡一样大，在封贡互市之时，军门驻扎宏赐堡，以保障互市的顺利进行。又因其紧邻御河，水草丰美，是蒙古部族南下的重要通道。故此，得胜堡成为隆庆议和封贡仪式举行的最佳地点，成为政治地位最高的马市。而其马市贸易量为大同镇之首。乾隆五十八年（1793），清政府为了缩短商人到丰镇的路程，开设了得胜口税关。同时，随着丰镇的开发与商贸发展，也使得胜口税关逐渐发展成为仅次于杀虎口大关的重要关口。得胜口税关的设立，对丰镇的繁荣发展起了很大的推动作用，也成为蒙汉民族经济文化交流的重要关口之一。

李海林　山西大同大学历史与旅游文化学院副教授

注释:

1 魏焕.皇明九边考.大同镇·保障考,商务印书馆民国 26 年影印本,据明嘉靖间刻本影印.

2 瞿九思.万历武功录(续修四库全书 436 册)[M].上海:上海古籍出版社,1995:429.

3 中央研究院史语所校勘.明世宗实录[M].上海:上海书店影印,1982:6654.

4 饮马河发源于内蒙古丰镇市三义泉乡,由新荣区堡子湾乡镇羌堡东流入大同。在丰镇老百姓称其为饮马。

5 瞿九思.万历武功录(续修四库全书 436 册)[M].上海:上海古籍出版社,1995:462.

6 瞿九思.万历武功录(续修四库全书 436 册)[M].上海:上海古籍出版社,1995:465.

7 瞿九思.万历武功录(续修四库全书 436 册)[M].上海:上海古籍出版社,1995:471.

8 瞿九思.万历武功录(续修四库全书 436 册)[M].上海:上海古籍出版社,1995:471.

9 政协大同市新荣区委员会综合委员会.大同市新荣区文史资料第 6 辑:21.

10 王士琦.三云筹俎考(中华文史丛书)[M].台湾:华文书局,1968,封贡考.

11 瞿九思.万历武功录(续修四库全书 436 册)[M].上海:上海古籍出版社,1995:466.

12 清实录卷 35[M].顺治四年十二月庚寅条.北京:中华书局,2012.

13 内蒙古历史文献丛书 19.丰镇厅志[M].呼和浩特:远方出版社,2015:338.

14 丰若非.清代榷关与北路贸易——以杀虎口、张家口和归化城为中心[M].北京:中国社会科学出版社,2014:86.

15 宫中朱批奏折:乾隆五十八年五月初四日,山西巡抚蒋兆奎"奏请添设得胜口税口折",中国第一历史档案馆藏,档号(04—01—35—0356—013).

16 赵尔巽.清史稿[M].北京:中华书局,1976:3682.

17 忻州市政协编辑委员会.晋商史料全览·忻州卷[M].太原:山西人民出版社,2006:6.

18 忻州市政协编辑委员会.晋商史料全览·忻州卷[M].太原:山西人民出版社,2006:5.

19 甘鹏云(1861—1940),1903 年进士,任工部主事,1906 年赴日留学,1908 年回国就职于度支部。民国成立后,历任杀虎口监督署监督、吉林国税厅厅长、山西研究公卖局局长等职。民国元年 8 月 21 日至民国二年 3 月 20 日任职于杀虎口,在任期间着手改革杀虎口税关。

20 甘鹏云.杀虎口监督署报告书.民国二年十月崇雅堂印行.

21 甘鹏云.杀虎口监督署报告书.民国二年十月崇雅堂印行.

22 丰若非.清代榷关与北路贸易——以杀虎口、张家口和归化城为中心[M].北京:中国社会科学出版社,2014:210—216.

23 甘鹏云.杀虎口监督署报告书.民国二年十月崇雅堂印行.

5G+4K+VR 时代下的长城数字化应用

黄 鹏

摘 要："信息高速的路更宽了，车辆也提速了，新的机遇已然到来"，这是"5G+4K+VR"时代的宣言。长城的保护研究与开发利用必将借助数字化的又一次高速发展，而面临更为广阔与光明的未来。本文试从长城文旅融合、建筑保护、景观规划、文创开发等方向上存在的部分痛点入手，对症下药，从利用数字化手段采集、重建、虚拟现实及高速传播的角度，分析与勾画出"数字长城"的未来图景，以及在长城国家公园建设中所能发挥的巨大潜力。

关键词：数字科技 5G 4K VR 创新

"长城数字化"的命题其实由来已久，从第一张用数码相机拍摄的长城照片，第一组用数字仪器测绘的长城地理信息出现起，长城就已经开始被转化为可以无限读取、修改、复制和整合的数据。数据就是数字化的基础，今天我们所处的世界，数字化手段服务于各行各业，当然也将为长城的保护与开发提供巨大的助力。它可以让长城的影像更清晰更逼真，可以让长城修缮的设计工作更直观更科学，可以让到长城旅游的人们获得更好的线上及线下体验。更重要的是，数字化能让长城更好地融入今天这个世界，链接到人们所熟悉的数字生活中来。数字化是第一步，而如何将数据开发成各种具有价值的应用，就需要注入长城的文化底蕴和精神内涵，让这一中华民族的古老文化遗产鲜活起来，这是"长城数字化"的时代使命。

"长城数字化"从广义上讲，就是利用数字高科技为长城事业的发展赋能。就像人类的发展离不开物质文明和精神文明的双重助力一样，我们在今天不断深化探究长城所代表的精神内涵的同时，还要在物质层面利用高速发展的科技，为长城办实事办好事。借用奥林匹克精神"更高、更快、更强"的说法，我也选取目前在数字科技应用领域的三个重点，结合长城在保护修缮、文旅融合等方面遇到的问题来阐述"长城数字化"的具体应用。

一、以"4K"为代表的用更高精度来记录长城的数字视觉技术

"4K"分辨率是指水平清晰度 3840 线，垂直清晰度 2160 线，宽高比为 16∶9，共约 830 万像素的显示标准，它提供了接近于人眼真实感受的视觉效果。在如此高的清晰度下，很多之前在标清（720×576）和高清（1920×1080）分辨率下难以显现的细节信息，都将被纤毫毕现地记录下来。也就是说，用能达到 4K 级别的摄像机、照相机以及三维数字扫描仪来拍摄和记录长城，将会获得更清晰、色彩还原更丰富逼真的影像，这些影像会包含更多的信息内容。其中有些是以前当放大观看时模糊一片的区域，现在借助 4K 甚至更高级别的显示技术，观察者就不会遗漏掉任何有用的细节信息。例如我们可以从斑驳的墙体缝隙中分辨字迹与标识，从而为长城研究提供可能的新的线索。

更为重要的是，4K 所代表的是"不断尽最大可能去保留和记录文物本体信息"的努力方向。国内一些机构早已开始用数字化手段为长城"立此存照"。与摄影摄像不同的是，这种记录不是艺术性的，而是科学严谨地留存信息，目的就是为进一步在数字环境下，最大限度地忠实还原文物本体样貌。例如用目前最先进的三维数字扫描仪，可以全景式无死角地扫描文物本体，然后在电脑中通过三维建模方式，

复制出精准的长城模型。还可以通过编程算法，按已知部分的比例把残长城缺失的部分在数字影像中"重建"起来，并且以现实中无法实现的视角和方式去观察和分析长城的各项数据。

目前，国内文物界在这方面最成功的实践就是敦煌莫高窟，笔者在采访樊锦诗樊老和壁画修复大师李云鹤李老的过程中了解到，莫高窟壁画其实面临着与长城本体相似的处境，除了自然界温度与湿度的影响以外，日益增多的游客所带来的二氧化碳及其他不可控的破坏性因素，都是导致壁画修复与保护工作不可懈怠的原因。为了解决文物保护与利用开发的矛盾，莫高窟进行了"数字敦煌"工程的建设工作。从20世纪90年代与美国大学合作开始，到今天使用国内先进的三维数字扫描技术来记录保存洞窟壁画和塑像的信息。今天，我们从已出版的莫高窟壁画画册成果来看，已经达到了极高的精度，完全满足绝大多数人欣赏和研究的需求。而用这些高清晰度素材制作成的沉浸式数字影院内容，可以让游客身临其境般感受敦煌的历史文化，甚至以前所未有的新奇体验来获得参观洞窟都无法感知的内容。在2019年国庆70周年表彰活动中，樊锦诗获得"文物保护杰出贡献者"的国家荣誉称号，事实证明敦煌莫高窟所坚持的这条文物数字化道路是正确的，前景是光明的。

因此，对于具有同样重要价值的长城而言，也应该是新数字科技的受益者。目前日本推出了最新的8K标准，并且认为这已经达到了人眼所能识别的极限，也就是说再往上发展如16K已经失去实用的意义。这意味着4K已成为主流，社会生活中的4K级显示设备和4K级视频将大大增加，因此有必要用4K级别的技术，包括摄影、摄像、扫描和无人机航拍等手段，将长城全方位地永久地"保存"下来。这是一项必要的基础性工作，不但是"长城数字化"的基础，而且是与时间赛跑的文物保护工作的基础。例如坍塌的山西长城"月亮门"，如果之前有留存下来的清晰影像和数据，就可以进行数字还原来指导修复工作，否则将会是无法弥补的遗憾。因此，不断使用更高精度的视觉数字技术来记录长城，留存下尽可能多的信息，将是一个持续性的过程，记录时无限追求完美，还原时才能无限接近真实。

二、以"5G"为代表的用更快速度来传播长城的数字信息技术

5G网络是现在的热门词汇，其主要特点一是数据传输速率最高可达每秒10Gbit，这比目前的4G LTE蜂窝网络快100倍；二是较低的网络延迟（更快的响应时间），5G低于1毫秒，而4G为30—70毫秒。这样，5G网络的峰值速率就可以满足4K级高清视频、虚拟现实等大数据量传输的需求；三是多链接，也就是5G的流量密度和连接数密度大幅度提高，使网络系统协同化、智能化水平显著提升，表现为多用户、多点、多天线、多摄取的协同组网以及网络间灵活的自动调整。

抛开这些高深的技术术语，我们只需要知道5G更快了，更大容量的文件在网络上传输的速度提升了，更清晰的视频在网上播放时不会再卡顿了，简单归纳为：更强大的移动网络能力让"随时随地自由分享"成为触手可及的现实。

很多去长城的游客都遇到过这样的情景，当拍下照片和视频想分享到自己的社交网络平台时，却遇到信号延迟和发送不了的尴尬，这是因为网络带宽就像长城景区一样，有时会变得拥挤不堪，当很多车辆都挤上一条高速公路时大家都会变得举步维艰。而5G的到来会让这一切得到彻底的改变，很多我们曾经难以想象的线上场景有了新的可能，就像近二十年来随着互联网速度的提升，网络传输内容从文字、图片、视频再到今天虚拟现实技术打造的多人互动场景，越来越丰富的信息分享和越来越复杂的交互将成为可能。

将这种分享与交互的成果用到长城身上，最直观的体现之一就是构建起"长城数字博物馆"，它可以把远远大于现有馆藏量的信息转化为数据，并在互联网上进行传播。即使相隔万里，也让人仿佛亲身徜徉于长城数字博物馆中，与图片、视频及其他数字内容进行即时性的互动体验。今天，越来越多的数字博物馆在全世界建立起来，最开始的反对声音是，它会导致参观实体博物馆人数的减少，但事实恰好相反，线上的展示内容越充分就会有越多的人想去实地体验。被称为意大利国宝的乌菲齐美术馆（The Uffizi Gallery）的访客人数，从该馆数字化内容上线前的每天5000人次跃升至上线后的4万人次。作为八达岭长城国家公园重心之一的中国长城博物馆，一直在运用数字化科技提升传播效果，这会让世界更好地感

受中国的长城。

5G 作为国家战略之一，已经提升到前所未有的高度，谁掌握了 5G 的技术标准，谁就将在未来互联网发展中占据主导地位。对于长城而言，5G 提升了线上场景的实现能力和传播路径的承载能力，使中华民族优秀文化内容更广泛有力地输出到全球各地。

三、以 "VR" 为代表的用更强体验来感受长城的数字交互技术

VR 的含义是 "虚拟现实"，顾名思义就是虚拟和现实的结合，它是一种创建和体验虚拟世界的电脑仿真系统，通过体感装置来模拟人类的感知功能，如听觉、视觉、触觉、嗅觉等，使人犹如身临其境。同时，虚拟现实真正实现了人机交互，人在虚拟环境中可以得到 "真实" 环境的反馈，它所带来的体验我们称之为 "沉浸感"。

本文中所探讨的 "虚拟现实" 是一个广泛概念，包括了 VR（虚拟现实）、AR（增强现实）及全息投影技术。它们的共同点就是能营造出 "基于现实又超越现实" 的体验。那么，它对长城的具体应用又在哪些方面呢？

第一是基于 AR（增强现实）技术的长城修缮设计工作的辅助功能。AR 技术是指在真实视野范围内叠加三维化的数字影像，从早期基于标记物的跟踪注册技术发展到基于自然图像、三维物体、真实环境的跟踪注册，使 AR 技术在文物遗产数字化保护修缮方面有了更大的优势，利用该技术可以预演文物修缮后的效果，检验修缮设计方案理念与手段的可行性，同时与数据模型计算技术相结合，可以显示出修缮过程中各项环节的进度及修缮后建筑构件耐久性等信息。长城文保专家、文物修缮设计师、施工人员可以在实地（城墙上、敌楼内）现场办公，让施工效果（虚拟拼接）直接显现在残破的墙体之上（包括透视墙体内部构造、排水情况等），同时还可以无限次修改设计方案并即时观察实施效果。2016 年，辽宁小河口长城修缮工程引发争议，从我们所知的情况来看，设计方案是审批通过的，维修用的材料和施工方式也是审批通过的，但是最终呈现出来的效果让有关部门也觉得 "确实不大好看"。如果我们能在动工前通过 AR 技术直观地模拟出修缮后的效果，就可以在错误成本更低的时候发现潜在的问题，从而为国家长城保护工程保障质量，节省资金，提高效率，赢得好评。

第二是基于 VR（虚拟现实）技术的长城数字化体验。VR 技术营造出虚拟的沉浸式体验空间，将已经消失的不可再生的历史景象、人物和故事加以重现，它具有的强交互性将比传统博物馆里的文字、图片、视频和实物能更加生动地传递信息，从单向直线式升级为多级互动式的传播。例如，我们可以虚拟长城某关口的 "茶马互市" 场景，体验者仿佛穿越到几百年前的集市，用关外的皮毛交换关内的茶叶，从而加深对 "长城建立起秩序" 这一理念的认同。再举一例，中国长城资源保存状况是不均衡的，在西部地区长城往往就是戈壁荒原上的一道夯土墙，那么对于当地历史不甚了解的游客来这里看什么呢？已经看不见摸不着的历史又如何成为文旅开发的产品和体验？这里 VR 就有了用武之地，例如某地的历史上曾有过一次重要的战役，那么用虚拟现实技术打造的场景就可以带你穿越时光，回到当年的古战场，游客将获得最直观的关于长城防御功能的体验，手持兵器或弯弓射箭，对抗来犯者；同时游客还能体验如何修建长城，为它添砖加瓦。体验过后，游客摘下虚拟现实眼镜回到现实中来，时间虽然穿越百年，但故事的发生地依旧，这种时空叠加、沧海桑田的设计会让旅游体验感更为深邃；再进一步，虚拟现实还可以超越现实，把几种文化体验相互融合，例如描写长城的著名诗篇、传统书法、绘画艺术等，都可以在数字场景中进行整合，从而产生出新奇的体验。

本文所讨论的 4K、5G、VR 三个数字科技新趋势，是从数字化基础、数字化传播和数字化应用三个角度，阐述对长城保护与开发利用所带来的积极作用。不久的将来，还会有 AI 也就是人工智能的加入，这些都是大势所趋。2018 年 12 月 8 日，习近平总书记在主持中央政治局就 "实施国家大数据战略" 进行的第二次集体学习时指出：推动实施国家大数据战略，加快完善数字基础设施，推进数据资源整合和开放共享，保障数据安全，加快建设数字中国，更好服务我国经济社会发展和人民生活改善。2019 年 7 月 24 日，习近平主席主持召开中央全面深化改革委员会第九次会议，会议审议通过了《长城、大运河、长征国家文

化公园建设方案》，长城与数字化结合的发展蓝图愈加美好。

建设长城国家文化公园，首先要保护好长城文物本体，让文物有尊严地"活"下去，这是对其进行有效利用的先决条件；研究先行，做好遗产价值阐释，明确展示内容，使人们认识到长城不仅是军事防御工程，还是文明互通的桥梁和我们生活的家园，这才是国家文化公园应该达到的效果。

要达到这一目标就必须坚持"守正创新"的发展思路，本文探讨的"长城数字化"正是这一理念的发扬。"守正"是利用包括 4K 在内的一系列技术，忠实、真实、扎实地做好记录、勘察、测绘长城的基础性工作，为有效保护提供科学数据的支撑；"创新"是利用 5G、VR 在内的手段，创造出新的体验和产品，以科技手段带动文旅市场的开发，让长城的文化遗产资源在数字化中存下去，活起来。

"数字化"是在物与人、人与人，历史与现代甚至未来之间架起的一座桥梁。数字化带来储存和传播方式的变革，但不是简单的重复与再现，而是经过解读与再创造后，以可视化、互动化的方式呈现出来，从而丰富文化遗产的内涵。

长城将以新的姿态来拥抱这个数字化的时代，因为长城本身的特点，具有时空上连续性的带状分布，使长城不仅有了距离的长度，更有着历史的深度和文化的厚度。这一特征尤其适合利用数字化技术记录、转换并复原成可共享可再生的新形态，因为数字化最大的贡献就是突破时间与空间的限制，使文化遗产里的信息、智慧得以留存和传播，借助互联网与数字设备的普及拓展，从带状辐射到网络，形成跨领域、跨部门合作，探索出创新型的数字化文旅体验。最终目标是服务于国家对于长城保护与利用的总体规划和长城国家文化公园的建设，以低碳环保的方式（非重建），展示与利用好长城文物本体及其蕴藏的历史信息，为社会公众服务。

黄　鹏　中央广播电视总台副高级编辑

长城Ａ级旅游景区可持续发展模式初探

冯永宏　牛亚菲　刘　霞　谢丽波

摘　要：万里长城是中华民族的精神地标，是全人类共享的珍贵文化遗产，曾当选世界十大最佳旅行目的地。长城Ａ级景区是长城旅游发展的重要抓手。我们通过现场调研、网络口碑分析、电话咨询等方式对现有的27处长城Ａ级旅游景区进行研究，发现了长城Ａ级景区存在着展示系统不完善、"门票经济"依赖性强、产品结构不合理、服务品质欠佳、管理体制不顺等问题。本文意在探索长城Ａ级景区可持续发展模式，提出对接长城国家文化公园，成立长城景区可持续发展联盟、加强长城文化展示系统建设、实施"长城旅游＋"战略、推动景区服务标准化建设、推动垃圾分类回收、推行"四权分离"的管理模式等方面的措施，以带动长城景区社会文化、生态环境、经济发展等领域可持续发展。

关键词：长城旅游　Ａ级景区　可持续发展

　　长城，作为中华民族的精神地标，从春秋战国至明末，经过2000多年的持续修筑，现为我国乃至全世界体量最大、分布最广的具有线性特征的军事防御体系遗产。1987年被联合国教科文组织、世界遗产委员会认定长城具有突出普遍价值，批准列入《世界遗产名录》，成为我国首批世界文化遗产。从20世纪50年代起，居庸关、八达岭等长城段落陆续进行了修复并开门迎客。截止2018年年底，全国已有27家长城Ａ级旅游景区（以下简称"长城Ａ级景区"）建成营业。经过对比研究发现长城景区存在生态保护压力大、缺乏统一整体形象、展示方式落后、收入模式简单、产品结构不合理、管理体制机制不顺等问题。在可持续发展的理念越来越深入人心的情况下，坚持长城景区可持续发展是长城旅游发展的必由之路。

　　长城景区可持续发展旨在以长城为主题的旅游景区保护和开发过程中，坚持有效保护长城生态环境、自然人文资源的前提下，针对长城景区在开发建设、游览体验、经营服务、管理体制等环节的现状问题，导入可持续发展理念，努力在"社会文化可持续""生态环境可持续""经济发展可持续"等三大领域实现可持续发展。

一、长城Ａ级景区发展概况

1. 长城入选世界十大最佳旅行目的地

　　截至2016年9月，全国以长城展示或依托长城兴建的参观游览区92处，其中以长城展示为核心的专门景区45处，长城专题博物馆、陈列馆8家。2015年，世界著名自助游杂志《孤独星球》推出最新世界最佳旅游地排行榜，中国长城入选世界十大最佳旅行目的地。在海外公众和游客心目中，中国形象的第一代表是万里长城，这一点一直没有变化。

2. 长城Ａ级景区是长城景区的精华

　　本次研究以92处长城景区为基础，通过现场调研、网络口碑分析、电话咨询等方式确定27处长城Ａ级景区（见表1）作为样本。从景区等级、地域分布、规模、形态、管理和运营机构等方面进行梳理研究，发现长城Ａ级景区具有以下特点：

　　长城Ａ级景区结构呈梯次发展结构，高等级景区占比近60%。截至目前，长城27处Ａ级景区中，5A级景区有4处，占长城Ａ级景区样本的14.8%；4A级景区达到12处，占长城Ａ级景区总数的

44.4%；3A 级景区共有 7 处，占长城 A 级景区总数的 25.9%，2A 级景区共有 4 处，占长城 A 级景区总数的 14.9%。

华北地区是全国长城景区的核心区。从地域分布看，长城 A 级景区以华北地区分布最为集中，占比达到 74.1%，其中北京市 7 处，天津市 1 处，河北省 8 处，山西省 4 处。东北地区共 3 处，占长城 A 级景区样本的 11.1%，其中辽宁省 2 处，黑龙江省 1 处。西北地区共 3 处，占长城 A 级景区样本的 11.1%。

长城景区可游览长度主要集中在 1—9 千米。从规模来看，金山岭长城可游览长度最长，是唯一一个长度超过 10 千米的景区，其他景区集中在 1—9 千米。

长城筑城体系，由长城城墙、关隘、敌台、烽燧、障碍物和外围关堡组成。现有开发的旅游景区中，以关隘为主要类型的长城景区居多。在 16 处 5A 级、4A 级长城景区中，共 9 处以"关隘"为核心吸引物的长城景区，占比超过 50%。

从长城的建造年代看，长城 A 级景区主要为明代长城，多为以敌台或烽火台为主的长城景观，占长城 A 级景区样本的 81.4%。

从管理机构看，部分长城景区成立了统筹协调管理部门。其中八达岭成立特区，多个长城景区成立管理委员会（局），统筹片区的规划、保护、开发、建设、经营等工作。

表 1 长城 A 级景区概况表

序号	名录	级别	地区	主要年代	游览长度	管理机构／运营机构
1	雁门关景区	5A	山西忻州市	明代	5033 米	雁门关风景区管理局
2	山海关景区	5A	河北秦皇岛	明代	4769 米	山海关景区管委会
3	嘉峪关文物景区	5A	甘肃嘉峪关市	明代	—	嘉峪关大景区管理委员会
4	八达岭—慕田峪长城旅游区	5A	北京延庆／怀柔	明代	9141 米（5400+3741）	八达岭特区／北京市慕田峪长城旅游服务公司
5	八达岭水关长城	4A	北京延庆	明代	6800 米	八达岭旅游总公司
6	居庸关长城	4A	北京昌平	明代	4142 米	北京市昌平区十三陵特区办事处居庸关长城管理处
7	司马台长城	4A	北京密云	明代	5400 米	北京市密云区司马台雾灵山国际休闲度假区管理委员会
8	黄花城水长城	4A	北京怀柔	明代	1000 米	北京黄花城长城旅游开发有限责任公司
9	黄崖关长城	4A	天津蓟州	明代	3025 米	天津黄崖关长城风景名胜区管理局
10	九门口水上长城	4A	辽宁葫芦岛	明代	1704 米	绥中县九门口水上长城管理处
11	虎山长城景区	4A	辽宁丹东	明代	1250 米	虎山长城管理处
12	金山岭长城	4A	河北承德滦平	明代	10500 米	滦平县金山岭长城管理处
13	青山关旅游区	4A	河北唐山市迁西县	明代	—	迁西县旅游局
14	大境门旅游景区	4A	河北张家口	清代	3700 米	张家口境门商堡文化旅游开发有限公司
15	角山景区	4A	河北秦皇岛山海关区	明代	1536 米	角山风景区管理处
16	敦煌阳关—玉门关大景区	4A	甘肃敦煌市	秦汉	—	敦煌大景区管委会
17	八达岭古城景区（石峡关）	3A	北京延庆	明代	7500 米	八达岭旅游总公司
18	白羊峪长城旅游区	3A	河北省唐山迁安市	南北朝—北齐	4552 米	迁安市白羊峪长城旅游有限公司
19	喜峰口景区	3A	河北省唐山迁西	明代	—	迁西县喜峰口旅游开发有限公司
20	固关长城	3A	山西阳泉市平定县	明代	—	平定县固关长城开发处
21	镇北台景区	3A	陕西省榆林市	明代	—	榆林市镇北台长城文物管理所
22	新平堡景区	3A	山西大同天镇县	明代	—	—
23	齐长城旅游区	3A	山东济南长清区	春秋战国	1500 米	—
24	金长城遗址公园	2A	黑龙江齐齐哈尔	南北朝—金		—
25	娘子关景区	2A	山西省阳泉平定县	明代	650 米	山西省平定娘子关旅游景区开发中心
26	潘家口长城景区	2A	河北省承德市	明代	—	—
27	云蒙山长城遗址公园	2A	北京市密云区	明代	—	—

二、长城A级景区可持续发展的突出问题及成因

长城旅游经过60余年的发展，尤其是改革开放后，长城旅游发展迅速，取得突破性的成就。其中2018年，八达岭长城接待游客总量超过990万人次，占延庆区总接待游客量的61.6%；2018年嘉峪关景区接待游客量达到160万人次。巨大的旅游客流量在推动地方经济社会发展中发挥了重要作用。但同时长城A级景区社会文化、生态环境、经济发展等方面存在不符合可持续发展理念的问题。

1. 长城文化展示体系不完善，主题形象特色不突出

长城文化源远流长，包括了军事文化、农耕文化、游牧文化、红色文化等多个文化体系。但目前长城的文化展示体系尚不完善，表现在：展示方式单一、展示内容不全面，科技展示手段应用不广泛，展示配套服务不规范，展示集中于少数长城景区，很多具有代表性的长城景区缺少对该长城文化的系统展示。如雁门关景区，游客抱怨游览内容少，可玩性差，文化的挖掘展示不足，根本没有展示出波澜壮阔的边塞文化。敦煌阳关景区，游客反馈景点游览内容过少。此外，27处以长城为主题的A级景区主题形象特色不突出，号称"第一关"的景区就有3处。虽然各长城景区特色不同，但很多游客仍形成"长城都像八达岭长城"的片面形象。

2. 景区面临生态环境破坏和垃圾清理压力大的威胁

长城沿线的生态脆弱性特点明显，东部区域面临着水土流失、滑坡、崩塌、泥石流等灾害，中部地区面临着风沙和水土流失并重的灾害，西部地区面临风沙灾害的环境破坏。2016年由于连日暴雨，导致居庸关长城景区出现约30米宽，40米高的长城旁护路墙滑坡，景区临时关闭。本次事件虽未直接波及到长城本体，但也为长城景区及周边生态保护敲响警钟。

长城景区由于大规模的游客流、交通流聚集产生大量生活垃圾，在短期内难以彻底清除。2017年国庆黄金周期间，八达岭长城每天产生垃圾十余吨，这些垃圾需要清洁工一点点收集，肩扛背驮到景区主干道。2018年五一假期，八达岭长城共清理了固体垃圾35吨，液体垃圾30吨。此外，部分景区没有实施垃圾分类。

3. 旅游产品结构不合理，门票经济依赖性较强

当下，旅游产品从"观光游览"逐步向"休闲娱乐""体验度假"转变。通过对现有27处长城A级景区旅游产品现状分析，目前长城景区主要旅游产品为"长城观光＋长城博物馆"模式，景区主要收入来自门票、索道票、观光车票，"门票经济"依赖性强。缺乏"好玩"和"住下来"的核心产品，文化创意、康体健身、教育研学等产品缺口较大，购、娱等弹性消费比例较低。

4. 旅游服务品质欠佳

通过搜集携程、大众点评等网站2000余条游客评论发现游客反映的问题多集中在服务品质方面，具体表现为长城景区商业化问题突出，商贩摊点设置过密，部分工作人员主动服务意识淡薄，现场突发情况处理不及时等方面。如针对慕田峪长城的缆车，游客反映缆车排队时间太长，排队舒适度差，费用较高，安全措施有待加强等问题；嘉峪关景区，游客反映高峰期中午吃饭时间关闭一个检票通道，导致高温天气进景区排队30分钟以上等问题。

5. 管理体制存在交叉，统筹协调困难

很多长城A级旅游景区拥有文物保护单位、风景名胜区、森林公园、自然保护区、地质公园、水利风景区等多个品牌，不同品牌隶属不同管理机构，造成长城A级景区多头管理现象普遍。例如八达岭长城景区的经营管理权分属于八达岭特区办事处、八达岭林场和八达岭旅游总公司三个不同的主体。虽然在管理职能、管理权限、管理内容等方面有所不同，但在实际运行过程中权责相互交叉，不利于整个景区的统筹规划部署和协调管理。

三、长城A级景区可持续发展模式

1. 探索建立长城景区可持续发展联盟，打造绿色低碳长城

在长城景区中发起倡议，探索组建长城旅游景区可持续发展联盟，制定、宣贯长城景区可持续发展

标准，加强长城景区可持续发展经验交流，开展长城景区联合营销，加强长城沿线整体生态环境保护。

将长城景区生态环境保护、长城旅游产品生态设计、旅游低碳技术应用融为一体，改善区域能源结构，推进清洁能源的使用占比，积极构建长城碳汇机制，同时不降低游客游览体验质量，倡导游客、长城主管部门、运营部门等多方参与到绿色低碳长城的建设中来。

2. 对接长城国家文化公园建设，提升丰富长城文化展示体系

2019年7月，中央相关部门审议通过《长城、大运河、长征国家文化公园建设方案》，标志着长城国家文化公园推出指日可待。长城景区应积极响应对接长城国家文化公园建设，通过博物馆、演艺活动、文化活动等方面丰富长城文化展示内容，通过加强高科技手段的运用、推进智慧解说系统建设、规范长城文化展示解说服务，提升长城文化展示水平。

3. 全面实施"长城旅游+"战略，摆脱门票经济依赖

全面实施"长城旅游+"战略，推出长城旅游+艺术创作、长城旅游+乡村旅游、长城旅游+科技、长城旅游+红色旅游、长城旅游+研学旅游、长城旅游+运动健身等新产品、新业态，创新产品供给。积极探索长城文化和旅游融合的新模式、新路径。充分研究长城景区的文化资源，采用"长城景区+IP"战略，选用动漫、演绎、歌曲等为载体，匠心打磨有故事、有温度的"超级IP"，并不断传播和强化形象。随着长城景区IP的不断成熟，跨界推出多个长城文创产品，从根本上解决长城景区的定位和产品同质化问题。

4. 推动长城景区服务标准化，构建景区培训体系

服务是景区的生命线。面对大众旅游时代的到来，如何满足旅游者的服务需求是景区需要深入研究的重大课题。长城A级景区应坚持以游客为中心，全面提升长城景区管理水平、服务水平，推进旅游服务标准化建设，制定和执行安全管理、岗位职责、管理制度、配套服务等多方面的规范。推进培训、考核的常态化，通过培训、考核，提高管理人员的管理水平和管理意识，增强员工的服务意识、服务水平，培养敬业精神和良好的职业道德。

5. 打造长城景区日常监测样本，推动垃圾分类回收

长城A级旅游景区是游客参与度最高的长城段落，要求长城本体、环境、管理情况不得有安全隐患。按照《长城保护总体规划》的要求，长城景区需要建立日常的监测体系，针对长城本体、环境、管理情况，开展持续、不间断的日常巡查记录、数据采集、数据分析、预警处置、档案建设等工作。长城A级景区可借助智慧化建设，利用物联网技术，将长城景区日常监测智慧化、可视化。

垃圾问题是长城环境的重要威胁之一。长城景区可积极学习海螺沟景区"垃圾银行"等先进的垃圾回收的理念，加强长城A级景区垃圾分类处理的公众宣传和引导，通过景区导览标识、广播系统、线下展板等形式宣传垃圾分类回收的理念。推行"互联网+垃圾分类回收"的模式，利用线上APP或微信公众号和线下回收箱，通过环保理念宣传、垃圾分类指导，引导和鼓励游客对垃圾进行分类回收和定点投放，实现垃圾的有效分类。

6. 推行"四权分离"的管理模式，保障景区健康运行

长城A级景区应推行所有权、管理权、经营权与监督保护权的四权分离模式，在实行政企分开、事企分开、管理权与经营权分开的同时，强化保护监督体系，做到权责利的对等。具体包括四个方面的内容：一是长城遗产所有权归全民所有；二是长城景区的管理权由区域行政主管部门行使，如设立长城管理委员会形式；三是实行政企分离、事企分离，为长城旅游开发设立投资开发公司；四是建立完善的长城监督保护体系，倡导全民参与监督。长城景区"四权"分离的管理模式有助于明确参与主体的职责、权利与义务，推动长城景区形成高效灵活的体制机制。

结语

长城A级景区可持续发展是长城旅游对可持续发展理念的响应。本文针对长城A级景区存在的与可持续发展理念不符的诸多问题，以可持续发展理念为指导，以"社会文化可持续""生态环境可持续""经

济发展可持续"为三大目标,提出了成立长城景区可持续发展联盟、提升丰富长城文化展示体系、实施"长城旅游＋"战略、推动长城景区服务标准化建设、推动垃圾分类回收、探索"四权分离"的管理模式等方面的建议,以此增进游客对长城文化的认知,优化长城景区环境,提升长城旅游品质,增加长城景区的综合效益。希冀能够对长城景区的可持续发展提供借鉴意义。

冯永宏　北京兴博旅投规划设计院策划总监

谢丽波　北京兴博旅投规划设计院院长

牛亚菲　中国科学院地理研究所研究员

刘　霞　中科天元(北京)城乡规划设计院院长

参考文献:

1 国务院新闻办公室就《长城保护总体规划》有关情况举行发布会 [J]. 城市规划通讯, 2019 (03) :14.

2 国家文物局. 中国长城保护报告 [EB/OL]。

http://www.sach.gov.cn/art/2016/11/30/art_1946_135711.html, 2016-11-30.

3 万象国际旅行社. "世界十大最佳旅行目的地"名单出炉。

[EB/OL].http://travel.gog.cn/system/2015/08/21/014502499.shtml, 2015-08-21.

4 长城等入围国际旅游目的地前三强黄河列第六.

[EB/OL].https://baijiahao.baidu.com/s?id=1611479631154549589&wfr=spider&for=pc, 2018-09-13.

5 康宁. 军事筑城体系与长城 [A].//《中国大百科全书·军事》编委会.《中国大百科全书·军事·军事工程分册》[M].北京:中国大百科全书出版社, 2007, 第 35 页.

6 央广网. 北京连日暴雨导致居庸关长城护坡现 30 米长滑坡.

[EB/OL].https://china.huanqiu.com/article/9CaKrnJWBaN, 2016-07-20.

7 中红在线. 在长城捡垃圾的英国人 [EB/OL].

http://news.redcrossol.com/miropaper/article.aspx?aid=12518, 2019-08-06.

8 北京旅游学会. 北京旅游发展报告 (2018) [M]. 北京:社会科学文献出版社, 2018:99-108.

长城普查认定数据刍议

王一舰

摘　要：本文通过对2007年长城资源调查以来国家发布认定的长城数据存在的一些问题进行分析探讨，建议对已认定的长城数据继续梳理、修订、补充、更新。通过建立更加科学规范的长城调查研究成果认定和发布体系，为未来长城研究、保护工作提供更权威有力的指导和支持。

关键词：长城保护　长城数据　长城普查　长城信息

2007年国家文物局主持的长城普查基本摸清了中国长城的"家底"，更正了很多对长城认识的误区、盲区。2009年，国家开始陆续发布这次1949年以来最大规模长城普查的成果认定，公布了一系列长城数据。这套1949年以来最完整详备的长城数据，凝结着无数长城人的心血，对日后国家出台的一系列长城保护研究措施规划支持很大。2009年4月19日，国家文物局和国家测绘局首次联合发布明长城总长度为8851.8千米。其中，新发现了与长城有关的各类历史遗迹498处。2012年6月5日，国家文物局公布认定的历代长城总长度为21196.18千米，并对所有认定的长城遗址做了编号，长城有了"身份证"。2016年11月30日，国家文物局发布《中国长城保护报告》认定各类长城资源遗存总数43721处（座／段）。这些重要基础数据在2019年1月24日国家文化和旅游部、国家文物局发布的《中国长城保护总体规划》中仍发挥着关键作用。

这套官方发布的长城数据结论清楚，数值精确，具有很高的权威性。如今距离这些成果认定发布时间已过去将近十年。特别是最近几年，在党和国家的高度重视下，经过广大文物工作者及全社会的艰苦努力，我国的长城研究和保护事业得到了前所未有的发展，形势和局面已经大为改观，我们对长城的认识也更加深入，诸多关于长城遗产的未解之谜被逐步揭开。但随着对长城调查、研究、保护和实践的继续深入，业界对当年认定的某些长城数据的疑问和困惑也随着时间推移而增加。今天再来审视其中的一些数据时，有些已经不起时间考验和推敲，遗漏、偏差、局限甚至错误已逐步显现，并影响到长城保护和研究工作的发展。

问题主要集中在两方面：一是在长城时代认定上，仍存在疑问。对各时期长城认定特别是早期长城的断代，有需要商榷的地方。特别在多代长城叠压、并列段，这一情况更加突出。有些长城历史久远，遗迹模糊，需要经过深入的考古调查发掘，和反复论证，才能给出结论。二是相关数据，是否存在疏漏、偏差。长城的长度是否需要精确到小数点后几位才算"准确"？需不需要补充和更正，如何补充和修正，都是现实的问题。

简单举几个例子：

（1）长城志愿者马达先生2019年春在河北省张家口市涿鹿县大河南乡西面的乡道路边发现一小段隘口墙，向笔者求证是否为长城遗迹（图1），笔者在国家文物局河北省长城认定数据表和长城文化遗产网查询，均没发现该段长城的认证资料。经查对长城地图，笔者认为这段长城建筑特点和位置应属于明长城真保镇长城的组成部分，属于遗漏（图2）。

图1

图2 （根据长城漫步网截图标注）

图3 （汪锡铭提供）

（2）在河北省张家口市蔚县九辛庄马头山一带早期长城遗址处，并立着三通长城保护标志碑（图3），但三个碑分别标示不同的时代：战国赵、战国—金、北齐。而国家文物局认定时代为北齐，到底属于什么时代？同样，笔者2018年在山西省苛岚县王家岔村国家认定的北齐长城遗址处看到，当地官方立的文保碑却明确写的是"宋代长城遗址"（图4），且山下正在进行大规模宋长城景区的建设（图5）。在这里我们看不到任何关于北齐长城的文字。

（3）在河北省蔚县西合营镇祁家皂村，只认定了祁家皂堡东侧的烽火台为明长城遗迹，属省级重点文物保护单位（图6），而紧临烽火台的祁家皂堡却未予认定。两者明显属于同一时期建造，并互为关联。同样情况在周边地区也存在。

通过以上几个例子可知，过去我们对长城的认知的确有所局限，通过一次长城普查未必能彻底搞清所有问题。上次长城普查奠定了良好的开端，但一些长城的"真面目"还有待进一步了解和研究。

长城是历史的产物，早已固化在中国大地上，长城营造经历了漫长过程，对长城的认识也同样需要时间。客观地说，我们今天虽然对长城的认识取得了很多重大进展和突破，却远未达到对长城完全彻底的了解，这还需要一个漫长的过程。对于那些一时无法界定时代的长城段落，要给后人留下充分的时间和余地。随着未来科学技术的进步和考古发掘研究的深入，终会有一个更接近客观的科学结果。

早在2009年4月国家明长城数据发布时，就对新发现的498处长城遗迹和长城段落给予了新的认定。在2019年初，国家文化和旅游部、国家文物局发布的《中国长城保护总体规划》的第27条也规定：长城所在的地区（区、市）人民政府应当持续对本行政区内的长城进行调查，并根据《长城保护条例》第二条的规定报国务院文物主管部门认定并公布。这说明国家对长城数据和认定的大门是始终打开的，是动态的。

长城是中华民族最珍贵的文化遗产，长城普查经过很多人的努力，本身和修长城一样是一项伟大工程。由于长城分布范围广，历史跨度大，遗址情况复杂，出现遗漏、偏差

图4

图5

图6

和错误也很正常。随着这些年长城保护力度的加大，情况和十年前比已经发生了很大变化。时代的发展要求我们对中华民族这一灿烂的文化瑰宝给予更清晰的认知，很有必要对已认定的数据进行阶段性梳理、复审、核查、修订、补充和更新，并建立一套更加完整统一的科学认证发布体系，使其更好地服务于社会，尽量不要再留下短板。

为此，建议在国家层面建立一套更加完整、科学、规范，适合未来发展的动态长城认定发布体系和流程制度，以保障最新研究成果得到及时体现和反映，以便对今后的长城研究和保护工作，提供更有力的支持。

一是希望文物主管部门对既往认定的长城数据进行重新梳理、复查、核查、修订、补充和更新。对长城调查新发现的遗址、段落和当时认定有疏漏模糊的遗址给予补充认定，对认定错误的及时更正并重新发布。

二是目前对长城日常的监控体系已经基本建立，没必要再进行大规模的集中调查行动，但对于一些时代争议较大，情况复杂且影响重大的长城段落，可以采取专项调查研究，集中攻关，能认定的认定，暂不能认定的可留给未来。

三是对部分处于各省、市交界处的长城遗址，因管辖权模糊而引起的纷争，应结合历史和当地实际情况给予明确。

四是在官方网站上所载的长城数据，进行及时的补充完善。长城信息要及时更新，让社会及时了解长城研究和保护的状态。

以上意见，仅供参考，不当之处敬请批评指正。

王一舰　北京市科学技术研究院

试论八达岭之藩篱——岔道城的军事地位

晏涛

摘 要：八达岭长城作为明代内长城的重要组成部分，是当时京师西北的军事重镇。岔道城是八达岭长城的前哨阵地，是整个居庸关纵深防御体系的重要组成部分，其军事战略位置十分重要。本文立足于"军事性"特征，从史籍志书、专著论文和实地调研中，提取富有研究价值的基础资料，从历史的角度试论岔道城的起源与历史发展脉络，分析主要军事特征，宏观探讨八达岭整体防区的军事地位。

关键词：明代 岔道城 军事防御

八达岭长城作为军都山关沟古道北口，历来为军事要地，是中原政权抵御北方游牧民族袭扰的重要防线，战略地位极为重要。作为明内长城的重要组成部分，明朝统治者对其防御体系的建设十分重视。

明朝初期蒙古族的势力还十分强盛，朱元璋采纳了朱升"高筑墙"的建议，不仅各州府县的城池构筑得十分坚固，而且对北方防务十分重视。在长城外建立军事重镇，封诸王子率军驻扎边镇，实行军屯以守国境。

作为古代重要的军事和交通要塞，岔道城的历史最早可追溯到战国时期，当时这里名为"三岔口"，又名"永安甸"。元代，这里是大都至上都的必经之地。明清时期，这里更是成为进出京师、通衢西北的重要关口和交通驿站。

嘉靖三十年（1551），在八达岭关城西北三里重修岔道城。驻扎重兵防守，作为八达岭的前哨。因南去八达岭、西去张家口、北去延庆、东去永宁与四海的诸路由此分开而得名岔道。隆庆五年（1571）重新包砖并加固。城址依山而建，平面呈不规则长方形，建筑坚固，城墙墙基为条石垒砌，墙体用黄泥夯筑，外面包砌城砖，城上设马道，外侧垛墙设垛口、望孔、射口。全城面积为8.6万平方米，东西长约510米，南北宽150米。城的东北两面山顶各筑一座堡垒，周围山峰筑有六座瞭望敌情的烽火台。

明王朝建立后，为了防御北元的残余势力和其他游牧民族的侵扰，先后在明朝的北部防线设置了甘肃镇、宁夏镇、宣府镇、大同镇、辽东镇、延绥镇、固原镇、蓟镇、山西镇等九个军事重镇，将明朝北部边境划分为九个防区进行防御，称为"九边"或"九镇"。明嘉靖年间，为加强京城的防务和保护帝陵（明十三陵）的需要，又在北京西北增设了昌镇、真保镇，共计十一镇，合称为"九边十一镇"。按照九边的划分，岔道应属宣府镇管辖。宣府镇又称宣府、宣镇（今河北宣化县），有总兵驻守，是京师西北重要军镇，其管辖长城"东自昌镇界火焰山起，西至大同镇平远堡界止"，其所辖地域相当于张家口地区加之北京延庆区。明代，宣府镇根据自然地势，将辖区分为东、南、西、北、中五路设防。

宣府东路所辖边墙即"自四海冶至靖胡堡（今白河堡）"其所辖地域相当于现今延庆、怀来，岔道原属东路，万历六年（1578）改属南山路。宣府镇管辖的南山路边垣经清水顶、西拨子、岔道西北，然后经程家窑向西折向小张家口方向。岔道城两侧的边墙、联墩、壕堑、烽燧，构成了一个严密的防御体系。

正如明嘉靖四十四年（1565）燕东参将高延陵在岔道黑龙潭览胜碑描述的那样，"南山重设险，环抱巩京畿"，通往南山的各个隘口都被层层设防，而岔道城防守的则是这些通道中最重要的一条，即居庸关大道。因此，明清两代十分重视岔道的防守，据清乾隆《延庆州志》记载：明代岔道设守备1员，把总1员，驻军只有约180余人，遇到有警报时，临时从蓟镇、昌镇调兵到岔道驻防。若来敌攻打八达岭，岔道城守军可以拦腰一击或攻其队尾，使之头尾不能相顾。若来敌攻打岔道城，八达岭守军可攻击围城之敌，内外夹击。清代仍然在岔道设守备、把总等官职，驻军增加到七百余名。管辖的范围从怀来县的羊儿岭村一直到延庆的帮水峪一带。

宣德年间，明王朝先后后撤防线300余里，使宣府镇成为直接护卫黄陵、京师的要冲，而岔道正处于蓟镇、宣镇的交界处。岔道东南1千米的滚天沟附近有一通宣德六年（1431）界碑，碑阳正上方楷体阴刻"水长峪河"，左下为"迤东八达岭交界"，右下为"迤西岔道城交界"。该碑原在路南，碑旁即是清水河，即水长峪河；因拓宽公路，被迁到路北半山坡上。

岔道内外与八达岭紧邻为一体，遥相呼应，是八达岭的前哨阵地，是整个居庸关纵深防御体系的重要组成部分，其军事战略位置十分重要。明代编撰《西关志》[1]的王士翘在《居庸关论》中曾记述道："……居庸之险，不在关城，而在八达岭。是岭，关山最高者。凭高以拒下，其险在我，失此不能守，是无关矣。逾岭数百步，即岔道堡，实关北藩篱。守岔道所以守八达岭，守八达岭所以守关也。"把岔道城作为八达岭藩篱的军事作用描绘得十分恰当。岔道正处于长城防线的关键部位，仅嘉靖一朝，蒙古族鞑靼部就曾八次到延庆地区进行抢掠，有三次这些少数部族围困京师。据历史记载岔道人曹铨救父的故事就发生在此。明《隆庆志》[2]记载："曹铨，岔道人。其父曹二。房欲执之，铨勇斗以救之。父得免，铨死焉。"这件事也许就发生在其中的一次"北房"入侵中。曹铨看到自己的父亲被敌人抓住了，勇敢地去同敌人搏斗，用自己的生命救回了父亲。

历经几百年的岁月沧桑，岔道城的军事地位逐渐被人们遗忘，但它却见证了历史的兴衰、朝代更迭、时事变迁，见证了延庆发展变化的每一幕。站在城墙上，全城街景呈现在眼前。四周山峰环绕，南北墩台相望，远处八达岭山峰巍峨，长城在山巅蜿蜒，扼守着要塞。历史已如云烟一样漂浮而过，岔道城则永恒不变地守卫在关口。

晏 涛　中国长城博物馆业务部，馆员

注释：

1 （明）王士翘 . 西关志 [M]. 北京：北京古籍出版社，1990.
2 （明）苏乾 . 嘉靖隆庆志 [Z]. 明嘉靖二十八年（1549）首次刊印 .

参考文献：

1 中共延庆县委宣传部，延庆县文化委员会 . 走进延庆古村落 [M]. 北京：中国商业出版社，2015.

北京明长城人为刻划青砖的修复技术初探

魏田杰　张　涛　王菊琳

摘　要： 现存明长城多使用条石做基础，碎石和黏土等为城墙芯，青砖包砌城墙外壁，石灰或掺糯米汁的石灰作为青砖之间的胶结材料，构成具有军事功能的城墙。但是青砖在出现人为刻画、开裂及缺损后，既影响长城的美感也造成城墙砖的损伤，会加速砖的劣化。对于损伤较为严重的长城青砖，亟需选择合适的材料对损伤部位进行修复，以减小建筑材料的劣化速度。本论文用无机材料天然水硬性石灰和熟石灰对被刻划的青砖进行修补，以无损检测为主要手段对修补效果表征，综合评价了天然水硬性石灰及熟石灰的物理性能、耐老化性能。

关键词： 青砖　刻划　修复　天然水硬性石灰　熟石灰

引言

长城饱经岁月沧桑，从春秋战国时期至今已经历数千年，现存北京长城主要以明长城为主。长城的建筑单元包括敌台、烽火台、关隘、边墙，每个单元承载不同的军事职能。

针对北京周边长城人为刻画严重的现象，2003 年颁布的《北京市长城保护管理办法》中规定："禁止从事刻画、涂污、损坏等危及长城安全的活动，违者可处 200 元以上 500 元以下的罚款"，由于惩罚力度不够，长城刻画现象屡禁不止。2006 年 12 月 1 日起，《长城保护条例》颁布实施，条例中规定禁止刻划、涂污长城等活动。2016 年发布相关文件《长城保护报告》《长城保护规划编制指导意见（试行）》，以加大长城保护力度。相关部门在八达岭等著名长城旅游景点派驻了大量的管理人员阻止游客刻字，但是一些地处偏远的非著名长城遗址缺乏系统的管理及监护，导致这些长城遗址人为刻画病害严重。

为了保护长城，引入大数据处理技术记录每一处长城遗存矢量图形文件，记录对应的身份编码、位置、类型、年代、材质等，并且记录构造方式、保存状态、病害特征和不利影响因素等信息特征，有利于确定长城本体的分级和分类保护措施。此外，一系列无损检测手段（超声检测、表面硬度检测、红外检测、表面色度、探地雷达检测等）已用于监测长城建筑结构安全等。

在修复长城砖表面缺失部分的时候，应该优先确保建筑基材的真实性和完整性，遵守修复材料与基材的物理、机械和化学兼容性原则，美学（颜色）要求，还要考虑修补材料的耐老化性。常见的砖石类无机修补材料包括熟石灰、生石灰、天然水硬性石灰（NHL）等。熟石灰、生石灰是中国古建筑常用的黏接材料，在其中加入一些糯米浆、桐油、纤维等，可调控碳酸钙结晶速度和晶体大小，增强修补材料的机械强度及耐久性，用于修补砖石建筑裂隙。Pavlik V.、朱绘美等在传统熟石灰黏接材料中添加火山灰、矿渣、硅灰等，利用火山灰反应提高黏接材料的力学性能、耐候性，用于古建筑加固修复。宋彦军以熟石灰和偏高岭土为原料，选用坡缕石、硅灰石、水镁石及海泡石四类天然矿物对砂浆改性修补岩土质古建筑遗址，结果表明，添加纤维后，砂浆的力学性能得到提升。但是目前尚未见用熟石灰修补长城青砖刻划方面的研究文献。

天然水硬性石灰在 20 世纪之前常用于西方砖石建筑修复工程中，K.Callebaut A. 等人用 SEM-EDS 等仪器对比利时鲁汶 19 世纪的圣迈克尔教堂修复砂浆进行表征，发现修复砂浆中含有大量的

Ca(OH)$_2$，少量的 C2S、C2AS、SiO$_2$、Al$_2$O$_3$、Fe$_2$O$_3$、CaCO$_3$ 等，砂浆中含有典型存在于天然水硬性石灰中的针状 CSH 和六边形氢氧化钙晶体。Maravelaki-Kalaitzaki 等用 NHL 作为黏接材料，硅砂和碎砖作为骨料修补希腊克里特岛一座历史悠久的砖石建筑，结果表明，使用天然水硬性石灰作为修补材料黏接剂，三年后，修补处未出现裂缝和可溶盐析出。目前，天然水硬性石灰用于石材修补技术已经成熟，但是尚未见用于青砖刻划修补方面的研究文献。

长城青砖烧制成后，砖体表面平整而坚硬，是抵御风吹雨淋的保护层，而刻画会破坏该保护层，加快风化速度，大大缩短古砖的寿命。对于刻划损伤较为严重的长城砖，亟需选择合适的材料对损伤部位进行修复，以减小建筑构件的劣化速度。本研究用天然水硬性石灰和熟石灰修补刻划部位，以无损检测为主要测试手段对修补效果进行表征，综合评价了修补刻字后天然水硬性石灰、熟石灰的物理及耐老化性能。

一、现场勘测

长城刻划状况现场调研地点为北京市门头沟区黄草梁段古长城。黄草梁段古长城建于明清时期，南北走向，现存长城以敌台和城墙为主。调研处城墙顶面宽 4.8 米，东侧墙高 3.5 米，西侧墙高 5 米，西侧女墙高 90 厘米，东侧女墙高 42 厘米，城墙坍塌严重。敌台顶面宽 9.87 米，底面宽 8.74 米，东侧高 4.33 米，西侧高 5.63 米，券门宽 65.5 厘米。如图 1。现存长城遗迹人为刻字严重。如图 2。

图1　黄草梁段古长城城墙、敌台照片

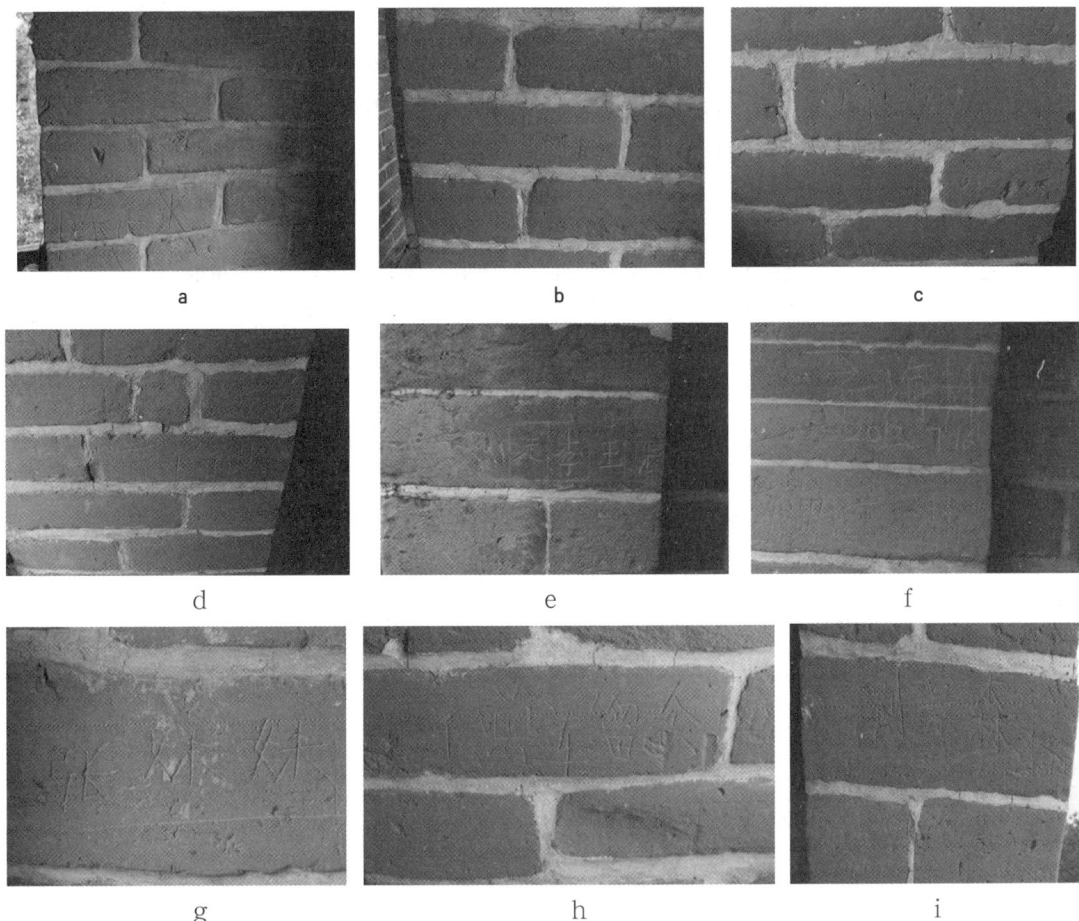

图2 长城砖刻划现象

由图2可知，刻字内容主要包含"到此一游"、调侃朋友、抒发情怀等，刻字尺寸比较大，刻字深度在0.1至0.5厘米之间，刻字病害较严重，影响恶劣，亟待修复。

二、试验过程

1.试样制备

使用SYJ—40型手动快速切割机，根据原长城残砖尺寸状况和测试内容要求将砖制成若干50mm×50mm×50 mm(抗压试样)、120mm×50mm×20mm(抗折试样)的样块，在立方体试样表面刻"米"字，字的宽度为3毫米，深度为2毫米至7毫米，刻字试样如图3所示。

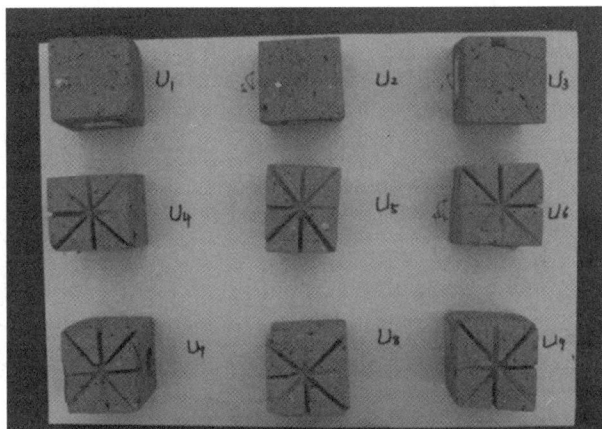

图3 模拟刻字试样

2. 刻字修补

使用熟石灰（210 克）＋青灰（60 克）＋砖粉（90 克）、天然水硬性石灰（335 克）＋砖粉（335 克）为修补材料，将修补后的试样用 100 目砂纸粗磨之后，再用 400 目砂纸细磨，打磨至修补刻字部位露出，并且达到表面平整的状态，清洗试样表面浮渣，进行后续测试。

3. 测试方法

对涂抹修复材料前后的试样进行宏观形貌、里氏硬度、超声波速、附着力、色差检测。

（1）采用 Leeb 140 型里氏硬度计测量 5 组涂抹材料前后的试样表面硬度，并求平均值，里氏硬度值大小表明材料抵抗硬物压入其表面的能力。

（2）采用 ZBL-U510 型超声波检测仪检测试样涂抹修补材料前后超声波速变化，探知本体材料内部及与修补材料间有无缺陷。

（3）将 2 厘米 ×3 厘米附着力测试条称重后粘贴至修补刻字处表面，撕下后再次称重，两次重量相减为附着力测试条粘取砖样表面材料的质量，通过对比数据结果可获得修补材料表面附着力。

（4）在长城砖刻字修复过程中要遵循修旧如旧、保持原状的原则，测试修复前后色度指标的变化对于了解修复材料对砖材的影响及后续评定材料保护效果有参考意义。色差值与视觉效果之间的关系参照下表 1。

表 1　视觉效果与色差的关系

NBS 色差值	ΔE 色差值	视觉差异
0—0.5	0—0.54	极微
0.5—3.0	0.54—3.26	轻微
3.0—6.0	3.26—6.52	肉眼可识别
6.0—12.0	6.52—13.04	强烈
≥ 12.0	≥ 13.04	很强烈

注：根据 GB/T 1766—2008 有关清漆的色差规定，色差是指用数值来表示颜色的差别，当两种颜色分别用 L^*、a^*、b^* 标定后，其总色差

$$\Delta E_{ab}^* = [(L_1^* - L_2^*)^2 + (a_1^* - a_2^*)^2 + (b_1^* - b_2^*)^2]^{1/2}，NBS = 0.92 \times \Delta E_{ab}^*。$$

4. 老化试验

参考标准 WW/T 0028—2010 对填补砖样进行可溶盐试验、冻融循环老化试验、酸浸泡老化试验、湿热老化试验，对后天然水硬性石灰及熟石灰修补的砖耐老化性能进行综合评价。

三、结果与分析

1. 修补后试样物理性能测试结果

拍照记录试样含水量较大时表面宏观形貌，将试样在 60℃ ±2℃ 的干燥箱内干燥 48 小时，拍照记录试样含水量较小时表面宏观形貌，如图 4。

a　NHL 修补效果（含水量较大时）　　　　　b　熟石灰修补效果（含水量较大时）

c NHL 修补效果（含水量较小时）　　　　d 熟石灰修补效果（含水量较小时）

图 4　修补刻字后含水量状态不同时试样宏观形貌

由图 4 可知，在砖样表面含水量较大和较小时，熟石灰的表观修补效果较好，在宏观形貌方面可达到修旧如旧的效果。

对填补修补材料前后的试样进行物理性能测试，每组数据取平均值后，结果如表 2。

表 2　刻字填补前后试样物理性能测试结果

项目	里氏硬度 /HL		附着力条测试结果 /mg		超声波 / 千米 /s		ΔE 色差值
	未填补处	填补处	未填补处	填补处	未填补处	填补处	
水硬性石灰	656	620	4.7	0.9	15.3	15.1	6.01
熟石灰	656	620	4.7	2.0	17.7	17.4	1.11

由表 2 可知，涂抹修补材料后，修补材料表面的里氏硬度与砖样基体的里氏硬度较接近，从超声波速可见，修补材料与砖基体接触界面的低强度区域并没有明显影响砖的致密性。表面附着力条重量均出现下降，说明刻字修补后砖样表面颗粒的附着力上升，其中水硬性石灰表面附着力较大。涂抹熟石灰修补材料后，色度变化只有 1.11，为肉眼轻微可识别级别，天然水硬性石灰修补材料与基体的色度相比，色差为 6.01，为强烈可识别级别。

2. 试样老化前后物理性能变化

a-1　可溶盐试验　　　　a-2　冻融循环　　　　a-3　酸浸泡试验　　　　a-4　湿热老化试验

b-1　可溶盐试验　　　　b-2　冻融循环　　　　b-3　酸浸泡试验　　　　b-4　湿热老化试验

图 5　老化试验后砖样宏观形貌：a 熟石灰填补刻字试样，b 天然水硬性石灰填补刻字试样

由图 5 中修补刻字试样老化前后宏观形貌可知，经过可溶盐浸泡、冻融循环、酸浸泡和湿热老化后，天然水硬性石灰修补材料出现整体脱落现象，这是由于天然水硬性石灰修补材料与砖基体界面间结合强度低，导致修补材料易脱离。

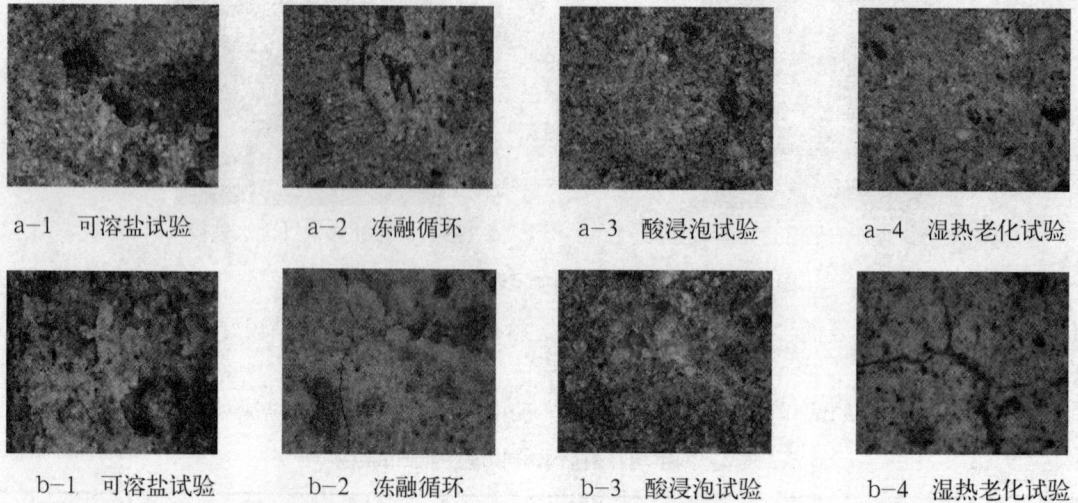

a-1 可溶盐试验　　　　a-2 冻融循环　　　　a-3 酸浸泡试验　　　　a-4 湿热老化试验

b-1 可溶盐试验　　　　b-2 冻融循环　　　　b-3 酸浸泡试验　　　　b-4 湿热老化试验

图6　老化试验后砖样微观形貌：a 熟石灰填补刻字试样，b 天然水硬性石灰填补刻字试样

　　由图6老化前后试样微观形貌可知，可溶盐浸泡后，用天然水硬性石灰修补的试样出现明显的片层状盐蚀破损；用熟石灰修补的试样出现明显的盐蚀沟，盐蚀深度较大，由此得出，在工程实践中使用天然水硬性石灰和熟石灰修补城砖前要先脱盐。冻融循环和湿热老化后，天然水硬性修补材料出现微观裂纹，酸浸泡后，天然水硬石灰修补位置变黄。

表3　老化试验后材料物理性能测试结果

老化项目	修补材料	老化后里氏硬度变化值 /HL	老化后附着力条重量变化值 /mg	老化后超声波变化值 /km/s	ΔE 色差值
可溶盐试验	未修补砖	−50	1.9	−0.6	0.6
	水硬性石灰修补	−99	6.8	0.4	11.0
	熟石灰修补	−63	7.6	0.9	1.16
冻融循环	未修补砖	−6	0.5	0	0.7
	水硬性石灰修补	−151	18	−0.01	15.0
	熟石灰修补	−94	0.4	−0.5	1.6
酸浸泡试验	未修补砖	−11	1.5	1	3.5
	水硬性石灰修补	−162	2	0.1	1.11
	熟石灰修补	−82	2	0.3	3.49
湿热老化	未修补砖	−18	0.9	0	1.7
	水硬性石灰修补	−27	0.7	−0.1	1.9
	熟石灰修补	−152	1.6	0	0.5

　　由表3可知，经过老化试验后，砖样的表面里氏硬度、附着力都降低，经过可溶盐、冻融、酸浸泡试验后，天然水硬性石灰表面里氏硬度减少量最大。除冻融老化外，熟石灰修补后，砖样的表面附着力较天然水硬性石灰减少较大，冻融循环后，天然水硬性石灰表面附着力较小，这是因为试验过程中由于天然水硬性石灰与砖基体两种材料结合界面强度低，出现整体脱落的现象，导致测试数值偏大。试样老化前后，超声波波速变化不大。熟石灰老化前后色差变化较小，符合宏观修旧如旧的效果。经过可溶盐试验后，砖本体和修补材料的表面附着力降低程度最大，砖本体和熟石灰表面里氏硬度减少量最大，可溶盐老化过程对砖本体及修补材料危害最大。

四、结论

其一，可溶盐老化对砖本体及修补材料的影响最大。

其二，用天然水硬性石灰修补的砖，修补材料本体间结合强度较高，经老化试验后，天然水硬性石灰损失较少，但修补材料与砖材基体之间结合强度较弱，导致填补刻字部位耐冻融、可溶盐、酸浸泡能力较弱。

其三，用熟石灰修补的刻字砖，修补材料与砖材基体结合强度较高，色度变化较小，宏观修补效果较好，但是修补材料耐可溶盐、酸浸泡能力稍弱。同时由于盐对砖本体有侵蚀作用，建议对砖进行脱盐处理以脱除砖中的盐分，再行修补，为了隔绝酸雨对其的侵蚀，修补后进行封护。

魏田杰　北京化工大学材料科学与工程学院研究生

张　涛　北京市古代建筑研究所科技保护研究室主任

王菊琳　北京化工大学材料科学与工程学院教授

参考文献：

1 尹卫国. 用重罚管住长城刻字的"贼手"[N]. 中国旅游报，2017-8-18 (3)。

2 汤羽扬，刘昭. 北京长城保护规划编制的思考 [J]. 中国文化遗产，2018 (3)。

3 曹峰，王菊琳. 北京明长城原青砖的超声波测强 [J]. 无损检测，2019，41 (06)：21—24。

4 戴仕炳，刘斐，周月城，居发玲，周蔄露. 古建筑烧结粘土砖性能检测的超声波方法研究 [J]. 文物保护与考古科学，2016，28 (02)：16—23。

5 Jan Va'lek, John J.Hughes, Francesca Pique.Recommendation of RILEM TC 243—SGM:Functional requirements for surfacerepair mortars for historic buildings [J].Materials and Structures (2019) 52:28.

6 张雅文，王秀峰，伍媛婷等. 文物保护用无机凝胶材料的研究进展 [J]. 材料导报 A：综述篇，2012 (26)：51—56+68。

7 Yang Fuwei, Zhang Bingjian, Pan Changchun, et al.Traditional mortar represented by sticky rice lime mortar—One of the great inventions in ancient China[J].Science in China Series E:Technological Sciences, 2009, 52 (6):1641—1647.

8 Fang Shiqiang, Zhang Hui, Zhang Bingjian, et al.A study of the Chinese organic—inorganic hybrid sealing material used in—Huaguang o.1 ancient wooden ship J.Thermochimica Acta, 2013 (551):20—26.

9 Pavlik V, Uzakova M.Effect of Curing Conditions on the Properties of Lime, Lime—metakaolin and Lime—zeoliteMortars [J].Construction & Building Materials, 2016, 102 (1):14—25.

10 朱绘美，徐德龙，刘文欢. 古建筑修复用熟石灰性能优化及机理研究 [J]. 建筑材料学报，2017，20 (06)：902—908。

11 宋彦军. 石灰—偏高岭土胶凝材料的制备及其天然矿物纤维改性研究 [D]. 长安大学，2017。

12 K.Callebaut a;J.Elsen 1 b;K.Van Balen c.Nineteenth century hydraulic restoration mortars in the Saint Michael's Church (Leuven, Belgium):Natural hydraulic lime or cement?[J].Cement and Concrete Research, 2001 (31):397—403.

13 Maravelaki—Kalaitzaki P., Bakolas A., Karatasiosl. Hydraulic lime mortars for the restoration of historic masonry in Crete [J].Cement and Concrete Research, 2005 (35):1577—1586.

14 Tarek Uddin Mohammed, Aziz Hasan Mahmood.Effects of maximum aggregate size on UPV of brick aggregate concrete[J].Ultrasonics, 2016 (69):129—136.

长城空鼓勘测及灌浆加固材料的比选研究

杜超群　　王菊琳　　张　涛

摘　要：本文通过对长城空鼓病害进行现场勘测，并以此为依据，确定5种不同配方的无机灌浆材料进行筛选，通过测试流动性、收缩性、凝结时间、力学性能等指标，预筛选出天然水硬性石灰 NHLi03/100 注浆料及风解石灰浆。通过冻融试验和耐可溶盐试验进一步评价，认为天然水硬性石灰 NHLi03/100 注浆料的性能更优，可作为长城空鼓灌浆加固材料。

关键词：长城　空鼓病害　灌浆材料

长城是中国古代由连续性墙体及配套的关隘、城堡、烽燧等构成体系的军事防御工程。长城作为防御体系，在长期战乱和自然风化的破坏下，已产生各种严重的病害。长城城台空鼓现象是造成长城破坏的诸多因素之一，空鼓是指城台低洼处内部填芯土在雨水的冲刷灌注下，与外包砖或条石剥离，从而在城台内部产生空洞、外部产生鼓胀、裂缝的现象，继续发展会造成坍塌，严重危害城台的结构安全。

近年来，灌浆技术开始应用于古建遗址的修缮，主要用于裂隙加固、空鼓修复等方面，成为古建筑修复和保护的一种重要方法。我国明清时期的灌浆材料是以石灰为主要原料，加入糯米浆、桐油、蔗糖、蛋清为配料，与一定的水调配而成，其中配料可单独或组合使用，具有强度高，耐腐蚀性好等特点。研究表明糯米浆、桐油、蔗糖、蛋清等对碳酸钙的结晶和生长有调控作用，形成的微观结构更加致密，有利于提高灰浆的强度。但是其耐水性差，凝结时间长等特点往往造成灌浆失效，且在生石灰熟化过程中，由于其中存在较多的杂质，往往伴随可溶盐的生成，造成返碱现象，对外观和强度造成不利影响。

崔瑾等在糯米—桐油石灰浆的基础上加入丙二醇等高分子材料改性剂，与不添加改性剂的石灰浆相比，抗压强度、黏结强度、流动性等物理力学性能均有显著提高。并且在实际应用中表现出了很好的机械强度、黏结力、耐水性和隔水性，有效提高了灌浆修复的性能。近年来，国内逐步开始使用天然水硬性石灰加固材料，该材料收缩小、可溶性盐含量少、黏结强度好且稳定、抗压抗折强度良好，兼具水泥和石灰的优点。天然水硬性石灰用作灌浆材料，与历史建筑本体的物理化学性能、结构力学性能有良好的兼容性，而且初步固化后能自我修复，适用作文物灌浆保护。

对于长城空鼓病害的修复，选择合适的空鼓灌浆材料，使其满足固化时体积变化小，机械性能与长城砖及空鼓周边原材料相近，流动性、黏结性、耐久性、再处理性能好等特点，对长城砖空鼓修复具有重要的意义。

一、试验材料及设备

实验所用原材料及设备分别如表1.1和表1.2所示。

表1.1　实验原材料

原料名称	生产厂家
巴斯夫 F10 高效减水剂	德国巴斯夫公司
明凌消泡剂 P803	德国明凌化工集团
熟石灰	上海江沪钛白化工制品有限公司

表1.1　实验原材料

原料名称	生产厂家
生石灰	上海江沪钛白化工制品有限公司
42.5水泥	北京海贝思科技有限公司
天然水硬性石灰注浆料（i03/100）	上海德赛堡建筑材料有限公司
风解石灰	上海德赛堡建筑材料有限公司
石灰岩粉（120—180目）	上海德赛堡建筑材料有限公司
糯米粉	山东美乐嘉食品有限公司

表1.2　实验仪器设备

仪器名称	型号	生产厂家
水泥胶砂搅拌机	JJ—5	无锡建材试验仪器设备厂
水泥胶砂振实台	ZS—15	无锡建材试验仪器设备厂
恒温恒湿养护箱	YH—40B	无锡建材试验仪器设备厂
超声波检测仪	ZBL—U510	北京智博联科技有限公司
通用色差计	JZ—300	淄博森源电气有限公司
水泥胶砂流动度测定仪	NLD—3	天津市建议试验仪器厂
集热式磁力搅拌器	*DF—101S	长沙科怡仪器设备有限公司

二、试验方法

1.试样制作

实验采用的灌浆材料配方如表2.1所示。

表2.1　灌浆材料配方

材料名称	主剂	配方（重量份）
天然水硬性石灰浆	NHLi03/100	100份NHLi03/100，200份石灰岩粉，1.5份减水剂，1.5份消泡剂，60份水
风解石灰浆	风解石灰	100份风解石灰，200份石灰岩粉，1.5份减水剂，1.5份消泡剂，60份水
糯米石灰浆	熟石灰	100份氢氧化钙，300份石灰岩粉，120份糯米浆，2份减水剂，2份消泡剂
生石灰浆	生石灰	100份生石灰，200份石灰岩粉，1.5份减水剂，1.5份消泡剂，200份水
硅粉水泥浆	42.5水泥	266份42.5硅酸盐水泥，60份硅粉，80份水，6.6份减水剂

试样制作过程：将原料按照配方比例倒入搅拌器中，用JJ-5水泥胶砂搅拌机先将干料搅拌均匀，再加入一定量的水，之后慢转搅拌1min，快转搅拌1min，直至搅拌均匀。搅拌完成后将样品倒入160mm×40mm×40mm的标准模具中，将模具放到ZS-15型水泥胶砂振实台上振实60s，排除浆体中的气泡。振实完成后将模具放入YH-40B型恒温恒湿养护箱中以20℃、70%湿度的条件养护，3d后脱模，再放入养护箱中养护至28天。

2.测试方法

（1）密度

灌浆料密度采用JGJ／T70-2009《建筑砂浆基本性能试验方法标准》中密度试验的方法进行测试，具体操作为将灌浆料一次装满容积为V、质量为m1的容量瓶，放在振动台上振动10s，振动后将筒口多余的灌浆料刮去，然后将容量筒外壁擦净，称出砂浆与容量筒的总质量 m_2；采用公式 2—1 算灌浆料的质量密度：

$$\rho = \frac{m_2 - m_1}{V} \tag{2—1}$$

式中：ρ—灌浆料密度，kg/m^3；V—容量瓶容积，m^3；m_1—容量瓶质量，kg；m_2—砂浆与容量瓶的总质量，kg。

（2）流动性测试

参照 GB/T8077-2012《混凝土外加剂匀质性试验方法》中水泥净浆流动度测试方法，采用 NLD-3 型水泥胶流动度测试仪进行测试。

（3）泌水率测试

泌水率测试参照 JC/T 2153-2012《水泥泌水性实验方法》中水泥净浆泌水性试验方法，具体操作步骤如下，称 500ml 量筒的质量，记为 M_1；将配制好的灌浆料倒入量筒中，称量筒和灌浆材料的总质量，记为 M_2；用保鲜膜覆盖量筒口，将量筒置于静止的桌面上，并开始记录时间，自开始时间 30min 后，每隔 5min 读取并记录浆体体积，直至读数不再变化为泌水终止时间。将泌出水倒入 25ml 量筒中，称量并记录泌出水的质量，W_b。

按照以下公式计算泌水率：

$$B_W = \frac{W_b}{(M_2 - M_1) \times (W_W \times 100) / (W_W + 500)} \times 100 \tag{2—2}$$

式中，M_1—量筒的质量；M_2—量筒与灌浆材料的总质量；W_b—泌出水的质量；W_w—配制灌浆料用水量。

（4）凝结时间测试

无机灌浆材料凝结时间参照 GB/T1346-2011《水泥标准稠度用水量、凝结时间、安定性检验方法》中凝结时间的实验方法，采用维卡仪进行测试。

（5）收缩性测试

参照 JGJ/T70-2009《建筑砂浆基本性能试验方法标准》进行测试，试样初始尺寸为 $160 \times 40 \times 40mm^3$，在 7d、21d、28d 分别测量样品的尺寸，计算收缩率。

（6）机械性能测试

回弹值测试参照 GB/T 50315-2011《砌体工程现场检测技术标准》，采用 ZC-5 型砂浆回弹仪对灌浆材料试件的回弹值进行测试；里氏硬度依据 GB/T17394—1998《金属里氏硬度试验方法》，采用 Leeb140 型里氏硬度计进行测试。

砖和砂浆的抗压强度均采用 JGJ/T70—2009《建筑砂浆基本性能试验方法》标准中立方体抗压强度试验规定的方法，本实验采用电子万能试验机进行试验，按照公式 2—3 计算抗压强度。

$$P = F/A \tag{2—3}$$

式中：F—试样破碎时所承受的压力，N；A—试样挤压面面积，m^2；P—抗压强度，Pa。

抗折强度采用 GBT2542—2012《砌墙砖试验方法》中抗折强度试验规定的方法，同样采用电子万能试验机进行试验，按照公式（2—4）计算抗折强度。

$$P_W = \frac{3FL}{4KH^2} \tag{2—4}$$

式中：Pw—弯曲强度，MPa；F—试样破坏载荷，N；L—支点间距离，mm；K—试样宽度，mm；H—试样厚度，mm。

黏结强度采用抗折强度的测试方法，按照公式 2—4 计算。

（7）耐老化性能测试

耐老化性能测试包括冻融老化实验、耐可溶盐老化实验，参考文物保护行业标准 WW/T 0028—2010
《砂岩质文物防风化材料保护效果评估方法》，冻融老化实验的具体方法为将试样于温度23℃±2℃，
相对湿度50±5%的环境内放置24h，称取试验前的原始重量，然后将试样置于水温为23℃±2℃的恒温
水槽中，浸泡18h，间距不小于10mm；取出试样，然后放入−20℃±2℃的低温箱中，自箱内温度达到−18℃
时起，冷冻3h；从低温箱中取出试样，立即放入50℃±2℃的烘箱中，恒温3h，然后再将其放入水中浸
泡18h，循环次数不少于20次，结束后称取试样重量，计算损失量。

耐可溶盐实验的具体方法是将试样放置于温度23℃±2℃，相对湿度50%±5%的环境内放置24h，
称取试验前的原始重量；将试样放入10%硫酸钠溶液中浸泡24h；取出试样，风化面朝上置于室温自然
干燥4天，循环处理20次以上，取出试样用蒸馏水清洗干净置于温度23℃±2℃，相对湿度50%±2%的
恒温恒湿箱内24h后称重，并计算损失量。

三、结果与讨论

1. 现场勘测结果

本节主要列举了北京延庆区花家窑子段砖质长城的现场勘测情况。花家窑子长城勘测段的城台是典
型的外包砖、土、碎石填芯的结构，长期受风霜、雨雪等自然营造力的影响，空鼓、裂缝、坍塌等病害
较为严重，其中空鼓周边材质主要为小型毛石和碎石、中型毛石和基础条石，城墙整砖、碎砖，地面方
砖整砖、碎砖及现代修缮所用的新砖等。

采用无损检测手段测得空鼓周边材料性能如下表所示。修缮新砖的回弹强度值介于20MPa−35MPa
小于砌筑青砖的20MPa−40MPa，可见历经长时间风化侵蚀砌筑青砖并未完全失效，依然保持较高的强度。

表3.1 空鼓周边材料性能

勘测指标 材料种类	回弹强度/MPa	表面硬度/HL	色度值		
			L	a	b
基础条石	45—55	550—650	40—55	3—5.5	5—10
砌筑青砖	20—40	400—600	45—60	2.5—8.5	5—16.5
修缮新砖	20—35	400—600	30—45	2—4.5	2.5—8

采用FLIR红外热成像仪对空鼓病害进行拍照，部分空鼓病害照片及红外热像图如下所示。

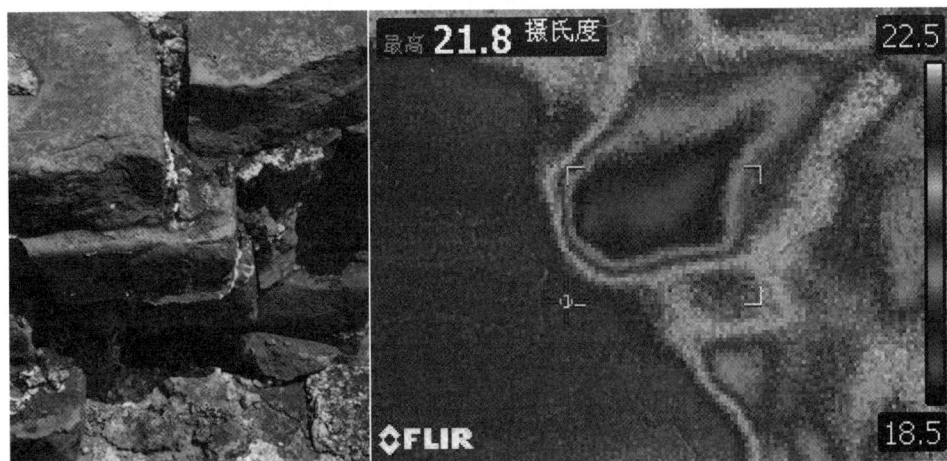

a　　　　　　　　　b

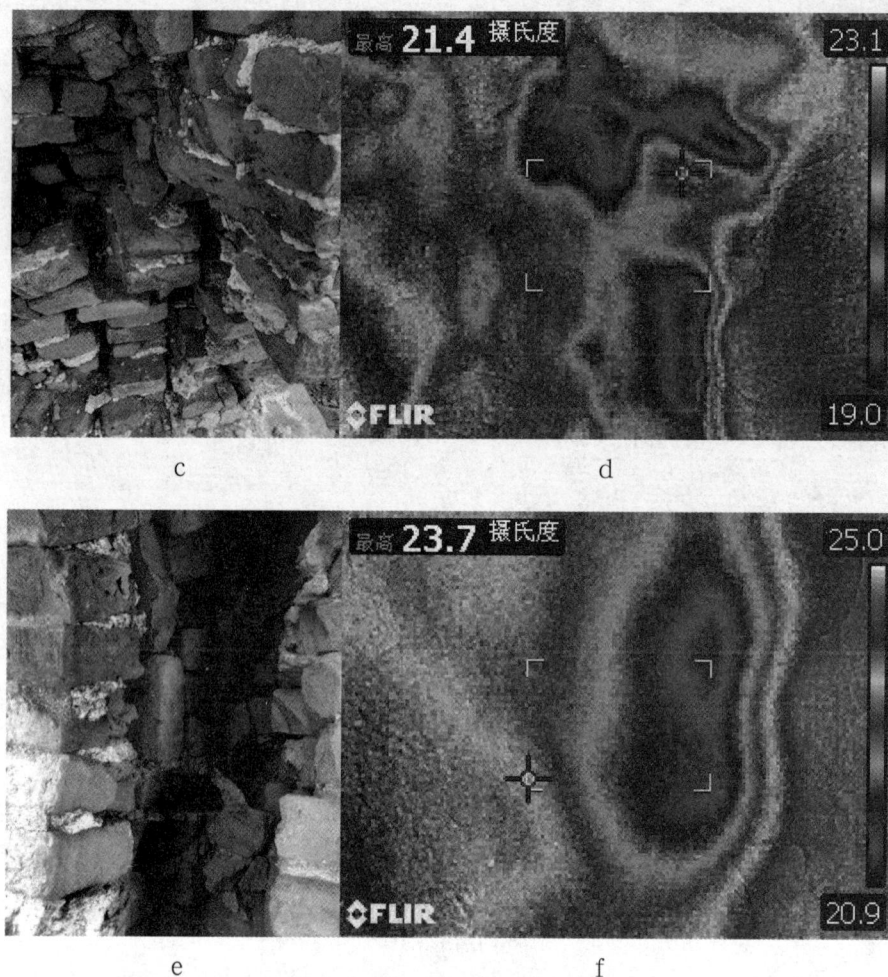

c d

e f

图 3.1 花家窑子段长城城台空鼓及红外热像图

由空鼓处红外热像图温度梯度可以看出，空鼓处与其他位置有明显的温度差异，紫色区域（低温区）代表空鼓的位置，而红色区域（高温区）则代表城台空鼓外层未损坏的位置，因此在实际应用中，采用红外热成像仪可有效地对空鼓位置及区域大小进行探测。

2. 灌浆料性能测试结果

（1）基本性能测试结果

① pH

采用 PHS—25 型 pH 计对灌浆材料上清液进行测试，实验结果如下表所示。

表 3.2 灌浆料上清液 pH

浆料名称	pH 值
天然水硬性石灰浆	13.02
风解石灰浆	12.90
糯米石灰浆	12.5
生石灰浆	13.5
硅粉水泥浆	13.0

由表 3.2 可见，石灰及水泥类灌浆材料的上清液 pH 均在 13 左右，呈强碱性，这是由于石灰及水泥类灌浆材料中含有氢氧化钙等物质，与长城城台本体材料灰浆（pH 值 12.5）和砖粉（pH 值 11.8）的相

似，对长城城台本体材料无害。

②密度

表 3.3　灌浆材料密度

灌浆料名称	密度 /kg·m^{-3}
天然水硬性石灰浆	2015
风解石灰浆	2003
糯米石灰浆	1815
生石灰浆	1778
硅粉水泥浆	1889

由表可见，天然水硬性石灰浆的密度最大，生石灰浆的密度最小，其他灌浆料密度从大到小依次是是风解石灰浆、硅粉水泥浆、糯米石灰浆，这与配方本身所含物质种类及添加骨料的量有关。

③流动性

实验所测无机灌浆料和有机灌浆料流动性结果如表 3.4 所示。

表 3.4　灌浆料流动值

灌浆料	水平最大直径（mm）	竖直最大直径（mm）	流动值（mm）
天然水硬性石灰	185	190	187.5
风解石灰	150	140	145
糯米石灰	80	70	75
生石灰	180	190	185
硅粉水泥	280	230	255

由此可见，在实验所定水灰比条件下，硅粉水泥的流动性最好，天然水硬性石灰、风解石灰和生石灰的流动性适中，糯米石灰的流动性较差，呈膏状几乎没有流动性。灌浆材料要有较好的流动性才能满足灌浆施工要求，因此糯米石灰不适合作为灌浆修复材料。

④泌水率

根据水泥泌水率实验标准，灌浆用水泥搅拌后 3h 泌水率不宜大于 2%，且不应大于 3%。实验测得，天然水硬性石灰灌浆料的泌水率为 0.2%，保水率良好；风解石灰灌浆料泌水率为 0.0026%，保水性优异；糯米石灰及生石灰灌浆材料泌水率几乎为 0，浆液保水性优异；硅粉水泥灌浆料的泌水率为 0.15%，保水性良好。

⑤凝结时间

表 3.5　灌浆料凝结时间

灌浆料	初凝时间 /min	终凝时间 /min
天然水硬性石灰	720	1080
风解石灰	780	1200
糯米石灰	1080	1380
生石灰	900	1200
硅粉水泥	240	420

由表可见，硅粉水泥的凝结速度最快，天然水硬性石灰和风解石灰的凝结时间适中，而生石灰和糯米石灰灌浆料的凝结时间较慢。这是因为硅粉水泥、天然水硬性石灰和风解石灰中含有水硬性物质，发生水化反应生成水化硅酸钙提供了早期强度，因此凝结时间较快；而生石灰和糯米石灰浆硬化主要依靠氢氧化钙的碳化反应，该反应过程缓慢，导致凝结时间较慢。

⑥收缩性

灌浆料在干燥凝结过程中存在一定的收缩现象，收缩会影响灌浆施工的质量和材料的实际使用量，严重时会对文物本体造成二次损害，因此，对灌浆材料的收缩率进行研究十分重要。收缩性实验结果如下。

表3.6　养护28d灌浆材料收缩率

灌浆料名称	初始体积/cm³	28d体积/cm³	体积收缩率/%
天然水硬性石灰浆	256	245.387	4.15
风解石灰浆	256	241.6	5.63
硅粉水泥浆	256	251.213	1.87
糯米石灰浆	256	240.813	5.93
生石灰浆	256	238.8	6.72

具有较低收缩性的修复材料才能与文物本体有更好的相容性，由表3.6中数据可见，28d干燥收缩率最低的灌浆材料是硅粉水泥，其他灌浆料干燥收缩率由好到差依次是天然水硬性石灰、风解石灰、糯米石灰和生石灰。

（2）力学性能测试结果

①回弹值、里氏硬度

表3.7　灌浆料回弹值和里氏硬度

灌浆料	回弹值	里氏硬度/HL
天然水硬性石灰	/	412
风解石灰	/	396
糯米石灰	/	388
生石灰	/	230
硅粉水泥	18	468

由表可见，天然水硬性石灰、风解石灰、糯米石灰、生石灰试件测回弹值的过程中直接破损，无法正常获得回弹值；硅粉水泥的硬度最高，达到468HL，天然水硬性石灰、风解石灰、糯米石灰硬度相差不大，而生石灰的里氏硬度最低，只有230HL。长城原砖的里氏硬度大多在400HL—500HL之间，可见养护28d的硅粉水泥与长城原砖的里氏硬度最接近，其次是天然水硬性石灰注浆料、风解石灰和糯米石灰。

②抗折强度

表3.8　抗折强度测试结果

灌浆料名称	负荷/N	抗折强度/MPa
天然水硬性石灰浆	897	1.05
风解石灰浆	1321	1.55
硅粉水泥浆	1558	1.83
糯米石灰浆	527	0.62
生石灰浆	108	0.13

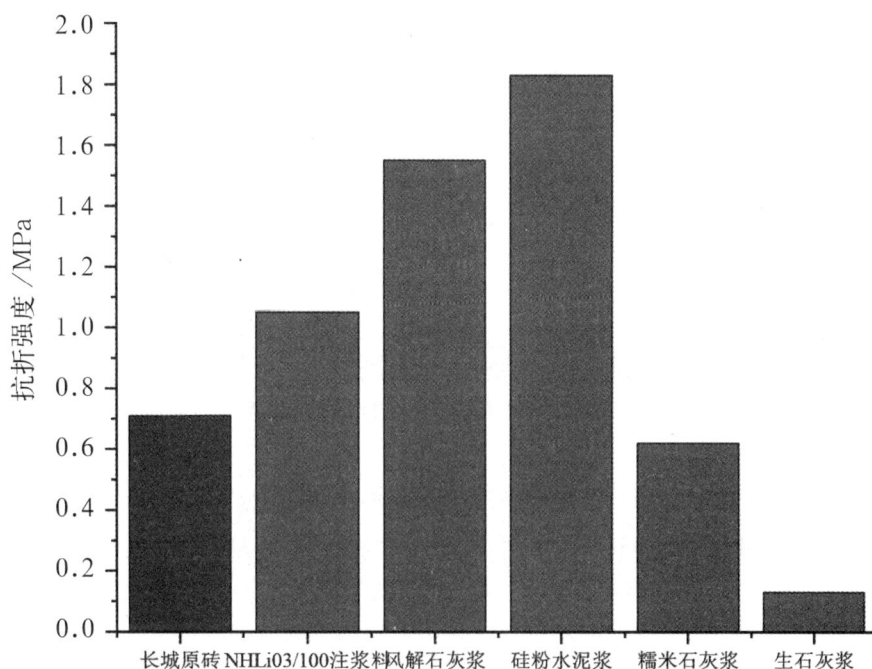

图3.2　长城原砖与各灌浆料试件抗折强度对比

　　由于文物建筑保护的特殊性，采用的灌浆材料的强度性能须与长城城台本体材料相当，过大或过小都有可能对文物本体造成二次破坏。由表3.7和图3.2可见，所测试的灌浆材料中，风解石灰、糯米石灰和天然水硬性石灰注浆料的抗折强度与长城砖接近，符合修复的强度要求；而硅粉水泥浆的抗折强度远大于长城砖，生石灰浆的抗折强度过小，均不符合修缮的强度指标要求。

　　③抗压强度

表3.9　抗压强度测试结果

灌浆料名称	挤压面长/cm	挤压面宽/cm	极限载荷/KN	抗压强度/MPa
天然水硬性石灰浆	8	3.93	9.07	2.89
风解石灰浆	7.33	3.93	9.83	3.41
硅粉水泥浆	7.93	3.83	181.3	59.69
糯米石灰浆	6.03	3.77	7.04	3.10
生石灰浆	6.13	3.8	0.61	0.26

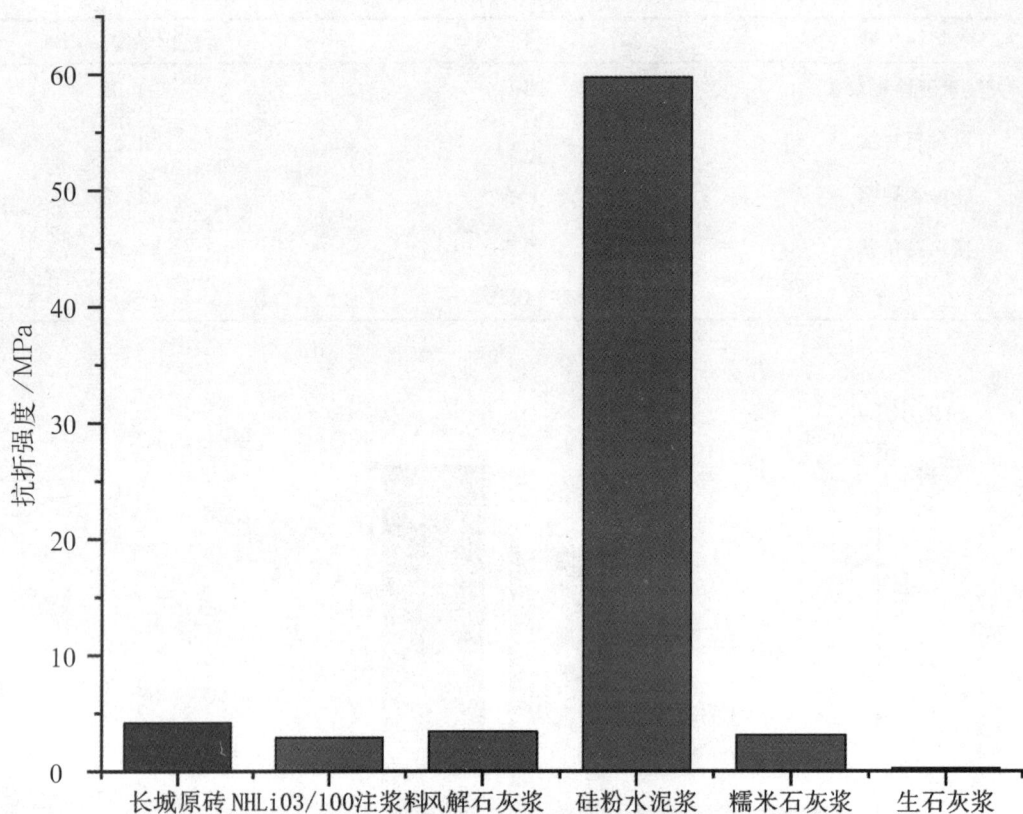

图 3.3　长城砖与各灌浆材料抗压强度比较

由图 3.3 可见，在所测试的灌浆材料中，天然水硬性石灰注浆料、风解石灰浆和糯米石灰的抗压强度与长城砖的抗压强度很接近，符合要求的修复材料抗压强度范围；而硅粉水泥浆抗压强度过高，高于长城砖抗压强度十几倍，会对长城砖造成二次破坏；生石灰浆试件抗压强度过低，不满足修复的强度指标要求。

④黏结强度

图 3.4　黏结性试验试件及断面图

表 3.10　黏结强度测试结果

灌浆料名称	负荷 /N	黏结强度 /MPa
天然水硬性石灰浆	491	0.58
风解石灰浆	506	0.59
硅粉水泥浆	388	0.45
糯米石灰浆	191	0.22
生石灰浆	68	0.08

根据灌浆试件黏结强度测试结果，风解石灰和天然水硬性石灰材料的黏结强度二者几乎一致，分别达到 0.59MPa 和 0.58MPa，其他材料黏结性从好到坏依次是硅粉水泥浆、糯米灰浆和生石灰浆。

（3）耐老化性能测试结果

综合比较五种灌浆材料性能，可知天然水硬性石灰注浆料和风解石灰浆具有较好的流动性，较低的干燥收缩率及适中的强度，初步筛选作为长城城台空鼓灌浆的材料。为进一步评价其性能，分别对两种材料试件进行耐冻融试验和耐可溶盐试验，用编号为 NHLi03/100-1 至 NHLi03/100-3 和 FJS-1 至 FJS-3 的试件进行冻融老化实验，用编号为 NHLi03/100-4 至 NHLi03/100-5 和 FJS-4 至 FJS-6 的试件进行耐可溶盐实验，各进行 20 个循环后完成后对各试件性能进行测试，结果如下。

表 3.11　耐可溶盐试验过程

循环周期	试验过程图	试件状态
1	10% 硫酸钠溶液中浸泡	完好
2	室温自然干燥	完好

表 3.11 耐可溶盐试验过程

循环周期	试验过程图	试件状态
7	 10% 硫酸钠溶液浸泡	裂缝
10	 室温自然干燥	开裂

在可溶盐浸泡第 7 个循环中，试件 FJS-4 试件发生开裂，试件 FJS-5、FJS-6 产生裂缝，在第 10 个循环时三个风解石灰试样完全开裂，证明风解石灰灌浆料耐可溶盐性能不佳，因而无法测得其耐可溶盐老化后性能，而 20 个循环内 NHLi03/100 注浆料试件表面无明显裂缝，但是试件表层有剥落现象，由于篇幅原因，未在文中列出。经过 20 个循环的冻融老化测试后，NHLi03/100 注浆料试件和风解石灰试件均无明显裂缝，但是试件表面骨料脱落，空隙明显增加。

表 3.12 老化后质量和里氏硬度变化率

试件编号	质量变化率 /%	里氏硬度变化率 /%
NHLi03/100-1	2.9	—14.0
NHLi03/100-2	0.3	7.7
NHLi03/100-3	1.6	—11.4
平均	1.6	—6.5
NHLi03/100-4	−0.4	−3.8
NHLi03/100-5	−3.4	−3.9
平均	−2.1	−2.6
FJS-1	−0.1	−2.6
FJS-2	−1.1	11.3
FJS-3	−0.5	12.0
平均	−0.6	6.6

　　在经过 20 个循环的冻融老化试验后，NHLi03/100 注浆料 3 个灌浆试件平行样的质量平均增加了 1.6%，而风解石灰浆 3 个平行样质量平均减少了 0.6%，这是由于 NHLi03/100 注浆料冻融过程中水化反应继续进行，生成水化硅酸钙导致质量增加；而风解石灰水硬性物质含量较少，因此质量减少。NHLi03/100 注浆料试件的里氏硬度平均下降了 6.5%，而风解石灰里氏硬度平均增加 6.6%；在经过 20 个耐可溶盐循环之后，NHLi03/100 注浆料试件的质量平均减少了 2.1%，主要是因为试件表面骨料脱落，可溶盐晶体占据了部分骨料的位置，导致质量减少；NHLi03/100 注浆料试件里氏硬度平均降低了 2.6%。

　　采用视频显微镜对老化后灌浆试件的表面形貌进行拍照，并与老化前照片进行对比，观察灌浆试件表面形貌变化。试件老化前后照片如表 3.13 所示。

表 3.13　试件老化前后视频显微镜照片

试件编号	老化前（200×）	老化后（200×）
NHLi03/100-1		
FJS-1		
NHLi03/100-4		
FJS-4		

　　根据 NHLi03/100 试件和 FJS 试件老化前后微观形貌照片可见，NHLi03/100 试件和 FJS 试件在冻融老化后表面空隙均有所增加，致密性下降，表面骨料部分脱落，其中 FJS 试件破坏更为严重；而经过耐可溶盐老化后，NHLi03/100 试件表面有剥蚀现象，孔隙明显变大，而风解石灰试样全部破裂，耐可溶盐性能较差。

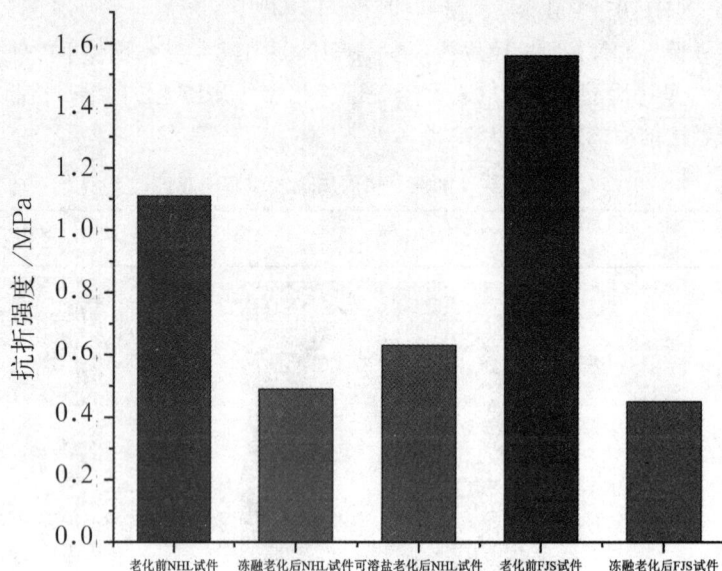

图 3.5　老化试验前后抗折强度对比

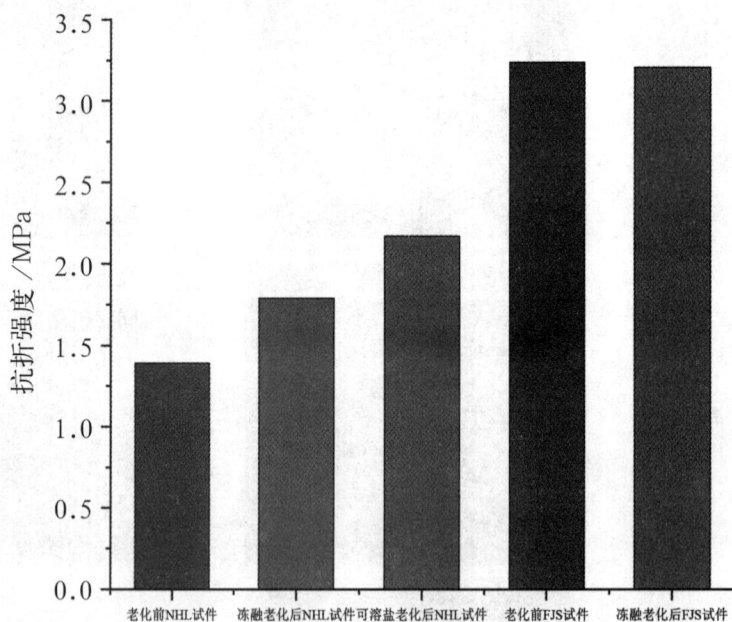

图 3.6　老化试验前后抗压强度对比

　　通过对比老化前后灌浆试件强度，根据图 3.5 和图 3.6 可知，冻融老化后 NHLi03/100 注浆料试件和风解石灰浆试件的抗折强度均降低，其中 NHLi03/100 注浆料试件抗折强度降低约 50%，风解石灰试件强度降低更大，接近 67%；耐可溶盐老化后，NHLi03/100 注浆试件抗折强度降低约 40%，这是因为冻融老化和耐可溶盐老化后，试件内部孔隙变大，造成抗折强度降低；冻融老化和耐可溶盐老化后，NHLi03/100 注浆料试件的抗压强度有所上升，原因是盐在水硬性石灰试件中结晶，一定程度上填充了内部的孔隙，另外未完全碳化的氢氧化钙与空气接触生成了碳酸钙而起固结作用；风解石灰试件在经历冻融老化后抗压强度基本不变。

四、结论

本文通过对长城空鼓病害现场勘测，得到空鼓周边材质的物理力学性能数据，以此为依据，对5种灌浆材料性能进行比选，得到如下结论：

（1）5种灌浆材料中，天然水硬性石灰NHLi03/100注浆料及风解石灰浆具有较好的流动性，较低的干燥收缩率，力学强度接近长城砖本体，初步筛选为长城城台空鼓灌浆的材料；其中，天然水硬性石灰NHLi03/100注浆料在流动性、凝结时间、干燥收缩率等方面优于风解石灰浆。

（2）天然水硬性石灰NHLi03/100注浆料比风解石灰浆具有更好的耐冻融性能和耐可溶盐性能，因此可选用天然水硬性石灰NHLi03/100为长城城台空鼓灌浆材料。

（3）北京地区长城所处环境具有湿度大、可溶盐种类多、温差大的特点，因此筛选出耐冻融性、耐可溶盐性能好的材料更具实际意义。

杜超群　北京化工大学材料科学与工程学院研究生
王菊琳　北京化工大学材料科学与工程学院教授
张　涛　北京市古代建筑研究所科技保护研究室主任

参考文献：

1 董耀会.长城意义、定义及相关概念再认识[J].河北地质大学学报，2017（01）：128—32，140.

2 王红霞，王星，何廷树，李宪军.灌浆材料的发展历程及研究进展[J].混凝土，2008（10）：30—33.

3 方世强.不可移动文物保护中典型凝胶材料的作用机理和应用评价研究[D].浙江大学，2017.

4 方世强，杨涛，张秉坚等.中国传统糖水灰浆和蛋清灰浆科学性研究[J].中国科学：技术科学，2015，45（08）：865—873.

5 Yang F. W., Zhang B. J., Pan C. C., et al. Traditional mortar represented by sticky rice lime mortar—One of the great inventions in ancient China[J]. Science in China, 2009, 52 (6) :1641—1647.

6 曾余瑶，张秉坚，梁晓林.传统建筑泥灰类加固材料的性能研究与机理探讨[J].文物保护与考古科学，2008（02）：1—7，73.

7 曲亮，王时伟.故宫墙体返碱问题初探[J].中国文物科学研究，2008（04）：54，58—60.

8 崔瑾，贾京健等.改性灌浆材料在防治故宫古建筑墙体空鼓、返碱等病害中的应用[J].中国文物保护技术协会第七次学术年会论文集，2012：258—263.

9 唐智亮.固结灌浆在保护云岗石窟石质文物遗址的应用研究[D].长春：吉林大学，2013.

10 M.Rosário Veiga, Velosa A., Magalh Es A.Experimental applications of mortars with pozzolanic additions:Characterization and performance evaluation[J]. Construction & Building Materials, 2009, 23 (1) :318—327.

11 汪万福，马赞峰.空鼓病害壁画灌浆加固技术研究[J].文物保护与考古科学，2006（01）：52—59.

建设八达岭长城国家文化公园的意义

付卫东

摘　要：立足国家战略高度，以国家力量创建长城国家文化公园，能够确保长城得到更有效保护，并促进长城文化的传承，促进爱国教育与国民文化涵育，丰富国家文化服务供给，构建起对外交流的国家长城文化窗口。建设八达岭长城国家文化公园具有深远意义。

关键词：八达岭长城　国家文化公园　战略意义

国家文化公园是以保护、传承和弘扬具有国家或国际意义的文化资源、文化精神或价值观为主要目的，兼具爱国教育、科研实践、娱乐游憩和国际交流等文化服务功能，经国家有关部门认定、建立、扶持和监督管理的特定区域。2017年5月《国家"十三五"时期文化发展改革规划纲要》中首次提出了建设国家文化公园。2019年7月24日召开的中央全面深化改革委员会第九次会议审议通过了《长城、长征、大运河国家文化公园建设方案》。

一、八达岭长城文化地位的重要性

长城是具有国家代表性的重要文化遗产之一。万里长城·八达岭是中国长城的精华代表，开放最早，保护最好，知名度最高。同时，八达岭长城还是重要的对外窗口。截至2020年5月，已成功接待520余位各国元首和政府首脑。独有的"元首文化"更是极具魅力。

不为世人所知的是，除去文化和旅游价值，八达岭长城也具有显著的生态意义和价值，是遗产文化与自然生态互促式保护的典型。八达岭段长城一线自然资源丰富、物种多样，并且位于燕山、太行山山脉交汇区域，与我国400毫米等降雨量线吻合，是我国历史上具有重大影响的农牧交错带的典型代表，在这个生态带上具有重大的生态恢复意义。

二、建设八达岭长城国家文化公园的意义

立足国家战略高度，以国家力量创建长城国家文化公园，能够确保长城得到更有效保护，并促进长城文化的传承，促进爱国教育与国民文化涵育，丰富国家文化服务供给，构建起对外交流的国家长城文化窗口。因此，建设八达岭长城国家文化公园具有深远意义。

1. 对于整个长城主题国家文化公园建设具有代表性、示范性

八达岭长城无论从文化研究、文物保护、国际交流，还是旅游开放等诸多方面的发展都要优越于其他长城段，社会认知度比较高。在八达岭建设国家文化公园，对于把遗产保护与利用之间的矛盾转化为合作共赢关系，形成新型的国家文化公园管理体制和运营机制有着很好的示范作用。另外，八达岭长城交通的便利，也更有利于今后长城国家文化公园建设的交流互鉴。

2. 对于推进八达岭长城文化引领、保护引领、社会参与引领等方面具有战略意义

八达岭长城正处于上升发展期。在未来，规划建设八达岭长城国家文化公园会坚持特色引领、传承弘扬、双效统一、科学统筹、内联外引、以人为本的原则，正确处理长城保护、传承、利用的关系，统

筹社会主义物质文明和精神文明、文化建设与经济建设、文化保护与科技创新之间的关系，突出长城国家文化公园服务的亲民化、标准化、规范化，积极推动长城国家文化公园的社会参与的发展，打造充满人文关怀的长城国家文化公园。

八达岭长城国家文化公园的建设能够有效弥补社会参与的不足和公益性的不足。通过建立有效的社会参与机制，改变目前多数游客前往八达岭长城仅仅是出于"不到长城非好汉"的打卡式旅游的现状，让更多的人们受到更多关于长城的民族文化、历史意义的教育体验，也更有利于科研合作交流。

三、八达岭长城国家文化公园的建设的展望

"结合国土空间规划，坚持保护第一、传承优先，对长城本体及环境实施严格保护和管控，合理保存长城文化生态，适度发展长城文化旅游和特色长城生态产业，长城文化遗产和自然生态互促保护。"这是未来八达岭长城国家文化公园的目标。

长城国家文化公园的建设是挑战也是机遇。已印发的《建设方案》，进一步明确了今后的发展方向和工作重点。从发展的角度，要探索有长城特色的"统一、规范、高效"的管理模式，围绕文化遗产保护、文化传承及利用之间的互促关系，探索整个区域今后发展的形态、公益性，并借助文化公园建设使之成为中国国家文化公园的窗口，使得公众有更多的关于长城文化、环境教育、生态旅游等方面的获得感。另外，探索借助长城国家文化公园带动社区可持续发展的模式，可吸收长城周边居民参与国家文化公园保护、管理和文化传播。

一是要构建统一的长城资源管理体制。

长城过去除开放段长城有明确责任单位以外，都是一种松散式管理，除了配备一些长城保护员以外，几乎没有什么管理。要构建统一的长城本体及相关文化资源管理体制，对长城本体及周边一定范围统筹制定保护管理目标，合理划定功能分区，实行差别化保护管理。

二是要建立财政投入为主的多元化资金保障机制。

长城国家文化公园内资源异质性较高、统一管理难度较大，要建立财政投入为主的多元化资金保障机制，加大政府投入，推动长城国家文化公园回归公益属性，支出由财政统筹安排，并负责统一接受企业、非政府组织、个人等社会捐赠资金，进行有效管理。建立财务公开制度，确保长城国家文化公园各类资金使用公开透明。

三是要充分调动社会力量参与，推动社区发展。

长城文化的传播不仅仅是长城保护部门的任务，更应该发挥社会力量，同时调动附近居民的积极性。长城附近的居民很大一部分是戍边从军者的后裔，几代人在为长城保护、弘扬传承长城文化做着贡献。长城文化的研究、发展与传承也应该反哺给附近居民，给他们带来生活等诸多方面的获得感。

总之，八达岭长城国家文化公园的建设上，要体现文化遗产保护与文化传承和全民共享相互促进的发展关系，把八达岭长城国家文化公园建成长城国家文化公园的示范区，将其建设成人文与自然高度结合、文化遗产永久传承、人与自然和谐发展的先导区。要充分实现长城可持续发展，体现绿色产品价值。八达岭长城国家文化公园将成为形成中华文化的重要标识、中国国家文化公园的窗口。从远期看，以八达岭长城为链条，逐步整合延庆辖区内的长城资源，建成北京延庆长城国家文化公园，可构建长城文化博览长廊，带动并促进北京长城文化带的建设。

付卫东　北京市延庆区八达岭特区办事处

明代大同镇大边的设置与弃守时间探析

吴天有

摘　要：明代大同大边的建置是一个动态的过程，随着时间与敌我双方军事力量的不同而呈现出形态和地域上的变化。本文通过对不同时期明代大同防御体系的发展与变化，探讨了明代大同大边防御体系的特征及设置与弃守的时间等。

关键词：明代大边　防御体系

关于明代大同镇的大边，史家探讨已不在少数，其中的观点、争议等也很多。就各方观点来看，个人认为，除了分析判断之外，也有引用资料上的不同所产生的差异。这里仅就个人在阅读《明实录》过程中，对明代大边问题的思考，提出一点看法，以就教于方家。

一、洪武时期大同地区的防御与大边

洪武时期，大同的防卫体系，是以都司为中心、卫所为单位的屯卫防卫体系。这一体系最早设计于洪武初年，到洪武二十六年基本建立。

洪武三年（1370）十二月，明朝开始在地方设立都卫。先设杭州、江西、燕山、青州四都卫，继设河南、西安、太原、武昌四都卫。[1]洪武四年，又陆续增设建宁、大同、定辽、成都、广东、甘肃、广西、福州、西安行都卫等九都卫。[2]前后共设立十五个都卫。都卫是地方三司之一，主要是地方行省掌管下属卫所的军事权力机构，相当于今天的各省军区，受大都督府统属。但除各行省都卫之外，在边防要地则单设都卫，大同都卫便属于后者。大同都卫的设置，标志着大同作为明朝边防军事重镇的开始。

洪武八年（1375）十月，明廷将都卫改为都指挥使司，全国共置都司十三个，行都司三个。[3]改大同都卫为山西行都指挥使司（也称山西行都司）。在北疆缘边都司中，主要有辽东都司、北平都司、北平行都司、山西都司、山西行都司、陕西都司、陕西行都司。这样，由这七大都司共同构成洪武时期明朝北疆的战略防线。

洪武十三年（1380）正月，受胡惟庸案影响，撤销大都督府，分置前、后、左、中、右五军都督府，山西行都司并所辖卫所改由后军都督府统属。

到此时，山西行都司统辖的卫有大同左卫、大同右卫、朔州卫、蔚州卫、东胜卫、官山卫等卫及广昌守御千户所等。其中，官山卫为羁縻卫，由蒙古降人作为指挥使，仅在洪武八年至洪武九年间存在。官山卫指挥叛逃，其卫也随之撤销。

随着对故元残余势力的清剿，大同北部疆域不断延伸和扩大。明廷一面将边民向内地迁徙，一面增设卫所，驻军屯守。洪武二十一年（1388）四月，捕鱼儿海之战后，北元小朝廷瓦解，故元残余势力分裂，并被赶到了大漠以北。这样，到洪武二十五年（1392），山西行都司的守御范围达到了最大。南部到达雁门关与山西都司接壤，西面到达黄河、东胜与陕西都司接壤，东面到达宣府与北平都司接壤，北面延伸到蒙古高原的丰州、官山（今内蒙古卓资县境内）等地。

洪武二十五年（1392）八月，朱元璋遣开国公常升等于山西各县抽调民丁往山西行都司置卫屯田。[4]

到十二月底，抽丁结束，共从山西约 50 多个县中抽调约 9 万余民丁。翌年二月，在山西行都司北部增设大同后卫、东胜左卫、东胜右卫、高山卫、镇朔卫、定边卫、玉林卫、云川卫、镇虏卫、宣德卫、阳和卫、天城卫、怀安卫、万全左卫、万全右卫、宣府左卫、宣府右卫等共 17 卫。所抽 9 万余民丁被分别安置在这新设的 17 卫屯守。

这 17 卫连同之前设置的大同左卫、右卫、前卫、后卫、朔州卫等，广泛分布于东至宣府，西至黄河一带。它们筑卫城、建军屯、修筑关塞、隘口等。在宣府、大同北部，以强大的军事驻扎，构成一条宽幅屯卫防线，成为洪武时期山西行都司的边防防御体系。

有论者认为，从洪武时期起，就开始进行大边的修筑了。其实，洪武年间有长城的修筑，但并非连贯东西的墙体，只是各卫所分守区域内隘口等处的修筑。如现内蒙古丰镇市隆盛庄东山角所发现的碑记，所记载的就是隘口的修筑。文字为："洪武二十九年岁次丙子四月甲寅吉日，山西行都指挥使司建筑隘口，东山坡至西山坡，长两千八十八丈□□一十一一里六□，烟墩三座。"

实际上，洪武二十九年北元残余势力已经被消灭，其他蒙古势力尚未崛起，且远在大漠以北。因此，山西行都司的守御范围就象征意义上来说，应该延伸至大漠以南。

所以，洪武时期大同的防御体系，实际上就是山西行都司的防御体系，它是以强大的屯卫构成的宽幅的防御体系，东起宣府与北平都司相连，西至东胜与陕西都司接壤，向北则延伸至大漠以南。期间，虽有关塞、隘口，但并不构成连续的防御工事，即所谓大边。

二、永乐时期大同镇的防御与大边

永乐元年（1403），大同始设镇守。这年三月，明廷命江阴侯吴高镇守山西大同，防御"胡寇"，节制山西行都司诸卫。[5] 至此，大同从军事意义上开始称镇。同时，在军事上，镇守成为大同最高军事长官。永乐十二年（1414），朱荣接替吴高成为大同镇镇守，并充总兵官。此后，总兵制在大同镇成为常设，从而形成了不同于都司卫所体制的另一套军事体制，即镇守营兵制。此后，这两套体制并行，一直到明朝结束。其中，都司卫所体制弱化为驻屯体制，镇守营兵体制成为作战体制。这也是大同作为九边重镇的开始。

永乐初，大同镇的防务出现两大变化：一是将云川、玉林等 8 卫迁徙到北平等地；二是将宣府、万全等卫划出，改由新设的北京留守行后军都督府直辖。这样，大同镇的防务形势也出现两大改变。其一，云川、玉林等卫的迁徙造成大同镇西北部军力不足，重心向内收缩；其二，宣府、万全等卫的改隶，使大同镇的防御范围从宣府一线，收缩至天城卫一线，防区向西收缩。

但这一时期，明廷在军事上正处于上升期，对蒙古势力呈攻势。成祖朱棣曾五次率军亲征，"五征漠北，三犁虏庭"。蒙古势力自顾不暇，不会有大规模的侵扰。

为应对蒙古部落小规模的侵扰，明廷采取了两项措施。一是增设烟墩，二是筑堡。

永乐十一年（1413）七月，朱棣敕镇守大同江阴侯吴高等"令诸处修筑烟墩，高五丈，必坚如铁石。庶几，寇至可以无患"[6]。到是年十月，吴高报奏："山西缘边烟墩成"，"东路自天城卫至榆林口，直抵西朔州卫暖会口；西路自忙牛岭直抵东胜路至黄河西对岸灰沟村。"[7] 烟墩"高五丈有奇，四围城高一丈，外开濠堑、吊桥、门道，上置水柜，暖月盛水，寒月积冰，墩置官军三十一人守瞭，以绳梯上下"。这应该是明代烟墩的标准：烟墩高五丈，四周筑一丈高的围墙，围墙外开壕堑，并设吊桥。

永乐十二年，朱棣命边将置屯堡为守备。要求"每小屯五七所或四五所，择近便地筑一大堡，环以土城"。朱棣要求"土城高七八尺，或一二丈。城八门，周以濠堑。阔一丈或四五尺，深与阔等。聚各屯粮旨于内，其小屯量存逐日所用粮食。有警即人畜尽入大堡"[8]。因此，从永乐十二年起，大同镇开始大量筑堡。

据《明宣宗实录》记载，宣德二年大同镇共有"缘边烟墩"76 座。[9] 这些烟墩从东起至现天镇县新平堡以北的内蒙古兴和县的尖山墩、青松岭墩、榆林墩等，向西经猫儿庄墩、黑山墩等，直至现平鲁县的崖头墩。

这样，以烟墩群落为主体，构成了大同镇这一时期的实体大边防御体系。但这一体系并非作战和拦阻体系，而是预警体系。

需要说明的是，这些烟墩，现在绝大部分位于内蒙古境内，分布于内蒙古的兴和县、丰镇市、凉城县、呼和浩特市、林格尔县、清水河县等市县。

三、连续线体防御工事的出现

《明史》有建文帝时期修边之说："然帝于边备甚谨。自宣府迤西迄山西，缘边皆峻垣深濠，烽堠相接。"[10] 但《明实录》并无记载。实际上，建文帝登基后，有朱元璋时期的余威，所忧虑的不是边患，而是握有军权的众皇叔。因此，朱允炆登基后的第一件重大决策就是削藩。结果在第二年，四皇叔燕王朱棣就以清君侧的名义起兵发难，第四年，皇位被叔叔夺取，朱允炆自焚。所以，《明史》这一说辞恐怕不实。

从《明实录》的记载来看，大同镇真正开始修建连续线体工事的时间是在宣德初年。洪熙元年（1425）九月，总兵官武安侯郑亨奏："修筑大同缘边三山等处烟墩一十四座，浚濠堑九十四里有余。"[11] 仁宗皇帝朱高炽在位不到一年就去世了，接下来登基的是他的儿子朱瞻基。所以，从年号来看，这些烟墩与壕堑是在仁宗朝开始的，到朱瞻基登基后的九月完成。

但这九十四里的壕堑修于哪里，文中没有说明，而三山墩在大同镇就有两处，一处在后来所设置的大同西路，由朔州卫守瞭，一处在中路，由大同后卫守瞭。但修筑于西路的可能性极大，因为正统五年，镇守大同太监曾请求挑挖大同城正北的马头山以东的壕堑。

因此，可以认为，以线体为标志的明代大同镇大边修筑于宣德初年（1425），其特征是外壕内堑。其长度也是一部分，没有涵盖大同镇整个北部防线。这段墙体几乎全部位于现内蒙古境内。位置大致应在现托克托县与清水河县之间。

《明实录》记载的第二次修设壕堑是在正统初年，宣德十年（1435）二月庚申，镇守大同参将都指挥使曹俭奏"大同分地东自烂柴沟，西至崖头墩，迂直险易几踰千里。垣墙沟堑日益坍塌，万一虏骑冲突无以蔽拒。乞加修筑"。从之。[12] 但修筑的结果，在《明实录》并无后续记载。

正统五年（1440），大同镇守太监郭敬就请求在大尖山至马头山之间"为深沟，以防（胡虏）奔突"[13]。大尖山在现丰镇市隆盛庄以东，马头山在现新荣区与左云县以北，属内蒙古地界。笔者曾经走过这段路程，从大尖山到马头山之间的确是"川野平衍"，几乎没有山体和较大的山沟阻隔。这一请求同样得到批准。这段深沟其实就是壕堑，这段壕堑按奏疏所指，离永乐时期的烟墩较远，可能就是后来所指的明初的二边。

但无论宣德时期修设的大边，还是正统时期修设的二边，都属于预警系统中的辅助系统，目的在于预警和迟滞敌人的进攻速度，并不具备据守和作战功能。

四、成化与弘治时期的边墙修设

以"土木之变"为节点，明朝对蒙古部族的军事实力大大减弱，其防御也由明初的进攻性防御、主动防御变为被动防御。

"土木之变"期间，包括大同镇在内的明朝军事力量遭到重大损失，特别是大同镇，军事力量几乎遭遇毁灭性的损失。经猫儿庄、阳和口两战，精兵强将损失殆尽。幸亏后来有大同镇总兵郭登、朝中重臣于谦等积极主战、拼死决战，才力挽狂澜，刹住了瓦剌也先的嚣张气焰。

"土木之变"后，大同镇的大边防御设施也遭到重大破坏，大同镇城、卫城，成为孤岛，蒙古部族骑兵在孤岛之外往来驰骋，大肆杀戮，如入无人之境。这种情势达一年之久。

所幸，"土木之变"事件解决后，蒙古部族内部发生内讧，可汗脱脱不花、太师也先先后在内讧中死去，蒙古势力退出大同地区，退回至草原北部。

然而，从明天顺初开始，蒙古势力逐渐深入至两个地区住牧，一个是黄河河套地区，一个是威宁海子（今内蒙古黄旗海）地区。并不时地进入延绥、大同及宣府地区进行掳掠，造成这些地区军民的重大财产损失和人口伤亡。为此，在延绥巡抚、右都御史余子俊的力推下，成化十年（1474）延绥镇筑起第一条兼具防御与作战功能的边墙（长城）。这一边墙的修筑，在之后的战事中，起到了明显的作用。此后，筑边便逐步成为明朝的一项国策。

大同镇成规模的边墙修筑开始于明成化十三年（1477）。是年六月，巡抚大同右副都御史李敏等奏报"大同三路计修边墙、壕堑、墩台，共九万三千七百七十九丈"[14]，约625里。此后，又分别于成化二十年、二十三年两次修筑。弘治朝，大同镇大规模修边行动有三次，一次是弘治三年、一次是弘治八年，还有一次是弘治十四年。[15]弘治十四年的修边，由于有周经的《大同镇修大边记》，[16]因而，我们能够了解得全面些。这次修边，从四月兴工到八月完工，所筑边墙东起宣府西洋河，西至偏头关，长980里。

因此，大同镇真正可以称作大边修筑的，可能应该从成化十三年（1477）开始。而弘治十四年（1501）修筑的大同大边是最完整的一次大边修筑。

但是，需要指出的是，弘治十四年及之前所修的大边、墩台等，现在大多位于现内蒙古境内。

五、大边的弃守与新筑边墙的出现与大规模建筑

正德朝时期，大同的边防基本没有建设，再加上鞑靼小王子的大肆入侵、揉践，到嘉靖初时，大同北部的墩台、壕堑等防御设施，多已圮坏甚至被摧毁。

但至迟，在正德十年（1515），明代大边并未弃守。这一观点，至少有两个事实可以支持，一是，在明正德十年所修《大同府志》中，大边墩台共计97座，仍由大同镇13卫与井坪守御千户所分段驻守防御。[17]其中，驻扎于应州、浑源等地、远离边界的安东中屯卫也分有两个墩台的防御任务。这些墩台，除新建墩台与个别废弃墩台外，全部与成化年间的墩台相同。此外，永乐朝所建的大边近堡包括猫儿庄堡（旧址在今丰镇市隆盛庄境内）等堡，或者由大同镇各卫分兵驻守，或者为哨马营。

不过，此时的明代大边恐怕只是停留在纸上了。实际上，由于达延汗在正德八年、正德九年连续大规模侵入大同镇，大边墙体已经遭到严重拆毁。而且，沿边许多军堡多已弃守甚至废弃了。

因此，嘉靖元年，直隶巡按御史张钦就建议修复大同镇城以北已经废弃的宣宁、水口、黑山三堡，并设将驻守。[18]实际上，这三堡并非沿边军堡，而是远离大边靠近镇城军堡。嘉靖三年，在巡抚大同都御史张文锦的再次建议和督促下，大同镇以北的宣宁、水口等五堡修筑完毕，但在派军队驻扎的事情上却出现了问题，导致大同镇的军士哗变，张文锦被杀，[19]变乱达一年之久才平息。此后，五堡废弃。

嘉靖十二年（1533）秋，有消息称"虏自秋渡河屯大同塞外"。为加强大同镇的防务，总兵李瑾命士卒于孤店以北至天城卫之间修筑一条壕堑，以阻滞蒙古部族骑兵的入侵。壕堑仅修筑了四十里长，就再次出现军士哗变。[20]处理这次哗变的时间长达两年多。但是，很显然李瑾所修这条壕堑距离大边已经很远了，已经内缩至大同镇城北边附近。

在处理完两次兵变之后，敌人已经近边，并且十分强大了。蒙古俺答、吉囊分驻威宁海子与河套以后，开始不断侵蚀大同镇。此时，大同镇大边防御设施更是遭到严重破坏。

为了挽救大同镇的颓势，嘉靖十八年，宣大总督毛伯翁在大同镇总兵梁震、巡抚大同都御史史道的配合下，再次修筑弘赐等五堡。[21]新修五堡有的与原张文锦所筑堡同，有的则在位置上做了调整。并在五堡之北一里处修筑边墙一道，由五堡驻军分段防守。这道边墙更是远离明初大边，严重内缩，但这也是无可奈何的事了。

这道边墙，宏赐堡以东段便成为后来的明代大边了。其西段从宏赐堡以西，由于在它的北面于嘉靖二十六年又增修了一道偃月形的边墙，这段边墙就被称作二边了。

此后，从嘉靖二十二年起，大同镇开启了一个修筑边墙的阶段，几乎每隔几年就修筑一次，到万历初年，基本上重新构筑起了一条新的边墙防御体系。隆庆议和前后，蒙古俺答部落已经住牧于这条新筑的边墙之外，与大同镇仅一墙之隔了。这条边墙就是后来的晋蒙边界，被后人称作大边了。但实际上，这条大边已经远离明初的大边，严重内缩了。

结论

综上所述，明洪武时期，大同的防务体系为屯卫防卫体系，以宽幅的军屯构成了洪武时期的大边防卫体系，其特征并非后来的线体，即边墙或称作长城的防卫体系。从永乐到宣德时期，则是以烟墩群落为特征，构成大同镇大边预警体系。以连续线体形式出现的防卫工事开始于宣德初年，即用以迟滞敌人进攻的壕堑等，虽然可以称之为边墙或长城，但并不完备，也没有贯串大同镇北部防区全境。

大同镇真正可以称得上是修筑边墙或称作长城工事的，是从成化十三年开始，到弘治十四年。弘治十四年所筑的大边才可以真正称得上是大同镇的大边或大边长城。

到正德后期，明初及明中期修筑的大同大边防御体系几乎破毁殆尽。不得已，从嘉靖十八年开始，不得不重新构筑新的边墙防御体系，以取代遭到破毁并已失守了的大边防御体系。这条新的大边防御体系到万历初年臻于完备，并成为俺答各部与大同镇的分界线。后来，也成了山西与内蒙的地理分界线了。

吴天有　山西大同市云冈区委党史研究室（退休）

注释：

1 《明太祖实录》卷五十九，洪武三年十二月。
2 《明太祖实录》卷六十，洪武四年正月。
3 《明太祖实录》卷一百一，洪武八年十月癸丑。
4 《明太祖实录》卷一百二十，洪武二十五年八月丁卯。
5 《明太宗实录》卷十八，永乐元年三月庚辰。
6 《明太宗实录》卷一百四十一，永乐十一年七月甲辰。
7 《明太宗实录》卷一百四十四，永乐十一年十月己酉。
8 《明太宗实录》卷一百五十五，永乐十二年九月丁酉。
9 《明宣宗实录》卷二十九，宣德二年七月辛亥。
10 《明史》（清张廷玉等著）卷九十一，志第六十七。
11 《明宣宗实录》卷九，洪熙元年九月丁巳。
12 《明英宗实录》卷二，宣德十年二月庚申。
13 《明英宗实录》卷六十八，正统五年六月乙亥。
14 《明宪宗实录》卷一百六十七，成化十三年六月丁巳。
15 《明孝宗实录》卷一百七十三，弘治十四年四月癸未。
16 《大同府志》明正德版（大同市地方志办公室内部印刷），卷一二，第二六九页。
17 《大同府志》明正德版（大同市地方志办公室内部印刷），卷二，第四五页。
18 《明世宗实录》卷十六，嘉靖元年七月己巳。
19 《明世宗实录》卷四十二，嘉靖三年八月癸巳。
20 《明世宗实录》卷一百五十五，嘉靖十二年十月庚辰。
21 《明世宗实录》卷二百三十，嘉靖十八年十月壬午。

山西省长城遗产廊道旅游品牌基因选择研究

赵鹏宇　崔　嫱　王凯旋

摘　要：品牌基因是一个品牌建立可持续竞争优势所依托的核心价值、文化符号与战略资产。文章以山西省长城遗产廊道为研究对象，从携程、蜂窝网、途牛等网站上收集了 400 篇游记和 2200 条有效的评论，采用大数据抓取，内容分析法建立了长城旅游品牌基因库，结果表明：（1）提取的 15 个品牌的关键词可分为三大类，即文脉类、地脉类和综合类的品牌要素。文脉类包括：智慧的、沧桑的、古老的、文明交融的、热情的、便宜的、大气的、故事的、朴实的和负责的；地脉类包括：雄伟的、壮观的；综合的品牌元素包括：令人向往的、著名的、漫长的。（2）在选择山西长城旅游品牌基因时，主要选择文脉类和地脉类得分最高的品牌元素。即"文明交融的""壮观的"。对于第二梯队的品牌要素，如"智慧的""沧桑的""故事的""朴实的""古老的"等要素，则根据要素聚集区域加以布局，打造次级区域品牌。上述结论为山西长城旅游品牌建设与管理提供参考。

关键词：长城　旅游　品牌基因　遗产廊道

引言

旅游目的地品牌建设与管理的重要性正在凸显，目的地品牌基因作为一种独特的地方特色和另类生活方式，对国内外游客产生了吸引力，具有不可替代的基因，形成具有可持续竞争优势的旅游目的地。山西由于其自然地理优势，自古以来一直与长城紧密相连。这条气势恢宏的巨龙跨越了广袤的大地，经过了山西的 8 个市 40 个县（区），形成了壮丽的景观和悠久的历史文化内涵。目前山西长城旅游在国内品牌认同度较低，品牌基因需要提炼。2017 年山西省旅游发展大会提出了包括长城在内的三大旅游板块体系。锻造长城旅游文化新品牌，挖掘山西长城品牌个性，形成旅游品牌的吸引力和竞争力，成为山西旅游业发展的迫切问题。

目前国内长城旅游研究已取得一定成果。高路等[1]分析了八达岭长城的旅游产品、旅游人才培养和政策机制。李飞等[2]构建了廊道遗产旅游品牌价值体系，提出了影响廊道遗产旅游品牌的因素，包括旅游目的地的客观事实和游客的主观想象。钱迅波[3]建立了优势和独特的品牌吸引力。宫元慧[4]运用 SWOT 分析法从优势、劣势、机遇和挑战的角度对山西长城旅游资源进行了分析。武丽慧[5]构建了城市旅游品牌建设评价指标体系，探讨了品牌建设的关键因素和薄弱环节，打造品牌以改善指导。白翠玲[6]认为长城的本体保护和文化挖掘同样重要。王志芳[7]分析了美国遗产廊道的法律保障、管理体系和保护规划，提出遗产廊道的四个选择标准。焦睿红，张义丰等[8-9]认为长城旅游规划应结合自然环境的限制和场地保护，合理控制旅游容量。董耀会[10]阐述了山西长城的历史地位，强调了长城的现实意义，指出了长城的国际影响。杨建等[11]提到旅游品牌建设是城市品牌、旅游品牌和城市建设一体化的理念。张夫妮[12]指出了旅游品牌建设的五个基本领域：旅游产品创新、品牌形象塑造、旅游产业地位、旅游项目投资和旅游服务市场的建立。范菁、刘茜[13-14]认为挖掘出旅游目的地的核心价值能让旅游者心理需求得到满足，才能有效地塑造旅游目的地的品牌。贾英[15]基于符号学视角探讨了景区品牌塑造。历建梅[16]认为要挖掘出与众不同的文化资源和内涵，塑造有影响力的、具有文化气息的旅游品牌。从而满足人们对个性化、多元化的旅游的需求。

一、理论模型

基于地方感理论、推拉理论和资源基础理论，将顾客市场和目的地感知以及目的地自身特征相结合。旅游目的地品牌必须具有吸引力、代表力和竞争力（三力），即体现目的地特征和代表性的个性，吸引旅游者对竞争地的竞争力，构建遗产廊道的旅游品牌基因。通过对相关理论的回顾，建立了"三力"因子的一级指标。其中，吸引因素基于推拉理论，包括生活方式和地方依恋的差异。代表性的力量因素主要基于当地的地方感理论，包括共同性、突出性和独创性。竞争力因素基于资源的理论，它可以用不可模仿性和不可替代性来表现。具体目标层为：长城遗产旅游目的地品牌基因；标准层为：吸引力因素、代表性因素和竞争力因素；一级指标包括：生活方式差异、地方依恋性、共同性、突出性、地方独有性、不可模仿性和不可替代性。根据构建的指标体系，模型结构见图1。

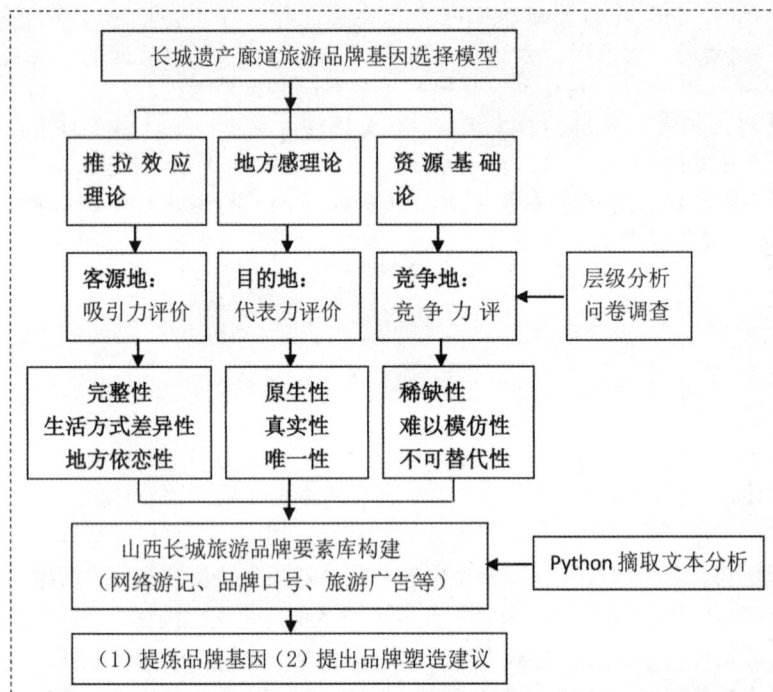

图1　模型结构

二、研究方法

1. 数据来源

收集的网络文本主要有两个来源，一是依据《山西省长城板块旅游发展总体规划》主体区和关联区共包括8个市的44县，收集了上述各级行政区域官方网站的旅游广告和旅游宣传口号。二是在携程、蜂窝网以及途牛等网站上收集了400篇游记和2400多条评论，剔除无可信度的和无用的评论后剩余2200条有效评论。

2. 分析方法

本文运用Rost Content Mining软件对旅游文本的内容分析和语义网络进行分析。在网络文本中提取前300个高频词，消除混淆形象感知与品牌选择无意义的术语。其次，建立标签云，对品牌要素的关键词进行直观的展示，并进行语义网络分析。最后，基于上述品牌基因选择模型，构建山西省长城旅游品牌基因库，筛选品牌基因，提出品牌塑造建议。

三、山西省长城遗产廊道旅游品牌要素

山西省内拥有长城数量1401.23千米，其中明以前长城504.7千米，包括战国长城、赵长城、北魏长城、北齐长城、五代十国、金长城等不同时期建设的长城，明代长城896.53千米。山西境内长城总体而言有四个核心节点，第一是以大同为核心，包括新荣、左云、阳高、采凉山等外长城区域，第二是以雁门关为核心包括代州城等周边区域的内长城区域，第三是以河曲老牛湾为核心的黄河与长城结合的区域，第四是以浑源、广灵、灵丘为核心的与太行山飞狐陉相结合的区域。山西省内长城的特点是时间跨度大，地域分布广，在山西省内大同、朔州、忻州、阳泉、长治、吕梁、晋中、晋城等8市均有分布。同时，山西长城分为内长城和外长城两条防御线。长城是中国历史上农耕民族与游牧民族的分界线，也是民族融合的纽带，对于冷兵器时代防御战争、维护和平，建立农耕民族和游牧民族的经济往来和建立经济秩序，以及社会发展和民族融合，都具有非常重要的价值，可以说长城从始至终与人类文明发展紧密相关。目前，国家对长城实行了整体全面的保护战略，各地纷纷出台长城保护规划方案，提倡要对长城进行保护性修缮，以最小修缮为原则，发展长城历史文化教育与休闲观光产业相结合的长城保护与旅游互进事业。

1. 品牌要素特征分析

（1）样本游记的高频词分析

图2所示为高频词条的分布，"长城""山西""雁门关""宁武关""娘子关""师傅""偏头关""火车""包车""壮观"，各个词条的出现频率均不少于1000次。

长城遗产廊道有一个较大的地理跨度。高成本的时间和金钱增加了交通和住宿等服务的重要性，以确保顺利的旅行。从词频分布来看，旅游交通相关的"火车""师傅""包车"三个进入十大高频率词之中，可知火车是最通用的交通方式，旅游包车因为灵活且自主，吸引旅游者，而经验丰富的当地司机也尤为重要。

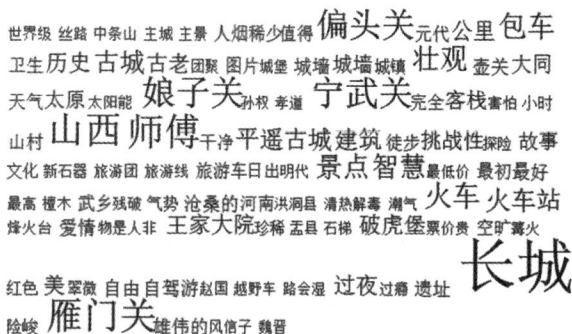

图2　山西省长城遗产廊道高频词标签云

（2）旅游形象感知分析

定位和形象是旅游目的地品牌的关键任务，分析了长城遗产廊道的旅游形象感知。本文从自然、历史、文化三个方面对旅游形象的认识进行了探讨。旅游者感知面临地域空间差异，可从自然环境、人文环境、旅游服务设施、旅游目的地4个维度进行形象感知分析。词频统计结果见表1。

表1　旅游形象感知高频词

序号	自然环境		人文环境		旅游服务设施		旅游目的地	
1	关隘	1542	长城	1883	师傅	1432	雁门关	1663
2	壮观	1251	历史	1652	火车	1221	娘子关	1425
3	美丽	1021	古城	1352	包车	965	平型关	1331
4	自然	826	丝绸	1221	火车站	807	宁武关	1143
5	天气	720	旅行	985	酒店	645	偏头关	978
6	风景	665	伙伴	752	司机	543	破虎堡	657
7	日出	432	烽火台	411	特色	426	杀虎口	543
8	日落	343	文物	353	便宜	331	镇川堡	432
9	地貌	221	当地人	132	味道	248	永和关	385

自然环境的感知方面，主要体现在自然资源、天象景观等类型。人文环境排在前面的高频词"长城""历史""古城""丝绸"，反映出游客对长城在山西文化形象中的感知更加全面。

旅游服务设施感知。在该类型词条统计中，"师傅""火车""包车"三个词条位列前三，交通方面涉及"火车""包车""火车站""司机"等词，验证了山西长城遗产廊道交通可进入性较差，涉及包车师傅具有双重功能，交通与向导。表明本地居民在积极传播长城文化时与游客建立了良好的友谊并收获了很多的赞美。

旅游目的地感知。词频统计显示，"雁门关""娘子关""平型关""宁武关""偏头关"位于前五位。可见，对于旅游目的地的选择，游客们多是倾向于名关的选择。

（3）旅游情感倾向分析

采用ROST CM情感分析功能，对游客的主观情感色彩进行文本分析，了解山西长城旅游的舆情。其原理是基于软件内置的态度词典，提取表达情感的文本，并对其态度词语进行评分以确定情绪的类型和程度。分析结果见表2。

表2显示，样本游记中的积极情绪有164条，占比41%，其中展现出高度的积极情绪占21%，对山西省长城的积极评价的词句有"伟大""雄伟""壮观""汗水""结晶""智慧"等较为常见。中性情绪占比57%。负面情绪提到"一晚上的火车""精疲力竭""苦"等词句较多，可知旅游交通不完善，长途跋涉给旅游者带来消极旅游体验。

表2　情感分析

情绪类型	数量	百分比
积极	164	41%
中性	228	57%
消极	8	2%

（4）语义网络分析

使用ROST CM的"社会网络分析"和语义网络模块，生成了山西省长城遗产廊道的语义网络，见图3。以"长城"为核心词簇，"军事""明代""沿线""大同""偏关"等词条联系紧密，共现频率较高，多次为旅游者所提及。

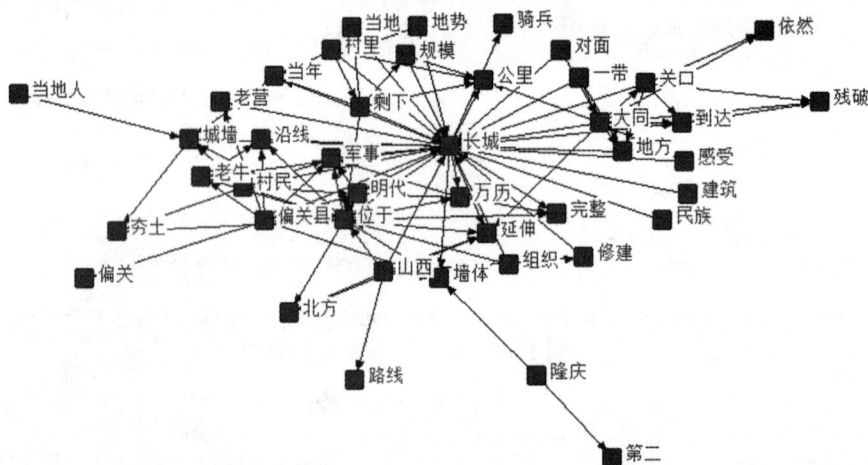

图3　山西省长城遗产廊道的语义网络图

大同、雁门关和偏关为山西长城旅游的重要节点。在网络文本分析中最为突出，集合了镇川堡、得胜堡、雁门关—广武长城、宁武关、偏头关等。对旅游者吸引力最强，可供挖掘的品牌要素多样，应得到充分重视。长城遗产廊道的资源是综合性的。

游客感知中的"伟大""智慧""汗水""结晶""壮观""雄伟"等均为积极评价，可以应用在形象定位和品牌选择的过程中。长城遗产廊道具有综合资源，需要确定其核心资源，决定顶层设计与主品牌的建立，而其他资源则发挥辅助作用来体现差异。同时，旅游品牌应该考虑到长城沿线居民的日常生活、民风民俗、特色美食、休闲娱乐等。

2.品牌要素体系的构建

研究所需要构建的品牌元素系统应该基于描述的形容词为主，为此，需将文本中的关键字转码为形容词，才能成为可选择的品牌基因。

在分类过程中选择和归类，合并重复词条。最终将前 50 个高频关键词简化、转码为 15 个体现遗产廊道意象的形容词要素。

根据以上编码原则，通过 5 人小组打分，面对差异共同讨论，可靠性是 0.886，达到良好的一致性。编码后，咨询专家意见，做出适当调整，最终得到 15 个品牌关键词。

表3　山西省长城遗产廊道品牌要素

关键词（转码后）	相关原始词条	频率
雄伟的	雁门关 宁武关 偏头关 杀虎口 宏伟 太原 大同 建筑 关隘 娘子关 平型关 古城	1643
壮观的	雁门关 宁武关 偏头关 娘子关 平型关 杀虎口 建筑 关隘	1426
古老的	雁门关 建筑 古城 关隘 遗址 文物 古道	1321
智慧的	建筑 关隘 遗址 古城 艺术	1225
令人向往的	雁门关 宁武关 娘子关 平型关	1172
沧桑的	雁门关 杀虎口 破虎堡 长城	1003
文明交融的	文明 交易	834
著名的	著名 长城 雁门关	743
热情的	司机 伙伴 师傅 朋友	576
便宜的	便宜 火车 食物	447
故事的	历史 事件	302
朴实的	司机 当地人 师傅	276
负责的	司机 师傅	225
漫长的	火车	187

四、基于 RAC 模型的目的地品牌基因选择

转码归类为 15 项品牌要素，并归至"三力"模型中的各个指标，根据蔡锐 17 文献中专家评分，吸引力标准的相对重要性分别为 0.313、0.368 和 0.319。生活方式差异性和地方依恋性的相对重要性分别为 0.168 和 0.145。代表力中突出性、共同性和地方独有性的相对重要性分别为 0.190、0.046 和 0.132。竞争力中不可模仿性和不可替代性的相对重要性是 0.150 和 0.169。

采用李克特量表，评价 15 项品牌要素对一级指标的体现度。得分越高品牌要素对指标的体现也就越明显。结果见表4。

表4　15 项品牌要素对一级指标体现度统计

	生活方式差异性	地方依恋性	突出性	共同性	地方独有性	不可模仿性	难以替代性
古老的	1.65	3.90	4.61	3.89	4.78	4.86	4.86
智慧的	2.32	3.09	4.88	4.24	4.78	4.56	4.64
热情的	3.45	4.31	4.22	4.76	3.75	3.53	4.21
雄伟的	1.21	4.61	4.32	4.39	4.41	4.12	3.86
壮观的	0.29	4.09	4.75	4.68	4.24	4.67	4.68
令人向往的	2.45	4.68	4.38	4.22	4.61	4.30	4.38
大气的	4.55	3.97	4.01	3.90	3.87	3.32	3.03
漫长的	3.46	2.23	3.43	2.86	3.87	2.98	3.12
朴实的	4.73	4.20	3.97	4.34	3.87	4.22	4.10
著名的	0.43	3.87	4.87	4.60	4.83	4.73	4.51
便宜的	4.32	4.31	3.18	3.75	3.74	2.65	2.46
文明交融的	4.45	4.21	4.50	4.54	4.83	4.71	4.75
故事的	4.32	4.53	4.61	4.30	4.36	4.30	4.00
沧桑的	3.24	4.29	4.53	3.89	4.91	4.77	4.62
负责的	3.75	3.75	4.20	4.61	3.32	4.61	4.18

计算 15 个品牌要素关键词的（重要程度）K 值，进行降序分布，见图 4：

$$K_j= \sum A_{ij} \times P_{ij} \ (i=1, \ 2, \ ....7)$$

注：K_j：要素关键词重要程度；A_{ij}—级指标权重；P_{ij}—各要素各一级指标均值

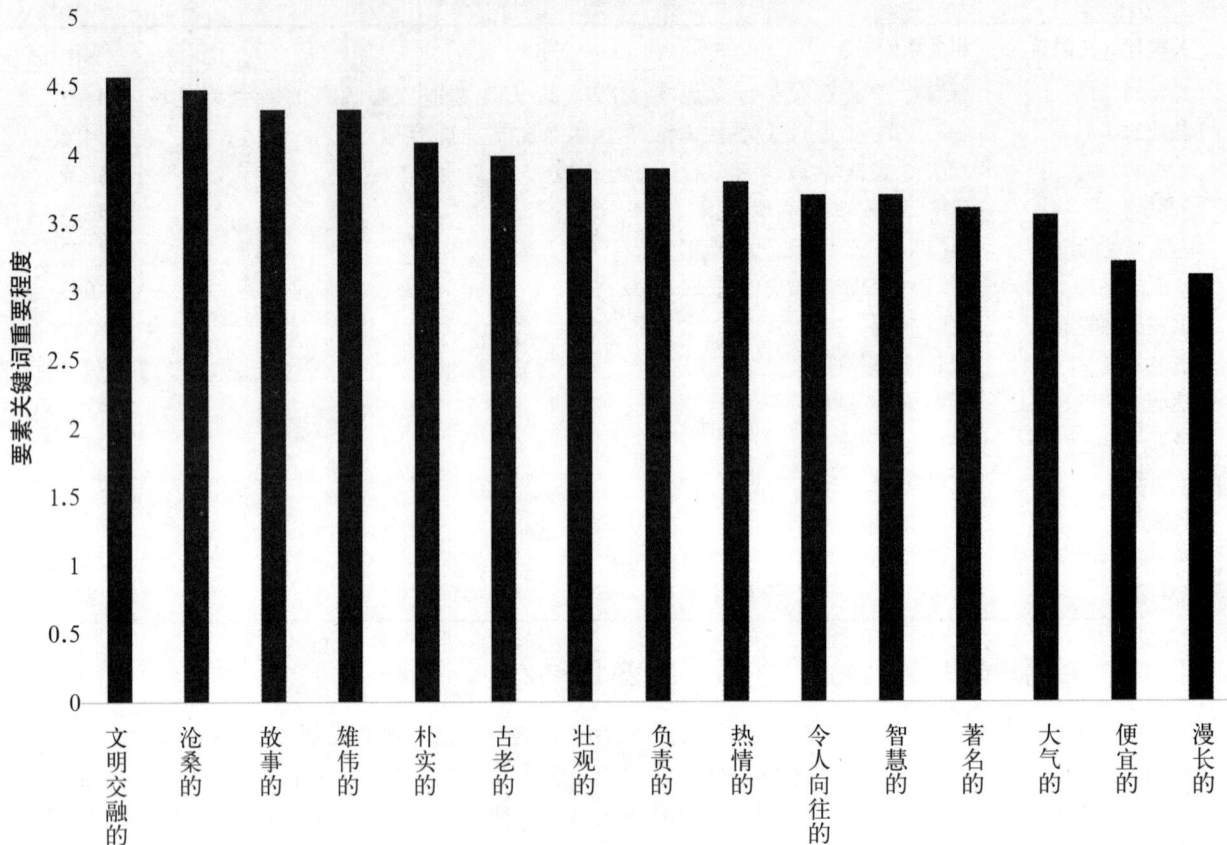

图 4　品牌要素降序分布

五、结论

目前收集的案例数量众多，资源类型不可避免地重叠，给游客带来了类似的体验。因此，在分类过程中，选择和分类，再加上重复的词条，最后选取 15 个描述性元素来描述遗产廊道的意象。

（1）15 个品牌的关键词大致可分为三大类，即文脉类、地脉类和综合类的品牌要素。其中，文脉类的品牌元素包括：智慧的、沧桑的、古老的、文明交融的、热情的、便宜的、大气的、故事的、朴实的、负责的；地脉类要素主要包括：雄伟的、壮观的；综合类方面的品牌元素包括：令人向往的、著名的、漫长的。

（2）文脉类的品牌要素最多，在 15 个要素中占据 10 席，且分值普遍较高，体现出地方文化、生活方式在长城遗产廊道旅游品牌选择中的重要地位。地脉类的品牌要素关键词占据 2 席，且较多的是地文景观意象词，可知"雄伟的""壮观的"为最常见的意向描述。综合类的品牌要素有 3 项，但此类要素词有点宽泛，具体的指向性不强，很难作为核心的品牌要素。

（3）在典型的旅游目的地品牌案例和品牌要素特征的基础上，旅游的本土品牌基因应具备地脉与文脉的特点。因此，在选择核心品牌基因时，分别选取了地脉类和文脉类得分最高的品牌元素。即"文明交融的""壮观的"。对于第二梯队的品牌要素，如智慧的、沧桑的、故事的、朴实的、古老的等要素，则根据要素聚集区域加以布局，打造次级区域品牌。

长城遗产廊道具有广阔的地域、复杂的文化和精细的行政区划。研究不仅要建立一个统一的旅游品牌，而且要体现出节点的特征。打造一个统一的旅游品牌，关键是要代表遗产走廊的精髓，具有突出的普遍价值，既要区分竞争，又要对品牌基因具有不可替代的吸引力。研究认为应选取文明交融的、壮观的、作为核心品牌基因，选取故事的、智慧的、沧桑的、朴实的、古老的作为次级品牌基因，根据要素聚集地加布局，打造山西省长城遗产廊道旅游品牌战略体系。

本文已发表在《旅游研究》2020年第4期。

赵鹏宇　忻州师范学院五台山文化研究中心副教授
崔　嫱　忻州师范学院旅游管理系讲师
王凯旋　忻州师范学院旅游管理系2014级本科生

注释：

1 高路等. 八达岭长城旅游产品的创新开发研究——以北京市延庆县为例 [J]. 艺术科技, 2016, 29 (04) : 143—145.

2 李飞等. 廊道遗产旅游品牌塑造与区域营销研究 [J]. 商业研究, 2010 (11) :140—144.

3 钱迅波. 灵山佛教旅游文化品牌建设研究 [D]. 哈尔滨: 哈尔滨理工大学, 2014.

4 宫元慧. 山西长城旅游资源评价与开发研究 [D]. 大连: 辽宁师范大学, 2009.

5 武丽慧. 城市旅游品牌建设评价研究 [D]. 大连: 大连理工大学, 2009.

6 白翠玲等. 太行山河北段长城旅游开发研究 [J/OL]. 石家庄经济学院学报, 2017 (04) :132—135.

7 王志芳, 孙鹏. 遗产廊道一种较新的遗产保护方法 [J]. 中国园林, 2001, 17 (5) :85—88.

8 焦睿红. 长城文化遗产廊道构建初探 [A]// 中国风景园林学会. 中国风景园林学会2013年会论文集(下册) [C]. 中国风景园林学会, 2013:4—10.

9 张义丰等. 中国长城保护与利用协调发展的战略构想 [J]. 地理科学进展, 2009, 28 (2) :280—284.

10 董耀会. 长城学的概念、特征及分类 [J]. 文史知识, 1995 (03) :25—33.

11 杨建等. 生态城市旅游品牌塑造探析—以贵阳市为例 [J]. 学术交流, 2011 (2) :98—100.

12 张夫妮. 论城市旅游品牌的塑造与管理 [D]. 济南: 山东师范大学, 2004.

13 范菁. 无锡动物园品牌塑造研究 [D]. 武汉: 武汉工程大学, 2016.

14 刘茜. 我国城市旅游品牌塑造中的政府行为研究 [D]. 青岛: 中国海洋大学, 2009.

15 贾英. 基于符号学理论的旅游景区品牌塑造研究 [D]. 西安: 陕西师范大学, 2009.

16 厉建梅. 文旅融合下文化遗产与旅游品牌建设研究 [D]. 济南: 山东大学, 2016.

17 蔡锐. 遗产廊道旅游品牌基因选择研究 [D]. 北京: 北京第二外国语学院, 2016.

注重岁修 减少大修
——山海关长城日常保养维护工作浅述

刘 瑞

摘 要：山海关长城的岁修工作，即每年有计划地对行政区域内的长城本体进行巡查、保养维护工作。改变过去损坏后集中修缮的方式，日常一点一点地对长城本体轻微损害进行保养维护，及时排除不安全因素。岁修工作是山海关长城日常管理中必不可少的一项重点工作，虽然资金投入少，工程项目又细小琐碎，但是在管理工作中却发挥着重要的作用，关系着长城是否能够摆脱各种小问题保持本体结构稳定，是今后山海关长城保护工作的重点方向。本文对山海关长城日常保养维护及排险工作进行了简要介绍。

关键词：注重岁修 提前排查 精细管理 合理维护

一、山海关长城概况及近年保护维修情况

山海关长城始建于明洪武十四年（1381），是明统一以后为巩固北境边防，大事修筑长城而设立的军事边关要塞。其历经洪武、成化、嘉靖、万历、天启、崇祯六朝修筑，前后用263年时间，耗用大量人力、物力和财力建成。山海关长城除长城主线外还分布着关城、翼城、罗城、瓮城、关隘、敌台、墙台、护城河、烽火台等，这一系列防御设施彼此呼应，前拱后卫，守望相助，互为犄角，构成一套科学完备的军事防御体系，是明代长城的精华部分。山海关长城全长27.639千米（长城调查数据），建筑形式依地形分为滨海长城、平原长城和山岳长城。其中老龙头至角山旱门关段长城（主线长约10.3千米）是山海关长城日常保养维护及排险工作中的主要段落。

山海关长城1961年被列为第一批全国重点文物保护单位，1987年被列入世界文化遗产名录。山海关于2001年被列为国家历史文化名城。

1949年后，山海关长城的保护得到了国家、省、市文物部门的大力支持，特别是近年来全区境内沿线长城维修保护取得了突破性进展。1956年至1958年相继对山海关东门及两侧城墙的瓮城进行了维修。1965年对"天下第一关"附近城墙进行了维修。1985年至1989年在"爱我中华，修我长城"的号召下，陆续修复了宁远城至铁门关段城墙、关城东城墙、角山长城城墙，铁门关豁口券洞、宁海城。重建老龙头入海石城、靖房台、南海口关。1999年完成了北水关段部分城墙的修复。2003年至2005年先后完成了关城南门、西门城台及马道加固修缮、城墙修复和南门望洋楼、西门迎恩楼修复以及东罗城服远楼、南北角台修复等工程。2006年4月，山海关关城及东罗城6000米长城保护维修项目启动。2008年7月保护工程全面完工，工程得到国家文物局验收并获得国家领导人的好评。2014年10月经国家文物局批准。南翼长城选择铁门关4号台至6号台段630米城墙（含圈城城墙）、24号台+37m—26号台+87m设计404米、铁路豁口北+74m—靖边楼段计499米进行维修。2016年10月维修工程基本完工。2018年5月通过河北省文物局验收。以上一系列工程，布局及形制结构均有科学的依据，修复后有利于保持山海关长城的完整性。目前山海关长城（老龙头至旱门关段）已修复段落10.61千米。其中开放段落长为6.29千米。

山海关长城（老龙头至旱门关段）基本情况统计表

序号		段落名称	总长度	已修复	地上残存	地上无存（含豁口）
1	滨海长城	长城主线	846	846	0	0
		宁海城	710	710	0	0
2	南翼长城	长城主线	5020	1241	3342	437
		圈城	249	249	0	0
		靖远城（推断）	420	0	63	357
		南翼城（推断）	1140	0	45	1095
3	山海关关城及东罗城	长城主线	1375	1375	0	0
		关城	3428	3428	0	0
		镇东门瓮城	234	234	0	0
		迎恩门瓮城	144	0	65	79
		威远门瓮城	147	0	125	22
		望洋门瓮城（推断）	145	0	2	143
		东罗城	1445	1424	0	21
		服远门瓮城	66	66	0	0
4	北翼长城	长城主线	3104	1034	1938	132
		北翼城（推断）	824	0	365	459
	合计		19297	10607	5945	2745
	占比		100%	55%	30.8%	14.2%

说明：1. 老龙头至角山旱门关段长城，含城池共19.3千米。其中主线长约10.35千米。2. 山海关长城（老龙头至旱门关段）已修复段落10.61千米（含城池）。其中开放段落长为6.29千米。3. 此表不包含西罗城遗址部分。

二、岁修工作的重要性

1. 什么是岁修

山海关长城的岁修工作，即每年有计划地对行政区域内的长城本体进行巡查、保养维护及排险工作。改变过去损坏后集中修缮的方式，日常一点一点地对长城本体轻微损害进行保养维护，及时排除不安全因素，保护长城的真实性、完整性和沧桑古朴的历史风貌，更多地保存长城的历史文化价值。

2. 为什么要注重岁修

山海关长城的保护始终以"保护为主、抢救第一、合理利用、加强管理"文物工作方针为指导，尊重历史、延续文脉，使许多濒临破坏的长城本体得到了很好的修复和保护。

随着我国综合国力的不断提升和文化遗产保护投入的持续增加，文化遗产保护形势开始发生深刻变化。把日常保养维护、岁查岁修、安全监测等基础性工作融入山海关长城保护和利用的全过程，是推动由"被动的抢救性保护"向"主动的预防性保护"转变的必要工作。加强预防性保护，注重对长城本体的日常保养维护、岁修、零修工作，最大限度保证长城本体的安全稳定，避免"积小病成大病"。这是更主动、更积极、更具前瞻性的保护，是国际文化遗产保护的发展方向，是永续传承文化遗产的必然要求。

注重岁修工作，加强山海关长城的日常监测、巡查、评估工作，可以为长城本体的保护提供扎实科学的依据，制定更为准确有效的岁修工作方案，及时排除不安全因素和轻微损伤，保证长城本体安全稳定。

注重岁修工作，加强山海关长城的日常保养维护，可以节约维修资金。"好钢用在刀刃上，花钱花在根节儿上"，真正做到花小钱，办大事。

注重岁修工作，提高管理水平，做好山海关长城的日常保养维护档案记录及维护后监测，可以实时掌握山海关长城的动态保存状况，得以确定岁修工作的有效性，积累经验，为今后长城的岁修工作中保养维护措施的制定提供依据。

三、山海关长城岁修工作简述

1. 岁修工作的原则

（1）坚持预防为主原则

将日常保养维护和岁修工作作为一项重要职责，建立工作制度，及时发现、记录、汇报和妥善处理长城本体的病害，保持长城本体安全、稳定的良好状态，避免小病拖成大病、小修拖成大修。

（2）坚持最小干预原则

在岁修工作中，应尽量减少对长城本体及其周边环境的人为干预和影响，必须采取的干预措施应以延续现状、缓解损伤为主要目标，且只用于最必要的部分。一切技术措施应当不妨碍再次对长城本体进行保护处理，避免过度维修、过度使用、管理不善对长城本体造成不可逆转的损害。

（3）坚持抢救第一原则

在巡视检查中发现严重影响长城结构安全的情况时，应马上记录并及时上报文物行政部门，采取必要的临时性抢险加固措施，确保文物安全。情况特别严重的，应组织开展专项巡查，并根据巡查结果明确下一步措施。

2. 岁修工作的主要内容

（1）对可能影响长城安全的深根系植物幼苗、积水、积雪或其他新近出现的堆积物的清除。

（2）对新近出现的存在局部坍塌可能、但不对长城整体结构安全构成严重威胁部位的临时支护。

（3）对因突发自然或人为因素导致长城出现坍塌、塌落等部位的临时围护或局部、小范围清理归安等。

（4）对于历史上局部损毁、坍塌或已经全部毁坏成为遗址并处于稳定状态的长城，原则上以实施保养维护工程为主。

3. 2019年岁修情况

（1）巡查情况

对山海关行政区域内的长城，区旅游和文化广电局文物保护股、文物工程股、文物执法股除每月定期对其进行险情巡查外，还会根据气候情况在每年开春解冻之后及极端天气（如暴雨）之后分别进行一次全面的巡查。

在每年年初的巡查（春查）之后，针对巡查记录情况，责承文物保护股、文物工程股组织相关专业技术人员，对巡查数据进行病害分析，查找原因后对巡查情况分门别类。对小补小修小范围清理归安可以解决的问题列入本年度岁修清单；对因结构变形影响出现的关联性病变，小干预不能解决其根本问题的部位列入监测清单，根据监测数据的变化大小，另行制定抢险加固方案。2019年春查情况简述如下：

①城墙海墁：通过巡查，山海关长城特别是开放段，墙体海墁面层不同程度的存在着磨损、凹凸不平、空鼓冻胀碎裂、严重损坏的状况，造成地面不同程度积水、渗水。部分雨水嘴堵塞，无法将积水顺畅排出，关城东墙尤为严重。关城局部墙体因基础下沉、墙体变形，造成上部海墁距墙体1米左右出现细小的纵向通长裂缝。

②城墙墙体：山海关长城墙体经过多年的风吹雨淋、冻融，局部墙体不同程度地出现了墙体裂缝、墙面风化、酥碱、空鼓、剥落、灰浆失效及因局部基础下沉造成上部墙体歪闪、倾斜等现象。

③垛口墙、宇墙：由于自然冻融及人为破坏等原因，垛口墙、宇墙不同程度存在披水砖丢失、垛口墙头砖损坏脱落、灰浆失效、局部开裂等现象。局部墙体因基础下沉或墙体变形，造成城上垛口墙、宇墙出现墙体歪闪、开裂等安全隐患。

④长城墙体和土体上生长的植物：植物对城墙墙体和夯土破坏在山海关长城是一个普遍现象，对城墙本体上植物的清理是每年岁修的主要工作。

⑤长城附属建筑物存在着不同程度的墙体损坏、墙皮脱落、油饰起皮、地杖开裂、空鼓、椽望糟杇、屋面漏雨等现象。

（2）保养维护措施

①城墙海墁：将空鼓、凹凸不平及磨损严重的地面砖进行剔补，更换相同规格的条砖、方砖，剔补后的地坪与原地面保持一致，对堵塞的雨水口进行清理，以保证排水顺畅。对海墁面层出现裂缝部位进行灌浆勾缝，并对开裂部位进行编号后进行跟踪监测。根据监测数据的变化大小，另行制定抢险加固措施。

②城墙墙体：在基础稳定的前提下，对墙体裂缝、空洞进行填补加固、保证结构稳定。对因下部墙体剥落使得上部墙体形成悬空状，影响墙体安全的部位进行修补，对墙面整体剥落且墙体本体结构稳定的只对墙面进行整修，不进行大面积补砌。在地基稳定的前提下，对墙体裂缝实施灌浆加固。对残存的砖砌体灰缝进行修补，清除砖缝中失效、松散的灰渣和积土，用水冲洗干净，再用白灰膏重新填补缝隙并压实。对小范围结构松散、歪闪变形、严重空鼓的墙体可采用小范围局部拆砌方法，重砌时按原有做法砌筑，采用横向甩槎做好与原墙体连接，需要更换的城砖应同原砖尺寸，最大限度恢复原貌。

③将垛口墙及宇墙缺失砖的位置清理干净，补砌披水砖及缺失的城砖。对垛口墙及宇墙砖缝、裂缝进行修补，清除缝隙中失效、松散的灰渣和积土，用水冲洗干净，再用白灰膏重新填补缝隙并压实。对歪闪的垛口墙、宇墙，进行编号跟踪监测，以月为周期进行监测数据采集，并进行裂缝及歪闪数据的比对。根据监测数据的变化大小，另行制定抢险加固措施。

④对形制完整的城墙顶部及墙面的树木、杂草及松散土层进行清理。对于杂草灌木，不能只将表面的颈、叶等去掉，应尽量连根清除干净，以免残留树根继续滋生小树，或由于树根腐烂，使局部墙体变形。清理时不能生拉硬拽，防止造成对周边城墙的再度破坏。清除表层松散覆土，有空洞的重新夯土填实，清理完成后，采用二八灰土填筑分层夯实。对因植物生长而使墙体产生松散、鼓闪的部分进行拆砌归位和补砌，按"拆砌墙体"的要求进行施工。对仅存夯土的城墙土体上的杂草树木暂不做处理。

⑤对长城附属建筑物室内损坏的墙皮进行清理补抹、墙面粉刷。对上架、下架、装修、地板进行除尘，对油饰起皮、地仗开裂、空鼓较为严重的部位进行局部的修补，并注意与周围原有油饰颜色协调。对外檐椽望糟朽严重的部位进行整修，对后补配构件进行地仗油饰。对屋面漏雨部位进行查找，局部小范围进行揭挑、修补，重新瓦瓦。对屋面杂草进行清理，对瓦面进行查补，勾抹扫垄。

4.岁修工作的组织管理

（1）管理组织机构

文物保护股、文物工程股根据山海关长城管理使用单位提供需日常保养维护的基本信息以及日常巡查实际情况进行实地踏勘。文物保护股负责山海关长城岁修工作计划制定；文物工程股负责岁修工程勘察、技术交底，指定专业技术人员负责现场质量检查及监督管理，由局主要领导、主管领导、文物保护股、文物工程股最终对岁修工作进行验收。

（2）工程实施管理

①区旅游和文化广电局应对岁修工作项目履行有关的审批，并报市、省文物部门备案。岁修工作的施工方，由区旅游和文化广电局文物工程股负责核选具有对长城日常保养工作的技术能力和经验，信誉度较高、责任心较强技术人员及工匠进行维修人员备案，组成岁修队。施工前，由文物工程股选派具备相应资格的专业技术人员作为施工负责人进驻施工现场，并就岁修工作内容、维护措施及技术要求等进行交底。施工负责人全面负责施工现场的管理、质量、进度、工程计量、安全生产等工作。主管领导主持文保工程联席会，解决施工中出现的问题。

②岁修队必须按照岁修工作技术要求，对建筑材料检查检验，应当有书面记录和专人签字。未经检验或者检验不合格的建筑材料禁止使用。岁修队必须建立、健全施工质量的检验制度，严格工序管理，做好隐蔽工程的质量检查和记录。隐蔽工程在施工前，岁修队要通知文物保管股、文物工程股现场进行检验，做好记录。区旅游和文化广电局对岁修工作不定期进行检查，完工后组织文物保护股、文物工程股联合进行验收。

③根据需要文物工程股需建立有关的岁修工程技术资料管理制度，岁修工程资料应当立卷存档，工程结束后合并归入"全国重点文物保护单位记录档案"。岁修工程技术资料主要包括：岁修工程主要材

料检测报告或产品合格证书、施工记录，与工程施工有关的影像及照片。

④岁修工程施工负责人在施工前，按照岁修工作清单，现场核准岁修工程量，编制岁修预算，上报主管领导，经文物保护股、文物工程股联席会审核后，方可进场施工。岁修工程结束后，按照实际发生人工工日、材料量经施工负责人确认，报文物工程股、主管领导审核后，据实进行结算。

四、岁修工作优化建议

1. 进一步增强对岁修工作的重要性认识

山海关长城的岁修工作都是较为零星的小项目，这些零星工程项目投资少，技术含量低，因此很容易被忽视，这就是过去我们对岁修工程重视不够的主要原因。殊不知这些岁修、零修才能使长城本体一直处于健康的状态，"延年益寿"。

2. 合理规划和使用岁修资金

由于山海关区文物日常保养维护经费的固定性，要求我们必须在年终岁尾就合理谋划来年的岁修项目，编制岁修工作计划方案，按照轻重缓急的原则来排列岁修项目，合理制定资金比例，有效地调控岁修资金的精准投入，以保证岁修工作的有序实施、圆满完成。

3. 岁修资金应具有灵活性

山海关长城的岁修工作内容是根据岁查情况制定的，每年各有不同，这就要求山海关区的文物日常保养维护经费应该具有更多的灵活性，每年根据岁修工作的多少适当增加投资，以避免年年固定的岁修资金额度使很多工作根据紧要程度向后拖延，影响到岁修工作的具体实施，这样对长城的管理工作也是不利的。

4. 积极开展对山海关长城的精细化管理

为了加强对山海关长城的日常保养维护，做到精细化管理，由老龙头长城起点至角山旱门关止，每50米制作标识牌或标志桩一个，注明段落编码，用于日常保养维护精细到段落节点位置及长度，有利于长城日常巡查、监测、记录，更准确地动态掌握每段长城的损坏程度信息，制定岁修工作计划及保养维护措施。

5. 注重对文物保护专业技术人员的培养

山海关长城的岁查岁修所涉及的文保范围线路长、工作量大，目前区旅游和文化广电局的人才结构不尽合理，复合型人才匮乏，应用型、技能型人才严重不足。建议区政府、区人社局在核定岗位设置上给予支持，根据区文物局的工作需求，研究人才培养、岗位设置等问题，提高专业人员岗位中的高、中级专业技术岗位比例，遵循符合文物保护专业人才成长规律的用人机制，开辟人才成长渠道，全面提升文物保护系统人才队伍整体素质。

五、结语

岁修工作是山海关长城日常管理中必不可少的一项重点工作，虽然资金投入少，工程项目又细小琐碎，但是在管理工作中却发挥着重要的作用。不仅保证了长城文物本体的安全稳定，更多地保持了山海关长城的历史文化价值，也为优化山海关长城日常管理工作做着重要贡献，是今后山海关长城保护工作的重点方向。长城保护工作应该与时俱进，尊重事物发展的客观规律，给予岁修工作更多的重视，合理增加岁修投资，使山海关长城的保护积极向"预防性保护为主"转变。

刘瑞　山海关区旅游和文化广电局高级工程师

参考文献：

1 何流. 日常养护应是文物保护的重点方向 [N]. 中国文物报，2014-08-25.

关于山海关历史发展的思考

冯 颖

摘 要：明朝是长城建筑史上的最后一个朝代，也代表了长城防御工程技术发展的最高水平。山海关北依燕山，南襟渤海，地处华北与东北两大地域交界处，扼滨海走廊、辽西走廊咽喉，自古为华北通往东北交通要道、兵家必争之地。它曾牵系明长城军防体系的重中之重，使得明统治者"终明一世修建""倾全国之力尽注山海"，成就了一段段历史传奇而为世人瞩目。本文仅就山海关自明初建关至民国时期区域军事发展历程作专题综述。

关键词：山海关 历史发展 综述

翻阅历史，明代开国皇帝朱元璋于1368年在南京即位后，溃退漠北的蒙古贵族鞑靼、瓦刺诸部以及后来崛起的东北女真族不断侵犯边境，对朱明王朝的统治构成极大的威胁。朱元璋曾出兵漠北，意图扫清边患，但由于政权初建，国力不足，无法予以彻底解决。明朝不得已，将燕山之北及瑞州（今辽宁建昌一带）的边民迁徙至内地。同时吸取前朝教训，在对北部边防无力采取全面防御的情况下，在重要地段修筑关隘、烽、墩、城堡。明洪武十四年（1381）春，朱元璋派大将军徐达发燕山卫屯兵修永平、界岭等三十二关，途经渤海岸边，见此地襟山傍海，地势险要奇绝，于是依靠元代迁民镇基础建关设卫，定名"山海关"。自此，以"明代军防重镇"扬名天下的山海关，经过明、清、民国等不同历史时期考验，从长城砖到沿线关隘，涉及长城的每件物品、墙体以至每个结构、布局，所经历的沧桑演变，不仅伴随和见证了建关六百多年来中国东北地区局势的风云变幻，更因富含历史人文信息。时至今日，已成为促进地方文化产业发展、实现文旅融合的重要载体。

一、山海关长城防御工程展示了明代强大的国防实力

山海关古称榆关，也称渝关，据《临榆县志》记载："山海，夹右碣石，汉属辽西郡，隋为临渝关，属平州。"它北临燕山，南襟渤海，东倚丘陵高地为屏障，西借石河（古称渝水）为天然壕堑，辽西走廊与滨海走廊相互贯通，系山海交会之处，海陆咽喉要道，蓟辽之间的交通孔道，自古以来便为"兵家必争之地"。据史料记载，汉武帝元封元年，"上东巡海上，至碣石，自辽西历北边"。汉献帝建安十二年秋八月，曹操征辽西，东临碣石，瞻眺沧海，突击乌桓，大破蹋顿于柳城。隋炀帝大业八年春正月、十年春三月，"帝亲征高丽，出碣石道"。唐太宗贞观十九年春二月，"上亲征高丽，冬十月丙辰入临渝关"。清《畿辅通志》记载："长城之枕护燕蓟，为京师屏翰，拥雄关为辽左咽喉。"明人概括山海关的战略作用是"内拱神京，外捍夷虏，最契紧处（《明熹宗实录》）"。作为护佐京师的东大门，山海关长城防御体系的建立对于巩固明王朝的统治有着极其重要的意义。

第一，按照古代城市规划原则，长城"通川之道、要害之处"常设有关城。

山海关明长城段地处东经119°24′—119°51′，北纬38°48′—40°07′，南起老龙头，东北至辽宁九门口，自三道关东南与辽宁绥中县毗邻，至九门口与抚宁县为界，总长27.639千米。从空间看，长城腾跨于角山之巅，雄距一关，最后纵身跃入渤海，将山、海、关连成一线，成就了奇绝一方的军事要

塞。从布局观察，山海关城防结构严谨，层次清晰，重点突出，功能明确，由关城、东西罗城、南北翼城、哨城（威远城、宁海城）构成七城连环，即"主体两翼，左辅右弼，二城为哨，一线逶迤"的格局。此外，长城一线自南向北另分布十处关隘，依次为：南海口关、南水关、山海关、北水关、旱门关、角山关、三道关、寺儿峪关、滥水关、一片石关（九门口），这十处关隘在地理位置上形成了一道"铁锁链城"之势，使得山海关城似铜墙铁臂，即便经历战火硝烟仍固若金汤，故有："两京锁钥无双地，万里长城第一关"之称。自明初开始，山海关成为享誉天下的军防重镇，其建关设卫对于加强北方地区军事建设，保障人民生活安定、繁荣地方经济都起到了积极的促进作用。

第二，不同时期、不同级别、不同职责的军事指挥机构的先后设立，见证了明代统治者对山海关所处地理位置的高度重视。

明初，朱元璋为加强中央集权制，对行政、军事等国家机构进行了一系列重要改革。行政方面撤销中书省和宰相建置，设吏、户、礼、兵、刑、工六部。军事方面由兵部任命总兵将官，在历代兵制的基础上，首创"卫所兵制"，实行分段区域管理。建立大都督府为中央军事机关，掌管全国的军政、军籍。都督府下设都司、卫所、千户所、百户所、总旗、小旗等。明初"卫所兵制"大致情况为5个千户所组成一个卫，10个百户所组成一个千户所。洪武二十六年（1393），全国分设5个都督府，下设10个都指挥使司，329个卫，65个独立的守御千户所。山海卫即329卫之一，领10个千户所，属北平都司管辖。

明长城全线约有关城一百多处，尤以东段居多，且名关迭出，山海关便为其中之一。《临榆县志》引述："山海交会，隘塞严关，形势称最要。""峭壁洪涛，耸汇南北，束若瓮牖。"将这一险要的地势作为山海关城的选址完全符合明代军事防务工程要求，并且明廷的一系列政治举措也证实了"凡设险守国，必有城池"之说。

明洪武十四年（1381）建关设卫，即山海卫，下辖十个千户所。

明宣德九年（1434），兵部直属唯一派出机构——兵部分司开始长期驻守山海卫，直至明亡。

蓟镇所辖长城东起山海关，西至居庸关，因占据京师的北、东部，因而在九镇中处于举足轻重的地位。其沿线设置12路分段防守。明隆庆三年（1569）六月，始设山海路，改守备为分守参将，公署设在镇东门内北侧兵部分司署处。自此山海关城即是山海卫，山海关兵部分司所在地，又是山海路的机构驻地。此设置一直延续至清道光二十八年（1848），前后总计279年。

明万历年间，东北建州女真崛起，开始自辽东向明军防地区攻城掠地，步步进逼，山海关因此成为朱明王朝军事防控体系中需严守戒备的重要一环。对此，明刑科给事中姚若水提出："山海，蓟门去京才数百风里，不可无重兵守御。"《明熹宗哲皇帝实录》中记载："竭尽四海之物力以奉榆关（即山海关）……"将"国家全副精神尽注山海……"万历四十六年（1618）4月，努尔哈赤出入辽沈，在一片惶惶气氛中，明廷决定设立山海镇。当时以六千兵，分左右二营，辖北山、南海二副总兵，蓟镇东部的山海路、石门路、台头路、燕河路四路归其辖制，与东协台头营相为犄角，与蓟镇划地分管，同年蓟辽总督由密云移驻山海镇。山海镇前后历23任总兵官。

第三，朝廷屡派重臣名将驻防，愈加突出山海关在东北地区重要的军事战略地位。

山海关建关设卫初期，大将军徐达为首任镇守大臣，其后设立了都指挥金事、指挥使、指挥同知等职。明万历四十六年始，再设督师经略、巡抚、兵部主事、山海镇总兵、山海路参将等军事要职，可谓文臣武将各就其位。明隆庆元年（1567），张居正入阁任大学士。为改变当时士卒骄惰、法令难行的陈旧陋习，他精心筹划改革方案，大力整饬边备建设。为加强山海关至居庸关长城沿线的设防，任用谭纶、戚继光等名将，首创空心敌台。据文献记载，明万历十一年（1583），时任山海路参将王守道请修山海关东罗城，明万历十二年（1584），由兵部主事王邦俊、永平兵备副使成逊完成了占地24公顷的东罗城修建任务。后在罗城关门上建服远楼和两座角楼（已毁），在东罗城墙与关城城墙连接处分别修建了临闾楼、牧营楼，并于其南北两侧建角楼。自此，临闾楼、牧营楼与镇东楼及南、北角楼互为犄角，形成五虎镇东之势，山海关城防力量从此更加牢固。明崇祯十六年，巡抚朱国栋请建西罗城，工未毕遇改革中止。

明末，魏忠贤专权，政治腐败，社会矛盾日趋尖锐。时值北方女真族崛起，其首领努尔哈赤建立后金政权与明王朝公开抗衡。继明天启、崇祯两朝逐渐失去对辽东局势的控制的情况下，皇太极果断下达"打开山海，通我后路，迁都内地"的命令，并将摧毁宁锦防线，占领山海关，作为进取中原的第一军事目标。而对于明朝同样具有极其重要战略价值的山海关，正好处于辽西走廊的咽喉地带，是从东北进入华北的必经之道。自明与后金争战以来，山海关便成为激烈争夺的主战场，它是明兵镇守辽东的总指挥部，同时也是积聚兵员、储备粮饷的后方基地，所谓"山海一关，命垂一线"。对此，大学士孙承宗曾指出，"关门系天下安危"，"当今急务，莫急于守山海"。危难关头，明廷先后派熊廷弼、孙承宗、洪承畴、杨嗣昌等朝廷重臣出任巡抚、督师、经略，亲自督管山海防务，启用袁崇焕、祖大寿、满桂、吴三桂等著名将领抵抗后金，守御山海。据康熙八年《临榆县志》卷三记载，为进一步巩固和增强城防力量，明廷派抚院杨嗣昌分别在南北水关边城上建南北翼城各一座，在南海上建宁海城一座。另光绪四年《临榆县志》记载，"在长城东二里欢喜岭上，城高三丈，下甃以石，四隅起台垛，城上女墙高五尺，周方七十步。正南为城门，上镌'威远'二字。相传此城为吴三桂筑，既以瞭远，且可屯兵，与城中为犄角之势，有隧道通其署，即今都统署。……"这些杰出人物重视利用山海关独有的地位优势，在开辟辽西战场、制定宁锦防线、守护京师等一系列战争决策中发挥了巨大作用，对中国历史产生了深远影响。

第四，和平时期"军屯"政策的实施，实现了山海关长城一线休兵养民，有效地缓解了中央财政紧张，进一步推动了社会民生的和谐发展。

为彻底医治元末战争留下的遗患和创伤，和平时期朱元璋推行了以"移民屯田"为代表的一系列经济决策。洪武元年（1368），明廷发布命令，"天下卫所，一律屯田"。此后四十年间，又先后制定了"军事屯田则例""屯田赋税条件"及"官司军赏罚条例"等制度，这些政策的实施，大大刺激了"屯田制"实施的积极性。当时，东到辽东、北到大同，西到甘肃，南到云南，普遍建立了"军屯"，明初120万军队的粮饷大部分出自军屯。山海关在地理位置上属辽西走廊，唐时称滨海道，为畿东险隘，辽蓟咽喉，历史上常有边境贸易往来。明初屯田制推行后，作为"军屯"的补充，"商屯"逐渐繁荣，城内以纺织杂货为主的旺铺如雨后春笋，城外农产品集市车水马龙。"屯田制"的推行，有力地加强了边塞的建设和驻防，原来人口稀少，五业不旺的古迁民镇（元代建，山海关建关设卫前所属辖区），人口迅速增加，大量的荒地得以开垦利用，农业经济日趋兴旺，这对于发展当地农牧业生产，保证人民生活安定均具有积极的推动作用。

二、山海关长城防御功能削弱的历史节点——明清政权交替

1644年是中国历史上极不平凡的一年，政治风云突变，可谓惊天动地。这一年的2月8日，李自成建立"大顺"，年号永昌。4月25日，李自成攻入北京，明思宗朱由检在景山自缢身亡，史称"甲申之变"。明亡后，其宗室在南方建立南明政权，前后共历18年，后被清军逐个攻灭。5月27日，吴三桂引清兵入关。6月4日，李自成退出北京，大顺政权自建立到灭亡仅40天。6月5日，多尔衮进入北京，清朝入主中原。9月20日，清世祖福临即顺治帝由盛京（今沈阳）迁都北京，沈阳成为陪都。10月6日，张献忠在成都称帝，改元大顺，建立大西政权。10月30日，顺治定都北京。上述发生于同一年的政治事件中，山海关因"甲申之变"再度成为世人瞩目的焦点。历史证明，凡发生重大社会变革，往往喻示着新的政治格局的产生。自清入主中原后长达267年的统治中，外患扰边得到长期有效的控制，边境地区实现和平发展，曾经被明代统治者视为"存亡系于一线"的山海关，其天赐的战略地位优势逐渐衰退。至清末溥仪宣布退位，贯穿明代建设始终的长城防御体系由守御变为守护，山海关亦由明代军防重镇基本转型为沟通东北与华北地区贸易往来的商业化城市。

第一，民族关系的变化使清统治阶级军事防御目标发生转移。

1616年，发源于东北的少数民族部落首领爱新觉罗·努尔哈赤起兵吞并女真各部，建立后金。1635年，其子皇太极废除"女真"的族号，改称"满洲"，将居住在中国东北地区的建州女真、海西女真、野人女真纳入同一族名之下，满族自此形成。1636年，皇太极将国号改为"清"，改元"崇德"，1644年入关建立清政权。从历史角度观察，清以前统治者修筑长城除了巩固疆土，其主要目的就是防御边境

地区少数民族的侵略，但并未因此有效化解长期不断的侵扰。清政权以少数民族兼胜利一统者的身份入主中原后采取了"怀柔政策"，通过兴修庙宇、互相联姻等方式积极与蒙、藏各族结盟修好。据史料记载，清统一后有500多位皇家公主格格下嫁蒙古，有200多位蒙古贵族女子嫁给爱新觉罗家族，清统治者通过这些举措逐渐消融和化解了积深已久的民族矛盾，为促进关内外少数民族之间的相互融合，进一步巩固政权，奠定了良好的和平发展基础。清康熙皇帝玄烨曾对朝臣言："昔秦兴土石之工，修筑长城。我朝施恩于喀尔喀，使之防备朔方，较长城更为坚固。"他在东海巡视时曾赋诗一首："万里经营到海涯，纷纷调发逐浮夸。当时费尽生民力，天下何曾属尔家。"自此，曾威咤中国北方的明代重镇山海关，其军事防御功能因明清政权交替引发的时局变化而开始削弱，继之火器的发明使用伴随着冷兵器时代的结束而最终成为历史。

第二，清代山海关驻军及军事建制较之明代更趋完备。

清朝政权是在大规模军事斗争之后建立起来的，所谓马上得天下。军事统治是清朝政权的一个特色。清顺治定都北京后，休养生息，关内外和平相处。由于清统治者十分重视军防建设，山海关长城沿线的驻军及军事建制主要以防守为前提，派驻八旗兵分别加护南海、北营子村等长城南北重要区域，建立了城防（山海路驻军，春秋演武，日夜巡逻）、边防（自老龙头起北10里至山海关）、海防（自老龙头起40里至汤河，又西30里至金山嘴）三段防御区。同时侧重于城外清军驻守。据《山海关志》记载，道光二十年至光绪二十年期间清政府屡派官兵于石河口、团练部落、南翼城以及南海一带驻防，以资警备。在山海关城外构筑炮台，修建营盘及火药库。现存秦皇岛经济技术开发区东区渤海镇崔台子村北营盘、孟姜镇青石沟黄金庄营盘及后棉花庄火药库等三处遗址即为这一时期所建。

此外，在明代旧制的基础上，清政府沿设了山海镇总兵（顺治九年裁，军权移交山海路都司，历2任），至光绪三十一年（1905），先后设山海关驻防城守卫（顺治元年设，乾隆八年裁，历24任），山海卫掌印卫守备（顺治四年设，乾隆二年裁，历20任）、山海路都司（顺治六年设，道光二十二年改设游击，二十八年移至永平府，山永协副将军并中军兼左营都司俱移驻山海关）、南海口守备（顺治六年设，康熙十三年改设把总至宣统末年）、山海关监督（康熙三十二年设，历经八代至宣统末年，任用202人）、山海关副都统（乾隆八年设，于光绪三十一年裁，历任副都统60员）等军事驻防机构。

第三，山海关长城沿线大规模修建秩祀建筑。

庙宇既是宗教文化与民俗崇拜相结合的历史产物，也从侧面体现了统治阶级的执政方针和主导思想。清顺治定都北京后，为缓和国内民族矛盾，通过兴修佛院寺庙等方式与蒙、藏各族广泛结盟，极大地促进了民族团结，缓和了因边界战争累积愈深的民族矛盾，推动了社会和谐发展。由于统治者对宗教采取开放政策，山海关长城沿线建大小秩祀建筑总计六十余处，反映了清代山海关文化事业的繁荣发达。受新的历史时期经济、社会和政治等诸多方面影响，前朝耗时二百余年修筑的万里长城防御工事亦由"一夫当关，万夫莫开"的战争利器变成一道寂寞的风景。

清乾隆二十一年《临榆县志》引述："我朝列祀为三等而常雩，社稷为大祀，先师为中祀，帝均亲诸坛庙，且达其礼于天下，所以勤民而昌学也。……代俗相沿，抑或古迹仅存。"据不完全统计，清"康乾盛世"时期，方圆196千米的山海关建神祠29座，有城隍庙、海神庙、龙王庙、旗纛庙、火神庙、马神庙、火星庙、关帝庙、玉皇庙、三官庙、东岳庙、泰山行祠、北镇庙、五圣庙、增福庙、药王庙、虫王庙、鬼王庙、二郎庙、三圣庙、娘娘庙、吕祖庙、罗汉庙、鲁班庙、太傅庙、玄帝庙、小圣庙、镇东庙、天妃庙。建贤祠八座，有显功庙、劝义祠、忠爱流芳、来公祠、陈公祠、贞女祠、名宦祠、乡贤祠。坛壝五座，有社稷坛、风云雷雨山川坛、八蜡坛、厉坛、雩坛。祀于宫者一，曰天妃宫；祀于寺者十有三，曰给孤寺、崇兴寺、地藏寺（二）、栖霞寺、团云寺、圆明寺、蟠桃寺、鹰武寺、温泉寺、福庆寺、栖云寺、观音寺；祀于庵者十有二，曰普济庵、白衣庵（二）、文殊庵、广嗣庵、静衣庵、弥勒庵、普贤庵、慈愍庵、女贞庵、五泉庵、老君庵；祀于观者一，曰三清观；祀于阁者三，曰魁星阁、大悲阁、观音阁；祀于堂者一，曰观音堂。

三、山海关明长城延续发展的历史转折——中华民国时期

从清末（1840）鸦片战争开始至1949年中华人民共和国成立，经历的百余年间，中国频繁地遭受帝国主义的侵略掠夺和残酷的战争蹂躏，逐渐沦为半殖民地半封建社会。1912年1月1日，孙中山宣誓就职，亚洲第一个民主共和国——中华民国正式成立。这是中国历史上一个新旧交替的时代，是中华民族走向复兴的开始。不仅政治上推翻了帝制，意味着半殖民地半封建社会的终结，同时也喻示着中国社会进入大动荡大转变时期。身逢乱世，面对的是枪鸣炮吼，山海关源自冷兵器时代的辉煌已不复存在，长城内外被军阀割据，国民党军队长期占据，继而饱受日本侵略军的蹂躏。关城四门断垣残壁，清代统治者御笔横匾不知所终，境内十处关隘变成战时废墟。直至全国解放，山海关经受了严酷的历史考验，也见证了中国社会的翻天巨变。

其一，八国联军侵华期间严重破坏了山海关明长城入海处老龙头区域历史建筑。

清光绪二十六年（1900），因爆发义和团事件，英、美、德、法、日、意、奥、比等八个国家组成侵华联军占领北京，又分兵侵占了山海关南部沿海地带，占领范围从山海关城南东水关长城以内，南至渤海岸，西至石河口，总面积约9平方千米。据《山海关志》记载，9月30日，英国海军先头部队乘军舰驶抵老龙头海域，通牒清军缴械，守将率部西遁，10月1日英军顺利登陆，占领了老龙头炮台和山海关车站。10月2日，德、美、意、日组成联合舰队，从老龙头登陆。这些帝国主义列强入侵后砸毁石碑，火烧入海石城，继而俄、日、意、英、法、德分兵占据关城四门，宁海城、澄海楼、迎恩楼、望海楼、镇东楼等诸多建筑被无情劫掠，曾经辉煌一时的明长城沿线关隘、城楼转瞬变成了残垣废墟。

其二，近代战争硝烟再度弥漫于山海关长城沿线。

民国成立后，随着时局的不断变化，国内兵戈频仍，先后有北洋军阀部队、日本侵略部队、国民党军队在山海关驻防。这一时期长城沿线草木皆兵，民生凋敝，社会动荡不安——民国十年—十三年（1921—1924），直系第1军彭寿莘驻山海关。民国十五—十七年（1926—1928）奉系于学忠部进驻。民国二十年（1931），日本侵略军占领东三省后，成立了宪兵队、守备队、"支那驻屯军分遣队"、华北特别警察队分队等少量部队进驻山海关。民国二十二年（1933）1月，发动"榆关事变"，侵占山海关，其营部设在城南肖庄村"将军楼"（原八国联军驻地，现国保单位）。至民国三十四年（1945）8月，日本政府宣布无条件投降，方撤走入侵部队。民国三十四年（1945）11月，国民党集结大量军队攻占山海关，师部设在关城南门外铁路乘务员公寓（区保单位）。民国三十二—三十四年（1943—1945）冀东军区第16军分区第7区队、临抚昌联合县支队驻扎山海关。民国三十五—三十七年（1946—1948），冀东临榆县支队驻山海关。

其三，山海关以长城为代表的明清古建深受乱世灾难。

历数近代发生在山海关的军阀交战、长城抗战等多次战事，可谓风声鹤唳，城内外诸多古建筑不可避免地被破坏殆尽。据史料记载，民国十一年（1922）4月至6月发生的第一次直奉交战，东、西两路奉军在直军猛烈攻势下，退至山海关城西北五泉庵一带挖壕坚守，直军攻击10余日未果，战况惨烈。民国十三年（1924），在日本帝国主义的支援下，第二次直奉战争拉开序幕，坚守山海关的直军在威远城一带修筑了坚固工事，奉军组成敢死队轮番猛攻，强行占领了姜女庙，最终以奉系大胜而告结束。"九一八事变"发生后，日本侵略军为打通山海关，于民国二十二年（1933）1月1日率先挑衅，"榆关事变"由此爆发。日军调派重兵分布在山海关石河桥东、南门及威远城一带，对关城南、东、西实行三面包围。当时驻山海关城和北翼城的守军以1个团的兵力，分别部署在关城西南水门、南门、东南角楼、天下第一关以北至东罗城北门、北翼城及西关等区域。有关资料显示，榆关之战尤以山海关城南门一带炮火剧烈，其附近城区商号片瓦无存，因战火漫延致使寺庙、祠坛、民居等古建损毁者五百户以上。此后，日本侵略军占领山海关，成立宪兵队，驻守在长城各关口，通过贩毒品、开设洋行横行暴敛。至1949年前，山海关境内六十余处庙宇祠堂竟无一保留，以长城为首的明清时期古建受难于民国乱世，见证了一代重镇的风雨飘零，关城内外不胜凄凉。

四、万里长城防御体系建设的历史意义

我们再次回顾历史。游牧于中国北部边境、草原及山谷中以匈奴、戎狄为代表的少数民族与中原之间不断地发生战争。为防御和抗击这些经常入侵的"马上民族",中原自东周列国开始便筑起长城。《临榆县志》载:"长城始于燕,历代筑之非一。"秦始皇统一中国后动用万民将燕、赵、秦长城连接。后经西汉、南北朝、隋、金、明不断延续修筑,长城所经地域遍及国内15个省市区,总长5万余千米。据专家考证,迄今为止,明长城规模最大,保存最完整,它横贯我国北方,东西相距一万余里,史称"万里长城"。其沿线名关众多。明史记载:"畿内之险,惟潼关与山海关为首称。"

首先,在冷兵器时代,长城防御建设的军事作用是卓有成效的。战国时赵武灵王以"变俗胡服,习骑射""筑长城,自代并阴山下,至高阙为塞"而著称于世。秦时,"北筑长城而守藩篱,却匈奴七百余里,胡人不敢南下而牧马"。汉武帝时,"建塞徼、起亭燧、筑外城,设屯戍以守之,然后边境得用少安"。到了明代,借助天险屏障建关设卫,屡拒敌千里之外而令其望京兴叹。事实上,由秦汉发展至明初,长城防御体系的建立无不是针对北方地区游牧部落侵扰犯边所采取的化被动为主动的积极措施。史家有言:"大兴师征之,则遁逃伏匿,不可得而诛也;师还则寇钞又起;留卒戍守,则劳费不资,故惟有筑长城以防之。"又同时积蓄后方力量,"省戍役、防寇钞、休兵而息民者也",无疑是一种应急防御,攻守相宜的大谋略。

其次,长城的存在,是一个能够成功防御入侵的平安符。它凝聚着我们祖先的血汗和智慧,以悠久的历史、浩大的工程著称于世。古今中外,凡到过长城的人无不惊叹它雄伟磅礴的气势。尤其近代,中国人更以长城作为民族精神的象征。如《义勇军进行曲》中所提"不愿做奴隶的人们,把我们的血肉筑成我们新的长城",正是国家和民族处于危难之际的图腾之歌。由此可见,长城是国之珍宝,是艺术成就非凡的文物古迹,它象征着中华民族坚不可摧的意志和力量,是中华民族的骄傲,更是整个人类的骄傲。

冯 颖 河北秦皇岛山海关文物保管所所长,文博副研究馆员

参考文献:

1 山海关区旧志校注工作委员会. 山海关历代旧志校注 [M]. 天津:天津人民出版社,1999.

2 郭泽民. 中国长城山海关详考 [M]. 天津:百花文艺出版社,2006.

燕秦长城和金界壕的保护与开发

马铁松

摘 要：燕秦长城是战国时期修筑的防御匈奴的军事设施，它蜿蜒于东北、内蒙古和河北一带，长达 1000 余千米。金代界壕是金国用来抵御北方蒙古游牧民族入侵而修筑的军事屏障。这些不同时代修筑的长城，再现了古代民族的军事防御能力和民族间的复杂关系，是战国与辽金时代历史的真实写照。详细了解燕秦长城和金代界壕的历史与现状，对研究中国战争史和中国民族史具有重要作用。同时，古为今用，用古老的建筑为现实服务，在保护中开发，在开发中保护，也是历史研究的新课题。

关键词：长城　保护　开发

丰宁满族自治县地处河北省北部、承德市西部、内蒙古高原南部和冀北山区北部。县境西靠张家口市沽源县和赤城县，东连围场满族蒙古族自治县和隆化县，北接内蒙古自治区多伦县，南邻滦平县和北京市怀柔区，具有独特的地理位置和军事地位。

历史上丰宁隶属关系复杂，沿革多变，一直是个多民族县。清代以前，丰宁县境为北方少数民族游牧地区，是东北民族、北方民族和汉族活动的三角地带，也是北方少数民族发展壮大的摇篮，更是中原民族与北方少数民族在政治、经济和文化上交往的重要地区。据史料记载，历史上丰宁境内的少数民族主要有 12 个，分别是山戎、东胡、匈奴、乌桓、鲜卑、柔然、敕勒、库莫奚、契丹、女真（满族祖先）、蒙古、满族。

由于历史上丰宁地区属于北方少数民族游牧和农耕区，在县域内许多历史文物和文化遗址均与民族活动有关。燕秦长城和金界壕就是与民族、政治和军事活动相关联的省级和国家级文物保护单位。

一、丰宁境内燕秦长城的历史和现状

丰宁境内的燕秦长城可分为燕北长城和秦汉长城两部分。

燕北长城为燕昭王时为防御东胡、山戎而修筑的，起终点大概为"河北的怀来县到辽宁的辽阳一段，全长 1000 千米"（罗哲文《长城史话》），而燕长城的东端则远在今朝鲜的博川一带（《中国大百科全书》考古卷）。

丰宁境内的燕长城属于燕北长城西段中的一段，此段长城完全是土筑的。

燕长城自张家口东北经过内蒙、多伦、沽源、丰宁、围场、赤峰、敖汗，过辽宁直到朝鲜的博川。丰宁的燕长城是其中的一段。

公元前 221 年，秦统一全国后，内地进入暂时的安定时期。但是，北方的匈奴势力不断入侵，成为边境大患。公元前 217 年，秦将蒙恬带领士兵 30 万，向北出击进攻匈奴。为了抵挡匈奴入侵，蒙恬开始修筑长城。蒙恬修筑的长城根据山川地势，凭靠险要之地，筑城砌墙，从临洮至辽东，绵延一万多里，故而史称为秦万里长城。

秦筑长城大抵分为三段，即西北段、北段和东北段。丰宁境内的秦长城，与燕北长城为同一条路线，也就是说沿用了燕北长城，所以历史上称之为"燕秦长城"。

燕北长城自西向东从内蒙古自治区多伦县进入丰宁境内之后，先后经过鱼儿山镇、万胜永乡、外沟门乡，向东进入现在的围场满族蒙古族自治县的东城子，全长约67.5千米。

其中，鱼儿山段经过地点为今大孤山子村东西走向的土沟内，长城遗迹较为明显，但墙体已夷为车道。此后向东南进入鱼儿山滩，经永增厚、土城沟村的三合城，原山嘴乡拖拉机站北侧，进入万胜永乡境内。此段长城墙体已变为耕地，看不出明显痕迹。

此后，长城由山嘴段进入万胜永乡北坝头村，向东越过乌孙吐鲁坝，经熬包沟村南，过坝底下村至天成号，转向东北方向延伸。此段长城大多与山坡连为一体，有的地方墙体遗迹明显出露。此后长城继续东延，在红石砬弯子村露出一段，当地群众称之为"边墙"。长城再向东行至红石砬村，然后延伸至下洼子村，在这个村的东北侧，又露出100米左右的长城遗迹。此后，经五里营村、上、下岗子村，均留有长城遗迹，共约1300米。由岗子村至外沟门乡的小红石砬村，此段因险就势未修长城。

燕北长城自万胜永乡进入外沟门乡的小红砬村。此后东行至外沟门村，面临滦河，然后绕弯进入青石砬村附近。之后经过白石砬附近，越过滦河沿村，向东延伸，进入通往燕子窝村（原称大营子村）的山沟内。至雕窝砬子，长城墙体再度出现。至燕子窝村东南发现长城遗迹1500米不连续墙体，并发现一小型障城遗迹。此后由燕子窝东行至后窝铺村，在其后梁发现一辽代城址。燕北长城则从此向东经丰宁围场二县交界小卡拉（卡伦）村向东进入对松关口，进入了围场满族蒙古族自治县的东城子。

考古人员沿燕北长城路线调查，曾在障城遗址发现少量文物，群众介绍曾出土过青铜剑、骨镞、陶罐等物。这些均证明燕北长城丰宁段的实际存在和悠久的历史。后来，秦汉长城丰宁段，亦沿用了燕北长城丰宁段的旧址。

二、丰宁境内金界壕的历史和现状

金界壕，亦称金长城，是金国统治者为防御北部蒙古人入侵而修建的长城，耗费了大量的人力、物力和财力，前后历经70余年才大体竣工。

金界壕分北线和南线。金承安三年（1181）又修建了新的界壕，即南线的明昌新城，东起内蒙古自治区莫力达翰尔自治旗，沿大兴安岭，呈东北西南走向，至内蒙古武川县大青山主峰，全长6500余千米。

在南线的第二主线，由内蒙古正蓝旗，经太仆寺旗，进入河北省康保县，再向西经内蒙古化德县，在商都县与北线界壕会合。丰宁境内的金界壕即为正蓝旗的南支线。

丰宁的金界壕遗迹在草原乡村北500米，呈东南西北方向。东起骆驼场风水山，向西经边墙沟、骆驼场村北，一直向西进入边墙沟内，然后经过一座山梁，进入内蒙古多伦县境，全长7.5千米。

现存草原乡的金界壕，墙体高1.7—2米，最高段有3米，底宽3.6—4米，建筑方式采用就地取材方法，无险可守地段筑墙；筑城不方便地段则采用深挖堑壕的方法，当地群众称之为"边墙沟"。

金界壕沿线的要路地带，配建边堡，驻兵民防守。在草原乡金界壕东500米，界壕南面，有边堡一处，四角各设角楼，城长196.4米，城周围挖有壕沟。城中曾出土金代的犁铧、铁镞以及生活器物残片，说明这里当年确是兵卒戍守金界壕的城堡。

三、长城遗址的保护措施

丰宁境内的燕秦长城和金界壕是重要的古代军事防御工程，虽然历经风雨冲刷已经丧失防御功能，并大多已经倾颓湮没，但它的历史意义和现实意义却不能忽视。

首先，这些长城遗址在当时的时代和社会环境下，尤其在冷兵器时代确实发挥了阻挡敌人、防御敌人进攻的作用。其绵延数千千米，分布面积广大，是战争中重要的人工建筑防御屏障。

其次，在这些长城工程的保护下，长城里村庄不再遭受外敌入侵，百姓的生命财产受到了保护，这就使得农牧业生产得到较好的发展，百姓从流离失所到安居乐业，从而促进了经济的发展，保证了社会的稳定，有利于各族人民，特别是汉民族的发展和壮大，对国家的安全、社会的稳定、经济的发展起到了重要作用。

正是因为这些已经湮没的古老长城遗迹在漫长的封建社会里发挥过重要作用，今天我们就更应该珍惜它，保护它。自从丰宁文物管理所成立后，从 1977 年开始，至 1997 年为止，先后 7 次对燕秦长城和金界壕遗迹进行专项调查。调查中，对各个时代的长城、路障、列燧分别进行田野调查，设立专项档案，掌握了大量第一手历史资料和田野调查资料，为长城的研究奠定了资料基础。1982 年燕秦长城被河北省列入省级文物保护单位。2001 年 5 月 25 日金界壕被列为第五批国家级文物保护单位。20 世纪 80 年代，县文物部门先后在燕秦长城和金界壕的不同地段，树立了文物保护单位标志碑，提高了群众对古迹的保护意识。特别是 1998 年，丰宁文保所组织专业人员编纂了《丰宁文物志》，对包括燕秦长城和金界壕在内的全部文物进行了专业性的记述，为后人留下了宝贵的历史资料。为切实加强长城的保护，1983 年县人民政府公布了各个时代的长城以中脊为基线，每侧 20 米以内为保护范围，禁止耕种，更禁止乱挖乱建，有力地保护了现有长城遗址。

四、长城遗址的开发设想

丰宁境内的燕秦长城和金界壕都已是历史遗迹，是静止的文物，是尘封的历史。表面上看，这些历经数千年沧桑的古迹没有什么明显的特征，没有什么辉煌的建筑，似乎与山海关、八达岭、慕田峪、金山岭、嘉峪关等著名长城遗址不可类比，但笔者认为：如果用历史的眼光去看，用动态的眼光去看，它仍然是一组组活着的历史画面，仍然具有它的现实意义，仍然具有它的开发价值。

第一，通过对燕秦长城和金界壕的宣传，提高社会对历史文物保护工作的认识。文物是一个国家的历史象征，文物是一个民族兴衰起伏的见证，全体国人都应该提高对文物保护工作重要意义的认识，不断树立保护文物的自觉性和认知性。在当前文物保护工作形势依然严峻的情况下，更应该加强全民保护文物的教育。特别是在重点文物保护单位所在地，更要教育群众自觉保护文物，同破坏文物、盗卖文物的犯罪行为做斗争，全面贯彻国家的文物保护法规，保护老祖宗给我们留下的宝贵遗产，保护中华民族的历史文明。

第二，通过对燕秦长城和金界壕的重新认识，加强民族团结的教育。追溯历史，修建燕秦长城和金界壕都是当时的统治者为防范外敌入侵而采取的一个重大战略措施。目的是用坚固的城墙，难以逾越的堑壕阻挡外来之敌，而那些所谓的"外敌"，其实就是中国古代北方少数民族与汉族，或少数民族之间发生战争时互相之间的称谓。民族之间的战争，已经给国家，给百姓造成了巨大的苦难，这个历史绝对不能重演。其实，这种现象早已被历史上一些具有远见卓识的统治者看清楚了，他们对长城的作用，早已有独特的见解。《清圣祖实录》中康熙皇帝就曾说过："秦筑长城以来，汉、唐、宋亦常修理，其时岂无边患？明末我太祖统大兵长驱直入，诸路瓦解，皆莫能当。可见守国之道，唯在修德安民，民心得而邦本固，而边境自安。所谓'众志成城'者是也。如古北口、喜峰口一带，朕皆巡阅，概多损坏，今欲修之，兴工劳役，岂能无害百姓？且长城延袤数千里，养兵几何方能分守？"这段话道出了康熙安邦定国的思想在于修德安民，而不在于筑城修壕，这是很有见地的。今天，我们宣传的不是再修长城，而是要筑起各民族团结一心，实现伟大中国梦的心理上的长城。所以，长城作为中华民族的骄傲，更应该成为加强民族团结，不可令古代悲剧重演的历史教材。

第三，通过对燕秦长城和金界壕的开发，加快旅游业的发展速度。2018 年，河北省第三届旅游发展大会在"国家一号风景大道"举行，一号风景大道即东起围场塞罕坝，西至丰宁大滩，沿御大线公路开发的一条旅游线路。这条线路通过开发，已在丰宁大滩—鱼儿山—万胜永—外沟门这条线路上建设了多处景点。经过建设的一号风景大道，风光秀丽，旧貌新颜，发生了天翻地覆的变化。2018 年，仅丰宁一县旅游宾客即达到 245 万人次，社会收益 14.5 亿元。通过燕秦长城和金界壕的历史和现状的介绍，我们可以看到，这两处长城遗迹正在国家一号风景大道区域之内，走向与燕秦长城完全一致。

因此，这种历史的巧合，给我们带来了极好的机遇。我们可以与这条大道中的茶盐古道结合起来，联系金界壕，打造历史文化景观带，给一号风景大道再添一道历史风景线，一可宣传历史文物，二可造福当地百姓，收到异曲同工的效果。

习近平总书记说："历史是最好的教科书。"我们相信，通过回顾历史，充分发挥历史的教科书作用，中国长城文化研究必将进入一个新的历史阶段。

马铁松　河北丰宁满族自治县史志办史志主编

参考文献：

1　马铁松．丰宁满族自治县志 [M]．北京：中国和平出版社，1994．

2　白瑞杰，张汉英．丰宁文物志 [M]．呼和浩特：内蒙古人民出版社，1998．

3　马铁松．丰宁文化艺术志 [M]．北京：团结出版社，2019．

嘉峪关长城防御体系的旅游开发价值刍议

吴晓棠

摘 要：明代修建的用于封锁河西走廊、卫护古道的嘉峪关长城防御体系是长城西端，是冷兵器时代最重要的长城防御体系，是古人利用山川地理襄助国防的经典。嘉峪关全境处在这个防御体系，遍布天然险、关堡、墩台、边墙、壕堑等长城设施，有打造露天长城博物馆，建设长城文化公园得天独厚的条件和优势。

关键词：嘉峪关　长城　旅游

　　所有提到嘉峪关的表述，无外乎四个含义：一指嘉峪关地域，"嘉峪关汉代归中国版图"；二指关城，"嘉峪关位于黑山东南高岗上"；三指嘉峪关长城防御体系，"嘉峪关是中外巨防""嘉峪关是世界上冷兵器时代最重要的防御体系"；四指嘉峪关市，"嘉峪关是全国最早的小康城市"。关城是狭义的嘉峪关，长城防御体系则是广义的嘉峪关。旅游的开发和升级需要正视明代封锁河西走廊的嘉峪关长城防御体系蕴含的防御智慧和文化价值。

一、嘉峪关的历史渊源

（一）嘉峪关的历史开始于张骞的发现和驿道开通

　　公元前 128 年，张骞第一次出使西域返汉途中受阻呼蚕水巨堑（讨赖河峡谷），[1] 再次被俘，拘押在新城草湖所在的讨赖河湿地。他以敏锐的眼光发现了嘉峪关酒泉一带特殊的地理价值、军事价值。公元前 121 年春夏，按照张骞建议，霍去病率军直扑河西走廊中部，荡除讨赖河、黑河上游两岸居牧匈奴，占据山水环抱的此地。[2] 同年秋汉朝设置酒泉郡，[3] 在讨赖河北岸建立酒泉塞。最早的塞口就是黑山以南（关城附近）和小钵和寺。其后汉朝以酒泉郡为根据，逐步扩张并开通驿道。驿道开通后的历史中，嘉峪关地域凭借天险扼控驿道，祁连山、黑河、大漠戈壁拱护两侧，保障着道路的安全。嘉峪关由此成为西域文明东进和中原文明西出在青藏高原以北、蒙古高原以南一带必经的通道。汉晋、隋唐、元明清嘉峪关地域属于中原王朝，其他时段被凉、回鹘、西夏、蒙古等河西割据政权、北方少数民族占据。[4]

（二）嘉峪关的历史贯穿战争

　　酒泉郡设立后成为汉朝西部打击匈奴的根据地，承担战争驻屯、补给、集结、转运、筹粮草、休整等功能。贰师将军李广利率三万余骑、[5] 重合侯马通率四万余骑、后将军赵充国率三万余骑[6] 曾从酒泉整装出发，攻击匈奴、开疆拓土。汉宣帝时期，西域都护府设立。刘细君、冯嫽、陈汤、段会宗、辛武贤、王骏、班超等都是出嘉峪关经略西域，完成使命。

　　嘉峪关地域自汉元狩二年（前121）归中国版图。后又历经凉、回鹘、吐谷浑、西夏、蒙古等政权，乌孙、月氏、鲜卑、氐人、匈奴、突厥、回鹘、党项、羌、蒙古等民族占据。多个历史时期处于部族的纷争中。15、16 世纪，嘉峪关"三面临戎，势甚孤悬"，[7] 明军与占据关西七卫的察合台后王势力长期以嘉峪关为界对峙。入侵者觊觎防线，寻找突破口，多次从祁连山山口、文殊山口、讨赖河天生桥、黑山山口、断山口、新城草湖外围透出，不断发动战争。明军浴血奋战，反复击退入侵者，战火长期在防线上的这些地带燃烧。

记入国史的正德十一年（1516）十一月嘉峪关之战，[8] 就同时发生了关城保卫战、小钵和寺浴血战、文殊遭遇战、肃州平乱战等，游击将军芮宁及所属部队就捐躯于那场有明以来西部最大的战争。在争夺嘉峪关的战争中，"据一关而撼天下"。"中外巨防"就是明清时期嘉峪关防线发挥作用的真实写照。

（三）嘉峪关的历史贯穿长城

河西走廊归汉以后，开始修筑长城。汉长城是元鼎年间西汉修筑由令居（今永登县境内）到酒泉，由酒泉列亭障至玉门时期修筑[9]。主要分布在安远沟至黄草营、断山口西北、新城草湖外侧、黑山东侧石关峡一带。

明朝向北驱赶了元蒙。为防御瓦剌部、鞑靼部、察合台后王势力等元蒙及其蒙古后裔势力反扑，修建了西起讨赖河畔、东到鸭绿江畔的万里长城。明朝在当地依托祁连山、讨赖河峡谷、黑山、新城草湖等天险，因地制宜构筑了封锁河西走廊的嘉峪关长城防御体系。察合台后王势力的崛起和东扩，使嘉峪关在明中期成为抗敌前沿，战火不断。每次战斗后，明军都在防线上入侵者反复进攻、极易突破的地方增筑营堡、墩台，挖掘壕沟，安置警戒，增派兵力。从洪武五年（1372）建关城到万历四十四年（1616）野麻湾堡修筑，历经 240 多年。防线是随着外敌侵犯而不断加固和扩建才形成现在的规模。嘉峪关防线加固的动因就是抵御入侵。汉长城以外，明代嘉峪关防线上先后曾有关堡 20 座，墩台 70 多座，壕沟、崖栅、边墙数百里，各类长城设施近 20 种。[10]

2000 多年以来，嘉峪关长期扮演了交通站关、军事边关、通商税关等角色。东西文化长期交汇于此，使嘉峪关成为文明分水岭。以西，逐步过渡为多国度、多民族、多宗教；往东，逐步变为汉族、儒家文化、中原王朝。

二、明代嘉峪关长城防御体系

明长城是明朝在北部边镇上修筑的军事防御工程。在明朝的 200 多年统治中几乎没有停止过对长城的修筑。嘉峪关防御体系[11]（以下简称防线）自洪武五年（1372）开始修建，历经永乐、正统、成化、弘治、正德、嘉靖、隆庆、万历等朝不断修筑，至万历四十四年（1616）野麻湾堡筑成[12]，清朝乾隆时期仍在加固，防线形成现在的规模至少用了 240 多年。嘉峪关长城防线保障肃州外围安全，是最西的明朝有效控制区域。嘉峪关统辖范围遍布长城，是一个相对完整的防御体系，是成建制的防御单元，是甘肃防御体系的重要组成。地方志记载："嘉峪关长城起于卯来泉之南，讫于野麻湾之东北。"[13]

（一）范围四至

嘉峪关防御体系西南起祁连山北麓红泉墩，南至肃南县境内卯来泉堡，西至玉门市境内骟马城，北至花城湖以北金塔县境内，东至肃州银达镇两山口堡以西，东南至肃州金佛寺堡南，[14] 整个防线宽阔纵深百里多。辖域包括祁连山北坡、讨赖河峡谷两岸、黑山、新城草湖，周边延至肃南县、玉门市、金塔县、肃州区。

（二）长城分布概况

2009 年 4 月 18 日，国家文物局、国家测绘局首次公布明长城数据，其东起鸭绿江畔辽宁虎山，西至祁连山北麓甘肃嘉峪关，从东向西行经辽宁、河北、天津、北京、山西、内蒙、陕西、宁夏、甘肃、青海十个省（自治区、直辖市）的 156 个县域，总长度 8851.8 千米。其中，人工墙体的长度为 6259.6 千米；壕堑长度 359.7 千米；天然险长度为 2232.4 千米。[15] 根据权威结论，长城是被利用、加工，能阻挡入侵的山川地理、人工设施。分为独立单体、墙体、壕堑、天然险几大类。[16] 甘肃省拥有明长城 1700 多千米，长度居全国第一。嘉峪关市境内地形复杂，古人倚凭地理，因地制宜修建了形态丰富的长城，涉及了长城的所有类型。

1. 天然险

天然险就是能阻挡入侵的自然地理。山川峡谷当作自然长城，是冷兵器时代普遍的防御理念和防御手段。嘉峪关境内的祁连山、讨赖河峡谷、黑山、新城草湖等山川里外布满墩台、营堡，标志它们被古人利用，发挥着抵御、阻滞敌方进攻的作用，是人工长城的母体，也是防御体系最重要的组成部分。

志书记载"嘉峪关长城起于卯来泉之南，讫于野麻湾之东北"。实地踏勘，第一墩（讨赖河墩）至祁连山之间没有人工长城，长城在这一段指的就是讨赖河峡谷。讨赖河峡谷在公元前128年挡住张骞归途，从而改变了河西走廊乃至汉匈的历史，是嘉峪关建关最重要的依凭和保障，是嘉峪关防线上最典型的自然长城。它的存在，使祁连山北麓至关城之间的防御变得相对简单容易。深陷地下、峭壁垂直、纵阔百米左右的讨赖河峡谷就是入侵者无法跨越的长城。讨赖河峡谷在祁连山里自东向西，在祁连山外自西向东，给肃州、嘉峪关的安全上了双保险。讨赖河峡谷上的天生桥、阻坝桥[17]曾经让入侵者反复争夺，是防线上的咽喉。祁连山北麓的营堡、墩台，无不因讨赖河峡谷上的这两座桥而建。为国防安全计，明军斩断了它们。从第一墩到关城之间的墙壕和边墙，也可以看作是峡谷的延伸。

黑山诸山口都被镇北墩、[18]黑山儿墩、[19]石烟墩、[20]石关儿墩、[21]高沟墩、[22]月儿湾墩、[23]边山墩、[24]榆树泉墩[25]及双井子堡、[26]石关儿营[27]等布控；新城草湖制高点亦被钵和寺后墩、[28]钵和寺东墩、[29]马路山墩、[30]梧桐林墩、[31]泛沙泉墩、[32]沙岗墩[33]及小钵和寺、[34]新城堡、[35]野麻湾堡等设防，同样发挥着自然长城的作用。嘉峪关只有背靠祁连山，脚踏讨赖河峡谷，才称得上"天下雄关"。没有这些地理优势，2100多年前汉朝就不会在河西走廊率先夺取这里，600多年前中外巨防就不会建在这里。

2. 关堡

因为丝路古道在嘉峪关境内分岔，一道过关城向西，一道过小钵和寺通新疆巴里坤。汉代的酒泉塞就扼守在这两条道路的险要处。明代在原址置关建堡，继续卫护古道。境内有两座关和十几座营堡。营堡是明代屯兵、戍守的军事设施，当地也叫屯庄、堡子、庄子、营、营盘、营儿、堡城等。继嘉峪关堡（关城前身）、[36]小钵和寺之后，明代至清初持续在嘉峪关防线修筑营堡，不断增强防御能力。关城至祁连山之间有卯来泉堡、[37]红泉堡、[38]大庄堡（玉门市境内）、[39]塔儿湾堡、[40]兔儿坝堡[41]等；新城草湖周边有小钵和寺、野麻湾堡、新城堡、新营、[42]路家泉墩营、[43]沙堡、[44]横沟屯庄[45]等；黑山附近有石关儿营、黄草营盘、[46]双井子堡、骟马营（玉门市境内）、[47]惠回堡[48]（玉门市境内）等。营堡大都位于隘口，据守水源，扼守要塞和道路，或座落高处，或座落水边，且相互应援，凸显军事防御价值。营堡驻扎有数量不等的军队，都有辖区和特定防御任务，有些分管边墙、墩台。

嘉峪关堡和小钵和寺（十营庄堡）是防线上最早修筑的关堡，卫护过境古道，扼控防线正面。关城是防线的指挥中枢，始建于明洪武五年（1372），由内城、外城、瓮城、罗城、壕堑等组成，城内套城，城外有壕。城内建有衙署、仓廒、祠庙、驿站及街市等。小钵和寺也筑于洪武年间，是嘉峪关的另一处古关隘，明前期是野麻湾营驻屯之所，明中期这里沦陷，被占据，明朝收缩防线至新城草湖以里。新营、路家泉墩营、野麻湾堡就是小钵和寺失守的后续接替者，反映了防线新城草湖一带攻防退守的态势。《明史》中多次提到小钵和寺，反映了当时它的重要性。

3. 墩台

明代称烽火台为墩台。墩台除了传递军情外，还有瞭望、警戒、戍守、保护过往人众安全的功能。墩台以烽火、烟气传递军情，一般来说，白天燃烟，夜间放火。燃烟放火的数量由来犯之敌数量决定，成正比例：一束火或烟表示50名以下敌人来犯，两束火或烟表示50—100名敌人来犯，辅以大帜升降、积薪离合、鸣炮，大致依此类加。因为要以视觉可见方式传递军情，墩台的选址大都遵循建在水边、路边、边墙上的高处原则，同时保证视野开阔。任何一个墩台，都能同时看到自己的上一个墩台和下一个墩台，始末的墩台例外。墩台都不是孤立的，它一定处在特定方向军情传递的环节上。任何一个墩台都蕴含有修建背景、名称、道路、地理、形制、位置属性、筑制、烽火品约制度、兵制等文化信息。

封堵河西走廊的嘉峪关防线曾有70多座墩台，明代依据所处位置分为境外墩、沿边墩、腹里墩，[49]墩台与山川、营堡、边墙结成一体，构筑了天衣无缝的军情传递网。在嘉峪关东南西北方向上，都有墩台楔入深山戈壁，或矗立山顶，或站立高坡，或盯着谷口，或注视大漠，凝望着远处的敌情。防线的安危、肃州的安危、边疆的安危无不寄予这些墩台。

4. 边墙

明长城夯土墙位于北方九个边镇上，所以叫边墙。嘉峪关防线上边墙主要分布在关城南北两翼、市区北、新城镇境内，总长超过 35 千米。主要包括关南边墙、关北边墙、关东边墙、悬壁长城、石关儿长城。[50] 地方古志当中把嘉峪关关城南北边墙叫作"西长城"，新腰墩至肃州下古城（肃州区三墩镇古城村境内）边墙叫作"北长城"，是依据肃州为参照的命名。[51] 嘉峪关境内边墙为肃州西长城全部、肃州北长城大部。嘉峪关边墙的修筑，坚持利用地形，凭山依险，就地取材，既省工又险峻。从现存的长城遗迹来看，当时修筑方法主要有黄土夯筑、黄土夹沙、片石夹土三种。关北边墙一段经过复古，高为 6 米，宇墙高 0.5 米，垛墙 1.2 米，上宽 1.5 米，底宽 5 米。

5. 壕堑

明长城秉持"沿山斩崖削坡，平地筑墙挖壕"的修建原则。壕堑在以天然险为母体的嘉峪关防线上比比皆是、形态众多，广泛分布于祁连山北麓至新城草湖。壕堑又分为两类，一类是壕沟，包括墙壕、远壕、城壕、外壕、山壕、边壕、墩壕、水壕等；另一类是堑，包括斩崖、崖栅、远墙等。[52] 壕堑的建设相对于边墙而言，有易于施工、工程质量标准简单的优势，同样可以阻滞敌人，是防线上常见且重要的长城形态。

壕堑一般不单独存在，它与边墙、营堡、墩台等人工墙体相伴，位于边墙外侧和营堡墩台周围，增加敌人跨越、攻占的难度，增强长城的防御能力。嘉靖三十五年所绘嘉峪关防御图里，[53] 关城周围有多道长城环卫，呈现层层设防，这些长城就是壕堑，现在还残存遗迹。无论墙体还是壕堑，都是要达到让入侵者过不来、下不来、上不去、回不去的目的。如果敌人冲至边墙和墙壕或边墙和崖栅之间的地带，定会进退两难，遭受攻击，因无处躲藏而大量折损。壕堑充分利用地理，是自然长城和人工长城的混血。经过几百年风吹雨淋和沙土淤埋，很多壕堑已经消失或不宜辨认。

经比照志书实地踏勘，嘉峪关防线上有以下壕堑：

墙壕　关城南北边墙西侧，有一道平行的壕沟，长约 13 千米。从关南的讨赖河北岸起，蜿蜒向北，穿过戈壁延伸到黑山。在关南，在距长城 30—60 米不等的戈壁滩上，长约 6.4 千米。在关北，在关城所在高岗东侧脚下挖沟，在黑山石壁上凿壕，距边墙数十米到数百米不等，现存长约 2.1 千米。

远壕　分布于关城西，与关南墙壕相连，向西延伸，亦称拦马沟。

城壕　在罗城城墙外侧脚下和内城南北两侧。卯来泉堡、小钵和寺四周亦有。

外壕　在关城外城外侧。紧贴北侧外墙外壕长约 260 米，外墙东、东南、南侧外壕长约 370 米，距外壕外侧 20 至 30 米山坡上还有壕沟。

远墙　亦称壕栅，把天然壕沟背敌一侧削凿垂直，增加壕沟跨越难度，达到阻敌通过的目的。罗城西二里处可见。

崖栅　把山坡顶至中部削凿垂直，呈悬崖状，阻敌冲下和攀爬。关城北侧紧贴外壕有 500 多米，距北边墙西侧 40 米至 220 米的山坡上有 670 多米。

水壕　在新城草湖和边墙间，有两种形态，一是在湿地中把人马能通过的地面挖沟蓄水，阻敌通过；二是边墙穿过湿地，因潮碱，无法夯筑，遂挖沟连通边墙。现遗迹无存。

山壕　在黑山上，位于悬壁长城外侧。

墩壕　卫护墩台的壕沟，小湖儿墩、梧桐墩周围可见。

紫篾　用灌木树枝与泥土层层叠压筑成的墙状屏障，志书记载紫篾存于新城草湖北，现遗迹无存。[54]

6. 纵深

嘉峪关防线的纵深隐含着古人的防御智慧。防线东西、南北跨 50 多千米。在讨赖河与黑山之间、祁连山与文殊山之间、黑山与新城草湖外围都有广阔的戈壁沙漠，是防线纵深的主要构成。戈壁沙漠没有水源和补给，可导致入侵者人困马乏、粮草接济不易。纵深可分散敌人兵力，稀释消耗敌人的力量，增加敌人占领的难度。纵深还拖延敌人，使明军有时间依仗烽火迅速传递信息，完成御敌布防。在正德十一年（1516）东察合台国满速尔汗率军入侵嘉峪关的战争中，万余骑被迫分散在漫长广阔的防线上作战，被明军拖入持久战，陷入被动。正德十六年，敌军千骑侵至新城草湖外围，明军死守水源和粮草，敌军没有后援和补给，担心被明军包抄，无奈撤退。纵深上发挥着长城功能，嘉峪关防线的广阔仍以长城的姿态履行了墙体无法达到的防御效果。

（三）防线特点

与其他长城相比，嘉峪关长城防线有以下特点。

1. 依托地理，借助天险

人工长城倚凭峡谷、崇山、湖沼等天险，充分利用山川，与地理地势紧密结合，浑然一体。

2. 连成片的防御体系

防线不只是以边墙为轴的带状延伸，因为要承载封锁河西走廊使命的原因，明长城总体上的线状延续在嘉峪关表现为片状防御体系，南、西、北三面环卫肃州，类似马蹄铁状。

3. 人工长城依凭地理梯次分布、层层设防

在祁连山北麓观音山口、大直沟、小直沟、松达板山口、羊蹄沟、冰沟、肠子沟、柳条沟、嘛弥陀沟等入侵者能够进出的地方，都修筑了营堡和墩台，进行警戒和防守。嘉峪关防线的南翼，就是为了警戒扼守祁连山。如果入侵者突破祁连山外沿防线，文殊山口就是这一带唯一的出口。明军在文殊山口外修建了兔儿坝堡、黄草坝堡、塔湾堡等，作为守卫嘉峪关背后、肃州南安全的又一道防线。新城草湖长城密布，外围有大量境外墩和营堡，内侧有边墙和营堡，都呈现层层设防态势。从防线看出，人工长城依凭地理，充分扼守要塞、要道、要点，处处梯次防御。

4. 有广阔戈壁

东西、南北 50 多平方千米，有多处成片戈壁沙漠，可增加敌人占领的难度，稀释消耗敌人的力量。

（四）防线作用

嘉峪关防线的主要作用是封锁河西走廊，抵御入侵，卫护古道，保障过往人众安全。汉代是因为发现并利用了嘉峪关、酒泉所在地的战略价值而赢得汉匈战争，明代则是沿用并光大其国防和军事价值，并把嘉峪关的军事防御价值发挥到极致，嘉峪关防线辖域的山川地理都以长城的姿态捍卫了领土和主权。在冷兵器时代，嘉峪关的得失决定河西走廊的命运，河西走廊的归属决定亚洲乃至世界格局。嘉峪关的争夺是中原与中亚此消彼长的分水岭，"得嘉峪关得天下"。

（五）防线之最

因为位置冲要、建设周期长、工程体量庞大、长城形态丰富、纵深广阔、久历战争等原因，嘉峪关防线是世界上冷兵器时代最重要、最经典的长城防线之一。

——是世界上辖域最大的边关长城防线。嘉峪关防线西南起祁连山北麓红泉墩，南至肃南卯来泉堡，西至玉门市境内骟马城，北至花城湖北金塔境内，东至肃州银达两山口堡以西，东南至肃州金佛寺堡，整个防线宽阔纵深百里多，跨嘉峪关、肃州、金塔、玉门、肃南。明人利用峡谷、险山、湖沼等天然屏障，嵌筑以边墙、壕堑、墩台、营堡等人工长城，构成"中外巨防"，是万里长城沿线辖域最大边关防线之一。

——是世界上最经典（最低建设成本、最高戍守效率）的边关长城防线。明人借助、利用讨赖河峡谷、黑山、新城草湖等紧凑集中的天险天堑，选择在嘉峪关构筑国防，长城工程量相对小，投入防御成本相对低，可四面据守，可以实现最低建设成本、最高戍守效率。如果在嘉峪关以西的敦煌、以北的黑城建立边关，虽然可圈围更大范围的国土，但不具备四面凭借的地理条件用于防御，一旦遭遇强敌围攻，则守卫困难，救援路远，极易失守。在河西走廊及周边，再也找不到嘉峪关这样一个适合的地方建立边关防线。

——是世界上冷兵器时代建筑耗时最长的边关防线。嘉峪关防线自洪武五年（1372）开始修建，历经永乐、成化、弘治、正德、嘉靖、隆庆、万历等朝不断修筑，至万历四十四年（1616）野麻湾堡筑成，清朝乾隆时期仍在加固，防线形成现在的规模至少用了 240 多年，建筑时间长于长城其他关塞。

——是世界上冷兵器时代最多部族势力争夺的区域和地带。嘉峪关地域自汉元狩二年（前 121）归中国版图，后又历经凉、甘州回鹘、吐谷浑、西夏、蒙古等政权，乌孙、月氏、匈奴、鲜卑、氐人、突厥、回鹘、党项、羌、蒙古等民族游牧。长期处于不同势力的争夺中，山海、居庸、雁门等关都没有这样的经历。

——是世界上承载国防命运时间最长的边关和人文界线。公元前 121 年，酒泉建郡开始，此地初为汉与匈奴分界。以后多个历史时期为不同国家和势力分界（前段有述）。清康熙朝打败噶尔丹，乾隆朝平叛大小和卓，光绪朝左宗棠平叛阿古柏，收复新疆。整个清时期，新疆自叶尔羌汗国后，还出现了准

格尔汗国、哲德沙尔汗国、洪福汗国。朝廷多次通过出嘉峪关军事解决西域问题。1942 年，蒋介石来到嘉峪关，处置割据分裂危机，这是嘉峪关最后一次发挥关键作用。从公元前 121 年至 1942 年，在人类历史长河中如此长久承载重要国防作用的唯有嘉峪关。

——是世界上冷兵器时代军事设施最集中、长城形态最丰富的边关国防。嘉峪关明代属肃州管辖。肃州为明最西有效控制区划，万里长城在这里起始。嘉峪关防线有边墙、壕沟、崖栅数百里，关堡 20 座，墩台 70 多座，军事设施密布，长城沿线绝无仅有。有墩台、营堡、边墙、壕墙、远壕、城壕、外壕、山壕、边壕、壕棱、斩崖、崖栅、远墙、水壕、紫綮、暗门、湖沼、险山、峡谷等 20 种长城，长城沿线独一无二。

三、旅游发展

1984 年 9 月嘉峪关市被国家确定为第一批对外开放二类重点旅游城市，随即提出了"对外宣传、文物保护、旅游开发"三位一体的指导思想和"发展旅游业是促进我市经济发展的一个重要方面"。进入 21 世纪，在国家"西部大开发"战略的指引下，嘉峪关市委、市政府审时度势，科学决策，将嘉峪关市定位为工业和旅游城市。以长城为龙头，全面保护开发旅游资源，建成世界文化遗产公园、丝绸之路文化博览园等。实施项目带动，引进"方特"，形成文化产业集群效应，长期坚持举办"铁三赛"、国际短片电影展、国际房车博览会等赛事节会，大力培育发展节庆会展旅游。建成雄关广场、长城博物馆、东湖生态旅游景区、大剧院等文化工程和东方百盛、恒基美居等商贸中心，打造交通枢纽和智慧型城市，推动农户发展休闲观光农业，提升配套服务水平，优化旅游服务环境。支持民营资本和社会资本参与文化和旅游产业开发建设，出台了《加快建设旅游强市的意见》《全域旅游发展补贴奖励办法》等多项制度，创新体制机制，激活发展动力。策划举办了系列宣传推广和主题营销活动，加大宣传营销力度，提升城市知名度和美誉度。经过多年探索，嘉峪关市从创建"华夏文明传承创新区"到创建旅游大景区再到创建全域旅游示范区，逐步构建大文化、大旅游、大景区的发展格局，最终确定了"景城一体化"的"丝绸之路国际旅游目的地城市"的思路和发展目标，已经步入旅游产业发展的快车道。

近 20 年以来，旅游人数和旅游收入呈两位数增长。2006 年，全社会旅游人数达到 74 万人次，是 20 世纪 90 年代的总和。旅游及相关产业收入达到 3.12 亿元，是 90 年代总和的 1.7 倍。[55] 2015 年，全社会旅游收入 36 亿元，旅游人数达到 571 万人次，较 2010 年年均增长 38.7% 和 29%。第三产业占生产总值比重由 2010 年的 24.4% 提升到 2015 年的 40.7%。[56] 2018 年，全社会旅游人数突破千万人次，旅游收入突破 73 亿元。[57] 2019 年截至 9 月末，即达到上年全年水平。以关城、一墩、悬壁为主的长城景区一直是吸引游客的主要目的地，是嘉峪关市旅游的主体。世界文化遗产长城是嘉峪关得天独厚的旅游资源，是发展旅游的龙头。

四、长城旅游在软实力方面的短板和瓶颈

（一）对长城的重要性认识不足

对长城认识不到位，依然局限于长城就是边墙，第一墩就是长城尽头等谬误观念，误导游客，致使保护不到位。产业布局上还有冲突长城保护、割裂山川地理承载的长城功能的情况。全市还没有认识到拥有独一无二的长城资源，还没有形成打造露天长城博物馆的共识，对长城与中华民族精神的密切联系缺乏认知。

（二）给游客提供的精神服务层次低

旅游的主要形式是让游客爬长城、摸长城、与长城合影，直接消费长城。在满足游客求知、求奇的精神层面还远远不够。目前为止，还没有给游客全面展示嘉峪关防御体系全貌和各种长城形态，没有一体开发自然长城旅游，没有开发烽火相传、狼烟四起、金戈铁马等独具本土特色的服务游客的边塞体验娱乐项目。

(三) 长城文化支撑明显不足

嘉峪关本土历史、长城文化研究及成果运用方面短板明显，研究浅尝辄止。"嘉峪关明代以前没有历史""嘉峪关没有打过仗"等说法依然流行。对长城的研究局限于关城、城防、建筑，没有上升到边防、国防、军事。对先进研究成果和权威学术借鉴引进不够。学术研究与旅游脱节现象普遍存在。认识不到位，导致嘉峪关地域的丝路古道仍然闲置，没有如实挖掘本土战争故事讲给游客。没有形成以纪念嘉峪关重大历史事件学术研讨活动促进旅游的氛围。在揭示长城防线的壮观与神奇上仍然充斥矮化雄关、扭曲本土历史的神话传说和杜撰。因"万里长城从这里开始"而截肢了长城。把丝路古道错引入石关峡，误导了开发，误导了游客对嘉峪关历史及长城的认知。

嘉峪关的旅游目前还局限于关城旅游，还没有达到长城旅游；只是景区旅游，还没有实现全域旅游；旅游服务上还没有完全满足游客的需求，离建成露天长城博物馆还有不小的距离。短板导致景区狭小，压抑"天下雄关"知名度，大部分游客游览无目的，在嘉停留短，收入附加值比重少。游客不过夜，旅游淡季长的瓶颈依然束缚旅游发展。

五、打造长城文化公园的机遇和优势

嘉峪关市有建设长城文化公园的"天时、地利、人和"。

(一) 天时

习近平总书记2019年8月20日在嘉峪关察看关城时，指出"长城是中华民族的象征""要做好长城文化价值发掘和文物遗产传承保护工作，弘扬民族精神，为实现中华民族伟大复兴的中国梦凝聚起磅礴力量"，把长城的定位推到新的高度，是认识长城、保护长城、开发长城、传承长城文化的行动指南，为嘉峪关市发展长城旅游提供了强大动力引擎。2019年7月，中央深改委正式做出了建设长城、长征、大运河国家文化公园的决定，拉开了全面保护长城资源、深挖长城文化、发展长城旅游的新序幕。全国长城沿线城市都在乘势而动，积极谋划。2017年，甘肃省委、省政府做出关于构建生态产业体系推动绿色发展崛起的决定，出台了《加快建设旅游强省的意见》，推动发展历史文化旅游和生态旅游。

大环境、大风向、大政策为嘉峪关市深挖长城文化、发展长城旅游、建设长城文化公园提供了千载难逢的机遇。

(二) 人和

嘉峪关市经过多年发展，确立了旅游业的主导地位，成为全国唯一以长城文化为主角发展全域旅游的地级城市。市委审时度势，两年前就提出"建设长城公园""建设露天长城博物馆"的发展目标并逐步推进。嘉峪关市已经积累了近40年开展旅游工作、推进旅游业发展的经验，设置配齐了管理服务机构，培养锻炼了大批干部和旅游从业队伍，围绕旅游业形成大量社会资源。21世纪以来，嘉峪关市加强旅游环境、投资环境、生态环境建设，相继获得"中国优秀旅游城市""国家卫生城市""国家环保模范城市""全国园林绿化先进城市""全国文明城市"等荣誉，城市的服务条件和机制日趋适宜旅游业。全市上下已经形成依托长城发展旅游的共识和合力。

(三) 地利

嘉峪关历史悠久，丝路古道穿过，古代是交通站关、军事边关、通商税关。境内遍布文化遗迹，是万里长城西端，有封锁河西走廊、独一无二的长城防御体系，分布有数量庞大、形态丰富的长城资源，还有丝路古道、果园—新城墓群、黑山岩刻等全国重点文物，携手文化"聚合效应"的空间巨大，展示文化、发展旅游的前景广阔，有建设长城国家文化公园得天独厚的条件。

六、科学打造长城文化公园的具体措施

(一) 扩大景区

用长城防线统领嘉峪关全境的旅游开发，把讨赖河峡谷、黑山、新城草湖以自然长城身份与景区统

一规划，一体开发，扩大旅游范围至双井子堡、红泉墩、新城草湖、黑山、小钵和寺、天生桥。把长城资源都作为景点，拓展关城景区游为长城全域游，直至建成景城一体的长城文化公园，再现山川地理襄助国防的盛大景观。

（二）全面开发长城

让游客充分领略各种长城形态。游客到嘉峪关，领略长城的雄浑，欣赏各类长城形态，听冷兵器时代发生在这里的战争故事，感受古人利用地理襄助国防的智慧是主要目的。开放开发现存关堡、墩台、人工墙体、壕堑、天然险等近20种、近百处长城，满足游客求知猎奇长城的精神需求。

（三）让丝路古道加盟长城旅游

历史悠久的丝路古道穿过嘉峪关，见证了东西方文化的交流。尽可能恢复丝路古道过境段，把古道作为丝路文化的载体，再现嘉峪关市2000多年古道沧桑的历史。

（四）讲好嘉峪关故事

挖掘"张骞受阻呼蚕水""霍去病鏖战马莲滩""刘细君出嫁乌孙途经当地""玄奘过嘉峪关""芮宁捐躯文殊""嘉靖皇帝的三道圣旨""林则徐过嘉峪关""左宗棠舁榇出关"等故事，深挖历史文化和长城精神，以导游讲解、实地游览、博物馆还原、展板介绍、光影再现等形式面向游客和媒体宣传，彰显嘉峪关悠久的历史和深厚的文化。

（五）恢复使用明代长城名称

明代长城名称和地名蕴含地情信息，反映历史变迁。通过恢复使用明代长城名称，以此包装城市道路、街道、市场、社区等命名，凸显长城文化和悠久历史。

（六）采取保障措施

一是借鉴河长制、湖长制治理经验，采取"长城长制"，分段分片落实嘉峪关长城遗址保护责任；二是实行所有项目审批和土地平整、道路修建、国土绿化等必须优先考虑长城开发和遗址保护原则，坚决把长城保护作为刚性约束；三是以大长城身份重新修正讨赖河峡谷、新城草湖、黑山的开发规划，正视山川地理承载的长城功能和对历史的作用；四是拟定与嘉峪关历史地位相匹配、正确长城认知、全市统一标准的导游解说词，在导游、出租车司机、店员等旅游从业人员中普及；五是使用嘉峪关长城防御体系沙盘和长城分布图。[58] 通过让游客先看沙盘和地图，了解嘉峪关长城的全貌及防御智慧，激发游客兴趣。

把特色文化做强做大，打造彰显中华民族精神的长城文化公园是总书记为嘉峪关市发展指引的方向。

吴晓棠　嘉峪关市党史和市志研究院副院长

注释：

1　《张骞通西域路线图》人民出版社 2008《秦汉史》204 页。

2　中华书局 2007《汉书·卫青霍去病传》559 页。

3　中华书局 2007《汉书·武帝纪》。

4　甘肃人民出版社 2008《甘肃通史》。

5　中华书局 2007《汉书·张骞李广利传》。

6　中华书局 2007《汉书·赵充国辛庆忌传》。

7　中华书局 2006《肃州新志校注》210 页。

8　《明史·列传·卷二百一十七》《明史·志·卷四十》。

9　《汉书·张骞李广利传》《史记·大宛列传》。

10　兰州大学出版社 2019《嘉峪关市志 (1978—2010)·长城》。

11　甘肃人民出版社 2011《嘉峪关志·兵防》。

12　甘肃人民出版社 2005《肃镇华夷志校注》175 页。

13　中华书局 2007《重修肃州新志校注》192 页。

14 甘肃人民出版社 2005《肃镇华夷志校注》。

15 文物出版社 2012《明长城》。

16 甘肃省文物局 2019《甘肃长城资源概览》。

17 甘肃人民出版社 2005《肃镇华夷志校注》96 页。

18 甘肃人民出版社 2005《肃镇华夷志校注》187 页。

19 甘肃人民出版社 2005《肃镇华夷志校注》191 页。

20 甘肃人民出版社 2005《肃镇华夷志校注》191 页。

21 甘肃人民出版社 2005《肃镇华夷志校注》191 页。

22 甘肃人民出版社 2005《肃镇华夷志校注》192 页。

23 甘肃人民出版社 2005《肃镇华夷志校注》190 页。

24 甘肃人民出版社 2005《肃镇华夷志校注》190 页。

25 甘肃人民出版社 2005《肃镇华夷志校注》190 页。

26 甘肃人民出版社 2005《肃镇华夷志校注》178 页。

27 甘肃人民出版社 2005《肃镇华夷志校注》177 页。

28 甘肃人民出版社 2005《肃镇华夷志校注》190 页。

29 甘肃人民出版社 2005《肃镇华夷志校注》190 页。

30 甘肃人民出版社 2011《嘉峪关志》56 页。

31 甘肃人民出版社 2005《肃镇华夷志校注》189 页。

32 甘肃人民出版社 2005《肃镇华夷志校注》189 页。

33 甘肃人民出版社 2005《肃镇华夷志校注》193 页。

34 中华书局 2007《重修肃州新志校注》193 页。

35 甘肃人民出版社 2005《肃镇华夷志校注》175 页。

36 甘肃人民出版社 2005《肃镇华夷志校注》177 页。

37 甘肃人民出版社 2005《肃镇华夷志校注》177 页。

38 甘肃人民出版社 2011《嘉峪关志》61 页。

39 甘肃人民出版社 2005《肃镇华夷志校注》178 页。

40 甘肃人民出版社 2005《肃镇华夷志校注》175 页。

41 甘肃人民出版社 2005《肃镇华夷志校注》175 页。

42 甘肃人民出版社 2015《新城镇志》246 页。

43 青海人民出版社 2015《秦边纪略》283 页。

44 甘肃人民出版社 2015《新城镇志》246 页。

45 甘肃人民出版社 2011《嘉峪关志》60 页。

46 甘肃人民出版社 2011《嘉峪关志》59 页。

47 甘肃人民出版社 2011《嘉峪关志》59 页。

48 上海古籍出版社 2008《大清一统志·安西州》。

49 中华书局 2007《重修肃州新志校注》194 页。

50 兰州大学出版社 2019《嘉峪关市志 (1978—2010)·长城》。

51 甘肃人民出版社 2005《肃镇华夷志校注》113、114 页。

52 兰州大学出版社 2019《嘉峪关市志 (1978—2010)·长城》。

53 《四库全书·甘肃通志》。

54 兰州大学出版社 2019《嘉峪关市志 (1978—2010)·长城》。

55 新疆人民出版社 2007《嘉峪关年鉴 2007》。

56 甘肃人民出版社 2016《嘉峪关年鉴 2016》。

57 甘肃人民出版社 2019《嘉峪关年鉴 2019》。

58 《嘉峪关明代长城防线分布图》见嘉峪关市文化和旅游局 2018《露天长城博物馆——嘉峪关明代长城防线》。

山西忻州长城保护的若干问题

杨峻峰

摘　要：忻州长城历史跨度之长、朝代之多、长度之长、体量之大、形制之丰富、建筑风格之多样、文化之深厚、地位之崇高为全国罕见，有四项全国第一，十项全国唯一，八项全国之最，是中国长城的精华，长城文化的教科书，堪称中国长城的博物馆。但是长城破坏十分严重，加强保护迫在眉睫。要调动社会力量来保护长城，重视各级长城学会的工作，强化文物保护的管理监督，重视对忻州长城的对外宣传。文物部门要大力支持长城的开发利用，注重对长城保护级别的宣传提升。

关键词：忻州长城　长城破坏　长城保护

我作为工作在基层的长城爱好者，对全国范围长城保护、长城研究的情况不大了解，只就忻州长城的一些重要价值、破坏现状、保扩工作等情况作一汇报。同时给文物部门提点今后在长城的保护、宣传、开发、利用等方面的工作思路，旨在让本地人增强对忻州长城的荣誉感和责任感，有效地促进下一步的长城保护工作，并延伸到做好长城的开发利用工作，为忻州的经济社会发展多做贡献。

一、长城地位崇高，保护责任重大

长城是中华民族的脊梁与象征，是中华民族的古建瑰宝，是世界文化遗产、世界七大奇迹之一。山西是全国的长城大省，忻州是山西的长城大市。据史书记载，忻州14个县（市、区）中有13个修筑过长城。从战国赵肃侯公元前333年在此修筑长城开始，相继有秦、汉、北魏、东魏、北齐、北周、隋、宋、辽、明、清12个朝代在此修筑过长城，修筑长城的总长度约有2000多千米。现在仍有战国赵、汉、东魏、北齐、隋、宋、辽、明八个朝代的长城保存较为完好，并且许多长城墙体高大，敌楼雄伟，古堡完整，坐落在忻州壮美的山水之间。人文景观与自然风光相互补益，相得益彰。据近年来文物部门的普查数据，境内保存较完好的明长城有248.731千米，保存较好的早期长城有229.857千米，两项合计478.59千米。这和当初修筑的长城总长度相比，数量要小得多。一是因历史年代悠远，已经消失，比如保德长城，史书上有记载，但没有实物。二是历史上许多王朝修筑长城，是在前人修筑的历史上再修筑，有叠压消失的部分，还有我们没有考察发现的地方。比如2019年各地搞文物调查，发现了不少新的长城和城堡，以前的考察记录上没有，神池县就有新发现的长城和古堡，成绩可彰。

总之，忻州长城历史跨度之长、朝代之多、长度之长、体量之大、形制之丰富、建筑风格之多样、文化之深厚、地位之崇高为全国罕见，是中国长城的精华，长城文化的教科书。忻州又是全国唯一拥有三镇长城的地级市，堪称中国长城的博物馆。

近两年，忻州市委市政府对长城保护和开发利用十分重视。2015年12月，忻州市委在三届七次全会上提出：发展文化旅游业怎么干，就是要叫响世界品牌，做好龙的文章，讲好忻州故事。要"舞龙身"，以平型关、雁门关、宁武关、偏头关长城为龙身，提升各类景区的文化内涵、服务能力和市场竞争力，打造忻州文化旅游业的新优势。这是一个长城大市第一次将长城的价值提升到一个高度，也是以决策者的层面第一次定位到世界文化遗产的高度。就在这次全会上，通过了《忻州国民经济和社会发展"十三五"

规划》的建议，将长城内容写进《规划》，令全市人民欢欣鼓舞。2017年3月26日，市委书记李俊明亲自主持召开长城（忻州段）保护开发座谈会，在长达六个小时的会上，李书记认真听取了专家的建议。会议作出如下决议：要进一步挖掘忻州长城的资源价值，实现由点向线、由市向世界的思维转变。特别是要将长城（忻州段）作为我市第二类第二处世界遗产，作为"一带一路"陆路丝绸之路的重要节点，理直气壮、坚定不移地叫响长城世界文化遗产品牌。要突出唯一性，立足忻州市境内长城的资源特征，叫响一批站得住、立得起、能推开的长城（忻州段）之"最"，实现资源价值的表格化、数字化、图表化。特别是要突出长城（忻州段）历史的悠久性和保护的原真性。特别是要突出三个"两千年"的概念，即雁门关两千年不断的商道、长城两千年不断的战事、五台山两千年不灭的佛灯，要突出忻州长城与"胡焕庸线"的交汇，突出长城与黄河在忻州握手，突出农耕文明与游牧文明的交汇。

在长城（忻州段）保护开发座谈会议之后，市委李俊明书记亲自指导，让市长城学会研究忻州长城在全国长城界的地位，市长城学会专家委员会的成员，经过实地考察长城，查阅历史资料，赴全国各地访问专家学者，最近考察论证出了四项全国第一，十项全国唯一，八项全国之最。

四项全国第一：

（1）雁门关是万里长城第一关，早在汉代就已出名，又是万里长城中经历战事最多的关口，无论历史之古老，还是战事之频繁，文化之深厚，皆为九塞之首。

（2）河曲、偏关境内的黄河边是长城离开大海之后第一次与黄河拥抱并行之处。

（3）偏关境内有秦、北魏、北齐、明、清诸朝修筑的十道长城，总修筑长度约500多千米。还有50多座堡寨、1000多个烽火台，是全国长城分布最复杂、古堡烽墩最多的县份，堪称"中华长城古堡第一县"。

（4）偏关县老营城从城池规模到军事建置，是全国在州县之外的最大古堡，堪称中华长城第一堡。

十项全国唯一：

（1）经静乐、忻府区、原平到宁武、五寨的东魏长城，是全国唯一发现的东魏长城。

（2）岢岚县境内的宋长城是全国唯一发现的宋代长城。

（3）宁武关是中国明长城段唯一的水关。全国境内长城过河的地方还有几处，但将大关口建在河上的这是唯一。关口堡台林立，蔚为壮观。

（4）宁武大水口长城上的刁口是全国所有长城上唯一保存下来的刁口。刁口是一种很独特的军事瞭望设施。

（5）从神池经宁武到原平、代县有一段宋辽界壕，这是全国唯一发现的宋辽界壕，也可称为辽代长城。

（6）偏关、神池、原平境内的北齐长城与明长城的平行交汇是全国唯一。

（7）原平轩岗镇四十亩地村的火烧长城是我国唯一发现的火烧长城。先是用铝矾土修筑，后用大火烧结为一体，壮观罕见。

（8）偏关县是全国唯一拥有两镇长城的县。即山西镇和大同镇长城。两镇长城在老营镇柏杨岭村北交互，山顶的长城或交叉或并行，连环神秘，雄伟壮观。

（9）老营堡拥有十座悬楼（即战台），为全国古堡中唯一。

（10）忻州是全国唯一拥有三镇长城（山西镇、大同镇、蓟镇或真保镇）的地级市。

八项全国之最：

（1）宁武县东寨镇的赵长城，为战国赵肃侯公元前333年所筑，是我国修筑最早的长城之一。

（2）偏关县老牛湾是全国最雄壮的长城黄河握手处。

（3）平型关是中国现代战争中最著名的关口。1937年9月25日，八路军首战日寇，取得大捷，震惊中外。

（4）从宁武经神池到偏关的土长城是全国保存最好的土长城。

（5）神池境内的黄花岭堡是全国现存最完整的北齐城堡。

（6）代县雁门关的复修开发，被中国长城学会专家评价为全国长城保护维修中的范例，也是中国当代长城复修之最好。

（7）偏关境内的丫角山是内长城与外长城的交汇点。长城纵横交错、环互分布，堪称全国之最，是一处壮美的"山西结"。

（8）偏关县水泉堡的长城地道为全国现存最完整的"地下长城"。

此外，岢岚县发现的隋代修筑长城的古碑，是全国迄今发现记录长城修筑历史最早的古碑，截至目前全国范围内比这早的记载只有文字，没有古碑。

忻州长城有如此崇高的历史地位和旅游开发的重大价值，相应的保护责任也相当重大。如果说长城是很重要的文物，忻州长城是更重要的文物。忻州长城一旦遭到破坏，特别是碰到这全国第一、唯一、之最的底线，责任是无比重大，真是无法弥补的损失。

二、长城破坏严重，保护迫在眉睫

从目前山西忻州市长城保护的现状来看，人为的、自然的破坏特别严重，特别是人为破坏严重，保护缺失。长城惨遭破坏有以下几种。

1．采矿破坏

这是我们目前发现的最严重的破坏，也是对长城造成毁灭性的破坏。比如2017年神池县项家沟、龙元村一带的采铝矾土矿造成对长城的破坏，还有2018年原平市段家堡乡采煤对北齐长城造成的毁灭性破坏，2017—2019年繁峙县大沟村开砖瓦场对明长城烽火台的破坏。采矿破坏，都是大型机械，一夜之间，几十米几百米的长城就被挖掉了。五寨县南山梁上的东魏早期长城，被农民开石场毁掉很多。

2．现代化的通讯设施破坏长城

近年来，电信、移动、联通、电力等部门在山顶上建铁塔，多数建在烽火台旁，有的建在烽火台上，破坏着长城的保护范围，破坏着长城的完整性。如偏关县的草垛山空心敌楼旁建了一座铁塔，大杀了这座砖砌敌楼的风景。

3．项目工程对长城的破坏

如近年来西八县上马的风力发电，都是建在高山顶上，大多在长城边上，对长城起着严重的破坏作用，如神池县黄花岭上的北齐烽火台，被风力发电的铁塔挖了一大半。

4．修路造成的破坏

最具代表性的是偏关县的柏杨岭一带。前些年，偏关县用世行贷款搞植树治山，为了让人参观，沿山脊修公路。这公路多是利用的古长城的墙体，或将长城拆了多处豁口。偏关县寺沟长城坐落在壮观的黄河峡谷的石崖之上，附近有元代古刹，距黄河龙口和娘娘滩很近，是颇有开发价值的旅游景点。可是2008年村民修公路紧靠长城挖沙取土，距离最近处距长城仅有四五米。晋西北的沿黄河公路也靠着长城修路，破坏着长城的保护范围。神池县南山的北齐长城，被县上修通往风力发电厂的公路毁坏了一段。最严重最受社会关注的是平型关，修路将关城一劈两半，影响极坏，造成难以弥补的损失。

5．农民种地造成破坏

最具代表性的如河曲县罗圈堡古城、北元村附近的黄河边，都是附近农民在长城墙体下修了水渠，顺便刨了长城上的城砖垒渠堰，引黄河水浇地，使长城墙体多处坍塌。

6．居民在长城附近胡乱修建

虽没有拆毁墙体，但破坏着长城的保护范围，破坏长城的完整性和观瞻性。现在长城保护的红线是50米和500米，我们许多地方做不到。最具代表性的是河曲县城的护城楼，这是全国罕见的空心敌楼，有九窑十八洞之称，可是人为改为佛寺，楼内改变了结构，近年在楼顶建了钟鼓楼，加重了敌楼的承重，村民还围着楼体盖起了民房，将一座非常雄伟的建筑搞得乱七八糟，不堪入目。宁武县大水口堡，近几年农民还在紧靠长城搞建筑，被媒体发现在报纸上批评，虽然停工，但没有移起砖石，随时准备修筑。

7．城市建设破坏长城

比如河曲县，建设长城大街，却拆毁了一座空心敌楼。宁武县去年开发房地产，将数百米长的古城墙拆毁。

8. 农民盖房用砖拆毁

这种破坏在前几年占所有长城遭破坏的多数。因为前些年我们国家太穷，农村尤穷，长城沿线的农民盖不起房，只好拆城砖。如宁武关、雁门关、平型关以及所辖城堡多属于这一类。前几年发生最严重的要数偏关老营古城的破坏。几位农民还在拆，偏关文管所老馆长刘忠信等前去制止、开会批评，最后罚款，罚款几年来未交。河曲县北元村附近有一座建筑风格别致的空心敌楼，在数十年前大拆城墙时幸免于难，可是在近三两年，被村民们拆毁一半。

9. 开发了长城旅游后，游客登墙体破坏古城

最典型的是岢岚县的宋长城，墙体是用两厘米厚的薄石片垒成，很酥脆。近几年名气加大，旅游的人也很多，可是当地没有修筑观长城便道，人们都要登上长城，一踩踏，石片直往下掉。照这样没几年就倒掉了。偏头关寺沟长城等亦属于这一类。游客增多，上长城的人在破坏长城。

10. 开发长城景点无意中破坏长城

代县雁门关前几年在关楼下修了现代化的水泥路，后在媒体的呼吁下被动拆除，重铺成石板路。这几年雁门关的旅游开发，文物部门批评修筑边贸街不对，破坏了长城保护范围。偏关老牛湾也是在古长城下修了许多现代化的房子。还有一些长城景点，对长城进行了小规模的维修，施工十分粗糙，破坏着长城的风格。如神池县的八角堡南门、偏关县水泉堡的城门，都不是修旧如旧，都是粗糙施工，不堪入目。繁峙县前几年对平型关的关门进行了维修，也较粗糙。近一两年虽然搞了大规模的修筑，因公路豁子的影响，很不得体，很不到位。2008年宁武古城也修了一段古城墙，修得太新了，和古关极不和谐。

面对如此种种的破坏长城的现象，我们真感到迫在眉睫，时不我待，刻不容缓。如再不保护，我们的长城会日益减少，用不了多少年就不存在了。比如神池县的长城破坏，曾被全国大小媒体披露，受到中央领导的批示。山西省委省政府领导也做过批示。全国政协专门到实地调研。我曾爬上被破坏长城的至高点，俯瞰那百十米的深坑，确实感到震惊，像那种速度破坏，很快。原平市也发生了破坏长城现象。采矿的不法分子视文物部门立的保护碑而不顾，大肆推倒，大挖狂挖，令人心惊。

三、勇担保护责任，调动社会力量

2008年12月，全国首届长城论坛召开。我在论坛上的发言中说："长城是世界文化遗产，世界七大奇观之一，对世界、对国家具有十分重要的意义，可是到了最基层的市县就显得不重要了。长城保护和处理案件谁家牵头？破坏长城谁的责任？《长城保护条例》谁来贯彻？长城保护经费谁家落实？都是一笔糊涂账。晋北各县都没有文物局，如有些有责任的事，都推向文化局，可是文化局在一个县里来说是最弱势群体，管的事却太多太杂，局机关无人无钱无车，上山看长城没有交通工具。分管县长多为民主人士，说话没风，要不下更多的保护长城经费。许多县的文化局和体育、教育等部门合并，工作被教育淹没，几乎没有保护长城的任务，甚至实质上没有保护文物的任务。现阶段的文化部门论人论钱论职权根本牵不起保护长城的头来。一旦有人破坏了长城，就打文化局的板子，实是冤枉。如果说长城是国家的长城，国家把保护的责任落实在文化局，可是长城如有旅游开发价值，文化局又没有资格开发，首先乡里、村里这一关就过不去。有些地方的长城一发现有开发价值，县上马上就成立旅游公司，专门负责开发，形成保护和开发的脱节，这就是长城保护和管理上的扯皮现象。"

我的这段讲话反映了当年的现状，近几年，我们虽不能说今非昔比、鸟枪换炮了，但是文化部门的长城保护责任较为明确了，各县基本上都有了文物管理所。有长城的县都配备了长城保护员，都给发着工资。国家也搞了几次长城调查和文物普查，都拨付过经费。从责任上，应当是职责明确，谁家保护不好，肯定要打板子。因而文物部门的作用要真正发挥好，起到保护长城牵头人的作用。

1. 文物部门要勇担责任

文物部门是保护的主体责任单位，是《文物保护法》执法的主体，应当理直气壮地去工作，去监管，去担责。你如果不敢担责，不敢管事，更不敢汇报，最后造成严重后果，你终究也是推不掉责任的。这两年来，神池、原平、繁峙的破坏长城行为，都是新闻媒体首先报道出来的，而文物部门是没有发现没

报吗？还是知道情况没有上报，不得而知。我看这两种情况都有。另外，长城所在地方文物部门应当勇敢地担责。

2. 长城工作要有敬业精神

长城是我国形体最大的文物。就忻州来说，按文物普查下的数据，478.59千米长城，还有106座城堡，703个烽火台，这是前些年普查下的数据。实际上要比这多得多。最近各县都在搞不可移动文物普查，又发现了许多。光神池县就发现多出四座城堡和十几座烽火台，还有一个规模很大的空心敌楼。再说前几年的长城普查，神池和宁武交界处的黄花岭堡上的北齐长城，就没有普查上。

3. 调动社会力量来保护长城

长城是最大的文物，这么长的战线，这么大的战场，光靠文物部门的力量来保护是远远不够的，要调动社会的一切力量，包括新闻媒体。2009年，忻州市政府表彰过一批义务保护文物的模范，今后应将这种表彰延续下去。有义务保护的团队，我们的保护才能落到实处。比如新闻媒体，是保护长城的重要社会力量，我们要尊重他们，好好调动他们的积极性，为保护长城出力。我们再想想那些业余热爱长城的人士，他们不挣研究长城、保护长城的一分钱，但是他们能够慷慨解囊，勇于付出，为长城的研究和保护出力流汗，其精神是可嘉的。2018年，山西省文物局和山西广播电视台联合搞的《文明守望》大型文化节目，出镜采访的长城卫士都是业余的，不是专业的。忻州有九次十人出镜接受采访，是全省各地市中最多的。这些业余保护长城的同志，或许成果没有专业人才多，但是他们的付出不比专业人士少，还要耗费精力，付出经费，受苦受气，其奉献精神是值得称赞的。2018年，忻州市文化局联合市长城学会招募一批长城保护志愿者，计划组建一个志愿者团队，帮助、协助文物部门搞好长城保护工作。

4. 重视各级长城学会的工作

忻州市有个长城学会，是隶属于文物部门管理的一个社会团体，现在许多长城县也都成立了相关机构。这些年，他们没花政府一分钱，全是自费集资，但在考察长城、研究长城、宣传长城、保护长城方面做的贡献是很大的。其研究成果得到市委的重视，为忻州市在长城的保护开发利用方面提供了重要的决策依据。现在地市文物局做些长城方面的事，经常想到长城学会，搞展览他们提供材料，开会他们提供文章。我们应当重视、支持他们的工作。

5. 强化文物保护队伍的管理监督

我们有长城的县，都配备了文物管理人员，都给发着工资。但是，我们的文物保护人员是否称职，有没有考核？应当回头看。既然我们的文物保护人员是称职的，那么对于破坏长城的行为，我们的相关管理人员应该承担什么责任？要检查，要反思。

四、宣传开发长城，有效保护长城

1. 重视对忻州长城的对外宣传

忻州的长城有四项全国第一，十项全国唯一，八项全国之最，招商引资开发和旅游观光潜力太大。可是对外宣传不够。我们各级政府部门、文物部门对长城的价值是否知悉？我们本地人自己还不知道，怎能向外宣传让外人知道。以后要理直气壮地、大张旗鼓地采取各种手段，各种措施宣传好忻州的长城，要统一口径，统一到全市对长城的认识高度上来。在长城宣传上，就是宣传我们的资源，宣传我们的财富，我们要舍得花钱，加大宣传力度。

2. 文物部门要大力支持长城的开发利用

可以说，长城的开发利用是对长城的最佳保护。在现阶段国家对长城保护没有大的投资的情况下，长城的开发利用是最佳保护措施，势在必行。如将一些佳美的长城段开辟为旅游景点，长城有了利用价值，开发人自然会对开发利用的一段进行保护，游客也会重视，继续拆除性破坏的现象肯定会制止，同时会推及公众对整个长城的重视。没有一个人开发长城是在挖长城，都是保护也来不及，他们对长城的保护只会增加，不会减少。目前，山西省提出长城、黄河、太行发展旅游的三大板块，也叫"新三板"，我们要认真贯彻省委省政府的战略部署，支持长城的旅游开发，要在立项审批等方面大开绿灯，支持开发。首先文物部门不能谈长城色变，一说长城，就不敢工作了，应当是能吃准的，就大力支持立项开发，吃不准的，及时打报告请示，不能拖住不办。全国那么多的长城旅游景点，如果不敢立项，不敢审批，永远也办不成。近年来，偏关县大打长城旅游牌，将长城旅游的招商活动举办到内蒙。其他县的长城资源也很丰富，比如宁武、繁峙、神池都有旅游价值，我们要大张旗鼓地支持招商，大力发展长城旅游业。目前文化部门和旅游部门合并了，发展文化就要考虑到旅游开发。一旦长城旅游开发了，文物部门要进行严格的监管，发现问题及时制止，及时上报。

3. 重视长城文化的挖掘

忻州长城历史悠久，文化积淀深厚，有12个朝代在此修筑过长城。过去说没有清代长城，或者说清代没有修筑过，最近中国著名长城专家成大林从史书上查证，清朝在忻州的黄河畔上也修筑过长城。这12个朝代，两千多年的历史沉淀，厚积了多少长城文化。这些文化，都是忻州发展的正能量，是保护开发长城的灵魂。长城文化实质上是边塞文化，它包涵着中原的农耕文化的和草原的游牧文化。其中又包涵了诸多的学科。如当初修筑长城时的不同修筑风格和修筑形式的建筑学，有利用长城进行军事防御、军事攻击的军事学，有长城如何走向、如何分布、如何讲究建筑方位的风水学，有如何经过山川河流、利用山险河险的地理学，有将传统儒教、道教、佛教和长城边塞防御有机结合到长城寺庙中的宗教学，有将中国传统绘画应用到长城敌楼门券、箭孔图案和寺庙壁画的美术学，有体现在长城敌楼门券砖雕、长城墙沿、箭孔造型和边塞寺观中佛像、神像中的雕塑学，有体现在长城上的碑碣、诗文、疏奏中的文学，有传播在长城沿线的传说、故事等的民间文学等。这些学科，汇集成一个庞大的长城美学体系。如果挖掘了长城文化，在维修和开发利用长城过程中就有了依据，有了方向。文物部门的同志和业余长城爱好者们，成天和长城打交道，要认真地下苦功挖掘长城文化，讲好长城故事，助力文化发展。比如可以搞一些长城文化征文活动，文化局文物局能拿起来更好，如不方便，依托长城学会也行，这是非常有意义、有功德的工作，坚持数年，定有好处。

4. 各地要注重对长城保护级别的宣传提升

在长城的保护级别上，全国各地不统一，有的是全国重点文物保护单位，有的是省级重点文物单位。山西省在这方面就比较滞后。山西长城是1986年命名的省级重点文物保护单位。1987年，万里长城被联合国教科文组织公布为世界文化遗产。从此以后，全国各地大多数就以世界文化遗产来进行保护和宣传，隔河的陕西也是以世界文化遗产来宣传的。山西省在这个方面不太统一，对于长城，多是以省保文物来宣传的。比如偏关县和内蒙古清水河县是一条长城相隔，内蒙古一侧立着全国重点文物保护单位的牌子，山西一侧立着山西省重点文物保护单位的牌子，一道长城两种保护级别，两种宣传口径。2017年，神池县立了许多长城保护碑，都是以1986年8月公布的省保单位的级别。在这方面，代县雁门关做得比较好，他们打了"世界遗产地，千古雁门关"的口号，宣传雁门关，提升雁门关的地位。早在2010年，雁门关请中国长城学会和忻州市的长城专家，在代县召开了一次学术论坛，后来雁门关的名气猛然提升，雁门关的旅游得以迅速发展。2017年夏，全国政协就神池长城遭到破坏来忻调研。在雁门关，市委书记李俊明就长城世界文化遗产的相关问题咨询国家文物局原局长励小捷。励小捷明确告诉李书记，完全可以打世界文化遗产的牌子。因为中国的万里长城都是世界文化遗产，不是因为某一段修筑得好才申报的。凡全国有长城的地方，都有一份功劳，都有理直气壮打世界文化遗产牌子的权利。所以我建议文物部门在长城的宣传和保护上，要有底气，要以世界文化遗产来对待。并非标志立高了保护责任就大了，立的级别低了责任就小了。

杨峻峰　忻州市长城学会副会长

媒介视角下长城保护与利用研究
——以大同李二口长城为例

袁建琴

摘　要：长城是中华民族的瑰宝，是伟大的世界遗产。大同长城作为中国长城的重要组成部分，在长城发展的历史长河中，具有举足轻重的地位。近几年，随着城市的发展，大同长城也越来越多地进入大众视野。但不可否认的是，在漫长岁月中，饱经风霜的洗礼以及人为的破坏，大同长城正面临着坍塌、消失的危险。在媒体的见证下，大同长城文化在新时代潮流下的发展态势良好。从最初的长城形态符号化、形象化，转变到关注长城本体、文物、文化之外的一些东西。例如长城沿线的气候地理、风土民情、历史故事等。对于长城的保护和利用，我们要回归理性，回归本质。在这方面，天镇李二口长城做出了很好的努力。

关键词：大同长城　李二口长城　利用　保护　对策

在西方人眼中，中国是一个有着灿烂历史文化的国度，甚至还带有一丝神秘。这些神秘感的来源之一就是中国的伟大建筑。而说起能代表中国的象征，首屈一指当属长城。在国人心目中长城也是形神合一的存在，它是我国古代劳动人民创造的伟大建筑奇迹，是中华民族的精神象征和文化遗产。

一、李二口长城在大同长城的位置

大同长城是中国长城的重要组成部分。大同长城最早出现在公元前 4 世纪，战国时期，今大同市的南部首先修有中山长城，作为强化边境防务的重要手段。《史记·赵世家》记载：赵成侯六年也就是公元前 369 年"中山筑长城"。继战国时期之后，又有秦、汉、北魏、北齐、隋、金、明、清 8 个时期先后在大同地区修筑或修缮长城。大同现存有 4 个朝代的长城，境内长城遗址共 493 千米。2009 年公布的长城资源调查数据中，大同市境内明代长城 343.149 千米。其中浑源县 80.309 千米，广灵县 0.08 千米，灵丘县 4.298 千米，天镇县 62.213 千米，阳高县 49.098 千米，左云县 37.489 千米，新荣区 109.662 千米。从公元前 4 世纪到公元 18 世纪结束，大同的长城建筑史延续了 2100 多年。目前大同长城的实物遗址，现存最多、保存最完整的是明长城。在明朝时期，大同作为军事阵地备受关注。1421 年，明成祖朱棣迁都北京，距京都只有 300 多千米的大同，直接成为京西门户。不论是为了对抗北部边患还是为了拱卫北京，修筑长城都是势在必行。因大同明长城相对其他时期长城构筑最精良、规模最宏大，因此现有实物遗存最多、保存最完整。

大同自古以来就是多民族不断融合的地区，大同长城就是中国军事、政治、民族等多角度的融合体，留下了多处古战场、古关塞、古城堡和军府遗址。大同长城在历史上的作用是巨大的，长城的修筑虽然是建立在政治、军事冲突之上，但是它却促进了长城内外两大区域的经济、文化的交流与融合，形成了大同独特的人文风貌与民俗文化。

山西大同天镇县古来一直是汉民族与北方蒙古游牧民族相融相争的地方。长城，作为一项军事防御工程，为边防安定，开发屯田，保护通讯、商旅起到了巨大的作用。天镇李二口长城是现存较完整的土筑长城。站在山脚下，仰望李二口长城，其依山势起伏，如同一条长龙般蜿蜒于山脉之上。

传说李二口村一段土城墙，由西向东延伸直到瓦窑口村，原来长 5 千米，一位李姓将官喝了两口酒醉了，士兵们就误修出了这么长一段长城，所以叫李二口。实际是嘉靖年间，明长城往哪里修的一个决策问题的反映。起初，主张放弃山后新平至西洋河等地面，从李二口、瓦窑口直修到永嘉堡。后来认为不妥，重新划定长城走向，将山后的也纳入长城之内，才往山上修到新平堡、新平尔直到宣化府桃沟。所以才出现误修一段的事实。

修筑于明嘉靖年间的李二口长城位于山西省大同市天镇县的西部边缘。李二口长城黄土夯成，无包砖，高大的墙体和墩台大致保存尚好，是典型的、坚固的土长城。李二口长城起于李二口村西北 1900 米处，止于村西南 700 米处，长度 2232 米。

大同长城是历史留给后人的珍贵财富，是应该被保护的非物质文化遗产，也是值得被科学利用的文化资源。这也是传承和发展中华民族传统文化的需要。大同长城尤其是李二口长城极具文化价值，有着非常大的利用潜力。

二、李二口长城的保护利用现状

对于世界文化遗产的保护与利用，一直都是社会各界关注的重点。较为科学的方法就是先保护再利用。只有强化了保护的概念，才是世界文化遗产发展的本质和核心。文化遗产的保护做到位了，合理的利用才有资本。

在媒体的见证下，大同长城在新时代潮流下的发展态势良好。从最初的长城形态符号化、形象化，转变到关注长城本体、文物、文化之外的一些东西。例如长城沿线的气候地理、风土民情、历史故事等。对于长城的保护和利用，要回归理性，回归本质。

对于李二口长城的保护与利用，存在着一个以官方机构为主导，到官方与民间力量相辅相成、相互协作的这样一个过程。而在过去很长一段时间内，李二口长城保护有余，利用不足。在近些年，民间力量不断参与进来，李二口长城的保护和利用状况呈现出官方与社会组织相辅相成、相互协作的情形。

作为一段保留非常完整的明长城，李二口长城在很长一段时间内不被世人所接受，究其原因有两个。首先就是宣传不到位，大众对于李二口长城的认知只存在于相关文献资料内，其特点、历史内涵等没有被深入挖掘出来。而出现这样情况的一个不可忽视的关键点就是政府部门重视不够。在新时期，现代社会民众了解外界的渠道非常多，从最原始的电视广播和纸质媒体，到新兴网络媒体自媒体等，宣传渠道可谓是花样百出，见缝插针。在这样便利的条件下，大众对李二口长城的了解还是少之又少。现在打开网络浏览器，输入李二口长城会有一系列的内容出现，但在几年前，也只有百度百科能够证明它的存在。第二个原因就是交通不便，道路崎岖，沿途标识不明，也没有直达长城脚下的公共交通，这就是摆在大众面前的一大难题。在那段岁月里，能够见证李二口长城魅力的只有背包客和摄影爱好者们。

近几年，政府加大对文物的保护力度，各方面投入增多，尤其是社会基础设施的完善，更是锦上添花。与大同长城有关的民间活动也如雨后春笋一般，层出不穷。

国家颁布的《文物保护法》《长城保护条例》等是长城文物保护的依据。近年来，大同市委、市政府不断完善《大同长城保护总体规划》，坚持保护和利用相结合，把长城保护与文化旅游深度融合，与乡村振兴深度融合，发动各种力量投入到古长城保护中来。

2019 年大同市人民政府工作报告指出，以文化为灵魂，旅游为载体，突出龙头景区建设，优化"3+3+3+1"发展格局，推动"五环联动"，着力打造国际一流全域旅游目的地。其中，"长城1号景区大整合工程"是重点实施的工程之一。政府工作报告对长城景区进行了详细解读，"大同长城是中华万里长城的重要组成，也是山西省旅游三大板块的重点区域。要重点围绕空间组合和基础配套，在全面保护的前提下，完成'长城一号'国家风景道建设，启动建设汽车营地、艺术基地、长城人家、军事展览、体育运动等项目，积极开发户外休闲、研学度假和风情体验等项目，努力将大同长城建设成为感受历史风韵、体验塞上风情的综合性旅游胜地"[1]。

2018 和 2019 年，由电影频道节目中心、大同市人民政府、成龙国际集团共同主办的第四届、第五届成龙国际动作电影周将全国人民的目光都吸引到了古都大同，大同形象也有了一个全新的提升。尤其是2019 年第五届成龙国际动作电影周期间举办的星光扶贫古长城保护论坛活动。成龙先生来到大同，考察古长城遗址，走访长城脚下的人家，发起古长城保护计划。在明星力量的带领下，大同长城再次亮相世界，并出现了大同"长城热"的现象。李二口长城旅游也迎来了它的高峰期。据统计，2019 年 7 月、8 月，李二口长城共接待游客近 5 万人，同去年相比增长 25%。

2017 年，大同市政府提出沿长城建立一条文化遗产廊道。2019 年大同古长城文化遗产廊道规划荣获 ASLA 2019 分析规划类荣誉奖。该规划沿大同古长城建立了一条长度 258 千米、涉及面域 186 平方千米的文化遗产廊道，涉及遗产保护、生态修复、文化旅游、村域经济等多项目标。公路沿线设置 12 个驿站和若干休憩点，形成贯穿全线的慢行基础设施体系。在生态修复工程建设方面，经过一年多的建设，总投资 15 亿元的植被修复工程已经完成近半，近 1.5 亿株苗木被栽植在荒山、沟壑、谷地和平原上，完成了古长城全面生态修复的基底建设部分。在慢行基础设施方面，沿古长城文化遗产廊道的旅游公路局部建成通车，个别景区已经对游客开放。[2]

李二口长城所在的天镇县近年来也加大了对本土文化、旅游资源的整合与利用。2016 年，天镇县委县政府提出实施"四个三"战略。其中，打造"三大基地"之一就是文化旅游基地。提出依托古长城等旅游景点，深度挖掘边塞文化、宗教文化、生态文化等旅游资源，构建多元化旅游产品体系，打造边塞休闲旅游度假区，推动富民强县进程。并将李二口长城旅游作为产业转型与扶贫的重点工作。并设计了李二口长城旅游开发暨李二口（张仲口）异地扶贫安置搬迁规划。规划范围为李二口村核心区，李二口长城为核心，大同长城旅游公路—黑石崖沟北坡—李二口村西南山谷为合围区。[3] 这样的规划是为了构建天镇文化旅游大格局，打造留住乡愁的"天城古镇"。天镇县将文旅开发、生态治理与易地扶贫搬迁有机结合，规划投资 9864 万元，建设李二口旅游扶贫综合开发示范项目，出台了一系列优惠政策，鼓励和引导各类社会资本、民营经济参与旅游景区建设、旅游产品开发和旅游基础设施建设，进一步放大文化价值，注入精神内涵，凸显生态优势，提升脱贫质量，打造古长城文旅开发第一村。[4]

从 2016 年开始，大同市人民政府与中国长城学会连续举办三届中国·大同长城文化季。活动涉及长城保护及文化旅游高峰论坛和讲座、千人徒步长城环保行、长城知识进校园、大同长城摄影展等内容，大同市的长城志愿者积极参与。李二口长城作为大同长城的重要组成部分，也是长城文化季的主要研究、宣传保护对象。

旅游的发展也使李二口长城面临着生态环境破坏的威胁。大同长城志愿者团队与当地环保、旅游部门联手，为守住古长城之美，定期开展长城脚下捡拾垃圾活动。当地旅游部门也利用这样的机会向大家宣传李二口长城。通过公益活动带动所有人注重生态环境保护，同时还能更多地去了解长城历史，与长城建立起亲密的友谊。

2019 年，李二口长城沿线建立了长城人家，为来自全国各地的长城爱好者解决吃住行问题。不少长城学者和志愿者们还为长城人家的成员免费进行培训，使他们也能够很好地为游客介绍李二口长城的历史文化，这也在一定层面上达到了宣传和保护长城的作用。

三、李二口长城的保护利用对策

近年来，李二口长城的利用和保护发展态势较为良好，但是仍存在不少问题。

一是现存长城文化遗产没有得到合理的保护，已有的保护也存在争议。关于长城的保护，建议在保持其真实性、历史性基础上加以维护，进而呈现不同时段的历史。正如著名古建保护专家陈志华先生所说："当今世界上关于文物建筑保护占主导地位的思想是尽可能地保护文物建筑所承载的历史信息的真实性，也就是保护它作为历史的实物见证的价值，而不是把他们的完整、统一、和谐等审美价值放在第一位。不允许为了完整、统一、和谐等损害历史信息的真实性。"[5] 因此，不建议在保存较好的堡子重新修葺高大的堡门、仿古街，及重新修庙，要克服多堡一面的发展模式。可以根据每个堡子的资源禀赋适当加以利用，挖掘长城文化。目前当地相关部门对于李二口长城的保护与利用正在加紧进行。2018 年冬天，大同长城保护组织与天镇县李二口达成了协作。在全面保护的前提下，规划建设汽车营地、艺术基地、长城人家、军事展览、体育运动等项目，积极开发户外休闲、研学度假和风情体验等项目，努力将大同长城建设成为感受历史风韵、体验塞上风情的综合性旅游胜地。

二是长城文化遗产宣传不到位，本地人和游客大部分对其缺少客观全面的认识。

这些年，大同长城保护组织在当地文物局的指导下，通过举办各种活动，宣传长城。这样的活动让不少人认识了大同长城，见识到了李二口长城的魅力。但是在整体上来说，大众对李二口长城的了解还是很少，导致前来旅游的游客没有达到一个更深层面的了解。

从媒体的角度来看，要做好长城的保护与利用，还应该在以下几个方面多下功夫。

一是开展"长城调查"，摸清长城家底。掌握大同长城的规模、分布、构成、走向、保护情况等基础资料和长城周边的自然、人文状况等，建立长城档案，为大同长城的研究、管理、保护和开发提供可靠的依据。

二是挖掘长城内涵，延伸长城文化。合理利用民间力量，尤其是学术团队，对大同长城修筑和发展的物态文化、农耕与游牧民族的融合，以及与长城有关的诗词歌赋、传说故事等各个方面进行考察研究，让大同长城的文化内涵更加丰富厚重。在大同长城地区竖立标志牌，具体介绍当地长城的基本情况、所处位置、著名人物、历史事件等，使长城成为真实的、生动的文化符号。规划品位高、特色明的大同长城历史博物馆，展示大同长城的自然风貌和文化底蕴，让长城文化充分传播、渗透、延伸。

三是拉近长城与大众的距离。为进一步引导鼓励社会力量参与文物保护利用，规范社会力量参与行为，2019年1月2日，省政府第二十次常务会审议通过《山西省社会力量参与文物保护利用办法》，并于2月15日起施行。应该找准定位，找到契机，让群众有机会参与到长城的保护中来。

四是依托区位优势，做实长城文章。大同长城要依托全市经济、区位、交通优势，主动承接京津冀区域的商务、政务、会务，成为对接京津冀的桥头堡。依据国家扶贫攻坚政策，依据大同打造康养产业基地计划，依托长城沿线丰富的旅游资源和生动文化内涵，建设旅游小镇、温泉小镇、康养基地、长城驿站、研学基地、农家乐大院等。在旅游扶贫、康养产业等方面大做文章，做大文章，让古老沧桑的长城见证今天的发展。

五是综合资源禀赋，布局项目节点。古长城是人文景观，要文旅融合，多元叠加，精心策划开发项目产品。如中国长城摄影展、大同长城低空飞行、房车营地、大型户外情景剧基地、长城文化博物馆、古长城马拉松、古长城自行车赛、长城步道健步走等节庆活动，让大美厚实的长城绽放新的光彩。

六是加大宣传力度，提高全民意识。在现在这样一个信息化时代，要让更多的人关注到大同长城；做好旅游资源点景区或农业观光游等旅游线路，抓住宣传亮点，吸引游客眼球，让长城成为普通消费者寻古探幽、感受边塞风情的特色旅游项目。

七是串连长城遗珠，玩出别样风景。长城脚下有多个名胜古迹、旅游遗珠，要让这些过去因交通不便而隐藏在深山中的景点，重新回到大众视线。阳高县守口堡，长城遗址保存比较完整，人为破坏较少，内堡外墩，烽堠相望，蔚为壮观。天镇县新平堡，有"鸡鸣一声闻三省"的平远头村、古色古香的街道商铺、壁画惟妙惟肖的玉皇阁、砖雕精美的总兵府第。新荣区得胜堡，俺答汗受封流传千古，得胜锣鼓名扬长城内外。灵丘平型关，成为中华儿女保家卫国、英勇抗敌的历史丰碑……沿着长城持续行走，把自己的身心投入到长城及周边村落中，在远离繁华幽寂之地，用生命贴近自然、寻古探幽、敬畏先贤、洗濯思想，走进没有被现代文明浸染的那些边关古堡，感受传统艺术的精华。那些剪纸窗花、老宅木雕、照壁砖雕、古庙壁画，震撼着亲近长城的人的心灵。

长城不仅是作为一个文物的存在，它更是我们中华民族的象征符号。因此，我们在长城保护的过程中，在强调对其本体保护的基础上，要加强对长城文化内涵的发掘。切实保护和合理利用好大同长城，既是当今时代对社会各界的迫切要求，又是未来发展给大同人民的宝贵机遇。总的来说，李二口长城的保护与利用还处于起步阶段，潜力是巨大的。

袁建琴　大同市长城文化旅游协会会长

注释：

1 2019年3月1日《大同日报》"打响大同长城全域旅游牌"。

2 2019年10月10日《山西晚报》"大同古长城文化遗产廊道项目获海外大奖"。

3 《李二口长城旅游开发暨李二口（张仲口）异地扶贫安置搬迁规划》天镇县政府。

4 2019年5月5日《大同日报》"天镇古长城旅游渐入佳境"。

5 陈志华《文物建筑保护中的价值观问题：世界建筑2003》。

论雁门关景区的开发与保护

刘燕芳

　　摘　要：雁门关是世界文化遗产万里长城的重要组成部分。代县县委、县政府实施文化强县战略，把开发雁门关作为文化强县的龙头工程，打造集"吃、住、行、游、购、娱"等综合功能为一体的边塞军事文化和明清商贸文化旅游区。雁门关在 2017 年荣升为国家 AAAAA 级旅游景区。本文阐释了雁门关旅游景区的开发现状，并就建设"雁门关文物展览馆"、打造榷场原型风貌、南口恢复建设古老客栈走车大院、开发"雁门关伏击战遗址"游、开发"阳明堡飞机场遗址"游等提出了思考。

　　关键词：雁门关景区　开发　保护

　　雁门关，是世界文化遗产万里长城的重要组成部分，是历史最为悠久、经历战事最为频繁的古关隘。"历代长城上千座雄关中历史悠久而又绵延不断者，首推雁门"[1]，称为"中华第一关"。2001 年，雁门关被中华人民共和国国务院公布为第五批全国重点文物保护单位之一。

一、雁门关景区开发现状

　　近年来，代县县委、县政府实施文化强县战略，把开发雁门关作为文化强县的龙头工程，投资 5 亿元，打造边塞军事、商贸文化旅游区。按照《雁门关文物保护规划》和《雁门关旅游开发规划》，在雁门关完成景点维修复建、基础设施建设、服务项目配套、生态环境治理、特色文化挖掘、旅游市场开发等 6 大类工程修复建设。雁门古道彻底清理出来，铺设了青石板，砌起了砖垛口。从山底的阜戈坪蜿蜒曲折盘桓而上直达关顶。古道两侧，进行生态绿化。沿途还修复了天竺寺、观音阁、壮士亭、马公杀虎处和虎啸瀑、云际泉、雁池等景点。游客从古道登关，可以尽享古关景点的奇特。雁门关上，修复了天险门、地利门、瓮城门三道关门，复建了瓮城长城。复建了宁边楼、威远楼和明月楼。筑起关城长城和敌楼。关城内，建起了关署衙门和雁塔。整个关城设计科学气势雄伟。天险门前原李牧祠的基址上复建起祭祀历代名将的镇边寺，塑起 33 尊历代镇守雁门关的名将塑像并配有生平简介。在关南建起前腰铺服务区和阜戈寨民俗文化村，在关北建起雁门关边贸一条街和后腰铺服务区。开设了仿古客栈、商号、店铺和手工作坊，建起了晋蒙会馆。游客在这里可以充分感受昔日古关道的车水马龙晋商辉煌。今天的雁门关景区已成为集"吃、住、行、游、购、娱"等综合功能为一体的边塞军事文化和明清商贸文化旅游区，2017 年荣升为国家 AAAAA 级旅游景区，荣膺"山西十大旅游品牌""中国最佳文化旅游观光目的地"等称号，被命名为山西作家影视拍摄基地、山西"十佳"绿化景区和国家登山训练基地等。

　　代县从文化产品入手，在央视、凤凰卫视、山西卫视等多家重要媒体推出了雁门关的宣传节目，在高速公路沿线和太原机场、市区、北京地铁等地设置了一系列大型旅游宣传广告牌，播放旅游宣传音像资料。雁门关风景区谱写、录制了景区主题歌曲《雁门关之歌》和《雁门颂》，编纂了 128 万字的《雁门关志》《雁门关民间故事》，编排了开关仪式《穆王巡关》，制作了 3D 动画片《雁门关自助游》，出版了《雁门关国际摄影大赛作品集》《雁门关楹联集》《雁门关碑林辑》和《雁门关》大型画册。拍摄了以抗日战争时期著名的雁门关伏击战为题材的数字电影《给我一支枪》《浴血雁门关》《长城谣》《第 10 个失踪者》以及电视连续剧《北宋风云》《慧远大师》等。这些作品先后荣获山西省"五个一"工程奖和山西省优秀文艺作品奖。景区排演了情景剧《雁门雄风杨家将》，开发了剪纸、面塑、刺绣等民间工艺品。成功举办了"大美雁门关"征文比赛以及三届"雁门关国际旅游节""雁门关国际骑游大会"，大大提高了雁门关的宣传效应。2018年又推出情景剧《昭君出关》。

二、雁门关景区开发的几点建议

1. 建设"雁门关文物展览馆"

雁门关文化内涵深厚。雁门关是沟通中原与北方少数民族原始人类往来最早的古陉、古隘，是中原民族与北方少数民族皇家必争的咽喉要塞。双关四隘，天造险扼。雁门关居于幽、并、凉三边中段的位置，咽喉全晋，势控中原，自古就有"得雁门而得天下，失雁门而失中原"之说。雁门之险之要一直是汉击匈奴、唐防突厥、宋御契丹、明阻瓦剌的国防要塞。雁门关对护国镇边、南北通衢、民族融合起到非常关键的作用，也成为不朽的文化丰碑。雁门古道是"丝绸之路"衰落后第一条陆上国际贸易商路。中原商贾从全国各地采购货物，经雁门关运出，一路从张家口转运至恰克图，一路经杀胡口亦运至归化城（今呼和浩特）后转恰克图，与俄商贸，进入欧洲市场。古道是雁门关景区精品中的精品。雁门关至今发现的古城砖、石器、瓦当、陶器、瓷器、铜器、铁器、碑铭等各类文物达千余件，许多为失落多年的重要文物。这些文化资源足以建立一个内涵丰富的雁门关文物展览馆。

2. 建设打造榷场原型风貌

和平期间，中原与北方各族在雁门关通商互市。中原王朝同少数民族在边界互市，交流物资，传输技术，从秦、汉到以后各代都有记载。榷场是古时设在邻国边界进行贸易的场所。经汉魏、隋唐及至宋辽，设于分界处的榷场互市更是繁盛。明代北方边境上的冲突非常频繁，但也没有根本取消互市，时断时续几次在雁门关周边设市，同瓦剌、鞑靼进行贸易。清统一中国后，更加强了各国、各民族间的交往，边贸经晋商进一步开拓，成为中国连接欧洲的重要商路。商品交流盛况空前。

榷场的商贸交易，除了物资交易外，双方民间还自发组织进行赛马、摔跤、踢拳卖艺、杂剧演唱等文体活动。打造榷场原型风貌，建设榷场作为接纳游客旅游的景点，场内按时代特征设置不同朝代的商品，出售不同时代的货物，如皮革、茶叶以及仿古复古具有地方特色的工艺品等，还可设置文体表演场所，供游客观赏富有时代和地域特色的民俗演出。雁门关景区应该特色鲜明地打造榷场原型风貌。

3. 南口恢复建设古老客栈、走车大院等

雁门古道南北同衢，为沟通中原与北方少数民族经济交流往来起到重要作用。尤其到了清末，代州城内有大小票号56家、当铺26家、钱庄30家，其规模之大，资本之雄厚，信誉之良好，曾名闻黄河以北省市商界，这些票号、商号的流通都是从雁门关走向外省。中原商贾从全国各地采购的货物，经南口、前腰铺至东陉雁门关运出。现南口隘口烽火台、车马古道、走车大院、茶铺、盐铺、寺院遗迹众多。恢复建设南口车马古道、走车大院、商铺、客栈等商埠雁门的繁盛景象意义重大。

4. 加紧开发"雁门关伏击战遗址"游

在抗战胜利70周年阅兵仪式上，"雁门关伏击战英雄连"英模部队方队的出现，又一次引起国人对"雁门关伏击战"的关注。1937年10月，日军侵占大同后，继续进犯太原。为配合国民党军在忻口的防御作战，八路军第120师师长贺龙命令第358旅第716团深入日军侧后，在代县的广武、雁门关、太和岭间，破击大同经代县、忻口到太原的公路，打击日军运输队，截断日军补给线。10月18日和21日，第716团团长贺炳炎、政治委员廖汉生率部在雁门关西南黑石头沟两次伏击战斗，共毙伤日军500余人，击毁汽车30余辆，切断了日军由大同到忻口的交通补给线。同时第115师打了蔚县至代县的日军交通补给线，使进攻忻口日军的弹药、油料供应濒于断绝，攻势顿挫。毛泽东在《抗日游击战争的战略问题》一书中对此给予高度评价，他指出："游击战争还有其战役的配合作用。例如：太原北部忻口战役时，雁门关南北游击战，破坏同蒲铁路、平型关汽车路、阳方口汽车路，所起的战役配合作用是很大的。"2016年底，雁门关伏击战遗址被列入"全国红色旅游经典景区"名录。2017年10月31日上午，雁门关伏击

战牺牲烈士八十周年祭奠仪式在代县雁门关伏击战遗址举行，贺龙、贺炳炎、廖汉生、吕正操、李井泉、林枫等革命前辈的后人参加。开发"雁门关伏击战遗址"游意义重大。

5. 加紧开发"阳明堡飞机场遗址"游

在抗战胜利70周年阅兵仪式上，"夜袭阳明堡战斗模范连"英模部队方队的出现，让人们再一次回顾78年前的那场著名夜袭。1937年10月上旬，侵华日军从晋东、晋北两路钳击太原，形势危急。为守住华北咽喉，保卫太原，国民党军打响了"忻口会战"。此时八路军3个师已完成整编，并承担起会战中的主要任务——"截断敌人后方交通，打击来援之敌"。进至山西太原的八路军129师385旅769团团长陈锡联奉师长刘伯承的命令，在崞县以东地区侧击从雁门关向忻口进逼的日军。当时查明雁门关下代县阳明堡西南约3千米处有一个日军飞机场，机场内共有24架飞机。由于日军进攻忻口的地面部队和后勤补给不断受阻，只得借助空军，频繁地出动飞机，加强空中轰炸和粮道运输力量。这24架飞机，白天分3批轮番轰炸太原、忻口，晚上都回到这里。10月19日夜，769团3营经过一个小时的激战，毙伤日军100余人，摧毁敌机24架。夜袭阳明堡重创了日军在晋北战场上的空中突击力量，创造了步兵击毁飞机的战斗范例，是抗日战争时期破袭战斗的经典战例，是继平型关大战、雁门关伏击战切断日军交通运输线之后取得的又一次重大胜利。这三次大捷作为抗日战争初期八路军的三大著名战役均载入军史，粉碎了日军"不可战胜"的神话，极大鼓舞了中国人民，也有力地支持了忻口战役。1995年，陈锡联将军亲自题字"阳明堡飞机场遗址"。2016年底，夜袭阳明堡飞机场遗址被列入"全国红色旅游经典景区"名录。此地开发旅游价值极高。

三、雁门关景区长城保护中面临的问题

一是旅游基础设施建设要同周边自然景观和谐相融，要符合当地的历史文化原貌。

二是修路、通讯电力设施建设项目，影响了景区的原始风貌，如山上的通信设施、西陉关的高速公路等。

三是《长城保护条例》贯彻起来有实际困难。由于政策法规执行力、监管制度健全度、部门之间协作能力、社会各界重视程度不够，以及经费来源不足等问题的存在，使长城保护仍存在诸多问题。

刘燕芳　忻州师范学院中文系讲师

注释：

1 刘燕芳.雁门关[M].太原:山西经济出版社,2005:1.

参考文献：

1 石俊文.2012中国长城徒步大会雁门关站竞赛活动隆重举行[J].万里长城,2012(4).

2 杨峻峰.影人与雁门关的厚重约定——首届"雁门杯"长城国际摄影大赛回眸[J].万里长城2011(3).

3 王凤岗.发展旅游产业实现对雁门关及其长城段的永续有效保护和利用[J].中国长城博物馆,2009(1).

4 李东东.一个即将"消失"的村落——雁门关村的历史变迁[J].五台山,2011(7).

5 曹立光.雁门关上[J].诗潮,2011(11).

6 刘润成.雁门关筹资兴旅游[N].中国旅游报,2001.

7 刘润成.回忆《雁门关旅游区总体规划》的产生历程[A]//山西风光旅游规划中心10周年纪念册[C],2012.

8 张卫平,王国伟,陈洪.浴血雁门关[J].大众电影,2012(16).

9 郑文毅.雁门关怀古[J].山西老年,2010(5).

10 刘艳霞.雁门关旅游文化节市场运作研究[D].天津:天津音乐学院,2016.

盐池境内烽火台研究

高万东

摘　要：烽火台是长城防御体系的重要组成部分，其作用就是通过施放烟火，将收集到的战争信息传递出去。古代传递信号称"驿传"。烽火台选址大多在地势较高、视野开阔的地方，它的分布也有规律可循，历史上烽火台一般都沿着长城、商道或驿道分布。本文通过对宁夏盐池县境内烽火台的考察，研究其分布的规律特点。

关键词：宁夏盐池县　烽火台　研究

长城是世界建筑史上的奇迹，长城对于世界了解中国、中国走向世界都有不可替代的作用。

我国的长城早在公元前七世纪就开始修建。那时楚国为抵御外敌，修筑了数百里长的城墙，史称"方城"。秦始皇统一中国后，以北方燕国、赵国、秦国长城为基础，修筑了西起临洮，东到辽东的长城，奠定了万里长城的基础。汉武帝派张骞出使西域诸国之后，遂以长城要塞为根据地，开辟了著名的"丝绸之路"。这时的长城在中西文化的交流中起到了很大的促进和保护作用。几千年来，中外友好使团频繁往来于这条古道上，中外文化在此融合、交流，迄今仍在发挥着重要作用。就这样，长城成为世界上其他国家人民了解中国历史、中国文化、中华民族的一个最好的切入点。1987 年联合国教科文组织正式将万里长城定为世界文化遗产。长城既是中国的，也是世界的。

长城对中国人来说，是意志、勇气和力量的标志，蕴含着中华民族伟大的民族精神。在全民族反对日本帝国主义的侵略斗争中书写了一部全民族斗志昂扬的抗战史。"不到长城非好汉"的经典名句，激励中华儿女在民族伟大复兴的征程上攻坚克难、勇攀高峰，完成时代使命。

随着历史的变迁，长城的军事实用功能逐渐消退，文化精神作用日益凸显，古老斑驳中以其亘古不变的信念召唤着众多长城爱好者走近她、保护她。保护长城不仅仅要保护好长城本体，对城堡、关隘、烽火台和敌楼等长城的附属防御设施也要保护。烽火台是长城的灵魂，我们从烽火台的分布规律看，它们很多是与长城成纵向排列，也就是说是从长城外很远的地方，将信息传到长城，再从长城传到长城内的各级指挥中心。因此对烽火台的保护，与长城保护同样重要，不能厚此薄彼。

烽火台在汉代称作烽堠、亭燧。唐宋把烽火台称作烽台，并把"烽燧"一词也引申为烽火台，敌人白天侵犯时就燃烟（燧），夜间来犯就点火（烽），以可见的烟气和光亮报警。明代则一般称作烽火台、烟墩或墩台。本文试从烽火台的功能和分布规律，烽火台的保护和旅游开发等几个方面，对盐池烽火台进行初步研究。

一、盐池烽火台的功能和分布规律

宁夏盐池县位于宁夏东部，东与陕西省定边县接壤，北与内蒙古自治区鄂托克前旗相连，南与甘肃省环县为邻。境内自北向南排列着"河东墙"长城、"深沟高垒"长城和"固原内边"长城三道明长城。盐池县境内的烽火台全部是黄土夯筑，没有了砖石外衣的护卫，它们更容易遭到损毁，这些烽火台经过数百年风雨侵蚀和人为损毁，有些已经消逝。作为长城的主要附属防御设施，烽火狼烟，驿递警讯，发挥了重要作用。这些烽火台有建造于明代的，也有明代之前的，八个乡镇均有分布，现存烽火台共有 168

座。我们对烽火台逐一进行了考察，测量、拍照、记录，根据地理坐标，绘制了《盐池县长城、古城堡、烽火台分布图》，整理照片和资料，编辑出版了《图说盐池长城》一书。

历史上烽火台一般都沿着长城、商道或者驿道分布。古代传递信号，称"驿传"，通驿传的道路叫驿道。驿道上沿途设驿站，为食宿、换马继续传递的地方。两驿之间有亭，供旅途歇息。驿道、驿马、驿车、驿站形成一套完整的驿递系统，一站站接力运输到达目的地。元朝称驿道为"站赤"。据《永乐大典·站赤》记载，从陕西兴平至乾兴、永寿、彬县及甘肃宁县、庆阳、环县，再经灵州（宁夏吴忠）、应理州（宁夏中卫）再过甘肃河西走廊，有一条可达西域各国的驿道（商道），沿线都有"站赤"分布。我们根据盐池县境内烽火台的分布情况，清理出十条烽火台的分布线路。

（一）"河东墙"长城沿线烽火台

从古盐州到古灵州的大道，史称"盐灵道"，东西长三百里，是历史上著名的古驿道，也是货物运输的商道。更元五年（前320）秦惠文王游朐衍，当地有献"五足牛"者。这次巡游，经过盐池、灵武两地，此时的"盐灵大道"已经形成，可供君王"大驾"巡行。太平真君七年（446），北魏太武帝拓跋焘令习雍由统万、高平等四镇调牛车5000辆至薄骨律镇，将屯谷50万斛运往沃野。盐池是其必经之地，说明当时的盐灵大道上大车都可以通行。《宋夏记事本末》卷首附的《西夏地形图》中有"国信驿道"，起于保安军（陕西省志丹县），途经盐池县，止于兴州（宁夏银川市），宋代曾公亮的《武经总要》称之为"长城岭路"，驿道由陕西志丹县向北，经靖边县长城乡再折向西，经定边县、宁夏的盐池县、灵武市，再越过黄河到达银川，盐池境内长120千米。1986年《盐池县志》记载："盐池县境内的驿道，有据可考的始于宋代。大致是两条线：由盐池县城向灵武或银川的西线……"明代修筑的"河东墙"长城，就是建于上述史料中记载的这些古商道或驿道的外侧，现有50座烽火台沿着长城内侧分布，至今大多遗迹保存较好。

（二）"深沟高垒"长城沿线烽火台

"深沟高垒"长城建造时间晚于"河东墙"长城，但是两道边基本上并行横穿盐池县北部，所以沿着"河东墙"长城内侧通行的道路也基本上是沿着"深沟高垒"长城通行的道路。但是随着"深沟高垒"长城的修筑，交通线路也进行了内移。清康熙三十六年（1697）三月专为康熙"亲征宁夏"设的驿道也在此线路上，事后驿道废弃，雍正七年（1729）又设。"深沟高垒"长城沿线有烽火台17座，分布在长城内外两侧高大山梁上，登高远眺，长城内外数十里尽收眼底。

（三）"固原内边"长城沿线烽火台

盐池县南部山区属于黄土丘陵地形，沟壑纵横。"固原内边"长城从陕西定边县、宁夏盐池县、甘肃环县、宁夏同心县交界处经过，将饶阳水堡、甜水堡和下马关三座营堡连接起来。盐池境内"固原内边"长城沿线有烽火台11座，这些烽火台都建造在"固原内边"长城内侧高地上，与盐池境内其他烽火台建造不同，台体雄伟，坞城高大，保存相对完好。

（四）"环灵道"沿线烽火台

1986年《盐池县志》记载："盐池县境内的驿道，有据可考的始于宋代。大致是两条线：……经萌城、惠安堡接古灵州、环州的西南线。"明代有一条从宁夏镇城（银川市）到长安（西安）的驿道，长1400余里，在沿线常年从事运输的军卒超过5000人，每年调入宁夏的军粮超过10万石。是宁夏镇军事供应及军机文书、官员往来的必由之路。这条驿道由银川东渡黄河到达横城，向西南经灵武、惠安堡小盐池驿、隰宁堡、萌城驿、环县、庆阳等地进入关中。嘉靖十九年（1540），都御史翟鹏给皇帝的奏疏中说："宁夏自在城驿渡河而南，有高桥、大沙井、石沟、小盐池、萌城五驿递，南接环庆，省城，以上京师；西通固、静、宁、巩以至甘肃，不时传报军情，转运军需器械，递送公文，供应往来人马，差役浩繁，日不暇给。"从中可见这条道路的重要。"环灵道"沿线的16座烽火台，见证了这条道路的繁华。

（五）"防秋道"沿线烽火台

在明朝，每年的秋天，宁夏中、南部五谷丰收，羊肥马壮。北方蒙古鞑靼部选择水草丰美的铁柱泉、惠安堡、韦州、下马关一线南下，深入内地抢掠。三边总督平时驻扎在固原，每年秋季到长城沿线巡防，在花马池设防秋道衙，将指挥所设置在了战斗的最前沿。并在长城沿线增设兵力，排兵布防，阻挡蒙古骑兵的抢掠，史称"防秋"。三边总制衙门还通过这条线路指挥联络宁夏、延绥二镇的防务。"防秋道"沿线共有烽火台24座。这些墩台向西南连接同心县韦州、下马关的墩台，一直抵达"防秋"指挥部——固原。

（六）惠安堡至红柳沟驿路沿线烽火台

惠安堡至红柳沟沿线，过去就是横贯盐池中部的一条大道，向东可以经过定边营到达延绥镇，向西经韦州、下马关到达固原镇。修筑于明代的赵儿庄墩、金渠子墩、柳条井墩、朱新庄墩和黑山墩等5座烽火台，处于惠安堡至红柳沟驿路沿线，发挥着驿递邮传、传递烽火的作用。1948年《盐池县志》记载："防地，花马池营十一处，二道沟汛、傅家地坑汛、武家淌汛，以上分属花马池……""汛"通"讯"，"讯地"为军事烽火之地，以传消息，地界不大，故而汛地为基本驻防之地。中国清代兵制，凡千总、把总、外委所统率的绿营兵均称"汛"，其驻防巡逻的地区称"汛地"。上面提到的二道沟、傅家地坑、武家淌三个地方，处在惠安堡至红柳沟驿路沿线，说明到了清代这条线路的邮传驿递还没有停止。

（七）铁柱泉至兴武营驿路沿线烽火台

铁柱泉城和兴武营都是明代的重要营堡，两地相距47千米。正统九年（1444）都御史金濂始奏置兴武营，正德二年（1507），总制、右都御史杨一清奏改为守御千户所。而且兴武营地理位置重要，东承安定堡，西接清水营，南联铁柱泉城，军事防御任务非常繁重。铁柱泉城是嘉靖十五年（1536）尚书刘天和修筑的，这里驻军守泉，随时防备南下抢掠的蒙古骑兵饮马。平时两地间驿递不断，每当遇到警情，烽火狼烟顺着驿路沿线8座烽火台迅速传递。

（八）天池子到磁窑堡驿路沿线烽火台

天池子又叫天池子寨，于成化九年（1473）由都御史徐廷章奏置。处在陕北通往宁夏镇城和灵武的大道边上，客店、饭馆和货栈一应俱全，过往军旅客商经常在此歇脚。磁窑堡也叫磁窑寨，位于天池子西42千米。《嘉靖宁夏新志》记载："磁窑寨东至兴武营五十里，西至灵州七十里。城周回二百一十丈，南门一。旧有守御官一员，汉中卫备御官军一百二十员名。正德初，以其非要冲之地，徒事糜费，乃撤之。今止庆府窑匠军余四十余名，并各处陶器者十余人居焉。"说明磁窑堡在明正德前还在使用。天池子到磁窑堡驿路沿线的天池子墩、哈什墩、甘谷墩、顾记圈墩等4座烽火台，也应是明正德年前修筑。随着磁窑寨的撤并，烽火台也被废弃。

（九）"盐马古道"沿线烽火台

宁夏盐池县与陕北定边县的交界处有一道盐川，自西汉以来，历朝历代都在此设立管理盐务的机构。食盐关乎民生，能产生巨大利润，历史上因争夺食盐发生的战争不在少数。

既然食盐这么重要，必然要采取措施保障食盐运输安全。《榆林府志》记载："正统二年，守将都督王祯，始请榆林堡往北三十里之外，沙漠平地增筑瞭望墩台，虏窥境即举烟示警……开创榆林一带营堡，累至二十四所。"成化七年至十五年间，巡抚余子俊规划并布置了营堡的增筑、移筑。延绥镇长城沿线36个营堡，分东、中、西三路守御。西路参将统辖有龙州堡、镇靖堡等16个营堡，其中处在辖区的最西段，自北向南分布着盐场堡、定边营、三山堡、饶阳水堡等四营堡。这四营堡除了战略防御、信息传递作用外，还担负食盐运输等贸易保护的重要职责。

从盐场堡到饶阳水堡的这条商道是历史上最著名的"盐马古道"的北段，古老的"盐马古道"一路向南延伸到陇东地区。《宁夏交通史》记载："《朔方道志》疆域图的标注，又可整理出清代道路八条：……由花马池南，沿宁陕边界的烂泥池、灰石沟、三山、王家店入环县境。""盐马古道"沿线烽火台有7座，也有人称这些烽火台为"护盐墩"。这些烽火台隔山相望，将四营堡声讯连接。直到1949年前，"盐马古道"还在使用。古老的盐马古道驼铃声声，雄伟的烽火台固若金汤，保障着食盐运输线的安全，保护着古道上来回穿梭的商贾脚夫，繁荣着经济，延续着文明。

（十）盐池境内的双墩

唐朝诗人韩愈写的《路旁堠》诗，这样描述唐代的烽火台："堆堆路旁堠，一双复一只。迎我出秦关，送我入楚泽。"张籍《泾州塞》诗云："行道泾州塞、唯闻羌戍鼙，道边古双堠、犹记向安西。"这两首唐诗告诉我们，唐代之前烽堠的一种修建形制是一单一双间错排列。汉代，唐代的烽堠，相互间的距离或者是五里、或者是十里不等。明代的烽火台亦如此。各烽堠均有驻守的士卒，士卒数目，各代不全相同，一般都是四人至十人不等，士卒之职责有严格的分工。一些位置重要的烽火台建筑比较高大，设置人数较多，有的还驻有家属。盐池境内的双墩共有14座，从西南向东北依次排列，但它们都是一双一双的排列，双墩与双墩中间没有找到距离适当的单个烽火台。双墩与双墩之间的距离，也难以与史书上记载的距离相吻合。比如：惠安堡双墩到黎明双墩之间是11千米，黎明双墩到雨墙双墩之间是6千米，雨墙双墩到张记墩双墩7.4千米，张记墩双墩到马禾庄双墩10千米，马禾庄双墩到哈巴湖双墩11.5千米，哈巴湖双墩到黄沙窝双墩之间的距离则长达30千米。在盐池周边地区，还没有发现沿着同一方向排列的双墩遗迹。盐池境内的这些双墩是独特的军事防御体系，这些双墩的修筑年代和功能还有待进一步考证。

二、烽火台保护

关于长城保护，2006年9月20日国务院第150次常务会议通过的《长城保护条例》第二条规定："本条例所称长城，包括长城的墙体、城堡、关隘、烽火台、敌楼等。受本条例保护的长城段落，由国务院文物主管部门认定并公布。"从此长城的保护有了法律依据。但是由于多年来人们长城保护意识的欠缺，长城保护工作推进举步维艰，对破坏长城的行为执法难度很大。《宁夏回族自治区文物保护条例》第十一条规定："文物保护单位的保护范围和建设控制地带，按下列标准划定：（二）历代古长城和古城址城墙墙基两侧十至二十米以内，古城址内外各类遗址周围十至二十米以内为保护区范围。"本条例对古长城、古城址的保护范围做了限定。但是没有对烽火台、关隘、敌楼等长城设施限定保护范围。由于对烽火台、关隘。敌楼等长城设施的保护缺乏法律依据，让相关政府和社会组织在开展保护活动中难以施展手脚。长期以来，人们对长城的认识比较狭隘。大多数人认为长城就是指长城的墙体，没有把城堡、关隘、烽火台、敌楼等都视为长城的一部分。

盐池县的长城资源，因人为和自然原因损毁严重。尤其近年环境的恶化，生态的破坏，导致风沙侵蚀、掩埋长城。还因建筑施工、群众耕种、修路搭桥等人类的活动也对长城构成了重大威胁。还由于禁牧措施不力，有些地方羊群在长城、古城和烽火台上踩踏、啃食植被，造成更致命的伤害。由于古城、烽火台还没有采取有效保护措施，这些长城资源的自然损害已经非常严重。而有些人为损坏长城资源的事件更让这些不会说话的文物遭受灭顶之灾。比如四步战台在20世纪70年代被毁，战台上的砖石拆除用于建造高沙窝林场厂房。在四步战台、七步战台前各立有一块石碑，后相继被毁。其中有一块《大司马黄公敕建四台记》碑，遭遇了分崩离析的厄运：碑身上被开凿了一个洞，放在村里的井口上，后来碑断裂后掉进了井里。碑座被当地一村民挖，改造成了驴槽。碑帽下落不明等。盐池县近年来加大长城保护的宣传力度，在长城、古城附近制作了文化遗址标示标牌，对墙体相对完整的"深沟高垒"长城进行了围栏等保护措施，对年代更早的"河东墙"长城和其他疑似长城的军事防御设施还没有进行有效保护，古城堡和烽火台也没有采取有效保护措施。下一步，将在启动长城墙体保护工程的同时，启动盐池境内的古城堡、烽火台保护工作，采取围栏防护、墙体加固等工程措施和种植灌木、耐旱植物等生物措施相结合的方法，科学合理的保护长城旅游资源。逐步形成政府主导、社会组织和广大人民群众参与的全民保护长城氛围。在全县继续广泛开展长城认领、徒步长城等多种形式的长城保护宣传活动，推动长城保护工作进机关、进乡村、进社区、进学校、进企业、进单位，让保护长城的意识深入人心。加大对长城保护学会等社会团体和民间组织的扶持力度，将用于长城保护的政府购买服务项目向这些长城保护组织倾斜，有效发挥他们的作用；加强与周边省区有关长城保护利用工作的学习交流，提升盐池长城保护水平。今年，盐池县在长城关新建成了盐池长城博物馆，让人们参观游览的同时，普及宣传了长城知识，也吸引了更多的人投入到长城保护的行列中来。

三、烽火台旅游开发

盐池县境内的长城与宁夏各县区及周边地区比较，保留下来的资源相对较多。近年来，沿长城旅游观光带参观的游客明显增多，但配套设施不能跟进，吃、住、游、购、娱的高质量旅游环境没有营造完备，全域旅游氛围没有形成，长城保护和利用还没有有效结合起来，古城、长城、烽火台的旅游带动效益还没有凸显出来。

盐池旅游资源丰富，在推进全域旅游发展建设中。要突出综合治理，着力创新发展体制机制；突出补齐短板，着力完善公共服务体系；突出融合发展，着力增加有效供给；突出对外开放，着力提升市场营销效果。要将盐池的古城、长城和烽火台旅游观光带等旅游资源整合起来，保护和利用长城并重，做好长城文章，形成独具特色的旅游资源，提升旅游品牌价值。

做好将盐池长城资源与全国、全区旅游资源结合的文章。国家提出在宁夏发展全域旅游，贯彻"创新、协调、绿色、开放、共享"发展理念，着力打造特色鲜明的国际旅游目的地，按照"全景、全业、全时、全民"模式，全面建设全域旅游示范区。按照《宁夏全域旅游发展三年行动方案》对宁夏旅游板块进行细化，着力打造"一核、两带、三廊、七板块"，形成以点带面、以线连片的全域旅游布局，形成全区旅游大发展的新格局。2019年9月24日在盐池县召开的"中国·盐池长城文化研讨会"上，北京八达岭特区办事处和盐池县签订了"万里长城·八达岭、古韵长城·盐池建立友好合作关系备忘录"，将开启全方位长城文化研讨、交流，长城的保护、文创产品开发和旅游等合作。

盐池古城、长城以及大大小小的烽火台，给我们从多角度呈现古代高度发达的金戈铁马军事文明，不断刷新着我们对中华文化的认知。朝代在更替中兴衰，历史在轮回中演变，如今，中华大地春潮澎湃万象日新，古长城的残垣断壁仍在默默地坚守着，向我们讲述着久远的往事，我们每一个中华儿女有责任使古老的中华文明重新焕发光彩。

高万东　宁夏盐池县应急管理局副局长

临洮战国秦长城在"一带一路"中的价值意义

张育麟

摘　要：战国秦长城是我国最古老的长城之一，公元前280年秦设陇西郡后修筑了这条秦长城。"临洮"地名本身就是一张名片，临洮是丝绸之路的南线重镇，丝绸之路在临洮分为三条路线后向西延伸，青唐道、唐蕃道也从临洮经过。临洮秦长城与丝绸之路比肩并行，形成了独特的文化体系。战国秦长城资源的保护利用，对于弘扬长城精神、复兴丝路经济具有重要意义。

关键词：长城起首　丝路重镇　比肩并行　文旅产业

2013年，国家主席习近平提出"一带一路"合作倡议以来，国际社会反响热烈。在这样的历史背景之下，深入挖掘和研究长城文化和丝路精神的实质内涵、历史渊源及相互关系，使长城在"一带一路"建设和推动"构建人类命运共同体"的实践中发挥更大作用，就显得尤为重要。

临洮，作为战国秦长城的起首之地和丝绸之路的南线重镇，是战国秦长城与丝绸之路比肩并行的地方，更应该加入到"一带一路"建设的伟大实践中，为"构建人类命运共同体"和共建"一带一路"做出应有的贡献。

一、临洮战国秦长城是全国最古老的长城之一

临洮战国秦长城的修筑时间，《史记·匈奴列传》这样记载："秦昭王时，义渠戎王与宣太后乱，有二子。宣太后诈而杀义渠戎王于甘泉，遂起兵伐残义渠。于是秦有陇西、北地、上郡，筑长城以拒胡……"[1]说明临洮长城是秦设陇西郡以后修筑的。

《后汉书·西羌传》："至赧王四十三年（前272），宣太后诱杀义渠戎王于甘泉宫，因起兵灭之，始置陇西、北地、上郡焉。"[2]这个时间比《水经注》引用应劭的记载晚了7年。

《水经注》云："洮水又北，迳降狄道古城西……洮水在城西东北下。又北，陇水注之，即《山海经》所谓滥水也，水出鸟鼠山西北高城岭西迳陇坻……应劭曰：汉陇西郡治，秦昭王廿八年置……陇坻在其东，故曰'陇西'也。"[3]这段史料表明，《水经注》所称之"陇水"即《山海经》之"滥水"（今名东峪河），"陇坻"即东峪河两岸的山坡。由于"陇水""陇坻"在其东，所以把西面的郡城叫"陇西"，这是最早解释古"陇西"得名的史料。现今通用的以"陇山"划分"陇东""陇西"，表明我国历史地理学正在向科学化、合理化方向发展。"秦昭王廿八年"即公元前279年，为陇西郡设置时间，但1979《辞海》则解释为秦昭王二十七年（前280），其根据是《史记·秦本纪》"昭王二十七年，使司马错发陇西，因蜀攻楚黔中"[4]，表明此时陇西郡已经设置，如果未设置则以"狄道"（秦献公元年即前384年设置）之名记载，怎么会以"陇西"之名记载呢？近年来，北京师范大学教授后晓荣先生，从陕西宝鸡市陇县凤阁岭出土的戈的铭文"廿六年陇西守"考定，陇西郡设置时间最晚为公元前281年。[5]

基于以上史料，关于临洮战国秦长城的修筑时间，目前基本认可为陇西郡设置以后，那么根据后晓荣先生的考证，也可以说最晚在公元前280年就开始修筑。这条长城目前已得到国家文物局文物保函〔2012〕941号文件认定，并定名为战国秦长城，是全国最古老的长城之一。文件明确肯定："战国秦长城东起华池县，经环县、镇原县、静宁县、通渭县、陇西县、渭源县，西迄临洮县。"

二、"临洮"地名本身就是一张名片

临洮，因西临洮河而得名，是古陇西地区较早载入史册的地名之一，在史籍中多有出现。《史记·卷六·秦始皇本纪第六》记载："八年（前239），王弟长安君成蟜将军击赵，反，死屯留，军吏皆斩死，迁其民于临洮。"而引起史学界关注的"临洮"却在司马迁《史记·蒙恬列传》中："秦已并天下，乃使蒙恬率三十万众，北逐戎狄，筑长城，因地形，用制险塞，起临洮，至辽东，延袤万余里。"此外，晋人小说《搜神记》第六卷也有记载："秦始皇二十六年，有长人长五丈，足履六尺，皆夷狄服，凡十二，见于临洮。"但这些"临洮"都被认为是今天的岷县。直至西魏大统十年（544），改临洮县为溢乐县，置临洮郡，北周废。隋炀帝大业三年（607），改洮州为临洮郡（今临潭县）。唐初改为洮州。唐玄宗天宝元年又改洮州为临洮郡。唐肃宗乾元元年（758）改临洮郡为洮州。今日的临洮县则是从唐久视元年（700）置"临洮军"于狄道后演变而来。宋熙宁五年（1072）置上熙州临洮郡。金皇统二年（1142）置临洮府后，经元、明至清乾隆五年（1740）改为狄道州。1913年改为狄道县。1929年才改为临洮县。

其实，让"临洮"声名大振的是武则天久视元年（700）设置的临洮军。《元和志·临州》载："（临）州郭旧有临洮军。"临州是唐肃宗乾元元年（758）由狄道郡改置而来，治所狄道县（今临洮）。陈小平先生在《唐蕃古道》中说："狄道之临洮军因其地处要冲，最为大军，军额至万五千人（马8400匹）；又值盛唐时为大道所经，故时人习称临州为临洮也。"[6]这个观点可以从《元和志》记载临州与相邻诸州的距离中得到证实。如渭州条目云："西北至临洮军百九十里。"原州条目："正西微南至临洮军六百二十里。"还有一些条目将临州与临洮军交叉混用。如兰州条目："东（误，应为南）至临州一百九十里。"岷州条目："北至临州三百四十里。"这说明临洮军当时的知名度远远超过了临州和狄道郡。还可以从临洮军、狄道郡、临州设置的时间先后得到证明：武则天久视元年（700）置临洮军，唐玄宗天宝三载（744）分金城郡置狄道郡，唐肃宗乾元元年（758）改狄道郡为临州。显而易见，由于临洮军早于狄道郡和临州，加之其在开元二年（714）的"武街驿之战""长城堡之战"中大获全胜，"临洮军"的知名度和习惯称谓自然要高于"狄道郡"和"临州"，以至不少诗人对"临洮"产生了向往之情。他们渴望到边塞、到临洮军建功立业，从唐代边塞诗中便可窥见一斑。如李白的《子夜吴歌》："明朝驿使发，一夜絮征袍。素手抽针冷，那堪把剪刀。裁缝寄远道，何日到临洮？"杜甫的《秦州杂咏》："马骄珠汗落，胡舞白蹄斜。年少临洮子，西来亦自夸。"朱庆余的《自萧关望临洮》："玉关西路出临洮，风卷边沙入马毛。寺寺院中无竹树，家家壁上有弓刀。"

尽管开元十七年（729）临洮军迁到了鄯州（今青海乐都），但后来的诗人仍念念不忘那次"长城堡之战"中的"临洮"。如王昌龄的《塞下曲》："饮马渡秋水，水寒风似刀。平沙日未没，黯黯见临洮。昔日长城战，咸言意气高。黄尘足今古，白骨乱蓬蒿。"陈陶的《胡无人行》："十万羽林儿，临洮破郅支。杀添胡地骨，降足汉营旗。塞阔牛羊散，兵休帐幕移。空流陇头水，呜咽向人悲。"汪遵的《长城》："秦筑长城比铁牢，蕃戎不敢过临洮。虽然万里连云际，争及尧阶三尺高。"基于以上原因，陈小平先生认为："盖其地因久置临洮军而出名。"[7]

这种"出名"一直延续到宋熙宁五年（1072）置上熙州临洮郡。金皇统二年（1142）改为临洮府（治狄道）。经元、明至清乾隆五年（1740），临洮府迁兰州更名为金城府……1929年改为临洮县。当时的临洮府为金代熙秦路（后改为临洮路）和元代甘肃行省、明代陕西布政使司下辖的大府，而明代临洮卫、临洮镇都是军事机构，是明朝十三边镇之一，因此"临洮"的名气在中国西部一直长盛不衰。

三、临洮是丝绸之路南线重镇

临洮为古陇西郡治所。《唐·李敬实墓志铭》记载："昔，伏羲佐赫胥氏征西戎，封分其裔，食于陇西，子孙家焉。"[8]这是迄今发现的关于"陇西"之名的最早记载，说明古陇西是伏羲后裔的食邑地。湖南社会科学院炎黄文化研究所所长、研究员何光岳先生经过十数年的研究得出结论："炎黄是弟兄，都是伏羲的后裔，各自相传七八代。"由此证明，伏羲后裔亦即黄帝后裔，曾经到过古陇西地区，不过当时的陇西还未置郡，小地名而已。

临洮发现的马家窑文化，更能证明五千年前这里就是中华文明的发祥地之一。商周时期，先民们又创造了辛店文化和寺洼文化。春秋战国时期，这里生活着"狄戎"和"羌戎"，属义渠戎国。周惠王十八年（前659）秦穆公即位时，秦国的经济如日中天。秦穆公在百里奚和蹇叔的辅佐下国力更强，于是向东扩张，力图争夺中原霸主，但始终受到晋国的扼制，于是就把战略重点转向西部。他首先采纳了内史廖的建议，用计得到了犬戎的谋臣由余，在由余的辅佐下，秦穆公开始施展称霸西戎的抱负。

秦穆公三十七年（前623），"秦用由余谋伐戎王，益国十二，开地千里，遂霸西戎"，[9] 其中应有陇西（国）。秦霸西戎，首次开通了由秦都咸阳沿渭水至古陇西的"陇西道"，这是丝绸之路的前身。公元前384年，"秦献公初立，欲复穆公之迹，兵临渭首，灭狄、䝠戎"，[10] 设置狄道（今甘肃临洮）、䝠道（今陇西、武山交界）。此时，秦国已越过渭水之源的鸟鼠山，抵达洮水之滨。秦始皇"二十七年（公元前220年），始皇巡陇西、北地"，[11] 并下令以咸阳为中心、修筑通往各郡的驰道，这是中国最早具有国家标准的"国道"。"筑甬道，自咸阳属之。……治驰道。"[12] 通往陇西郡的驰道即"陇西道"。《汉书·贾山传》记载："秦为驰道於天下，东穷燕齐，南极吴楚，江湖之上，滨海之观毕至。道广五十步（约今69米），三丈（约今7米）而树，厚筑其外，隐以金椎，树以青松。"[13]

由渭源县翻越鸟鼠山，经古陇水（今名东峪河），至狄道城（今临洮城）的这段路线，为陇西道主干线，民国时期为车马大道，现为临渭公路，目前正在修筑定临高速公路。汉武帝建元二年（前139），张骞"以郎应募，使月氏，与堂邑氏奴甘父俱出陇西"，[14] 出使西域。元狩四年（前119），张骞第二次出使西域诸国后，开通了以丝绸为媒介的商贸之路，即"丝绸之路"。按照专家的划分，临洮正好处于"丝绸之路"东段南线中心区域，是当时使臣商旅往还住歇的重镇。初中历史乡土教材《甘肃历史》中的《古代丝绸之路经过甘肃路线略图》[15] 标示，丝绸之路从古陇水谷地到狄道后分为三条路线：一是从临洮到兰州、永登、古浪、武威，与河西大道汇合，二是从临洮经榆中到兰州、永登一线，三是从临洮渡洮河，经临夏到青海民和、乐都、青唐城（西宁）、门源、俄博（门源境内）、民乐、张掖，与河西大道汇合。由此可见，陇西郡治狄道是当时丝绸之路上重要的节点城市。

四、临洮长城与丝绸之路比肩并行，形成了独特的文化体系

临洮作为战国秦长城西部起首之地，不仅地处古丝绸之路的黄金路段，而且是丝绸之路南线和中线汇合的重镇，更是长城与丝绸之路比肩并行之地，在"一带一路"中的意义十分深远。经甘肃省文物局专家考查、国家文物局认定，长城从临洮县城北新添镇三十里铺杀王坡望儿咀起首后，经皇后沟、南坪村、八里铺镇宿郑家坪、沿川子、龙门镇农盟、新永二村，沿山梁向东延伸。这条山梁就是郦道元《水经注》里所说的"陇坻"。从这里开始，长城与山下古陇水谷地的丝路古道比肩并行，跨过花麻沟，经窑店镇凡山村古树湾、武家村长城梁、长城村长城坡、黄家川村，在老王沟进入渭源县境，长约45千米，遗址56处，保存较好的14.3千米。其中"长城坡"正是著名史学家顾颉刚、长城专家罗哲文考查过的那一段。2006年6月被国务院公布为第六批全国重点文物保护单位。长城与丝路古道直线相距约1千米，许多历史大事都发生在这条古道上。

一是帝王西巡之地。"二十七年（前220），始皇巡陇西、北地"[16] 走的就是这条道路。汉文帝后元"五年（前159）春正月，行幸陇西"。[17] 元鼎五年（前112）10月，汉武帝"至陇西，登崆峒"[18]，"遂逾陇，登空同，西临祖厉河而还"[19]。据何钰[20]、周能俊[21] 二位先生考证，汉武帝所登崆峒山在陇西郡治狄道，即今马衔山南段连湾乡崆峒湾至龙门镇蔡家岭一带，长城由此经过。文武两帝是针对当时匈奴、西羌的侵扰来陇西郡视察防务的。由于出行仓促，陇西郡守无法招待汉武帝一行而自杀。大业五年（609）夏四月，隋炀帝西征吐谷浑，"乙巳，次狄道，党项羌来贡方物"[22]。

二是兵家出兵和争夺的战略要地。由于特殊的地理位置和约500年的陇西郡在狄道驻防，发生在西部的重大战役都与狄道密切相关。（1）"秦昭王二十七年（前280），使司马错发陇西，因蜀攻楚黔中。"[23] 司马错奉命从陇西郡发兵以后，由蜀地进攻楚国军队，夺取黔中郡（今湘西、黔东北），迫使楚国割让出汉水以北和上庸（今鄂西北）之地给秦国。（2）汉武帝元狩二年（前121）霍去病"为骠骑将军，将万骑出陇西"[24]。转战河西，与单于之子交战，然后越过焉支山，6天行军1000多里，迂回皋兰山（今张掖合黎山）下重创匈奴，歼敌近9000人，俘获匈奴祭天金人。（3）三国魏正元二年、蜀延熙十八年（255），

蜀汉姜维与魏雍州刺史王经大战于洮西，又战于故关，王经败逃狄道城。魏征西将军陈泰率援军出陈仓，在狄道城东南的岳麓山燃火击鼓，与城内守军联络，虚言惑敌，出奇制敌，使蜀汉姜维被迫退回钟堤。(4) 十六国时期前凉与前后赵的拉锯战持续数年。(5) 唐开元二年（714）的唐蕃"武街之战""长城堡之战"，奠定了开元盛世的武功盛典，使临洮军声名大振，唐玄宗高兴地写了《平胡诗》二首，对薛讷、王晙给予了高度评价。不少诗人写诗歌颂，如王昌龄的《塞下曲》、陈陶的《胡元人行》。(6) 北宋熙宁五年（1072）的"熙河之役"，实现了王韶预想的使西夏"有腹背受敌之忧"的战略目标，同时在一定程度上保护了边疆各族人民，使其免受西夏的侵扰和掠夺。(7) 南宋宝祐元年（1253）8 月，忽必烈率军进驻临洮，经充分准备后分西、南两路出兵，南征大理。[25]

三是使臣往还、公主出嫁之地。建元三年（公元前 138 年）张骞"以郎应募，使月氏，与堂邑氏奴甘父俱出陇西（今临洮）。[26] 元狩金市帛直数千巨万，多持节副使"，第二次出陇西到西域。唐贞观十四年（640），太宗将弘化公主嫁给吐谷浑国王诺曷钵。为了适应高原的气候，公主一行在狄道休整数日，然后过洮河后入临夏，到青海成婚。"青唐道"从此开辟。贞观十五年（641），唐太宗又把文成公主嫁给吐蕃赞普松赞干布。公主一行在狄道休整后，经临夏，在临津关渡黄河，经青海鄯州（今乐都）到鄂陵湖、扎陵湖地区，"唐蕃道"从此开通。景龙四年（710）五月，唐中宗又将金城公主嫁给吐蕃赞普尺带珠丹，也从狄道经过。[27]

四是高僧取经、传法之地。东晋隆安四年（400），62 岁的高僧法显和慧景等僧人一行，沿丝绸之路陇西段南线，经临洮到兰州，经河西、新疆到印度，取回真经，11 年后辗转回到南京。北魏神龟元年（518）高僧宋云和僧人慧生、法力及朝廷官员一行从洛阳出发，经六盘山过通渭到临洮，在永靖过黄河，翻日月山，经新疆叶城到北天竺。两年后带着大乘佛经 170 部原路返回。唐贞观元年（627）八月，26 岁的玄奘，从长安出发，经临洮，过兰州，经河西，越天山，去阿富汗、巴基斯坦，到印度。19 年后，他带着"五印度第一流学者"的极高荣誉原路返回长安。[28] 南宋宝祐元年（1253）夏季，藏传佛教萨迦派第五代祖师八思巴与忽必烈在六盘山会面后到临洮，为忽必烈全家 25 人传授萨迦派的喜金刚灌顶，成为忽必烈的上师。[29] 元至元八年（1271）三月，被封为国师的八思巴从大都到临洮的四年间，传法讲经、翻译佛经、著书刊印，并命弟子达温波修建了一座占地千亩的"临洮大寺"[30]，从此临洮被信众誉为"小西天"。

五、战国秦长城的历史价值与现实意义

临洮战国秦长城作为全国最古老的长城之一，具有重要的历史价值和现实意义，主要表现在以下六个方面：

一是以望儿咀为起首的临洮战国秦长城，是秦始皇万里长城的基础和源头。临洮战国秦长城为公元前 280 年秦设陇西郡以后所筑，至今已有近 2300 年历史，是我国最古老的长城之一。秦始皇统一六国后命蒙恬北逐戎狄，修筑长城，就是在战国秦长城的基础上修缮、加固、增补而成。

二是临洮战国秦长城为西北地区修筑长城开辟了先河，为秦代修筑长城积累了经验。临洮战国秦长城是当时长城修筑工艺的珍贵遗存，是人类智慧与自然天险巧妙结合的典范。其特点是因地制宜，就地取材，通过黄土夯筑，削山填沟等方法，并利用自然山险、壕堑等，用险制塞，构成完整的防御体系，为西北地区修筑长城找到了最佳结合点。在科学性、实用性、艺术性诸方面取得成功经验，显示了我国古代军事防御体系的缜密设计与完备功能。蒙恬在陕北修筑长城采用的方法，从人力调配、长城选址，到材料选择、建造方法等，都吸取了战国秦长城的修筑方法。

三是临洮战国秦长城墙体及两侧发现的实物，是研究战国时期西北军事、政治、经济、历史、文化、疆域、民族、社会生活等各个方面的重要资料。长城不但反映了农耕文明与游牧文化的生产、生活方式，而且包含了围绕长城制定的战略战术与军事思想以及与长城有关的军屯、民屯、商屯中体现的经济思想、依靠长城调节民族关系，巩固统一多民族国家的政治思想和守边将士、文人墨客、艺匠画师以长城为题材创作的文艺作品、民间神话传说等，真可谓一部战国时期西北边疆的百科全书。

四是临洮战国秦长城遗迹显明，保存较为完好，具有很强的旅游价值和文旅融合价值。区域内自然生态多样，文化形态独特，是我国重要的历史文化沉积带，是发展长城生态文化旅游的重要依托和宝贵资源。

长城区域悠久的历史，鲜明的地理、气候和自然景观，展现着现实与历史、精神与文化、生态与自然的多重元素，满足着人们领略浓郁人文风情和优美自然风光的需求，成为世界各地人民向往的长城生态文化旅游带。作为"旅游观光、休闲娱乐"的长城文化，在连通长城经济带重点旅游城市和特色旅游功能方面，有利于推动良好的自然景观和长城沿线的旅游发展。这项重大国家文化工程的实施，必将极大地促进优质的长城旅游市场品牌，并形成一定空间范围的产业集聚良性互动发展。

五是临洮战国秦长城体现了中华民族爱好和平的愿望，是中华民族开放协作、相互融合、互利共赢的生动体现。长城虽然为战争而修筑，但其目的却是避免战争，减少戍守士兵的伤亡，从而实现和平发展。自从长城修筑以后，长城脚下的商贸从未中断，这种民族之间的经贸往来大大促进了民族和文化的融合，体现了游牧经济和农耕经济并行发展，相互依存的特点。长城沿线及其南北孔道既是农耕经济和游牧经济的过渡、融合地带，又是众多民族南来北往、繁衍迁徙和沟通交流的重要通道，不仅促进了边疆地区游牧文化向农耕文化过渡的进程，而且在维护繁荣稳定、民族交融、和平共处等方面发挥了重要作用。正如董耀会先生所言："长城的每一块砌砖、每一块垒石上，都凝结着中华民族的和平愿望。"

六是临洮战国秦长城凝聚了中华民族自强不息的奋斗精神和众志成城、坚忍不拔的爱国情怀。临洮长城大都筑在地理环境险要之处，在生产力极为低下的两千多年前，没有坚强的团结协作精神和坚忍不拔的奋斗精神，就不可能完成这道保卫国家安全的军事防线。因此，长城既是精神，也是物质，游览长城分布的主要地区，可以了解长城区域的民族风情，认识和感受长城沿线地区悠久的历史文化，激发炎黄子孙热爱中华的壮志豪情。

六、弘扬长城精神，复兴丝路经济

万里长城作为人类文明史上最伟大的建筑工程之一，生动体现了中国人民伟大的创造精神。可以说，长城蕴含着团结统一、众志成城的爱国精神，坚韧不屈、自强不息的民族精神，守望和平、开放包容的时代精神，历经岁月锤炼，已深深融入中华民族的血脉之中，成为实现中华民族伟大复兴的强大精神力量。

临洮作为战国秦长城的起首之地，却是名副其实的国家级贫困县。近年来，临洮县紧紧围绕2019年脱贫摘帽和2020年全面建成小康社会这一目标任务，扎实开展精细精确精微的"绣花"式扶贫。全县贫困人口从2013年底的10.68万人减少到现在的0.34万人，累计净减少贫困人口10.34万人，贫困发生率从21.85%下降到0.7%，顺利实现了脱贫摘帽目标。但是，仅2015—2018年，省、市、县三级政府投入的扶贫资金就高达55928.64万元。仅2019年就高达23117.2万元，几乎接近前三年的一半，可谓花了血本。

那么，投入这么多的资金摘掉贫困帽，是不是等于永远脱贫了呢？答案是否定的。因干旱、冰雹等自然灾害导致"靠天吃饭"的临洮县，铁路交通没有，基础建设落后，工业基础薄弱，缺乏龙头企业，发展链条短缺，后劲发展不足，财政赤字异常严重。如果遇上自然灾害，许多群众将迅速返贫，加上因病致贫、因残致贫、因学致贫等各种因素导致的贫困将随时出现，扶贫工作依然任重而道远。要从根本上解决这一问题，仅靠政府投入的扶贫不是长远之计，更好的办法就是培养造血功能，利用本地资源优势，找到一条从根子上解决贫困问题的途径。

临洮县自然资源不多，但地理位置特殊，历史文化丰厚。自从公元前384年秦献公设置狄道以来，一直为郡、路、州、军、府所在地，陇西郡、熙河路、熙秦路、临洮路均为一级地方建制，狄道郡、临州、熙州、临洮府为二级建制，临洮军、临洮卫、临洮镇等为高级军事机构，因而被《甘肃省志·军事志》列为军事重镇。马家窑文化、辛店文化和寺洼文化都在临洮命名，战国秦长城从临洮起首，丝绸之路、唐蕃古道都从临洮经过，八思巴在临洮弘扬佛法，汉、羌、藏、蒙、回等民族相互融合……因而形成了多元一体的民俗文化，花儿、傩舞、拉扎节等数十项民间技艺，被公布为省级非物质文化遗产。如能充分利用这些资源，发展文化旅游，实为一条可持续发展之路。

临洮县距离兰州市、临夏州和定西市均在八九十千米之间，高速公路畅通，随着兰天汉高铁的立项建设、军转民机场的改建完成，临洮的交通将更为便利。临洮小吃久负盛名，玫瑰酥糖、糟豆腐、陈醋、白酒，曾远销川陕及陇原各地。如今，临洮热凉面、辛店石子馍、糖酥饼、牛肉拉面、麻麸包子、洋芋搅团、手抓羊肉、羊肉泡馍、酿皮、凉粉等小吃深受外地游客的青睐。临洮县民风淳朴，临洮人热情好客，善于接受新事物，完全能够满足旅游业所需的各种服务。

《长城国家文化公园建设保护规划》明确指出，建设长城国家文化公园的目的是"实现保护传承利用、文化教育、公共服务、旅游观光、休闲娱乐、科学研究功能，形成具有特定开放空间的公共文化载体。集中打造中华文化重要标志，以进一步坚定文化自信，充分彰显中华优秀传统文化持久影响力、社会主义先进文化强大生命力"。临洮县应该举全县之力，积极争取这次千载难逢的国家项目，主动吸引社会投资，通过专业运营的方式，培养一批文创旅游、乡村旅游、康养度假等创新服务企业，形成多元化市场主体。同时，积极引导构建"政校企合作、产学研一体"的长城文旅创新创业平台，打造契合文旅发展需求、孵化与投资、线上与线下相结合的众创空间，鼓励长城沿线群众参与文化旅游开发经营，鼓励大专以上毕业生参与创业。

相信随着临洮县战国秦长城国家文化公园的建成，将吸引更多的文旅项目落地生根，形成以长城文化为特色的旅游产业链，推动和促进地方经济社会发展，让长城两边的老百姓依靠长城摆脱贫困，真正实现复兴丝绸之路经济带的中国梦，这才是弘扬长城精神的具体体现。

张育麟　甘肃省临洮县长城文化研究会副会长

注释：

1　司马迁：《史记·匈奴列传》，北京：中华书局，1999，2209 页。

2　范晔：《后汉书·西羌传》，北京：中华书局，1964，2874 页。

3　郦道元：《水经注·河水注》，宋本，卷二。

4　司马迁：《史记·秦本纪第五》，北京：中华书局，1999，152 页。

5　后晓荣：《秦陇西郡置县考》，爱问共享资料服务号，2008，1 页。

6　陈小平：《唐蕃古道》，西安：三秦出版社，1989，44 页。

7　陈小平：《唐蕃古道》，西安：三秦出版社，1989，44 页。

8　《考古与文物》，西安：陕西省考古研究所·1985，第 6 期。

9　司马迁：《史记·秦本纪第五》，北京：中华书局，1999，140 页。

10　范晔：《后汉书·西羌传》，北京：中华书局，1964，2875 页。

11　司马迁：《史记·秦始皇本纪》，北京：中华书局，1999，172 页。

12　司马迁：《史记·秦始皇本纪》，北京：中华书局，1999，172 页。

13　班固：《汉书·贾山传》，北京：中华书局，1999，1781 页。

14　班固：《汉书·张骞传》，北京：中华书局，1999，2035 页。

15　甘肃基础教育课程教材中心：《甘肃历史》，兰州：甘肃教育出版社，2003，13 页。

16　司马迁：《史记·秦本纪》，北京：中华书局，1999，172 页。

17　班固：《汉书·文帝纪》，北京：中华书局，1999，94 页。

18　班固：《汉书·郊祀志》，北京：中华书局，1999，1021 页。

19　班固：《汉书·武帝纪》，北京：中华书局，1957，185 页。

20　何钰：《秦长城西部起首崆峒山刍议》，兰州：《社科纵横》1994 年第 1 期，63—66 页。

21　周能俊：《汉至五代宋初"崆峒"地望变迁析论》，上海：《历史地理》37 辑，76—77 页。

22　魏征：《隋书·炀帝纪》，北京：中华书局，1999，50 页。

23　司马迁：《史记·秦本纪》，北京：中华书局，1999，152 页。

24　司马迁：《史记·卫将军骠骑列传》，北京：中华书局，1999，2240 页。

25　陈庆英：《帝师八思巴传》，北京：中国藏学出版社，2007，56 页。

26　班固：《汉书·张骞传》，北京：中华书局，1999，2035 页。

27 28 张克复：《甘肃史话》，兰州：甘肃文化出版社，121—127 页。

29　任宜敏：《中国佛教史·元代》，北京：人民出版社，2005，84 页。

30　陈庆英：《帝师八思巴传》，北京：中国藏学出版社，2007，143 页。

秦国临洮县与陇西郡地望及秦长城西首起关系考

张润平

摘 要: 战国临洮县是秦国第一批设立县,为秦国最西边县治单位。陇西郡是秦国第一批郡治建置,更是核心门户郡治,这从秦国战国时与统一全国后两度修筑长城均从这里首起可见一斑。但是在学术界,对临洮县的位置及地望概念,特别是对陇西郡治所在地地望概念含混不清。本文从秦国临洮县(今岷县)及陇西郡治位置与地望、秦国陇西郡治所在地不在狄道而在岷县、历史上的临洮概念不是泛义词、历史上岷县崆峒山就是现在称谓的大沟寨五台山、岷县地段是历代国家政权设防的关键、秦国陇西郡临洮县更不例外五个方面作了考证。

关键词: 秦国 临洮县 陇西郡 岷县 地望 长城 关系 考证

战国临洮县是秦国第一批设立县,为秦国最西边县治单位。陇西郡是秦国第一批郡治建置,更是核心门户郡治。这从秦国战国时与统一全国后两度修筑长城均从这里首起可见一斑。但是在学术界,对临洮县的位置及地望概念、特别是对陇西郡治所在地地望概念含混不清。历史的本来事实是秦国陇西郡治所在地不在狄道,而在古临洮今岷县。原因有三:一是狄道不论是战国时期还是秦统一六国之后一直是古临洮今岷县的附邑,不存在郡治所在地所依托的一级县治单位。二是狄道地处古临洮今岷县陇西郡之北,属于洮河防御的边缘地带。三是秦国陇西郡防御核心是洮河,因为洮河正西及之北正是西秦岭末梢端半包围边缘带,这是秦国西部边防的命脉,务必设防。陇南素有"秦陇锁钥,巴蜀咽喉"之称,而岷县正是陇南这把锁子的钥匙,巴蜀北部安全全赖岷县把控。

一、秦国临洮县(今岷县)及陇西郡治位置与地望

在现当代学者著作中,对秦国的临洮县治理范围并不清晰。这对后来研究秦国临洮县、陇西郡造成了困惑,因此有必要厘清这一问题。秦汉时期的临洮县是一个在全国地理位置上关键的要塞县,是秦国大本营礼县的西大门。县治单位的建制,随着秦国的逐步发迹尤显重要。而秦国时期的狄道仅是当时临洮县的附邑,直到汉代才有了县治单位——狄道县,而且被频繁改换建制,郡治地居无定所,常不稳定。而"临洮县"建制贯穿整个战国至秦汉时代,一直稳固。这与其特殊的地理位置有关。

《华阳国志校补图注》在大山系上对岷县一带地理位置把控很准。

陕南与甘南为秦岭山脉与大巴山脉之间一大向斜槽。当此两大山脉形成后,槽中之水,俱当东流,成一巨川,姑名之为"古汉水"(就古地中海此部上升成 时言之)。但经若干年后,又有斜断此大向斜槽之造山力徐徐升起,阻碍此一巨川东进。其中,纵亘于陕南、甘南间之白马山背斜部渐渐升起,而其西侧渐渐下降,遂将原来一系之巨川,断为两部水系:白马背斜线以东之水归于沔,为东汉水,入于云梦盆地;背斜以西之水统归于漾,为西汉水,入于四川盆地。

《禹贡》云:"嶓冢导漾,东流为汉。又东为沧浪之水。过三澨。至于大别。南入于江。"所言汉水二十六字,可议者甚多,如嶓冢山,《汉志》在陇西郡西县。《后汉志》汉阳郡西县云:"故属陇西,有嶓冢山、西汉水。"则漾水即西汉水,自有人类,即已为嘉陵江源矣。

这里的"白马山"实即岷山。"嶓冢山"即起于岷县闾井东南的山系，因极其重要才引起《华阳国志》常璩先生的重墨书写和任乃强先生的仔细作注。而在《读史方舆纪要·舆图要览·洮河边第九》对古临洮今岷县位置描述更为淋漓尽致，通透澈明。

按陕西山川四塞，形胜甲于天下，为历代建都第一重地，雄长于兹者，诚足挥斥中原矣。然延、绥以及平、固，皆要冲也：西宁以及岷、洮，多羌患矣：一旦窃发其间，连坏于西北者，未免于骚扰也。且夫阴平有道可入蜀，必可入秦、阶、成、秦、凤之间，当究心矣。延安以东，逼近山西，一苇杭之，非不可也，何必蒲津。若夫潼关制全陕之命，汉中实楚、蜀之冲，不必言矣。邈哉秦岭，其中盖难治矣。[2]

这一段准确说明"岷、洮"在防御"羌患""免于""西北""骚忧"所具有的要害功能。岷县正是西秦岭的末梢端，又是南秦岭的西北大门户，其不可或缺的防御功能不言而喻。

洮河边第九

按洮、岷、河皆古羌、戎地也，与岷、阶等州居山谷之中，为秦、蜀屏蔽。自汉以来，良多故矣，控制之方，岂无所裹乎？乃吾闻阶、文、西固之间，诸羌盘聚，无有宁所，岂非据山谷者易动难静，自昔然哉？盖当曹考阶州有羊肠鸟道之险，西固有重同复岭之雄，而文县接近松潘，苍崖绝壁，阴平故险，实蜀口之要区也。驭羌靖边者，其必先于此。乃若山川名胜，则洮、岷与河州固其尤也。记曰：西倾，岷山之宗也，朱圉、鸟鼠为辅，番冢、秦岭为屏，陇首为限，而江出于岷，渭出鸟鼠，河浮积石，洮出西倾，陇出陇首，天下山川，皆其支派，考形胜者，此又不可不知也。[3]

本段更是直切主题，点明"洮河"边务的重要性。这里的"边"正是布防、边关、防务的"边"，而非旁边、河边的"边"。在《读史方舆纪要》中，把某条河流单列出来分析其防务意义的，唯"洮河边"这一条，足见其重要性。作者把白龙江、洮河、渭河三条河流并列讨论，强调"实蜀口之要区"，尤其是"乃若山川名胜，则洮、岷与河州固其尤也"，再三肯定洮河的"蜀口之要区""秦岭为屏，陇首为限"防御功能，这对于我们做秦长城研究的学者来说，真可谓"不可不知也"。

在《读史方舆纪要》的"舆图要览"中，对全国最重要的26个地域作了重点绘图和描述，"洮河"就属其列。从图中可以很明显地看出洮河就是核心要地，"边"就是国家长期防御方面需要精耕细作的边务。该书产生于清代，当时的洮河边务应该说不是十分显要了，但作者还是给予了深切关注，足以说明洮河边务的不可或缺性。

形胜——内则屏翰蜀门。北并洮、叠。秦城起于州界。侨（客居异地）治白石镇。据南山建城。[4]

这一段非常简短，但一句一个意思：第一句讲岷县这个地方，对内是防御通过洮河南侵蜀地的北大门。第二句讲北向兼并控制洮叠之乱。第三句讲秦长城起于州界而筑。第四句讲岷县当时的防御势力范围还能够客居白石镇实施防御职能。第五句讲秦长城是凭借南山而筑。南山就是大沟寨五台山，白石镇应该就是迭部县扎尕那。

秦从最初的创业阶段立足西陲后，再就没有向西扩张，而是一路向东、向南、向北扩张。顺此，我们再理解秦国把长城首起地定位在古临洮今岷县，就不太突兀而顺理成章。

从地貌特征看，岷县是青藏高原最东端的末梢，是中国中部南北东三个方位的海拔最高端，汇集了黄土高原、青藏高原、西秦岭三大地貌特征，山大沟深，沟壑纵横。这样的地貌特征一定是军事防御的首选地。

从地理位置看，岷县是西秦岭与青藏高原的穿插交汇地带，是中国南北天然分界线，又是南北大通道。半农与半牧、纯农与纯牧、干旱半干旱与湿润半湿润农作与气候分界带，也是温热干燥与高寒阴湿的东西分界线。这样，对于东南西北来说，岷县均处在分界线或分水岭上，但对于相对应的南北或东西来说，毫无疑问又恰恰是核心要地。对核心要地的控制是军事防御的必须要件。

从河流水系看，洮河居中，从昆仑山支系西倾山源出，流经岷县又拐弯从东向西北而去，融入黄河。渭水居北，向东流去。白龙江居南，从西而东至宕昌两河口而南流去。渭水无须防御，因为全在秦国势力范围内。防御好洮河南面也就防御住了白龙江西端来犯之西羌游牧民。

从纵横山系看，岷县东西有西秦岭、西倾山交错，南北有岷山穿插，直至成都腹地。水路山路纵横交错。系住山系的龙头，山系的安定就有保障了。

从人类分布看，洮河流域的羌人一直是中华族群的人脉之源。我国现在西南华南包括南亚一带的族群均有丰富多彩的来自洮河流域的美好传说，同时也是战国期间的秦国发配罪犯的地域。《史记·秦始皇本纪》："八年，王弟长安君成蟜将军击赵，反，死屯留，军吏皆斩死，迁其民于临洮。"也就是说岷县是古代人类交流互换的跳板和平台。控制好这一跳板和平台也就控制好了所在社会的安定祥和。

从经济形式看，岷县地处黄土高原区域是纯农业经济形式，地处西秦岭区域是半农半牧半狩猎经济形式，地处青藏高原区域是纯牧业经济形式。这样会导致这一带的贸易活动既丰富多彩又非常发达，有经济纽带的功能。

从军事地位看，岷县以东礼县是西秦岭腹地秦始皇世代祖居地，是西秦岭末梢端唯一东西南北路道四通八达的核心节点，是洮河最东端点，而且"U"形流经岷县。岷县是农牧结合带，农业居民相对稳定，牧业居民容易躁动，是游牧狩猎之民经常来犯之地。因此扼守住岷县，就扼守住了秦国的西大门，也就扼守住了秦国西南一带的安定。

从文化传播看，洮河流域是中国史前文明的发祥地之一，黄河文明之源，中国北方语系的源头。马家窑文化是中国汉语的滥觞，奠定了中国万年汉语历史传承与传播的基础。至今，洮河流域古汉语的发音及特殊词汇的运用依然还在活态传承着。王力先生在《汉语史稿》中感慨早在 14 世纪，古人的汉语后鼻音发音已经在中原一带消失了，而在现在的岷县一带洮河流域还能随耳听到。从王权政治开始，也即夏商周以来，洮河流域一直被边缘化，但其深厚的文化积淀和人口容量，始终是西北文明的渊薮。秦始皇对此不可能不知道。对文化的控制与人口的控制是历来统治者必须面对的问题。

二、秦国陇西郡治所在地不在狄道而在岷县

至周之衰，秦兴，邑于西垂。[5]

这里的"西垂"就是现在的礼县、西和、武山、岷县东部山区一带。

秦昭王时，义渠戎王与宣太后乱，有二子。宣太后诈而杀义渠戎王於甘泉，遂起兵伐残义渠。於是秦有陇西、北地、上郡，筑长城以拒胡。[6]

从这一段记录说明秦拥有陇西之地是从秦昭王时开始的。这时正是公元前 3 世纪初。这里的陇西，核心地域就是洮河流域的岷县。秦国的势力范围还没有深入到洮河下游现在临洮以北一带。洮河下游实是当时临洮县势力范围的末梢地带。岷县地处秦兴后"邑于西垂"的正西大门，志在必得。岷县再向西，就是甘南大草原地带，不属于秦国势力范围。就是秦统一六国后，也没有扩大这一范围。正因此，秦统一六国前的陇西郡治所在地也就是当时临洮县治所在地。杜佑《通典》载"长城在今郡西二十里崆峒山"。明确说"郡西二十里"，说明郡治所在地就是现在的岷县城。《旧唐书·狄道》载"汉县，属陇西郡，晋改为武始县，隋复为狄道，属兰州"中的"汉县"，充分说明在秦时狄道还没有行政建置，在汉代才设立了县治单位。对此，《读史方舆纪要》"陕西九·临洮府"条有说明："春秋战国时，为西羌所居。秦属陇西郡，汉属陇西金城郡。"从这里可以看出现在的临洮县在战国时期是一个被边缘化的地方，秦统一后才进入国家版图，从属陇西郡，为陇西郡治理的"附邑"，不具有行政、军事治所条件和功能。这从《水经注》中也能够看出：

汉陇西郡治，秦昭王二十八年置。

古"狄道"今临洮如果是秦陇西郡治，就无须这样说了，而却描述为"秦陇西郡治，秦昭王二十八年置"了。

秦兼六国，设防止及临洮。[7]

自周衰，戎狄错居泾渭之北。及秦始皇攘却戎狄，筑长城，界中国，然西不过临洮。[8]

对此问题引起重视的是王蘧常先生。其专著《秦史》：

陇西郡，昭襄王二十八年置。据《水经·河水注》。有陇坻在其东，故曰陇西。据应劭《汉书注》。治未详。案《水经·河水注》："汉陇西郡治狄道。"疑秦亦治此，而汉承之也。其领县可征者：

上邽，据《史记·秦本纪》、应劭《汉书注》。

临洮，据《史记·始皇本纪》"八年，迁其民於临洮"文。

西，据《史记·五帝本纪》"尧申命和仲，居西土。"《集解》："徐广云：'此为秦县'"文。案《水经·漾水注》，以为即秦襄所居之西垂。[9]

显然，王蘧常先生是严谨的。当他没有检索到确凿记载后，仅是"疑"，并说明存疑的原因"汉承之也"。说明后来很多学者把秦陇西郡治所在地确定为狄道仅是推测，不应该直接用肯定语词来表述。

秦昭王时期修筑长城首起今临洮。在秦始皇时期，已经统一全国，延伸修筑或在更远范围需要防御的地域修筑起更为合理。在查阅大量资料后，发现周振鹤先生在其专著《西汉政区地理》中有这样的推理：

陇西本为秦郡，是高帝末年十五汉郡中变化比较复杂者。

武帝元朔以前之陇西、北地、上邽皆未得秦郡之全部，其故塞（秦昭襄王长城，见地图二十一）外部分为匈奴所据。元朔二年，汉收河南地，置朔方、五原郡，陇西、北地、上邽等三郡恢复秦时之规模，其后并移民以实之，至元鼎三年遂分陇西置天水郡，分北地置安定郡。[10]

从王蘧常先生梳理"陇西郡"领"上邽、临洮、西"三县也能够印证周振鹤先生的判断。也就是说秦国当时统一全国范围那么大，唯独没有把陇西郡的治所范围扩大。岷县洮河以西不远距离就是草原地带，广袤无垠的若尔盖草原区域，从战国时期至秦始皇时期均未深入，仅止岷县以西的卓尼、临潭一带。而且地处整个秦国版图的蜂腰位置，非常脆弱，再次加固和延伸防御势在必行。同时洮河下游现在临洮以北一带也未完全统一，还处在游离阶段。王蘧常先生梳理秦国"陇西郡"领"上邽、临洮、西"三县就是最好也是最有力的证明。我们从某些文献中看到的"陇西郡"辖21个县：上邽、西县、下辨、冀县、临洮、狄道、枹罕、兰干、邸道、故道、武都道、绵诸、獂道、襄武、戎道、辨道、予道、薄道、略阳、成纪、阿阳共21县，实际是汉代的陇西郡所辖范围，并非秦国陇西郡所辖。"临洮"与"狄道"并列介绍，只有在汉代及其后才有这个资格，在战国时期和秦始皇时期"狄道"均没有资格与"临洮"并列存在。这就是第二次修筑长城依然还从岷县首起的根本原因。而且岷县洮河以西临近草原地带及更远距离，截至元朝之前，一直游离于中原王朝治理范围之外。这就是岷县为历代政权重点布防的重镇之因，其行政建置级别一直不低，岷县洮河以西草原地带直至元朝才开始进入国家版图。

再如后晓荣说：

从其在地理空间分布情况看，各国设置的郡都在边地，相反其它内地并没有设置郡级地方机构，并非如学者所言，"在近畿县之上增设郡，在边郡之下增置县，最后形成郡辖县的隶属关系。"也并没有出现真正意义上"以郡统县的行政管理制度确立"。战国时，各国的内地普遍仍然是县一级的地方行政机构，内地置县则直接归君主管辖，与之相间的则是大量封君的封邑。因此，战国时期的郡产生于边地分区防守的需要，而不是分区治理的需要，是一种军事区域性质的概念。虽然此期也存在郡辖县的形式，但并没有严格意义上郡统县的行政管理制度和行政区划的确立。[11]

郡治所在地必须设置在县治所在地，郡的军事职能才能有效发挥。综合如上例证分析陇西郡治所在地，毫无疑问，岷县不仅是战国时期郡治所在地，也是始皇时期郡治所在地。我们在分析战国时期陇西郡与秦统一时期陇西郡以及汉代陇西郡郡治所在地应有区别。郡治作为一种军事防御建置，是随着不同时代不同时间节点防御重点的不同而变换着的。秦国的陇西郡防御的重点是洮河，而控制洮河龙头的关键在古临洮今岷县，而不在古狄道今临洮。因为只有在岷县才能控制住西面通羌中的羌人和北面逆洮河而上入蜀的匈奴，今临洮地理位置在通羌中的正北位置，不具有这样的功能。而在汉代，陇西郡属辖由秦国3个县扩展为21个县，他的郡治重心必须转移到综合治理需要的合理位置上去。

可以肯定地说，秦国的陇西郡治一直在临洮县，只有到了汉代才转移了治所。郡治是军事建制，是为了边关防务而设置的，其郡治所在地随所防御重地而入驻。《水经注》中描述狄道县的陇西郡治时所说的"汉陇西郡治，秦昭王二十八年置"。因为陇西郡治所在地随军事防御重点的位移有变化了，才做此补充说明：陇西郡是秦昭王二十八年设置的，现在到了汉代，顺此防御需要，陇西郡治所在地从原来的临洮县迁移到了现在的狄道，特此说明。这就是上面引用13字的用意。

综合各种文献，秦国东西南北的方位坐标显然是以秦岭为基准的。岷县正处在西秦岭东西南北四通八达的正西端核心要点上，是秦国临洮县、陇西郡共同治所的唯一选项。

三、历史上的临洮概念不是泛义词

地东至海暨朝鲜，西至临洮、羌中，南至北向户，北据河为塞，并阴山至辽东[12]。

秦已并天下，乃使蒙恬将三十万众北逐戎狄，收河南。筑长城，因地形，用制险塞，起临洮，至辽东，延袤万余里。[13]

临洮郡：临洮，西魏置，曰溢乐，并置岷州及同和郡。开皇初郡废，大业初州废，更名县曰临洮。又后周置祐川郡、基城县，寻郡县俱废。有岷山、崆峒山。[14]

昔秦并天下，裂地为四十九郡，郡置守尉，以御史监之。其地西临洮，而北沙漠，东萦南带，皆际海滨。[15]

如上四例的"临洮"地名非常清晰，就指现今的岷县，绝非泛概念。

兰州下　隋金城郡。隋末，陷薛举。武德二年，平贼，置兰州。八年，置都督府，督兰、河、鄯、廓四州。贞观六年，又督西盐州。十二年，又督凉州。今督兰、鄯、儒、淳四州。领金城、狄道、广武三县。显庆元年，罢都督府。天宝元年，改金城郡。二载，割狄道县置狄道郡。乾元元年，复为兰州。旧领县三，户一千六百七十五，口七千三百五，天宝领县二，户二十八百八十九，口一万四千二百二十六。在京师西一千四百四十五里，至东都二千二百里。

临州下都督府　天宝三载，分金城郡置狄道郡。乾元元年，改为临州都督府，督保塞州，羁縻之名也。领县二，户二千八百九个九，口一万四千二百二十六。在京师西一千四百四十五里，至东都二千二百里。

狄道，汉县，属陇西郡。晋改为武始县。隋复为狄道，属兰州。天宝三载复置。[16]

临州狄道郡，下都督府。天宝三载析金城郡之狄道县置。县二：有临洮军，久视元年置，宝应元年没吐蕃。狄道，下。长乐，下。本安乐，天宝后置，乾元后更名。[17]

如上四例清晰记载今临洮在唐以前的"狄道"称谓。而"临洮军"的称谓是为了与临洮军事防御相区别的称谓，并非县治郡治称谓。

临洮府　《禹贡》雍州地。春秋、战国时，为西羌所居。秦属陇西郡。汉属陇西金城郡。晋初因之。惠帝时，分置狄道郡。前凉张骏又改置武始郡。其后西秦、南凉，代有其地。后魏亦属武始郡。西魏又增置临洮郡。后周废临洮郡。隋初，并废武始郡，以县属兰州。炀帝时，属金城郡。唐初，亦属兰州。天宝初，属金城郡。三载，分金城郡置狄道郡。乾元初，改为临州《寰宇记》：久视元年，置临洮军于临州。宝应初，陷于吐蕃，号武胜军。宋熙宁五年收复，改为镇洮军，寻改熙州治狄道县，亦曰临洮郡。《金志》云：宋又更镇洮军为德顺军。金改曰临洮府。元因之。明仍为临洮府，领州二，县三。今仍旧。[18]

府襟带河湟，控御边裔，为西陲之襟要。蜀汉末，姜维数出狄道以挠关陇。魏人建为重镇，维不能以得志。晋之衰也，河西扰乱，大约据狄道，则足以侵陇西，狄道失而河西有唇齿之虑矣。拓跋魏兼有秦凉，以狄道为咽喉之地，列置郡县，恃为藩蔽。唐拒吐蕃，临州其控扼之道也。临州不守，而陇右遂成荒外矣。宋承五季之辙，王官所莅，不越秦、成。熙宁以后，边功渐启。议者谓欲图西夏，必先有事熙河。及熙河路建，而湟、鄯之域，以渐收举，虽于本计似疏，而武略未尽乖也。《志》曰：郡土田膏腴，引渠灌溉，为利甚博。其民皆蕃汉杂处，好勇喜猎。故徐达亦云：临洮西通蕃落，比界河湟。得其地，足以给军储，得其人，足以资战斗也。

狄道县附郭。汉置县，为陇西郡治。后汉因之。晋属陇西郡，惠帝改置耿道郡治此。又尝改县为降狄道，寻复旧。后魏属武始郡。隋属兰州。唐因之。天宝三载，置狄道郡治此。宝应以后，废于吐蕃。宋熙于五年，收复。六年，仍置狄道县，为熙州治。九年省。元丰二年，复置。今编户二十五里。

狄道故城在今府治西南，汉所置也。吕后六年，匈奴寇狄道。七年，复入寇。文帝十二年，匈奴寇狄道，即此城矣。蜀汉延熙千八年，姜维围魏王泾于狄道，不克。寻又引军出狄道，不克而还。《水经注》亦谓之降狄道。盖县之别名也。隋、唐以来，州郡皆治此。宋改筑熙州城，即今治也。《志》云：今郡城周九里有奇，门四：东大通，南建安，西永宁，北镇远。

长城在府西北。《史记》：秦始皇遣蒙恬发兵三十万北筑长城，起自临洮。唐因置长城堡。开元二年，陇右节度使王晙等追破吐蕃于洮水，又败之于长城堡，杀获数万，是也。

如上五例均录自《读史方舆纪要》，能够清晰梳理出今临洮在历史上属于一级独立行政建置始于宋熙宁六年狄道县。在汉时虽然也设置了狄道县，但因当时军事管治特殊时期，属陇西郡治"附部"，不属于一级行政建置。称谓也经常变化，如陇西郡、金城郡、狄道郡、武始郡、临洮郡、镇洮军、德顺军等，且多为郡属地。这点，乾隆二十八年《狄道州志》说得非常明白，乾隆十年沈青崖撰《狄道州志·卷一》：

临洮之名始于秦，而境在今之岷州。唐之临洮郡，今为洮州厅。陇西名郡，自汉始，唐亦有陇西郡，乃即今之陇西。

乾隆二十八年《狄道州志》甘肃巡抚明德序言：

"狄道溯秦汉以来，历为附郭邑。"《狄道州志凡例》"称名所以定志狄道，前此为附郭首邑，今升为州矣。州自今始，虽重辑是书，犹之乎创也，故不以续标名。……临洮之名始见《史记》。唐有临洮郡，别置洮州，即今洮州厅也。又自汉以来，临洮为陇西郡，而唐亦有陇西郡，别置渭州，即今陇西县也。旧志分别未详，间有以彼入此者，今患更正。"

《狄道州志》作者序言：

奥稽前代狄道为用武之地。盖自周东迁，即限于戎。唐季宋初，皆非中国。有明之末，造几罹兵燹矣。……临洮之名始于秦，而境在今之岷州。唐之临洮郡，今为洮州厅。陇西名郡，自汉始，唐亦有陇西郡，乃即今之陇西。且或以为州为路为军，或以郡领县，纷纭更互，猝难考详。核之弗精，奚以示于狄志，不得辞也。

宣统元年的《狄道州续志》依然把现在的临洮称渭为"狄道"。

最后"长城在府西北"这一段正好说明在今临洮的西北洮河边有起自今崛县的长城延伸，而且在唐朝还顺应新情况需求新置筑了长城堡，并且及时起到了"杀获数万"的防御功效。

秦长城首起地一定是选在非常重要的集军事、政治、经济、文化于一体的核心重镇之地。杜佑《通典·州郡典》记载：

岷州，春秋及战国时并属秦，蒙恬筑长城之所起也。属陇西郡，长城在郡西二十里崆峒山，自山傍洮而东，即秦之临洮境在此矣。

说明当时的岷县所在地，既是"临洮县"政权所在地，也是"陇西郡"治所在地。

四、历史上岷县崆峒山就是现在称谓的大沟寨五台山

岷县大沟寨五台山在唐代为著名的崆峒山，唐汝州刺史卢贞在《广成宫碑》中说："禹迹之内，山名崆峒者，有三焉。其一在临洮，秦筑长城之所起也；其一在安定。二山高大，可取财用，彼人亦各于其处为广成子立庙。"（《全唐文》）杜甫诗《喜闻盗贼蕃寇总退口号五首》之一："崆峒西极过昆仑，驼马由来拥国门。逆气数年隔路断，蕃人闻道渐星奔。"《壮游》："河朔风尘起，岷山行幸长。两宫各警跸，万里遥相望。崆峒杀气黑，少海旌旗黄。"又一首古体长诗《送从弟亚赴河西判官》中的四句："崆峒地无轴，青海天轩轾。西极最疮痍，连山暗烽燧。"这三首中的"崆峒"均为岷县大沟寨的崆峒山，尤其后一首直接点明秦长城烽燧景致，"暗"字真切描绘出了"烽燧"建筑之高。

岷山、崆峒山、长城三个概念在史籍中频繁并列出现正是学理上的共存互证和互证共存。

临洮郡：临洮，西魏置，曰溢乐，并置岷州及同和郡。开皇初郡废，大业初州废，更名县曰临洮。又后周置祐川郡，基城县，寻郡县俱废，有岷山、崆峒山。[19]

溢乐县。陇右岷、洮、丛等州以西，羌也。秦陇西临洮县即今岷州城。本秦长城，首起岷州西十二里，延袤万余里，东入辽水。岷山在岷州溢乐县南一里，连绵至蜀二千里，皆名岷山。[20]

"崆峒山，在县西二十里。""溢乐县，本秦汉之临洮县也，属陇西郡，秦长城，首起县西二十里。始皇三十四年并天下，使蒙恬将三十万众北逐戎狄，筑长城，起临洮至辽东，延袤万余里。[21]

岷山，无树木，西有天女堆，天女祠在其上。秦筑长城，起于州界。[22]

溢乐 秦临洮县，属陇西郡。今州西二十里长城，蒙恬所筑。岷山，在县南一里。崆峒山，县西二十里。后魏置岷州，仍改临洮为溢乐。隋复改临洮，义宁二年，改名溢乐。神龙元年，废当夷县并入。[23]

岷州和政郡，下。义宁二年析临洮郡之临洮、和政置。土贡：龙须席、甘草。户四千三百二十五，口二万三千四百四十一。县三：有府三，曰祐川、临洮、和政。溢乐，中下。本临洮，义宁二年更名，贞观二年析置当夷县，神龙元年省。有岷山，西有崆峒山。祐川，中下。本基城，义宁二年置，先天元年更名。和政。中。有阔博山。[24]

秦二汉及晋并属陇西郡。西魏置岷州及同和郡。隋初郡废。炀帝初州废，并其地入临洮郡。大唐复置岷州，或为和政郡，领县三。溢乐，有岷山、崆峒山。[25]

崆峒山，在卫西二十里。《通典》：秦蒙恬筑长城，起于崆峒山。自山傍洮水而东，今州境有古长城云。[26]

如上七条记载最有意思的是它把"崆峒山"与"岷山"与"秦长城"并列记述，这无疑互证了各自存在的真实。

五、岷县地段是历代国家政权设防的关键，秦国陇西郡临洮县更不例外

岷县地处中国版图中心位置，互为东西南北的屏障、门户与通道和关隘，是大西北的核心要地，为历代国家政权必须严加设防的关键。秦国的产生与发展与壮大到统一全国，均赖于秦岭的护佑。岷县是秦岭最西端防护来自大草原的羌人入侵和逆洮河而上入蜀的匈奴侵犯最为关键的屏障、门户、关隘，更是护心镜，因处在蜂腰位置，既关键又脆弱，在设防上极其用心，多角度、多梯级纵深防御，是不二选项，更是不二法门。因此，岷县是秦长城首起地。到了汉代，虽然版图有极大扩张，但岷县以西并未延伸，仍是西汉战略防御要地。到了东汉，国家政权中心偏移，岷县一带也即原陇西郡治范围成为羌汉大战的主战场，可以说丧失了设防。这种局势和状况一直持续到明初。虽然从元朝开始，岷县以西进入了整个国家版图，但仍然处在边缘化地带。到了明朝，自从明初遭遇十三番叛乱后，明朝政府才开始下大力气对岷县及以西地带的治理与设防作了系统规划，在原岷州卫势力范围内又增设了洮州卫，加强了防御线，扩大了防御范围，实际是吸取了秦国多梯级纵深防御的经验，并大多在原秦长城壕堑、烽燧位置筑墙体、设城障、夯墩台等多种形制的防御设施。洮州边墙和顺卓尼县洮河流域至陇南的墩台的设置无不如此。从先秦至明代岷县一带的长城设置，实际是中国大版图中核心腹地的农牧隔离带、管理带、分解带、区划带、规划带，即使到了今天的国家治理也无不如此。岷县的长城设置不可或缺。

岷县与其他沿线各地秦长城布防措施大相径庭，差异很大。核心原因是洮河在岷县的特殊情况决定了的。在其他各地的洮河，基本是一条线形制，防御设施也就会一条线建设。而在岷县境内，洮河的形制是"U"字形，"从东洮至西洮百二十里者也"，即从西寨镇的"东洮"到维新镇的"西洮"共经历120里之意。岷县以西，从洮河入口到洮河出口，整个西面就是广袤无垠的大草原，从秦国开始一直到宋朝均非中原王朝辖地，也就是说一直是蜂腰位置的边关地带，陇蜀通道上的要害和关键，是历代政权防守的重点。洮河入口与出口形成的断面线就是秦国西面实际的边界线，自然也就是秦国的防御线。但也对防御造成了极大困难，因为每每在冬季河流舒缓转弯之地往往会结冰，成为天然冰桥，给进犯之敌提供便利。因此，岷县在正常的沿边界线做了布防之外，在境内还做了周密部署，设置了必要的防御点。岷县秦长城的布

防与其他各地线性布防大不相同，面向西北敞开的喇叭形山地，给防御提出了更艰巨任务，要求必须多梯级多角度设防。

秦长城首起地就是古临洮今岷县的崆峒山，即今十里镇大沟寨五台山。秦长城在岷县首起地的核心形制就是"堑"——壕堑，而不是线条型的墙体。在关键位置深挖壕堑，作为塞障，这就是岷县秦长城的基本特征。

这里一直是岷县西南游牧羌藏人最接近岷州县城的一条古道，防守一直没有缺位过。从铁关门以西洮河以南，在古代是原始森林区域，没有通道，不易不便设防，即《元丰九域志》记载的"秦筑长城，起于州界"。从现在的民风民俗来看，铁关门以西民风强悍，铁关门以东民风温顺，差异较大，当地人对此不解，其实这正是关里关外长期教化不同差异巨大积淀形成的个性必然。岷县以南、以西还有很多游牧兼及狩猎羌人，他们经常袭击岷州以东以北农业区域，而且对郡治所在地、县治所在地极容易造成威胁，必须对这一带游牧民有所设防。秦代有防御设施，明代马烨有驻军，充分说明其防御的不可或缺。马烨仓因明代开国将领马烨驻防而得名，马烨仓最深处有一条很深远的沟直通迭部县的扎尕那，就叫"羌道沟"，其地名留下了久远的历史记忆。在秦长城建设时期，岷县以北，胡人是秦人的劲敌。岷县以西，羌人是秦人的劲敌。东汉时期发生的频繁羌汉大战，就在古临洮今岷县一带长期形成拉锯战。在先秦时期，羌与汉、移动的游牧民与稳居的农业民不可能没有冲突。从此可以反推秦国当时把长城首起地选在岷县的正确。

岷县地处秦岭西端与昆仑山东端交汇处，平均海拔在二千七八百米，有多处地段为黄河、长江分水岭，是所处东、南、北地域海拔最高点。且有岷山横贯南北，与西秦岭、昆仑山东脉之西倾山纵横交错，黄土高原、青藏高原、秦岭地貌交错呈现，既四通八达，又艰险难行，"万山之中"是其特有地貌特征。"蜀道之难，难于上青天"正是这一带交通状况的诗性描述。南邻岷江源头白龙江，东邻嘉陵江源头西汉水，北邻渭水源头，是天造地设的要冲地域、军事重镇，自然而然也会是政治、经济、文化、民族、宗教重镇。从此中心点来说，此地是东西南北的分水岭。从东西南北对应两边来说，此地又是相互的结合带、核心带、中心点。再从全国地质板块、气候板块来说，岷县正处在第一阶梯与第二阶梯交界带的核心点上，青藏高寒区与西北干旱半干旱区的交界点上，是长江水系与黄河水系分水岭。如上众多核心节点造就了岷县文化历史与历史文化的多元性与多样性，包括生物的多样性与生态的多样性以及地质的多样性，是我国核心中部最东端农业与畜牧结合带和分水岭，是中原与西部在政治、经济、文化、民族、宗教意义上的融合带和分水岭。

岷县是东西南北的枢纽通道，易守难攻，秦长城首起设在西秦岭末端核心节点——岷县，扼守住西秦岭南北西来犯之敌，就保住了东部礼县秦国世代祖居地大本营，也就扼守住了整个秦岭的安全。整个秦岭的安全就是秦国的安全。而且岷县秦长城首起点设置与其他各地秦长城设置截然不同，它不是一段一段线性墙体的设置，而是以洮河代替线性墙体，并在防御关键节点再配套壕堑、关城等塞障进行布防。并在陇西郡置、临洮县置所在地以西关塞处为起首，因河为塞，在易穿越的临河坡段深挖壕堑为障，在咽喉路段设置关城，进行多级防御，以达到预防西北游牧羌人和企图从现今临洮之地逆洮河而上的匈奴的侵犯。

秦国在未统一六国前，临洮、陇西以北并未纳入势力范围，因此所筑长城估计仅止陇西以东北方向不远距离。秦国统一全国后，除了向东北方向延伸修筑长城外，对原临洮县范围修筑的长城作了二次加固补充完善。在岷县以西洮河形成的喇叭形范围内所划三条线条，就是我们考察后发现的三道纵深防御线，最西边第三条是进入完全牧业的边缘线均以壕堑形制呈现。由东向南白色延伸线为南向止长江黄河分水岭岭峰村的防御线，通过烽燧遗址考察，当时的布防线应该是从秦许乡上阿阳村系河桥开始沿中堡村至绿沙村至岭峰村这样的线路。由此可见秦国在临洮县长城设计上的苦心孤诣。

（一）布防路线

从目前考察看，排查出土有秦瓦、秦半两钱币、秦砖等遗物的墙垣、壕沟、烽燧、亭障的地点，可以画出一个清晰的防御路线，就是以郡县驻地为半径，从南麻子川岭峰村，向西南绿沙村至秦许乡中堡村、上阿阳村西河桥,再至十里镇墩背后村,延至十里镇大沟寨村(即唐以前的崆峒山)及铁关门墩上、骆驼巷、直至西寨镇关上村,进深与西北角铁城高庙壕堑汇合,再至卓尼县洮砚乡,直出九甸峡,至渭源县峡城,再至现在的临洮县。方向即从岷县南到西到北的布防。但在境内洮河沿线羌人容易穿插突防的地方也设置了防御设施,如西寨镇西大寨临近洮河山脊点、清水镇迭马咀临近洮河山脊点、茶埠镇钉寨(的西)与西津临近洮河山脊点、西江镇王铁嘴临近洮河山脊点、维新镇红台村临近洮河山脊点、维新镇铁城高庙临近洮河山脊点等均有布防。而且在洮河形成的喇叭形开阔区域防御设施延伸到整个农牧结合带上。这种防御设计在万里长城中是不多见的,甚至在中国历代所有长城中都是极具代表性和典型性的。这是一个清晰的布防路线。

(二)为什么秦长城首起地设在古临洮今岷县原崆峒山今五台山?

秦长城首起地选址非常重要。文献的记载前文中已有列呈,那么秦国当时是出于怎么样的考量选址在这里,这还需从秦国临洮县的地望与大沟寨五台山地理位置谈起。

首先,从文献分析就可以梳理出一个信息(详细引文见第四部分内容):

一是"郡西二十里",即郡治所在地以西二十里,防御最起码需要一个纵深带。

二是"岷山",岷县是千里岷山的北起首,"秦陇锁钥,巴蜀咽喉",是秦长城西首起最佳位置。

三是"秦筑长城,起于州界",该记载源于宋代《元丰九域志》,实是作者用宋代眼光描述秦国时期的事件,这个"州界"就是秦国时期的边界。在秦国时期的崆峒山西南、正西均是大山之中的原始森林区域,且险居洮河,极其陡要,因以为界。

四是"自山傍洮水而东",是说秦国是依傍洮河修筑长城的,也就是说秦国依托洮河为线性墙体,从洮河以西顺流而下,在关键要塞处修筑相应防御工事。

如上四条分析,是就崆峒山位置而作的考量。下面再从秦国临洮县地望分析陇西郡在古临洮今岷县设防的别无选择性。

一是岷县是秦国陇西郡军事治理三个县中最西边的县治单位,也是整个秦国最西边的边界县治单位,是郡治的必驻选项。秦国陇西郡共治理上邽、西县、临洮三个县的防务,西县在上邽之南临洮之东,属于秦国腹地,无需设防。上邽在临洮之东,其西、男、东向均处在腹地,无需设防。只有西北西秦岭边缘需要设防,但不是要塞重点。只有临洮县处在边关风口浪尖,南、西、北向均需设防,是陇西郡设防的重中之重,也是整个秦国设防的重中之重。

二是岷县是整个秦国最西北方位的核心要设,是正南部防范匈奴的要塞,有一夫当关、万夫莫开之势。因此郡治设防,别无选择。

三是岷县是西秦岭末梢端唯一重镇,秦岭是秦国的命脉,把住西秦岭命脉,也就把控住了整个秦国的安全命脉。因此郡治重地不可能不在此。

四是洮河的特殊性决定了的。洮河是黄河第一大支流,是黄河文明之母,史前西北人类最大范围、最大密集度繁衍生息地,也是川陕、云贵、两广以至海南、东南亚多族群人类来源地。洮,从"水","兆"声,"兆"最早之意,亦即洮河是西北人类文明最早河流之意。从洮河入蜀是一条极为久远的大通道。更要命的是洮河进入岷县境内极不一般,从西南进入,绕了一个大弯,在县治和郡治所在地向东折返东北进而西北流出,所造成的正西向喇叭口型地貌面对的正是广袤无际的大草原。这正是长于穿越的西羌及匈奴的理想地带,不可能不是陇西郡设防的重地,也不可能不是整个秦国西部设防的重地。

综合如上8条理由,秦长城从古临洮今岷县西首起别无选择。

(三)岷县段秦长城基本形制

"关塞亭障"是秦长城的基本形制,而"因河为塞"是秦长城建置的战略要求。

三十三年,……西北斥逐匈奴。自榆中并河以东,属之阴山,以为四十四县,城河上为塞。……筑亭障以逐戎人。[27]

秦小邑并大城,守险塞而军,高垒毋战,闭关据战,荷戟而守之。[28]

然后践华为城,因河为池,据亿丈之城,临不测之渊以为固。良将劲弩守要害之处,信臣精卒陈利兵而谁何，天下以定。[29]

秦已并天下，乃使蒙恬将三十万众北逐戎狄，收河南。筑长城，因地形，用制险塞，起临洮，至辽东，延袤万余里。[30]

后秦灭六国，而始皇帝使蒙恬将数十万之众北击胡，悉收河南地。因河为塞，筑四十四县城临河，徙适戍以充之。而通直道，自九原至云阳，因边山险，堑溪谷，可缮者治之，起临洮至辽东万馀里。[31]

其明年，卫青复出云中以西至陇西，击胡之楼烦、白斗王于河南，得胡首虏数千，羊百余万。于是汉遂取河南地，筑朔方，复缮故秦时蒙恬所为塞，因河而为固。[32]

《史记·蒙恬列传》："筑长城，因地形，用制险塞。"《史记·匈奴列传》："因河为塞，筑四十四县城临河。"《说文解字》："塞，隔也。"即阻碍、隔断之意，引申为边关设施。险，即险峻。因，即顺着、沿着。"因河为塞"，意即沿着河流布防边关设施。这里面包含着一个非常重要的意思，就是把河流作为边关设施的重要组成部分。洮河本身就是秦长城西起首的核心部分，是长城的另外一种形制，一种特殊形制。而这层意涵，往往被忽略了，认为长城就应该是一段一段墙体，看不到墙体，就认为长城不存在。

第一条表述过于简单，"因地形，用制险塞"，意思即利用或顺着地形，凭借天险，设置要塞。第二条"因河为塞"，即沿着河道修筑关塞。但后一句"因边山险，堑溪谷，可缮者治之，起临洮至辽东万馀里"，说得非常清楚，意即利用山边、险堑、溪谷等可修筑的地方修筑，从临洮县（今岷县）起到辽东郡共一万多里。《汉书·匈奴传》也有类此两条记录。

这里对"堑"需做进一步说明。《说文》："堑，防也。"《史记·秦本纪》："堑山堙谷。"《史记·高祖纪》："深堑而守。"《史记·司马相如传》："隤墙填堑。"又如：堑渊（沟壑深潭）；堑垒（深壕与堡垒）；堑坎（深坑）；堑谷（沉陷的坑谷）；天堑。这里显然既有名词"防御用的壕沟、护城河"之意，也有动词"挖掘""掘断"之意，如挖掘壕沟、挖掘通道，或掘断通道，掘断壕沟，总之以起到防御功能为是。

这里需对"河"作一解释。一般意义上，"河"指黄河。但在这里，包括"洮河"之意。秦长城，不论从古临洮计算起，还是从今临洮计算起，都绕不开洮河。因此我们有必要从秦长城建设之后不久的地理学名著《水经注》"洮河"条中，检索有关秦长城布防的信息。

地理志曰：水出塞外羌中。沙州记曰：洮水与垫江水俱出嵹台山，山南即垫江源，山东则洮水源。山海经曰：白水出蜀。郭景纯注云：从临洮之西倾山东南流入汉，而至垫江，故段国以为垫江水也。洮水同出一山，故知嵹台，西倾之异名也。洮水东北流，迳吐谷浑中。吐谷浑者，始是东燕慕容之枝庶，因氏其字，以为首类之种号也，故谓之野虏。自洮嵹南北三百里中，地草遍是龙须，而无樵柴。洮水又东北流迳洮阳曾城北，沙州记曰：嵹城东北三百里有曾城，城临洮水者也。建初二年，羌攻南部都尉于临洮，上遣行车骑将军马防与长水校尉耿恭救之，诸羌迟聚洮阳（即现今卓尼县扎古录镇），即此城也。洮水又东迳洪和山南，城（即现在卓尼县城）在四山牛。洮水又东迳迷和城（即现在卓尼县那浪沟口）北，羌名也。又东迳甘枳亭（即现在岷县十里镇甘寨村），历望曲（即现在清水镇冰桥湾），在临洮西南，去龙桑城二百里。洮水又东迳临洮县故城（即现今岷县城）北。禹治洪水，西至洮水之上，见长人，受黑玉书斯水上。洮水又东北流，屈而迳索西城（现令梅川镇，尚有遗迹残存）西。建初二年，马防、耿恭从五溪祥楛谷出索西，与羌战，破之，筑索西城，徙陇西南部都尉居之，俗名赤水城，亦曰临洮东城也。沙川记曰：从东洮至西洮百二十里者也。洮水又屈而北，迳龙桑城（即现在卓尼县洮砚乡）西而西北流。马防以建初二年，从安故五溪出龙桑，开通旧路者也。俗名龙城。洮水又西北迳步和亭（即现在卓尼县达勿村）东，步和川水注之。水出西山下，东北流出山，迳步和亭北，东北注洮水。洮水又北出门峡（即现在九甸峡），历求厥川，覃川水注之，本出桑岚西溪，东流历桑岚川，又东迳覃川北（进入现在的临洮境），东入洮水。[33]

特别是"从东洮至西洮百二十里者也"不容忽视。这段流域及地貌正是现在岷县洮河段，其布防非常严密。《水经注》撰写距离秦长城修筑大约六七百年，很多遗址应该还在发挥着防御的作用。

《史记·匈奴列传》："因河为塞，筑四十四县城临河。"不可能全部筑在黄河边，从岷县起至现今的临洮，由于有很多地方山大沟深，河流纵横，鲜有人类居住，无法也无必要长线条性夯筑墙体长城，只能在人口通道关节点临河地方修筑防御工事，只要起到"塞"的功能即可。从今临洮起，再而化向，远离沟壑纵横、河流密集的地质地貌，就只能选用夯筑长线条性墙体长城的办法，以起到有效防御的作用。

岷县清为岷州，属巩昌府，乃秦临洮县也。《史记》云："始皇三十四十，命蒙恬破匈奴，筑长城，因地形，用险制塞，起临洮，至辽东，延袤万余里。"相传其起点在本县，今境内未见秦长城遗迹，是可疑也。[34]

毫无疑问，这一存疑影响深远，从目前发现的史料看，王树民先生是最早对秦长城西起首于岷县提出质疑的第一人。肯定王树民先生在岷县期间，向当地人提问过类似于黄土夯筑墙体遗存有无的问题。当地人众自然无法应答这一"长城"问题。因为他们压根儿就没见过这样的墙体。如果问他们烽燧、墩台、壕堑等问题，他们会列举出若干个例证来。这应是经验性错误。长城的形制是多样的，看如下《汉书》记载：

单于欢喜，上书愿保塞上谷以西至敦煌，传之无穷，请罢边备塞吏卒，以休天子人民。天子令下有司议，议者皆以为便。郎中侯应习边事，以为不可许。上问状，应曰："……起塞以来百有余年，非皆以土垣也，或因山岩石，木柴僵落，溪谷水门，稍稍平之，卒徒筑治，功费久远，不可胜计。臣恐议者不深虑其终始，欲以一切省繇（徭）戍，十年之外，百岁之内，卒有它变，障塞破坏，亭隧（燧）灭绝，当更发屯缮治，累世之功不可卒复，九也。……"[35]

天子："……中国四方皆有关梁障塞，非独以备塞外也，亦以防中国奸邪放纵，出为寇害，故明法度以专众心也。……"[36]

这一段话的故事是这样的：当时单于上书汉平帝要求把河西一带长城防御设施撤掉，由他们确保河西一带的防务安全，并保证"传之无穷"。汉平帝让大臣评议，绝大多数人认为可行，只有侯应认为"不可许"，他耐心地列举了十条理由，如上引用正是第九条。说明秦长城设置已经一百多年，特别是"非皆以土垣也，或因山岩石，木柴僵落，溪谷水门，稍稍平之，卒徒筑治，功费久远，不可胜计"。这一段，充分说明长城建筑的多种形制，多种建筑方法，比《史记》记载更清晰具体。从"关梁障塞"来看，这才是当时长城建设的主体形制。

不仅如此，岷县秦长城作为西首起之地，多层级、多角度严密布防，凸显了首起地的设计特征。

张润平　甘肃岷县长城文化研究会会长，中国民俗学会理事

注释：

1 （晋）常璩著，任乃强校注《华阳国志校补图注》，上海古籍出版社，1987，第65页。

2 （清）顾祖禹撰《读史方舆纪要》，中华书局，2005，第5663页。

3 （清）顾祖禹撰《读史方舆纪要》，中华书局，2005，第6133页。

4 （宋）祝穆撰，祝洙增订《方舆胜览》，中华书局，2003，第1218页。

5 二十四史《史记·秦始皇本纪》195页。

6 二十四史《史记·匈奴列传》2210页。

7 二十四史［简字体版］《汉书·西域传》，中华书局，1999，第2856页。

8 二十四史［简字体版］《隋书·列传第三十二》，中华书局，1999，第1061页。

9 王遽常撰《秦史》，上海古籍出版社，2000，第108页。

10 周振鹤著《西汉政区地理》，商务印书馆，2017，第148页。

11 后晓荣著《秦代政区地理》，社会科学文献出版社，2009，第460页。

12 二十四史［简字体版］《史记·秦始皇本纪》，中华书局，1999，第170页。

13 二十四史［简字体版］《史记·蒙恬列传》，中华书局，1999，第1995页。

14 二十四史［简字体版］《隋书·地理志》，中华书局，1999，第557页。

15 二十四史［简字体版］《旧唐书》，中华书局，1999，第959页。

16 二十四史 [简字体版]《旧唐书》,中华书局,1999,1121 页。

17 二十四史 [简字体版]《新唐书》,中华书局,1999,第 685 页。

18 (清)顾祖禹撰《读史方舆纪要》,中华书局,2005,第 2863 页。

19 二十四史 [简字体版]《隋书·地理志》,中华书局,1999,绿 557 页。

20 (唐)李泰等著《括地志辑较》,中华书局,1980,第 223 页。

21 (唐)李吉甫撰《元和郡县图志》,中华书局,1983,第 995 页。

22 (宋)王存等撰《元丰九域志》,中华书局,1984,第 591 页。

23 二十四史 [简字体版]《旧唐书》,中华书局.1999,1123。

24 二十四史 [简字体版]《新唐书》,中华书局,1990,第 680 页。

25 (唐)杜佑《通典·州郡典》浙江古籍出版社,2000,第 922 页。

26 (清)顾祖禹撰《读史方舆纪要·岷州》,中华书局,2003。

27 二十四史 [简字体版]《史记·秦始皇本纪》,中华书局,1999,179 页。

28 二十四史 [简字体版]《史记·秦始皇本纪》,中华书局,1999,196 页。

29 二十四史 [简字体版]《史记·秦始皇本纪》,中华书局,1999,198 页。

30 二十四史 [简字体版]《史记·蒙恬列传》,中华书局,1999 年第 1995 页。

31 二十四史 [简字体版]《史记·匈奴列传》,中华书局,1999,第 2210 页。

32 二十四史 [简字体版]《汉书·匈奴传》,中华书局,1999,2787 页。

33 (北魏)郦道元著《水经注》,陈桥驿校证,中华书局,2013,第 44 页。

34 王树民著《曙庵文集续录·陇岷日记》,中华书局,2004,第 367 页。

35 二十四史 [简字体版]《汉书·匈奴传》,中华书局,1999,第 2811 页。

36 二十四史 [简字体版]《汉书·匈奴传》,中华书局,1999,第 2812 页。

秦长城西起首思考
——基于岷县秦长城资源实地调查

刘虎林　后永乐

摘　要：历代史志著作均记载秦长城西起古临洮今岷县。20 世纪 80 年代以来，秦始皇万里长城首起于今临洮而非岷县的观点在学界引起较大反响。笔者拙见，秦长城西起首之地非完全可靠证据不可遽然否定千百年来文献记载，亦不可因我们不全面的考察没有发现绵延不绝的墙垣就认为岷县没有秦长城存在。本文在梳理岷县历史地理位置与自然环境的基础上，结合文献记载，依据大量卓有成效的实地调查发现的遗迹和当地出土的遗物标本，提出岷县境内秦长城形制特点、布防重点、秦长城起首具体地点以及防御线大致分布走向，以赐教于学界。

关键词：秦长城　岷县　调查　布防

一、战国秦及秦帝国时期岷县的历史地理位置与自然环境

（一）战国秦及秦帝国时期岷县的历史地理位置

《尚书·禹贡》是我国最早的自然地理分区书籍，按照自然分区方法把全国分为九州，岷县属雍州之地。

史载，秦穆公三十七年（前 623），"秦用由余谋伐戎王，益国十二，开地千里，遂霸西戎"。自此，今岷县一带进入秦国版图，因临洮水而得名临洮县。秦昭王二十七年（前 280），秦国始置我国最早的郡级政区陇西郡，今岷县即为陇西郡属。

秦始皇二十六年（前 221），秦统一六国，在全国范围内推行郡县制，起初把全国划分为三十六郡，后又增至四十郡，临洮（今岷县，下同）地属陇西郡，是秦王朝直接管辖的最西县治。《史记》对秦统一后的疆域有"西至临洮、羌中"的记载，意即沿洮河中下游至青海一线为秦王朝西部疆界，又如《晋书·地理志》用"西临洮而北沙漠"来陈述秦王朝的疆域。

（二）岷县自然地理环境

岷县位于甘肃南部，是青藏高原最东端的末梢。境内黄土高原、青藏高原、西秦岭三大地貌穿插交汇，山大沟深，沟壑纵横。激荡奔涌的洮河穿境而过。洮河从昆仑山支系西倾山源出，西来流经岷县县城又折向西北而去，汇入黄河。岷县地处中国南北地理分界线上，处在南北大通道上。处在干旱半干旱与湿润半湿润气候分界线上，也处在农牧分界线上。境内汉、羌、藏、回、满、撒拉、东乡、裕固等多民族长期融居，历来为陇上军事重镇，为兵家必争之地。

二、秦长城不同形制及古临洮秦长城防线构筑的必要性

长期以来，学界论及长城时总有学者带着先入为主的概念。即长城是在地面上人工夯筑而成的、绵延不绝的高大城墙，以古临洮今岷县境内未发现秦长城墙垣遗迹为由，且对《史记》中"因河为塞"等描述缺乏深入的思考，对秦西部疆域线当时民族分布格局、军事态势、生产力发展水平等缺乏深入研究，

对洮河中下游一线历史时期多次战争缺乏提炼梳理，更对岷县特殊地貌、气候、土壤、地质环境等没有认真钻研，特别是对岷县境内秦长城资源缺乏系统的深入的实地考察与研究，而对秦长城西起古临洮今岷县提出质疑。

如果古临洮今岷县境内没有构筑秦长城军事防线，陇西郡中心地带渭河谷地将直接暴露在秦西部国境线上，秦帝国整个西部疆域缺乏防御纵深，进犯者据此又可进窥关中，可谓唇亡齿寒。而今岷县及其以下洮河沿线有可以恃赖的河流和崇山峻岭，秦人不会轻易放弃这一天然屏障。岷县东面与先秦西垂所在地礼县和秦初县冀县之地接壤，岷县一带没有构筑秦长城军事防线意味着秦西部疆域没有完整意义上的防御闭环。作为秦王朝疆域西端，居无定所的羌戎游牧部落会经常袭扰边防，两汉时西羌部落多次进犯岷县，与汉王朝发生战争，正是洮河岷县段防御体系失效造成的。另外，据《水经注·卷二·河水二》记载，洮水"又东径临洮县故城北。禹治洪水，西至洮水之上，见长人，受黑玉书于斯水上。洮水又东流，屈而径索西城西"。从洮河流向与古临洮县的相对地理位置，以及前后行文中甘枳亭、索西城等方位判断，秦汉临洮县即今岷县县城之地。今岷县向西即甘南高原，乃羌戎久居之地，往南即高山峻岭，亦为羌戎据地，古临洮县几近处于羌戎势力包围之中。因此，如无长城以为阻隔，则古临洮即为孤悬，同样如无古临洮，则长城防线即告失效。

笔者坚信司马迁著史严谨的态度与《史记》的真实可靠性，但岷县境内秦长城遗迹遗物何在？秦帝国究竟是怎样布设秦长城防御系统的呢？2019年以来，岷县博物馆按照岷县县委宣传部、县文体广电和旅游局的安排，组织人员在县域内做了大量实地调查，社会各界积极提供调查线索并捐献相关文物标本，岷县秦长城的本来面貌才渐渐清晰。

三、岷县长城资源调查情况

（一）古临洮今岷县城秦代遗物

2019年7月8日、7月19日，李璠先生将自己从事长城调查研究40多年收集的156件长城文物标本分两次捐献于岷县博物馆。其中在城郊白塔寺采集秦瓦标本1件、岷州卫城城墙处采集秦瓦标本1件、县城冶家崖秦瓦标本6件、县城义学巷采集秦瓦标本1件、县委院内采集秦瓦标本1件、人民街采集秦瓦标本4件、新民街采集秦瓦标本1件、建国街采集秦瓦标本2件、县域内采集未标注具体地名秦瓦标本48件，以上共计65件。在县城搞基本建设中密集出现的秦瓦标本印证现在的岷县县城就是秦王朝直接管辖的最西端临洮县县治所在地。

（二）西起首地县城西大沟寨五台山、铁关门、骆驼巷秦代遗物与长城遗址

1. 五台山、铁关门、骆驼巷秦代遗物

1958年，十里镇骆驼巷村民刘应熊在骆驼巷拆庙时发现秦代绳纹完整筒瓦1件，于2019年7月捐献于岷县博物馆。

20世纪六七十年代，十里镇铁关门村村民刘杨忠在十里镇骆驼巷白土崖取土时挖出铜镞2件、骨镞3件、铜戟刺2件、铜戈1件，共计8件，于2019年7月捐献于岷县博物馆。

20世纪六七十年代，十里镇铁关门村村民张国文父亲在十里镇骆驼巷白土崖取土时挖出铜戈1件，于2019年7月由张国文捐献于岷县博物馆。

2018年7月，李森在岷县十里镇大沟寨四台梁采集铜镈1件，秦瓦标本1件，于2019年4月捐赠于岷县博物馆。

2. 五台山（崆峒山）秦长城遗址

五台山（崆峒山）秦长城遗址位于十里镇大沟寨村南面东西向山脊之上，从四台以上较为陡峭的山脊面开始有时隐时现的人工石砌墙基，宽约2米，直至后寨子，距离约2000米。当地人称作后寨子的石砌小城最宽处有六七十米，周长约300米，是兵士守卫与生活必需的居址，实为一小障城。从后寨子以上至最高峰，共有5个台级，均高耸险峻，是为悬崖峭壁。在第四台级与第五台级中间有较为平坦的山地，最宽处不到20米，长不到40米。在第五台级的坡面，也就是到达最高山脊的坡面，两

侧石块垒砌形成大约 1 米多高的壕沟，沟宽不到 2 米，沟长 30 米左右，再到顶部，就是大沟寨羊颠沟梁烽燧，梁烽燧筑在人工夯平的二级台面上，台高约 2.5 米，塌落呈圆锥状，直径大约 8 米。

岷县博物馆工作人员于 2019 年 7 月 1 日进行长城资源田野调查时，在十里镇大沟寨羊颠沟梁烽燧处采集秦瓦标本 5 件。

3. 折家山墩上村烽燧遗址

折家山墩上村烽燧遗址位于崆峒山脚下，烽燧塌落呈土堆状，但断面夯层清晰可见，夯层均为 10 厘米。据当地人讲，每到暴雨季节，在此壕沟经常会随山洪冲出一些青铜箭镞等器物。

（三）郡县所在地以北洮河河谷地带的考察

1. 茶埠镇钉塞村跑马巷遗址

钉塞村跑马巷遗址位于茶埠镇钉塞村，处在洮河下游，距离县城大约 5 千米。跑马巷呈东西方向，与延伸向洮河的山嘴（插牌嘴）相接。据当地老人讲，插牌嘴上方，解放以前一直是原始森林，无法穿越，下方是黄土台地，人们种地务农。在插牌嘴位置原有顺山脊斜下夯筑的墙体，在前些年还能看到遗址，现在因为修铁路全部被毁灭了，原来直通到洮河岸边的跑马巷也被水泥硬化成为铁路上的排水沟。当地人叫的"跑马巷"，其实就是长城城墙构造"马道"的另外一种形制。跑马巷长近 1000 米。茶埠镇将台堡距此约 1000 米，早年李璘先生在此采集秦瓦标本 5 件。

2. 卓坪村古城壕遗址及坪上村铁城高庙壕沟遗址

卓坪村古城壕遗址、坪上村铁城高庙壕沟遗址分别在县城西北部距县城 40 千米和 45 千米的洮河下游伸向洮河的山脊位置处。铁城高庙壕堑绵延五六千米，卓坪古城壕长两三千米。早年李璘老先生在卓坪古城壕采集秦瓦 9 件。

（四）郡县所在地西南山林沟谷地带的考察

1. 后沟梁遗址

后沟梁遗址位于秦许乡鹿峰村村北大山之山巅，当地人称后沟梁，在后沟梁从东南到西北的山脊上有石砌墙体遗迹，有迹可查者残长 40 米，残宽 1 至 2.5 米，因年久已塌落为鱼脊状。在石砌墙体遗迹西面平行距离 19 米处有一条底宽 4 米、残高 1 至 3 米的人工壕沟，一直向东南延伸，有迹可见者有近 1000 米。早年李璘老先生在距此不远的镇岗寨采集秦瓦标本 9 件。

2. 八卦楞山嘴烽燧遗址

八卦楞山嘴烽燧遗址位于秦许乡政府正北面的八卦楞山嘴之上，视野开阔。烽燧夯土基座近方形，边长近 20 米，夯层厚 13—16 厘米。烽燧整体塌落呈圆锥状，残高近 7 米。烽燧西面有一石砌小龛，内供曼陀罗图案和五色彩线包，疑为苯教祈雨伏藏做法所用。

3. 麻子川镇岭峰村亭障遗址

在麻子川镇岭峰村文昌帝君石碑处考察时发现地面散落数量较多的秦代绳纹板瓦、筒瓦瓦片，陶质为泥质红陶、灰陶，少量内饰有麻点纹、粗布纹，并在距石碑基座近 1.5 米的地层横向埋藏有大量秦汉瓦片，清晰可见。麻子川镇岭峰村地处黄河流域与长江流域的分水岭之上，发现秦汉遗物之地隔国道 212 线与南宋堡寨岭峰寨相望，地势险要，初步判断为一处秦汉亭障遗址。岷县博物馆工作人员在麻子川文昌帝君石碑处采集秦瓦标本 28 件。李璘老先生在麻子川学校外侧采集秦瓦标本 4 件。此地距麻子川镇岭峰村亭障遗址约 1000 米，可初步断定为同一军事防御系统构筑物。

（五）岷县周边秦长城遗迹的延伸调查

西寨镇关上村熟羊城在县城西面洮河上游通往临潭县的山沟最窄处，距离岷县县城大约 40 千米，呈南北向，西面山脊悬崖峭壁，东面山脊被盖北沟一分为二，在两面山脊隆起处均有明显人工挖掘壕沟，宽 4 米左右，南面山体称为"盖北沟嘴"，壕沟长大约 300 米，北面山体称为"滚木山"，壕沟长大约 500 米。南面壕沟下方紧邻山脚处，有长方形堡城遗址，经实地测量，其中上侧墙体残存长约 16.5 米，残高 4.6 米，墙基厚度 4 米，顶层厚度 1 米，下侧墙体长约 5 米。据关上村董春生讲，未通汽车之前的道路就在熟羊城中间穿过。可惜邻河道的墙体已经在修汽车路时彻底毁灭，显然这是一座关城遗址。这条道路是当时通往冶力关、古狄道今临洮和临潭、合作、夏河、青海的核心要道，在此设关城极其必要。

四、岷县境内秦长城形制与布防概述

经考察发现岷县境内秦长城遗迹和采集出土的岷县境内秦长城遗物，结合文献记载初步判断岷县境内秦长城布防形制、布防重点和防御线走向大致如下：

一是郡县驻地以北，在洮河河谷地带洮河是一条防御主线，长城防御构筑物亭燧关堡沿洮河呈串珠状分布。洮河两边近岸处应有墙垣，洮河两岸因地形地势分布有壕沟、烽燧、亭障等不同形制长城防御单元，在山脊伸向洮河河谷的狭窄之地重点设置了亭燧关塞，通常沿山脊砌夯筑墙体或开挖壕沟直达洮河近岸。洮河河谷历来为人类活动最为频繁密集的区域，加之自然原因长城墙体与障塞湮灭已尽。高峻陡峭的山地和坡面利用自然地势和茂密的森林作为天然屏障，并无长城工事。岷县境内洮河沿线今日可见秦长城遗迹虽呈点状零散分布，但整体构成严密的长城防御系统。

二是郡县驻地以南的山林沟谷地带，秦长城布防沿蜀陇古道由壕沟、烽燧、亭障、封沟墙组成的防御体系沿沟谷呈南北向分布，到达城南二郎山最南端山脊处折向东西方向，顺着这条山脊西行经八卦楞山咀烽火台遗址、后沟梁遗址达大沟寨羊颠沟梁烽燧，与另一条几近平行的山脊大沟寨崆峒山交汇。大沟寨崆峒山由东而西分布着有迹可查的8处石砌、土夯墙体、烽燧、障城遗迹。山下是铁关门、骆驼巷，这里战国至秦遗物分布广泛，遗存丰富。洮河由西北向东南流经铁关门河道划出一个"S"形转而向东流去，这里正是渡河的理想之地。这里往西通往甘南高原，洮河在两岸壁立高峻的并不狭窄的石槽中穿过，洮河成为自然可恃天险。另外这里又能清晰窥视洮河北岸两条沟谷并能有效建构防御体系，并且与城南防线构成了防御闭环，又与古临洮城在信息传递、物资转运等方面畅达无碍，能够与古临洮城在战备方面一同谋划布局。因此将秦长城西起首地确定在这里并构筑长城防御体系，实在是高明之举、不二之选，这与史书记载高度吻合。

三是秦长城西起首再向西北的延伸布防情况。因洮河流经岷县县城时流向由西北到东南转向由东南向西北，呈开口向西北的"U"字形，秦长城西起首再向西延伸布防的西寨镇秦关上村与维新乡鞑子藩王壕沟正好处于"U"字形开口处近同一条线上，在这一线上连绵山体中有自然深沟相通，这对防御造成了极大困难。西寨镇秦关上村利用自然山险并开挖壕沟，构筑障城与其东面的鞑子藩王壕沟遥相呼应，是为秦长城西起首的延伸布防。秦长城沿洮河下游出今岷县境后洮河谷地地势更加陡峻，水流更加湍急，洮河一线成为不可逾越的防线，起到了很好的军事防御功能。（本文附图由岷县博物馆包新田提供）

图1 岷县博物馆工作人员整理李璘先生捐赠的秦汉遗物标本

图2 刘应熊捐赠给岷县博物馆的秦代绳纹筒瓦

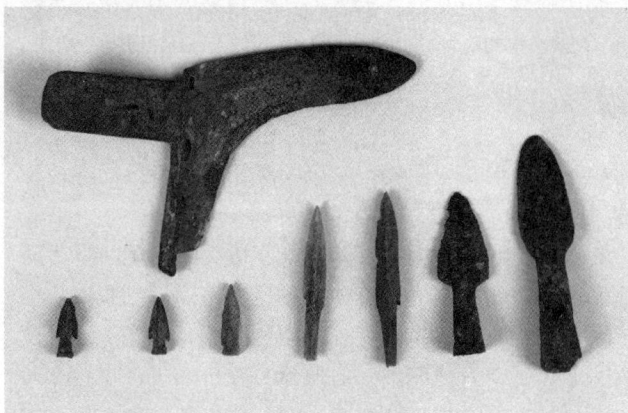

图 3　刘杨忠捐赠给岷县博物馆的铜镞、骨镞、铜戟刺及铜戈

图 4　李森捐赠给岷县博物馆的铜鐏和秦瓦标本

图 5　崆峒山遗存的石砌墙体

图 6　岷县博物馆工作人员在崆峒山羊颠沟梁烽燧采集的秦瓦标本

图 7　卓坪古城壕遗址

图 8　铁城高庙壕沟遗址

图 9 后沟梁遗址墙体遗迹

图 10 八卦楞山嘴烽燧遗址

图 11 关上熟羊城遗址形胜及壕堑遗迹

图 12 岷县秦长城布防示意图

刘虎林　甘肃岷县博物馆馆长
后永乐　甘肃岷县博物馆副馆长

论外三关长城的美学价值

杨 怡

摘 要：长城是世界文化遗产，山西是全国的长城大省，晋北长城中又以雁门关、偏头关、宁武关这外三关长城最具特色，是山西边塞旅游的代表。长城，蜿蜒万里，如长龙舞动，精美雄浑，构筑奇特，依山势而建，依地形而筑，也许古人在修筑时并没有考虑美学的价值，如今却留给后人一个巨大的艺术品，让后人品鉴。长城，从审美角度来说，是最具壮美的审美角度，给人以雄壮、阳刚的感受，让人心胸宽阔。本文以晋北长城入手，研究长城在审美活动中的美学价值。

关键词：长城 外三关 审美 壮美

长城是世界文化遗产，是世界七大奇迹之一。长城是劳动人民修筑的，它是勤劳的标志，是智慧的结晶。它蜿蜒万里，如长龙舞动，精美雄浑，构筑奇特。从一座固定物化了的建筑物来说，它以无比的雄伟壮丽，垒砌在砖石缝中的勤劳和智慧，筑成我们中国的骄傲。在冷兵器的时代，它的防御功用是不可替代的；在和平年代，它仍然彰显着一种信念和毅力。长城距大多数人的生活已经太远了，我们只能站在一种精神层面而又是被人遗忘的角落在和长城对话，这是我们神圣的追求。

一、外三关长城现状

山西是全国的长城大省，在历史上，战国、秦、汉、北魏、东魏、北齐、北周、隋、宋、明、清诸代都有修筑。主要分布于9个市40余个县（区），总长度累计3500多千米，现存较完整的城墙和遗迹有1500多千米。

据前几年忻州市文物部门的长城考察数据，忻州境内现存较完好有战国赵、汉、东魏、北齐、隋、宋、辽、明八个朝代的长城。明长城有248.731千米，分布在8县市19乡镇。有古堡93个，烽燧480个。早期长城共有229.857千米，分布在7县市16乡镇。现存的长城本体较为完好，且多数墙体高大，敌楼雄伟，古堡完整，坐落在忻州壮美的山水之间，人文景观与自然风光完美结合，相得益彰。

忻州长城历史跨度之长、朝代之多、长度之长、体量之大、形制之丰富、建筑风格之多样、文化之深厚、地位之崇高为全国罕见，是中国长城的精华、长城文化的教科书。忻州又是全国唯一拥有三镇长城的地级市，堪称中国长城的博物馆。

二、外三关长城的特点

山西的长城主要分布在晋北，晋北长城中又以雁门关、偏头关、宁武关这外三关长城最具特色，是中国明长城的代表，是山西边塞旅游的代表。雁门关长城风景区在重新修建开发后，具有多元化的旅游元素，全方位的展示出边塞风情的美。

雁门关历史悠久，文化积淀浓厚，地理位置险要，关楼建筑雄伟，《唐书·地理志》中记载"东西山岩峭拔，中有路，盘旋崎岖，绝顶置关，谓立西径关，亦曰'雁门关'"。"三边冲要无双地，九塞尊崇第一关"，雁门关作为"万里长城第一关"，是中国长城旅游最具代表性的人文景观。站在关下，足已感受到当年的雄关威武。

这里的古驿道保存较为完整，大块岩石铺成的道路被千百年来的车辙马踏留下的深深车痕，将过去关口车水马龙的繁荣景象显露无疑。这里既是民族融合的关隘，也是重要的经济贸易通道。古代中原与关外民族在这里互市，是五千年来打通中原与北方的重要商道，这里有"民族冲突"与"文化认同"的史实例证。

雁门关雄踞勾注山上，东接平型关、紫荆关直抵幽燕，西去宁武关、偏头关到黄河边，现保存较为完整的长城段有东段景、选仁、上桥庄、广武古城遗址等。自古雁门关发生战事最多，"得雁门得天下、失雁门而失中原"，历史之古老、战事之频繁、文化之深厚，皆为九塞之首。发生的事多，来住的人多，留下的诗词歌赋也是三关之中最独特的。以驻守雁门关的杨家将为题材的传记、小说、电影等，也广泛流传。雁门关的复修开发，被中国长城学会专家评价为全国长城保护维修中的范例。

偏头关烽堠林立、古堡众多，九边纵横，堡城交错。特别是长城、黄河在此相会，是全国少有的中华民族的母亲河黄河和中华民族的象征长城握手的地方，是资源最好的边塞旅游区。现存古堡数量之多、规模之大、保存之好均为全国罕见。它作为长城防线的重要组成部分，肩负着防御北方游牧民族进攻、保卫中原王朝安全的重任。因此大多建筑坚固，规模宏大，夯土筑墙，包以青砖，形如小型城市。全境现有长城 500 千米，占山西全省长城 1/5，居全国各县之首，可谓万里长城此千里。

从年代说，偏头关长城纵跨战国、秦、北魏、明四个朝代。从密度说，偏关长城有六道，有的地方墙垣竟达十重。一边二边连三边，处处设关，步步设防。长城沿线三里一墩、五里一台、二十里一堡，墩台多达千余座，城堡多达 49 座。城堡相望，营寨相接，形成一个非常庞大的军事防御体系，长城遗迹密度居全国各县之最。从类型说，偏关长城包括石砌长城、砖包长城、土夯长城、崖壁长城四种基本类型。长城建筑涵盖了关、隘、烽、堠、墩、台、营、寨、城、堡、望台等各种形式，类型之多全国罕见。从现状来说，偏头关长城虽说经过了几百年甚至数千年的风吹雨打，至今基本保存完整。其城墙内部夯土层遵守"十尺打三尺"的原则，就是要把十尺厚的干土打压到三尺厚才算合格，可见其坚固程度。著名长城专家罗哲文和国家文物委员郑孝燮曾称赞"偏关境内的明长城砖石砌就，非常坚固，较之北京八达岭、慕田峪长城及山海关长城毫不逊色"。

宁武关是三关镇守总兵驻所所在地。关城始建于明景泰元年（1450），在明成化、正德、隆庆年间，均有修缮。万历末年，增高城墙，加以砖包，关城更为坚固雄壮。宁武关是明长城水关，将大关口建在河上，关口堡台林立，蔚为壮观。宁武大水口长城上的刁口是长城上非常有特色的建筑，刁口是一种很独特的军事瞭望设施。

宁武关是三关中历代战争最为频繁的关口。古时北方诸民族只要南下，多经三关。偏头关由于有黄河作为天险，只有冬季骑兵才可以踏冰而过。而雁门关以山为天险，骑兵难以突破。宁武关所靠的恢河是季节性河流，在恢河断流的季节，骑兵就沿河谷挥师南进，直抵关下。当时恢河河谷可容"十骑并进"。所以大多数时候，宁武关成为游牧民族和农耕民族交战的主要战场。历史上因鲜卑、突厥、契丹、蒙古等游牧民族封建主南下掠掳，经常选择宁武关为突破口，所以在很多历史时期，这里的战争几乎连年不断。在宁武关千百年来的战争记录中，最后一场大仗发生在明末崇祯年间。

三、外三关长城的美学价值

1. 美的类型

审美活动乃是一种社会文化活动，审美活动不能脱离特定的社会文化环境。因此，不同的社会文化环境会发育出不同的审美文化。不同的审美文化由于社会、文化传统、价值取向的不同而形成自己的独特审美形态。

长城在古代是防御的功用，在修筑的时候很少注重其审美的价值，只是单纯从安防考虑，但现代人对于长城的需求，已失去了原有的防御功用，只有参观古迹、考察历史的审美科研作用。长城，从审美角度来说，是最具壮美的审美角度，给人以雄壮、阳刚的感受，让人心胸宽阔。美学中壮美，英语 sublime 的旧译，常与优美相对。凡事物能使人有崇高、严肃、雄壮之感者谓"壮美"。与优美相对，壮美的对象是巨大、急疾、刚强的。巨大，是指壮美的对象占有的空间较大。

人们在面对这样一种精神美、灵魂美时，都在受到震撼的同时，会充满一种神圣感。这种神圣感是一种心灵的净化和升华，也就是超越平庸和渺小，使精神境界提升到一个新的高度，从而达到审美愉悦。

审美愉悦是由于超越自我，回到万物一体的人生家园而在心灵深处产生的满足感和幸福感，是人在物我交融的境域中和整个宇宙的共鸣、颤动。晋北长城，以其密集、雄浑、地势显要，有极大的审美价值，能让后人感叹先人的伟大精神与不朽的毅力，对于教育后人有着极大的作用。

2.美的对象

长城的审美对象也越来越多样化，不仅仅局限于历史遗留下来的长城实体。以雁门关长城段为例，雁门关旅游风景区，就多元化地展现了长城的各种美。

（1）人文景观

这是指融入了历史文化内容的自然景色，是人类的文化历史活动与自然的统一。在这类自然景观中，人们时时处处感受到这些景观背后的深厚的文化历史意蕴，感受到自己的历史、力量、文化等，意味无穷。人文景观的美，很大一部分正是来自于它们的历史文化意义。雁门关首先是把长城的建筑美展现出来。依山势陡峭而建的长城，蜿蜒盘距，大气磅礴，波澜壮阔，有各种形式的堡楼，完美地展现了长城雄浑壮阔的景观美。雁门关不只有壮美，优美也并存其中。雁门关白草口敌楼砖雕垂花门罩，充满艺术感的精美雕刻，对称美、造型美，大气之中又有优美的审美价值。雁门关长城上像这样雕刻精美的砖雕处处可见。还有傅山等名人的书法楹联砖雕。可见古人在修筑长城的同时也很注重艺术的输入，不仅将长城当成一件军事防御的工具，也想将文化艺术通过长城传承下来。

（2）艺术化景观

园林中的山石草木、溪河湖瀑虽是自然物，但都是以人工的方法或种植花木，或叠石堆山，或引水开池，或综合运用各种手段组景造景，形成艺术化的景观。雁门关长城景区就巧妙地利用山势地形，建造了落雁池、亭台楼阁等园林景观，拉长游客的旅游线，达到一步一景、步步换景的效果。

（3）艺术品

艺术品是专门为满足人的审美需要而创造的人工制品。它们是绘画、音乐、雕塑、舞蹈、戏剧、文学等，是艺术家的有意识的创造，体现着艺术的本质含义。即按照美的规律去创造符合人的心灵的审美需要的产品和精神生产。作为艺术品，就必须具备两个必要条件，一是要提供符合审美需要的精神意象或精神内容，这种精神意象或精神内容必定是"为人的"，能使欣赏者感到自身生命活动的自由，感到生命的乐趣。二是这种精神内容或精神意象，是以感性的审美的形式传达出来的。所谓感性的审美的形式，是指艺术品必须有一个物质载体，这个物质载体的形式本身就能使欣赏者得到审美的享受与愉悦。

艺术有宣传鼓动的价值。不仅仅是音乐、歌曲，就连无声的建筑也有宣传作用。艺术还具有教育价值，能对人的心灵施以综合的影响。艺术还具有交际价值。因为艺术可以传递信息、表达意义、交流感情。艺术语言比语言更具有人类的共通性。

以长城为主题的文化艺术品也要多种多样。长城的诗歌、书法、碑林、摄影、影视、刺绣、摆台等各种旅游纪念品等，这些都以可移动可带走的形式，将长城的精神保存和传播开来，都是长城的文化艺术价值，是一种将精神与形式结合起来的艺术手段。一般认为，艺术具有认识价值。通过艺术的欣赏活动，人们可以从中深刻地认识社会、自然、历史、人生等。旅游者购买一件纪念意义较强的旅游纪念品，往往能唤起他们对旅游生活的美好回忆，加深其对生活意义的认识和理解。这正是旅游纪念品所具有的审美价值。

长城就是这样静默地存在于人世。他所带来的美的价值和震撼，唯有亲自观摩才能体会。长城是先人留给我们的宝贵遗产，我们不但要保存下去，还要将这种精神文明发扬光大。

杨 怡 中国长城学会会员，忻州长城学会理事

参考文献：

1 叶朗.美学原理[M].北京：北京大学出版社，2003：320.

2 王旭晓.美的奥秘[M].太原：山西教育出版社，2008：108.

3 叶朗.美学原理[M].北京：北京大学出版社，2003：146.

4 王旭晓.美的奥秘[M].太原：山西教育出版社，2008：84.

5 乔修业.旅游美学[M].天津：南开大学出版社，1990：127.

从土木堡董家庙谈长城附属文物保护

史晓虹

摘　要：位于河北怀来土木堡的县级文物保护单位董家庙，是长城资源的有机组成部分，由于得不到有效保护，已被严重毁损。像董家庙这类保护级别较低的遗址，在长城沿线还有许多。建议加强对低级别文物的保护，引进社会管理机制，积极发挥长城保护志愿者的作用，与文物部门形成合力。还要开展长城非遗文化资料收集，续写新时期长城故事。

关键词：长城附属文物保护　社会管理机制

长城作为体量最大，修建时间最长的军事防御建筑体系，除本体以外，还有许多相关的附属设施。这些设施很多都不与长城本体相连，有些还相距很远，但都与长城密切相关，是不可或缺的。它们与长城本体组成了复杂的军防体系，共同协作，保障长城作用的发挥。另外，草原游牧民族与中原农耕民族在长城周边，经过漫长的对抗与交融，还留给后人大量可歌可泣的事件与相关传说，形成了长城的精神文化。因此，长城附属设施的保护也是长城保护的重要组成部分。下面就河北省怀来县土木堡董家庙，谈一下长城附属设施的保护。

一、土木堡

土木堡位于北京西北的河北省怀来县县城沙城东 9000 米处，原名统幕城，后被传为"土木"，[1]坐落于居庸关至大同长城一线的内侧，北去长安岭、龙门、独石口的交通要塞上，隶属明宣府镇东路，是长城防御系统中的一个重要组成部分，被称为"冲要之所"。著名的"土木之变"就发生在这里。

土木堡是明永乐初修建的一座船形城堡，堡城南北长约 500 米，东西长有 1000 米左右，城墙高六七米。原为土筑砖包，现只剩土墙。明代设置了土木驿[2]，是宣镇进京三大驿站之一（另二为鸡鸣驿和榆林驿）。土木堡设操守一人，万历年所领官军 114 名，马 12 匹，还管理火路墩两座，站军 300 多名。[3]

根据记载和走访，我们得知，堡内官方设施有把总署、[4]驿丞署、[5]马号等，宗教建筑有城隍庙、马神庙、关帝庙、文昌庙、华严寺、龙王庙、观音庙、真武庙、三清宫等，商业建筑有永泰栈、高升客栈、酒坊等。其中以祭祀土木之变殉国文武大臣的显忠祠最为著名。

显忠祠在堡内正中偏西的位置，座北朝南，分上下两个院落，占地面积达 3150 平方米，南北长 70 米，东西宽是 45 米。第一道山门上方悬挂"显忠祠"匾额，进入二门以后，可以看到大殿。大殿三间，两侧各有配房两间，东西各有厢房三间。目前仅保存有二进院，正殿两侧配房无存，正殿和厢房墙上还嵌着名人凭吊感怀诗文。

土木堡现已经发展成为现代村落，只能看到部分城墙遗迹和显忠祠、董家庙、永泰栈，以及个别民居中影壁等极少数的历史建筑。

二、董家庙

董家庙位于土木堡内西街路北，是一座小巧的四合院，由正殿、东西配殿、二门、山门和院外井台组成。正殿有三间，中间有神台，殿内东西北三面均有佛教壁画。东西配殿也是三间，但都是单面坡，格局小多了，也曾有壁画。东西厢房南沿正中为二门，山门开在东侧。西侧高台为井台。庙的后院墙就是土木堡的北城墙，在城墙与正殿后墙间，是一片大约长15米，宽10米的庙园，整体占地面积400多平方米。

庙内存有明万历年间修建碑记一通。记载：万历四十八年（1620），宣化右卫前所四百户人董国用一家"输财买地，怀敬佛之心，行济贫之念，创建西方净土庵一区"。董家庙在清代还进行过维修，在正殿中檩上，书写着"直隶宣化府宣化县东路土木南甘庄信士弟子董自明、董自宁建修"，时间是："大清乾隆肆拾壹年（1776）岁次丙申孟夏月吉日谷旦。"

在碑记中记载着六位董姓先人，即父董聪，子董国忠、董国臣、董国朝、董国辅、董国用，建庙人董国用排行第五。细细翻看《宣化府志》《怀来县志》，其中人物志中均有"董国忠"一条，是明嘉靖年间为国捐躯的宣镇游击将军。

明嘉靖三十八年（1559），董国忠就任宣府镇东路游击将军。这年七月，蒙古俺答部落在独石口长城外，集结了数万人的军队，毁坏城垣，突破外长城防线，由麻峪口进入怀来，对今怀来土木、新保安一带进行南下侵扰。

游击将军董国忠得到战报后，只远远望见敌人先头哨兵，感觉敌人不多，就率领数百骑兵去追击敌人了。不久大批敌人后续军队赶到，虽奋勇杀敌，终因寡不敌众，董国忠不幸战死在土木堡西北的杨家山。他所率领的数百骑兵也很少有生还的。董国忠殉国后，明朝廷对他大加褒扬追封，还提升了他的儿子董尚文为都指挥使。

据已生活在土木村南五里南甘庄村四百多年的董氏后人回忆，在解放前，整个董氏家族，无论哪家男丁出生死亡，都需要先到庙里汇报，俗称"报庙"。在董家庙的东配殿还存放有家谱、影像和祭器，在全族举行大型祭祀活动时，会请出来供族人祭拜（这些东西在20世纪"破四旧"时期都消失了）。但族中作奸犯科者，不能有此待遇，生前会被家庙除名，死后也无法进入董氏祖坟内安葬。村里看庙人说，当年董家庙的山门上曾书写有"净土庵"三字，庙里住持还会有收养孤儿、施药舍粥等善举。

1949年后，董家庙被人民政府确认为南甘庄村董氏族人共有，并交给族中无房者使用看管。2011年，董家庙以宣镇三大进京驿城中，唯一存在的家庙类建筑，怀来境内发现的保存最好，规制齐全的家庙建筑，被怀来县政府列入县级重点文物保护单位名单。2017年在万里茶道项目文物寻查中，董家庙又被众多专家关注。但就在2018年初，再次复查时，却发现大殿前原东西厢房和大小山门及井台遗址部分已全部不存，宅基地所有人已建造前后排楼房两座。

三、怀来长城保护情况

1. 怀来长城主要分布

按照2006年长城调查记录，怀来目前长城遗迹有四百多处，均为明代建筑，分属宣镇北路、东路、南山路和昌镇横岭路管辖。包括东起陈家堡，经大营盘等至水头元城岭54千米墙体，以及堡城、路城、卫城、营城、寨城、敌台、墩台、挡马墙等多种形式建筑遗存，以庙巷样边长城、陈家堡罗锅长城、大营盘长城和鸡鸣驿城最为知名。

2. 文物保护情况

目前怀来县文保所包括博物馆筹建人员，共6名。管理国保文物（鸡鸣驿城）1处，省级文物镇边城等7处，县级文物224处。在长城专项保护工作中，截至目前完成保护标识50多处。全县共17个乡镇，其中16个乡镇有长城遗存，已配备长城保护员31人，开展义务巡查，及时反馈发现问题。

近年来，怀来县还完成了鸡鸣驿城的全面保护维修，西水泉二号台等烽火台的维修，样边长城和镇边城立项报告，镇边城村和麻峪口村列入国家传统村落名录。

四、建议

综上所述，近些年来，长城文物保护取得较显著的成果，社会各阶层文物保护意识极大提高，部分关注度高的文物建筑。如鸡鸣驿城、镇边城等文物建筑得到了很好的保护。但是由于长城分布范围广，存在形式不一，所处地理环境各异，而相关管理人员不足，一些偏远地区的文物建筑得不到及时看护，一些田间地头的烽火台、墩台以及遗址等，又常常见怪不怪，享受不了文物待遇，经常会随着生活生产消失。

随着这些年经济快速发展，全民的文物保护意识有了极大的提高，但苦于没有科学的认识和措施，往往会对最赖以生存的村堡、房屋、场院、戏台等历史建筑进行面目全非的改造。一则不了解哪些是文物，需要保护，二则没有科学的维护意识和手段。

经济水平提高后，很多村子都有维修村内古建筑的要求。比如土木村，属于怀来经济强村，2005年村委会自发维修显忠祠，为了节省资金和保持古建筑风格，因董家庙门窗与显忠祠门窗尺寸完全相符，就直接摘取并安装，在保护一个古建筑的同时，又破坏了另一个古建筑。因为大家都没有认识到董家庙也是具备文物价值的建筑。还为村民随意清除遗址，加盖新楼房埋下了隐患。还有一些长城脚下的村子，在维修庙宇时，将原壁画全部铲掉，重新请画匠画宣传画。如一关帝庙中，东西两壁原保留的刘关张忠义故事连环画，从此彻底消失，这些都是近年来最多见的好心办坏事。大批诸如董家庙这些就在身边，却引不起关注的长城附属遗存，要么自生自灭，要么随意装扮，使未来保护失去了机会。

另外有时，还经常会因为在信息不明，沟通不畅，保护理念不清的情况下，一些社会团体和个人，本来抱着美好的保护文物意愿，为文物建筑到处宣传呼吁的做法，不仅没能与文物部门形成合力，还会造成矛盾对立的情况，从而使长城保护工作更加困难。所以文物部门和社会各阶层，特别是志愿者队伍，精诚合作，共同完成长城保护，是最合适的方法。

一方面，文物部门熟悉文物情况，具备科学保护理念，要尽力做好文物的标识工作，这是对全民最直观的宣传办法。要支持文保志愿者实践活动，培养骨干核心志愿者力量，经常有针对性地开展培训活动，提供文物资料，并通过他们灵活机动地向全社会宣传科学保护长城理念，规范文物保护行为。

另一方面，近些年随着老龄社会的来临，在大批面临退休和已经退休的教师、干部、工人等人员中，已经形成了很具规模的文化志愿者队伍，有时间，有精力，不计报酬，相信他们在文物部门的支持下，会开展文物寻访活动，向文物部门提供补充文物信息原始资料，并按照文物部门的指导，及时对资料审核勘定。深入学校、社区、家庭开展文化宣传活动，向广大群众介绍身边的长城在哪里，什么样，怎么保护。告诉他们身边的土台子与长城的关系，家门前的玉皇阁怎么会是烽火台等，越是这些具体的事物，对文物保护越有利。还可以开展寻访长城人物、事件与传说，做好非遗资料的收集整理，续写长城故事，凝聚长城精神。

史晓虹　河北省张家口市怀来县鸡鸣驿城抢修保护工程指挥部办公室

注释：

1　嘉靖四十年版《宣府镇志》卷十一，城堡考。

2　嘉靖四十年版《宣府镇志》卷十二，宫宇考。

3　明万历癸卯刊本《宣大山西三镇图说》。

4、5　清乾隆二十二本《宣化府志》卷九公署："土木堡驿丞署在本驿，康熙三十二年建。土木堡把总署在本堡"。

后 记

　　2019年10月30日，由中国长城学会、《文明》杂志社、中共北京市延庆区委宣传部主办，北京市延庆区文化和旅游局、北京市延庆区八达岭特区办事处和中国长城博物馆、《中国长城志》编辑部承办的中国长城文化学术研讨会，在八达岭长城脚下、妫水河畔的北京市延庆区召开。100多位来自各领域的专家学者和长城沿线各地代表，共商长城研究、长城保护、长城文化传播交流、长城国家文化公园建设、长城文化旅游事业协调发展、长城公共文化服务体系建设等议题。会议期间，还组织了"长城保护""长城文史""长城文旅"三个分会场的研讨，以及"长城国家文化公园建设座谈会"。

　　来自北京市延庆区，河北省秦皇岛市山海关区，山西省大同市新荣区、忻州市偏关县，宁夏回族自治区吴忠市盐池县，甘肃省定西市岷县和临洮县等长城沿线各地的政府领导和长城机构负责人，就推动长城国家文化公园建设、落实长城保护规划任务、强化长城学术队伍培养、推动长城文化旅游向更高水平发展进行了专门交流。

　　参加会议的长城保护志愿者和长城公益团队，还从社会参与的角度，就长城考察、长城保护和长城文化宣传发表了意见。

　　会议一致认为，应该深入理解建设长城国家文化公园的意义，要在新形势下，让长城文化资源在经济社会发展中充分展现价值，使长城更好地融入到现代社会生活中，更好地走向世界，走向未来。

　　此次会议的交流内容非常丰富。由参会学者提交的论文和部分代表现场发言汇编而成的《中国长城文化学术研讨会论文集》，由于容量有限，只收录了其中有代表性的57篇文章。这些文章呈现了长城事业发展的阶段性成就，代表着长城学术领域的新成果，对推动长城在新时期发挥战略性作用，无疑具有重要的价值。

　　从论文征集到编辑出书，各有关机构和专家学者们给予了大力支持，付出了辛勤劳动，在《中国长城文化学术研讨会论文集》出版之际，一并表示衷心感谢！

　　由于时间紧、篇幅有限，以及水平和经验等方面的原因，本书还存在一些瑕疵，敬请读者批评指正。

编　者

2020年5月